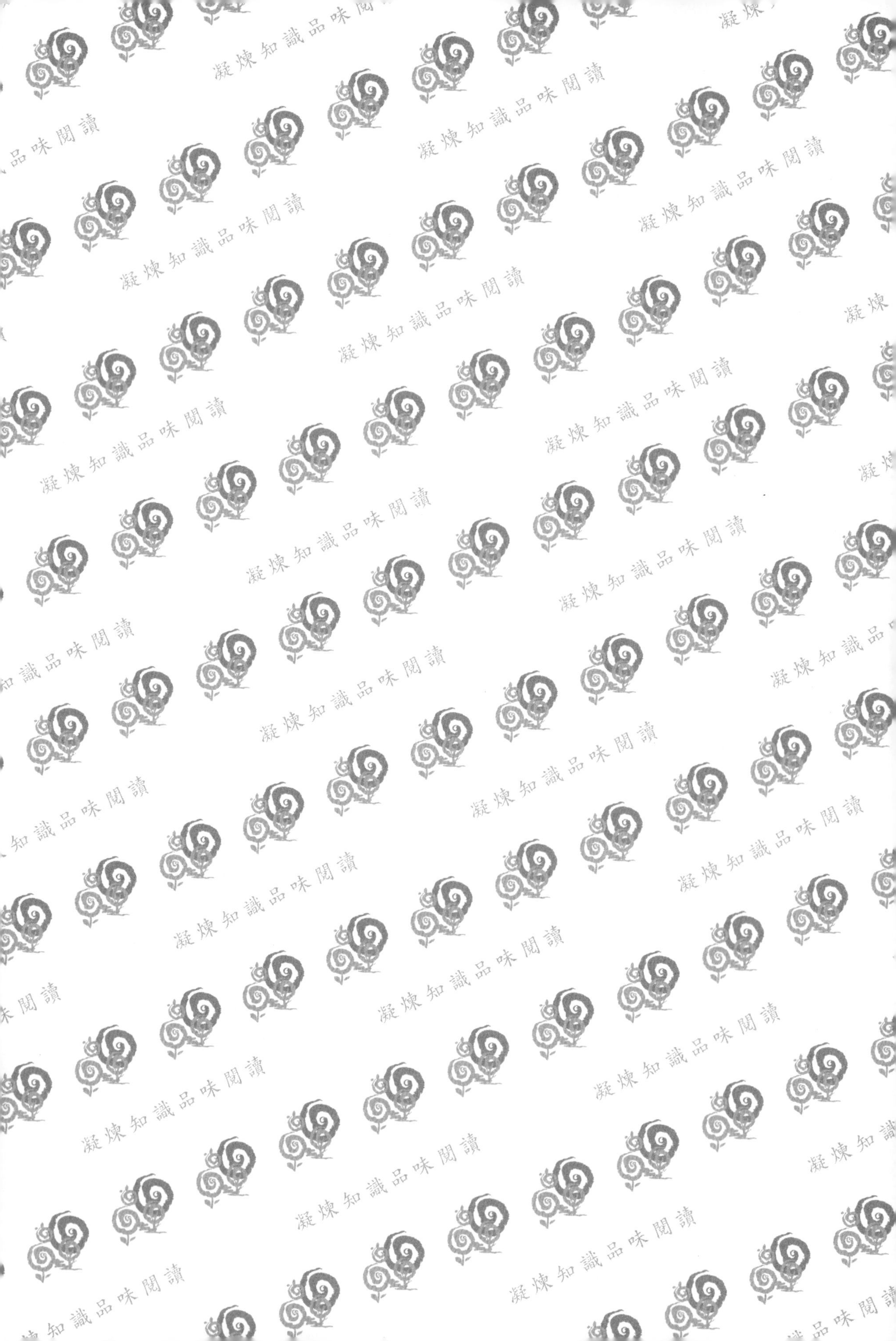

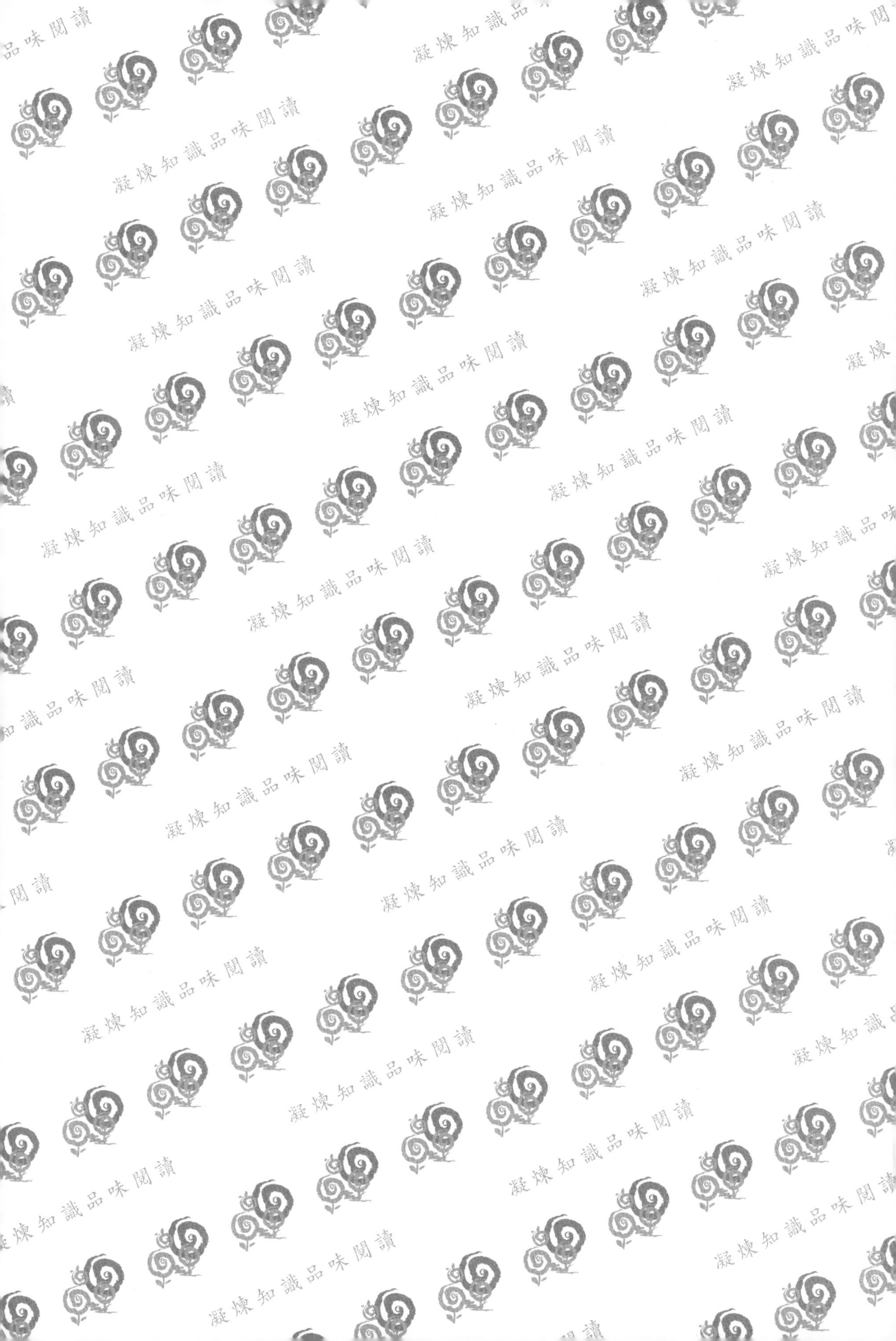

性侵害犯罪防治學

理論與臨床實務應用 ｜第二版｜

周煌智、文榮光 主編

文榮光、朱怡潔、沈勝昂、林明傑、林耿樟、周煌智、孫鳳卿、陳若璋、
陳筱萍、湯淑慧、劉素華、鄭添成、蔡景宏、龍佛衛、薛克利 著（按姓名筆畫排序）

五南圖書出版公司 印行

序

從十餘年前開始踏入司法精神醫學的領域沒多久，就因為刑法的修訂，其中的法條規定：『性侵害犯罪加害人非經診療不得假釋』，因此，就開始進入監獄從事性侵害犯罪加害人的診療工作。由於生平從未接觸這項業務，精神科專科醫師養成教育也缺乏這類的訓練，因此，進到監獄是靠著摸索、嘗試錯誤在進行，由於性侵害犯罪的診療是一種屬於囑託性質的強制診療（mandatory treatment），加上這類個案的人格特質與獄中治療情境不理想的影響，治療常常是在喊「啪啦肯」（黑道中 bargaining 的一種）中進行診療，加上本身缺乏性侵害犯罪加害人的『專業訓練』，因此，在治療過程中常充滿著挫折感！因為，治療不應該是這樣的，特別是身為一個專業人員，又怎能像一個無頭蒼蠅般地來去監獄，卻又不能提出一套理論與治療模式呢？因此，當時就興起應該要建立理論與治療規範的想法！

由於一個機會的偶然，高雄市立凱旋醫院、國軍北投醫院組團與內政部性暴防治中心蔡故執行秘書正道、陳若璋教授、林明傑助理教授（當時在美讀書）一起前往美國參觀、考察，並在後來的幾年，凱旋團隊總共前往美、加、英三國考察了三次，除了帶回來國外的經驗外，也藉著內政部所舉辦的幾次國際研討會認真的吸收新知，並在治療經驗的累積上也逐漸讓性侵害犯罪加害人的診療制度化；逐漸地，凱旋團隊的治療開始贏得了口碑，然而，各種治療理論與課程、還有標準化作業程序則都分散在各個團隊成員手中，缺乏有系統地整合，因此，在使命感的驅使下終於催生了這本書。

這本書的完成要感謝的人實在太多了，包括所有的作者、醫院長官、我的師長、內政部、衛生署、法務部與高雄市家庭暴力及性暴力防治中心的幫忙、社會工作科代主任張莉馨、蘇靜君護理長提供相關資料、助理欣欣、詩佩、琇馨、宜興細心校稿以及我的家人的體恤，使得本書得以完成，在此再次的感謝他們！

周煌智

作者簡介

周煌智

學歷

1. 國立陽明大學公共衛生研究所流行病學組博士
2. 國立陽明大學醫務管理研究所碩士
3. 衛生署預防醫學研究所流行病學班結業
4. 國立陽明醫學院醫學系醫學士

現職

1. 高雄市立凱旋醫院院長室顧問醫師/教授（部定）
2. 台灣身心健康促進學會理事長（2017-2020）
3. 衛生福利部、高雄市、台北市家庭暴力及性侵害防治會議委員
4. 高雄市心理健康促進會委員
5. 台灣自殺防治學會常務理事
6. 台灣精神醫學會家庭暴力及性侵害防治學術委員會召集人

經歷

1. 高雄市立凱旋醫院成人精神科、社區精神科醫師兼科主任／副院長、代理院長
2. 美和科技大學健康照護研究所前合聘教授（部定）
3. 台灣精神醫學會理事長（2011-2015）
4. 內政部及高雄市政府社會局家庭暴力及性侵害防治中心諮詢委員
5. 高雄醫學大學、輔英科技大學兼任講師（部定）
6. 國立高雄海專學生輔導中心兼任心理輔導講師
7. 義守大學、高雄醫學大學兼任助理教授（部定）
8. 台灣精神醫學會通訊總編輯
9. 台灣精神醫學會理事／專科醫師甄審委員會委員（2008-2017）
10. 台灣家庭暴力暨性侵害處遇協會理事
11. 法務部專家諮詢資料庫諮詢顧問
12. 台灣自殺防治學會理事
13. 曾經多次前往美加等國進行性暴、家暴防治與社區精神醫學考察

文榮光

學歷

1. 國立臺灣大學醫學院醫學系學士
2. 美國哈佛大學醫學院醫學人類學研修

現職

1. 文心診所（原文榮光精神科診所）院長

經歷

1. 財團法人臺灣省私立高雄仁愛之家附設慈惠醫院院長
2. 長庚大學醫學院兼任教授
3. 樹德科技大學人類性學研究所兼任教授
4. 財團法人火鳳凰基金會董事長
5. 高雄長庚紀念醫院精神科系主任（2003/7-2004/12）
6. 高雄長庚紀念醫院精神科主任（1994/11-2003/6）
7. 台灣心理治療學會理事長（2001/8-2004/12）
8. 台灣性教育協會理事長（1999/5-2001/4）
9. 高雄醫學院醫學社會學系主任（1990/8-1993/7）
10. 私立高雄仁愛之家附設慈惠醫院院長（1990/8-1993/7）
11. 高雄醫學院醫學系精神科教授（1990/7-1994/10）
12. 高雄醫學院醫學系精神科副教授（1982/8-1990/6）
13. 高雄醫學院附設中和紀念醫院精神科主任（1981/8-1990/7）
14. 臺灣大學醫學院醫學系精神科講師（1978/8-1980/7）
15. 臺灣大學醫學院附設醫院精神科主治醫師（1978/8-1979/7）

朱怡潔

學歷

1. 高雄醫學大學心理學系學士

經歷

1. 高雄長庚紀念醫院文榮光精神科系主任研究助理（2004/2-2004/12）

沈勝昂

學歷

1. 美國喬治亞州 EMORY 大學心理學（臨床組）博士
2. 臺灣大學心理研究（臨床組）碩士
3. 臺灣大學心理學系學士

現職

1. 中央警察大學犯罪防治系教授

經歷

1. 中央警察大學犯罪防治系（所）助理教授、副教授
2. 高雄醫學大學心理系講師
3. 高雄醫學大學家庭醫學科（兼）、精神科臨床心理師（兼）
4. 高雄醫學大學學生心理諮商中心諮商老師（兼）

林明傑

學歷

1. 密西根州立大學犯罪學研究所博士
2. 密西根州立大學諮商學研究所碩士
3. 密西根州立大學犯罪學研究所碩士
4. 國立政治大學社會學系學士

現職

1. 國立中正大學犯罪防治學系暨研究所教授

經歷

1. Total Health Counseling Center 家暴犯暨性罪犯諮商實習生
2. 國軍高雄總醫院精神科社工員
3. 臺灣更生保護會高雄少年中途之家少輔員
4. 中華兒童福利基金會高雄縣家扶中心兒童保護組社工員

林耿樟

學歷

1. 高雄醫學大學行為科學研究所臨床心理學組碩士
2. 高雄醫學大學心理學系學士

現職

1. 高雄市立凱旋醫院臨床心理科臨床心理師兼科主任
2. 嘉南藥理科技大學兼任講師

經歷

1. 高雄市臨床心理師公會理事長
2. 臺北縣靜養精神專科醫院臨床心理師（1996/7-1998/12）

孫鳳卿

學歷

1. 高雄醫學大學醫學研究所碩士
2. 高雄醫學大學護理系

現職

1. 高雄市立聯合醫院護理科主任

經歷

1. 高雄市立民生醫院、中醫醫院護理科主任
2. 高雄市立凱旋醫院護理科副主任（2003/9）
3. 教育部部定講師（2002）
4. 輔英科技大學講師（2002）
5. 國立高雄海洋科技大學講師（2003-迄今）
6. 高雄醫學大學臨床助理教授（2003-迄今）
7. 中華民國糖尿病衛教師（2003-迄今）
8. 高雄醫學院附設中和醫院 MICU 護士
9. 高雄市市立大同醫院急診護理長、護理督導
10. 內政部漁業署漁船幹部訓練中心講師
11. 高高屏地區緊急救護技術員訓練講師
12. 高雄市衛生局健康照護網社區「健康管理師」

陳若璋

學歷

1. 美國威斯康辛大學諮商心理學博士
2. 美國印第安那大學輔導諮商碩士
3. 國立師範大學教育心理學士

現職

1. 國立東華大學教授（退休）

經歷

1. 國立東華大學臨床與諮商心理學系教授兼系主任
2. 中華團體心理治療學會常務理事
3. 署立玉里醫院兼任心理師
4. 國立清華大學通識中心教授（1987/8-2003/1）
5. 國立清華大學通識中心主任（1994/8-1997/1）
6. 美國科羅拉多大學亞洲研究中心客座教授（1997/1-1997/2）
7. 國立清華大學諮商心中主任（1987/8-1995/7）
8. 美國聖伊莉莎白醫院住院心理師（1990/9-1991/8）
9. 國立臺灣大學心理系副教授（1985/8-1987/7）

陳筱萍

學歷

1. 高雄市師範大學輔導及諮商博士
2. 高雄醫學院行為科學研究所碩士
3. 中原大學心理系學士

現職

1. 樂安醫院臨床心理師

經歷

1. 高雄市立凱旋醫院臨床心理科主任
2. 高雄市立凱旋醫院臨床心理科資深臨床心理師
3. 高雄醫學大學兼任臨床助理教授
4. 台灣家庭暴力暨性侵害犯罪處遇協會理事
5. 高雄市社會局兒童福利中心心理輔導員

湯淑慧

學歷

1. 高雄醫學大學行為科學研究所碩士
2. 中原大學心理學系

現職

1. 高雄市立凱旋醫院臨床心理科臨床心理師

經歷

1. 國軍高雄總醫院精神科臨床心理師（1989/9-1999/6）
2. 高雄市臨床心理師公會常務監事
3. 高雄市立聯合醫院性騷擾及性別歧視防治申訴評議委員會委員

劉素華

學歷

1. 東海大學社會工作學系學士

現職

1. 高雄市立凱旋醫院社會工作室主任

經歷

1. 高雄市立凱旋醫院社會工作師
2. 行政院衛生署雲林醫院社會工作員（1996/1-2000/5）
3. 南投縣生命線協會社會工作員（1994/6-1996/1）

蔡景宏

學歷

1. 樹德科技大學性學研究所博士
2. 高雄醫學大學行為科學研究所碩士
3. 美國測謊學會性侵害犯罪應用技術結業
4. 美國費城測謊學校結業暨美國測謊學會認證
5. 國防醫學院醫學系醫學士

現職

1. 高雄市立凱旋醫院兒童青少年精神科主任
2. 樹德科技大學兼任助理教授

經歷

1. 國軍高雄海軍總醫院精神科主任
2. 國軍高雄總醫院精神科主治醫師
3. 輔英科技大學護理學系兼任講師（部定）
4. 臺灣高雄監獄妨害性自主罪診療評估小組委員
5. 高雄市政府社會局家庭暴力及性侵害犯罪防治中心諮詢委員
6. 台灣精神醫學會家暴暨性侵害犯罪防治學術委員會委員
7. 美國賓州大學進修暨美國測謊學會認證訓練（2002/8-2003/7）
8. 臺大醫院兒童心理衛生中心受訓醫師（1998/1-1998）
9. 國軍高雄總醫院精神科總醫師（1997/1-1997/12）
10. 國軍高雄總醫院精神科住院醫師（1994/8-1996/12）
11. 國軍北投精神專科醫院住院醫師（1993/8-1994/7）

鄭添成

學歷

1. 國立中正大學犯罪防治研究所博士
2. 國立中正大學犯罪防治研究所碩士
3. 國立中正大學心理學系理學士

現職

1. 士林地方檢查署觀護人
2. 法務部調部辦事觀護人
3. 性侵害加害人身心治療及輔導教育評估（2002/9-迄今）
4. 法務部臺灣嘉義地方法院檢察署觀護人（1998/9-迄今）

經歷

1. 英國劍橋大學犯罪學研究所博士後研究
2. 德國馬普研究院外國暨國際刑法研究所訪問學者
3. 法務部臺灣嘉義地方法院檢察署觀護人
4. 中華民國犯罪學學會會刊編輯
5. 行政院國家科學委員會、衛生署管制藥品管理局專案研究助理

龍佛衛

學歷

1. 美國約翰霍普金斯大學博士

2. 國立國防醫學院醫學系醫學士

現職

1. 迦樂醫院院長

經歷

1. 臺北市立聯合醫院松德院區院長
2. 國軍高雄總醫院醫務部主任兼精神科主任
3. 高雄醫學大學兼任教授（部定）
4. 台灣精神醫學會常務理事
5. 台灣精神醫學會家性暴學術委員會召集人
6. 美國約翰霍普金斯大學博士後研究
7. 著有數十篇學術著作論文

薛克利

學歷

1. 高雄醫學大學醫學院醫學系
2. 樹德科技大學人類性學研究所碩士

現職

1. 文鳳診所院長
2. 台灣性教育學會理事
3. 教育部性別平等教育師資

經歷

1. 法務部矯正署高雄監獄訪害性自主罪收容人治療評估小組委員
2. 衛生署精神疾病強制鑑定強制社區治療審查委員
3. 高雄長庚醫院精神科系急性病房主任
4. 高雄長庚醫院精神科系主治醫師
5. 高雄縣政府衛生局性侵害犯罪加害人治療評估小組委員
6. 台灣精神醫學會家暴暨性侵害防治學術委員會委員
7. 成功大學醫學院附設醫院精神科住院醫師（1994/6-1995/6）
8. 高雄長庚醫院精神科住院醫師（1995/7-1997/6）
9. 高雄長庚醫院精神科總住院醫師（1997/7-1998/6）
10. 中華民國性教育協會理事（2001/5-2003/5）

目　錄

第五章　性侵害犯罪行為與治療理論　079

第六章　性侵害犯罪循環路徑　095

第七章　性侵害犯罪加害人再犯危險評估量表的說明與運用　115

第十一章　性侵害犯罪加害人治療的評估鑑定原則　213

第十二章　特殊性偏好－亂倫（incest）與戀童症（Pedophilia）　249

第十三章　女性性侵害犯罪加害人　263

第十四章　性侵害犯罪加害人防治的標準作業程序　271

第十五章　性侵害犯罪加害人的藥物治療　289

第十六章　性侵害犯罪加害人獄內治療　295

第十七章　性侵害犯罪加害人社區處遇　317

第十八章　性侵害犯罪加害人的社區監督　351

第十九章　性侵害犯罪加害人診治時常見的阻抗處理　397

第二十章　性侵害犯罪被害人的創傷與治療　417

第二十一章 性犯罪加害人之處遇－國內外現行主要制度評述 435

第二十二章 美國性侵害犯罪加害人的治療模式實地考察 463

第二十三章　科技設備監控運用於我國社區處遇可行性評述　481

第二十四章　性侵害犯罪研究現況、研究方法與未來趨勢　511

第二十五章　性侵害犯罪治療與研究倫理及限制保密原則　525

索　引　　559

性侵害犯罪防治簡介

周煌智

本章學習重點

- 瞭解撰寫本書的來龍去脈。
- 瞭解台灣性侵害犯罪防治的緣由。

摘要

本章主要的重點在點出性侵害犯罪問題的嚴重性，透過了解台灣性侵害犯罪防治的緣由，及加害人的特性，進而深入了解性侵害犯罪防治的理論、治療模式、所需的工具、操作規範、研究方法、治療與研究倫理以及各種實務經驗。一般說來，性侵害犯罪防治從業人員所應該具備的專業知識與工作倫理皆涵蓋在本書當中，值得一讀！

關鍵詞

性侵害犯罪防治

根據台灣刑事警察局統計民國 70 年至 80 年報案強（輪）姦案件，每年平均約為 497 件。近十年來性犯罪則有增加的趨勢，根據現代婦女基金會統計民國 76 年至 85 年的報案強（輪）姦案件，每年平均約為 863 件。而在民國 86 年至 92

年，根據台灣刑事警察局的統計每年平均約為 1,953 件，足足增加了一倍多。同時，性侵害犯罪的指數更是逐漸攀升，從民國 84 年的 100 至民國 92 年為止已達 215，足足增加了一倍多，性侵害犯罪加害嫌疑人數更從民國 80 年的 678 人增加至民國 92 年的 2,311 人，足足增加了近四倍之多！可見其嚴重性。近年來，類似「士林之狼」的事件，幾乎日日可聞。「彭婉如事件」、「陳進興事件」，更是令婦女同胞聞之色變，人人自危，不敢夜出，無法免於恐懼的自由！引起立法、司法、監所、社會服務機構及心理衛生學家注意的犯罪行為。性犯罪的嚴重性已成為台灣治安的一大隱憂，而廣受社會各階層的強烈關心與注意。因此，如何處置這些性侵害犯罪加害人乃成為相當重要的社會、司法與精神醫學問題。然而，由於性侵害犯罪的診療是一種屬於囑託性質的強制診療（*mandatory treatment*），加上這類個案的人格特質與治療情境不良的影響，因此完善的立法就變得相當重要。從民國 83 年起開始修訂刑法第 77 條後，建立獄內強制診療的法源，開啟了性侵害犯罪防治學的大門，接著又在民國 86 年 1 月 22 日通過性侵害犯罪防治法建立社區處遇的法源、並且為了有效的節省治療人力，又再次在民國 88 年增加刑法 91 條之 1，賦予刑前鑑定與治療的法源，然而，由於未審先判的疑慮，以及加害人在回歸社區前進行治療最為有效的考量下，而於民國 94 年再次修刑法 91 條之 1，使之變得更切合實際需要。另一方面，加害人的處遇不光是治療，還必須包括社區監督。因此，在此次的修法中也一併修改性侵害犯罪防治法，加入對特定之人的電子監控、宵禁與測謊等項目，使得整個性侵害犯罪防治的法令更加完善。有關性侵害犯罪防治的法條一改再改，每改一次，就考驗著治療團隊的智慧與加害人的互動，特別是性侵害犯罪加害人是一個多重因子決定的異質團體，然而，法律常是一體適用，因此，有必要對於修法的歷程、法律意涵做個完整的瞭解。

性侵害犯罪加害人是一個多重因子決定的異質團體，故其再犯率（再次犯性犯罪的機率）也各有不同。性侵害犯罪者可能是法定強暴（未滿 16 歲發生關係的男女朋友）、或機會型強暴（例如約會強暴）、亦有非單純出自於生理上的滿足，而是犯罪者可能存有某種犯案的內在動力（機），蓄勢待發，直到案發前的某些偶發的立即性壓力、挫折，導致了犯行，需要進一步的釐清，以利治療計畫的擬定。在美國、加拿大等先進國家，任何類型的性侵害犯罪加害人皆必須至少接受為期 60 小時的心性評估（*psychosexual evaluation*）後，方進入第二階段的治療（通常是團體治療，包括不同類型加害人的分類團體治療與共同課程團體治療）；在台灣，目前受限於國家經費節据，無法如同美、加等先進國家，全部統一做長期的心性評估，且這種評估與治療仍然無法將再犯率降至零，因此，考量現實的環境需要，需要做某種程度的修正，無法全盤移植，因此有必要出版一部本土的性侵害犯罪防治書籍做為訓練的教科書之用。

有關標準作業流程（*standard operation procedure, SOP*）目前在醫療行為也逐漸為人重視，各個醫院分別針對不同的檢查程序與治療訂有一定的標準作業流程，一方面讓受檢查或受治療者可以安心的接受每一個步驟，而不會陷入無知的恐懼，一方面也可以確保醫療品質及減少人為的錯誤！性侵害犯罪加害人的治療與輔導教育是一種強制診療（*mandatory treatment*），他們幾乎都非出自於志願，而是透過立法的程序強制其接受治療或輔導教育，因此，對於他們而言，依法而行顯得特別重要，故缺乏標準作業流程，常導致加害人對於此種強制性治療與輔導教育提出異議，甚至於以程序正義來挑剔治療的效果，讓原先透過此種治療與輔導教育他們，進而減少性侵害犯罪再犯率的美意大打折扣！另一方面，特別面對強制診療的性加害人，更需要有一套標準的作業流程做為規臬，避免不必要的糾紛。同時，缺乏經驗的治療者面對各種實務狀況，常會讓他退卻，或不知如何應付，降低他們持續以此作為終身專業的動機，基於以上種種原因，皆有必要製作一個標準作業規範與實務操作手冊，以提供各種可能狀況與實務經驗作為後學者的應用與參考。

性侵害犯罪行為與再犯的理論是構成從事性侵害犯罪診療者的治療規臬，因此，本書也撰寫有關性侵害犯罪行為的理論與高再犯的循環路徑。在治療方面，必須先做鑑定評估，這不僅是治療策略的重要參考，也是做為未來再犯率的預測，及評估的重要依據，更可能在未來被引用作為法庭上據以判決是否需要持續治療的依據，因此，相當重要。不同階段的性侵害犯罪加害人處遇也不一樣，特殊的性侵害犯罪加害人也有不同的犯罪成因與處遇需要分類，本書也特別介紹幾種特殊的性侵害犯罪加害人做為讀者的參考。他山之石可以攻錯，毫無疑問的國外先進國家的作法值得參考，因此，也一併介紹。故本書整體的內容計有26章，分別從性侵害犯罪防治的歷史沿革、法規、流行病學介紹起，再逐漸提到性侵害犯罪加害人的危險因素與致因、性侵害犯罪行為與治療理論、各種再犯危險量表的使用、特殊檢查、診斷，並且提供從評估鑑定的原則、方法與步驟到不同階段的治療，包括社區處遇的完整性治療模式與實例上操作程序，除此，也提供了美國、加拿大與英國等先進國家的評估與治療方式，以及治療者的倫理守則足以讓初學者完整的學習到整套的鑑定、評估與治療模式，值得大家一讀！

參考文獻

周煌智等：編撰性侵害犯罪加害人的鑑定與治療作業規範與實務操作手冊——以再犯危險性為原則的鑑定治療模式。行政院衛生署九十三年度科技研究計畫報告書（DOH93-TD-M-113-002）。

第二章

性侵害犯罪防治法規對性侵害犯罪的定義及其立法沿革

周煌智　林明傑

本章學習重點

- 我國性侵害犯罪防治法規。
- 性侵害犯罪定義
- 立法的歷史沿革。

摘要

本章主要在介紹我國性侵害犯罪防治的各種法規，包括刑法、性侵害犯罪防治法、性騷擾防治法等立法的歷程及理由，讓讀者可以瞭解各項法規的重要性，以及從事性侵害犯罪防治工作者如何依據法令來進行評估與鑑定。

關鍵詞

刑法、性侵害犯罪防治法、性騷擾防治法。

壹、強制性交的定義

依據民國88年4月21日總統公布刑法修正案第16章妨礙性自主罪中第221條：『所稱強制性交指的是對男女以強暴、脅迫、恐嚇、催眠術或其他違反其意願之方法而為性交者，謂之。』同法第10條稱性交者：「謂左列性侵入行為：一、以性器進入他人之性器、肛門或口腔之行為。二、以性器以外之其他身體部位或器物進入他人之性器、肛門之行為。」本條修正有兩項重點：㈠保護對象之擴大：傳統之強姦罪及準強姦罪保護對象僅限於婦女，新修正刑法則將男性亦納入保護對象。㈡行為態樣之增加：傳統係以「姦淫」為規範之行為態樣，新修正刑法則係以「性侵入行為」為規範之行為態樣，又可分為三種行為類型：*1.*以性器進入他人之性器、肛門或口腔之行為：除包括傳統男對女之姦淫行為外，並進一步包括男對女之肛交、口交和男對男之雞姦行為；*2.*以性器以外之其他身體部位進入他人性器、肛門之行為：將傳統男對女或女對男之猥褻行為納入強制性交罪之規範；*3.*以器物進入他人之性器、肛門之行為：將性侵害犯罪行為亦納入強制性交罪之規範。修正刑法雖然改正過去強姦認定困難的疑義，且將被害人的主體不限定在女性。然而，由於刑法的性交定義雖規範了絕大部分的性交行為，讓不法之徒無以狡辯。但是相對地，以第10條第二點所言『以……或器物進入他人之性器、肛門之行為。』亦稱為性交，有時醫護人員會以指診（*digital examination*）、大直腸鏡、膀胱鏡以及內診（經陰道）施行醫療行為，依刑法定義亦為性交（周煌智，*2001*），因此，為避免基於醫療或其他正當目的所為之進入性器行為，被解為係本法之「性交」行為，於民國94年再次修訂時的序文增列「非基於正當目的所為之」文字，以避免適用上之疑義。另為顧及女對男之「性交」及其他難以涵括於「性侵入」之概念，併修正第五項第一款、第二款，增訂「或使之接合」之行為，以資涵括（*94.1* 刑法修法要旨說明）。故最新的刑法修正第10條為：『稱性交者，謂非基於正當目的所為之下列性侵入行為：一、以性器進入他人之性器、肛門或口腔，或使之接合之行為。二、以性器以外之其他身體部位或器物進入他人之性器、肛門，或使之接合之行為。』修改後的法律明確的定義了性交是：不論男女只要『使之接合』或進入，係非基於正當目的，即屬之。避免日後適法的疑義。

貳、刑法有關性犯罪定義的規定

我國性犯罪之相關法律包括原刑法第 16 章「妨害風化罪」共 15 條，及民國 88 年 4 月總統所公布新修訂有關性侵害犯罪條文——刑法第 26 章之一「妨害性自主罪」章共 13 條。

刑法等相關法律所指的強姦：『是對婦女以強暴、脅迫、藥劑、催眠術或其他方法，也就是本罪的行為包含施暴行強與姦淫兩個行為。』，意即：㈠行為人只要先實施強暴脅迫，使被害婦女不能抗拒，而後施行姦淫行為，行為人有無繼續施暴，或姦淫行為中被害人有無繼續抵抗，均不影響本罪之成立。㈡被害人一開始時是出於自願，而與行為人為姦淫行為，但在行為中突然改變意志或表現出不願續行姦淫，此時行為人若仍執意為之，實施暴行使被害人不能抗拒而得逞，仍然是會成立本罪的。㈢猥褻罪：主要包括強制猥褻罪、乘機猥褻罪、利用權勢猥褻罪、公然猥褻罪、散布猥褻文書罪以及調戲異性。*1.*強制猥褻罪：指的是對於男女以強暴、脅迫、藥劑、催眠術或其他方法為手段，強制男女，使其不能抗拒而違背其意思之情狀下加以猥褻。行強制猥褻行為與強姦行為同樣都是必須出於施暴行強，而其最大的差別，在於猥褻的目的是為了異性間或同性間的色情行為，而姦淫的目的則是為了加害人對受害人的性交行為。*2.*乘機猥褻罪：指乘男女心神喪失或其他相類之情形，不能抗拒，而為猥褻的行為。*3.*利用權勢猥褻罪：指的是對於因親屬、監護、教養、救濟、公務或業務關係服從自己監督之人，利用權勢而為猥褻的行為。*4.*公然猥褻罪：指在不特定人或多數人可能共見共聞的狀態下為猥褻之行為。

依據刑法進一步解釋其相關名詞（王如玄，*1997*）：

㈠乘機姦淫罪指：『乘婦女心神喪失或其他相類似之情形，不能抗拒，而予以姦淫。例如，乘婦女酒醉予以姦淫。這樣的姦淫同樣也是違反被害人的自由意志，只不過被害人的不能抗拒並不是由行為人所造成，行為人只是乘其不能抗拒的狀態而加以姦淫。』

㈡利用權勢姦淫指的是：『對於因親屬（如家長對家屬）、監護（如法定監護人對被監護人）、教養（如師長對於學生）、救濟（如救濟院的職員對於被收容人）、公務（如長官對僚屬、監所職員對受刑人）或業務（如經理對職員、醫生對患者）關係服從自己監督之人，利用權勢而為姦淫行為。』這裡的姦淫同樣也是違反被害人的自由意志，而重點在於「利用權勢」，因行為人是利用其監督之權勢，使被害人屈從其姦淫。所以行為人與被害人間必定現在要具有監督與服從之關係，而且行為人必須是要利用其權勢，可對被害人之地位、職務、事業、資格有所威脅、影響，而被害人迫於無奈不得不服從才可構成，如被害人是出於自願，與權勢無關者，則為單純的和姦行為，不成立本罪。

㈢廣義的性侵害犯罪——包括：性騷擾、性侵害犯罪；犯罪的廣義定義是將性侵害犯罪行為所造成的嚴重程度，區分為下述三種等級：第一級性傷害：包括語言猥褻、講黃色笑話，這是指言語騷擾。第二級性傷害：包括暴露身體隱私處；被碰觸、撫摸身體如胸部、臀部；強迫親吻；被拍裸照；加害者表演猥褻舉動或色情行動。第三級性傷害：包括撫摸生殖器；被強迫性交；被強迫口交或肛交；被強迫性交且有凌虐的行為。其中第一級在過去並沒有具體的法律作為規範，但性騷擾防治法目前於民國 94 年 2 月 5 日通過，詳如附件一。

參、台灣性侵害犯罪法規的歷史沿革

政府為正視性侵害犯罪的嚴重性與後遺症，民國 83 年 1 月 28 日修訂刑法第 77 條「……犯刑法第 16 章妨害風化各條之罪者，非經強制診療，不得假釋。」建立獄內強制診療的法源，並且常以監獄行刑法第 81 條：『對於受刑人……。犯刑法第 221 條至第 230 條及其特別法之罪，而患有精神疾病之受刑人，於假釋前，應經輔導或治療……。』作為獄中治療的依據。在民國 86 年 1 月 22 日通過性侵害犯罪防治法中第 18 條規定（內政部，*1998*）：『性侵害犯罪之加害人經判決有罪確定，而有下列情形之一者，主管機關應對其實施身心治療及輔導教育：一刑及保安處分之執行完畢。二假釋。三緩刑。四免刑。五赦免。前項身心治療及輔導教育之期間及辦法，由中央主管機關會同法務、教育、衛生等機關定之。……。』，進一步強化性侵害犯罪加害人在社區接受持續性的身心治療與輔導教育的法源。

接著，民國 88 年 4 月 21 日總統公布立法院通過刑法修正案，將刑法第 16 章妨礙風化罪改為妨礙性自主罪，被害人主體不再限於女性，並且除了對配偶犯第 220 條之罪者、或未滿 18 歲之人犯第 227 條之罪者，與直系或三親等內旁係血親視為性交者需告訴乃論外，一律採非告訴乃論罪（周煌智，*2001*）。針對未滿 16 歲的未成年人性交，採非告訴乃論的理由是：「未滿 16 歲的未成年人身體、心

智發展尚未成熟，知慮淺薄，對於為性交或猥褻行為欠缺完全性自主決定的判斷能力，故為保障其性行為自主決定權，即使該性交、猥褻行為已獲得未成年人的同意，仍應加以處罰。」

另外，這個刑法修正案最重要的一條就是第 91 條之 1：「犯第 221 條至第 227 條、第 228 條、第 229 條、第 230 條、第 234 條之罪者，於裁判前應經鑑定有無施以治療之必要。有施以治療之必要者，得令入相當處所，施以治療。前項處分於刑之執行前為之，其期間至治癒為止。但最長不得逾 3 年。前項治療處分之日數，以一日抵有期徒刑或拘役一日或第 42 條第 4 項裁判所定之罰金額數。」，即所謂的「刑前鑑定與治療」。此法的優點在於將所有性侵害犯罪加害人在裁判前就先經過鑑定，有無治療之必要，可以降低不必要的治療人力成本。然而將強制治療提前在刑之執行前，而非即將假釋前為之，則可能導致治療效果的大打折扣（周煌智、陳筱萍、張永源、郭壽宏，*2000*）。因為，對於性侵害犯罪加害人的治療概念，特別是對於高危險或高再犯的性侵害犯罪加害人不應該是治癒，而是終身控制！在判刑執行前為之的治療策略，顯然是不恰當的，而且目前所謂的「得令入相當的處所」，大多是指監獄的高度戒護環境而言，然而性侵害犯罪加害人身處高度戒護的環境下，相較於處於社區中缺乏有效監督的情境下，是較無再犯的可能性，因此，性侵害犯罪加害人在監獄裡，缺乏足夠的犯罪情境（即容易導致個案再次犯性侵害犯罪案件的某些人物、事件、地點、場合、或刺激等，當個案在此等情境下易再次犯性侵害犯罪案件。）來進行犯罪，自然難以判斷其是否有性衝動『控制』的能力，遑論『治癒』！以目前獄中所做的治療而言，大抵是教導預防再犯的技巧與模擬想像實際（*covert*）的犯罪情境，而加以避免的治療，這種技巧的運用應有連慣性，同時，在經過長期的監禁而不再練習後，便很容易遺忘，因此，在假釋之前或刑之執行完畢前為之，配合出獄後延續性的身心治療與輔導教育最為有效（周煌智，*2001*），此為刑法有關強制性交者的處遇與鑑定條文值得再討論之處；故在民國 91 年法務部所召集的刑法有關妨礙性自主章節的修法草案中，許多專家，包括陳若璋、周煌智、李光輝、林明傑……等人的共識是需將刑前鑑定改為定罪後或服刑中評估，而治療則在出獄前或假釋前一段時間為之。同時，「於裁判前應經鑑定有無施以治療之必要」，在實務上常引起鑑定人質疑行為人有無犯罪不明下，無以憑作鑑定之質疑，亦或有判決與鑑定意見相左之情形，而認有修正裁判前應經鑑定之必要（*94.1* 刑法修法要旨說明）。

基於上述的理由，經過幾個民間團體例如防暴三法聯盟等與立法委員們的努力之後，刑法又再次在民國 94 年 1 月 7 日由立法院三讀通過 91 條之 1 的修正案為：『犯第221條至第227條、第228條、第229條、第230條、第234條、第332條第2項第2款、第334條第2款、第348條第2項第1款及其特別法之罪，而有下列情形之一者，得令入相當處所，施以強制治療：一、徒刑執行期滿前，於接受輔導或治療後，經鑑定、評估，認有再犯之危險者。二、依其他法律規定，於接受身心治療或輔導教育後，經鑑定、評估，認有再犯之危險者。前項處分期間至其再犯危險顯著降低為止，執行期間應每年鑑定、評估有無停止治療之必要。』正式廢掉了刑前鑑定與治療，改採出獄前的治療與鑑定，且明示採『再犯危險顯著降低』的鑑定的原則，根據原先移送立法院的修法要旨說明是『性侵害犯罪之加害人有無繼續接受強制治療之必要，係根據監獄或社區之治療結果而定，如此將可避免現行規定之鑑定，因欠缺確定之犯罪事實，或為無效之刑前強制治療，浪費寶貴資源，使強制治療與監獄或社區之治療結合，為最有效之運用（表 *2.1*）。加害人之強制治療是以矯正行為人異常人格及行為，使其習得自我控制以達到再犯預防為目的，與尋常之疾病治療有異，學者及醫界咸認無治癒之概念，應以強制治療目的是否達到而定，故期限以「再犯危險顯著降低為止」為妥。惟應每年鑑定、評估，以避免流於長期監禁，影響加害人之權益。』（*94.1* 刑法修法要旨說明），另外，在獄中治療法源適用方面：由於某些加害人具有行為偏差與情緒障礙，卻不一定符合精神科醫師常用的精神疾病診斷統計分類手冊系統（*Diagnostic and Statistic Manual of Mental Disorders, DSM*）中的精神疾病要件，常會造成適用上的困擾，因此，監獄行刑法也在民國94年6月1日修正第81條、82-1條及83條來因應。由於相關的配套措施尚未齊備，因此，由刑法施行法明訂於民國95年7月1日正式施行。讓整個性侵害犯罪防治的工作獲得較為完善的法源。

表 2.1　台灣刑法有關性侵害防治的法律條文變更比較表

	1994	1999	2005
性交定義	無	第 10 條 謂左列性侵入行為： 一、以性器進入他人之性器、肛門或口腔之行為。 二、以性器以外之其他身體部位或器物進入他人之性器、肛門之行為。	第 10 條 稱性交者，謂非基於正當目的所為之下列性侵入行為： 一、以性器進入他人之性器、肛門或口腔，或使之接合之行為。 二、以性器以外之其他身體部位或器物進入他人之性器、肛門，或使之接合之行為。
被害人主體	只有女性	男女兩性	男女兩性
公訴否	大部分採告訴乃論	除少數情形外，一律為公訴罪	除少數情形外，一律為公訴罪
	第 77 條	第 91-1 條	第 91-1 條
治療或評估鑑定法源	[……犯刑法第 16 章妨害風化各條之罪者，非經強制診療，不得假釋。……]	犯第 221 條至……條之罪者，於裁判前應經鑑定有無施以治療之必要。有施以治療之必要者，得令入相當處所，施以治療。……其期間至治癒為止。但最長不得逾 3 年。前項治療處分之日數，以一日抵有期徒刑或拘役一日或……所定之罰金額數。	犯第 221 條至……之罪，而有下列情形之一者，得令入相當處所，施以強制治療：一、徒刑執行期滿前，於接受輔導或治療後，經鑑定、評估，認有再犯之危險者。二、依其他法律規定，於接受身心治療或輔導教育後，經鑑定、評估，認有再犯之危險者。前項處分期間至其再犯危險顯著降低為止，執行期間應每年鑑定、評估有無停止治療之必要。
重要影響	第一個強制診療法源	刑前鑑定與治療。	刑中強制治療與釋放前評估鑑定法源，明訂治療通過標準為再犯危險顯著降低。

另外，為延續在獄中的治療的成效，內政部在「性侵害犯罪加害人身心治療及輔導教育辦法」第 5 條規定『實施身心治療及輔導教育之期間不得少於 1 年，最長不得逾 2 年。但必要時得延長 1 年。實施身心治療每週不得少於 1 個半小時；實施輔導教育每月不得少於 1 小時。』一般說來，對一般性侵害犯罪加害人實施 1～3 年的身心治療與輔導教育可能有效，然而對於少數高危險群，卻又不

足，且從出獄到接受處遇時仍有一段空窗期，不利於社區的監督與處遇，此為美中不足之點。也因此，性侵害犯罪防治法在刑法修正的同時，也同步修正了幾個重要的條文（詳見附件），並且於民國94年8月以後實施。這些修正條文包括了最重要的第 20 條：『加害人有下列情形之一，經評估認有施以治療輔導之必要者，直轄市、縣（市）主管機關應命其接受身心治療或輔導教育：一、有期徒刑或保安處分執行完畢。二、假釋。三、緩刑。……六、緩起訴處分。觀護人對於前項第2款、第3款付保護管束之加害人，得採取下列一款或數款之處遇方式：……四、受保護管束之加害人無一定之居住處所，或其居住處所不利保護管束之執行者，觀護人得報請檢察官、軍事檢察官許可，命其居住於指定之處所。五、受保護管束之加害人有於夜間犯罪之習性，或有事實足認其有再犯罪之虞時，觀護人得報請檢察官、軍事檢察官許可，施以宵禁。六、受保護管束之加害人經評估應接受身心治療或輔導教育者，觀護人得報經檢察官、軍事檢察官之許可，對其實施測謊。七、受保護管束之加害人有固定犯罪模式，或有事實足認其有再犯罪之虞時，觀護人得報請檢察官、軍事檢察官許可，禁止其接近特定場所或對象。……。觀護人對於實施前項第4款、第5款之受保護管束加害人，得報請檢察官、軍事檢察官許可後，輔以科技設備監控。……。』對於所有的性侵害犯罪加害人先給予評估並分類，對於具有犯罪習性或中高再犯危險的性侵害犯罪加害人則施以加強的身心治療與輔導教育（不再限制一定的時數，而以3年期間為限，必要時移送強制治療）。同時，採用了科羅拉多州發展出有名之「抑制模式」，對個案於必要時實施限定居住場所、測謊、宵禁，並且輔以電子監控以減少再犯的機會。並在第23條採用梅根法案的精神，『犯刑法第221條、……或其特別法之罪之加害人，有第20條第1項各款情形之一者，應定期向警察機關辦理身分、就學、工作、車籍及其異動等資料之登記及報到。其登記、報到之期間為七年。……第一項登記期間之事項，為維護公共利益及社會安全之目的，於登記期間得供特定人員查閱。……』具有所謂的社區公告制度，至此，台灣對於性侵害犯罪防治的法律堪稱較為完善。

肆、美國性侵害犯罪加害人相關法規簡介

一、華盛頓州性加害人法律（Washington State Offense Laws）

華盛頓州有關性侵害犯罪加害人法律，首先定義性交（*sexual intercourse*）包括傳統意義及包括任何插入，即使是輕微的皆算，而其主體則包括同性與異性。性接觸的器官包括性器官，口及肛門皆算。性接觸則是一個人與另一個人以要提高性趣的目的所做的任何接觸屬之。比較特別的是將強暴分成三級。當然每一級的強暴程度罪刑嚴重度也就不同（周煌智，*1998*）。

二、梅根法案

在公元 1994 年 7 月，紐西澤州一個 7 歲女孩梅根（*Megan Kanka*）被其剛從監獄釋放出來的性罪犯鄰居強暴虐殺，此事件促成聯邦及州法律正視性犯罪的人名及居住地是否應該被公告一事。該州迅速通過法案要求假釋性罪犯分四級，在召開聽證會（檢察官準備心理學家證據及危險量表，而由被告一方舉反證）後，依級別予以通知社區或／與警局登記（*notification or registration*）。在梅根死之前，只有 5 個州有性侵害犯罪加害人登記，但梅根死後，所有州法律及聯邦法均有自己的『梅根法條』版本，但都只追蹤數年而已。最後聯邦法律要求各州定立梅根法案，否則就會損失 10%的『聯邦司法補助經費』，故在 1996 年月 5 日麻州暨佛蒙特州及內布拉斯州之後成為最後成立「梅根法律」的州，現在在美國 50 州都有自己的『梅根法律』了（周煌智，*1998*）。根據梅根法案（*Magan's Law*），所有的性侵害犯罪加害人（強暴犯、戀童癖者與亂倫者）從監獄放出後都要到社區警察局去註冊，同時還要參加一年的團體心理治療。一年後治療師若決定他不再對社區構成威脅，即可停止治療（*Schwartz & Cellini, 1997*）。因爭議過大，聯邦最高法院則於 1998 年 2 月決定暫不處理本案（*remain intact*）。密西根州（*Michigan state*）只有註冊（*registration*）而無公告（*notification*），但鼓勵居民至警局查詢，1999 年 2 月更推出網路（*website*）供查詢，引起不少爭議（法律及方式，可查 *www.mipsor.state.mi.us*，輸入郵遞區號，如 *48823*）。

另一相關之法案為危險性罪犯法案（*Sexual Violent Predator Act, SVPA*）於 1990 年華盛頓州（*Washington state*）的一個小男孩被一假釋之性侵害犯罪加害人姦殺，而通過此一法案。到 1999 年約已有 15 州通過，賦予該州有權將危險性罪犯 civil commitment（接近我國之保安處分之強制治療或監護之概念），而予以不定期監禁於精神病監（*indefinite confinement*），直到其被認為對社會不會危害為止（*Cohen, 1995*）。

三、適法與違反人權的疑慮

許多州立法部門對被性侵害犯罪加害人高度再犯率有明確的認知。為了保護人民且協助法律的執行、調查，且能在必要時快速逮捕性侵害犯罪加害人，這些立法部門要求性侵害犯罪加害人在被釋放或交保時均需與當地執法機關登記。主要是希望當地警察能較輕易辦理當地的性犯罪，也警惕性侵害犯罪加害人要能避免再犯，因為他們的名字都在當地警局登記著，然而，登記法案及社區公告似乎對社區的性累犯是一項二度懲罰。

社區公告法允許或強制執法機關或官員將性侵害犯罪加害人存於社區的事件公告社區民眾，公告方式由各州法規及監護準則自行決定，可能簡單的公開性侵害犯罪加害人的登記資料供民眾調閱，或提供免費諮詢電話讓民眾查詢鄰近居家是否有性侵害犯罪的嫌疑犯，這些方式均是為了讓居民可以因為知道有性侵害犯罪加害人在附近而加強對自身及家人的保護，但有些研究人員發現公告制度是無效的，它只是引起一些對立效應而已，因為這些性侵害犯罪加害人常是被社會大眾批判的對象。

有些評論家認為公告制度提供安全的假象，因為公告本身並不提供任何保證，但常被大眾認為它提供了保證。此外，也沒有證據證明此項法律降低了再犯率，事實上，有些人認為此法律反而促使對兒童騷擾者或其他性侵害犯罪加害人移居到公告法律較不嚴格的地方，或決定不去作登記。研究亦指出性侵害犯罪加害人配合登記的比率很低，且幾乎沒有基金提供法律執行部門去確認性侵害犯罪加害人的配合度，導致登記資料不完整，不正確且幾乎對犯罪預防沒有幫助。也有資料顯示登記的威脅使得這些性侵害犯罪加害人不願就醫，且社會大眾對他們的騷擾迫使他們無法過正常的生活，這二者均會提高他們的再犯率。

登記及公告法律受到許多美國現行法律的挑戰，例如：美國憲法規定『不可通過褫奪公民財產權、及追溯既往行為之法律』，第 5 修正案規定『沒有任何人

因同一罪行而被施予兩次處罰』。第 8 修正案規定『不可有過高的保釋金，也不可有過高的罰金，也不可使用殘忍且不尋常的刑罪。』第 14 修正案規定「沒有任何州可立法或執行縮減美國公民之基本權力或豁免權之法律；沒有任何州可以在沒有法律的適正程序下剝奪任何人之生命、自由或財產。但這些挑戰均一一被駁回，法院都判定此一法律並未違憲（*Schwartz & Cellini, 1997*）。聯邦最高法院則於 1997 年贊成，其認為這並非刑罰（*punishment*）！（*Hendricks v. Kansas, US Sup Ct. 1997* 可參考 *http://supct.law.cornell.edu/supct/html/95-1649.ZS.html* 或到 *www.findlaw.com* 輸入本案例之名稱即可。）

四、科羅拉多州抑制模式

在完整監控社區處遇方面的法規，科羅拉多州發展出有名之「抑制模式」（*containment model*），其認為對較高危險的假釋性侵害犯罪加害人犯應有較密集的觀護（如每週 *3* 至 *5* 次之面對面監督）、每 3 個月或半年一次到警局之測謊儀測謊（*polygraph testing*），詢問其有無再接近高危險因子，如有無再看色情出版品、接近小學、酗酒、有無再犯等，題目由輔導治療師與測謊員擬定、及每半年或一年作一次陰莖體積變化測試儀（*penile plethysmography*）（*English, Pullen, & Jones, 1996*）。據麻塞諸塞州觀護局訓練主任 Steve Bocko 表示根據一份研究該模式有極佳之效果，研究顯示參加者之 3 年內再犯率不到 2%，而未參加者 3 年內再犯率 27%（林明傑，*2000*）。佛蒙特州（*Vermont*）性侵害犯罪加害人處遇方案之行政主任 Georgia Cumming 及臨床主任 Robert McGrath（*2000*）更提出一新名稱「性罪犯之社區監督鑽石圖」（*supervision diamond*，見圖 *2.1*），即認為性罪犯之社區監督應有如菱形鑽石之四個角且缺一不可，此四個元素為觀護人之社區監督、社區之輔導治療師、案主之支持網路（如好友、工作之老闆、或輔導中之其他成員）、及定期之測謊。全美至 2003 年止約有 15 州有此方案。

圖 2.1 性罪犯之社區監督鑽石圖（supervision diamond）（Cumming, & McGrath, 2000）

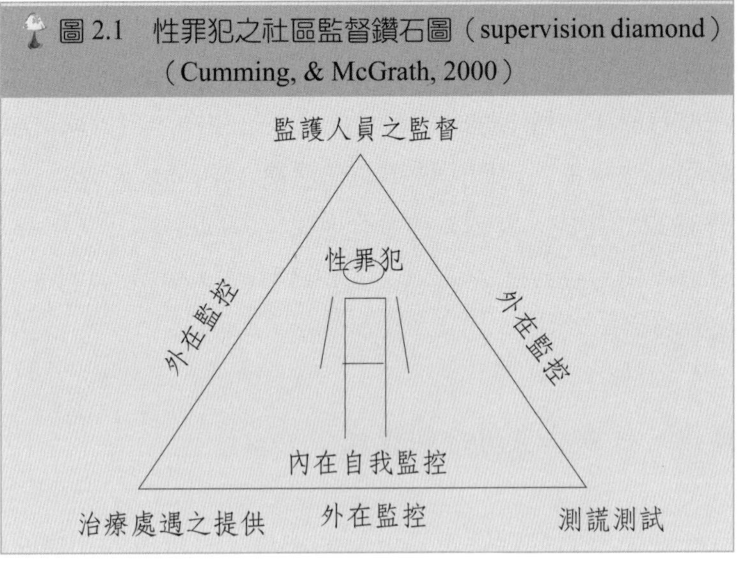

附件一　中華民國刑法有關強制性交條文（民國 94 年 2 月 2 日修正）

第 10 條	稱以上、以下、以內者，俱連本數或本刑計算。 稱公務員者，謂下列人員：1～6 項（略） 稱性交者，謂非基於正當目的所為之下列性侵入行為： 一、以性器進入他人之性器、肛門或口腔，或使之接合之行為。 二、以性器以外之其他身體部位或器物進入他人之性器、肛門，或使之接合之行為。 稱電磁紀錄者，謂以電子、磁性、光學或其他相類之方式所製成，而供電腦處理之紀錄。
第 91-1 條	犯第二百二十一條至第二百二十七條、第二百二十八條、第二百二十九條、第二百三十條、第二百三十四條、第三百三十二條第二項第二款、第三百三十四條第二款、第三百四十八條第二項第一款及其特別法之罪，而有下列情形之一者，得令入相當處所，施以強制治療： 一、徒刑執行期滿前，於接受輔導或治療後，經鑑定、評估，認有再犯之危險者。 二、依其他法律規定，於接受身心治療或輔導教育後，經鑑定、評估，認有再犯之危險者。 前項處分期間至其再犯危險顯著降低為止，執行期間應每年鑑定、評估有無停止治療之必要。

（續）

第 221 條	對於男女以強暴、脅迫、恐嚇、催眠術或其他違反其意願之方法而為性交者，處三年以上十年以下有期徒刑。 前項之未遂犯罰之。
第 225 條	對於男女利用其精神、身體障礙、心智缺陷或其他相類之情形，不能或不知抗拒而為性交者，處三年以上十年以下有期徒刑。對於男女利用其精神、身體障礙、心智缺陷或其他相類之情形，不能或不知抗拒而為猥褻之行為者，處六個月以上五年以下有期徒刑。 第一項之未遂犯罰之。
第 227 條	對於未滿十四歲之男女為性交者，處三年以上十年以下有期徒刑。 對於未滿十四歲之男女為猥褻之行為者，處六個月以上五年以下有期徒刑。 對於十四歲以上未滿十六歲之男女為性交者，處七年以下有期徒刑。 對於十四歲以上未滿十六歲之男女為猥褻之行為者，處三年以下有期徒刑。 第一項、第三項之未遂犯罰之。
第 228 條	對於因親屬、監護、教養、教育、訓練、救濟、醫療、公務、業務或其他相類關係受自己監督、扶助、照護之人，利用權勢或機會為性交者，處六個月以上五年以下有期徒刑。 因前項情形而為猥褻之行為者，處三年以下有期徒刑。 第一項之未遂犯罰之。
第 229 條	以詐術使男女誤信為自己配偶，而聽從其為性交者，處三年以上十年以下有期徒刑。 前項之未遂犯罰之。
第 230 條	與直系或三親等內旁系血親為性交者，處五年以下有期徒刑。
第 234 條	意圖供人觀覽，公然為猥褻之行為者，處一年以下有期徒刑、拘役或三千元以下罰金。 意圖營利犯前項之罪者，處二年以下有期徒刑、拘役或科或併科一萬元以下罰金。
第 332 條	犯強盜罪而故意殺人者，處死刑或無期徒刑。 犯強盜罪而有下列行為之一者，處死刑、無期徒刑或十年以上有期徒刑： 一、放火者。 二、強制性交者。 三、擄人勒贖者。 四、使人受重傷者。

（續）

第 334 條	犯海盜罪而有左列行為之一者，處死刑： 一、放火者。 二、強制性交者。 三、擄人勒贖者。 四、故意殺人者。
第 348 條	犯前條第一項之罪而故意殺人者，處死刑或無期徒刑。 犯前條第一項之罪而有下列行為之一者，處死刑、無期徒刑或十二年以上有期徒刑： 一、強制性交者。 二、使人受重傷者。

附件二　中華民國刑法有關強制性交條文歷史法條（民國 92 年 6 月 25 日修正）

第 10 條	稱以上、以下、以內者，俱連本數或本刑計算。 稱公務員者，謂依法令從事於公務之人員。 稱公文書者，謂公務員職務上制作之文書。 稱重傷者，謂左列傷害： 一、毀敗一目或二目之視能。二、毀敗一耳或二耳之聽能。 三、毀敗語能、味能或嗅能。 四、毀敗一肢以上之機能。 五、毀敗生殖之機能。 六、其他於身體或健康，有重大不治或難治之傷害。 稱性交者，謂左列性侵入行為： 以性器進入他人之性器、肛門或口腔之行為。 以性器以外之其他身體部位或器物進入他人之性器、肛門之行為。
第 91-1 條	犯第二百二十一條至第二百二十七條、第二百二十八條、第二百二十九條、第二百三十條、第二百三十四條之罪者，於裁判前應經鑑定有無施以治療之必要。有施以治療之必要者，得令入相當處所，施以治療。 前項處分於刑之執行前為之，其期間至治癒為止。但最長不得逾三年。 前項治療處分之日數，以一日抵有期徒刑或拘役一日或第四十二條第四項裁判所定之罰金額數。

（續）

第 225 條	對於男女利用其心神喪失、精神耗弱、身心障礙或其他相類之情形，不能或不知抗拒而為性交者，處三年以上十年以下有期徒刑。 對於男女利用其心神喪失、精神耗弱、身心障礙或其他相類之情形，不能或不知抗拒而為猥褻之行為者，處六月以上五年以下有期徒刑。 第一項之未遂犯罰之。

附件三　刑法歷史法條民國 86 年 11 月 26 日修正前原條文

第 77 條	受徒刑之執行而有悛悔實據者，無期徒刑逾十年後，有期徒刑逾三分之一後，由監獄長官報請法務部，得許假釋出獄。但有期徒刑之執行未滿六個月者，不在此限。無期徒刑裁判確定前逾一年部分之羈押日數算入前項已執行之期間內。犯刑法第十六章妨害風化各條之罪者，非經強制診療，不得假釋。

附件四　監獄行刑法部分條文【民國 94 年 6 月 1 日修正，民國 95 年 7 月 1 日實施】

第 81 條（民國 92 年舊條文）	對於受刑人累進處遇進至二級以上，悛悔向上，而與應許假釋情形相符合者，經假釋審查委員會決議，由監獄報請法務部核准後，假釋出獄。犯刑法第二百二十一條至第二百三十條及其特別法之罪，而患有精神疾病之受刑人，於假釋前，應經輔導或治療；其辦法，由法務部定之。報請假釋時，應附具足資證明受刑人確有悛悔情形之紀錄及假釋審查委員會之決議。前項受刑人之假釋並應附具曾受輔導或治療之紀錄。
第 82 條	對於受刑人累進處遇進至二級以上，悛悔向上，而與應許假釋情形相符合者，經假釋審查委員會決議，報請法務部核准後，假釋出獄。 報請假釋時，應附具足資證明受刑人確有悛悔情形之紀錄及假釋審查委員會之決議。 犯刑法第二百二十一條至第二百二十七條、第二百二十八條、第二百二十九條、第二百三十條、第二百三十四條、第三百三十二條第二項第二款、第三百三十四條第二款、第三百四十八條第二項第一

（續）

	款及其特別法之罪之受刑人，其強制身心治療或輔導教育辦法，由法務部定之。 依刑法第九十一條之一第一項接受強制身心治療或輔導教育之受刑人，應附具曾受治療或輔導之紀錄及個案自我控制再犯預防成效評估報告，如顯有再犯之虞，不得報請假釋。
第 82-1 條	受刑人依刑法第九十一條之一規定，經鑑定、評估，認有再犯之危險，而有施以強制治療之必要者，監獄應於刑期屆滿前三月，將受刑人應接受強制治療之鑑定、評估報告等相關資料，送請該管檢察署檢察官，檢察官至遲應於受刑人刑期屆滿前二月，向法院聲請強制治療之宣告
第 83 條	執行期滿者，除接續執行強制身心治療或輔導教育處分者外，應於其刑期終了之次日午前釋放之。 核准假釋者，應由監獄長官依定式告知出獄，給予假釋證書，並移送保護管束之監督機關。 受赦免者，除接續執行強制身心治療或輔導教育處分者外，應於公文到達後至遲二十四小時內釋放之。

附件五　性侵害犯罪防治法【民國 94 年 2 月 5 日修正】

第 1 條	為防治性侵害犯罪及保護被害人權益，特制定本法。
第 2 條	本法所稱性侵害犯罪，係指觸犯刑法第二百二十一條至第二百二十七條、第二百二十八條、第二百二十九條、第三百三十二條第二項第二款、第三百三十四條第二款、第三百四十八條第二項第一款及其特別法之罪。 本法所稱加害人，指觸犯前項各罪經判決有罪確定之人。
第 3 條	本法所稱主管機關：在中央為內政部；在直轄市為直轄市政府；在縣（市）為縣（市）政府。
第 4 條	內政部應設性侵害犯罪防治委員會，掌理下列事項： 一、研擬性侵害犯罪防治政策及法規。 二、協調及監督有關性侵害犯罪防治事項之執行。 三、監督各級政府建立性侵害犯罪事件處理程序、防治及醫療網絡。 四、督導及推展性侵害犯罪防治教育。 五、性侵害犯罪事件各項資料之建立、彙整、統計及管理。 六、性侵害犯罪防治有關問題之研議。 七、其他性侵害犯罪防治有關事項。

（續）

第 5 條	內政部性侵害犯罪防治委員會，以內政部部長為主任委員，民間團體代表、學者及專家之比例不得少於委員總數二分之一。 性侵害犯罪防治委員會應配置專人分科處理有關業務；其組織規程由中央主管機關定之。
第 6 條	直轄市、縣（市）主管機關應設性侵害犯罪防治中心，辦理下列事項： 一、提供二十四小時電話專線服務。 二、提供被害人二十四小時緊急救援。 三、協助被害人就醫診療、驗傷及取得證據。 四、協助被害人心理治療、輔導、緊急安置及提供法律服務。 五、協調醫院成立專門處理性侵害犯罪事件之醫療小組。 六、加害人之追蹤輔導及身心治療。 七、推廣性侵害犯罪防治教育、訓練及宣導。 八、其他有關性侵害犯罪防治及保護事項。 前項中心應配置社工、警察、醫療及其他相關專業人員；其組織由直轄市、縣（市）主管機關定之。 地方政府應編列預算辦理前二項事宜，不足由中央主管機關編列專款補助。
第 7 條	各級中小學每學年應至少有四小時以上之性侵害犯罪防治教育課程。 前項所稱性侵害犯罪防治教育課程應包括： 一、兩性性器官構造與功能。 二、安全性行為與自我保護性知識。 三、兩性平等之教育。 四、正確性心理之建立。 五、對他人性自由之尊重。 六、性侵害犯罪之認識。 七、性侵害犯罪危機之處理。 八、性侵害犯罪防範之技巧。 九、其他與性侵害犯罪有關之教育。
第 8 條	醫事人員、社工人員、教育人員、保育人員、警察人員、勞政人員，於執行職務知有疑似性侵害犯罪情事者，應立即向當地直轄市、縣（市）主管機關通報，至遲不得超過二十四小時。通報之方式及內容，由中央主管機關定之。 前項通報內容、通報人之姓名、住居所及其他足資識別其身分之資訊，除法律另有規定外，應予保密。

（續）

第 9 條	中央主管機關應建立全國性侵害犯罪加害人之檔案資料，其內容應包含指紋、去氧核醣核酸紀錄。 前項檔案資料應予保密，非依法律規定，不得提供；其管理及使用等事項之辦法，由中央主管機關定之。
第 10 條	醫院、診所對於被害人，不得無故拒絕診療及開立驗傷診斷書。 醫院、診所對被害人診療時，應有護理人員陪同，並應保護被害人之隱私，提供安全及合適之就醫環境。 第一項驗傷診斷書之格式，由中央衛生主管機關會商有關機關定之。 違反第一項規定者，由衛生主管機關處新臺幣一萬元以上五萬元以下罰鍰。
第 11 條	對於被害人之驗傷及取證，除依刑事訴訟法、軍事審判法之規定或被害人無意識或無法表意者外，應經被害人之同意。被害人為禁治產或未滿十二歲之人時，應經其監護人或法定代理人之同意。但監護人或法定代理人之有無不明、通知顯有困難或為該性侵害犯罪之嫌疑人時，得逕行驗傷及取證。 取得證據後，應保全證物於證物袋內，司法、軍法警察並應即送請內政部警政署鑑驗，證物鑑驗報告並應依法保存。 性侵害犯罪案件屬告訴乃論者，尚未提出告訴或自訴時，內政部警政署應將證物移送犯罪發生地之直轄市、縣（市）主管機關保管，除未能知悉犯罪嫌疑人外，證物保管六個月後得逕行銷毀。
第 12 條	因職務或業務知悉或持有性侵害犯罪被害人姓名、出生年月日、住居所及其他足資識別其身分之資料者，除法律另有規定外，應予保密。 行政機關、司法機關及軍法機關所製作必須公示之文書，不得揭露被害人之姓名、出生年月日、住居所及其他足資識別被害人身分之資訊。
第 13 條	廣告物、出版品、廣播、電視、電子訊號、電腦網路或其他媒體，不得報導或記載被害人之姓名或其他足資識別被害人身分之資訊。但經有行為能力之被害人同意或犯罪偵查機關依法認為有必要者，不在此限。 違反前項規定者，由各該目的事業主管機關處新臺幣六萬元以上六十萬元以下罰鍰，並得沒入前項物品或採行其他必要之處置；其經通知限期改正，屆期不改正者，得按次連續處罰。但被害人死亡，經目的事業主管機關權衡社會公益認有報導必要者，不罰。
第 14 條	法院、檢察署、軍事法院、軍事法院檢察署、司法、軍法警察機關及醫療機構，應由經專業訓練之專人處理性侵害犯罪事件。 前項醫療機構，指由中央衛生主管機關指定設置處理性侵害犯罪事件醫療小組之醫療機構。

（續）

第 15 條	被害人之法定代理人、配偶、直系或三親等內旁系血親、家長、家屬、醫師、心理師、輔導人員或社工人員得於偵查或審判中，陪同被害人在場，並得陳述意見。 前項規定，於得陪同在場之人為性侵害犯罪嫌疑人或被告時，不適用之。 被害人為兒童或少年時，除顯無必要者外，直轄市、縣（市）主管機關應指派社工人員於偵查或審判中陪同在場，並得陳述意見。
第 16 條	對被害人之訊問或詰問，得依聲請或依職權在法庭外為之，或利用聲音、影像傳送之科技設備或其他適當隔離措施，將被害人與被告或法官隔離。 被害人經傳喚到庭作證時，如因心智障礙或身心創傷，認當庭詰問有致其不能自由陳述或完全陳述之虞者，法官、軍事審判官應採取前項隔離詰問之措施。 審判長因當事人或辯護人詰問被害人不當而禁止其詰問者，得以訊問代之。 性侵害犯罪之被告或其辯護人不得詰問或提出有關被害人與被告以外之人之性經驗證據。但法官、軍事審判官認有必要者，不在此限。
第 17 條	被害人於審判中有下列情形之一，其於檢察事務官、司法警察官或司法警察調查中所為之陳述，經證明具有可信之特別情況，且為證明犯罪事實之存否所必要者，得為證據： 一、因性侵害犯罪致身心創傷無法陳述者。 二、到庭後因身心壓力於訊問或詰問時無法為完全之陳述或拒絕陳述者。
第 18 條	性侵害犯罪之案件，審判不得公開。但有下列情形之一，經法官或軍事審判官認有必要者，不在此限： 一、被害人同意。 二、被害人為無行為能力或限制行為能力者，經本人及其法定代理人同意。
第 19 條	直轄市、縣（市）主管機關得依被害人之申請，核發下列補助： 一、非屬全民健康保險給付範圍之醫療費用及心理復健費用。 二、訴訟費用及律師費用。 三、其他費用。 前項補助對象、條件及金額等事項之規定，由直轄市、縣（市）主管機關定之。
第 20 條	加害人有下列情形之一，經評估認有施以治療輔導之必要者，直轄市、縣（市）主管機關應命其接受身心治療或輔導教育： 一、有期徒刑或保安處分執行完畢。

（續）

	二、假釋。 三、緩刑。 四、免刑。 五、赦免。 六、緩起訴處分。 觀護人對於前項第二款、第三款付保護管束之加害人，得採取下列一款或數款之處遇方式： 一、對受保護管束之加害人實施約談、訪視，並得進行團體活動或問卷等輔助行為。 二、對於有事實足認有再犯罪之虞或需加強輔導及管束之受保護管束加害人，得密集實施約談、訪視；必要時，並得請警察機關派員定期或不定期查訪之。 三、對於受保護管束加害人有事實可疑為施用毒品時，得命其接受採驗尿液。 四、受保護管束之加害人無一定之居住處所，或其居住處所不利保護管束之執行者，觀護人得報請檢察官、軍事檢察官許可，命其居住於指定之處所。 五、受保護管束之加害人有於夜間犯罪之習性，或有事實足認其有再犯罪之虞時，觀護人得報請檢察官、軍事檢察官許可，施以宵禁。 六、受保護管束之加害人經評估應接受身心治療或輔導教育者，觀護人得報經檢察官、軍事檢察官之許可，對其實施測謊。 七、受保護管束之加害人有固定犯罪模式，或有事實足認其有再犯罪之虞時，觀護人得報請檢察官、軍事檢察官許可，禁止其接近特定場所或對象。 八、轉介適當機構或團體。 九、其他必要處遇。 觀護人對於實施前項第四款、第五款之受保護管束加害人，得報請檢察官、軍事檢察官許可後，輔以科技設備監控。 第一項之執行期間為三年以下。但經評估認無繼續執行之必要者，直轄市、縣（市）主管機關得免其處分之執行。 第一項之評估，除徒刑之受刑人由監獄或軍事監獄辦理外，由直轄市、縣（市）主管機關辦理。 第一項評估之內容、基準、程序與身心治療或輔導教育及登記之內容、程序、成效評估等事項之辦法，由中央主管機關會同法務部、國防部及行政院衛生署定之。 第二項第三款採驗尿液之執行方式、程序、期間次數、檢驗機構及項目等，由法務部會商相關機關定之。

（續）

第 21 條	前條加害人有下列情形之一者，得處新臺幣一萬元以上五萬元以下罰鍰，並限期命其履行： 一、經直轄市、縣（市）主管機關通知，無正當理由不到場或拒絕接受評估、身心治療或輔導教育者。 二、經直轄市、縣（市）主管機關通知，無正當理由不按時到場接受身心治療或輔導教育或接受之時數不足者。 三、未依第二十三條第一項規定定期辦理登記或報到。 前項加害人屆期仍不履行者，處一年以下有期徒刑、拘役或科或併科新臺幣五萬元以下罰金。 直轄市、縣（市）主管機關對於假釋、緩刑或受緩起訴處分之加害人為第一項之處分後，應即通知該管地方法院檢察署檢察官或軍事法院檢察署檢察官。 地方法院檢察署檢察官、軍事法院檢察署檢察官接獲前項通知後，得通知原執行監獄典獄長報請法務部、國防部撤銷假釋或向法院、軍事法院聲請撤銷緩刑或依職權撤銷緩起訴處分。
第 22 條	加害人依第二十條第一項規定接受身心治療或輔導教育，經鑑定、評估其自我控制再犯預防仍無成效者，直轄市、縣（市）主管機關得檢具相關評估報告，送請該管地方法院檢察署檢察官、軍事檢察署檢察官依法聲請強制治療。
第 23 條	犯刑法第二百二十一條、第二百二十二條、第二百二十四條之一、第二百二十五條第一項、第二百二十六條、第二百二十六條之一、第三百三十二條第二項第二款、第三百三十四條第二款、第三百四十八條第二項第一款或其特別法之罪之加害人，有第二十條第一項各款情形之一者，應定期向警察機關辦理身分、就學、工作、車籍及其異動等資料之登記及報到。其登記、報到之期間為七年。 前項規定於犯罪時未滿十八歲者不適用之。 第一項登記期間之事項，為維護公共利益及社會安全之目的，於登記期間得供特定人員查閱。 第一項登記、報到之程序及前項供查閱事項之範圍、內容、執行機關、查閱人員之資格、條件、查閱程序及其他應遵行事項之辦法，由中央主管機關定之。
第 24 條	本法施行細則，由中央主管機關定之。
第 25 條	本法自公布後六個月施行。

附件六　性侵害犯罪防治法歷史法條【民國 91 年 06 月 12 日修正】

第 2 條	本法所稱性侵害犯罪，係指刑法第二百二十一條至第二百二十九條及第二百三十三條之犯罪。
第 4 條	內政部應設立性侵害犯罪防治委員會，其職掌如下： 一、協調及監督有關機關性侵害犯罪防治事項之執行。 二、研擬性侵害犯罪防治政策。 三、監督各級政府建立性侵害犯罪處理程序、服務及醫療網路。 四、督導、推展性侵害犯罪防治教育。 五、性侵害犯罪有關問題之研議。 六、其他性侵害犯罪防治有關事項。
第 5 條	性侵害犯罪防治委員會，以內政部長為主任委員，民間團體代表、學者及專家之比例不得少於委員總數二分之一。 性侵害犯罪防治委員會應配置專人分組處理有關業務；其組織規程由中央主管機關定之。
第 6 條	各直轄市政府及縣（市）政府應各設立性侵害犯罪防治中心，辦理下列措施，以保護被害人之權益並防止性侵害犯罪事件之發生： 一、二十四小時電話專線。 二、被害人之心理治療、輔導、緊急安置與法律扶助。 三、協調教學醫院成立專門處理性侵害犯罪之醫療小組。 四、給予被害人二十四小時緊急救援、一般及緊急診療、協助驗傷及取得證據。 五、加害人之追蹤輔導與身心治療。 六、推廣各種教育、訓練與宣傳。 七、其他與性侵害犯罪有關之措施。 前項中心應配置社工、警察、醫療及其他相關專業人員；其組織規程由地方主管機關定之。 地方政府應編列預算辦理前二項事宜，不足由中央主管機關編列專款補助。
第 6-1 條	直轄市及縣（市）主管機關經徵得被害人同意驗傷及取得證據後，應保全證物於證物袋內，並即送請內政部警政署鑑驗。 性侵害犯罪案件為告訴乃論，尚未提出告訴或自訴者，內政部警政署應將證物移送犯罪發生地之直轄市或縣（市）主管機關性侵害犯罪防治中心保管，除未能知悉犯罪嫌疑人外，證物保管六個月後得經被害人同意銷燬。

（續）

第6-2條	醫院、診所、警察、社政、教育及衛生單位受理性侵害犯罪有關事務時，應即通報當地直轄市、縣（市）主管機關性侵害犯罪防治中心。 前項通報之內容，應徵得被害人、法定代理人或依法負責執行監護事務者之同意；其不同意者，應以犯罪事實或犯罪嫌疑人資料為限。
第7條	中央主管機關應建立全國性侵害犯罪加害人之檔案資料。 前項檔案資料之內容，應包含指紋、去氧核醣核酸比對；其管理及使用辦法，由中央主管機關定之。
第8條	各級中小學每學年應至少有四小時以上之性侵害犯罪防治教育課程。 前項所稱性侵害犯罪防治教育課程應包括： 一、兩性平等之教育。 二、正確性心理之建立。 三、對他人性自由之尊重。 四、性侵害犯罪之認識。 五、性侵害犯罪危機之處理。 六、性侵害犯罪防範之技巧。 七、其他與性侵害犯罪有關之教育。
第9條	醫院、診所對於性侵害犯罪之被害人，不得無故拒絕診療及開立驗傷診斷書。 前項驗傷診斷書之格式，由中央衛生主管機關會同司法院、法務部共同訂定之。 違反第一項規定者，衛生主管機關得處以新台幣六千元以上三萬元以下罰鍰。
第10條	宣傳品、出版品、廣播電視、網際網路或其他媒體不得報導或記載性侵害犯罪事件被害人之姓名或其他足以識別被害人身分之資訊。但經被害人同意或因偵查犯罪之必要者，不在此限。 違反前項規定者，新聞主管機關對其負責人及行為人，得各處以新台幣三萬元以上三十萬元以下罰鍰，並得沒入前項物品。 行政機關及司法機關所製作必須公示之文書，不得揭露足以識別被害人身分之資訊。
第11條	司法院、法務部、內政部、警政署、行政院衛生署，應制定性侵害犯罪事件之處理準則，以保障被害人之權益。 法院、檢察署、警察機關，應指定專人辦理性侵害犯罪案件。 前項專人應接受專業訓練。專業訓練內容由各機關訂定之。
第12條	性侵害犯罪之告訴人得委任代理人到場。但檢察官或法院認為必要時，得命本人到場。 律師擔任告訴代理人時，得於審判中檢閱卷宗及證物，並得抄錄或攝影。

（續）

	法院依刑事訴訟法第二百八十九條行言詞辯論程序前，應予告訴人陳述意見之機會。但告訴人陳明不願到場或經合法傳喚無正當理由而不到場者，不在此限。
第 13 條	性侵害犯罪被害人之法定代理人、配偶、直系或三親等內旁系血親、家長、家屬或主管機關指派之社工人員得於偵查或審判中，陪同被害人在場，並得陳述意見。
第 14 條	性侵害犯罪中之被告或其辯護人不得詰問或提出有關被害人與被告以外之人之性經驗證據。但法官或檢察官如認有必要者，不在此限。
第 15 條	偵查、審判中對智障被害人或十六歲以下性侵害犯罪被害人之訊問或詰問，得依聲請或職權在法庭外為之，或採雙向電視系統將被害人與被告、被告律師或法官隔離。 前項被害人之陳訴得為證據。
第 16 條	性侵害犯罪之案件，審判不得公開。但經被害人同意，如被害人已死亡者，經其配偶及直系血親全部之同意，不在此限。
第 17 條	地方主管機關得依性侵害犯罪被害人之聲請核發下列補助： 一、醫療費用。 二、心理復健費用。 三、訴訟費用及律師費用。 四、其他費用。 前項補助辦法，由地方主管機關定之。
第 18 條	性侵害犯罪之加害人經判決有罪確定，而有下列情形之一者，主管機關應對其實施身心治療及輔導教育： 一、刑及保安處分之執行完畢。 二、假釋。 三、緩刑。 四、免刑。 五、赦免。 前項身心治療及輔導教育之期間及辦法，由中央主管機關會同法務、教育、衛生等機關定之。 不接受第一項身心治療或輔導教育，或接受之時數不足者，處新台幣六千元以上三萬元以下罰鍰；經再通知仍不接受者，得按次連續處罰至接受為止。
第 19 條	本法施行細則，由中央主管機關於本法公布後六個月內訂定之。
第 20 條	本辦法自公布日施行。

附件七　性侵害犯罪防治法施行細則【民國86年7月21日公（發）布】

第1條	本細則依性侵害犯罪防治法（以下簡稱本法）第十九條規定訂定之。
第2條	性侵害犯罪被害人（以下簡稱被害人）之保護措施，除本法之規定外，並應分別與兒童福利法、少年福利法、兒童及少年性交易防制條例之保護措施相互配合，予以保護。
第3條	本法第六條第一項第三款所稱醫療小組，應由該教學醫院院長擔任召集人，其成員至少應包括醫事人員及社會工作人員。
第4條	直轄市及縣（市）政府性侵害犯罪防治中心經徵得被害人同意驗傷及取得證據後，應保全證物於證物袋內，並立即送內政部警政署刑事警察局鑑驗。 案件經告訴或自訴者，內政部警政署刑事警察局應將前項證物連同鑑驗結果檢送該管司法警察、檢察機關或法院；案件尚未提起告訴或自訴者，應將證物移送犯罪發生地之直轄市或縣（市）政府性侵害犯罪防治中心保管，除未能知悉犯人及非告訴乃論之罪者外，證物保管六個月後得經被害人同意銷毀。 前二項被害人之同意，應填具同意書；同意書之格式及證物袋之規格，由中央主管機關會商有關機關定之。
第5條	醫院、診所、司法警察、社政、教育、衛生等單位受理性侵害犯罪有關事務時，應知會當地性侵害犯罪防治中心，並於徵得被害人、法定代理人或依法負責執行監護事務者同意後為之。其不同意者，知會之內容，以犯罪事實或加害人資料為限。 前項知會作業，應注意維護被害人之秘密或隱私，不得洩露或公開。 第一項知會程序及知會單格式，由中央主管機關會商有關機關定之。
第6條	中央主管機關為建立本法第七條第一項之檔案資料，應請各相關機關提供性侵害犯罪加害人之指紋及去氧核糖核酸樣品。
第7條	本法第十條第二項所稱新聞主管機關，在宣傳品、出版品為直轄市及縣（市）政府；在廣播電視、網際網路為行政院新聞局；在其他媒體，視其性質，屬於中央者，為行政院新聞局，屬於地方者，為直轄市及縣（市）政府。
第8條	本法第十三條所稱主管機關，係指被害人所在地之直轄市及縣（市）政府。但必要時，得視實際情形委託其他直轄市及縣（市）政府。

（續）

第 9 條	本法第十三條所稱主管機關指派之社工人員，係指下列人員： 一、直轄市、縣（市）主管機關編制內或約聘僱之社會工作人員或社會行政人員。 二、受直轄市、縣（市）主管機關委託之社會福利團體、機構之社會工作人員。 三、教學醫院之社會工作人員。 四、執業之社會工作師。
第 10 條	主管機關依本法第十三條指派社工人員陪同被害人到場，應經被害人之申請。被害人係兒童或少年者，並應依兒童及少年性交易防制條例之規定辦理。 主管機關受理被害人前項之申請，不得拒絕指派社工人員陪同。
第 11 條	社工人員依本法第十三條規定陪同被害人到場陳述意見時，應基於專業倫理及保護被害人之權益，就其所蒐集之資料及被害人身心狀況予以陳明。
第 12 條	本法第十七條所稱地方主管機關，係指被害人戶籍地之直轄市、縣（市）政府。
第 13 條	各直轄市及縣（市）政府性侵害犯罪防治中心應每半年邀集當地社政、教育、衛生、警察及新聞等相關單位召開協調會議一次。但必要時得召開臨時協調會議。
第 14 條	本細則自發布日施行。

附件八　性侵害犯罪加害人身心治療及輔導教育辦法【民國 94 年 10 月 14 日公（發）布】

94 年 10 月 14 日台內防字第 0940061730 號、法檢字第 0940804104 號、制創字第 0940000646 號、衛署醫字第 0940204673 號

第 1 條	本辦法依性侵害犯罪防治法（以下簡稱本法）第二十條第六項規定訂定之。
第 2 條	身心治療或輔導教育之內容包括認知教育、行為矯治、心理治療、精神治療或其他必要之治療及輔導教育。
第 3 條	身心治療或輔導教育之實施，由加害人戶籍所在地之直轄市、縣（市）主管機關為之。

（續）

	直轄市、縣（市）主管機關得聘請或委託下列機構、團體或人員（以下簡稱執行機構或人員），進行身心治療或輔導教育： 一、經中央衛生主管機關評鑑合格，且設有精神科之醫院。 二、直轄市、縣（市）社區性心理衛生中心。 三、其他相關機構、團體或專業人員。
第 4 條	監獄、軍事監獄應成立性侵害受刑人評估小組。 直轄市、縣（市）主管機關應成立性侵害加害人評估小組（以下簡稱評估小組）。 前項評估小組由直轄市、縣（市）政府性侵害防治中心醫療服務組組長擔任召集人，並遴聘至少五人以上熟稔性侵害犯罪特性之精神科專科醫師、心理師、社會工作師、觀護人、少年保護官及專家學者等組成。
第 5 條	評估小組之評估，應參酌加害人之判決書、前科紀錄、家庭生長背景、婚姻互動關係、就學經驗、生理及精神狀態評估、治療輔導紀錄及加害人再犯危險評估等相關資料，除顯無再犯之虞或自我控制再犯預防已有成效者外，作成應接受身心治療或輔導教育之處遇建議。
第 6 條	檢察機關應儘速將受緩刑宣告及緩起訴加害人之緩起訴處分書、前科紀錄及檔案資料提供其戶籍所在地之直轄市、縣（市）主管機關。 監獄、軍事監獄應於加害人刑期屆滿前一個月，或奉准假釋後尚未釋放前，將加害人治療成效報告、再犯危險評估報告與身心治療或輔導教育處遇建議書，連同判決書、前科紀錄、直接間接調查表、個案入監所之評估報告書、強制診療紀錄、個別教誨紀錄及鑑定等相關資料，提供其戶籍所在地之直轄市、縣（市）主管機關。
第 7 條	直轄市、縣（市）主管機關接獲前條第一項資料，應即通知加害人依指定之時間及地點到場進行加害人個案資料之建立，並於二個月內召開評估小組會議。 直轄市、縣（市）主管機關接獲前條第二項資料，應於一個月內安排加害人接受身心治療或輔導教育。 直轄市、縣（市）主管機關為前二項通知應載明指定之時間及地點，並以書面送達加害人。 第一項個案資料之建立，直轄市、縣（市）主管機關得委託相關機關（構）、團體或人員辦理。
第 8 條	直轄市、縣（市）主管機關應依評估小組作成之再犯危險評估報告及處遇建議，決定加害人身心治療或輔導教育實施期間及內容。 實施身心治療或輔導教育之期間不得少於三個月，最長不得逾三年；每月不得少於二小時。

（續）

	前項身心治療或輔導教育於實施期間，經評估已無實施必要時，得終止之。 直轄市、縣（市）主管機關為第一項決定時，無須徵詢加害人意見。
第 9 條	直轄市、縣（市）主管機關依前條第一項規定決定加害人身心治療或輔導教育實施內容，涉及心理治療或精神治療者，應有相關專業人員之參與。
第 10 條	執行機構或人員於加害人實施身心治療或輔導教育期間，應依評估小組處遇建議，擬定適當之治療及輔導計畫，並按次填寫執行紀錄，送交直轄市、縣（市）主管機關。
第 11 條	執行機構或人員於加害人實施身心治療或輔導教育期間，應每半年提出成效報告；實施期間未滿半年者，應於實施期滿前十日提出。 執行機構或人員認有終止或變更加害人身心治療或輔導教育實施期間、內容之必要時，應向直轄市、縣（市）主管機關報告，由評估小組進行再犯危險評估及作成處遇建議。
第 12 條	加害人係受保護管束、緩起訴或服役之人，直轄市、縣（市）主管機關應將前二條之執行紀錄、成效報告、再犯危險評估報告及處遇建議等，儘速分別通知保護管束或緩起訴之檢察機關、少年法院或服役（勤）單位。
第 13 條	受保護管束加害人於實施身心治療或輔導教育期間，直轄市、縣（市）主管機關經評估認有必要採行本法第二十條第二項第二款、第四款至第七款及第三項之處遇時，應檢附再犯危險評估報告及處遇建議、治療輔導紀錄等資料及具體建議送觀護人參考。
第 14 條	直轄市、縣（市）主管機關辦理加害人評估、身心治療或輔導教育，因加害人工作、服役或其他因素無法繼續時，得視實際情形協調加害人實際住居地之直轄市、縣（市）主管機關協助繼續辦理。
第 15 條	本辦法自發布日施行。

附件九　直轄市、縣（市）政府辦理性侵害犯罪加害人身心治療或輔導教育作業規定

一、為使直轄市、縣（市）政府落實執行性侵害犯罪加害人（以下簡稱加害人）身心治療或輔導教育工作，建立制度化之作業程序，特訂定本規定。
二、直轄市、縣（市）政府辦理加害人身心治療或輔導教育以團體進行為原則，並採分階段辦理，第一階段實施期間為三個月，以提供加害人基本認知教育為主要內涵，實施完畢後經評估有繼續施以身心治療或輔導教育者，進入第二階段以再犯預防模式為主之身心治療或輔導教育。

（續）

三、直轄市、縣（市）政府接獲法院、軍事法院、監獄或軍事監獄等機關移送之加害人檔案資料後，應先檢視是否符合性侵害犯罪防治法（以下簡稱本法）第二條及第二十條規定之加害人，不符者應先將其檔案退回原送機關，符合者應依下列規定檢視其檔案內容： ㈠有期徒刑或保安處分執行完畢及假釋者：判決書、前科紀錄（初犯者免）、直接間接調查表、裁定前鑑報告或相關鑑定資料、個案入監所之評估報告書、強制診療紀錄、個別教誨紀錄、加害人治療成效報告、再犯危險評估與身心治療或輔導教育建議書。 ㈡緩刑、免刑或緩起訴處分者：受緩刑宣告用緩起訴處分書、前科紀錄（初犯者免）及其他相關資料。 ㈢赦免者：曾入監獄服刑者，依第一款規定辦理；未入監獄者，依前款規定辦理。 前項加害人檔案資料不全者，直轄市、縣（市）政府應請原送機關於二星期內補正。
四、直轄市、縣（市）政府接獲第三點資料，應即將加害人姓名、年齡、國民身分證統一編號及連絡電話、地址等登錄於家庭暴力、性侵害暨兒童保護資訊系統，並立即影印來文及判決書，函送該管警察局。
五、直轄市、縣（市）政府依第三點確認資料無誤後，應依下列規定於一星期內函知加害人接受個案資料建立、身心治療或輔導教育： ㈠入監服刑且經評估應實施身心治療或輔導教育者，應依監獄、軍事監獄所送再犯危險評估與身心治療或輔導教育建議書內容，安排加害人依指定時間及地點到場接受第一階段身心治療或輔導教育；加害人於獄中未曾接受治療者，應同時安排其接受個案資料之建立（格式如附件一）。 ㈡緩刑、緩起訴處分及免刑者，應安排加害人指定時間及地點到場接受個案資料之建立。
六、直轄市、縣（市）政府指定加害人到場接受個案資料建立、身心治療或輔導教育之時間，就與發文通知時間相差一星期以上，最長不得超過三星期。
七、直轄市、縣（市）政府為第五點通知，因加害人行蹤不明無法送達時，得請觀護人或警察機關協助提供加害人住居所等相關資料。
八、評估小組得參酌加害人之判決書、前科紀錄、家庭生長背景、婚姻互動關係、就學經驗、生理及精神狀態評估、治療輔導紀錄（初次評估者免）及加害人再犯危險評估等相關資料，共同討論後填具整體性評估表（格式如附件二），對於經評估應實施身心治療或輔導教育者，並按加害人之再犯危險性作成處遇建議。
九、執行加害人身心治療或輔導教育之機構或人員（以下簡稱執行機構或人員）應按時提供以下資料，供評估小組作為決定加害人繼續實施身心治療或輔導教育之參考：

（續）

㈠加害人出席簽到紀錄。
㈡每次處遇應填繕治療輔導紀錄（格式如附件三）及急性動態危險因素量表（格式如附件四）。
㈢每三個月應填寫一次穩定動態危險因素量表（格式如附件五）。
㈣每半年或實施期滿前十日及認有終止或變更加害人身心活動治療或輔導教育實施期間、內容之必要時，應提出成效報告（格式如附件六）。

十、執行機構或人員辦理加害人身心治療或輔導教育，對於加害人未依規定出席、不遵守治療輔導計畫或有恐嚇、施暴者，應通知各直轄市、縣（市）政府。

十一、直轄市、縣（市）政府接獲執行機構或人員通知加害人未依規定到場或拒絕接受個案資料建立、身心治療或輔導教育，或接受時數不足者，應處以罰鍰並限期履行，對於假釋、緩刑或受緩起訴處分者，應同時通知該管地方法院檢察署或軍事法院檢察署。

十二、直轄市、縣（市）政府對於第十一點屆期仍不履行之加害人，應檢附加害人之處遇通知書、參加治療輔導之簽到紀錄表、罰鍰及限期履行通知書影本與再犯危險評估報告等，函送該管地方法院檢查或軍畫法院檢察署。

十三、直轄市、縣（市）政府應將付保護管束且經評估為中高再犯危險之加害人名單提供該管地方法院檢察署或軍事法院檢察署，並派員及協調執行機構或人員參加社區監督會議。

十四、加害人接受身心治療或輔導教育後，經評估小組評估其自我控制再犯仍無成效者，各直轄市、縣（市）政府應檢附加害人治療紀錄、成效報告再犯危險評估報告等，函送管地方法院檢察官、軍事法院檢察官依法聲請強制治療。

十五、加害人因工作、服役或其他因素無法於戶籍地接受個案資料建立、身心治療或輔導教育時，其戶籍所在地之直轄市、縣（市）政府得協調加害人實際住居地或服役（勤）所在地之直轄市、縣（市）政府協助辦理下列事項：
㈠就地安排執行機構或人員辦理加害人個案資料之建立、身心治療或輔導教育。
㈡召開評估會議。
㈢將執行機構或人員回報之加害人出席及填寫之相關處遇資料等，轉知戶籍所在地之直轄市、縣（市）政府。

十六、加害人服役期間應實施身心治療或輔導教育者，直轄市、縣（市）政府除依第十五點規定辦理，並應依性侵害犯罪加害人服役期間身心治療及輔導教育作業要點，及性侵害犯罪加害人服役替代役期間身心治療及輔導教育作業規定辦理。

附件十　法院辦理性侵害犯罪案件處理準則【民國93年1月2日修正】

第1條	為保障性侵害犯罪被害人，維護其在審判程序中之權益，依性侵害犯罪防治法（以下簡稱本法）第十一條第一項訂定本準則。
第2條	性侵害犯罪案件之範圍，依本法第二條之規定。與刑法強姦罪相結合之犯罪案件，法院於辦理時，準用本準則之規定。
第3條	法院為審理性侵害犯罪案件，應預為指定專庭或專人辦理之。
第4條	辦理性侵害犯罪案件之法官，應遴選資深幹練、溫和穩重、學識良好者充任，並以已婚者為優先。
第5條	辦理性侵害犯罪案件，於被告有利及不利之情形，仍應一律注意。
第6條	法院審理性侵害犯罪案件，除有本法第十六條但書之同意者外，不得公開。 本法第十六條但書之同意，應以書狀或言詞為之。其以言詞表示者，法院書記官應記載於筆錄。
第7條	告訴人委任代理人者，準用刑事訴訟法第二十八條、第三十條及第三十二條之規定。 限制代理人依刑事訴訟法第二百三十八條第一項規定撤回告訴者，應於前項委任書狀表明之。
第8條	傳喚性侵害犯罪案件之被害人，應將其在審判程序中可受保護之事項，列記附於傳票之後，同時送達被害人。
第9條	審判期日，應傳喚告訴人或其代理人，並應注意於命為辯論前，再予到場告訴人或其代理人陳述意見之機會。
第10條	訊問被害人，應以懇切態度耐心為之。對於智障被害人，尤應體察其陳述能力不及常人，於其陳述不明瞭或不完足時，令其敘明補充之。
第11條	法院審理性侵害犯罪案件，如發現被害人有接受心理治療、輔導、安置、緊急診療等之必要時，應即通知該管直轄市政府或縣（市）政府設立之性侵害犯罪防治中心協助處理。
第12條	被害人之法定代理人、配偶、直系血親或三親等內旁系血親、家長、家屬或主管機關指派之社工人員，得於審判中陪同被害人在場。並得於經法院許可後陳述意見。
第13條	被告或其辯護人詰問或提出有關被害人與被告以外之人之性經驗證據，法院認為不當或不必要者，應禁止之，並記載於筆錄。

（續）

第 14 條	裁判及其他必須公示之文書，不得揭露足以識別被害人身分之資訊。如確有記載之必要，得僅記載其姓氏、性別或以使用代號之方式行之。 法院依前項規定使用代號者，並應作成該代號與被害人姓名對照表附卷。
第 15 條	法院審理性侵害犯罪案件，經諭知被告緩刑或免刑者，應於判決確定後，檢附判決正本，通知該管直轄市政府或縣（市）政府。
第 16 條	本準則自發布日施行。

附件十一　檢察機關偵辦性侵害犯罪案件處理準則【民國 86 年 2 月 26 日公（發）布】

第 1 條	本準則依性侵害犯罪防治法第十一條第一項訂定之。
第 2 條	各檢察機關應設置性侵害犯罪防治專股，指定資深穩重、平實溫和、已婚之檢察官辦理性侵害犯罪案件，如無已婚檢察官者，由主任檢察官辦理之。前項專股檢察官如為男性時，應配置女性書記官，必要時得指定女性已婚檢察官協助之。
第 3 條	前條性侵害犯罪防治專股之檢察官，應接受法務部指定辦理之有關性侵害犯罪防治訓練或講習。
第 4 條	傳訊性侵害犯罪案件之被害人，原則上宜單獨傳喚，傳票或通知書上不必記載案由，並應將被害人在刑事程序中可受到保護之事項列載附於傳票或通知書後，送達被害人，以免其畏懼刑事司法程序。
第 5 條	訊問被害人，原則上應採隔離方式或在偵查庭外之適當處所為之，並應注意使被害人之法定代理人、配偶、直系或三親等內旁系血親、家長、家屬或主管機關指派之社工人員有陪同在場及陳述意見之機會。如有對質或指認之必要時，亦應採取適當保護被害人之措施，如被告或其辯護人詰問或提出有關被害人與被告以外之人之性經驗證據，檢察官認對案情或證據之認定無必要者，應禁止之。
第 6 條	前條訊問，應出以懇切態度耐心為之，並以一次訊畢為原則，如非有必要，不宜再度傳訊，以減少對被害人之二度傷害。對於智障被害人，尤應體察其陳述能力不及常人，應給與充分陳述之機會，詳細調查。

（續）

第7條	受理被害人按鈴申告時，內勤檢察官於徵得被害人同意後，應即命法醫師或檢驗員檢查被害人身體及採集相關分泌物、毛髮等，並依衛生署、法務部與司法院共同訂頒之驗傷診斷書格式詳細填載，以適當保存證據。 前項被害人為女性時，應由女性法警或女性書記官陪同在場。
第8條	檢察官辦理性侵害犯罪案件，如發現被害人有接受心理治療、輔導、安置、法律扶助、緊急診療或驗傷之必要時，應即通知轄區縣市政府設立之性侵害犯罪防治中心協助處理。
第9條	檢察官辦理性侵害犯罪案件，除經被害人同意或因偵查犯罪之必要者外，不得對媒體透露足以識別被害人身分之資訊。
第10條	檢察官辦理性侵害犯罪案件偵查終結時，不得在所製作之起訴書或不起訴處分書內揭露足以識別被害人身分之資訊，對被害人之姓名可以代號稱之，當事人欄之姓名、年齡、住址等，可以記載「詳卷」代之，以避免被害人身分曝光。
第11條	將性侵害犯罪案件結案情形通知被害人時，通知書上毋需記載案由。
第12條	檢察官起訴性侵害犯罪案件之被告時，應斟酌其情節，適當具體求刑。
第13條	檢察官對於起訴之性侵害犯罪案件，仍應隨時注意法院審理情形，並依被害人之請求或依職權補強證據，必要時並應向法院調閱卷證，瞭解案情，於蒞庭時確實論告。
第14條	本準則自發布日施行。

附件十二　內政部家庭暴力及性侵害犯罪防治委員會組織規程【民國91年7月24日修正】

第1條	本規程依家庭暴力防治法第六條第二項、性侵害犯罪防治法第五條第二項規定訂定之。
第2條	內政部家庭暴力及性侵害犯罪防治委員會（以下簡稱本會）掌理下列事項： 一、研擬家庭暴力及性侵害犯罪防治法規及政策。 二、協調、督導、考核有關機關家庭暴力及性侵害犯罪防治事項之執行。 三、提升家庭暴力及性侵害犯罪防治有關機構之服務效能。 四、提供大眾家庭暴力及性侵害犯罪防治教育。 五、調被害人保護計畫及加害人處遇計畫。

（續）

	六、協助公、私立機構建立家庭暴力及性侵害犯罪處理程序、建構服務與醫療網絡，推展家庭暴力及性侵害犯罪防治教育。 七、統籌家庭暴力之整體資料，供法官、檢察官、警察人員、醫護人員及其他政府機關人員相互參酌，並對被害人之身份予以保密。 八、家庭暴力及性侵害犯罪事件資料之整理、運用、統計。 九、協助地方政府推動家庭暴力及性侵害犯罪防治業務，並提供輔導、補助。 十、其他家庭暴力及性侵害犯罪防治相關事項。
第 3 條	本會設綜合規劃組、保護扶助組、教育輔導組及暴力防治組，分別掌理前條所列事項。
第 4 條	本會置委員十五人至二十五人，其中一人為主任委員，由內政部（以下稱本部）部長兼任；四人為副主任委員，由本部、法務部、行政院衛生署副首長及司法院代表兼任。
第 5 條	本會委員除主任委員、副主任委員外，其餘委員由主任委員遴聘各有關機關單位主管以上人員、民間團體代表、學者及專家擔任，其中民間團體代表、學者及專家之比例，不得少於委員總數二分之一。 前項委員任期二年，期滿得續聘之。但代表機關或團體出任者，應隨其本職進退。 民間團體代表、學者及專家擔任之委員，每屆應至少改聘三分之一。 第一項委員出缺時，本部應予補聘；補聘委員之任期至原委員任期屆滿之日為止。
第 6 條	本會置執行秘書一人，承主任委員之命，處理日常事務；並置副執行秘書、專門委員、秘書、組長、視察、編審、專員、科員、辦事員及書記，辦理本會業務，必要時並得由相關機關人員調兼之。 本會得視業務需要，依聘用人員聘用條例規定，聘用社會工作及相關專業人員。 暴力防治組組長，由本部警政署相當職務之人員調兼之。
第 7 條	本會委員會議每三個月開會一次；由主任委員召集並為主席，必要時得召開臨時會議，主任委員不能出席時，應指定副主任委員一人代理之。
第 8 條	委員應親自出席會議。但由機關或團體代表兼任之委員，除主任委員外，如因故未能出席時，得指派代表出席。 前項指派之代表列入出席人數，並參與會議發言及表決。
第 9 條	本會委員會議應有委員二分之一以上之出席，決議事項應有出席委員過半數之同意；可否同數時，取決於主席。
第 10 條	本會委員為無給職。但非本機關代表出任之委員，得依規定支給交通費。

（續）

第 11 條	本規程所列各職稱之官等及員額，另以編制表定之。各職稱之職等，依職務列等表之規定。
第 12 條	本規程自發布日施行。

附件十三　兒童及少年性交易防制條例【民國 94 年 02 月 05 日修正】

第 1 條	為防制、消弭以兒童少年為性交易對象事件，特制定本條例。
第 2 條	本條例所稱性交易指有對價之性交或猥褻行為。
第 3 條	本條例所稱主管機關：在中央為內政部；在直轄市為直轄市政府；在縣（市）為縣（市）政府。各該主管機關應獨立編列預算並置專職人員辦理兒童及少年性交易防制業務。 法務、教育、衛生、國防、新聞、經濟、交通等相關單位涉及兒童及少年性交易防制業務時，應全力配合之，各單位應於本條例施行後六個月內訂定教育宣導等防制辦法。 主管機關應於本條例施行後六個月內會同前項相關單位成立兒童及少年性交易防制之督導會報，定期公布並檢討教育宣導、救援、加害者處罰、安置保護之成果。
第 4 條	本條例所稱兒童及少年性交易防制之課程或教育宣導內容如下： 一正確性心理之建立。 二對他人性自由之尊重。 三錯誤性觀念之矯正。 四性不得作為交易對象之宣導。 五兒童或少年從事性交易之遭遇。 六其他有關兒童或少年性交易防制事項。
第 5 條	本條例為有關兒童及少年性交易防制事項之特別法，優先他法適用。本條例未規定者，適用其他法律之規定。
第 6 條	法務部與內政部應於本條例施行後六個月內，指定所屬機關成立檢警之專責任務編組，負責全國性有關本條例犯罪之偵查工作。
第 7 條	前條單位成立後，應即設立或委由民間機構設立全國性救援專線。
第 8 條	法務部與內政部應於本條例施行後六個月內訂定獎懲辦法，以激勵救援及偵辦工作。
第 9 條	醫師、藥師、護理人員、社會工作人員、臨床心理工作人員、教育人員、保育人員、警察、司法人員、觀光業從業人員及其他執行兒童福利或少年福利業務人員，知悉未滿十八歲之人從事性交易或有

（續）

	從事之虞者，或知有本條例第四章之犯罪嫌疑者，應即向當地主管機關或第六條所定之單位報告。 本條例報告人及告發人之身分資料應予保密。
第 10 條	本條例第四章之案件偵查、審判中，於訊問兒童或少年時，主管機關應指派社工人員陪同在場，並得陳述意見。 兒童或少年於前項案件偵查、審判中，已經合法訊問，其陳述明確別無訊問之必要者，不得再行傳喚。
第 11 條	國民小學及國民中學發現學生有未經請假、不明原因未到校上課達三天以上者，或轉學生未向轉入學校報到者，應立即通知主管機關及教育主管機關。主管機關應立即指派社工人員調查及採取必要措施。 教育部應於本條例施行後六個月內頒布前項中途輟學學生通報辦法。
第 12 條	為免脫離家庭之未滿十八歲兒童或少年淪入色情場所，主管機關應於本條例施行後六個月內設立或委託民間機構設立關懷中心，提供緊急庇護，諮詢、連繫或其他必要措施。
第 13 條	直轄市、縣（市）主管機關應於本條例施行後六個月內，設置專門安置從事性交易或有從事之虞之兒童或少年之緊急收容中心及短期收容中心。 直轄市、縣（市）主管機關於緊急收容中心及短期收容中心，應聘請專業人員辦理觀察、輔導及醫療等事項。
第 14 條	教育部及內政部應聯合協調直轄市、縣（市）主管機關設置專門安置從事性交易之兒童或少年之中途學校；其設置，得比照少年矯正學校設置及教育實施通則規定辦理；其員額編制，得比照特殊教育法及其相關規定辦理。 中途學校應聘請社工、心理、輔導及教育等專業人員，並結合專業與民間資源，提供特殊教育及輔導；其課程、教材及教法，應保持彈性，以適合學生身心特性及需要；其實施辦法，由教育部定之。 中途學校學生之學籍應分散設於普通學校，畢業證書應由該普通學校發給。 中途學校所需經費來源如下： 一、各級政府按年編列之預算。 二、社會福利基金。 三、私人或團體捐款。 四、其他收入。 中途學校之設置及辦理，涉及其他機關業務權責者，各該機關應予配合及協助。

（續）

第 15 條	法官、檢察官、司法警察官、司法警察、聯合稽查小組或第六條之任務編組查獲及救援從事性交易或有從事之虞之兒童或少年時，應立即通知主管機關指派專業人員陪同兒童或少年進行加害者之指認及必要之訊問，並於二十四小時內將該兒童或少年移送直轄市、縣（市）主管機關設置之緊急收容中心。 第九條之人員或他人向主管機關報告或主管機關發現兒童或少年從事性交易或有從事之虞者，主管機關應將該兒童或少年暫時安置於其所設之緊急收容中心。 從事性交易或有從事之虞之兒童或少年自行求助者，主管機關應提供必要之保護、安置或其他協助。
第 16 條	直轄市、縣（市）主管機關所設之緊急收容中心應於安置起七十二小時內，提出報告，聲請法院裁定。 法院受理前項報告時，除有下列情形外，應裁定將兒童或少年交付主管機關安置於短期收容中心： 一、該兒童或少年顯無從事性交易或從事之虞者，法院應裁定不予安置並交付該兒童或少年之法定代理人、家長、最近親屬或其他適當之人。 二、該兒童或少年有特殊事由致不宜安置於短期收容中心者，法院得裁定交由主管機關安置於其他適當場所。
第 17 條	主管機關依前條安置後，應於二週至一個月內，向法院提出觀察輔導報告及建議處遇方式，並聲請法院裁定。 法院受理前項聲請時，應於二週內為第十八條之裁定。如前項報告不足，法院得命主管機關於一週內補正，法院應於主管機關補正後二週內裁定。
第 18 條	法院依審理之結果，認為該兒童或少年無從事性交易或從事之虞者，應裁定不予安置並交付該兒童或少年之法定代理人、家長、最近親屬或其他適當之人。 法院依審理之結果，認為該兒童或少年有從事性交易者，除有下列情形之一者外，法院應裁定將其安置於中途學校，施予二年之特殊教育： 一、罹患愛滋病者。 二、懷孕者。 三、外國籍者。 四、來自大陸地區者。 五、智障者。 六、有事實足證較適宜由父母監護者。 七、其他事實足證不適合中途學校之特殊教育，且有其他適當之處遇者。

（續）

	法院就前項所列七款情形，及兒童或少年有從事性交易之虞者，應分別情形裁定將兒童或少年安置於主管機關委託之兒童福利機構、少年福利機構、寄養家庭或其他適當醫療或教育機構，或裁定遣送、或交由父母監護，或為其他適當處理，並通知主管機關續予輔導及協助。 安置於中途學校之兒童或少年如於接受特殊教育期間，年滿十八歲者，中途學校得繼續安置至兩年期滿。 特殊教育實施逾一年，主管機關認為無繼續特殊教育之必要者，或因事實上之原因以不繼續特殊教育為宜者，得聲請法院裁定，免除特殊教育。 特殊教育實施逾二年，主管機關認為有繼續特殊教育之必要者，得聲請法院裁定，延長至滿二十歲為止。
第 19 條	未滿十八歲之兒童或少年從事性交易或有從事之虞者，如無另犯其他之罪，不適用少年事件處理法及社會秩序維護法之規定。 未滿十八歲之兒童或少年從事性交易或有從事之虞者，如另犯其他之罪，應依第十六條至第十八條之規定裁定後，再依少年事件處理法移送少年法庭處理。
第 20 條	主管機關及教育部依第十六條至第十八條之規定，於安置、保護收容兒童及少年期間，行使、負擔父母對於該兒童或少年之權利義務。 父母、養父母或監護人對未滿十八歲之子女、養子女或被監護人犯第二十三條至第二十八條之罪者，兒童或少年、檢察官、兒童或少年最近尊親屬、主管機關、兒童或少年福利機構或其他利害關係人，得向法院聲請宣告停止其行使、負擔父母對於該兒童或少年之權利義務，另行選定監護人。 對於養父母，並得請求法院宣告終止其收養關係。 法院依前項規定選定監護人時，得指定監護之方法及命其父母或養父母支付選定監護人相當之扶養費用及報酬。
第 21 條	十八歲以上之人，如遭他人以強暴、脅迫、略誘、買賣、或其他違反本人意願之方法而與他人為性交易者，得請求依本條例安置保護。
第 22 條	與未滿十六歲之人為性交易者，依刑法之規定處罰之。 十八歲以上之人與十六歲以上未滿十八歲之人為性交易者，處一年以下有期徒刑、拘役或新台幣十萬元以下罰金。 中華民國人民在中華民國領域外犯前二項之罪者，不問犯罪地之法律有無處罰規定，均依本條例處罰。
第 23 條	引誘、容留、媒介、協助或以他法，使未滿十八歲之人為性交易者，處一年以上七年以下有期徒刑，得併科新臺幣三百萬元以下罰金。以詐術犯之者，亦同。 意圖營利而犯前項之罪者，處三年以上十年以下有期徒刑，併科新

（續）

	臺幣五百萬元以下罰金。 以犯前項之罪為常業者，處五年以上有期徒刑，併科新臺幣七百萬元以下之罰金。 媒介、收受、藏匿前三項被害人或使之隱避者，處一年以上七年以下有期徒刑，得併科新臺幣三百萬元以下罰金。 前項收受、藏匿行為之媒介者，亦同。 第一項、第二項、第四項及第五項之未遂犯罰之。
第 24 條	以強暴、脅迫、恐嚇、監控、藥劑、催眠術或其他違反本人意願之方法，使未滿十八歲之人為性交易者，處七年以上有期徒刑，得併科新臺幣七百萬元以下罰金。 意圖營利而犯前項之罪者，處十年以上有期徒刑，併科新臺幣一千萬元以下罰金。 以犯前項之罪為常業者，處無期徒刑或十年以上有期徒刑，併科新臺幣一千五百萬元以下罰金。 媒介、收受、藏匿前三項被害人或使之隱避者，處三年以上十年以下有期徒刑，得併科新臺幣五百萬元以下罰金。 前項收受、藏匿行為之媒介者，亦同。 第一項、第二項、第四項及第五項之未遂犯罰之。
第 25 條	意圖使未滿十八歲之人為性交易，而買賣、質押或以他法，為他人人身之交付或收受者，處七年以上有期徒刑，併科新臺幣七百萬元以下罰金。以詐術犯之者，亦同。 以強暴、脅迫、恐嚇、監控、藥劑、催眠術或其他違反本人意願之方法，犯前項之罪者，加重其刑至二分之一。 以犯前二項之罪為常業者，處無期徒刑或十年以上有期徒刑，併科新臺幣一千五百萬元以下罰金。 媒介、收受、藏匿前三項被害人或使之隱避者，處三年以上十年以下有期徒刑，併科新臺幣五百萬元以下罰金。 前項收受、藏匿行為之媒介者，亦同。 第一項、第二項、第四項及第五項之未遂犯罰之。 預備犯第一項、第二項之罪者，處二年以下有期徒刑
第 26 條	犯第二十四條第一項、第二項或第二十五條第二項之罪，而故意殺害被害人者，處死刑或無期徒刑；使被害人受重傷者，處無期徒刑或十二年以上有期徒刑。 犯第二十四條第一項、第二項或第二十五條第二項之罪，因而致被害人於死者，處無期徒刑或十二年以上有期徒刑；致重傷者，處十二年以上有期徒刑。
第 27 條	拍攝、製造未滿十八歲之人為性交或猥褻行為之圖畫、錄影帶、影片、光碟、電子訊號或其他物品者，處六個月以上五年以下有期徒

（續）

	刑，得併科新台幣五十萬元以下罰金。 意圖營利犯前項之罪者，處一年以上七年以下有期徒刑，應併科新台幣五百萬元以下罰金。 引誘、媒介或以他法，使未滿十八歲之人被拍攝、製造性交或猥褻行為之圖畫、錄影帶、影片、光碟、電子訊號或其他物品者，處一年以上七年以下有期徒刑，得併科新台幣一百萬元以下罰金。 以強暴、脅迫、藥劑、詐術、催眠術或其他違反本人意願之方法，使未滿十八歲之人被拍攝、製造性交或猥褻行為之圖畫、錄影帶、影片、光碟、電子訊號或其他物品者，處五年以上有期徒刑，得併科新台幣三百萬元以下罰金。 以犯第二項至第四項之罪為常業者，處七年以上有期徒刑，應併科新台幣一千萬元以下罰金。 第一項至第四項之未遂犯罰之。 第一項至第四項之物品，不問屬於犯人與否，沒收之。
第 28 條	散布、播送或販賣前條拍攝、製造之圖畫、錄影帶、影片、光碟、電子訊號或其他物品，或公然陳列，或以他法供人觀覽、聽聞者，處三年以下有期徒刑，得併科新臺幣五百萬元以下罰金。 意圖散布、播送、販賣而持有前項物品者，處二年以下有期徒刑，得併科新臺幣二百萬元以下罰金。 前二項之物品，不問屬於犯人與否，沒收之。
第 29 條	以廣告物、出版品、廣播、電視、電子訊號、電腦網路或其他媒體，散布、播送或刊登足以引誘、媒介、暗示或其他促使人為性交易之訊息者，處五年以下有期徒刑，得併科新台幣一百萬元以下罰金。
第 30 條	公務員或經選舉產生之公職人員犯本條例之罪，或包庇他人犯本條例之罪者，依各該條項之規定，加重其刑至二分之一。
第 31 條	意圖犯第二十三條至第二十五條、第二十六條第一項後段或第二十七條之罪，而移送被害人入出臺灣地區者，依各該條項之規定，加重其刑至二分之一。 前項之未遂犯罰之。
第 32 條	父母對其子女犯本條例之罪因自白、自首或供訴，而查獲第二十三條至第二十八條之犯罪者，減輕或免除其刑。 犯第二十二條之罪自白或自首，因而查獲第二十三條至第二十八條之犯罪者，減輕或免除其刑。
第 33 條	廣告物、出版品、廣播、電視、電子訊號、電腦網路或其他媒體，散布、播送或刊登足以引誘、媒介、暗示或其他促使人為性交易之訊息者，由各目的事業主管機關處以新臺幣五萬元以上六十萬元以下罰鍰。 新聞主管機關對於違反前項規定之媒體，應發布新聞並公告之。

（續）

第 34 條	犯第二十二條至第二十九條之罪，經判刑確定者，主管機關應公告其姓名、照片及判決要旨。 前項之行為人未滿十八歲者，不適用前項之規定。
第 35 條	犯第二十二條至第二十九條之罪，經判決確定者，主管機關應對其實施輔導教育；其輔導教育辦法，由主管機關定之。 不接受前項輔導教育或接受之時數不足者，處新台幣六千元以上三萬元以下罰鍰；經再通知仍不接受者，得按次連續處罰。
第 36 條	違反第九條第項之規定者，處新台幣六千元以上三萬元以下罰鍰。但醫護人員為避免兒童、少年生命身體緊急危難而違反者，不罰。
第 36-1 條	依本條例所處之罰鍰，經限期繳納，屆期不繳納者，移送法院強制執行。
第 36-2 條	違反本條例之行為，其他法律有較重處罰之規定者，從其規定。
第 37 條	（刪除）
第 38 條	本條例施行細則，由中央主管機關於本條例公布後六個月內訂定之。
第 39 條	本條例自公布日施行。

附件十四　兒童及少年性交易防制條例歷史法條【民國 89 年 11 月 08 日修正】

第 14 條	教育部與內政部應聯合協調直轄市、縣（市）主管機關共同設置專門安置從事性交易之兒童或少年之中途學校。 中途學校應聘請社工、心理、特殊教育等專業人員提供特殊教育。 中途學校學生之學籍應分散設於普通學校，畢業證書應由該普通學校發給。
第 20 條	主管機關及教育部依第十六條至第十八條之規定，於安置、輔導、保護收容兒童及少年期間，對該兒童或少年有監護權，代行原親權人或監護人之親權或監護權。 父母、養父母或監護人對未滿十八歲之子女、養子女或被監護人犯第二十三條至第二十八條之罪者，檢察官、兒童或少年最近尊親屬、主管機關、兒童或少年福利機構或其他利害關係人，得向法院聲請宣告停止其親權或監護權，另行選定監護人。對於養父母，並得聲請法院宣告終止其收養關係。 法院依前項規定選定監護人時，不受民法第一千零九十四條之限制，得指定主管機關、兒童或少年福利機構之負責人或其他適當之人為兒童或少年之監護人。並得指定監護之方法及命其父母或養父母支付選定監護人相當之扶養費用及報酬。

（續）

第 23 條	引誘、容留、媒介、協助、或以他法，使未滿十八歲之人為性交易者，處一年以上七年以下有期徒刑，得併科新台幣一百萬元以下罰金。 意圖營利而犯前項之罪者，處三年以上十年以下有期徒刑，應併科新台幣五百萬元以罰金。 以犯前項之罪為常業者，處五年以上有期徒刑，應併科新台幣一千萬元以下罰金。 收受、藏匿前三項被害人或使之隱避者，處一年以上七年以下有期徒刑，得併科新台幣三十萬元以下罰金。 為前項行為之媒介者，亦同。 第一項、第二項、第四項及第五項之未遂犯罰之。
第 24 條	以強暴、脅迫、藥劑、詐術、催眠術或其他違反本人意願之方法，使未滿十八歲之人為性交易者，處五年以上有期徒刑，得併科新台幣二百萬元以下罰金。 意圖營利而犯前項之罪者，處七年以上有期徒刑，應併科新台幣七百萬元以下罰金。 以犯前項之罪為常業者，處無期徒刑或十年以上有期徒刑，應併科新台幣一千萬元以下罰金。 收受、藏匿前三項被害人或使之隱避者，處五年以上有期徒刑，得併科新台幣五十萬以下罰金。 為前項行為之媒介者，亦同。 第一項、第二項、第四項及第五項之未遂犯罰之。
第 25 條	意圖使未滿十八歲之人性交易，而買賣、質押或以他法，為他人人身之交付或收受者，處五年以上有期徒刑，應併科新台幣七百萬元以下罰金。 以強暴、脅迫、藥劑、詐術、催眠術或其他違反本人意願之方法犯前項之罪者，處七年以上有期徒刑，應併科新台幣一千萬元以下罰金。 為前二項行為之媒介者，處五年以上有期徒刑，應併科新台幣五百萬元以下罰金。 以犯前三項之罪為常業者，處無期徒刑或十年以上有期徒刑，應併科新台幣二千萬元以下罰金。 收受、藏匿第一項及第二項之被害人或使之隱避者，依各該項規定處罰。 為前項行為之媒介，亦同。 第一項、第二項、第三項、第五項及第六項之未遂犯罰之。 預備犯第一項至第三項之罪者，處一年以上七年以下有期徒刑。

（續）

第 26 條	犯第二十四條第一項、第二項或第二十五條第二項之罪，而故意殺害被害人，或因而致被害人於死者，處死刑；致重傷者，處無期徒刑。
第 28 條	散布或販賣前條拍攝、製造之圖畫、錄影帶、影片、光碟、電子訊號或其他物品、或公然陳列，或以他法供人觀覽者，處三年以下有期徒刑，得併科新台幣五百萬元以下罰金。 前項之物品，不問屬於犯人與否，沒收之。
第 31 條	意圖犯第二十三條至第二十七條之罪，而移送被害人入出台灣地區者，依各該條項之規定，加重其刑至二分之一。

附件十五　兒童及少年性交易防制條例施行細則【民國 89 年 12 月 30 日修正】

第 1 條	本細則依兒童及少年性交易防制條例（以下簡稱本條例）第三十八條規定訂定之。
第 2 條	本條例第十條第一項所稱主管機關，係指兒童或少年所在地之直轄市、縣（市）主管機關。 本條例第十一條第一項所稱主管機關，係指兒童或少年住所地之直轄市、縣（市）主管機關。但所在地與住所地不同時，係指所在地之直轄市、縣（市）主管機關。 本條例第十二條所稱主管機關，係指直轄市、縣（市）主管機關。 本條例第十五條至第十七條所稱主管機關，係指行為地之直轄市、縣（市）主管機關。 本條例第十八條第三項、第五項、第六項及第二十條第二項、第三項所稱主管機關，係指兒童或少年住所地之直轄市、縣（市）主管機關。 本條例第三十三條第一項所稱出版品之目的事業主管機關及第二項所稱新聞主管機關，係指直轄市、縣（市）政府。 本條例第三十四條第一項、第三十五條第一項前段所稱主管機關，係指犯罪行為人住所或居所地之直轄市、縣（市）主管機關。但犯罪行為人無住所、居所者，係指犯罪地之直轄市、縣（市）主管機關。 本條例第三十五條第一項後段所稱輔導教育辦法，由中央主管機關定之。

（續）

第 3 條	司法機關為本條例第四章之案件偵查、審判中，或法院為第三章之事件審理、裁定中，傳喚安置中兒童或少年時，安置兒童或少年之主管機關應指派社工人員護送兒童或少年到場。
第 4 條	本條例第十六條第一項、第十七條第一項之聲請，由行為地主管機關為之。
第 5 條	本條例第十條第一項、第十一條第一項所稱社工人員，第十五條第一項所稱專業人員，係指下列人員： 一、主管機關編制內或聘僱之社會工作及社會行政人員。 二、受主管機關委託之兒童福利機構、少年福利機構之社會工作人員。 三、其他受主管機關委託之適當人員。
第 6 條	本條例第十三條第二項所稱專業人員，包括下列人員： 一、社會工作人員。 二、心理輔導人員。 三、醫師。 四、護理人員。 五、其他有關專業人員。 前項人員，得以特約方式設置。
第 7 條	本條例第十六條第二項第二款所稱其他適當場所，係指行為地主管機關委託之兒童福利機構、少年福利機構或寄養家庭。
第 8 條	本條例第三十一條所稱臺灣地區，係指臺灣、澎湖、金門、馬祖及政府統治權所及之其他地區。
第 9 條	主管機關或本條例第六條所定之單位依本條例第九條受理報告，應填具三聯單。第一聯送當地檢察機關，第二聯照會其他得受理報告之單位，第三聯由受理報告單位自存。 前項三聯單之格式，由中央主管機關會同法務部定之。
第 10 條	法官、檢察官、司法警察官、司法警察、聯合稽查小組或本條例第六條之任務編組為本條例第十五條第一項之移送時，應檢具現存之證據或其他可供參考之資料，並以移送書載明下列事項： 一、被移送人之姓名、性別、出生年月日、國民身分證統一編號、職業、住所或居所及其他足資辨別之特徵。 二、具體事實。
第 11 條	依本條例第十六條第一項、第十七條第一項規定報告時，應以書面為之。 前項報告書之格式，由中央主管機關協商司法院定之。
第 12 條	受理本條例第九條第一項報告之機關或單位，對報告人及告發人之身分資料應另行封存，不得附入移送法院審理之文書內。

（續）

第 13 條	本條例第十五條第一項所稱二十四小時，自依同條項規定通知主管機關時起算。 本條例第十六條第一項所稱七十二小時期間之終止，逾法定上班時間者，以次日上午代之。其次日為休息日時，以其休息日之次日上午代之。
第 14 條	下列時間不計入本條例第十五條第一項、第十六條第一項所定期間之計算： 一、在途護送時間。 二、交通障礙時間。 三、其他不可抗力之事由所生不得已之遲滯時間。
第 15 條	主管機關於接獲法院依本條例第十六條第二項、第十七條第二項規定之裁定前，應繼續安置兒童或少年。 前項繼續安置期間，應分別併計入短期收容中心之觀察輔導期間、中途學校之特殊教育期間。
第 16 條	本條例第十八條第六項之延長特殊教育期間之裁定，不以一次為限，其每次延長之期間不得逾二年。但以延長至滿二十歲為止。
第 17 條	本條例第十三條第一項規定直轄市、縣（市）主管機關應置之緊急收容中心及短期收容中心，得視實際情形合併設置，並得採行公設民營或委託民間之方式辦理。
第 18 條	兒童或少年被安置後，短期收容中心應行健康及性病檢查，有下列情形之一者，主管機關應於聲請裁定時，建議法院為適當之處置： 一、罹患愛滋病或性病者。 二、罹患精神疾病之嚴重病人。 三、懷孕者。 四、罹患法定傳染病者。 五、智障者。 前項檢查報告，短期收容中心應依法院裁定，通知各該主管機關。
第 19 條	兒童或少年有下列行為之一，而有從事性交易之虞者，應依本條例第十五條至第十八條規定處理： 一、坐檯陪酒。 二、伴遊、伴唱或伴舞。 三、其他涉及色情之侍應工作。
第 20 條	本條例第十五條第一項規定之指認及訊問前，主管機關指派之專業人員得要求與兒童或少年單獨晤談。 兒童或少年進行指認加害者時，警察機關應使之隔離或採間接方式。
第 21 條	法官、檢察官、司法警察官、司法警察、聯合稽查小組或本條例第六條之任務編組依本條例第十五條第一項通知主管機關指派專業人

（續）

	員到場，應給予適當之在途時間。 主管機關指派之專業人員逾時未能到場，前項通知單位應記明事實，並得在不妨礙該兒童或少年身心情況下，逕為本條例第十五條第一項之指認及訊問。
第 22 條	主管機關依本條例第十五條第一項安置兒童或少年後應向其法定代理人或最近尊親屬敘明安置之依據，並告知其應配合事項。但其法定代理人或最近尊親屬無法通知者，不在此限。
第 23 條	主管機關依本條例第十五條、第十六條安置兒童或少年期間，發現另有犯本條例第二十二條至第二十九條之罪者，應通知檢察機關或本條例第六條所定之單位。
第 24 條	依本條例第十六條第一項安置兒童或少年時，應建立個案資料；必要時，得請該兒童或少年住所地之直轄市、縣（市）主管機關配合提供資料。
第 25 條	依本條例第十七條第一項安置兒童或少年時，應建立個案資料；並通知該兒童或少年住所地之直轄市、縣（市）主管機關評估其家庭之適任程序。 前項家庭適任評估，應於二週內完成，並以書面送達行為地之直轄市、縣（市）主管機關。
第 26 條	依本條例第十六條第一項、第十七條第一項規定聲請法院裁定，不得隨案移送兒童或少年。但法院請求隨案移送時，不在此限。
第 27 條	主管機關依本條例第十六條第一項、第十七條第一項規定安置少年期間，少年年滿十八歲者，仍應依本條例規定辦理。
第 28 條	兒童或少年經法院依本條例第十六條第二項第一款、第十八條第一項裁定不予安置，或依本條例第十八條第三項裁定交由父母監護者，如應受交付之人經催告仍不領回兒童或少年，主管機關應暫予適當之安置。
第 29 條	主管機關對法院依本條例第十六條第二項第一款、第十八條第一項裁定不予安置之兒童或少年，應視法院交付對象，通知其住所或所在地之兒童福利或少年福利主管機關。
第 30 條	主管機關依本條例第十八條第三項對交由父母監護或為其他適當處遇之兒童或少年續予輔導及協助時，得以書面指定時間、地點，通知其到場。 前項輔導及協助，主管機關應指派專業人員為之。
第 31 條	主管機關依本條例第十八條第五項、第六項認有或無繼續特殊教育之必要，應於中途學校檢具事證以書面通知後始得為之。

（續）

	主管機關接獲前項通知，應邀集專家學者評估，中途學校應予配合，並給予必要協助。
第 32 條	經前條評估確認兒童或少年無繼續特殊教育之必要者，於聲請法院裁定前，或接受特殊教育期滿，認為無繼續特殊教育之必要者，主管機關應協助該兒童或少年及其家庭預為必要之返家準備。 兒童或少年返家後，主管機關應續予輔導及協助，其期間至少一年或至其年滿二十歲止。 前項輔導與協助，教育、勞工、衛生、警察等單位，應全力配合。
第 33 條	主管機關依本條例第十五條第三項或第十八條第三項規定，對十五歲以上或國民中學畢業而從事性交易或有從事之虞者，認有提供職業訓練或就業服務必要時，應移請當地公共職業訓練機構或公立就業服務機構依其意願施予職業訓練或推介就業。 主管機關對移由公共職業訓練機構或公立就業服務機構提供協助者，應定期或不定期派社工人員訪視，以協助其適應社會生活。
第 34 條	本條例第十八條第四項規定之特殊教育期滿或法院依本條例第十八條第五項規定裁定免除特殊教育後，兒童或少年之法定代理人經催告仍不領回該兒童或少年，主管機關應委託兒童福利機構、少年福利機構或其他適當場所續予安置。
第 35 條	返家後之兒童或少年，與社會、家庭、學校發生失調情況者，住所地之直轄市、縣（市）主管機關認有保護之必要時，依兒童福利法或少年福利法之規定處理。
第 36 條	主管機關依本條例第十五條第三項或第十八條第三項規定，對兒童或少年續予輔導及協助期間，兒童或少年因就學、接受職業訓練或就業等因素，經其法定代理人同意離開家庭居住，主管機關認有續予輔導及協助之必要者，得移請其所在地之直轄市、縣（市）主管機關處理。
第 37 條	兒童或少年逃離安置之場所或中途學校，或返家後脫離家庭者，主管機關應立即以書面通知逃脫當地警察機關協尋。逃離期間不計入緊急收容、短期收容及特殊教育期間。 協尋於其原因消滅或少年年滿二十歲時，主管機關應即以書面通知前項警察機關撤銷協尋
第 38 條	直轄市、縣（市）政府或本條例第六條所定之單位依本條例第二十一條受理十八歲以上之人之請求，應通知行為地之直轄市、縣（市）主管機關。 行為地之直轄市、縣（市）主管機關接獲前項通知後，應迅即處理；處理遭遇困難時，得請求檢察或警察機關予以必要之協助。

（續）

第 39 條	對於十八歲以上之人之安置保護，應視其性向及志願，就其生活、醫療、就學、就業、接受職業訓練或法律訴訟時，給予適當輔導及協助。
第 40 條	依本條例第三十四條第一項規定應公告犯罪行為人姓名、照片及判決要旨者，由犯罪行為人住所或居所地之直轄市、縣（市）主管機關於接獲法院之確定判決後為之；犯罪行為人無住所或居所者，由犯罪地之直轄市、縣（市）主管機關為之。
第 41 條	本條例第三十四條之主管機關於取得照片遭遇困難時，得請求原移送警察機關或執行監所配合提供。
第 42 條	主管機關依本條例第三十五條第二項、第三十六條規定處罰鍰，應填發處分書，受處分者應於收受處分書後三十日內繳納罰鍰。 前項處分書格式，由中央主管機關定之。
第 43 條	行為地之直轄市、縣（市）主管機關接獲警察機關、檢察機關及法院對加害者為移送、不起訴、起訴或判決之書面通知，應納入個案資料檔案，並依個案安置狀況，通知各該主管機關。
第 44 條	本細則自發布日施行。

附件十六　性騷擾防治法【民國 94 年 02 月 05 日公發布】

第 1 條	為防治性騷擾及保護被害人之權益，特制定本法。 有關性騷擾之定義及性騷擾事件之處理及防治，依本法之規定，本法未規定者，適用其他法律。但適用兩性工作平等法及性別平等教育法者，除第十二條、第二十四條及第二十五條外，不適用本法之規定。
第 2 條	本法所稱性騷擾，係指性侵害犯罪以外，對他人實施違反其意願而與性或性別有關之行為，且有下列情形之一者： 一、以該他人順服或拒絕該行為，作為其獲得、喪失或減損與工作、教育、訓練、服務、計畫、活動有關權益之條件。 二、以展示或播送文字、圖畫、聲音、影像或其他物品之方式，或以歧視、侮辱之言行，或以他法，而有損害他人人格尊嚴，或造成使人心生畏怖、感受敵意或冒犯之情境，或不當影響其工作、教育、訓練、服務、計畫、活動或正常生活之進行。

（續）

第 3 條	本法所稱公務員者，指依法令從事於公務之人員。 本法所稱機關者，指政府機關。 本法所稱部隊者，指國防部所屬軍隊及學校。 本法所稱學校者，指公私立各級學校。 本法所稱機構者，指法人、合夥、設有代表人或管理人之非法人團體及其他組織。
第 4 條	本法所稱主管機關：在中央為內政部；在直轄市為直轄市政府；在縣（市）為縣（市）政府。
第 5 條	中央主管機關辦理下列事項。但涉及各中央目的事業主管機關職掌者，由各中央目的事業主管機關辦理： 一、關於性騷擾防治政策、法規之研擬及審議事項。 二、關於協調、督導及考核各級政府性騷擾防治之執行事項。 三、關於地方主管機關設立性騷擾事件處理程序、諮詢、醫療及服務網絡之督導事項。 四、關於推展性騷擾防治教育及宣導事項。 五、關於性騷擾防治績效優良之機關、學校、機構、僱用人、團體或個人之獎勵事項。 六、關於性騷擾事件各項資料之彙整及統計事項。 七、關於性騷擾防治趨勢及有關問題研究之事項。 八、關於性騷擾防治之其他事項。
第 6 條	直轄市、縣（市）政府應設性騷擾防治委員會，辦理下列事項。但涉及各直轄市、縣（市）目的事業主管機關職掌者，由各直轄市、縣（市）目的事業主管機關辦理： 一、關於性騷擾防治政策及法規之擬定事項。 二、關於協調、督導及執行性騷擾防治事項。 三、關於性騷擾爭議案件之調查、調解及移送有關機關事項。 四、關於推展性騷擾防治教育訓練及宣導事項。 五、關於性騷擾事件各項資料之彙整及統計事項。 六、關於性騷擾防治之其他事項。 前項性騷擾防治委員會置主任委員一人，由直轄市市長、縣（市）長或副首長兼任；有關機關高級職員、社會公正人士、民間團體代表、學者、專家為委員；其中社會公正人士、民間團體代表、學者、專家人數不得少於二分之一；其中女性代表不得少於二分之一；其組織由地方主管機關定之。
第 7 條	機關、部隊、學校、機構或僱用人，應防治性騷擾行為之發生。於知悉有性騷擾之情形時，應採取立即有效之糾正及補救措施。

（續）

	前項組織成員、受僱人或受服務人員人數達十人以上者，應設立申訴管道協調處理；其人數達三十人以上者，應訂定性騷擾防治措施，並公開揭示之。 為預防與處理性騷擾事件，中央主管機關應訂定性騷擾防治之準則；其內容應包括性騷擾防治原則、申訴管道、懲處辦法、教育訓練方案及其他相關措施。
第 8 條	前條所定機關、部隊、學校、機構或僱用人應定期舉辦或鼓勵所屬人員參與防治性騷擾之相關教育訓練。
第 9 條	對他人為性騷擾者，負損害賠償責任。 前項情形，雖非財產上之損害，亦得請求賠償相當之金額，其名譽被侵害者，並得請求回復名譽之適當處分。
第 10 條	機關、部隊、學校、機構、僱用人對於在性騷擾事件申訴、調查、偵查或審理程序中，為申訴、告訴、告發、提起訴訟、作證、提供協助或其他參與行為之人，不得為不當之差別待遇。 違反前項規定者，負損害賠償責任。
第 11 條	受僱人、機構負責人利用執行職務之便，對他人為性騷擾，依第九條第二項對被害人為回復名譽之適當處分時，雇主、機構應提供適當之協助。 學生、接受教育或訓練之人員於學校、教育或訓練機構接受教育或訓練時，對他人為性騷擾，依第九條第二項對被害人為回復名譽之適當處分時，學校或教育訓練機構應提供適當之協助。 前二項之規定於機關不適用之。
第 12 條	廣告物、出版品、廣播、電視、電子訊號、電腦網路或其他媒體，不得報導或記載被害人之姓名或其他足資識別被害人身分之資訊。但經有行為能力之被害人同意或犯罪偵查機關依法認為有必要者，不在此限。
第 13 條	性騷擾事件被害人除可依相關法律請求協助外，並得於事件發生後一年內，向加害人所屬機關、部隊、學校、機構、僱用人或直轄市、縣（市）主管機關提出申訴。 前項直轄市、縣（市）主管機關受理申訴後，應即將該案件移送加害人所屬機關、部隊、學校、機構或僱用人調查，並予錄案列管；加害人不明或不知有無所屬機關、部隊、學校、機構或僱用人時，應移請事件發生地警察機關調查。 機關、部隊、學校、機構或僱用人，應於申訴或移送到達之日起七日內開始調查，並應於二個月內調查完成；必要時，得延長一個月，並應通知當事人。 前項調查結果應以書面通知當事人及直轄市、縣（市）主管機關。

（續）

	機關、部隊、學校、機構或僱用人逾期未完成調查或當事人不服其調查結果者，當事人得於期限屆滿或調查結果通知到達之次日起三十日內，向直轄市、縣（市）主管機關提出再申訴。 當事人逾期提出申訴或再申訴時，直轄市、縣（市）主管機關得不予受理。
第 14 條	直轄市、縣（市）主管機關受理性騷擾再申訴案件後，性騷擾防治委員會主任委員應於七日內指派委員三人至五人組成調查小組，並推選一人為小組召集人，進行調查。並依前條第三項及第四項規定辦理。
第 15 條	性騷擾事件已進入偵查或審判程序者，直轄市或縣（市）性騷擾防治委員會認有必要時，得議決於該程序終結前，停止該事件之處理。
第 16 條	性騷擾事件雙方當事人得以書面或言詞向直轄市、縣（市）主管機關申請調解；其以言詞申請者，應製作筆錄。 前項申請應表明調解事由及爭議情形。 有關第一項調解案件之管轄、調解案件保密、規定期日不到場之效力、請求有關機關協助等事項，由中央主管機關另以辦法定之。
第 17 條	調解除勘驗費，應由當事人核實支付外，不得收取任何費用或報酬。
第 18 條	調解成立者，應作成調解書。 前項調解書之作成及效力，準用鄉鎮市調解條例第二十二條至第二十六條之規定。
第 19 條	調解不成立者，當事人得向該管地方政府性騷擾防治委員會申請將調解事件移送該管司法機關；其第一審裁判費暫免徵收。
第 20 條	對他人為性騷擾者，由直轄市、縣（市）主管機關處新臺幣一萬元以上十萬元以下罰鍰。
第 21 條	對於因教育、訓練、醫療、公務、業務、求職或其他相類關係受自己監督、照護之人，利用權勢或機會為性騷擾者，得加重科處罰鍰至二分之一。
第 22 條	違反第七條第一項後段、第二項規定者，由直轄市、縣（市）主管機關處新臺幣一萬元以上十萬元以下罰鍰。經通知限期改正仍不改正者，得按次連續處罰。
第 23 條	機關、部隊、學校、機構或僱用人為第十條第一項規定者，由直轄市、縣（市）主管機關處新臺幣一萬元以上十萬元以下罰鍰。經通知限期改正仍不改正者，得按次連續處罰。
第 24 條	違反第十二條規定者，由各該目的事業主管機關處新臺幣六萬元以上三十萬元以下罰鍰，並得沒入第十二條之物品或採行其他必要之處置。其經通知限期改正，屆期不改正者，得按次連續處罰。

（續）

第 25 條	意圖性騷擾，乘人不及抗拒而為親吻、擁抱或觸摸其臀部、胸部或其他身體隱私處之行為者，處二年以下有期徒刑、拘役或科或併科新臺幣十萬元以下罰金。 前項之罪，須告訴乃論。
第 26 條	第七條、第八條、第十條、第十一條、第二十二條及第二十三條之規定，於性侵害犯罪準用之。 前項行政罰鍰之科處，由性侵害犯罪防治主管機關為之。
第 27 條	本法施行細則，由中央主管機關定之。
第 28 條	本法自公布後一年施行。

參考文獻

中文文獻

中華民國刑法（1999）。民國八十八年四月二十一日華總㈠，義字第八八 OOO 八三九七 O 號令。

中華民國刑法第七十七條（1994）。中華民國八十三年一月二十八日總統華總㈠，義字第 0 五二五號令。

內政部性侵害犯罪防治委員會（1998）。性侵害犯罪防治法。性侵害犯罪防治法規彙編。

內政部警政署刑事警察局（1998）。台灣地區刑事案件及道路交通事故統計。

王如玄（1997）。婦女人身安全與法律，福利社會，59，1-11。

行政院衛生署（2000）。「研商刑法九十一條之一所稱性犯罪加害人鑑定標準與治療模式相關事宜」會議。

周煌智（1998）。美國醫院與監獄性犯罪診療觀摩與考察報告書。行政院所屬各機關因公出國報告書，34。

周煌智（2001）。性侵害犯罪加害人鑑定與刑前治療實務。刑事法雜誌，45，3，127-144。

周煌智、陳筱萍、張永源、郭壽宏（2000）。性侵害犯罪加害人的特徵與治療處遇。公共衛生，27，1，1-14。

游正名等（2000）。性侵害犯罪案件被告治療必要之鑑定：㈡認有「治療必要」者精神病理。中華民國精神醫學會民國八十九年年會暨學術研討會論文摘要集，275。

黃富源（1988）。強姦犯之分類研究。警學叢刊，19，2，100-104。

英文文獻

Schwartz, B. K., & Cellini, H. R. (1997). Chapter 24 Megan's Laws-Sex Notification Statutes and Constitutional Challenges. The sex offender new insights, treatment innovations and legal developments (pp24-1~24-32). Civic Research Institute.

第三章

性侵害犯罪流行病學

周煌智

本章學習重點

- 性侵害犯罪國內外流行病數據包括盛行率、再犯率。
- 各種類型加害人的再犯率比較。
- 台灣性侵害犯罪防治現況。

摘要

性侵害犯罪近十年來，從早期每年平均約有943件，至近年來平均1,953件，足足增加了一倍以上，若考量犯罪里數則實際估計數應為官方數字的5～10倍可見問題的嚴重性！在台灣，性侵犯罪發生率占所有暴力犯罪的 9～20%。而根據國外研究的數據顯示再犯率視追蹤年限、加害人的類型不同而有6.2～25%，甚至更高的估算。隨著刑法與相關法條的修改，性侵害犯罪的評估鑑定、治療與輔導教育也日益被重視。由於評估需要多少專業人力的投入需要參考國內外的性侵害犯罪流行病學數據，因此本章主要在介紹國內外性侵害犯罪盛行率、再犯率，以及國內的現況，提供讀者參考。

關鍵詞

性侵害犯罪、流行病學、盛行率、再犯率。

壹、台灣性侵害犯罪流行病學數據

台灣刑事警察局統計自民國80年至85年報案強（輪）姦案件，有逐漸增加的趨勢，每年平均約為943件。唯實際估計的數字應為官方統計數字的5～10倍，也就是每年約有4,500件以上的性侵害犯罪。而在民國86年至92年，該局的統計每年平均約為1,953件，足足增加了一倍多。性侵害犯罪的指數更是逐漸攀升，從民國84年的100至92年為止已達215，足足增加了一倍多，性侵害犯罪加害嫌疑人數更從民國80年的678人增加至92年的2,311人，足足增加了近3倍（詳見表*3.1*）之多，可見其嚴重性！這當中固然有因刑法修正後，將強制性交罪原則改公訴，人口增加……等等的干擾因素存在，但不可忽視的是性侵害犯罪案件，平均每天都有高達5起的性侵害犯罪案正在台灣各地發生（周煌智，*2001*；文榮光等人，*2002*），近年來，社會有關性暴力與性犯罪現象，特別是類似「士林之狼」的事件，幾乎時有可聞。「彭××事件」、「陳××事件」，透過媒體的SNG的傳播，更是令婦女同胞聞之色變，人人自危，這些負面事件不斷經由大眾媒體的報導，已引起立法、司法、監所、社會服務機構及精神心理衛生學家注意到性侵害犯罪的犯罪行為。無疑地，性犯罪的嚴重性已成為台灣治安的一大隱憂，而廣受社會各階層的強烈關心與注意，需要司法、社會與精神心理醫學界等共同介入來進行這些防治措施。相對於暴力犯罪的破獲率，強制性交的破獲率一直都有九成以上（圖*3.1*），因此，可從已破獲的性侵害犯罪加害人的評估、治療當中尋找防範之道。

表3.1　近13年台灣地區強制性交統計犯罪統計（民國80～92年）

年別	發生件數	指數 84年=100	破獲件數	嫌疑犯人數	破獲率	犯罪率（件／十萬人口）
80年	766	67	742	678	96.87	3.74
81年	662	58	651	635	98.34	3.20
82年	872	77	866	827	99.31	4.17
83年	862	76	855	849	99.19	4.09
84年	1,139	100	1,033	1,068	90.69	5.36
85年	1,361	119	1,250	1,255	91.84	6.35

（續）

86 年	1,478	130	1,339	1,380	90.60	6.83
87 年	1,925	169	1,772	2,019	92.05	8.82
88 年	1,683	148	1,563	1,628	92.87	7.65
89 年	1,729	152	1,568	1,620	90.69	7.79
90 年	2,125	187	1,947	2,000	91.62	9.51
91 年	2,289	201	2,115	2,127	92.40	10.19
92 年	2,445	215	2,334	2,311	95.46	10.84

註：強制性交（廣義定義）：包括強制性交（單一嫌疑犯）、共同強制性交（二人以上嫌疑犯）

＊資料來源：民國 93 年內政部警政署網路資料

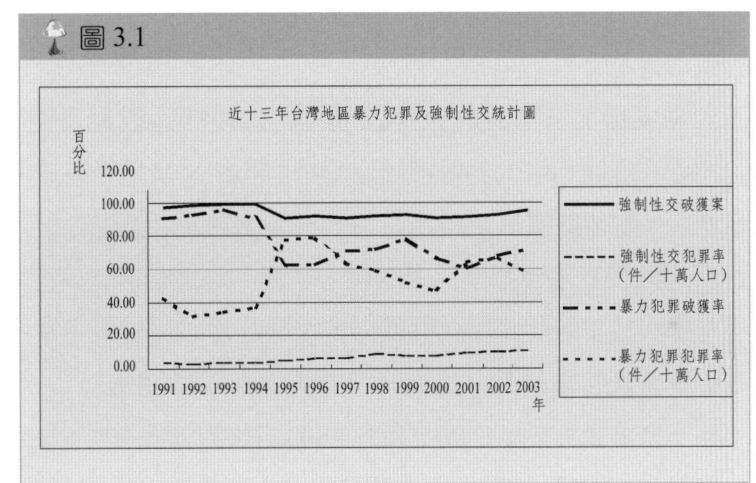

本圖的數據取自內政部警政署網路資料，改編成曲線圖

貳、台灣性侵害犯罪加害人處遇的經過與現況

一、台灣性侵害犯罪加害人獄內處遇的歷程

性侵害犯罪加害人在我國的治療剛在起步，遠不如美國已有數十年的經驗，同時受限於治療經費限制，無法像美國一樣專人專責從事於性犯罪的診療，以致於目前的治療的持續性較不確定。不過，經過政府與民間團體的努力，對於性侵

害犯罪三級預防的第三級預防是針對加害人進行治療工作，以預防再發生的可能。故首先於民國 83 年修訂刑法取得性侵害犯罪加害人強制治療的法源，並在民國 88 年再次修正刑法第 91 條之 1，賦予具有強制性質鑑定與治療的法源，即所謂的「刑前鑑定與治療」（中華民國刑法，*1999*）。並為延續治療的有效性，並於民國 87 年性侵害犯罪防治法（內政部性侵害犯罪防治委員會，*1998*）規定性侵害犯罪加害人在社區接受最長可以長達三年的身心治療與輔導教育。從民國 83 年至 89 年，國內性犯罪診療仍在起步階段，主要集中在台北與高雄監獄接受強制診療，進入診療的精神醫療院所分別有高雄市立凱旋醫院、國軍高雄總醫院、國軍北投醫院、行政院衛生署桃園療養院……等醫療院所，後來則加進中部監獄做為治療的場所；當時主要以個別心理治療與諮商輔導為主。例如：台北監獄加害人接受獄政之身心治療系統流程包括移監、評估與強制診療等，一般常模為在獄所由接收小組先進行評估，決定哪些犯人要先接受強制診療。並由精神科醫師對個案進行晤談及心理測驗評估，並以 DSM-III-R 作為診斷工具。需接受治療的犯人需要參加三個月的教育課程，內容包括性教育及相關法律觀念及預防再犯等。以及團體治療九個月後提治療評估小組討論是否完成診療（陳若璋與劉志如，*1999*）。高雄監獄以高雄市立凱旋醫院為例的治療模式而言：符合強制診療的加害人開始接受治療小組（醫師與心理師）深度訪談，深度訪談內容包括個案兒時與青少年成長經驗、學校發展史、家庭經驗、性史與犯案經過（包括犯案前、中、後的感覺與經驗）後。並接受智力測驗與人格測驗以及視個案狀況（例如具有暴力性，戀童症與父女近親相姦者）施以神經心理測驗。並依據所得的資料分組開始進行認知團體治療，共計四個月。內容包括⑴相關法律常識教育與再犯預防、⑵性教育（著重在正確的性知識、性衝動的適度解決而非壓抑方式）與⑶人際關係（兩性關係）與⑷壓力調適（適當衝動發洩）。之後進行第一次委員會評估，並視評估的情形重複團體治療或改採個別心理治療以及其他，直到通過委員會的評估或出獄為止（周煌智、陳筱萍、張永源、郭壽宏，*2000*）。

二、台灣性侵害犯罪加害人處遇現況

文榮光等人（*2002*）在民國 91 年針對台灣目前 62 家行政院衛生署指定之責任醫院進行調查。發現在刑前鑑定方面，有 23%的鑑定人員並未作再犯的危險性評估以及涉案當時的身心狀況評估等重要議題。在獄中治療方面，治療人員的訓練及採用的治療模式並無一致性，且藥物治療不常被採用。在社區處遇方面，非

醫學中心之精神醫療院所投入的人力、物力較多。目前於執行過程所遭到的困難是個案不合作、缺乏相關訓練、專業人力不足、處理程序及標準不一、醫療人員意願不高、法令規則不明、社區處遇安全考量等。故台灣地區的性侵害犯罪防治工作仍在起步階段，治療模式尚未整合，且有許多執行上的困難。各精神醫療院所需建立標準作業流程與規範，司法、獄政、社政與醫政等相關部門亦需相互合作，協力促進性侵害犯罪加害人之鑑定、評估與治療之發展。

由於現行的法令規定，截至民國 93 年底的性侵害犯罪加害人的處遇包括刑前鑑定、刑前治療、獄中治療與社區身心治療或輔導教育，其中的刑前治療得令入相當處所，原是一個美意，但由於缺乏因應之配套措施，目前都在監獄內實施治療。如截至民國 92 年 6 月為止，仍在監獄實施刑前治療人數，多達 821 人；包括台北監獄 236 人，高雄監獄 362 人及台中監獄 223 人。檢討目前的現況，性侵害犯罪加害人全部留置監獄，而非如同國外的司法醫院（*forensic hospital*）一般的完善醫療監護措施，使得醫療人員無法整日觀察其作息，治療無法密集，而且監獄設施本身難符合適當之治療場所，造成評估不夠週全，且治療時斷時續，實難達到治療之成果。依照民國 91 年 10 月 2 日行政院衛生署『協商醫療院所提供法務部所屬台灣台北、台中、高雄「三所監獄性侵害犯罪收容人之強制診（治）療服務」會議結果顯示：『三所監獄至民國 91 年 4 月底止，台北監獄在刑前需要治療之 102 人中，僅有 60 人接受第一次治療，然而這 60 人等候日數逾 200 日以上者有 17 人（*28.3%*），延遲最為嚴重。台中（*72 人*）與高雄（*194 人*）分別已有 66 人與 185 人已安排第一次治療，並且皆無等候日數逾 200 日者。且已接受治療者完成治療的比例亦是台中、高雄監獄為高。』這一群人依照相關規定皆必須在社區接受身心治療或輔導教育，因此，性侵害犯罪加害人的社區處遇無疑是相關專業人員新興的業務，其執行現況與困難有必要做進一步探討。在目前經費有限、實務受到限制的情況下，對於社會、婦女團體的期許，有必要做進一步的評估，將可投入的人力做最大的運用，是目前應該追求的目標（龍佛衛等人，*2004*）。

三、性侵害犯罪發生率

性侵害犯罪發生受限於被害者基於顏面等因素不願報案而明顯低估。根據英國犯罪調查（*British Crime Survey, BCS*）指出：僅約五分之一的 15 歲以上女性受性攻擊曾報案，也僅約五分之一比例的性侵害犯罪加害人為警方所知。同時，高達 80%的性犯罪並未被報告（*Marshall, 1994*）。國內黃富源（*1988*）亦推論實際強姦事件為報案的十倍。Abel 等人（*1985*）在性侵害犯罪加害人門診的研究中指出：許多性侵害犯罪者，在保密的狀況下承認犯行。Wolf（*1984*）也指出「性侵害犯罪者在官方的資料中，雖僅有一次的犯行及一位的受害者，但事實上，卻有高重複性的犯行，有許多的行為及很多的受害者」。台灣性侵害犯罪約為暴力犯罪案件的 9%（內政部警政署刑事警察局，*1998*），截至民國 92 年已經又再次攀升成近 20%，平均每 10 萬人口有 10.84 件發生。

四、性侵害犯罪再犯率

雖然相對於其他類型的犯罪之再犯率，性侵害犯罪加害人的再犯率並非特別的偏高（*Hanson & Bussière, 1998*），譬如：根據 Hanson 與 Bussière 於 1998 年的統計資料顯示，加拿大性侵害犯罪加害人的再犯率大約只介在 10%～15%之間，然而，性犯罪對被害個人傷害之鉅，以及所引發的集體性社會恐慌，卻遠非其他類型之犯罪所可及。而且，還值得注意的是，性犯罪並不像其他的傳統的犯罪類型一樣，再犯率會隨著年齡的增長，很明顯、穩定、急速地減低；相反地，性侵害犯罪加害人的再犯率隨年齡的成長，卻逐漸呈現緩慢下降的趨勢（*Hanson, 2001*）。姑且無論性犯罪者背後的所罹患的精神疾病或心理病理為何？這樣的實徵研究結果，卻明白地顯示出性侵害犯罪加害人的「性」犯罪行為不太容易消失的事實。

有些學者（*West, 1987; Peters, 1988; Finkelhor, Hotaling, Lewis, & Smith, 1989; Fisher & Thornton, 1993*）認為判決後的性侵害犯罪加害人幾乎不會再犯，West（*1987*）聲稱「典型的性侵害犯罪加害人僅會於法庭出現一次，且不會再犯」。Fisher 和 Thornton（*1993*）指出「除有極少數高犯行率的犯罪者外，大部份低犯行率的犯罪者，僅是一次的犯行」。Peter（*1988*）報告亦指出「約有 70%的接觸性侵害犯罪是不會再犯的」。Finkelher 等人（*1989*）也指出「三分之二的接觸性侵害犯罪是一次發生率」。然而 Soothill 及 Gibbins（*1978*）對於性侵害犯罪加害人的再犯率低提出質疑，他們認為三年至五年的追蹤期太短，並且計算再犯率的方法也有問題，Soothill, Jack 和 Gibbens（*1976*）在英格蘭的一項長期追蹤調查發現：加害人的 22 年的再犯率為 25%，Gibbins、Soothill 和 Way（*1981*）也根據 1978 年的研究資料分析發現其再犯率為 19%。另一方面，加拿大的 Hanson & Bussiere（*1998*）所做的整合分析（*meta analysis*）研究中，綜合了 61 篇性罪犯之追蹤研究，發現整體而言，性加害人的再犯率並不算太高（*13.4%,*，*n=23,393*，樣本中約 *48%* 曾接受治療），但其中的某些類型的再犯率卻較偏高，而且發現性加害人之再犯率，可以由性偏差

程度（含偏差的性偏差及先前之性犯罪次數等）達到最有效之預測，而一般之犯罪學因素（如年齡及前科數等）則稍差一些。並且認為性罪犯之危險評估應將其「再犯性犯罪」及「再犯其他非性之暴力犯罪」分開考慮。Romero和William（*1985*）指出戀童症（*pedophilia*）的再犯率為 6.2%，而性攻擊行為者的再犯率為 10.4%。Frisbie（*1969*）認為再犯最可能發生在出獄後的第 1 年，而隨年遞減。根據美國司法部（*United States Department of Justice*）的研究（*United States Department of Justice, 1987; United States Department of Justice, 1989*）：未治療的性侵害犯罪加害人，在釋獄後3年的追蹤，其累犯率（*recidivism rate*）約60%，而當經完全的特殊治療後，其累犯的比率則降為 15%～20%。其他學者研究性侵害犯罪再犯率在 6%～80%之間（*Maletsky, 1991; Marques, Day, Nelson, & West, 1992; Marques, Day, Nelson, & West, 1994; Hanson, Scott, & Steffy, 1995*）。

Remero和Williams（*1985*）也指出對性侵害犯罪加害人，嚴密的假釋監督（*intensive probation supervision*）與心理處置（*psychological intervention*）可降低再犯率。類似的結果也見於其他報告中（*Marshall & Barbaree, 1988*）。許多研究證據指出（*Marshall, Jones, Ward, Johnston, & Barbaree, 1991*）：犯案時使用暴力的性侵害犯罪加害人較未使用暴力的性侵害犯罪加害人，有較高的再犯率。而有再犯傾向的性侵害犯罪加害人，其性反應常併混著攻擊性和虐待狂（*Hazelwood, Reboussin, & Warren, 1989*）。有學者指出：未治療的露陰癖者，在所有的性侵害犯罪加害人中，有最高的再犯率（*Cox, 1980; Blair, & Lanyon, 1981*）。而 Grunfeld 及 Noreik（*1986*）發現近親強制性交（*incest offender*）有最低未治療的再犯率，約不到10%。35%被監禁的強暴犯、兒童性侵害犯罪加害人具有似露陰癖、窺淫癖等的偏差性行為史（*deviant sexual history*），且比其他不具有者容易治療失敗（*Longo & Groth, 1983*）。台灣目前並無較完整的資料可提供再犯率，僅有周煌智（*1999*）調查獄內性侵害犯罪加害人發現具有性侵害犯罪前科者約17%左右，而受害人在2人以上者約24%左右。另外，據法務部統計資料指出：自民國83年4月至92年6月為止，全國各監獄性侵害犯罪的受刑人接受強制治療人數共1,657人，已出獄者共1,144人，僅69人出獄後再涉強姦等性侵害犯罪相關案件，接受過強制治療後出獄的再犯率為 6%，和先進國家比較，我國的再犯率偏低。然而這個統計追蹤時間不夠長，統計的方法亦與國外不盡相同，並不能作為評比的參考，因此為建立我國性侵害犯罪加害人的流行病學資料庫，有必要做較長期的追蹤研究。

參考文獻

中文文獻

中華民國刑法（1999）。民國八十八年四月二十一日華總一義字。第八八OOO八三九七O號公布修正。

內政部性侵害犯罪防治委員會（1998）。性侵害犯罪防治法。性侵害犯罪防治法規彙編，1-8。

內政部警政署刑事警察局（1998）．台灣地區刑事案件及道路交通事故統計。

文榮光，張敏，龍佛衛，周煌智，楊聰財，薛克利，顏永杰（2002）。台灣地區性侵害犯罪防治責任醫院現況之研究：性侵害犯罪加害者之鑑定、評估與治療。行政院衛生署九十一年度科技研究發展計畫（DOH91-TD-1071）。

周煌智（1999）。性犯罪者的神經心理學危險因子（I）。行政院國家科學委員會委託研究計劃 NSC 87-2418-H-280-002-Q13。

周煌智、陳筱萍、張永源、郭壽宏（2000）。性侵害犯罪加害人的特徵與治療處遇。公共衛生，27，1，1-14。

陳若璋，劉志如（1999）。第二章我國妨害風化罪受刑人進入獄正之身心治療系統流程。性侵害犯罪加害人身心治療、輔導制度與再犯率分析評估。內政部性侵害犯罪防治委員會 0287-025R5，72-74

黃富源（1988）。強姦犯之分類研究。警學叢刊，19，2，100-104。

龍佛衛，薛克利，楊聰財，周煌智，顏永杰，高千雅，張敏，文榮光（2004）。臺灣地區性侵害犯罪防治責任醫院現況之調查——性侵害犯罪加害人之鑑定、評估與治療。台灣精醫 2005；19(1)，47-55。

英文文獻

Abel, G., Mittleman, M., & Becker, J. (1985). Sexual offenders: Results of assessment and recommendations for treatment. In M. H. Ben-Aron, S. J. HucKer, & C. D. Webster (Eds.). *Clin Criminology: Current concept,* pp191-205.

Blair, C., & Lanyon, R.(1981). Exhibitionism：Etiology and Treatment. *Psycho Bull, 89,* 439-463.

Cox, D.(1980). Exhibitionism: An overview . In Cox DJ, Daitzmar RJ (Eds.), *Exhibitionism: Description, Assessment and Treatment,* 3-10.

Finkelhor, D., Hotaling, G., Lewis, I., & Smith, C. (1989). Sexual abuse and its relationship to later sexual satisfaction, marital status, religion and attitudes. *J Interpersonal Violence, 4,* 379-399.

Fisher, D., & Thornton, D.(1993). Assessing risk of re-offending in sexual offenders. *J Ment Health, 2,*105-117.

Gibbins, T., Soothill, K., & Way, C.(1981). Sex offenders against young girls：A long-term record study. *Psychological Med, 11,* 351-357.

Grunfeld, B. and Noreik, K. (1986). Recidivism among sex offenders: A follow-up study of 541 Norwegian sex offenders. *International Journal of Law and Psychiatry,* 9, 95-102.

Hanson, R. K., Scott, H., & Steffy, R. A. (1995). A Comparison of child molesters and nonsexual criminals: risk predictors and long-term recidivism. *J Res in Crime and Delinquency, 32,* 325-337.

Hazelwood, R., Reboussin, R., & Warren, J. (1989). Serial rape : The Correlates of increased aggression and the relationship of offender pleasure to victim resistance. *J Interpersonal Violence, 4,* 65-78.

Longo, R., & Groth, A.(1983). Juvenile sexual offenses in the histories of adult rapists and child molesters. *Int J Offender Therapy Comp Criminology, 27,* 150-155.

Maletsky, B.M. (1991). The development of behavioral treatment for the sexual offender. *Treating the sexual offender.* Newbury Park, CA: Sage,10-24.

Marques, J. K., Day, D. M., Nelson, C., & West, M.A. (1992). *Findings and recommendations from California's experimental treatment program.*

Marques, J. K., Day, D. M., Nelson, C., & West, M.A.(1994). Effects of cognitive-behavioral treatment on sex offender recidivism: Preliminary results of a longitudinal study. *Criminal Justice and Behavior, 21,* 28-54.

Marshall, P. (1994). Reconviction of imprisoned sexual offenders. Home Office Research and Statistics Department. *Res Bull, 36,* 23-29.

Marshall, W., & Barbaree, H.(1988). The long-term evaluation of a behavioral treatment program for child molesters. *Behav Res Ther, 26,* 499-511.

Marshall, W.L., Jones, R., Ward, T., Johnston, P., & Barbaree, H.E.(1991). Treatment outcome with sex offenders. *Clin Psychology Rev , 11,* 465-485..

Peters, S. D. (1988). Child-sexual abuse and later psychological problems. In Wyatt GE, Powell GJ（Eds）. *Lasting Effects of Child Sexual Abuse.* London, Sage,.

Romeo, J., & Williams, L. (1985). Recidivism among convicted sex offenders：A 10-year follow up study. *Federal Probation, 49,* 58-64.

Soothill, K. L., Jack, A., & Gibbens, T.C.N. (1976). Rape : A 22-years cohort study. Med Sci Law.

United States Department of Justice (1987). *Uniform crime reports for the United states.* Washington, D.C：U. S., Government Printing Office.

United States Department of Justice (1989). *Recidivism of prisoners released in 1983.*

West, D. (1987). *Sexual Crime and Confrontations.* Cambridge Studies in Criminology. Aldershot, Gower.

Wolf , S.C.(1984). *A multi-factor model of deviant sexuality.* Paper presented at the Third International Conference on Victimology in Lisbon.

第四章

性侵害犯罪危險因素與致因

周煌智

本章學習重點

・性侵害犯罪的危險因素。
・各種性侵害犯罪的危險因子評估。

摘要

性侵害犯罪暴力行為強姦是一種在發展、認知、生理及環境等變數交互影響的一種複雜行為表現。而性侵害犯罪加害人是一個多重因子決定的異質團體。許多的文獻均指出，對暴力犯，尤其是性暴力犯，做危險預測，是一項非常困難的工作。而每一個性侵害犯罪加害人的危險因子評估依據其發展史來描述：這包括下列數項：㈠基本資料；㈡成長經驗（含雙親教養）；㈢創傷經驗；㈣心性發展史（含兩性關係與性偏好）；㈤婚姻家庭史；㈥社交網絡；㈦職業史；㈧犯罪史；㈨物質使用史；㈩精神狀態、診斷與人格特質；⑪犯案歷程與危機處理模式；⑫缺乏對被害人的同理心。

關鍵詞

性侵害犯罪（強姦）、性侵害犯罪加害人、性暴力犯、心性發展史、犯案歷程、同理心。

壹、前言

Marshall and Barbaree（*1988*）指出強姦行為的形成與個人的成長經驗、低自尊以及認知因素有關。低自尊的形成與成長經驗中缺乏安全依附具有關連性，缺乏安全依附的環境下成長的男性，通常缺乏社交技巧、無法與人建立親密的人際關係、缺乏同理心，並很難表現出正向的社會行為，他們較易吸取強姦迷思、支持強姦行為觀念，並增進自己的權力感，同時很難控制攻擊行為。Malamuth等人（*1995*）提出合流模式（*confluence model*）以解釋強姦行為；主要架構有二個：一、敵意與男性化：對女性敵視、不信任、防禦和高度敏感的態度，以及能從駕馭與控制女人中獲得高度滿足感。二、雜亂與非人性化的性：意指在性關係上不認真、遊戲的心態，其形成與早年的犯罪經驗、家庭成長經驗，與朋友的支持有關。由上述的國內外相關研究顯示，性犯罪的成因絕非單一因子所決定，需考量個人內在及外在的因素，如成長經驗、人格特質、認知特徵、社會文化因素、犯罪情境等等。以往的研究都著重在實務取向，分析加害人的特質及類型及犯罪手法，作為評估診療輔導及警方破案的參考。總之，性犯罪不再只是法律定罪，而予以處罰即可終結；由於性侵害犯罪加害人是多重因子決定的異質團體（*Brown & Forth,1997*），如何針對加害人提供處遇，如何有效降低其再犯比率，如何保障受害人的權益並提供保護性服務，都是急待努力的方向！

性侵害犯罪加害人的性暴力侵害行為（強姦）是一種在發展、認知、生理及環境等變數交互影響的一種複雜行為表現（*Hall GC, & Hirschman R, 1991*），並且，絕大多數性暴力行為確實涉及性侵害犯罪加害人的性興奮反應，在此前提下可以推斷，性興奮的激發在發生性侵害犯罪行為的過程，扮演一種關鍵性的角色。相較於一般同性戀或異性戀男性經由成年人之間同意下發生的性行為得到性興奮與滿足，性侵害犯罪加害人則被認為是在偏差的性行為對象（如：未成年的幼童）或（與）非典型的進行方式（如：強暴）之情境下獲得性興奮與性滿足。

貳、性侵害犯罪的危險因素

許多的文獻均指出，對暴力犯，尤其是性暴力犯，做危險預測，是一項非常

困難的工作（*Monahan, 1981; Quinsey, 1983; Hall, 1990*），故必須先將性侵害犯罪加害人分類，分類的方式與種類已經在後面的章節描述，因此不再贅述。

而每一個性侵害犯罪加害人的危險因子評估可依據其發展史來描述：這包括下列數項：㈠基本資料；㈡成長經驗（含雙親教養）；㈢創傷經驗；㈣心性發展史（含兩性關係與性偏好）；㈤婚姻家庭史；㈥社交網絡；㈦職業史；㈧犯罪史；㈨物質使用史；㈩精神狀態、診斷與人格特質；⑪犯案歷程與危機處理模式；⑫缺乏對被害人的同理心。（周煌智、李俊穎、林世棋、陳筱萍，*2004*）。周煌智、陳筱萍、張永源、郭壽宏（*2000*）曾分析各項危險因素如下：

㈠基本因素：雖然有極少數的性侵害犯罪加害人為女性，但一般而言，大部分的加害人為男性。根據美國司法部（*United States Department of Justice, 1987*）的報告：強姦犯一般是年輕的成年男子。40 歲以下，因強暴而被逮捕者，高達 88.2%。而露陰癖如同強暴犯，常見於 20 歲左右的男子（*Blair, & Lanyon, 1981*）。近親性侵害犯罪加害人似乎符合父母的年紀，約在 30～45 歲間（*Abel et al., 1987;* 周煌智，*1999*）。馬傳鎮（*1988*）指出不良的產前環境與不良的遺傳基因可互相交互影響，導致某些少年自幼即具人格異常的潛在性存在。有些個案還必須瞭解是否有先天的缺陷以及基因，例如：Klinteberg（*1996*）發現男性暴力罪犯在成年有心理病態與其人格特質和生化因子（*MAO*）有關。在女性罪犯和非罪犯其生化因子（*MAO* 活動）是顯著低的。對男性和女性在青少年時具有高違紀行為，成年時易衝動、社會化低和生化因子（*MAO* 活動）是低的。

㈡成長經驗（含雙親教養）：如果父母虐待或疏忽他們的小孩，會使小孩產生焦慮與對價值的混亂感受，結果是形成低自尊與低自我概念。兒童性施暴者尋找兒童為下手對象以提昇自我價值感，並達到不滿意的親密需求（*Marshall, & Barbaree, 1988*）。一些最近有關性犯罪研究亦顯示，被父母拒絕與不愉快的撫育經驗是性侵害犯罪加害人早期生活的重要影響因素（*Wolf, 1984*）。

㈢創傷經驗：兒童青少年時期是否有被兒童虐待、性侵害犯罪、家庭暴力、腦傷、重大車禍……等身體、心理與性創傷經驗。陳若璋、劉志如、王家駿（*2002*）指出加害人早期被猥褻過是性暴力連續犯的穩定危險因素。

㈣心性發展史（含兩性關係與性偏好）：第一次的異性交往、第一次的性經驗、與持續性的性關係、性伙伴以及是否有特殊的性偏好等。陳若璋、劉志如、王家駿（*2002*）指出加害人案發時有偏差的性行為及第一次性侵害犯罪行為被發現的年齡小於 18 歲是性暴力連續犯的穩定危險因素。

㈤婚姻家庭史：家庭婚姻關係包括夫妻、親子之間的一般人際互動、性關係等項目。許多研究都支持，犯罪者家人的反應和支持度，對罪犯的復原過程有很大的影響。

(六)社交網絡：案主的社交情形包括職場與休閒場所。擁有工作是對犯罪者有穩定和正向的影響（*Fitch, 1962; Abel et al., 1987*）。另外，社交能力，例如：兩性關係受損與社交技巧不足，或認知／態度合理化均與性侵害犯罪問題有關（*Grossman, Martis, & Fichtner, 1999*）。亦有一些學者研究指出社交競爭能力不足，社會孤立，神經質與憂鬱症狀是性侵害犯罪者潛在的相關因素（*Groth, 1990*）。

(七)職業史：職業的種類、每個職業的性質與薪水，對於職場的滿意度，皆有可能影響案主的再犯。

(八)犯罪史：案主的犯罪前科，包括性侵害犯罪前科、對象，若有可能還必須探討當時的犯案情境。Soothill 和 Gibbens（*1978*）指出：有 3 個以上前科記錄者，在 5 年內幾乎都會再犯案，而僅有 1.2 個前科者，10 年以上不會再犯案。Tracy 等人（*1983*）引用 Christiansen 在一項 10 年的追蹤研究結論：有犯罪記錄會再犯的比率為 38.6%，而初犯者會再犯的比率為 18.6%。又 Romero 和 Williams（*1985*）也指出：先前的性犯罪記錄是預測再犯性犯罪的最好指標。其他學者亦有類似的報告（*Marshall, Jones, Ward, Johnston, & Barbaree, 1991; Marques, Day, Nelson, & West, 1994*）。

(九)物質使用史：國內外許多研究指出：一半以上的性侵害犯罪加害人，在犯案當時有喝酒的情形，其中又以近親強制性交的加害人最高。有些學者發現酒精能增加性侵害犯罪加害人的慾望而犯罪（*Rata, 1976; Rata, Kellner, Laws, & Winslow, 1979; Abel, Mittleman, & Becker, 1985;* 周煌智，*1999*；周煌智、陳筱萍、張永源、郭壽宏，*2000*）。

(十)精神狀態、診斷與人格特質：案主的恆常狀態，涉案時的精神狀態以及案主的人格特質等。早在一個世紀以前，就有學者認為，罪犯的神經心理功能可能出了問題（*Moffitt, & Henry, 1991*）。事實上，目前已發現一些證據可支持這樣的懷疑。例如，Wechsler（*1981*）發現罪犯的操作智商明顯的高於語文智商，有學者（*Moses, & Johnson, 1984*）認為自我控制能力的發展，需仰賴正常的聽覺語文記憶能力以及語文抽象思考能力，而罪犯顯然在此功能的發展上明顯不足（*Raine, & Scerbo, 1991*）。有些研究（*Randolph, Goldberg, & Weinberger, 1993*）也發現，罪犯的語言功能側化（*laterization*）較不明顯，以致罪犯的語言理解或表達能力受到限制，而易對周遭環境產生錯誤的判斷。Graber 等人（*1982*）以 Luria-Nebraska Neuropsychological Test Battery 檢測具有精神疾病的性犯罪者發現有一半具有腦部失

能。Scott等人（*1984*）以同法檢測性犯罪者亦有類似發現。此外，根據一些對性犯罪個案作電腦斷層掃瞄的研究報告指出，性犯罪個案的顳葉出現異常的現象（*Hucker, 1988; Raine, & Buchsbaum, 1996*）。Hucker 等人（*1988*）也發現性犯罪個案的左半腦明顯小於控制組，尤其是顳葉與額葉部份。另外，Langevin 等人（*1989*）使用神經心理測驗檢查性犯罪個案時也發現，異性戀與同性戀的戀童症者（*heterosexual and homosexual pedophiles*）出現語文功能缺失與明顯的左半腦功能受損等現象，而雙性戀的戀童症者（*bisexual pedophiles*）則出現右半腦之視空間受損現象。

雖然上述的一些研究均支持性犯罪個案具有神經病變的可能，但是截至目前為止，相關的研究報告，仍未獲得一致性的結論。有一些電腦斷層掃瞄的報告（*Raine, & Buchsbaum, 1996*），並未發現性犯罪者的大腦有任何異常的現象，而在神經心理學的研究上，Langevin等人（*1989*）雖然發現暴露狂（*exhibitionist*）在幾項神經心理測驗的表現不佳，但未發現有大腦結構或是功能上的缺陷。此外，另一篇針對青少年暴力犯與性侵害犯罪加害人，所作的神經心理檢查研究（*Randolph, Goldberg, & Weinberger, 1993*），也發現受試者的認知狀態與暴力行為的嚴重度，並無顯著相關。如果對這些文獻作進一步的分析可發現，樣本數、受試者的年齡、犯案的種類與犯案次數等變項均有可能影響研究結果，因此應對這些變項加以控制與分析，方有可能突破目前在性犯罪研究上的瓶頸。

Knopp（*1990*）指出約5%～8%的性犯罪者有精神疾患，且曾被判刑的精神分裂病患，受到精神症狀影響時，是再犯的最危險時期（*McGrath, 1991*）。然而亦有持相反的觀點（*Tracy, Donnelly, Morgenbesser, & MacDonald, 1983*）。Pritchard（*1979*）指出"衝動性長久以來即被視為預測性犯罪再犯的穩定指標"。Abel 等人（*1987*）也發現29.2%的強姦犯有反社會人格的診斷，11.6%的兒童性侵犯者有反社會人格的診斷。Mann 等人（*1992*）和 Ridenour 等人（*1997*）分別以明尼蘇達人格測驗第二版（*Minnesota Multiphasic Personality Inventory II, MMPI-II*）分析戀童症與兒童性犯罪。後者認為 MMPI-II 比起 MMPI，較能區辨兒童性犯罪者與正常者。Mann 等人的研究則是 MMPI-II 與 MMPI 對戀童症的分析各有異同。Barratt 等人（*1997*）發現監獄具反社會人格者其衝動攻擊行為與神經心理和認知生理心理的相關遠超過犯罪事件的本身。

㈩犯案歷程與危機處理模式：涉案前的情境（包括重大壓力、性衝動、性幻想）、涉案當時的情境以及事後的想法，以及每件涉案之間的案主的想法、所處的情境及再次犯案的真正動機。由於許多的性侵害犯罪並非是衝動、未經計畫的，性侵害犯罪的預兆是可以被辨識出來的，且對瞭解罪犯的再犯過程提供有用的資訊，可協助進行較合宜的強化治療及假釋監督的功效。而這些徵兆可分為立即預兆（即犯行6個月內，屬於強暴犯及戀童症者較常發生的生活事件）及早期預兆（犯行6個月前發生的事件）（陳若璋，2001）。國內陳若璋、施志鴻、劉志如（2002）就曾以 Wolf（1984）的性侵害犯罪循環模式理論研究亂倫者的犯案歷程，並根據下列五個部分：㈠犯案前的事件、壓力與認知；㈡與被害者的關係、看法；㈢犯案前的情境、情緒與認知；㈣犯案時的感受；㈤犯案後的反應。予以分析亂倫者的犯案動機，透過瞭解犯案動機可幫助治療者評估其想法、感覺、行為再犯案前所犯演的角色，幫助他們防止再犯之發生（*Pithers, 1990*），也有學者指出瞭解動機是再犯預防的重要步驟（陳若璋，2001；*Hall & Hisrschman, 1992*；*Ward, Hudson, & Johnston, 1997*；周煌智、李俊穎、林世棋、陳筱萍，2004）。

㈦缺乏對被害人的同理心：雖然尚未有明確的證據顯示：性侵害犯罪加害人會選擇有弱點的受害者，但是由於這種形式的性罪犯，較難以偵察，也就較難執行逮捕，故相對上，也較會有再犯的危險。有些被害人由於被強暴的過程中自然的生理反應會有高潮，因此，常會導致被害人的矛盾情結，也會導致某些加害人的缺乏同理心，甚至認為對方有『爽到』，這類的加害人對於性侵害犯罪的態度也常是以合理化的行為來掩飾自己的罪刑，因此，缺乏對被害人的同理心也是再犯危險因素之一。

參、結語

雖然許多文獻提到性侵害犯罪的危險因素，然而性侵害犯罪行為是一個複雜的個體內在心理因素與社會人際互動的不良表現，這種行為可能源於一時的衝動性，也可能是有計畫性，亦或生物學的病因所導致，任何單一的因素皆無法完全解釋這種複雜的行為，因此，在進行性侵害犯罪危險性評估時，除了注意一般性原則外，也需要注意到個別性，以免自陷強暴的迷思而不自覺。

參考文獻

中文文獻

周煌智（1999）。性犯罪者的神經心理學危險因子（I）。行政院國家科學委員會委託研究計劃 NSC 87-2418-H-280-002-Q13。

周煌智、陳筱萍、張永源、郭壽宏（2000）。性侵害犯罪加害人的特徵與治療處遇。公共衛生，27，1，1-14。

周煌智、李俊穎、林世棋、陳筱萍（2004）。性侵害犯罪加害人的鑑定原則與處遇計畫之探討。醫事法學，12（3 & 4）：35-51。

馬傳鎮（1988）。心理因素與環境因素對少年犯罪行為互動性影響之研究——理論架構與研究假設之建立。警學叢刊，18，4，52-67。

陳若璋（2001）。性罪犯心理學——心理治療與評估。台北：張老師文化事業股份有限公司。

陳若璋、施志鴻、劉志如（2002）。五位台灣亂倫父親犯罪歷程之分析。中華輔導學報，11，1-36。

陳若璋、劉志如、王家駿（2002）。性暴力連續犯危險因子分析研究。女學學誌，婦女與性別研究，13，1，1-46。

英文文獻

Abel, G., Mittleman, M., & Becker, J. (1985). Sexual offenders：Results of assessment and recommendations for treatment. In M. H. Ben-Aron, S. J. HucKer, & C. D. Webster (Eds.). *Clin Criminology: Current concept* (pp.191-205).

Abel, G..G., Becker, J.V., Mittleman, M., Cunningham-Rathner, J., Rouleau, J., & Murphy, W. (1987). Self-reported crimes of non-incarcerated paraphiliacs. *J Int Violence, 2,* 3-25.

Barbaree, H.E., Baxter, D.J., Marshall, W.L. (1989). Brief research report: the reliability of the rape index in a sample of rapists and nonrapists. *Violence & Victims.* 4(4):299-306.

Barbaree, H.E., & Marshall, W.L. (1991): The role of male sexual arousal in rape: six models. *Journal of Consulting & Clinical Psychology.* 59(5):621-30.

Bayley C. (1970). Hospital administrators' views of medical libraries. *Bulletin of the Medical Library Association.* 58(2):186-8.

Barratt, E., Stanford, M., Kent, T., & Felthous, A. (1997). Neuropsychological and cognitive psychophysiological substrates of impulsive aggression. *Bio Psychiatry, 41,* 10, 1045-1061.

Blair C, & Lanyon R(1981). Exhibitionism：Etiology and Treatment. *Psycho Bull, 89,* 439-463.

Bozman, A.W., & Beck, J.G.. (1991). Covariation of sexual desire and sexual arousal: the effects of anger and anxiety. *Archives of Sexual Behavior.* 20(1):47-60.

Brown, S.L., & Forth, A.E.(1997). Psychopathy and sexual assault: static risk factors, emotional precursors, and rapist subtypes. *J Consult Clin Psychology, 65,* 5, 848-857,1997.

Byard, R.W., Hucker, S.J., Hazelwood, R.R. (1990). A comparison of typical death scene features in cases of fatal male and autoerotic asphyxia with a review of the literature. *Forensic Science International.* 48(2):113-21.

Crepault, C., & Couture, M. (1980). Men's erotic fantasies. Archives of Sexual Behavior. 9(6): 565-81.Fitch, J. (1962). Men convicted of sexual offenses against children ： A descriptive follow up study, *Br J Criminology, 3,* 18-37.

Graber, B., Hartmann, K., Coffman, J.A., Huey, C.J., & Golden, C.J. (1982). Brain damage among mentally disordered sex offenders. *J Forensic Sci, 27,* 1, 125-134.

Grossman, L.S., Martis, B., & Fichtner, C.G.(1999). Are sex offenders treatable? A research overview. *Psychiatr serv, 50,* 3, 349-361.

Groth, A.N. (1990). *Men who rape：The Psychology of the offenders.* New York: Plenum Press.

Hall, G. (1990). Prediction of sexual aggression. *Clin Psychology Rev, 10,* 229-245.

Hall, G. C. N., & Hisrschman, R. (1992). Sexual aggression against children: A conceptual perspective of etiology. *Criminal Justice and Behavior, 19,* 8-23.

Hall, G.C., Shondrick, D.D., Hirschman ,R. (1993). The role of sexual arousal in sexually aggressive behavior: a meta-analysis. *Journal of Consulting & Clinical Psychology.* 61(6):1091-5.

Harris, G.T., Rice, M.E., Quinsey, V.L., Earls, C., & Chaplin, T.C. (1992). Maximizing the discriminant validity of phallometric assessment data. *Psychological Assessment.* 4(4):502-511.

Hucker, S., Langevin, R., Wortzman, G., Dickey, R., Bain, J., Handy, L., Chambers, J., & Wright, S. (1988). Cerebral damage and dysfunction in sexually aggressive men. *Ann Sex Res, 1,* 33-47.

Keating, J., & Over, R. (1990). Sexual fantasies of heterosexual and homosexual men. *Archives of Sexual Behavior.* 19(5):461-75.

Klinteberg, B. (1996). Biology, norm, and personality: a developmental perspective。*Neuropsychobiology, 34,* 3, 146-54.

Knopp, F., & Stevenson, W. F. (1990). *Nationwide survey of juvenile and adult sex-offender treatment programs*：Orwell, VT：The Safer Society Program.

Langevin, R., Lang, R.A., Wortzman, G., Frenzel, R.R., & Wright, P. (1989). An examination of brain damage and dysfunction in genital exhibitionists. *Ann Sex Res, 2,* 77-87.

Lalumiere, M.L., & Quinsey, V.L. (1994). The discriminability of rapists from non-sex offenders using phallometric measures: A meta-analysis. *Criminal Justice and Behavior.* 21:150-175.

Laws, D.R., & Marshall, W.L. (2003). A brief history of behavioral and cognitive behavioral approaches to sexual offenders: Part 1. Early developments. Sexual Abuse *Journal of Research & Treatment.* 15(2):75-92.

Mann, J., Stenning, & W., Borman, C. (1992). The utility of the MMPI-2 with pedophiles. *J offender Rehabilitation, 18,* 59-74.

Marques, J. K., Day, D. M., Nelson, C., & West, M.A. (1994). Effects of cognitive-behavioral treatment on sex offender recidivism：Preliminary results of a longitudinal study. *Criminal Justice and Behavior, 21,* 28-54.

Marshall, W.L., & Barbaree, H.E. (1984). A behavioral view of rape. *International Journal of Law &*

Psychiatry. 7(1):51-77.

Marshall, W.L., & Barbaree, H.E. (1988). The long-term evaluation of a behavioral treatment program for child molesters. *Behav Res Ther, 26,* 499-511.

Marshall, W.L., Jones, R., Ward, T., Johnston, P., & Barbaree, H.E. (1991). Treatment outcome with sex offenders. *Clin Psychology Rev, 11,* 465-485.

McGrath, R.J. (1991). Sex-offender risk assessment and disposition planning：A review of empirical and clinical findings. *Int J Offender Therapy Comparative Criminology, 35,* 4, 328-350 .

Moffitt, T.E., & Henry, B. (1991). Neuropsychologial studies of juvenile delinquency and juvenile violence. In Milner J. S., *Neuropsychology of aggression.* Kluwer Academic Publishers.

Monahan, J. (1981). Predicting violent behavior：*An assessment of clinical techniques.* Beverly Hills, CA：Sage Publications.

Moses, J.A., & Johnson, G.L. (1984). The relative contributions of WAIS and Luria-Nebraska Neuropsychological Battery variables to cognitive performance level: *A response to Chelune. Int J Clin Neuropsychology, 6, 4, 233-239.*

Pithers, W. D.(1990). Relapse prevention with sexual aggressors. In W. L. Marshall, D. R. Laws, & H. E. Barbaree (Eds.). *Handbook of sexual assault: Issues, theories and treatment of the offender* (pp. 343-361). New York: Plenum.

Pritchard, D. (1979). Stable predictors of recidivism：*A summary. Criminology, 17,* 15-21.

Quinsey, V. (1983). Prediction of recidivism and the evaluation of treatment programs for sex offenders. In S. N. Verdun-Jones & A. A. Keltner (Eds.) *Sexual aggression and the law* (pp.22-40). Burnaby, BC：Criminology Research Centre Press.

Quinsey, V.L., Chaplin, T.C., Upfold, D. (1984). Sexual arousal to nonsexual violence and sadomasochistic themes among rapists and non sex-offenders. *Journal of Consulting & Clinical Psychology*. 52(4):651-7.

Raine, A., & Buchsbaum, M.S. (1996). Violence, brain imaging, and neuropsychology. In Stoff D M, Cairns RB(Eds). *Aggression and violence：genetic, neurobiological, and biosocial perspectives.* Lawrence Erlbaum Associates.

Raine, A., & Scerbo, A. (1991). Biological theories of violence. In Milner J S (Eds), *Neuropsychology of aggression.* Kluwer Academic Publishers.

Randolph, C., Goldberg, T.E., & Weinberger, D.R. (1993). Clinical Neuropsychology. In Heilman KM ,Valenstein E (Eds.) *The neuropsychology of schizophrenia* (2nd ed. pp. 499-522). New York : Oxford University Press.

Rata, R. (1976). Alcoholism and child molester. *Ann New York Academy of Sciences, 273,* 492-496.

Rata, R., Kellner, R., Laws, D., & Winslow, W. (1979). Drinking, alcoholism, and the mentally disordered sex offender. *Bull Am Academy Psychiatry Law, 6,* 296-300.

Ridenour, T.A., Miller, A.R., Joy, K.L., & Dean, R.S. (1997). Profile analysis of the personality characteristics of child molesters using the MMPI-2. *J Clin Psychology, 53,* 575-586.

Remero, J., & Williams, L. (1985). Recidivism among convicted sex offenders：A 10-year follow up study. *Federal Probation, 49,* 58-64.

Scott, M.L., Cole, J.K., McKay, S.E., Golden, C.J., & Liggett, K.R. (1984). Neuropsychological performance of sexual assaults and pedophilia. *J Forensic Sci, 29,* 4, 1114-1118.

Soothill, K. L., & Gibbens, T.C.N. (1978). Recidivism of sexual offenders：a reappraisal. *Br J Criminology ,18,* 267-276.

Templeman, T.L., & Stinnett, R.D. (1991). Patterns of sexual arousal and history in a "normal" sample of young men. *Archives of Sexual Behavior. 20*(2):137-50.

Tracy, F., Donnelly, H., Morgenbesser, L., & MacDonald, D. (1983). Program Evaluation：Recidivism research involving sex offenders. In J. G. Greer & I. R. Stuart（Eds.）. *The sexual aggressor：Current perspectives on treatment*（pp. 198-213）. New York：Van Nestrand Reinhold.

United States Department of Justice (1987). Uniform crime reports for the United states. Washington, D.C：U. S., Government Printing Office.

Ward, T., Hudson, S. M., & Johnston, L. (1997). Cognitive distortions in sex offenders: An integrative review. *Clinical Psychology Review, 17,* 479-507.

Weichsler, D. (1981). Statistical properties of the scale. *Whichsler adult intelligence scale-revised (WAIS-R) manual*(pp. 29-50). Texas : The Psychological Corporation Harcourt Brace Jovanovich.

Wolf, S.C. (1984). *A multi-factor model of deviant sexuality.* Paper presented at the Third International Conference on Victimology. Lisbon.

第五章

性侵害犯罪行為與治療理論

陳筱萍　周煌智

本章學習重點

・性侵害犯罪行為理論包括性別歧視論、暴力容許論、色情傳媒感染論、社會解組論、社會體制和個人動力理論、上癮理論、整合理論及生理模式理論與性偏好等。

・性侵害犯罪治療理論，包括行為治療、認知行為治療與再犯預防、整合理論。

摘要

性侵害犯罪加害人是一個異質性的團體，因此，性侵害犯罪行為理論也有多種理論，任何單一的理論並無法涵蓋或解釋所有的性侵害犯罪行為，而針對不同的性侵害犯罪加害人的性侵害犯罪成因可能必須適用不一樣的理論，並針對所探究的性侵害犯罪行為成因，予以不同的治療與輔導，以期能降低再犯率。這些理論包括：性別歧視論、暴力容許論、色情傳媒感染論、社會解組論、社會體制和個人動力理論、上癮理論、整合理論及生理模式理論與性偏好等。在實務上，性犯罪是所有犯罪行為中，再度犯罪機會稍高的犯罪類型，而且，相對於其他人身暴力犯罪，例如殺人或傷害行為，隨著犯罪者年齡增長，再犯的可能性有逐漸降低的趨勢，但是，性犯罪卻沒有這種隨著年齡增長而降低犯罪行為的現象。再者，某些犯罪行為，在長期監禁之後，其再犯危險性有可能降低（部分是年齡和發展成熟的效應）。但是，在美國的實務顯示，性犯罪者多半監禁至刑期期滿（未獲假釋），但是出獄後之再犯機會仍然偏高。有研究指出性侵害犯罪加害人的犯行還時而出現持續增加的現象，而且再犯的情況也比一般的非性犯罪來的嚴重許多，尤其是其中某些類型的性侵害犯罪加害人，譬如：Hanson收集包括英國、美國以及加拿大 4,673 個樣本數發現，性侵害犯罪加害人的再犯率介在 7%～36%之間（平均為 17.5%），強暴犯的再犯在 35～45 歲之間仍有上升的情況，而且其中若受害對象為家庭外之小孩的性侵害犯罪加害人，一直到 50 歲時，再犯的行為仍然維持一個水平，很難有明顯地下降。由於性侵害犯罪加害人是一個異質性的團體，且即便是同質性的加害人也有各種的成因需要處理。因此，任何單一治療理論，並沒有辦法處理所有的加害人，故治療性侵害犯罪加害人已形成的共識是：需對性犯罪之成因及加害人之再犯過程有一個清楚的瞭解，而除了需提出清楚的認知、情緒、行為的連結外，並需包括清楚的情境因素，及其最近犯案的促發因素。因此，治療或輔導教育前的完整評估與鑑定是必要的。本文並介紹了：一、行為治療；二、認知行為治療；三、再犯預防；與四、整合理論的處遇。

關鍵詞

性侵害犯罪行為、性別歧視、認知行為治療、再犯預防、整合理論。

壹、性侵害犯罪行為理論

性侵害犯罪加害人是一個異質性的團體，因此，性侵害犯罪行為理論也有多種理論，任何單一的理論並無法涵蓋或解釋所有的性侵害犯罪行為，而針對不同的性侵害犯罪加害人的性侵害犯罪成因可能必須適用不一樣的理論，並針對所探究的性侵害犯罪行為成因，予以不同的治療與輔導，以期能降低再犯率。這些理論包括：性別歧視論、暴力容許論、色情傳媒感染論、社會解組論、社會體制和個人動力理論、上癮理論、整合理論及生理模式理論與性偏好等，茲分述如下：

一、性別歧視論（gender inequality theory）

女性主義者認為『強暴』是父權社會的一種社會控制方式，而現存之父系社會有利於強暴犯罪之產生。在父系社會體制下，刻意創造出一個性別不平等之環境，使女性成為社會中之附屬地位，施暴及女性對強暴之恐懼，使男性得以維持自身權力以超越女性，進而使一個性別角色制度不公平的社會繼續維持下去。此外Lewis, Shonkok,和Pincus（*1979*）之研究結果亦指出，強暴最可能產生在視女性為男性「性標的」以及「生殖所有物」的社會中，為了維持其特權及強制執行其性權力，常會施以威脅及暴力形式。Russell（*1980*）則認為，男性之所以採取強暴行為，乃基於對女權運動及女性追求性別、地位平等希望之恐懼所採取之手段，以維護男性自尊之地位。

二、暴力容許論（legitimate violence）

此論者指出，一個愈贊成使用暴力以追求社會目標（如學校秩序及社會控制）之社會，也愈容易將此暴力現象轉化到社會之其他現象中，亦即容許使用較多「合法暴力」之社會，必然會產生較多之「非法暴力」行為。如一個較常與死刑、體罰管教子女及學生做為威嚇及作為控制手段之社會，必然有較多之非法暴力行為，如殺人犯罪及性傷害犯罪等。許多學術的研究指出強暴犯犯罪的主要原因並不在『性』，而在於強姦犯是從強姦過程中的支配、凌虐、報復，甚或殺害被害人以獲取心理上的滿足（許春金，*1991*）。

三、色情傳媒感染論（prnography）

色情傳媒與性傷害之間是否具有關聯性，主要論點有無相關論、負相關論及正相關論三種，茲分述如下：

㈠色情傳媒與性傷害無相關論

持此觀點者認為至目前為止，並無明顯之證據足以證明性傷害行為與色情傳媒間具有模仿、學習或促進作用，雖然他們並不否認某些色情傳媒可能對某些特殊性傷害具有促進作用，但在統計上並無明顯證明其相關性，因而對色情傳媒採取較寬鬆之檢審管制政策（*Holmes, 1991*）。

(二)色情傳媒與性傷害負相關論

持此觀點者認為，色情傳媒對個人而言，具有宣洩作用，他們指出色情傳媒對個體之性成熟與發展具有積極性之幫助，如許多持性教育開放者，便支持色情傳媒對某些性抑制者具有協助其過度性焦慮之功能，且色情傳媒也可能具有性教育功能，使人在心態上減除性行為是一種罪惡之功能（*Gillan,1978; Dalla,1982;Yaffe, 1982*）。

(三)色情傳媒與性傷害正相關論

持此觀點者則認為，色情傳媒對性暴力傷害具有正面學習、煽惑及助長效果，又分為兩派觀點（黃富源，*1995*）：

1. **道德污染論**：支持此觀點者大多為宗教家或道德家，他們認為色情傳媒會腐蝕男性之精神本質，引導男性背離宗教教義，使其鬆弛謹守道德規範之意志，污染其精神生活，更助長其縱慾、性濫交及頹廢墮落之性生活方式。

2. **迫害女性論**：支持此觀點者大多為女性主義者，他們認為色情傳媒對女性而言，是一種生理及精神上之迫害，色情傳媒之內容極盡物化、矮化及羞辱女性之能事，使女生成為被宰制的工具，並強化男性在社會中主宰、主導與女性只是附屬地位之刻板化印象，此種色情傳媒當然對性傷害犯罪具有鼓勵及助長作用。尤其色情傳媒散播性角色偏執之觀念及提供對女性攻擊之示範，使女性深具被傷害感。

四、社會解組論（social disorganization theory）

持此論者指出，社會變遷結果，新舊規範間之矛盾、衝突所引起之社會解組現象，傳統性機構（如家庭、學校、教會、鄰里等）之社會控制力逐漸喪失，社會產生高犯罪率、高自殺率、高心理疾病罹患率、高失業率及流浪漢比率現象，而此種社會解組現象愈嚴重之社會，容易產生暴力傷害之犯罪，同時也有較高之強暴率（引自黃淑芳，*2002*）。

五、社會體制與個人動力理論

Finkelhor 和 Berliner（*1995*）認為未成年性虐待（*sexual abuse*）發生的四個必要條件包括：

㈠潛在施虐者有施虐動機。

㈡潛在施虐者失去內在的自我控制能力。

㈢潛在施虐者克服外在環境的阻礙。

㈣兒童的抵抗能力被瓦解。

六、上癮理論

Patrick Carnes（*1989*）以上癮觀點來解釋性侵害犯罪者的形成，造成性上癮原因有下列五點：

㈠行為學派：上癮者通常是社交孤立的，因此經常感到無聊；在無聊時，他們需要刺激以獲得立即的滿足，來逃避無聊、孤單時的痛苦；而下次再度感到無聊或孤單時，他們又會再度尋求刺激以避免痛苦。

㈡習慣造成的行為組織（*Habit-Forming Behaviors*）：當人們在固定的時間、地點，從事固定的行為時，久而久之會養成固定的習慣。

㈢放鬆循環（*Relaxation Cycles*）：當遇到壓力時，人們會尋找放鬆的方式，一旦去做，且做完以後確實達到放鬆的效果，下次再遇到壓力時，又會想以同樣的方法得到放鬆的效果。

㈣童年期曾是性暴力的受害者：某些人在童年時期，曾遭遇到或輕或重的猥褻或強暴事件，造成成年之後，特別容易對性上癮。

㈤過早暴露於成人的色情媒材當中（引自陳若璋，*2001*）。

七、整合理論與合流模式

Marshall 和 Barbaree（*1990*）提出整合理論指出強暴行為的形成與個人的成長經驗、低自尊以及認知因素有關。低自尊的形成與成長經驗的缺乏安全依附具有關聯性，缺乏安全依附的環境下成長者，成長後通常缺乏社交技巧、無法與人建立親密的人際關係、缺乏同理心，並很難表現出利社會的行為；因而，他們較容易吸收強暴迷思、支持強暴行為的觀念（引自*Hollin, 1999*）。Malamuth等人（*1995*）亦提出合流模式（*confluence model*）以解釋強姦行為。主要架構有二個：㈠敵意與男性化對女性敵視、不信任、防禦和高度敏感的態度，以及能從駕馭與控制女人中獲得高度滿足感；㈡雜亂與非人性化的性：意指在性關係上不認真、遊戲的心態，其形成與早年的犯罪經驗、家庭成長經驗，與朋友的支持有關。（引自李俊穎等，*2004*）

八、性暴力行為的生理模式理論與性偏好

持生理理論模式論者認為：性侵害犯罪加害人的性暴力侵害行為是一種在發展、認知、生理及環境等變數交互影響的一複雜行為表現（*Gordon C. Nagayama Hall and Richard Hirschman, 1991*），並且，絕大多數性暴力行為確實涉及性侵害犯罪加害人的性興奮反應，在此前提下可以推斷，性興奮的激發在發生性侵害犯罪行為的過程，扮演一關鍵性的角色。相較於一般同性戀或異性戀男性經由成年人之間同意下發生的性行為得到性興奮與滿足，性侵害犯罪加害人則被認為是在偏差的性行為對象（如：未成年的幼童）或（與）非典型的進行方式（如：強暴）之情境下獲得性興奮與性滿足。很多強暴犯對強暴類別的刺激及兒童性侵害犯罪犯對戀童類別的刺激，相對於成人間同意下之性行為類別的刺激，出現高度的性興奮（*Barbaree & Marshall, 1989, 1991; Hall, Shondrick, & Hirschman, 1993b; Harris, Rice, Quinsey, Chaplin, & Earls, 1992; Lalumiere & Quinsey, 1994*）。多數強暴犯及兒童性侵害犯罪犯對性偏差的刺激所出現的性興奮程度亦高過非性侵害犯罪加害人的一般男性（*Barbaree & Marshall, 1989, 1991; Hall, Shondrick, et al., 1993b; Harris et al., 1992; Lalumiere & Quinsey, 1994*）。美國精神醫學會DSM-IV診斷系統中之性偏好症的診斷標準，強調一再出現強烈之性興奮的偏差性幻想、性衝動、或性行為，亦是根據性偏好假說（*sexual preference hypothesis*）來訂定。

一般說來，異性戀男性通常在男女之間同意下發生的性行為得到性興奮，負面情緒或非同意下之性行為，會降低正常男性的性興奮（*Barlow, 1986; Bozman & Beck, 1991; Keating & Over, 1990*）。而若在上述非典型的情況下得到性興奮，包括了很多性侵害犯罪加害人在內，則被認為是一種性偏差（*American Psychiatric Association, 1994*）。雖然在某些性暴力場合，性侵害犯罪加害人不見得有性興奮，或甚至有些性侵害犯罪加害人有性功能障礙，然而，大多數性暴力行為確實涉及性侵害犯罪加害人的性興奮，因此有時憑直覺似乎可以判斷，性暴力行為必然由性興奮所激發。對

兒童性侵害犯罪犯而言，生理性的性興奮反應在動機變項的影響程度上，似乎比強暴犯來得明顯（*Barbaree & Marshall, 1989, 1991; Hall, Shondrick, et al., 1993b*）。

對偏差的性刺激出現生理上的性興奮，有些學者認為有其生物學及神經內分泌學的基礎。（*Hucker & Bain, 1990*）有些學者則認為是基於學習（*learning*），就如同古典制約（*classical conditioning*）的概念（*Laws & Marshall, 1990; Marshall & Barbaree, 1984; Quinsey, 1984*）。美國精神醫學會所出版的 DSM-IV 診斷系統也是採納此一觀點來界定不同類別的性偏差行為，並強調對性偏差刺激所出現之性興奮為診斷性偏好症的準則（*Hall & Andersen, 1993*）。

貳、治療與輔導理論

Hanson（*2001*）收集包括英國、美國以及加拿大 4,673 個樣本數發現，性侵害犯罪加害人的再犯率介在 7%～36%之間（*平均為 17.5%*），強暴犯的再犯在 35～45 歲之間仍有上升的情況，而且其中若受害對象為家庭外之小孩的性侵害犯罪加害人，一直到 50 歲時，再犯的行為仍然維持一個水平，很難有明顯地下降。這樣的研究結果與 Beech, Friendship, Erikson 與 Hanson（*2002*）根據英國樣本的研究有相類似的看法，他們的研究也發現，那些被列為高危險的兒童性侵害犯罪者（*child molester*）的再犯率竟然高達 46%。這顯示傳統的矯治或是監禁本身，無法減少性犯罪的再度發生。簡言之，只是監禁起來，沒有解決問題，僅僅將犯罪者隔離，並不足以降低或是遏止犯罪行為，也間接指出，性犯罪的治療及其他非監禁的措施有其發展必要。臨床心理學家與諮商輔導學家針對各種行為偏差、心理失衡與情緒障礙早已發展出各種的治療或諮商輔導理論。然而，由於性侵害犯罪加害人是一個異質性的團體，且即便是同質性的加害人也有各種的成因需要處理，因此，任何單一治療理論，並沒有辦法處理所有的加害人，故治療性侵害犯罪加害人已形成的共識是：需對性犯罪之成因及加害人之再犯過程有一個清楚的瞭解，而除了需提出清楚的認知、情緒、行為的連結外，並需包括清楚的情境因素，及其最近犯案的促發因素。因此，治療或輔導教育前的完整評估與鑑定是必要的。以下介紹幾種被應用到性侵害犯罪加害人的治療與輔導理論如下：

一、行為治療的模式

(一)嫌惡制約法（aversive conditioning）

不良行為發生當時及不久之後予以嫌惡的刺激，使得此嫌惡刺激與該不良行為發生制約連結，而使該不良行為漸漸消失。如性侵害犯罪加害人在想像偏差的性幻想時，在可能快性激起時，想到出庭或監獄總總不愉快的經驗，使其感受的厭惡能漸與偏差之性幻想連結，則其性偏差行為會減弱。

(二)高潮再制約法（orgasmic reconditioning）

利用矛盾意向法，其原理乃在建立正常之性幻想與自慰高潮的連結，在達高潮及射精後則性趨力將降到最低點。如暴露狂之治療，在成年婦女的同意下，為他的性幻想內容，進行自慰。在射精後，再以暴露自己性器官為幻想內容，持續自慰 30 分鐘，此時案主則沒法再達高潮，而漸漸不以暴露性器官為可達性高潮的方法。

(三)其他部份

代幣法、增強法（如實質性的正增強——金錢或物品，活動性的正增強——運動、音樂，社會的正增強——表揚、贊同）、示範法和肌肉放鬆法（引自林明傑和沈勝昂，*2004*）。

二、認知行為治療模式

認知行為治療係結合 Beck 認知治療、Ellis 理情治療、Meichenbaum 自我指導和 Bandura 社會學習論四種理論（引自廖鳳池，*79*）。

(一) Beck 認知治療

目標在於改變自動化思考的方式，以及進行基模（*schema*）重整的工作。信念與思考歷程的改變，往往會改變感受和行為。其基本步驟：*1.* 找出其認知、信念；*2.* 個案列出支持認知、信念的證據；*3.* 列出反證；*4.* 形成新的認知和信念。性罪犯的違法行為，與其內在的認知扭曲有關，宜需偵測出來他的認知扭曲，再

經過蘇格拉底的對話以修正認知的偏差。

常見六種認知扭曲：

1. 二分法思考（*Dichotomous thinking*）——思考只有好壞、對錯、成敗……兩個極端，而沒有中間灰色地帶。
2. 過度類化（*overgeneralization*）——藉由幾個少數的例子，而做一個廣泛且全面性的推論。
3. 選擇性摘要或斷章取義（*selective abstraction*）——只記住不愉快、失敗、缺點……等，並藉此來評估人、事、物。
4. 誇大與貶低（*magnification & minimization*）——把一件不重要的事情看得比實際重要，而把重要的事情看成毫無意義可言。
5. 個人化（*personalization*）——過度把責任都歸到自己身上，常常以為事情都與自己有關，自己對所有事情都應該負責。
6. 隨意推論（*arbitrary inference*）——對事件亂作推理，常常根據相反的事實，或毫無任何證據的支持下就對事件下結論。

㈡ Ellis 理情治療

認為人的情緒和行為主要來自於信念、評價、解釋，以及人對生活情境的反應。透過治療過程，人們會學到一些技術來找到，並駁斥那些「自我灌輸」過程所形成的非理性信念，以有效的、理性的認知來取代無效的思考方式，從而促成對特定情緒所產生的情緒和行為反應之改變。

A 是事實、事件、一個人的行為或態度。C 是情緒和行為的結果，或一個人的反應；此反應可能是健康的或不健康的。A（促發事件）並沒有導致C（情緒的結果），而是 B，它是一個人對 A 的信念，是它導致了情緒的反應 C。Ellis 指出駁斥歷程中包含三個成分：偵測、辯論與分辨。首先，人們要學會如何「偵測」出自己不合理的信念，特別是那些絕對性的語句：「應該」、「必須」以及「自我威脅」、「自我貶抑」的信念，然後，要學習與這些功能障礙的信念「辯論」，藉著學習對這些信念進行合理而驗證性的質疑，使自己與這些信念激烈地辯論，並得出不同的結論而且做出新的行為；最後，人們要學習去分辨非理性的信念與理性的信念。

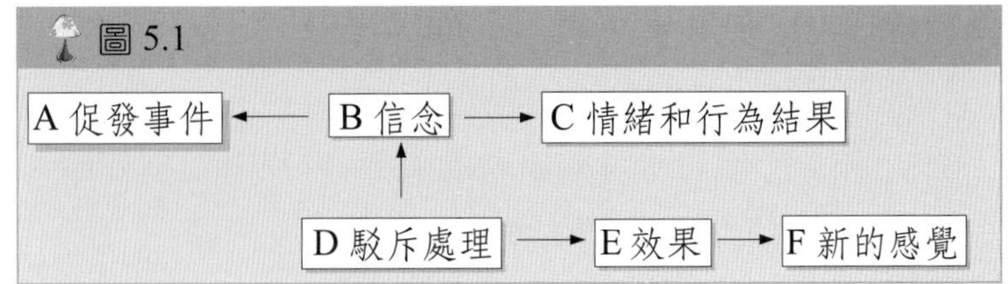

(三) Meichenbaum 自我指導

強調「自我內在對話」影響個人行為的重要性。要瞭解和改變一個人的情緒和行為反應的先決條件是知道個案在行為前、行為時和行為後對自己所說的那些內在語言。再針對內在的對話做修正，以成為合理正向的對話。運用在性侵害犯罪加害人，則是在面對高危險情境時，能自我對話提醒自己避免問題行為的發生。

自我改變的因應技巧有三步驟；

1. **觀念期**：提供個案關於問題本質正確、客觀的知識及認知行為技術的原理，偏向教育的概念。

2. **技巧獲得及預演期**：教導一些認知行為的技巧，如認知信念、肌肉放鬆，並實際上演練，以因應壓力及高危險情境，避免問題行為的發生。

3. **應用及追蹤期**：鼓勵個案將學習的技巧應用在實際的環境中，並持續追蹤、檢討及回饋。

(四) Bandura 社會學習論

認為一個人的行為和情緒是由於個體和環境交互作用所產生的。個體對外在環境刺激會透過個人分類、評估和判斷的認知歷程，以形成個體的情緒和行為。通常個體在面臨環境刺激時而必須採取因應行動前，會進行兩方面的評估：*1.* 評估自己是否能表現出符合環境所要求的行為；*2.* 判斷自己所採取的因應行動是否能獲得良好的結果。運用在性侵害犯罪加害人，則需學習面對環境刺激前先做自我的評估，三思而後行才不會衝動做出違法的行為。

三、再犯預防模式

再犯預防（*relapse prevention, RP*）是由 Marlatt 於 1980 年代初所發展出來，原先是運用在戒癮治療。其基本原理為「認知行為療法」，但治療的重點放在如何幫助犯罪者認出及修正自己之認知感受行為鏈，以「自我內在管理」，及「引進外

在監督」之方法，有效阻斷潛在的「再犯循環」，藉以防止再犯。再犯預防首先用在性犯罪是1980年左右由Marques JK等人在美國加州議會通過的一個6年性侵害犯罪治療與評估計畫中，以多重模式訓練加害人中斷及控制會再犯的事件鏈（*chain of events*）。

將『再犯週期』（*Offense cycle*）分成四個階段：第一階段：加害人的背景（*background*），包括生活型態、人格特質及環境因素→第二階段：煩躁不安的情緒（*dysphoria*），導因於壓力或衝突→第三階段：陷入復發的可能或危險（*lapse*），如性幻想或情境→第四階段：再犯（*relapse*）。治療乃藉由認知重整來防止第三階段進到第四階段，即教育加害人認清危險情境、想法、情緒和行為，學習反覆練習於預期之高危險情境、想法、情緒和行為下之有效避免的因應策略，並運用人群支持網絡（*human supporting network*）來監控自己的行為，以防止再犯的發生。

Cumming和Buell（*1997*）提出再犯預防模式（*relapse prevention, RP*），其包含下列重要因素：㈠看似不重要決定（*seemingly unimportant decision*）；㈡高危險因素（*risk factors*）；㈢不良的因應行為模式（*maladaptive coping response*）；㈣好的因應行為模式（*adaptive coping response*）；㈤高危險想法及行為的復發（*lapse*）；㈥戒絕違反效應（*abstinence violation effect*）。RP包含許多介入技術：㈠對避免再犯的介入；㈡教導認出犯行前兆；㈢減少外在刺激；㈣避開潛在之加害對象；㈤逃開正面臨之高危險情境；㈥熟練程序化的因應方式；㈦察覺內在驅力；㈧多項技巧訓練。從準備再犯中阻斷犯行：㈠認知重建；㈡簽下契約；㈢隨時攜帶手冊（周煌智、郭壽宏、陳筱萍、蘇靜君與莫清芬，*2000*）。

Heckhausen（*1991*）及Hartley（*2001*）認為要瞭解性犯罪的發生，必須追溯犯罪者過去的生活經驗及情境，才能更深究其犯案動機；Finkelhor（*1984*）則認為研究犯案的促發因素是很重要的；另學者Hartley（*1998*）則認為無論犯罪者的犯罪動機為何，他們必定是克服了內心對犯罪行為的抑制，因此研究犯罪者的認知型態是更重要的；Ward & Hudson（*1999*）則是認為研究性侵害犯罪加害人的犯罪步驟與歷程，才是研究的核心（引自劉志如、陳若璋，*2001*）。直至1984年，Wolf提出犯罪循環理論，得到許多後進學者的認同，繼之如 Nelson et al.（*1989*）及Cumming（*2002*）等學者延續其想法，認為性罪犯之再犯，是經過一個固定的再犯路徑，若吾人能瞭解性罪犯犯案路徑之發展，便可阻絕之並預防再犯，而這些學者更依此思維發展出「再犯預防」（*Relapse Prevention*；*RP*）的技術。另外，從再犯罪預防模式（*Cumming, & Buell, 1997*）來看，在戒絕性侵害犯罪行為中〝自我效能〞佔重要的地位。Bandura（*1977*）對「自我效能（*self-efficacy*）」最早的定義是

「一個人對於自己執行某特定行為或達成某結果所需的一組行為的信念，是一種特定類型的預期（*expectancy*）」，後來，Bandura（*1986*）在修正的自我效能理論中，則擴充自我效能的定義為「人們對自己控制影響生活事物的能力之信念」。而無論是早先的構念或是修正的理論，Banndura引以為證的研究資料，都是針對某種特定行為範疇，也就是說，Bandura（*1977*）的「自我效能」構念指的是「特定性自我效能」（*specific self-efficacy*）。所以，最初對自我效能的研究，均是針對「特定心理功能的自我知覺」加以測量探討，並驗證理論建構，他指出，「從自我效能知覺與特定行為範疇之表現的關係，顯示個人精通的預測的確對因應行為的啟動（*initiation*）與持續（*persistence*）均有影響」。最早的「自我效能」概念是與特定情境（*situation*）相關連，但仍有研究者試圖將自我效能構念的層次加以擴充。Shelton （*1990*）的回顧文獻指出，White 提出「效能動機（*effectual motive*）」的概念，做為人類與環境互動且累積知識技能的本能驅力；直到 1983 年，Sherer 與Adams的研究明確指出了「一般性自我效能（*general self-efficaay*）」概念，主張㈠此概念是個人生涯中所有過去的成功或失敗經驗的組合；㈡此概念有個別差異；㈢此概念會影響個人面臨新情境時的精通感。（引自周煌智等，*2004*）。

四、整合理論

根據上述的性侵害犯罪行為理論與治療理論，依照不同的理論則有不同的治療模式，可以提出整合理論（*Schwartz and Cellini*，*1995*）來說明，它是以系統取向發展出對性侵害犯罪的治療方案，茲簡述如下：

㈠生理方面的治療

生理部份包括性勃起偏差、精神的症狀，科學家開始探索腦和性、暴力之間的關係；從生化和神經心理發現一些生理情境（營養缺乏、各項疾病、缺乏睡覺、藥物或酒精的影響）明顯影響個人因應的能力。

㈡心理和情緒方面的治療

在心理層面上性侵害犯罪加害人的想法、情緒和行為引發性侵害犯罪的偏差；加害人的扭曲的想法以致正當化、縮小化和合理化他們偏差的行為。必須處理扭曲的認知才能停止加害的行為。

常常加害人是情緒冰凍的個體，他們來自高度失去功能的家庭和濫用的背

景，認定憤怒（*anger*）是男性唯一可被接受的情緒。加害人也傾向充滿害羞（*shame*），他們可能以成癮行為處理害羞。主要治療工作在協助加害人釋放他們的情緒，基本目標幫助他們以正當行為反應表現害羞和罪惡感。

㈢行為方面的治療

加害人不僅有過度失功能的行為，而且缺乏正向行為。他們可能顯現偏差的性勃起，缺乏適當的性勃起，行為技術可再指導勃起的型態。失功能的行為形成預測型態或循環，則發展修正的行為介入偏差的循環。

㈣人際方面的治療

加害人是人際間的暴力，特別是權力和控制。他們把人際關係當作權力的遊戲。如果一個人感覺無力感，會想從性方面得到權力。運用團體和治療性的溝通是比個別方式有效。

㈤家庭方面的治療

加害人家庭傾向高度失功能，不僅原生家庭有困擾，婚姻關係和父母關係也重覆有困擾型態。憤怒、創傷和虐待是必須被認知和處理。婚姻和家庭治療重點在幫忙加害人的妻子和小孩了解他的型態、發展安全和不虐待的關係。

㈥社會方面的治療

在這國家，加害人生活在暴力和偏差性的社會，夜間的電視充滿無數的性暴力節目。以女人的身體販賣產品的廣告，文化充斥性暴力，不重視女人和小孩。加害人必須覺察到這些社會文化的訊息，以避免傷害弱勢的團體。

㈦精神方面的治療

加害人在精神上有扭曲，很多嚴格和引起罪惡的宗教把性歸因為發展是超出正軌。沒有彈性和二分法的信念使得加害人分裂人性為聖人和罪人，而秉持自己是罪人，則會做任何的行為。很多加害人充分害羞和確信自己是有罪，不會利用精神去因應他的痛苦。治療的方式可運用戒酒和戒癮的十二步驟，結合個體和他們的精神。

參考文獻

中文文獻

王家駿等譯（2001）（Law, D. R. (1989). Preface. In D. R. Law (Ed.). Relapse prevention with sex offender. new York: Guilford.）：性侵害犯罪再犯之防治，五南出版社。

王家駿等譯（2001）。我是誰？我為何要接受治療？我為何再犯？我如何阻止再犯？原書為Bays,L,. Freeman-Longo, R., & Hildebbran, D.(1996)，Safer Society Foundation/Press。合記圖書出版社。

李俊穎、周煌智、薛克利、蔡冠逸、湯淑慧、趙欣欣、劉素華（2004）。近親相姦與戀童症者特徵差異性之分析。行政院衛生署九十三年度委託研究計畫。

周煌智、郭壽宏、陳筱萍、蘇靜君、莫清芬（2000）。行政院所屬各機關人員核准出國計畫——美國性侵害犯罪與家庭暴力處遇計畫考察報告書。

周煌智、文榮光、龍佛衛等人（2004）編撰性侵害犯罪加害人的鑑定與治療作業規範與實務操作手冊——以再犯危險性為原則的鑑定治療模式。行政院衛生署九十三年度科技研究計畫報告書。

林明傑、沈勝昂（2004）。法律犯罪心理學。雙葉出版社。

許春金（1992）。強暴犯罪型態與加害者人格特性之研究，台北是研究發展考核委員會。

陳若璋（2001）。性罪犯心理學。張老師出版社。

陳若璋、劉志如（2001）。性侵害犯罪加害人身心治療模式之研究，內政部性侵害犯罪防治委員會。

黃淑芳（2001）。性侵害犯罪加害人家庭功能與人際關係之探討。高雄醫學大學行為科學研究所碩士論文。

黃富源（1995）情色傳媒與性暴力之研究之文獻探討、警學叢刊，第 25 卷第 4 期，中央警察大學，101-118。

廖鳳池（1990）。認知治療理論與技術。天馬文化事業公司。

英文文獻

American Psychiatry Association. (1994) Diagnostic and statistical manual of mental disorders (4th ed., revised). Washington, DC: Author.

Barbaree, H. E., Marshall, W. L. (1991). The role of sexual arousal in rape: Six models. *Journal of Consulting and Clinical Psychology,* 59,121-630

Barlow, D. H (1986). Cause of sexual dysfunction: The role anxiety and cognitive interference. *Journal of Consulting and Clinical Psychology ,54,* 140-148

Bozman, A. W., Beck, J. (1991). Covariation of sexual desire and sexual arousal: The effects of anger and anxiety . *Archives of Sexual Behavior, 20,* 47-60.

Dallas, D. M. (1982). The use of visual materials in sex education. In M.Yaffe & E. C. Nelson (Eds.), The influence of pornography on behavior. Lonton: Academic Press. Pp.65-79.

Finkelhor D., Berliner L. (1995). Research on the treatment of sexually abused children: a review and recommendations. *Journal of the American Acaddemy of Child & Adolescent Psychiatry,* 34(11), 1408-1423.

Gillan,P. (1978). Therapeutic use of obscenity. In R. Dhavan & C.Davies (Eds.), Censorship and Obscenity. Lonton: Martin Roberton. Pp. 127-147.

Hall,G.. C. N,Hirschman, R. (1991). Toward a theory of sexual aggression :A quadripartite model. *Joural of Consulting and Clinical Psychology, 59,* 662-669

Hanson, R. K. (2001). Age and sexual recidivism: A comparison of rapist and child molesters(User Report No. 2001-10). Ottawa: Department of the Solicitor General of Canada.

Hanson, R. K., Steffy, R. A., & Gauthier, R.(1993). Long-term recidivism of child molesters. Journal of Consulting and Clinical Psychology, 61, 646-652.

Hollin,C.R. (1999)。Handbook of Offender Assessment and Treatment。New York。

Holmes,R.M. (1991). Sex crime.Mewbury Park, CL：Sage Publications. Holmes,R.M. & Holmes, S,T., (1996). Profiling Violent Crimes：An Invstigative Tool. Thousand Oaks,Ca.：Sage.

Hucker, S. J.,Bain, J. (1990) Androgenic hormones and sexual assault .In W.L.Marshall,D.R.Laws, H. E.Barbaree (Eds.), *Handbook of sexual assault :Issues,theories, and treatment of the offender* (pp. 93-102)

Keating, J., Over, R. (1990) Sexual fantasies of heterosexual and homosexual men *.Archives of Sexual Behavior,*19,461-475

Laws, D. R.,Marshall, W. L. (1990). A conditioning theory of the etiology and maintainance of deviant sexual preference and behavior .In W.L.Marshall,D.R.Laws, H. E.Barbaree (Eds.), *Handbook of sexual assault :Issues,theories, and treatment of the offender* (pp.209-229). New Yor : Plenum

Lewis, D. O., Shonkok, S. S., & Pincus, J .H. (1979). Juvenile male sex assaulters. Am.J.Psychiatry, 139, 1194-1196.

Marshall, W. L. , Barbaree, H. E.,Marshall, W. L. (1984). A behavior view of rape .Special issue : Empirical approaches to law and psychiatry. *International Journal of Law and Psychiatry,7,* 51-77

Quinsey, V. L. (1984). Sexual aggression: Studies of offenders against women .In D.Weisstub (Ed), Law and mental health :International perspectives (Vol.1) New York : Pergamon.

Russel,D.E.H. (1980). Pornography and violence：What does the new research say. In L.Lederer (Ed.), Take back the night：Women on Pronography.New York：William Morrow.Pp. 218-238.

Schwartz,B.K. & Cellini,H.R. (1995). The sex offender：Corrections,Treatment,and Legal Practice. NJ：Civic Reserch Institute.

Solicitor General of Canada. (1996). Child molester recidivism. Research Summary, 1(2).

Yaffe,M. (1982). Therapeutic use of sexually explicit material.In M.Yaffe & E.C.Nelson (Eds.), The influence of pornography on behavior.Lonton：Academic Press.Pp.119-150.

第六章

性侵害犯罪循環路徑

陳若璋

本章學習重點

- 犯罪循環路徑的重要性。
- 犯罪循環路徑的一般假設。
- 犯罪歷程與再犯循環路徑的理論。
- 如何應用犯罪循環路徑於治療實務上。

摘要

性犯罪並不是因為「一時衝突」、「莫名奇妙」、或「一時糊塗」而犯案的；許多「犯罪」通常有步驟，步驟與步驟間循環相扣形成路，而治療就是切斷路徑循環，改變其上癮習慣，以另類行為取代犯罪功能。

本文同時介紹性侵害犯罪犯案歷程及路徑的一般假設、理論。辨識性侵害犯罪前兆、預兆，並介紹台灣的研究以及如何應用犯罪循環路徑於治療實務上。

關鍵詞

性侵害犯罪、犯罪循環路徑、前兆、預兆。

壹、犯罪循環及路徑的重要性

㈠探索犯罪歷程的重要性在於：性侵害犯罪並不是因為「一時衝突」、「莫名其妙」、或「一時糊塗」而犯案的。

㈡「犯罪」通常都是有過程有步驟的。步驟和步驟間環環相扣，形成「路徑」，而路徑「上癮」後，犯罪習慣變成了「犯罪循環」，其中的每一個步驟皆是有功能的。

㈢了解犯罪的犯案路徑及循環的形成，就能了解其功能性，而所謂「治療」即是切斷路徑、循環、改變其上癮習慣，以別的行為來取代犯罪之功能。

貳、性侵害犯罪犯案歷程及路徑的一般假設

性侵害犯罪專家Carich於1999指出，性罪犯的犯案歷程有一些基本的特徵：

㈠循環是由事件、想法、感覺、行為、社會行為、生物－生理等反應間的相互連結所組成。

㈡性侵害犯罪沒有時間架構，犯案歷程及循環可能在幾秒、幾分、甚至幾年內進行完畢。

㈢性侵害犯罪者之犯案歷程皆經過某些階段。

㈣性侵害犯罪者依其受害者類型不同，可能有不同的循環。

㈤性侵害犯罪者之犯案歷程中的各個階段，甚至可能在同一循環中出現數次。

㈥性侵害犯罪者之犯案歷程中的各階段可能同時發生。

㈦犯案循環歷程即是一種犯罪的方式，其犯案階段通常包括想法、感覺、行為，是一連串的選擇。

㈧犯案循環主要的目的是要提供犯案者自我滿足，它雖然看起來可能像是自然發生的，但它其實是一連串的抉擇。

㈨可能有多重的促發因素與犯案預兆（*precursors*）造成犯案循環。

㈩犯案循環可從循環中的任一點阻斷。

⑪犯案循環適用於性犯罪中「最低」層次（未接觸）的犯罪至「最高」層次的犯罪（連續性兇殺）。

(十一)性侵害犯罪者對其所犯下的性犯罪應負起100%的責任及義務。

(十二)性侵害犯罪者本質上無法被治癒（*no cure*）。因罪犯隨時可能進入犯案的路徑與循環，故需進行終身監控。

參、辨識性侵害犯罪前兆－犯案路徑的開始

研究顯示性侵害犯罪很少是衝動而為，在產生性侵害犯罪之前，犯罪者通常都有其犯罪前兆，以下是Pithers與Cumming於1995所提出之犯罪前兆的基本特徵：

(一)性侵害犯罪很少是單純的衝動行為，雖然它們通常看來未經計畫，但其實他們在犯案前大多已有一段時間的幻想。

(二)犯罪者有其犯罪前兆，若能辨識出這些前兆及因素則可提升治療及監控罪犯的效能。

(三)犯罪預兆對性犯罪者可能產生的再犯過程能提供有用的資訊，藉由了解犯罪預兆，可以對性犯罪者進行較合宜的強化治療及假釋監督。

(四)性侵犯前兆可分為立即預兆及早期預兆。

1. **立即預兆**（*Immediate Precursors*）：

(1)即犯行6個月內強暴犯及戀童症者較常發生的生活事件，也稱之為觸發因子。

(2)強暴犯的立即預兆大多為：顯現一般的憤怒，對女性憤怒、善於利用機會（如遇一個搭便車者）、在犯案前服用藥物等。

(3)戀童症者的立即預兆則有較高的沮喪出現、有清楚的計劃、有較高的比例會隱藏他們的偏差性幻想（*deviant sexual fantasies*）

(4)強暴犯和戀童症者共同的觸發因子為認知錯亂、低度自尊、情感壓抑或過度控制等。

2. **早期預兆**（*Early Precursors*）：

(1)犯行6個月前發生的事件，又稱為事先存在的危險因子。

(2)與戀童犯相較，強暴犯的早期預兆有：早期曾經遭遇人或動物暴力致死，家庭生活混亂（包括雙親的爭吵及目睹外遇事件等）、幼時遭受體罰等經驗。

(3)戀童症者多在12歲以前曾遭受性侵害犯罪，而強暴犯則多在青少年時期曾受性侵害犯罪。

㈤ Pithers（1992）之危險因子分類法

1. Pithers 將危險因子分為三個細類：事先存在的因子（在原生家庭中就不斷發生的狀況）、後續存在的因子（過去的及發展中的危險因子）、觸發因子（在犯罪前突發的事件），每一類都再由想法、感覺及行為去細分（*Freeman-Longo & Pithers, 1992; Gray & Pithers, 1993*）。

2. 危險因子也可由內容（本質）、強度及時序來分類；內容的分類包括認知、情緒、行為、情況、人際關係及背景；強度的分類從低危險（即看似不重要、無意義的決定或事件都可能導致高危險、犯錯及實際再犯）到高危險（即觸發、犯錯或再犯的高度潛在性）。

3. 他認為若性犯罪者能瞭解「看似不重要的決定」、「低危險因子」及「高危險因子」等觀念的重要性，他們就可辨別自己的低危險或高危險因子為何，並發展適當干預策略。

肆、犯罪歷程與再犯循環路徑的不同理論

當性犯罪者在生命情境中形成犯案的成因以及動機後，便會著手犯案，並且連續再犯。以下數個學者嘗試對犯罪歷程與再犯循環建立理論，並提出他們所認識的犯案步驟：

一、Wolf（1984）的犯罪循環理論

㈠性犯罪者在生命早期大多有受身體或性虐待的經歷（不論是生理或情緒上的虐待），並且大多在一個功能失衡的家庭中長大。這些早期虐待的經驗會成為「潛在因素」，而發展出偏差性行為。

㈡潛在因素會使性犯罪者發展出不良的自我形象與扭曲的認知系統，造成自我中心、自我形象低、強迫性的思想及行為、社會疏離及性佔有慾等人格。

㈢當性犯罪者遭遇壓力時，性犯罪者習慣用退縮來因應。

㈣為了克服孤獨時的寂寞，性犯罪者常沈迷在性幻想中。性犯罪者的性幻想大多涉及偏差的性活動，並會以手淫強化這些性幻想或性活動。

㈤性犯罪者會在性幻想時扭曲其認知，合理化犯罪行為，以減輕罪惡感。

㈥當性犯罪者開始設計性侵害犯罪行為時，他們可能花很長的時間去選擇、預

備，或「物色」可能的受害者，並尋找或製造最不容易被查到的地點。

(七)由於性侵害犯罪本身是一個高度增強的事件，一旦性犯罪者犯下性侵害犯罪行為，射精亦暫時解除了性興奮後，隨著短暫的罪惡感消逝，性侵害犯罪者漸漸增加對現實情境的扭曲。並使用扭曲的思想消除罪惡感及焦慮感，辯解性侵害犯罪是正當的，且自我承諾未來將不再犯下相同的事。但是下一個壓力又來臨時，他又會回到性侵害犯罪循環開始時的感覺，接著開始犯案。

二、Nelson 及 Cumming 的再犯循環理論

Nelson（*1989*）及 Pithers 與 Cumming（*1995*）延續 Wolf 的想法，指出性暴力通常是多重危險因素累積的結果。他們認為性罪犯再犯時，也是經過一個穩定的再犯路徑。而路徑的階段依序如下：

(一)情緒上的改變：強暴犯通常經歷長期憤怒，而戀童症者則常感覺到沮喪，當以上的情緒惡化到一定的程度，則性犯罪幻想頻率增加。

(二)性幻想頻率及強度增強：性罪犯會在手淫時藉著性幻想來改變他們負面的情緒狀態。

(三)認知扭曲：罪犯通常將其性幻想合理化，只回憶犯罪的正面結果，忽略負面結果。

(四)被動幻想性犯罪行為：通常這些計劃是在幻想時成形的，且逐漸發展出計劃犯案的地點、時機和行為，並說服自己開始逐步執行計劃。

(五)被動幻想性犯罪行為之程序為：壓力→負面情緒→幻想增加→認知扭曲→消極計劃→不再抑制→執行犯案計畫。

三、Pithers（1990）之六階段再犯歷程過程概要

六階段再犯歷程包括情感的改變（變為負面的）、產生偏差幻想、認知扭曲、被動的計畫、產生反抑制或較差的預防再犯機制、行動，在本質上它是線性的。

此六階段模式與傳統的「性罪犯再犯預防」模式有關，強調再犯過程。

(一)心境或情感上的改變，如沮喪、憤怒；

(二)產生偏差幻想；

(三)由幻想轉變為認知扭曲；

㈣產生性侵害犯罪相關想法及幻想；

㈤產生反犯罪抑制，如飲酒等；

㈥產生犯案行動。

四、Lowe 對再犯歷程之修正

Gary Lowe編修Pithers的模式成為九階段之再犯過程修正，階段分別如下所示：

㈠社會狀態（*Sosial situation*）的改變；如受到羞辱、產生爭執衝突、社會期待、人際問題。

㈡個人內在感覺（*Feeling*）失衡；如產生敵對感、無權感、失去控制、焦慮、孤獨、排斥、無足輕重、內疚等感覺。

㈢產生自我滿足幻想（*Fantasy*）；如控制、權力、適當、贊同、感覺、被愛等。

㈣增加手淫（*Masturbating*）頻率；產生偏差幻想、經由性高潮釋放壓力。

㈤產生反抑制（*Disinhibitors*）行為；使用酒／藥物、色情刊物等。

㈥形成認知扭曲（*Cognitive distortions*）的想法；如辯解、合理化、自我許可自己的行為等。

㈦計畫（幻想）【Plan（*Fantasy*）犯案】

㈧實行犯案【Offense（*acting out*）】

㈨慶祝（*Celebration*）犯案行為；如產生新的幻想、慶祝、征服、收集紀念品

五、Carich（2003）之三階段複合式循環特質

㈠**階段一**：未犯罪階段（*Non-Offending Phase*）其特質為：

1. 未犯罪—抑制。
2. 保持壓抑不犯案的承諾及動機。
3. 有適當的同伴或不良的人際議題。
4. 合理的想法。
5. 維持高層次的抑制。
6. 無偏差行為。
7. 生活型態的暫時平衡。

㈡**階段二**：犯案前階段（*Pre-Assault Phase*）其特質為：

1. 促發／危險因子及徵兆已逐漸產生；最後一分鐘的警告及極限。

2.產生否認行為:

⑴產生認知扭曲及防衛行為（如否認、淡化、辯解、指責、合理化、應得權力、受害者姿態、偏激）。

⑵核心議題及犯案動機的浮現（如產生信念、贊同、注意力、自卑等）。

⑶抑制犯案行為的作用減弱（如鄙視自己、自憐、錯誤的期待、羞愧、立即滿足的問題及失去控制感）。

⑷權力及控制需求的浮現。

⑸產生孤立或分離感。

3.不良應變技巧無法克制犯案之衝動及渴望。

4.將受害者物化

⑴物化：心理上將自己對受害者身為真實個人的認同分離，並以自己偏差幻想中的物品取代受害者。

⑵產生解離感。

5.計畫

⑴產生偏差幻想、衝動及渴望，並同時開始計畫。

⑵選擇受害者（選擇個案之理想類型、較喜歡的類型、易獲得的類型）。

6.搜尋

⑴選擇受害者及等待犯案時機。

⑵接近受害者。

7.準備

孤立受害者（使用操弄、威脅、買東西給受害者、虛假的愛情、使受害者置身於受虐狀態等手段）。

㈢**階段三**：攻擊階段（*Assault Phase*）

1.犯案（*Offense*）

性犯罪者進行任何型態的性攻擊。

⑴第一層犯罪（包括偷窺、盯稍等非接觸性犯罪）。

⑵第二層犯罪（包括強暴，性侵害犯罪等直接接觸之犯罪）。

2.否認歷程及應對（*Disowning process and coping*）

⑴個體否認其行為。

⑵以不當的應對方式因應。

3.解離歷程及應對

⑴將受害者物化。

⑵產生解離的狀況。

㈣**階段四**：攻擊後階段（*Post- assault phase*）

1. 犯案的後果（*Aftermath of offense*）

⑴助長個案的偏差性幻想。

⑵反抑制行為的頻率及強度均增加。

⑶產生更多危險因子。

⑷產生再犯信號。

2. 否認行為（*Disowning behavior*）

⑴為其犯行辯解。

⑵產生其他否認行為。

⑶假意的自責（沒有真正覺得不對，而是以自憐居多）。

⑷進一步反抑制。

3. 可能的補償（*Possible compensation*）

⑴為其犯行做補償（如良好的表現、做好事、上教堂等）。

⑵假意的自責（沒有真正覺得不對，而是以自憐居多）。

圖 6.1　三階段複合式循環

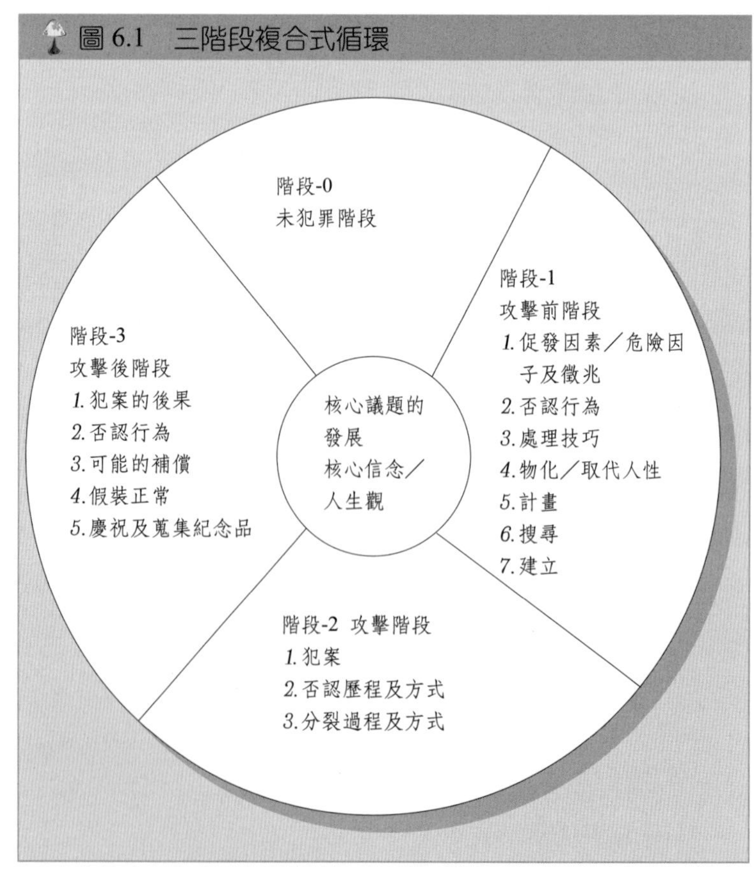

(3)虛假的歉意、無意義的承諾。

(4)扮演「好人」角色。

4.假裝正常（*Pretend normal*）

(1)假裝正常（表現得一切正常，沒有不對勁的地方）。

(2)回復日常生活作息。

(3)扮演「好人」角色。

5.慶祝及收集紀念品（*Celebration and collection trophies*）

(1)可能有慶祝儀式。

(2)可能有收集紀念品。

圖 6.2　犯罪鏈理論

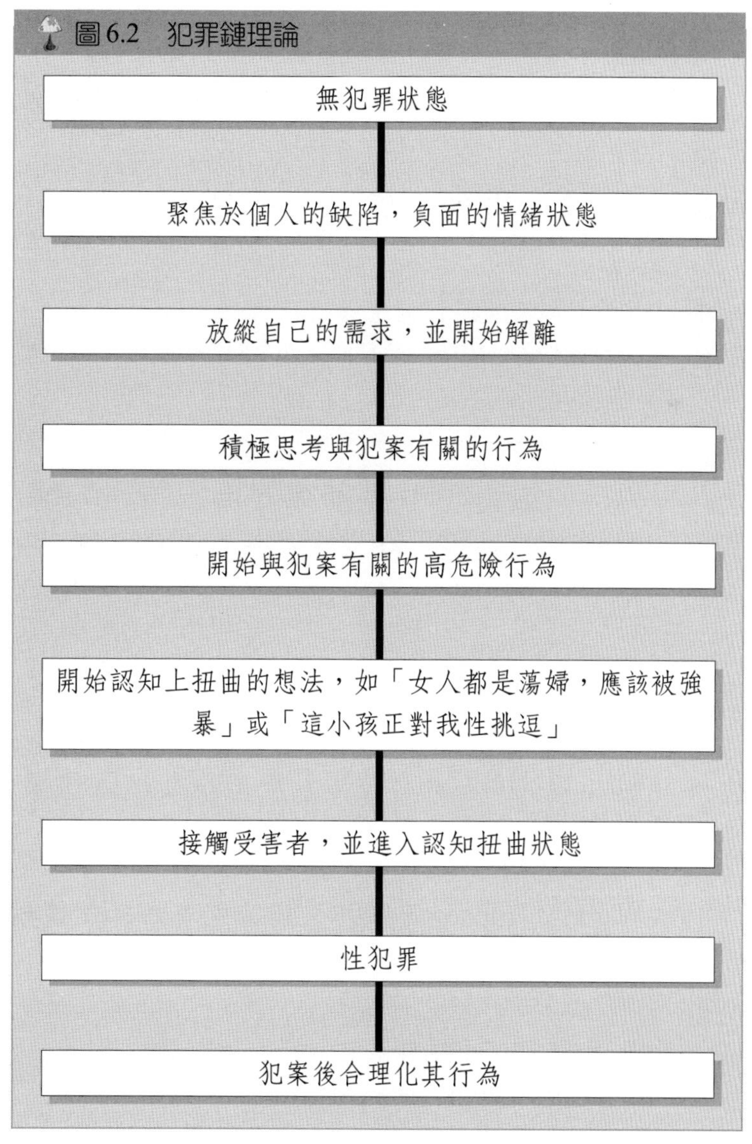

六、Marshall（1999）之犯罪鏈理論

Marshall之犯罪鏈理論認為每個階段皆與下個階段形成一犯罪鏈結：

他認為有幾個方法可以確認／瞭解性犯罪者的犯罪鏈

㈠從性犯罪者的過去史及發展史了解其犯罪歷程。

㈡犯罪鏈可能反應性犯罪者目前的生活模式及最初的犯案促發因素，也說明進入犯罪行為的過程。

㈢了解 6～8 個犯案者未解決的發展議題（如受虐、人際困難、經濟問題、厭倦等），即可了解其犯案手法及犯案原因。Marshall 認為「犯案者可能有未解決的兒童期問題，如身體、性或情緒虐待，這些未解決的議題可能成為性犯罪者容易犯案或尋找犯案機會的弱點……這些及其他問題使罪犯容易聚焦於其缺陷處，感到憤怒或沮喪及其他不愉快的情緒狀態」。

㈣當個人進入解離的認知狀態，必須確認出他當時所產生的需求為何。個人在進行被禁止的行為時，其當下認知結構的崩潰，而聚焦在其立即需求，並漠視後果。其立即需求是縱容自己於性攻擊行為中。

㈤每個犯罪鏈的步驟都與想法、感覺、行為連結。

伍、2000 年前後對再犯路徑的修正理論

隨著犯案歷程、循環概念以及再犯預防技術運用於性暴力連續犯之研究以及治療，後來的學者也提出修正的理論：

一、Ward 及 Hudson（1998）修正的再犯過程模式及治療策略：

㈠ Ward 及 Hudson（1998）認為完整的再犯過程應包括：

1. 犯案路徑、犯案目標（趨近犯罪或迴避犯罪）、個案於生命事件發生時和犯案進行時所產生之情緒變化及其計畫的類型。
2. 與犯案有關的認知、情緒和行為。
3. 引起個案犯罪的動力。

4.對性犯罪者在犯罪歷程中不同階段的瞭解，如背景因素、引起犯案的高危險情境、初始所犯的小錯、性犯罪及對後來犯罪的影響。

㈡ Ward在Pithers的再犯預防理論中，加入自我管理理論（Self-Regulation Model），並提出包含九階段的再犯模式：

生命事件（如日常生活中的爭吵）→對異常的性或活動過度渴望→建立犯案相關目標→策略選擇（避免或趨近）→進入高危險情境→犯小錯→犯案→犯案後評估→產生對未來犯案的態度。

㈢ Ward認為在九個階段的再犯模式中，應該又分成四種路徑：

1.消極避免（*Avoidant-Passive*）：生命事件引起負面情緒→企圖克制自己但缺乏有效的因應技巧→低自我效能→隱含著計劃進入高危險情境（看似不重要的決定）→期望慾望能立即滿足（認知解構）→負面自我評價（戒癮破壞效應）→羞愧——自我焦點。

2.積極避免（*Avoidant-Active*）：生命事件引起負面情緒及偏差慾望→控制自己但使用不適當的應對策略→高自我效能→犯小錯及進入高危險情境→接近目標→負面評價——內疚。

3.習慣性接近（*Approach-Automatic*）：生命事件引起的值得獎賞的感覺→衝動行為，缺乏抑制→過度學習行為腳本→對情境／情緒暗示作反應→犯案後評價通常為正面的。

4.計劃性接近（*Approach-Explicit*）：犯罪支持其信念（最高目標是與性犯罪連結）→不論是正面情緒或負面情緒皆有清楚的目標→自律效能與預期目標一致→犯案後評價是正面的，並計劃更精緻的犯罪。

㈣ Ward及Hudson並針對這四種路徑提出介入處遇（intervention）方式：

1.消極避免路徑的治療策略為：⑴培養社交能力；⑵加強情緒管理；⑶增強自我效能的基模；⑷否定扭曲的認知；⑸增強認知控制（選擇、監控、評估即將進行的行為）。

2.積極避免路徑的治療策略為：⑴增強認知控制（選擇、監控、評估即將進行的行為）；⑵改變應對技巧，覺察可能發生的狀況；⑶加強情緒調整；⑷否定扭曲的認知。

3.習慣性接近路徑的治療策略為：⑴對不當目標的認知重建（受害者同理）；

(2)增強認知控制；(3)加強情緒管理。

4. 計劃性接近路徑的治療策略為：(1)重新檢驗核心基模（對自我的觀點、對親密感的需求、對性的看法）；(2)檢驗扭曲的認知；(3)重建對性的關注及渴望。

二、Ward 及 Hudson 的實證研究

Hudson 及 Ward（*1999*）以 86 名監禁之男性性罪犯為對象進行實證研究，包含 72 名兒童性侵害犯罪者，以及 14 名強姦犯。他們以訪談法，使罪犯描述其犯罪過程，包括他們最近或印象較深的案件中，在犯案前他們發生了什麼事、如何與受害者接觸、犯案後的感覺與想法。結果發現 86 名性罪犯事實上共呈現出 8 種犯案路徑，其中三種主路徑為：

(一)路徑 1——正向情緒狀態→明顯的計劃→犯案時正向的情緒→相互對等的關係→正向評估→會持續犯案

(二)路徑 5——負向情緒→明顯的計劃→犯案時正／負向情緒→聚焦在自我需求的滿足→負向評估→避免再犯

(三)路徑 8——負向情緒→隱含的計劃→犯案時負向的情緒→聚焦在自我需求的滿足→負向評估→避免再犯

三、Beech 及 Bickley（2002）的實證研究

Beech 及 Bickley 以 87 名兒童性侵害犯罪者為對象，檢驗這些罪犯是否能以 Ward 及 Hudson 的策略選擇之四種路徑進行區分，並以心理測驗及人口統計學的變項來看區分後每種類型的特質。

Beech及Bickley將這些罪犯進行兩種比較，一為比較「趨近目標」（*approach*）及「避免目標」（*avoidant*）的罪犯，其差異為趨近目標者具有：較高的認知扭曲、無法覺知其行為對受害者的影響、對兒童有高度的情緒認同、受害者多為家庭外的小孩、受害者多為男童或女童，過去曾有性犯罪紀錄；而避免趨近目標者：多已婚或有長期的異性關係、有自己的小孩、大多以女孩為犯案對象等特質。另外，針對「避免趨近目標」的罪犯，比較「積極避免」及「消極避免」的差異，發現消極避免者有：外控（*external locus of control*）傾向高、較為衝動、IQ 較低、以前曾有性犯罪紀錄等特質。

Beech 及 Bickley 根據此研究提出處遇計劃：

㈠治療開始就應針對每個個案之特殊性，設立治療目標及策略，以配合個別罪犯之需求。
㈡在整體及個別個案的處遇計劃中取得平衡。
㈢以危險及偏差行為程度進行合適的處遇長度及強度。

陸、台灣的研究

陳若璋、施智鴻及林正修於民國 92 年，使用質性研究的方法來分析 12 位性加害者。此 12 位性加害者中，包含青少年性侵害犯罪犯、成人性侵害犯罪犯、亂倫犯各 4 名，平均年齡 37 歲。

研究結果發現個案生命經驗中的事先存在的危險因子、後續危險因子、觸發危險因子皆塑造個案犯案的主要動力與動機，而個案之犯案動力與動機之強度亦會影響犯案前的情緒強度，並形成某型態的扭曲認知，引導個案選擇特定的被害者與犯案方式，及犯案後的情緒與解釋；研究結果亦發現不同類型性罪犯似乎呈現不同的主要犯案動力與動機。

本研究之個案，其犯案路徑之內容與國外理論差異不大，諸如犯罪前情緒、扭曲認知、準備動作大多經由深入的訪談可鑑別出，僅性幻想部分略有困難；本研究亦顯示並非每個個案的再犯路徑皆一致，但多數（*2/3*）集中在三種不同的路徑中，且有 11 名個案所選用的再犯模式為主動接近受害者之模式。

柒、治療的因應

再犯預防（Relapse Prevention）治療模式的產生

為了有效防止再犯，國外學者根據對性侵害犯罪者犯案歷程及循環的瞭解，發展出再犯預防之治療模式，以阻斷性暴力連續犯犯案之歷程以及循環。再犯預防是Marlatt及其同事（*Marlatt & Gordon, 1985*）將處理上癮行為（*addition behavior*）技術運用到性罪犯治療上。利用再犯預防技術分析個案在情境中的決定是否會產生性上癮行為，強化性罪犯在問題情境中的自我控制，並發展出避免危險情境的技巧。而在 Marlatt 退休離職後，其屬下 Nelson 及 Cumming 繼續使用上述的再犯循環路徑各在美國加州（*California*）及佛蒙特州（*Vermont*）繼續發展再犯預防技術，此技術通常需要性加害者的內在自我管理技術及外在監督系統的監控相輔相成。

捌、使用犯罪循環的實務及應用

一、Carich（2003）建議以三階段循環理論為基礎，可對性罪犯提出之問題：

Carich 建議治療師可協助犯罪者探索以下問題：

㈠階段 1：犯案前行為

1. 你如何物化受害者？
2. 受害者哪些地方與你的幻想相符？
3. 你如何計畫犯案？
4. 當你在犯罪循環中時，浮現什麼「核心需求」？
5. 你如何選擇受害者？你尋找的標準是什麼（如特徵、地點等）？
6. 你在哪裡及如何尋找受害者？
7. 你如何誘騙受害者？
8. 你如何進行犯行？
9. 你的防衛機制及認知扭曲有哪些？
10. 你的偏差幻想是什麼？
11. 你有哪些已增強的行為？

㈡階段 2：犯案

1. 你的攻擊行為有哪些？
2. 犯案時你有什麼想法？
3. 犯案時你有什麼感覺？
4. 犯案時你對受害者說些什麼？
5. 你在犯案時有虛幻的感覺或與現實解離的狀態嗎？如果是，像些什麼？

㈢階段 3：犯案後／结束後的一段時期

1. 你如何辯解及合理化你的犯行？
2. 你的立即性滿足是什麼？
3. 你如何假裝「正常」？
4. 你曾假意的自責嗎？
5. 對受害者你有什麼真實的感受？

二、使用基本的五步驟策略來確認一般循環

㈠協助性犯罪者進行案例回顧（Case reviews）

1. 選擇犯行：若犯行較少，則寫下所有案件；若犯行較多，選第一次犯案、中間的犯行、最近的案件、最嚴重或意義重大的案件。
2. 協助性犯罪者寫下自己的過去史，包括重大發展事件及反應，包括犯罪。
3. 協助性犯罪者寫日記或日誌，包括所有重大事件及反應（想法、情緒、行為）。
4. 協助性犯罪者列下所有重要的發展事件及反應。
5. 協助性犯罪者寫下心中理想的偏差幻想，一般幻想及最偏差的幻想。
   ⑴協助性犯罪者列出從中獲得什麼。
   ⑵協助性犯罪者了解犯案對受害者的影響。

㈡協助性犯罪者列下每個案例中的事件，包括所有犯案前兆、攻擊行為、攻擊後行為及後果。

㈢區別並列下性犯罪者所有的反應行為

1. 列出對每一事件的反應（想法、情緒、行為）。
2. 列出並確認所有的認知扭曲。
3. 確認並列出再犯信號（警訊）。
4. 列出並確認重要的促發因素（高低危險因子或情境）。

㈣性犯罪者之循環表（Cycle formats）

1. 列下對每一個受害者的所有（犯案前）徵兆、犯案及犯案後行為，以確認 3 階段循環。

2. 選擇指定的循環模式表（四或六階段循環）。

3. 確認每個循環的組成。

4. 確認並定義每個模式中的特殊行為。

㈤**發展複合式循環概要**（Develop summary composite cycle）

檢核以上循環表中，是否包含了以下的行為：

表 6.1

(1)控制不犯罪的行為	(2)其他反抑制行為
(3)促發因素	(4)徵兆
(5)戒癮破壞效應	(6)計畫
(7)尋找受害者	(8)選擇受害者
(9)準備或修飾	(10)偏差幻想
(11)慶祝的行為	(12)蒐集紀念品
(13)物化／取代受害者人性	(14)假裝正常
(15)否認行為	(16)發展史的重要事件／核心議題

玖、應如何將犯罪歷程路徑使用在治療中

陳若璋（2005）建議如何將犯罪歷程路徑使用在治療中的步驟如下：

㈠治療師協助個案畫出其犯案路徑及循環圖（之前個案要先做功課）。

㈡治療師協助個案確立每一步驟之前後相關，找出每個環節的功能。

㈢之後要連結其生命史的危險因子，看是否危險因子可以和犯罪路徑及循環連結（若符合則確立早期的治療假設，若不符合則修正，之後則進行真正的治療工作。）

㈣使用 REBT 及 Beck 的認知治療等方式來了解認知扭曲並進行修正。

1. 使用 REBT 來了解並修正個案之認知扭曲：

(1) ABCDE:A 事件→B 信念（解釋、推論、要求）→C 結果及行為→D 駁斥→E 新的感受。

(2)請個案找出 A 與 C 之間的 B，找出影響個案的信念 B：

複述當事人的內言（想法的敘述）。

將內言轉化為信念原則的敘述。

⑶駁斥這個信念。

2. 使用 Beck 的認知治療來了解並修正個案之認知扭曲：

⑴遭遇重要事件→自動化想法→制約的假設→核心信念。

⑵與個案一同探討其對重要事件之下的自動化想法及想法後的制約假設與核心信念及使用「向下想往後想」技術來引導個案探索其內在想法。

⑶使用蘇格拉底三段式詰問檢核核心信念。

㈤ REBT 及 Beck 的認知療法如何應用之實例

範例：

個案A覺得女友有外遇，因其認為「他有外遇，我也可以有外遇」，便在路上搭訕陌生女子B；但B女不理睬個案，個案因而覺得B女跟自己的女友一樣，不理會自己，對自己不好，便伸手摸了對方胸部。

1. 使用 REBT 分析案例：

⑴先依照個案所遭遇之事件（*A*）與結果（*C*）分析其信念（*B*）

A.我的女友有外遇；我搭訕的女生不理我。

B.搭訕陌生女子；我要摸他。

C.你可以背叛，我也可以背叛。

我要去跟別人搭訕，來背叛他；

我跟他搭訕，他就應該要跟我說話；

他不理我就是跟我女友一樣；

他跟我女友一樣不理我，對我不好；

他對我不好，我就要報復他。

⑵使個案了解其信念之後及行為結果後，提出駁斥（*D*）

D.對方背叛我，我就一定要背叛他嗎？

跟女生搭訕，對方一定要理睬我嗎？

對方不理睬我就跟我女友一樣嗎？

他對我不好，我就可以對他不好（摸他）嗎？

⑶使個案改變其信念並進而改變其行為？

E.他有他的選擇，我可以做自己的選擇。

他跟我女友是不一樣的。

2.使用 Beck 認知療法分析案例：

⑴分析個案所遭遇到的重要事件，並找出自動化想法：

A.分析重要事件：我的女友有外遇，我也要去搭訕別的女生，搭訕的女生不理我，我要摸他的胸部。

B.澄清自動化想法：我女友可以背叛我，我也可以背叛她；我搭訕的女生跟我女友一樣不理我。

⑵探索自動化想法下的制約假設及核心信念：

A.澄清制約的假設：被女友背叛的人，就是差勁沒用，沒能力的人；搭訕的女生不理我，是因為我沒有能力。

B.探索核心信念：我是沒能力的，可憐的。

⑶尋找核心信念的來源：

探索童年經驗：我常被父親挑剔，他嫌我不夠聰明。

⑷找出核心信念後，使用蘇格拉底三段式詰問來回顧，支持及反對其核心信念的證據與實例，並藉此修正其信念。

蘇格拉底三段式詰問的步驟如下：

A.回顧支持核心信念的證據；

B.回顧不支持核心信念的證據；

C.檢視與挑戰支持性證據。

⑸讓團體成員協助個案找出其高危險情境（覺得女友有外遇），修正其扭曲的認知並思考打斷其循環路徑的方法。

⑹討論個案是哪一個路徑。

⑺一種因應方法較有可能打斷犯案路徑。

⑻進入嫌惡治療階段。

參考文獻

中文文獻

陳若璋（2002）性罪犯心理學：心理治療與評估。台北：張老師。

陳若璋、施志鴻（2003）。性加害者犯案動機、歷程及路徑分析。中華心理衛生學刊。16(2)：47-86。

英文文獻

Cumming, G. & Buell M. (1998) Supervision of the Sex Offender. The Safer Society Press.

Cumming, G. (2002). Judicial Treatment for sex offenders in the United States,論文發表於性罪犯司法處遇暨輔導治療國際研討會。主辦單位：婦女權益促進發展基金會。台北,台灣。

Maletsky, B.M. (1991). The development of behavioral treatment for the sexual offender. Treating the sexual offender. Newbury Park, CA：Sage,10-24.

Pithers, W. D. (1990). Relapse prevention with sexual aggressors. In W. L. Marshall, D. R. Laws, & H. E. Barbaree (Eds.). Handbook of sexual assault: Issues, theories and treatment of the offender (pp.343-361). New York: Plenum.

Nelson, et al.(1989) Relapse Prevention: A cognitive-behavior model for treatment of the rapist and child molester.

Ward, T., Hudson, S. M., & Johnston, L. (1997). Cognitive distortions in sex offenders: An integrative review. Clinical Psychology Review, 17, 479-507.

第七章

性侵害犯罪加害人再犯危險評估量表的說明與運用

林明傑　孫鳳卿

本章學習重點

- 清楚危險評估之定義。
- 了解危險評估因子與評估工具。
- 認識國外（美加）之性罪犯再犯危險評估量表。
- 認識國內之性罪犯再犯危險評估量表。
- 了解各項評估量表之內容及使用細則。

摘要

因為強姦犯罪的低報案率與高犯罪案數，造成了許多性犯罪者。然而在研究性犯罪的犯罪率與評估性犯罪的危險性及性犯罪之治療處遇效果時，再犯率是一個重要的指標。危險評估是對於罪犯或精神病患，於日後是否有暴力行為或其他偏差行為的重要預測。

罪犯之再犯危險因子可分靜態因子及動態因子，前者係指前犯行時之行為及被害者特徵之紀錄，又稱為歷史因子；而後者係指犯行後或處遇後行為及想法態度之有無改變及改變程度的部分，只要犯罪者願意且改善則有可能降低其日後之再犯率。

因此國內外的研究中紛紛發展出各種「性侵害犯罪加害人再犯危險評估量表」。本章承蒙林明傑老師多年來在此領域的鑽研及帶領的團隊努力下，詳細的介紹了美、加及國內近年發展出來具信、效度，並常被引用來預測危險性與未來會發生性暴力機率的評估量表；其中針對以下八種評估量表詳細介紹內容及使用細則：

(一)快速性罪犯再犯危險評估表（*Rapid Risk Assessment for Sex Offense Recidivism, RRASOR*）。

(二)靜態因素九九評估表（*Static-99*）。

(三)明尼蘇達性罪犯篩選表（*Minnesota Sex Offender Screening Tool- Revised, MnSOST-R*）。

(四)性罪犯需求評估表（*Sex Offender Need Assessment Rating, SONAR*）。

(五)性罪犯治療需求及進步量表（*Sex Offender Treatment Needs and Progress Scale, SOTNPS*）。

(六)少年性罪犯危險評估量表〔第二版〕（*Juvenile Sex Offender Assessment Protocol- II, J-SOAP-II*）。

(七)陳若璋之量表。

(八)台灣性罪犯靜態再犯危險評估量表（*Taiwan Sex Offender Static Risk Assessment Scale, TSOSRAS-2004*）

關鍵詞

性侵害犯罪、危險評估量表

壹、前言

因為強姦犯罪的低報案率與高犯罪黑數，造成了許多性犯罪者。然而在研究性犯罪的犯罪率與評估性犯罪的危險性及性犯罪之治療處遇效果時，再犯率是一個重要的指標。於是目前最迫切需要的是發展一套可預測危險性，與未來會發生性暴力的機率的量表，此量表須有相當的信、效度及相關性，例如：加拿大法務省資深研究員 Hanson, & Bussiere（*1998*）之 Meta Analysis 研究中發現若以臨床人員之臨床判斷，則對日後再犯性犯罪、其他暴力犯罪、及任何之犯罪之預測效度（以 *Pearson's r*）各只有.10，.06，及.14，而若以統計為基礎之再犯預測量表，則各可達.46，.46，及.42。因此我們可知量表評估之重要性。以下則簡略的介紹國內外常用的量表，及如何運用這些評估方法。

貳、危險評估之介紹

一、危險評估之定義

危險評估（*risk assessment*）是指對於罪犯或精神病患，其日後是否有暴力行為或其他偏差行為的預測。一般而言，筆者認為危險評估可分為再犯危險評估、致命危險評估、傷害嚴重度危險評估等三種。陳若璋（*2002*）在對性罪犯之評估總結表中，將之分為三種，即傷害危險性評估、再犯性評估、及可治療性評估。其中可治療性係融入了臨床上之是否可改變性，如：中等智商及以上、願意負起法律責任、年齡40歲以下、有改變動機等。

二、危險評估因子與評估工具

罪犯之再犯危險因子可分靜態因子（*static factor*）及動態因子（*dynamic factor*），前者係指前犯行時之行為及被害者特徵之紀錄，此又稱為歷史因子，此一部分終生無法更改（除其判刑確定之數目，若再犯則可能增加而變動）；而後者係指犯行後或處遇後行為及想法態度之有無改變及改變程度，此一部分只要犯罪者願意且改善，則有可能降低其日後之再犯率。

加拿大就罪犯或受刑人之評估，於1993年起即發展出如下之再犯危險評估量表：VRAG（*Violence Risk Appraisal Guide*，暴力再犯危險評估指引，見 *Quinsey, Harris, Rice, & Cormier, 1998*）、SORAG（*Sex Offender Risk Appraisal Guide* 性暴力者再犯危險評估指引，見 *Quinsey et al, 1998*）、RRASOR（*Rapid Risk Assessment for Sex Offender Recidivism* 快速性罪犯再犯危險評估量表，見 *Hanson, 1997*）、Static-99量表（*Hanson & Harris, 1998*），這些均屬於靜態因素量表。

美國則於1995年及1997年發展出對性罪犯之再犯危險評估量表 MnSOST-R（*Minnesota Sex Offender Screening Tool-Revised, Epperson, 1997*），本量表包含靜態及動態因素。而加拿大於2000年發展出的SONAR（*Sex Offender Need Assessment Rating, Hanson & Harris, 2000*），美國Vermont州矯正局於2003年發展出的SOTNPS（*Sex Offender Treatment Need and Progress Scale, McGrath & Cumming, 2003*），均是動態因子之量表。其均運用

統計之精算方法（*actuarial method*）以找出與再犯有關連之因子，集合之而合成高預測準確之再犯危險評估量表。相關之危險評估方法學請見林明傑（*2004*）所著。

參、美加之性罪犯再犯危險評估量表

一、快速性罪犯再犯危險評估表（Rapid Risk Assessment for Sex Offense Recidivism, RRASOR）（見附件一）：

本表由加拿大法務部（*Department of Solicitor General, Canada*）矯治研究室之 Karl Hanson（*1997*）發展而得。共有四題，且其中只有第二題是所謂之動態的機構因素，其餘三題均是靜態的歷史因素，四題各是：㈠以前之性犯罪次數、㈡此次出獄時之年齡、㈢被害者之性別是否只有女性或曾經有男性被害人，及與被害人之關係是否有相識。依題次其評分各為由 0 分至 3, 1, 1, 1 分，因此其總分係在 0 至 6 之間，各分數的再犯可能性機率，請詳見附件二。本評估表之評分與性犯罪之再犯率之相關係數為 r=0.27，ROC=.71（*Hanson 認為 MnSOST-R 之 0.45 應有高估，因其以性罪犯之再犯率 0.35 做基線實有過高，個人通訊，1999, 9,24*）。適用對象為男性成人性罪犯，青少年之版本尚未發展出來。

本量表填寫時須注意事項如下：㈠第一題「以前性犯罪之次數」。加拿大法律規定是一罪一起訴一刑，與我國可以多罪一起訴一刑（以刑法第 56 條之連續犯起訴判刑），並不相同，故台灣地區適用時仍應計其有「多少次性犯行」是判刑確定，或起訴確定。㈡第二題「出獄時之年齡」。因為本題原意為預估出獄後再犯率之用，若是被判緩刑或社區評估之用時，應可當作「目前之年齡」、「所預測之年齡」適用之。

本量表解釋時須注意事項如下：㈠因為青少年之版本尚未發展出來，故勿用於青少年。㈡研究使用之樣本，並非台灣之性罪犯，台灣地區用來評估並不一定適當。

二、靜態因素九九評估表（Static-99）：

本表由加拿大法務部矯治研究室之Hanson & Thorton（*1999*）發展出來。共有十題，其對性罪犯之再犯性犯罪可能性之預測效度提升到 r=0.31, ROC=.71，於1999年9月公布，見附件二。

本量表填寫時須注意事項如下：㈠第一、二題「以前（性）犯罪之次數」。加拿大法律規定是一罪一起訴一刑，與我國可以多罪一起訴一刑（以連續犯起訴判刑），並不相同，故台灣地區適用時仍應計其有「多少次犯行」是判刑確定，或起訴確定。㈡第六題「性侵害犯罪受害者中是否曾有非近親者」。近親即指一般法律上禁止結婚之三等親及以內之近親關係。㈢第九題「出獄時之年齡」。因為本題原意為預估出獄後再犯率之用，若是被判緩刑或社區評估之用時，應可當作「目前之年齡」、「所預測之年齡」適用之。

本量表解釋時須注意事項如下：㈠因為青少年之版本尚未發展出來，故勿用於青少年。㈡其高中低危險程度是依據加拿大不同戒護監獄之容量來訂，並不適用台灣。㈢研究使用之樣本，並非台灣之性罪犯，台灣地區用來評估並不一定適當。

三、明尼蘇達性罪犯篩選表（Minnesota Sex Offender Screening Tool-Revised, MnSOST-R）（請見附件三）：

本表是 Minnesota 州矯治局委託 Iowa State University 心理系 Epperson et al.（*1997*）發展完成。是近年來所發展之危險評估量表中預測效度最高者（達*r=0.45, ROC=.76*）。因為其主要是運用於性罪犯釋放前之危險評估（以依梅根法案*Megan's Law*，依其危險性要求作警局登記或／與社區通知，註釋一）（林明傑、張晏綾、陳英明、沈勝昂，*2003*），故適合於國內監獄在性罪犯參與治療後期並假釋前之危險評估。由臨床人員依某性罪犯檔案資料之描述而評分。1999年4月之新修訂版共有16題，區分有兩大要素，即㈠歷史／靜態因素（*historical/static variables*）（即指該罪犯在犯行中之特質）：包括前 12 題，即性犯罪之定罪次數、性犯罪史之長度、性犯行曾否發生在公共場所、是否曾使用強制力或威脅、是否曾有多重之性侵害犯罪行為、曾否侵犯 13～15 歲之被害人、被害人是否是陌生人、案主青少年時曾否有反社會行為、有無藥物濫用或酒精濫用之習性、及就業史。㈡機構／動態因素（*institutional/dynamic variables*）：包括最後四題，即在監所中有無違規記錄、監禁中藥癮治療之記錄、監禁中之性罪犯心理治療記錄、案主出獄時之年齡是否滿 30 歲。

本量表填寫時須注意事項如下：㈠第一題「以前性犯罪之次數」。美國法律規定是一罪一起訴一刑，與我國可以多罪一起訴一刑（以連續犯起訴判刑），並不相同，故台灣地區適用時仍應計其有「多少次犯行」是判刑確定，或起訴確定。㈡第九題「性侵害犯罪受害者中是否曾有陌生人」，認識 24 小時以內均算陌生人。㈢第十題「案主青少年時是否曾有反社會行為」在我國適用時，應注意我國少年事件處理法 89 年 2 月新訂 83 條之 1 第 1、2 項分別規定「少年受第 29 條第 1 項之轉介處分執行完畢二年後、受保護處分、刑期之執行完畢、赦免三年後，或受不付審理或不付保護處分之裁定確定後，視為未曾受各該宣告。」「少年法院於前項情形應通知保存少年前科紀錄及有關資料之機關，將少年之前科紀錄及有關資料予以塗銷。」此一少年之犯罪前科有塗銷之規定，將使少年之前科資料可能不準確。因須多依賴少年或了解少年之人詢問其偏差行為史。然而容易該來源可能會有偏差。

本量表解釋時須注意事項如下：本表雖包含靜態與動態之題目較為完整，但其所使用之資料全為美國之樣本，解釋時須小心兩地樣本差異。且動態部份中之十四及十五題與國內之制度不同，動態之使用更須小心。

四、性罪犯需求評估表（Sex Offender Need Assessment Rating, SONAR）：

本量表由加拿大法務部資深研究員 Hanson & Harris（*2000*）發展出來。其係評估性罪犯在治療中之動態因子。其將動態因子分為穩定因子（*static factor*）及急性因子（*acute factor*），各有 5 題及 4 題。因計分過程較為繁複，請詳見附件四之量表及計分準則。該量表分數之全距為 −4 到 14 分，經以釋放後兩年期間有無再犯性犯罪之性罪犯為研究對象（共 *409* 人，有再犯者 *208* 人，無再犯者 *201* 人，二組均就犯行史、被害人類型、及管轄法院加以配對），以本量表詢問個案樣本之觀護人，發現再犯組之得分平均數為 8 分，而非再犯組之得分平均數為 5.4 分，因此主張以 6 分及 7 分為中危險，並以之為切分點，8 分及以上為高分組。發現以高分組為預測將再犯性犯罪之預測準確度為 Pearson r = .43 及 ROC = .74，係屬於

中高及滿意之預測準確度。

本量表填寫或解釋時須注意事項如下：本量表之發展須觀護人對於案主有較完整之資料及對於高再犯因子有較清楚之認知。筆者曾就本量表作本土化研究，請觀護人回憶二年前釋放之案主，發現回憶之效果不若以下SOTNPS佳。然國內仍應可嘗試填寫，並儘速建立本土之分數與再犯關聯之資料。

五、性罪犯治療需求及進步量表 (Sex Offender Treatment Needs and Progress Scale, SOTNPS)：

本量表是屬於動態量表，係由美國佛蒙特州矯正局性罪犯治療方案之McGrath & Cumming（*2003*）發展出來。其係評估性罪犯在治療中之動態因子，詳見附件五，目前仍未發展出切分點、對照常模、及再犯率。其只就329位男性性罪犯區分出療程前中後之分數差異。就筆者之經驗本量表之評估較為明確簡易。

本量表填寫或解釋時須注意事項如下：評分各項時須詳閱其手冊。國內仍應可嘗試填寫，並儘速建立本土之分數與再犯關聯之資料，以為評估動態再犯因素之依據。

六、少年性罪犯危險評估量表[第二版] (Juvenile Sex Offender Assessment Protocol- II, J-SOAP-II)：

本量表由美國心理學者Prentky & Righthand（*2003*）嘗試發展出來，其目的在於對少年性罪犯作危險評估。其共 28 題，分性驅力分量表、衝動與反社會行為分量表、處遇分量表、及社區穩定及適應分量表四個分量表，各8、8、7及5題，前二分量表屬於靜態，後二分量表屬於動態。每題計分 0、1、2，並將每一分量表各除以16、16、14及10後記分之。各題之計分請見附件六中所附網頁之手冊。目前仍未發展出切分點、對照常模及再犯率。

肆、我國之性罪犯再犯危險評估量表

一、陳若璋之量表

陳若璋（2002：158）在對性罪犯之評估總結表（附件七）中，分三個分量表

㈠危險性評估：指對他人可能造成的危險性，筆者認為此處應指傷害危險評估。其包含 9 題，若達 4 題及以上，即達 44.4%（4/9），可評為中高危險。

㈡再犯性評估：區分為三大類因素，共 28 題。A 穩定因素：共 14 題；B 動態因素：共 10 題；C 社會支持及監督系統：共 4 題。28 題中若達 14 題及以上，即達 50%（14/28），可評為中高危險。

㈢可治療性評估：共 7 題。其中可治療性係融入了臨床上之是否可改變性，如：中等智商及以上、高中以上教育程度、語言理解能力尚可、否認程度低、願意負起法律責任、有改變動機、及年齡 40 歲以下。7 題中若達 3 題及以上，即達 42.8%（3/7），可評為中高可治療性。

本量表因目前尚無實證再犯率研究，故仍無法對照出得分與再犯率。其題項過多，也未能將靜態因素與動態因素（動態因素又應分穩定因素及急性因素）作清楚之劃分均是有待再繼續改善之空間。

二、台灣性罪犯靜態再犯危險評估量表 (Taiwan Sex Offender Static Risk Assessment Scale, TSOSRAS-2004)（附件八）

本量表由林明傑、董子毅、陳珍亮、蔡昇運（2005）所發展。共分兩次研究，研究一為建立之研究，研究二為外部效度之研究。

㈠在研究一，收集於 1994 年至 1996 年從台北及高雄監獄出獄之性罪犯共 423 位為樣本，填入由 RRASOR、Static-99、及 MnSOST-R 收集之危險因素且依據台灣資料現況而建立之 15 項因素量表初稿，追蹤至 2003 年 2 月查閱刑案資料註記以了解其有無再犯，平均追蹤期為 7.6 年。篩選危險因素之統計方法為卡方、Somer's d、羅吉斯迴歸、及 Cox 迴歸。發現共有 8 個因素可以列入。此八項分

別為性犯行遭起訴加上判刑確定的次數、過去被判刑確定之任何犯行次數、在保護管束中又犯下性犯行、該次性犯行中的「非性暴力行為」、該次性犯行被害者有 13～15 歲少女且小加害人 5 歲以上、該次性犯行被害者之性別、該次性犯行的被害者人數、及預估出獄時的年齡。以分別追蹤一年、三年、及七年及各所篩選顯著之因素建立量表，發現預測效度各為 r= .238（*ROC* = *.767*）、r=.328（*ROC* =*.811*）、及r=.312（*ROC* =*.752*），均為中度且滿意之效度。然以成人強暴犯、家外兒童性侵害犯罪犯、家內兒童性侵害犯罪犯三類性罪犯觀之，其預測效度各為 r=.231（*ROC* = *.736*）、r=.380（*ROC* = *.765*）、及 r 不顯著（*ROC* =*. 590*）。並將此八題之量表作為定稿。

㈡在研究二，收集於 1997 年至 1999 年從台北、台中、及高雄監獄出獄之性罪犯共 421 位為樣本，填入此八題之量表，追蹤至 2004 年 10 月平均追蹤期為 7.2 年。以全體樣本追蹤三年有無再犯，發現 r=. 232（*ROC* = *.763*）。而以 1997 年追蹤七年共 7 人再犯，r=. 000（*ROC* = *.693*），其可能因為部分樣本追蹤未達七年致樣本不夠所致。本量表之優點在於以國內之樣本取樣，除去國內連續犯數罪一罰之問題，並依據三個追蹤之年數篩選出顯著關聯之因素作加權，並加入殘存分析，其預測準確度比美、加稍好些。

表 7.1　各危險預測因子的卡方分析摘要表（七年）

描述統計（七年） 性侵害犯罪再犯危險評估變項		佔總樣本比例	性侵害犯罪再犯率	Pearson χ^2	關聯係數 Somer'sd	邏輯迴歸	COX 迴歸
1. 過去（含該次）之性犯行遭起訴加上判確次數	2 次以下	86.5%	8.7%	21.161 p=.000***	d=.193 p=.003**	B=.975 p=.000***	B=1.027 p=.000***
	3 至 5 次	11.3%	25.0%				
	6 次以上	2.1%	44.4%				
2. 被害者含 13 至 15 歲少女，且大 5 歲以上	從未	61.0%	1.1%	1.060 p=.303	d=.033 p=.315	B=.513 p=.094*	B=.507 p=.134
	曾經有過	39.0%	13.3%				
3. 出獄時之年齡	未滿 25 歲	15.1%	15.6%	5.154 p=.076*	d=-0.061 p=.019*	B=.552 p=.021**	B=.574 p=.031**
	25 至 40 歲	57.0%	12.9%				
	超過 40 歲	27.9%	5.9%				
4. 被害者之性別	只有女性	98.1%	1.8%	5.544 p=.019**	d=.267 p=.171	B=1.286 p=.040**	B=1.750 p=.039**
	包含男性	1.9%	37.5%				
5. 該次性犯行中有無曾有「非性之暴力行為」	從未	35.7%	3.1%	12.125 p=.000***	d=.117 p=.000***	B=1.466 p=.005***	B=.276 p=.464
	曾經有過	64.3%	14.9%				
6. 保護管束中又犯下性犯罪	從未	95.5%	11.1%	.390 p=.532	d=.047 p=.587	B=.349 p=.566	B=.343 p=.623
	曾經有過	4.5%	15.8%				

（續）

7.過去曾遭「非性之暴力行為」判刑確定	從未	79.0%	1.2%	2.152 p=.142	d=.069 p=.188	B=.290 p=.393	B=1.505 p=.006***
	曾經有過	21.0%	15.7%				
8.過去被判刑確定的任何犯罪次數	3 次以下	92.0%	1.5%	3.318 p=.075*	d=.100 p=.167	B=.602 p=.172	B=.703 p=.186
	4 次或以上	8.0%	2.6%				
9.性侵害犯罪受害者中是否曾有親戚關係者	從未	89.9%	11.4%	.026 p=.552	d=-.008 p=.868	B=.112 p=.825	B=.151 p=.783
	曾經有過	11.1%	1.6%				
10.性侵害犯罪受害者中是否曾有陌生人	從未	55.8%	1.2%	.736 p=.240	d=.027 p=.396	B=.065 p=.839	B=.011 p=.976
	曾經有過	44.2%	12.8%				
11.在監所中有無重大的違規記錄	從未	78.0%	11.2%	.027 p=.497	d=.006 p=.870	B=-0.342 p=.359	B=-.291 p=.480
	曾經有過	22.0%	11.8%				
12.性侵害犯罪受害者人數	只有一人	86.1%	9.6%	7.783 p=.005***	d=.124 p=.031*	B=.305 p=.404	B=.450 p=.279

註：原設計的第 2「性侵害犯罪為期時間」、第 3「性犯行中的多重性犯行」以及第 9 題「青少年時期的偏差行為」，由於資料無法收集，故予以刪除。*代表 p＜.10，**表示 p＜.05，***表示 p＜.01

表 7.2　各危險預測因子的卡方分析摘要表（五年）

描述統計（五年） 性侵害犯罪再犯危險評估變項		佔總樣本比例	性侵害犯罪再犯率	Pearson χ^2	關聯係數 Somer'sd	邏輯迴歸	COX 迴歸
1.過去（含該次）之性犯行遭起訴加上判確次數	2 次以下	86.5%	5.7%	21.042 p=.000***	d=.170 p=.004**	B=.1.211 p=.000***	B=1.093 p=.000***
	3 至 5 次	11.3%	20.8%				
	6 次以上	2.1%	33.3%				
2.被害者含 13 至 15 歲少女，且大 5 歲以上	從未	61.0%	6.2%	3.017 p=.082*	d=.047 p=.099	B=.801 p=.042**	B=..753 p=.038**
	曾經有過	39.0%	10.9%				
3.出獄時之年齡	未滿 25 歲	15.1%	12.5%	3.138 p=.208	d=.041 p=.038**	B=.659 p=.035**	B=.581 p=.036**
	25 至 40 歲	57.0%	8.2%				
	超過 40 歲	27.9%	5.0%				
4.被害者之性別	只有女性	98.1%	7.4%	9.576 p=.002***	d=.300 p=.134	B=1.816 p=.040**	B=1.400 p=.027**
	包含男性	1.9%	37.5%				
5.該次性犯行中有無曾有「非性之暴力行為」	從未	35.7%	3.1%	5.867 p=.015**	d=.070 p=.003***	B=.278 p=.529	B=1.010 p=.062*
	曾經有過	64.3%	10.1%				
6.保護管束中又犯下性犯罪	從未	95.5%	7.6%	1.617 p=.203	d=.081 p=.348	B=.766 p=.274	B=.734 p=.233
	曾經有過	4.5%	15.7%				

（續）

7.過去曾遭「非性之暴力行為」判刑確定	從未	79.0%	7.1%	1.560 p=.212	d=.041 p=.266	B=1.052 p=.060*	B=.320 p=.428
	曾經有過	21.0%	11.2%				
8.過去被判刑確定的任何犯罪次數	3 次以下	92.0%	7.1%	4.618 p=.032**	d=.104 p=.127	B=.875 p=.128	B=.731 p=.142
	4 次或以上	8.0%	17.6%				
9.性侵害犯罪受害者中是否曾有親戚關係者	從未	89.9%	7.9%	.016 p=.899	d=.005 p=.902	B=.439 p=.475	B=.347 p=.546
	曾經有過	11.1%	8.5%				
10.性侵害犯罪受害者中是否曾有陌生人	從未	55.8%	7.2%	.503 p=.478	d=.019 p=.483	B=.121 p=.777	B=.138 p=.721
	曾經有過	44.2%	9.0%				
11.在監所中有無重大的違規記錄	從未	78.0%	8.4%	.406 p=.524	d=-.020 p=.495	B=-.648 p=.216	B=-.589 p=.218
	曾經有過	22.0%	6.4%				
12.性侵害犯罪受害者人數	只有一人	86.1%	7.1%	2.828 p=.093	d=.064 p=.172	B=.062 p=.907	B=.038 p=.938

表 7.3　各危險預測因子的卡方分析摘要表（三年）

描述統計（三年） 性侵害犯罪再犯危險評估變項		佔總樣本比例	性侵害犯罪再犯率	Pearson χ^2	關聯係數 Somer'sd	邏輯迴歸	COX 迴歸
1.過去（含該次）之性犯行遭起訴加上判確次數	2 次以下	86.5%	3.0%	27.742 p=.000***	d=.146 p=.006***	B=1.282 p=0.02***	B=1.133 p=.000***
	3 至 5 次	11.3%	14.5%				
	6 次以上	2.1%	33.3%				
2.被害者含 13 至 15 歲少女，且大 5 歲以上	從未	61.0%	3.4%	3.055 p=.080*	d=.038 p=.103	B=1.078 p=.037**	B=1.018 p=.025**
	曾經有過	39.0%	7.2%				
3.出獄時之年齡	未滿 25 歲	15.1%	6.2%	.939 p=.625	d=.018 p=.328	B=.683 p=.115	B=.639 p=.086*
	25 至 40 歲	57.0%	5.3%				
	超過 40 歲	27.9%	3.3%				
4.被害者之性別	只有女性	98.1%	4.5%	6.938 p=.008***	d=.204 p=.226	B=.31 p=.980	B=-.260 p=.791
	包含男性	1.9%	25.0%				
5.該次性犯行中有無曾有「非性之暴力行為」	從未	35.7%	0.7%	6.712 p=.010**	d=.060 p=.000***	B=2.237 p=.034**	B=2.042 p=.049**
	曾經有過	64.3%	6.7%				
6.保護管束中又犯下性犯罪	從未	95.5%	4.7%	1.304 p=.253	d=.058 p=.420	B=.849 p=.344	B=.809 p=.304
	曾經有過	4.5%	10.5%				
7.過去曾遭「非性之暴力行為」判刑確定	從未	79.0%	4.1%	2.010 p=.156	d=.037 p=.231	B=.750 p=.173	B=.813 p=.106
	曾經有過	21.0%	7.8%				
8.過去被判刑確定的任何犯罪次數	3 次以下	92.0%	4.1%	7.436 p=.006***	d=.106 p=.096*	B=1.893 p=.010***	B=1.370 p=.015**
	4 次或以上	8.0%	14.7%				

（續）

9.性侵害犯罪受害者中是否曾有親戚關係者	從未	89.9%	5%	.056 p=.812	d=-.008 p=.800	B=0.88 p=.924	B=.014 p=.987
	曾經有過	11.1%	4.2%				
10.性侵害犯罪受害者中是否曾有陌生人	從未	55.8%	3.8%	1.499 p=.221	d=.026 p=.233	B=.439 p=.409	B=.393 p=.396
	曾經有過	44.2%	6.4%				
11.在監所中有無重大的違規記錄	從未	78.0%	5.7%	2.001 p=.157	d=-.036 p=.070*	B=-2.113 p=.022**	B=-1.453 p=.057*
	曾經有過	22.0%	2.1%				
12.性侵害犯罪受害者人數	只有一人	86.1%	3.5%	10.735 p=001***	d=.100 p=.033**	B=-6.012 p=.000***	B=.818 p=.104

表 7.4 各危險預測因子的卡方分析摘要表（一年）

描述統計（一年） 性侵害犯罪再犯危險評估變項		佔總樣本比例	性侵害犯罪再犯率	Pearson χ^2	關聯係數 Somer'sd	邏輯迴歸	COX迴歸
1.過去（含該次）之性犯行遭起訴加上判確次數	2 次以下	86.5%	1.3%	10.092 p=.006**	d=.054 p=.108	B=-9.683 p=.870	B=.756 p=.169
	3 至 5 次	11.3%	8.3%				
	6 次以上	2.1%	0%				
2.被害者含 13 至 15 歲少女，且大 5 歲以上	從未	61.0%	1.1%	2.957 p=.086*	d=.025 p=.123	B=1.034 p=.155	B=1.015 p=.151
	曾經有過	39.0%	9.2%				
3.出獄時之年齡	未滿 25 歲	15.1%	1.5%	1.725 p=.422	d=-.008 p=.379	B=.549 p=.353	B=.490 p=.381
	25 至 40 歲	57.0%	2.9%				
	超過 40 歲	27.9%	0.8%				
4.被害者之性別	只有女性	98.1%	17.7%	4.213 p=.040**	d=.267 p=.389	B=.674 p=.635	B=.728 p=.563
	包含男性	1.9%	12.5%				
5.該次性犯行中有無曾有「非性之暴力行為」	從未	35.7%	0%	3.945 p=.047**	d=.030 p=.003**	B=8.273 p=.824	排除
	曾經有過	64.3%	3%				
6.保護管束中又犯下性犯罪	從未	95.5%	1.7%	6.739 p=.009***	d=.088 p=.229	B=2.290 p=.011**	B=2.138 p=.009***
	曾經有過	4.5%	10.5%				
7.過去曾遭「非性之暴力行為」判刑確定	從未	79.0%	1.7%	.836 p=.360	d=.016 p=.442	B=.646 p=.422	B=.597 p=.458
	曾經有過	21.0%	3.3%				
8.過去被判刑確定的任何犯罪次數	3 次以下	92.0%	2.3%	0.804 p=.370	d=-.023 p=.006***	B=.815 p=.163	排除
	4 次或以上	8.0%	0%				
9.性侵害犯罪受害者中是否曾有親戚關係者	從未	89.9%	1.8%	1.149 p=.284	d=.024 p=.431	B=.987 p=.258	B=1.018 p=.233
	曾經有過	11.1%	4.2%				

（續）

10.性侵害犯罪受害者中是否曾有陌生人	從未	55.8%	2.1%	.000 p=.988	d=.000 p=.988	B=-.51 p=.952	B=.170 p=.829
	曾經有過	44.2%	2.1%				
11.在監所中有無重大的違規記錄	從未	78.0%	2.4%	.634 p=.426	d=-.013 p=.324	B=-1.068 p=.335	B=-.980 p=.363
	曾經有過	22.0%	1.0%				
12.性侵害犯罪受害者人數	只有一人	86.1%	1.3%	.7.125 p=.008***	d=.054 p=.109	B=1.900 p=.009***	B=1.803 p=.008***

註：由於「非性暴力」變項在一年的有無再犯中，呈現極端排列（所有一年內的再犯皆為「有」非性暴力），因此排除。由於「前科數量」變項在一年的有無再犯中，呈現極端排列（所有一年內的再犯皆為「三次及以下」），因此排除。

註釋

註一：Megan 是一位 7 歲小女孩，於 1994 年在 New Jersey 家附近被一假釋之性罪犯性謀殺，之後該州迅速通過法案要求假釋性罪犯分四級，在召開聽證會（檢察官準備心理學家證據及危險量表，而由被告一方舉反證）後，依級予以通知社區或／與警局登記（notification or registration）。在此之前只有 5 州有類似法案，之後聯邦政府於 1995 年立法要求各州訂立該法，否則減少 10%之聯邦司法補助經費。到 1996 各州均已訂定。因爭議過大，聯邦最高法院則於 1998/2 決定暫不處理本案（remain intact）。Michigan 只有 registration 而無 notification，但鼓勵居民至警局查詢，1999/2 更推出 website 供查詢，引起不少爭議（法律及方式，可查 www.mipsor.state.mi.us，輸入郵遞區號，如 48823）。另一相關之法案為危險性罪犯法案（Sexual Violent Predator Act, SVPA）1990 Washington 州一小男孩被一假釋之性罪犯姦殺，而通過此一法案。到 1999 約已有 15 州通過，其賦予該州有權將危險性罪犯 civil commitment（接近我國之保安處分之強制治療或監護之概念）而予以不定期監禁於精神病監（indefinite confinement）直到其被認為對社會不會危害（Cohen, 1995）。多州及聯邦法院均有贊成與反對不同解釋，聯邦最高法院則於 1997 贊成，其認為這並非刑罰（punishment）！（Hendricks v. Kansas, US Sup Ct. 1997）可參考 http://supct.law.cornell.edu/supct/html/95-1649.ZS.html 或到 www.findlaw.com 輸入本案例之名稱即可。

附件一

快速性罪犯再犯危險評估表

Rapid Risk Assessment for Sexual Offense Recidivism （RRASOR）

姓名__________ 日期______________ 評估人員姓名__________________

1. 以前之性犯罪次數（不包括其他犯行；若判刑確定與起訴分屬不同分數，則以較高分為準） [ ]

無	0	
一次之判刑確定；一至二次之起訴	1	
二至三次之判刑確定；三至五次之起訴	2	
四次或以上之判刑確定；六次以上之起訴	3	
2. 此次出獄時之年齡		[ ]
超過 25 歲	0	
小於 25 歲	1	
3. 被害者之性別		[ ]
只有女性	0	
曾經有男性被害人	1	
4. 與被害人之關係		[ ]
只限有相識之人	0	
曾經有不相識之被害人	1	
（不認識或認識未超過 24 小時之被害人即屬陌生人）		總分 { }

本評估表之各分數的再犯可能性預估

RRASOR 分數	樣本數	再犯率（%）		
		未經調整之比率	經調整之比率	
			五年再犯率	十年再犯率
0	527	5.3	4.4	6.5
1	806	8.8	7.6	11.2
2	742	16.2	16.2	21.1
3	326	26.7	26.7	36.9
4	139	36.7	36.7	48.6
5	52	53.8	53.8	73.1
總數	2592	14.9	14.9	19.5

說明：

本評估表之評分與性犯罪之再犯率之相關係數為 0.27。本表之性罪犯再犯基線設定為 13.2%。

全表無版權問題，評分細節及研究說明請自以下網站下載：

http://www.sgc.gc.ca/epub/ecorrlist.htm#1997

RRASOR之適用對象為男性成人之兒童性侵害犯罪犯，青少年之版本尚未發展出來。

附件二

靜態因素九九評估表（Static-99）

姓名＿＿＿＿＿＿ 日期＿＿＿＿＿＿＿＿ 評估人員姓名＿＿＿＿＿＿＿＿＿＿

1. 以前性犯罪次數（不包含其他犯行；若判刑確定與指控分屬不同分數，則以高分為準） [ ]

沒被起訴過；也沒被判刑確定	0
1～2 次被起訴；1 次判刑確定	1
3～5 次被起訴；2～3 次判刑確定	2
6 次（或以上）被起訴；4 次（或以上）判刑確定	3

2. 以前所被判刑確定之任何犯罪行為之次數 [ ]

3 個或以下	0
4 個或以上	1

3. 有無曾有「未身體接觸之性犯罪」（如暴露狂、戀物癖、打猥褻電話、窺淫狂、持有色情出版品。注意，不含自我承認之次數）而被判刑確定者 [ ]

沒有	0
有	1

4. 性犯行中有無曾有「非性之暴力行為」（如謀殺、傷害、搶劫、縱火、恐嚇、持刀槍威脅等） [ ]

沒有	0
有	1

5. 以前是否曾有「非性之暴力行為」 [ ]

沒有	0
有	1

6. 性侵害犯罪受害者中是否曾有「非近親者」（近親指一般法律上禁止結婚之三等及以內之近親關係） [ ]

沒有（即全是近親者）	0
有	1

7. 性侵害犯罪受害者中是否曾有陌生人（不認識或認識未超過 24 小時之被害人即屬陌生人） [ ]

沒有	0
有	1

8. 性侵害犯罪受害者中是否曾有男性 [ ]

沒有	0
有	1

9. 所預測的年齡是否低於 25 歲 [ ]

（續）

不是　0

是　1

10. 曾否與所愛過之人同居超過 2 年以上　[　]

沒有　1

有　0

總分｛　｝

Static-99 之再犯評估危險各得分群之再犯率

		再犯性犯罪			再犯其他之暴力犯罪		
	危險等級	5 年	10 年	15 年	5 年	10 年	15 年
0 分	低危險	.05	.11	.13	.06	.12	.15
1 分		.06	.07	.07	.11	.17	.18
2 分	中低危險	.09	.13	.16	.17	.25	.30
3 分		.12	.14	.19	.22	.27	.34
4 分	中高危險	.26	.31	.36	.36	.44	.52
5 分		.33	.38	.40	.42	.48	.52
6 分（及以上）	高危險	.39	.45	.52	.44	.51	.59
（平均 3.2）		.18	.22	.26	.25	.32	.37

註：*1.* 本評估表之評分與性犯罪之再犯率之相關係數為 0.33。本表之性罪犯再犯基線設定為 5 年 18%，10 年 22%，及 15 年 26%。

2. 全表無版權問題，評分細節及研究說明請自以下網站下載 http://www.sgc.gc.ca/epub/Corr/e199902/e199902.htm

附件三

明尼蘇達性罪犯篩選評估表（MnSOST-R）

加害人姓名：__________ 評估者姓名：________評估機構________評估日期

A.經歷／靜態因素（historical/static variables）

1. 因性犯罪而判刑確定之次數（含此次定罪）__________

一次	0
二次或以上	+2

2. 性犯罪史之長度__________

少於一年	-1
一年到六年	+3
超過六年	0

3. 是否曾在保護管束中又犯下性犯罪（遭起訴或定罪）

沒有	0
有	+2

4. 有無任何性犯罪（遭起訴或定罪）是發生在公共場所__________

沒有	0
有	+2

5. 是否曾有在任何一次性犯行（遭起訴或定罪）中，使用強制力或威脅____

從沒有過	-3
曾有至少一次過	0

6. 是否曾有在任何一次性犯行（遭起訴或定罪）中，對一個被害人在一次接觸中而有多重之性侵害犯罪行為____

沒有過	-1
曾有過	+1

7. 性犯行（遭起訴或定罪）中，所有被害人之年齡層為何？請先將所有符合之項目打勾：

6 歲或以下

7 歲至 12 歲

13 歲至 15 歲，且加害者比被害人大 5 歲或以上

16 歲或以上

無所謂年齡層，或只有一年齡層	0
有二個或以上之年齡層	+3

8. 性犯行（遭起訴或定罪）中曾侵犯 13 至 15 歲之被害人，且加害者比被害人大五歲或以上

沒有	0
有	+2

9. 性犯行（遭起訴或定罪）中，被害人是否曾有陌生人？__________

沒有任何一被害人是陌生人	-1
至少有一被害人是陌生人	+3
資料不足，無法確定	0

10. 有無任何資料或檔案顯示案主青少年時曾有反社會行為？__________

沒有	-1
有零星之反社會行為	0
有經常且重覆之反社會行為習性	+2

11. 有無藥物濫用或酒精濫用之習性？（在此次犯行或撤銷緩刑假釋前 12 個月）__________

沒有	-1
有	+1

12. 就業史（在此次犯行前之 12 個月期間）__________

在犯行前有穩定的就業情形達一年或以上	-2
照顧家庭、退休、全職學生、或殘障以無法工作	-2
部分工時、季節性之工作、不穩定工作	0
失業、或失業有一長段時間	+1

（續）

<table>
<tr><td>
經歷／靜態因素之總分______
B.機構／動態因素（institutional/dynamic variables）
13.在監所中有無違規記錄______
無重大之違規記錄 0
有一次或以上之重大違規記錄 +1
14.監禁中藥癮治療之記錄
不必接受治療／時間不足／沒機會 0
接受推薦治療且完成治療／或假釋時仍在接受治療 -2
被推薦治療，但案主拒絕接受、中途停止 +1
被推薦治療，但被工作人員要求退出 +4

機構/動態因素之總分______
</td><td>
15.監禁中之性罪犯心理治療記錄______
不必接受治療／時間不足／沒機會 0
接受推薦治療且完成治療／或假釋時仍在接受治療 -1
被推薦治療，但案主拒絕接受、中途停止 0
被推薦治療，但被工作人員要求退出 +3
16.案主出獄時之年齡______
30 歲或以下 +1
31 歲或以上 -1

靜態與動態因素之相加總分______

評語：
</td></tr>
</table>

說明：

全表無版權問題，評分細節及研究說明請自以下網站下載

http://psych-server.iastate.edu 選擇 faculty, 再選擇 Epperson, 再選擇 MnSOST-R

（依指示先下載adobe之閱讀程式，如果已有，則應先打開該程式再下載）

MnSOST-R 之適用對象為男性成人性罪犯，青少年之版本尚未發展出來。

題目之名詞定義說明：

第四題之「公共場所」的定義為某地方由人們或社區所共同使用或維持的，或開放給特定他人之某地方。如公園、停車場、巷道、酒店、餐廳、或建築物中之樓梯、電梯、走道等。

第六題：「多重之性侵害犯罪行為」指以下之行為中有超過一項者（即兩項或以上者）：

—陰莖插入陰道

—以外物插入肛門

—強迫被害人對加害人手淫或性撫摸

—陰莖插入肛門

—加害人性撫摸被害人（fondle）

—加害人對被害人手淫

—手指插入陰道

—強迫被害人對加害人口交

—強迫被害人自己手淫

—手指插入肛門

—加害人對被害人口交

—加害人暴露自己之陰莖（與強暴區隔）

—以外物插入陰道

—親吻

—其他強迫之性行為，如強迫被害人與他人或動物性交

MnSOST-R 得分與再犯率對照表

危險程度	MnSOST-R 得分	六年內性犯罪再犯率
1（low/ 低）	3 及以下	16%
2（moderate/ 中）	4 至 7	45%
3（high/ 高）	8 及以上	70%
建議轉不定期監禁（civil commitment）（極高危險）	13 及以上	88%

註：

(1) 本表之性罪犯再犯率基線訂為 35%。

(2) 建議轉 civil commitment（近強制治療及不定期監禁之義）之組係為高危險組中之其中一小組（subset）。

附件四

性罪犯需求評估表[Sex Offender Need Assessment Rating, SONAR]

姓名__________________ 身分證字號 ______________ 出生年月日___/___/___

性罪犯類型：[]成人強暴犯　[]家內兒侵犯（12 歲以下）　[]家外兒侵犯（12 歲以下）

[]輪暴犯　[]未成年被害者（12-18 歲）_____ 歲

A. 穩定因素（過去 12 個月中之下列情形）		無	也許、有一些	有	（此欄不必填寫）
1. 依附缺憾（intimacy deficits）		0	1	2	
2. 社會影響　[將下二者相加，填於右欄]					
週遭之好親友數目 [以正數表之]					
週遭之壞親友數目 [以負數表之]					
3. 態度（含「對強姦之態度」或「對兒童性侵害犯罪之態度」）					
◎對強暴的態度：	A、許多婦女內心喜歡被強暴	0	1	2	
	B、當婦女穿短裙或緊身衣時，他們是自找麻煩	0	1	2	
	C、有些時候當女人說NO，其實真正的意思是 YES	0	1	2	
	D、那女人和他玩性遊戲	0	1	2	
	E、受害者活該	0	1	2	
◎對兒童性侵害犯罪的態度：	A、有些兒童夠成熟到可與成人享受性	0	1	2	
	B、有些兒童喜歡性遊戲	0	1	2	
	C、兒童未抵抗性接觸就是 OK	0	1	2	
	D、有些兒童有性意願，難以遠離他們	0	1	2	
4. 性方面之自我規範（含「有權要性」或「性幻想偏差」）					
◎有權要性：	A、每個人都有權要性	0	1	2	
	B、男人比女人更需要性	0	1	2	
	C、男人比大多數人有更高的性慾	0	1	2	
	D、一旦有人挑起你性慾，你就不能停止	0	1	2	

（續）

◎性幻想偏差：	A、有看色情出版物	0	1	2	
	B、去脫衣酒吧／找妓女／色情按摩	0	1	2	
	C、講淫穢字句	0	1	2	
	D、手淫次數過多（近一年來,一天有曾 2 次或以上）	0	1	2	
	E、偏差的性幻想及性需求（正常以有固定性伴侶之正常性行為為標準）	0	1	2	
	F、滿腦子充滿性犯行	0	1	2	
	G、滿腦子都是性、性書刊或妓女	0	1	2	
5.一般生活之自我規範					
A、自己知道再犯的危險因素而不避開		0	1	2	
B、自己仍保有秘密		0	1	2	
C、個案不願意花心力與金錢參與治療		0	1	2	
D、個案想要玩弄司法系統（「玩弄」指刻意欺瞞）		0	1	2	
E、個案嘗試跟你稱兄道弟		0	1	2	
F、個案違反保護管束命令（或假釋條件）（指『保護管束期間內應遵守之事項』）		0	1	2	
G、個案未服從社區監督者的指示約定		0	1	2	
H、個案不願意為避開高危險情境而有所改變		0	1	2	

【再犯何案：＿＿＿＿＿＿＿＿（＿＿年＿＿月）】

B.急性之危險因素（最近一個月或近一次報到後至今）	狀況改進	依然相同	狀況惡化	
1.酒精或藥物濫用（喝__酒，每__／__瓶／罐）妨礙正常的日常活動／健康　（使用藥物種類：□安非他命　□嗎啡　□海洛因　□古柯鹼　□其他　　　）	−1	0	+1	
2.心情不佳（下列有一個惡化即算）（譬如：憂鬱／沮喪／無希望、焦慮／過度憂慮／壓力、挫折、孤寂、想自殺的念頭）	−1	0	+1	
3.憤怒／敵意（下列有一個惡化即算）（譬如：失去控制／反覆無常／憤怒，對女人憤怒，對他人攻擊／粗魯／威脅）	−1	0	+1	

（續）

4.接近偏好被害人的機會（下列有一個惡化即算） （譬如：經常的接近潛在被害人，無目的亂逛導致增加再犯機會，有無某些交通工具（腳踏車／摩托車……等），預期可以接近被害人，使用電腦網路，有無某些嗜好：如照相機／釣魚／放風箏／遊艇等預期可以接近被害人）	−1	0	+1	
總分				

SONAR 計分之準則

SONAR 的題目分為五個穩定因素（依附缺憾、負向社會影響、對於性犯行之容忍態度、性方面之自我規範、一般生活之自我規範）及四個急性因素（藥物濫用、心情不佳、憤怒／敵意、接近偏好被害人的機會）。計分之準則如下：

A. 穩定因素（持續幾個月或幾年）

1. 依附缺憾（intimacy deficits）

假如犯罪人最近無所愛之人，則他獲得「2」分。假如犯罪者與最近所愛之人住在一起，且沒有明顯的困擾，則他獲得「0」分。假如犯罪者與最近所愛之人住在一起，但關係是衝突的或是有問題的，則他獲得「1」分。可能的問題包含有：曖昧／不貞、性的問題、不信任、忌妒、一般衝突及長期分離（譬如監禁）。困擾的程度對於這個人或是他的伴侶而言是常重要的。得分為「1」者也可以給於有穩定約會關係但是並沒有住在一起的人。

2. 社會影響

說出犯罪人生活中所有不是因為薪水才去跟他在一起的人（例如：父母、朋友、親戚、同事、師長）。對每一個而言，影響是正面的、負面的或中性的？

正向影響的數目減去負向影響的數目就是社會影響的結果，將社會影響結果計為：減去之後如為 2 以上，則這一題計為 0；若減去之後如為 0 或 1，則這一題計為 1；若減去之後小於 0，則這一題計為 2。

3. 態度（含「對強暴之態度」或「對兒童性侵害犯罪之態度」）

是否性犯罪者同意下列的句子？

◎對強暴的態度：

每一個句子可以計分如下：0=無，1=也許、有一些，2=是的

A、許多婦女內心喜歡被強暴。

B、當婦女穿短裙或緊身衣時，他們是自找麻煩。

C、有些時候當女人說 NO 其實真正的意思是 YES。

D、那女人和他玩性遊戲。

E、受害者活該。

對強暴的態度計分：五題加起來的得分為 0 分則這一部份計為 0，若得分為 1,2,3,4 分則這一部份計為 1，若得分為 5～10 分則這一部份計為 2。

◎對兒童性侵害犯罪的態度：

每一個句子可以計分如下：0=無，1=也許、有一些，2=是的

A、有些兒童夠成熟到可與成人享受性。

B、有些兒童喜歡性遊戲。

C、兒童未抵抗性接觸就是 OK。

D、有些兒童有性意願，難以遠離他們。

對兒童性侵害犯罪的態度計分：四題加起來的得分為 0 分，則這一部份計為 0；若得分為 1,2,3 分，則這一部份計為 1；若得分為 4～8 分，則這一部份計為 2。

因此在這個部分我們會在強暴或兒童性侵害犯罪態度中經換算後各得到一個分數。接下來總計分為：0= 不同意任何一個看法；假如強暴或兒童性侵害犯罪態度的最高得分為 1，則總得分=1；假如強暴或兒童性侵害犯罪態度的最高得分為 2，則總得分=2，也就是以最高分的得分為依據。

4.性方面之自我規範（含「有權要性」或「性幻想偏差」）

這個部分關心的是性衝動表達方面的不良控制，且傾向於使用性做為因應負向情緒的工具。傾向於使用性做為因應機制在 Hanson 及 Harris（1998）的研究中並沒有被直接測量。反之，這個面向包含對於性偏差的非直接測量，譬如有權要性或性幻想偏差。

◎是否性犯罪者同意下列的句子？（有權要性）

每一個句子可以計分如下：0=無，1=也許、有一些，2=是的

A、每個人都有權要性。

B、男人比女人更需要性。

C、比大多數人有更高的性飢渴。

D、一但有人挑起你性慾，你就不能停止。

對有權要性的計分：若四題加起來的得分為 0 分，則這一部份計為 0；若得分為 1～3 分，則這一部份計為 1；若得分為 4 分以上，則這一部份計為 2。

◎是否性犯罪者有從事下列的任何的行為？（性幻想偏差）

每一個句子可以計分如下：0=無，1=也許、有一些，2=是的

性幻想偏差：

A、有看色情出版物。

B、去脫衣酒吧／找妓女／色情按摩。

C、講淫穢字句。

D、過度手淫。

E、偏差的性幻想及性需求。

F、滿腦子充滿性犯行。

G、滿腦子都是性或性書刊。

對性幻想偏差的計分：若七題加起來的得分為 0 分，則這一部份計為 0；若得分為 1～4 分，則這一部份計為 1；若得分為 5 分以上，則這一部份計為 2。

因此在這個部分我們會在有權要性及性幻想偏差中經換算後各得到一個分數。接下來總計分部分是：0= 沒有任何一種；有權要性或性幻想偏差中最高得分為 1，則總得分=1；有權要性或性幻想偏差中最高得分為 2，則總得分=2，也就是以最高分的得分為依據。

5.一般生活之自我規範

這個部分關心的犯罪者的自我監控能力及遵守社區觀護的命令。有一般犯罪生活型態的犯罪人被期待會有這一方面的問題。

◎是否曾有這些犯行？

計分如下：0=無，1=也許，2=有，反向題則計分如下：0=有，1=也許，2=無。

A、自己知道再犯的危險因素而不避開。

B、自己仍保有秘密。

C、個案不願意花心力與金錢參與治療。

D、個案想要玩弄司法系統。

E、個案嘗試跟你稱兄道弟。

F、個案違反保護管束命令或假釋條件。

G、個案未服從社區監督者的指示約定。

H、個案不願意為避開高危險情境而有所改變。

八題加起來的原始得分為 0 分，則這一題總分計為 0；若原始分數加起來為 1～7 分，則這一題總分計為 1；若原始分數加起來為 8～16 分，則這一題總分計為 2。

B. 急性之危險因素（持續幾天或幾分鐘）

請針對以下四個問題部分，細想是否犯罪者的行為在過去一個月（或自從上一次報到），也就是現在與過去一個月（或自從上一次報到）來比較，如果已經改進，則請在−1 的格子上打圈並計為−1 分；如果惡化則在+1 的格子上打圈並計為+1 分，或依然相同則在 0 的格子上打圈並計為 0 分。

1. **藥物濫用問題（酒精或藥物）**

妨礙正常的日常活動／或健康問題。

2. **心情不佳**

A、憂鬱／沮喪／無希望。

B、焦慮／過度憂慮／壓力。

C、挫折。

D、孤寂。

E、想自殺的念頭。

3. **憤怒／敵意**

A、失去控制／反覆無常／憤怒。

B、對女人憤怒。

C、對他人攻擊／粗魯／威脅。

4.接近偏好被害人的機會

A、經常的接近潛在被害人。

B、無目的亂逛導致增加再犯機會。

C、有無某些交通工具（腳踏車／摩托車……等）預期可以接近被害人。

D、電腦網路。

E、有無某些嗜好：如照相機／釣魚／放風箏／遊艇等（預期可以接近被害人）。

SONAR 的得分及其再犯危險程度之分類

類　別	SONAR 得　分
低	－4～3
稍低	4，5
中	6，7
稍高	8，9
高	10～14

附件五

性罪犯治療需求及進步量表

[Sex Offender Treatment Needs and Progress Scale, SOTNPS, 2003]

個案：________________ 評估者：________________

評估日期：________________ 地 點：[]監所 []社區

評估時間：[]治療開始之時 []治療期間 []治療結束時

每週治療之月數________ 輔導治療之月數________ 全部________

評分指導（使用計分手冊中的定義）：

[各計分請仍以手冊每題之計分指引]	0 此項沒問題	1 此項有些問題	2 此項相當嚴重	3 此項很嚴重	此項無法確定，請打勾
一、性偏差					
1. 承認犯罪行為	☐	☐	☐	☐	☐
2. 負起責任	☐	☐	☐	☐	☐
3. 性興趣	☐	☐	☐	☐	☐
4. 性態度	☐	☐	☐	☐	☐
5. 性行為	☐	☐	☐	☐	☐
6. 性危險管理	☐	☐	☐	☐	☐
二、犯罪					
7. 犯罪及違法的態度	☐	☐	☐	☐	☐
8. 犯罪及違法的行為	☐	☐	☐	☐	☐
三、自我管理					
9. 物質濫用	☐	☐	☐	☐	☐
10. 情緒管理	☐	☐	☐	☐	☐
11. 心理的穩定性	☐	☐	☐	☐	☐
12. 問題解決	☐	☐	☐	☐	☐
13. 衝動性	☐	☐	☐	☐	☐
四、治療及觀護合作					
14. 改變的階段	☐	☐	☐	☐	☐
15. 接受治療的合作度	☐	☐	☐	☐	☐
16. 接受社區監督的合作度	☐	☐	☐	☐	☐
五、生活型態穩定					
17. 工作職業	☐	☐	☐	☐	☐
18. 居住情形	☐	☐	☐	☐	☐

（續）

19.財務狀況					
六、社會支持	☐	☐	☐	☐	☐
20.成人的愛情關係	☐	☐	☐	☐	☐
21.社會影響	☐	☐	☐	☐	☐
22.社會參與	☐	☐	☐	☐	☐
總分					

性罪犯治療需求及進步量表之計分手冊

1.承認犯罪行為

「承認犯罪行為」這一題是關於個案描述自己的性犯行是有罪的，且與官方對於其性犯行態度間一致性的程度。

藉由評估個案他自己描述自己的性犯行是有罪的，與官方對於其性犯行態度間一致性的程度，譬如警方的供詞、受害者／證人的說法、兒童保護服務報告及違反保護管束。

考慮性犯行的類型、頻率、暴力量、強迫程度及性侵害犯罪侵入程度。根據這題計分的目的，性犯行被定義為：(1)有性意圖的不適當性行為或犯罪行為，(2)導致法院或其他官方機構認為是有罪的性犯罪行為。

性犯行的例子包含如下：

- 在刑事法庭因為性犯行而被判罪。
- 在保護管束期間犯性犯行而被判決確定。
- 被州立兒童保護服務機構證實有兒童的性虐待行為。
- 因不當的性行為被州立專業委員會判定有罪。

計分——評估個案最近的功能程度

0	關於性犯行的主要部份，個案描述有罪的部份與官方的報告，譬如警方的供詞、受害者／證人的說法，是非常一致的。
1	關於性犯行的主要部份，個案描述有罪的部份與官方的報告是較為一致。（如為性交易糾紛事件，屬於惡行較低者）
2	關於性犯行的主要部份，個案描述有罪的部份與官方的報告有顯著的不一致。（如為性交易糾紛事件，屬於惡行中等者）
3	完全否認做過他已經被判罪的任何性犯行。（如為性交易糾紛事件，惡行連續且重大者）

2. 負起責任

「負起責任」這一題是關於個案自己對於他的犯罪行為負起責任與歸咎責任上的程度。舉例而言，個案可能會歸咎於法庭、社工、警察、老師、朋友或親戚、酒精、藥物、色情書刊、情境、配偶或夥伴及受害者。評估個案自己對於犯行的描述及對於這些行為的態度。

淡化責任的態度及思想之例子包含如下：

- 她謊報她的年齡。
- 因為我喝酒所以才會發生這件事。
- 我們是有性行為，但是是她同意的。
- 因為我的壓力很大所以才會做出這件事。
- 對於所發生的事情她說謊，是他／她把我惹怒的。

計分——評估個案最近的功能程度

0	對於犯罪行為負起全部的責任。
1	對於犯罪行為負起大部分的責任，但有一些地方是歸咎於其他部分。
2	對於犯罪行為負起一些責任，有很多地方是歸咎於其他部分
3	對於犯罪行為並沒有負起責任： ・全部歸咎於其他部分，或 ・否認與性有關，或 ・否認這是一個性犯行。

3. 性興趣

「性興趣」這一題是評估伴侶的類型及個案發現引起其性激起的行為。資料來源包括陰莖體積測試儀、自陳報告、間接的資料、手淫時的幻想、對於色情書刊的興趣偏好。

適當的性興趣包含如下：

- 年齡適當的伴侶。
- 同意的伴侶。
- 非強迫的性。
- 沒有涉及犯行的戀物行為（譬如：收集女朋友之內衣褲或衣物）。

偏差的性興趣包含如下：

- 小孩。
- 強迫的性。
- 涉及犯行的戀物行為。
- 非法的性。

計分——評估個案最近的功能程度

0	所有的性興趣都是適當的。
1	大多數的性興趣是適當的。
2	大多數的性興趣是偏差的。
3	所有的性興趣都是偏差的。

譯者註：本題之性興趣可用第三人稱法，如問一般人手淫時會想哪些東西？

4.性態度

「性態度」這一題是評估個案承認及自我「改正支持或避免性犯罪」之態度及信念上的程度。這一題可以反應出個案對於受害人及潛在受害人的同理程度。

資料來源包括：觀察、自陳報告、間接的資料、心理測驗結果。個案最近的性行為必須被視為是辨識其對於性犯罪之態度的線索。

「支持性犯罪」的態度及信念之例子包含如下：

- 兒童可以自己決定是否要與成人發生性關係。
- 兒童不會因為與成人發生性關係而受到傷害。
- 兒童沒有抗拒事實上是他們想要與成人發生性關係。
- 許多女人說不，其實是說要。
- 假如一個女人到男人的公寓去就表示她想要與他發生性關係。
- 女人天生都是婊子。
- 一旦男人想要去做時，他就不能被期待要去控制他自己。

計分——評估個案過去六個月的功能程度	
0	沒有困難或有一點點承認及自我改正「支持性犯罪」的態度或信念。
1	他有一些困難承認或自我改正「支持性犯罪」的態度或信念。
2	他有很大的困難承認或自我改正「支持性犯罪」的態度或信念。
3	不承認或自我改正「支持性犯罪」的態度或信念。

譯者註：若兒童性侵害犯罪犯則詢問兒童性侵害犯罪之性態度即可，成人強暴犯亦是。

5.有無適當之性行為

「性行為」這一題是關於個案參與適當及偏差性行為的程度。資料來源包括可信賴的間接資料、測謊結果、自陳報告。考慮是否順從治療或保護管束。假如個案現在是在監禁收容機構中，請考慮其是否有順從機構的規定。

計分——評估個案在過去六個月的功能程度	
0	沒有證據顯示有問題，受到法律限制的性行為或非衝動的性活動。假如行為涉及戀物行為，但這並非是不合法且不被認為與個案的性犯罪模式有關。
1	證據顯示有一些問題，譬如違反假釋狀況、治療需要、或機構規定的色情書刊。不嚴重可以計分為兩分的狀況。
2	證據顯示有很多問題，參與衝動、強制、與犯罪相關的戀物行為，但是不是非法的性行為。衝動的性行為包括干擾生活及導致身體傷害的手淫、經常看色情書刊、經常到脫衣舞酒吧、開車遊蕩、經常使用商業色情電話。
3	參與非法的性活動，包含兒童性侵害犯罪、強暴、暴露狂、兒童色情書刊、賣淫。假如個案現在是在監禁收容機構中，則算其違反機構規定的性行為。

6.再犯危險之管理

「性危險管理」這一題是反應出個案辨識自己性犯罪行為模式，及接下來有實際及有效計劃去降低他性再犯的危險程度。

資料來源包含計劃分配及參與、間接的資料、測謊結果及自陳報告。對於在社區中的個案需要考慮與接近可能受害人相關的個案住所或工作。

計分——評估個案過去六個月的功能程度

0	對於自己的犯罪危險因子及犯罪危險管理有清楚的認識，能夠使用有效危險管理策略並能經常使用。
1	對於自己的犯罪危險因子及犯罪危險管理有清楚的認識，能夠使用有效危險管理策略並能經常使用來處理其輕微想要再犯的情形。
2	對於自己的犯罪危險因子及犯罪危險管理只有部份的認識，不能夠經常使用有效危險管理策略來處理蠢蠢欲動想要再犯的情形。
3	對於自己的犯罪危險因子及犯罪危險管理非常不清楚，不能夠使用有效的危險管理策略。

譯者註：如可問「哪些情境下自己容易犯下犯行？」「上次犯行之情境若再發生，您會如何處理？」

7. 對犯罪及違法的「態度」

「犯罪及違法態度」這一題是關於個案承認及自我改正「支持或避免一般犯罪及違法行為」的態度及信念上的程度。這一題並不考慮與「性」有關的犯罪或違法態度。

資料來源包括：觀察、自陳報告、間接的資料、心理測驗結果。個案最近的行為必須被視為是能夠辨識個案對於犯罪及違法行為之態度的線索。

「支持一般犯罪及違法行為的態度及信念」之例子包含如下：

- 規則是訂來違反的。
- 只有當你被抓到時這才是不對的。
- 每一個案都這麼做（例如違法規定或法律），所以我這麼做也是可以的。
- 只要我快樂，其他人要付出那些代價。
- 每個人都應該獲得他們生活中可以拿得到的東西。
- 沒有保護好自己的財產，如果被搶活該。

計分——評估個案在過去六個月的功能程度

0	沒有困難或有一點點承認或自我改正「支持一般犯罪及違法行為」的態度或信念。
1	他有一些困難於承認或自我改正「支持一般犯罪及違法行為」的態度或信念。
2	他有很大的困難於承認或自我改正「支持一般犯罪及違法行為」的態度或信念。
3	不承認及自我改正「支持一般犯罪及違法行為」的態度或信念。

8.犯罪及違法的「行為」

「犯罪及違法行為」這一題是關於個案參與犯罪及違法行為的程度。這一題並不考慮與性有關的犯罪或違法行為。

資料來源包括：觀察、自陳報告、測謊結果、可信賴的間接資料（包含交通違規或其他警方的報告），有無順從治療、保護管束或機構的規則、離婚或分居的法律規定，家庭保護令或兒童探視規定。

計分——評估個案在過去六個月的功能程度

0	沒有證據顯示有犯罪或違法行為。
1	證據顯示有中度的犯罪或違法行為，譬如： ・輕微的交通違規， ・輕微的操弄行為，或 ・輕微的違反機構行為。
2	參與非性的行為而可能合理導致： ・違反緩刑、休假、假釋、保護管束， ・被判輕罪，或 ・違法多重輕微的機構規則或嚴重的機構規則。
3	參與嚴重的非性之行為而可能合理導致： ・被判重罪（『研究註：判罪五年以上屬於重罪』），或 ・違反嚴重的機構規則而導致被判重罪（『研究註：判罪五年以上屬於重罪』）。

9.物質濫用

「物質濫用」這一題是關於因酒精或其他藥物濫用而干擾個案生活的程度。資料來源包括觀察、呼氣酒精含量測試器或驗尿結果、自陳報告、測謊結果及間接的資料。

與物質濫用有關的問題包含如下：

・使用酒精或藥物而違反治療、保護管束或場所的規定。

・因為物質濫用而引發學校、工作、親密關係或家庭的問題。

・在使用酒精或藥物期間犯罪。

・對於管理使用藥酒癮的衝動有困難。

計分——評估個案在過去六個月的功能程度	
0	沒有證據顯示有問題。
1	有物質濫用之輕微問題。
2	有與物質濫用有關的中度問題。
3	有與物質濫用有關的嚴重問題。舉例包括：無法自我控制的酒精或藥物濫用、因為物質濫用喪失親密關係或工作、因為使用酒精或藥物而違反駕車規定或其他犯罪。

10.情緒管理

「情緒管理」的這一題是關於個案在處理與過去性侵害犯罪相關聯的情緒狀態之程度。資料來源包括觀察、間接的資料以及自陳報告。

與個案性侵害犯罪相關連的情緒狀態有：

- 厭倦
- 沮喪
- 孤獨
- 焦慮
- 憤怒

計分——評估個案在過去六個月的功能程度。	
0	沒有情緒管理問題。與個案性侵害犯罪相關的情緒狀態為： ・不常發生，且 ・相當有效的管理。
1	輕微的情緒管理問題。與個案性侵害犯罪相關的情緒狀態為： ・較頻繁，且 ・相當有效的管理。
2	中等的情緒管理問題。與個案性侵害犯罪相關的情緒狀態為： ・較頻繁，且 ・相當無效的管理。
3	嚴重的情緒管理問題。與個案性侵害犯罪相關的情緒狀態為： ・較常發生且頻繁，以及 ・非常無效的管理。

11.心理的穩定性

「心理的穩定性」的這一題是關於個案有會持續損害心理、社會以及職場功能的嚴重心理健康問題之程度。資料來源包括間接資料、自陳報告以及觀察。

作為會損害心理、社會以及職場功能的心理問題之指標包含如下：

- 妄想或幻覺。
- 干擾的、混亂的以及非所需的想法。
- 極端且沒有根據的猜疑。
- 奇怪的言語或行為。
- 有著自殺或殺人的想法、意圖或計畫。
- 記憶問題或低集中力。
- 強迫想法或行為。
- 憂鬱或焦慮。

計分——評估個案在過去六個月的功能程度

0	目前沒有證據顯示有心理問題
1	在心理問題上有證據顯示在功能上有持續的干擾
2	在心理問題上有證據顯示在功能上有相當程度持續的干擾
3	在心理問題上有證據顯示其已失能

12.問題解決

「問題解決」的這一題是關於個案能夠辨別以及解決生活問題之程度。生活問題的例子包括：找房子、時間分配、找工作、維持家計、建立新關係、應對家庭的緊急事件或疾病，建立社區支持、能夠合理回應同住伴侶、鄰居或工作伙伴的關心，及能夠處理有關於保護管束或機構規則的感覺。資料來源包括行為觀察、自陳報告以及間接的資料。

考量以下這些方面的問題解決：

- 辨別與解釋問題的能力。
- 產生可能答案的能力。
- 考量各種解決方式優缺點的能力。
- 實現行動計畫的能力。
- 當合適時，有確認、要求以及接受支持的能力。

計分──評估個案在過去六個月的功能程度	
0	在辨別與描述一般生活問題時能夠相當明確
1	在解決問題的能力上有部份缺失： ・偶而做出被認為糟糕的決策，但 ・當困難被指出時，能作出自我校正。
2	在解決問題的能力上較有缺失： ・偶而做出被認為不好的決策，且 ・當困難被指出時，是抵抗的或有校正的麻煩。
3	在解決問題的能力上有嚴重的缺損： ・無法辨別明顯的生活問題，且 ・經常做出被認為糟糕的決定，且 ・即使當結果被指出時，也難以理解決策與自我校正的負面結果。

13.衝動性

「衝動性」的這一題是評估個案的行為衝動程度。資料來源包括觀察、自陳報告、間接的資料以及測謊結果。

衝動行為的例子包含如下：

- 老是抱怨一些他希望能夠重來的事情。
- 突然地改變計畫。
- 魯莽的駕車。
- 短暫的關係或突然地終止關係。
- 無準備的缺席或漠視法律上的責任。
- 接受打賭與挑戰。
- 沒有找到其他工作就辭去目前的工作。
- 常對結果出乎意料的或沒有考慮到結果。

計分──評估個案在過去六個月的功能程度	
0	行為是有計畫、思考以及有目的。很少或從未做出衝動、未經計畫和缺乏深思熟慮的事情。
1	偶而做出衝動、未經計畫和缺乏深思熟慮的事情。
2	經常做出衝動、未經計畫和缺乏深思熟慮的事情。
3	總是做出衝動、未經計畫和缺乏深思熟慮的事情。

14.改變的階段

「改變的階段」的這一題包含個案瞭解他有性犯行的問題，且做出承諾來對付這問題之程度。這一題是從 Prochaska 與 DeClemente（1986）所發展的「改變階段」的模式改編而成。

資料來源包括計畫參與、間接的資料、測謊結果、觀察以及自陳報告。

計分——評估個案在過去六個月的功能程度

0	維持穩定期： ・有做出顯著改變，且 ・對於自己侵害的情形有相當完整的瞭解，且 ・承諾去做以及成功地維持改變。
1	活動期： ・瞭解改變的需要，且 ・有做出決定去採取步驟來改變，且 ・在做事的過程中是積極地去正向修正行為。
2	矛盾期： ・瞭解問題的存在以及對於改變是矛盾的，或 ・不確定對於治療的需求，或 ・沒有採取顯著的行為，或 ・在採取改變的步驟上是非常怪異的。
3	前思慮期： ・無法看出所存在的問題，或 ・否認問題，或 ・沒有意圖去改變。

15.接受治療的合作度

「接受治療的合作度」這一題是關於個案與治療預期的合作以及參與治療過程之程度。資料來源包括間接的資料和行為觀察。

考量以下的因素：

・在治療期間的出席、專注以及參與情形。

・家庭作業安排的完成情形。

・治療費用的給付。

・治療中的投入與誠實程度。

計分——如果是初始的評估，則評估個案在評估過程中的合作程度。

如果是追蹤的評估，則評估個案在過去六個月的功能程度。

0	沒有問題。合乎治療的預期。
1	有一些問題： ・偶爾遲到 ・偶而無法準時完成家庭作業的安排 ・偶而在治療期間有不良的參與或專注情形，或是 ・偶而不誠實
2	有相當多的問題： ・經常遲到 ・經常無法準時完成家庭作業的安排 ・經常在治療期間有很不良的參與或專注情形，或是 ・經常不誠實
3	有嚴重的問題： ・個案已經被發出對於問題行為的書面警告，或 ・個案已經因不守規則而被要求停止治療。

譯者註：如果是性侵害犯罪中心之聯繫失誤而導致無法參與或延遲治療，請依個案程度填 0 分或 1 分

16.接受社區監督或保護管束的合作度

「接受社區監督或保護管束的合作度」這一題包含個案與社區監督或保護管束的合作程度。資料來源包括個案的自陳報告、間接的資料以及對監督人員的諮詢。

考量以下的因素：

・與監督者會面的出席率，取消或改變預約的頻率。

・監督費用與罰金的支付。（譯者註：國內無此項）

・與監督人員互動的專注以及誠實程度。

計分——如果是初始的評估，則評估個案在過去六個月中與法庭、觀護以及其他政府機構的合作程度。

如果是追蹤的評估，則使用以下所列的標準來評估個案在過去六個月的功能程度。如果個案是在監禁或收容機構時，則評估個案在進入監禁或收容機構前之六個月的功能程度。個案在監禁或收容機構的期間內這一題的分數將會維持不變。

0	沒有問題。遵循假釋、緩刑或社區監督之條件
1	有一些問題： ・偶爾取消或錯失所約定之會面， ・偶而抗拒談論有關的危險因子， ・其他輕微的不服從監督之問題，或是 ・偶而不誠實。
2	有相當多的問題： ・監督人員已經由於個案的問題行為而增加監護或報告需求的程度。
3	有嚴重的問題： ・監督人員已經發出違反緩刑、假釋或其他社區監督之正式通知，或 ・監督人員已經採取其他法律的處罰行為。

17. 工作職業

「工作職業」的這一題是關於個案維持全職、令人滿意、與穩定的工作之程度。資料來源包括個案的自陳報告與間接的資料。

如果個案是學生，則評估他的教育經驗令人滿意與穩定之程度。例如，考量是否有固定的出席課堂以及已經有所選擇和正在維持學習的課程。如果個案在監禁收容機構時，評估他的功能程度與治療計畫與場所所預期之一致度。

計分——評估個案在過去六個月的功能程度

如果個案是在監禁或收容機構，評估他的功能程度與治療計畫與場所所預期之一致度。

如果個案沒有機會工作或上學，則評估個案在進入監禁或收容機構前之六個月的功能程度。

0	輕微或沒有問題： ・穩定且一般都達到滿意的全職工作。 ・如果是退休或無法工作時，會在閒暇時間中從事生產性及符合社會期待的事情。
1	有一些問題： ・雖有全職工作，但工作達中度不滿意程度，或 ・在期間內已經換了兩個工作，或 ・兼職或季節性的職業， ・如果是退休或無法工作時，會在閒暇時間中較會從事生產性及符合社會期待的事情。
2	有相當多的問題： ・在期間內已經換了三個工作，或 ・在期間內有超過一半的時間沒有工作。 ・如果是退休或無法工作時，會在閒暇時間中從事較無生產性及符合社會期待的事情。
3	有嚴重的問題： ・在期間內有超過80%的時間沒有工作。 ・如果是退休或無法工作時，會在閒暇時間中做些沒有生產性的事情。

18.居住情形

「居住情形」的這一題是關於個案的調適是否達穩定與令人滿意的程度。資料來源包括觀察、自陳報告、間接的資料以及對監督人員的諮詢。

計分——評估個案在過去六個月的功能程度

如果個案是在監禁或收容機構，則評估個案在進入監禁或收容機構前之六個月的功能程度。個案在監禁或收容機構的期間內這一題的分數將會維持不變。

0	期間內沒有換過住所且滿意於目前的住所。
1	期間內換過兩次住所且輕微不滿目前的住所。
2	期間內換過三個或以上的住所且非常不滿目前的住所。
3	期間內沒有固定的住所或住在遊民收容所。

19.財務狀況

「財務狀況」的這一題是關於個案對其財務負責與財務方面的穩定性。資料來源包括觀察（如對於處遇與賠償的費用是否有適時繳納、穿著或是交通工作是否與其收入相符合）、自陳報告、間接的資料。

計分——評估個案在過去六個月的功能程度

如果個案是在監禁或收容機構中且並沒有機會接觸錢，則評估個案在進入監禁或收容機構前之六個月的功能程度。個案在監禁或收容機構的期間內這一題的分數將會維持不變。

0	極少或是沒有財務方面的問題，對其生活上財務的問題均能有效率且負責任的處理。或許會有一些像是抵押或汽車借款等債務，但均能適時的處理。生活上的花費與收入相一致。當需要財務問題上的幫助時，會願意要求並接受他人的幫助。
1	有一些財務上的問題或是無責任感。
2	有相當多財務上的問題或是無責任感。
3	有嚴重的財務上的問題或是無責任感。無法償還債物、入不敷出。

20.成人愛情的關係

「成人愛情的關係」這一題主要關心的為是否個案有成人愛情的關係，而此關係是否良好。資料的來源包括間接的資料、自陳報告以及其他在治療期間的觀察。

計分——評估個案在過去六個月的功能程度

假若個案在監禁收容機構中，則評估個案在進入監禁或收容機構前之六個月的功能程度。個案在監禁或收容機構的期間內這一題的分數將會維持不變。除非關係惡化，個案在此題中的分數才會增加。

0	有穩定的成人愛情關係： ・目前有同住的親密伴侶且兩人相處無嚴重的問題。
1	有中度的穩定成人愛情關係： ・目前有同住的親密伴侶但兩人間有些許問題，或 ・目前有穩定的約會對象。
2	有中度的不穩定成人愛情關係： ・目前有同住的親密伴侶但有嚴重的問題，或 ・有約會的對象但有一些嚴重的問題，或 ・在過去的六個月中有持續的約會對象但兩人並沒有穩定的約會關係。
3	並沒有穩定的成人愛情關係： ・期間內沒有成人親密伴侶或約會關係。

21.社會影響

「社會影響」的這一題主要在於檢驗個案生活中各種正向與負向的社會影響。社會影響包含有朋友與家人等，對於因工作上需要服務個案的人並不計算在內。假若個案是在監獄或是其他的收容機構中，請考慮其他囚犯或收容人的影響。

資料的來源包含自陳報告、間接的資料與觀察。

正向的社會影響包含有下列情形之朋友與家人：

・符合社會期待之生活型態。

・知道個案的性犯行。

・相信個案是有罪的。

・會認真的看待個案的問題。

・主動的支持個案管理其再犯危險。

負向的社會影響包含有下列情形之家人、朋友：

・引導個案反社會的生活型態或是支持個案其先前犯行的態度。

・不知道個案的性犯行。

・相信個案是無罪的。

・不認真看待個案的問題。

・助長或不支持個案管理其再犯危險。

計分——評估個案在過去六個月的功能程度	
0	期間內主要與有正向影響的朋友、家人或同事互動並接受他們的意見。
1	期間內與正向影響的朋友、家人或同事的互動較多於負向影響的朋友、家人或同事，並接受他們的意見。
2	期間內與負向影響的朋友、家人或同事的互動較多於正向影響的朋友、家人或同事，並接受他們的意見。
3	期間內主要與有負向影響的朋友、家人或同事互動並接受他們的意見。

22.社會參與

「社會參與」這一題主要關心的是個案除了與親密伴侶或是親戚互動外，從事社會活動的程度。假若個案是在監獄或是其他收容機構中，則評估個案與其他囚犯或是收容人社會參與的程度。資料的來源包括間接的資料與自陳報告。

計分——評估個案過去六個月的功能程度	
0	與親戚或伴侶外之其他人從事社會活動，平均每個禮拜有兩次或以上。並不包含個案與親密伴侶或是親戚參與的活動。
1	與親戚或伴侶外之其他人從事社會活動，平均每個禮拜有一次。並不包含個案與親密伴侶或是親戚參與的活動。
2	與親戚或伴侶外之其他人從事社會活動，平均每個月至少一次，或是大多數的社會活動是與親密伴侶或是親戚。
3	長期與社會疏離，與一般朋友缺乏重要的、親密的、或互助的關係。

註：下載自 http://www.csom.org/pubs/SexOffTreatScale.pdf

附件六

少年性罪犯危險評估量表 [第二版]（J-SOAP-II）

姓名________ 評估日期________

評估單位________ 評估者姓名________電話________

I. 性驅力分量表			
1. 性犯行之起訴次數	0	1	2
2. 性侵害犯罪被害人之人數	0	1	2
3. 曾有男性之性侵害犯罪被害人	0	1	2
4. 性侵害犯罪之前後期間	0	1	2
5. 性侵害犯罪之計畫程度	0	1	2
6. 性化之攻擊	0	1	2
7. 性驅力及腦中充滿性事（sexual drive & preoccupation）	0	1	2
8. 性受害史			
分量表總分　（　）/16=[　]			
II. 衝動與反社會行為分量表			
9. 照顧者之變更程度	0	1	2
10. 廣泛之憤怒	0	1	2
11. 在學校之行為問題	0	1	2
12. 品行異常之歷史	0	1	2
13. 少年反社會行為	0	1	2
14. 16 歲前曾被起訴或逮捕	0	1	2
15. 犯行的多樣化	0	1	2
16. 在家曾受身體虐待或／與曾目睹家庭暴力	0	1	2
分量表總分　（　）/16=[　] 靜態（I 及 II）分量表總分　（　）/32=[　]			
III. 處遇分量表			
17. 接受犯行之責任	0	1	2

（續）

18.有內在動機接受改變	0	1	2
19.了解危險因子	0	1	2
20.同理心	0	1	2
21.有感覺後悔及罪疚感	0	1	2
22.認知扭曲	0	1	2
23.同輩關係之品質	0	1	2
分量表總分 ( ) /14=[ ]			
IV. 社區穩定及適應分量表			
24.對性驅力及性慾望之管理	0	1	2
25.對憤怒之管理	0	1	2
26.現在生活狀況的穩定度	0	1	2
27.在校表現之穩定度	0	1	2
28.有無正面之支持系統	0	1	2
分量表總分 ( ) /10=[ ]			
動態（III 及 IV）分量表總分 ( ) /24=[ ] 全量表總分 ( ) /56=[ ]			

註：各題之計分請見以下網頁之手冊。本量表仍未有切分點及對照常模。本量表可見於Prentky, R. & Righthand, S. (2003). Juvenile Sex Offender Assessment Protocol-II（J-SOAP-II）Manual. [Online] Available at www.csom.org/pubs/JSOAP.pdf

附件七

性罪犯總結評估表

<table>
<tr><td colspan="3">整　體　性　評　估
（本表由陳若瑄、劉志如及國軍北投醫院多位參與性罪犯治療之工作人員所編制）</td></tr>
<tr><td>暴力危險性評估</td><td>□犯案過程使用暴力
□犯案時有特別儀式
□過去曾有暴力犯罪史
□多重性危險行為</td><td>□犯案時使用武器
□衝動／情緒控制能力差
□受害者不分性別
□曾造成受害者死亡或受傷</td></tr>
<tr><td></td><td colspan="2">評估結果：□高危險　□中危險　□低危險
（勾選 4 題以上為中、高危險）</td></tr>
<tr><td>再犯可能性評估</td><td colspan="2">A.穩定因素：
□第一次犯案年齡低於 18 歲　□家庭關係不良
□學校適應不佳　□兒童期曾有被性侵害犯罪的紀錄
□未婚　□與受害者的關係是陌生人
□受害者不分性別　□先前犯過性犯罪
□環境中易與受害者接觸　□曾有多次性侵害犯罪史
□曾有假釋再犯的紀錄　□目前年齡小於 35 歲
□已有固定的性犯罪模式　□曾被診斷人格違常
B.動態因素：
□酒癮或藥癮　□低同理心或感覺
□衝動／易怒　□人際關係差
□不正常的性慾　□無維持親密關係的能力
□同儕負向影響　□治癒合作意願低
C.社會支持及監督系統：
□未婚　□未與家人同住
□未有好的監督者　□生活穩定度低（工作、休閒、居住）</td></tr>
<tr><td></td><td colspan="2">評估結果：□高危險　□中危險　□低危險
（勾選 13 題以上為中、高危險）</td></tr>
<tr><td>可治療性評估</td><td>□中等智商
□語言理解能力尚可
□願意負起犯罪責任
□年齡在 40 歲以下</td><td>□高中以上教育程度
□否認程度低
□有高改變動機</td></tr>
<tr><td></td><td colspan="2">評估結果：□可治療性高　□可治療性中　□可治療性低
（勾選 3 題以上為中、高可治療性）</td></tr>
</table>

附件八

台灣性罪犯靜態再犯危險評估量表〔2004 年版〕

（Taiwan Sex Offender Static Risk Assessment Scale, TSOSRAS-2004）

林明傑　董子毅　陳珍亮　蔡昇運〔國立中正大學犯罪防治研究所〕

案主姓名：________評分日期：　年　月　日評估者姓名：________

〔填寫及計分方法〕：勾選個案所符合項目條件之框號，並依照框號右邊之數字計分，將總分填寫於最後一列，並參照分數轉換表上所欲預測時間之再犯危險類別，並勾選其危險類別所屬之框號。

評量的題項	時間	一年（12 個月）	三年（36 個月）	七年（84 個月）
	累積平均性侵害犯罪再犯率	2.1%	5.0%	11.3%
1. 性犯行被「起訴」加上「判刑確定」的次數（含該次）	二次	[ ]0	[ ]0	[ ]-1
	三至五次	[ ]+1	[ ]+2	[ ]+3
	六次以上		[ ]+6	[ ]+6
2. 過去被判刑確定之任何犯行次數（不含該次）	三次以下		[ ]0	[ ]0
	四次以上		[ ]+2	[ ]+2
3. 在保護管束中又犯下性犯行	從未	[ ]0		
	曾經有過	[ ]+2		
4. 該次性犯行中的「非性暴力行為」	從未		[ ]-1	[ ]-2
	曾經有過		[ ]0	[ ]+1
5. 該次性犯行被害者有 13 至 15 歲少女，且小加害人 5 歲以上	從未		[ ]0	
	曾經有過		[ ]+1	
6. 該次性犯行被害者之性別	只有女性	[ ]0	[ ]0	[ ]0
	包含男性	[ ]+2	[ ]+4	[ ]+5
7. 該次性犯行的被害者人數	一人	[ ]0	[ ]0	[ ]0
	兩人以上	[ ]+1	[ ]+2	[ ]+2
8. 預估出獄時的年齡	未滿 25 歲			[ ]+1
	25 至 40 歲			[ ]0
	超過 40 歲			[ ]-1
該案主之總分				

[將案主在上頁三時間之總分填入下表第二列，並在所屬之分數區段打勾]

時間		一年 （12 個月）		三年 （36 個月）		七年 （84 個月）	
該案主之總分							
量表總分數之全距		0～6		-1～15		-4～17	
再犯危險程度的切分點與平均再犯率	低危險	[ ] 0～1	0.8%	[ ] -1～3	3.3%	[ ] -4～0	5.5%
	中危險	[ ] 2～4	15.4%	[ ] 4-6	20.0%	[ ] 1~6	25.5%
	高危險	[ ] 5~6		[ ] 7-15	40%	[ ] 7-17	41.7%
預測準確度	相關 r	.238		.328		.312	
	ROC	.767		.811		.752	

〔量表之說明頁〕

注意事項

林明傑、董子毅、陳珍亮、蔡昇運（2005）：〈台灣性罪犯靜態再犯危險評估量表（TSOSRAS-2004）之建立及其外在效度之研究〉國立中正大學犯罪防治學系暨研究所主辦「2005 年犯罪矯治國際研討會」（嘉義縣）宣讀之論文。可下載于 http://www.ccunix.ccu.edu.tw/~deptcrm/t_mcl.htm#Book

性侵害犯罪的定義性侵害犯罪再犯，包括觸犯了民國 88 年以前的刑法第 221 條至 234 條，包括強姦罪及準強姦罪、共同輪姦罪、強姦殺人罪、姦淫幼女罪、利用權勢姦淫猥褻罪等，或是觸犯了民國 88 年以後所修訂之妨害性自主罪章的第 221 條〈強制性交罪〉至第 229 條〈詐術性交罪〉等罪名者，即為有再犯性侵害犯罪。

本量表適用之評估對象不包括：*1.* 因性侵害犯罪案件而獲判緩刑者。*2.* 兩小無猜型：性侵害犯罪案件雙方皆未成年（小於 16 歲），且加害人對被害者之性行為是有合意的（即被害者本身同意該性行為）。

本量表無使用版權的問題，可逕行複製使用，亦可在網址

http://www.ccunix.ccu.edu.tw/~deptcrm/t_mcl.htm#Book 下載取得，但仍建議在使用前最好詳細地閱讀量表操作手冊之說明。

參考文獻

中文文獻

林明傑、董子毅、陳珍亮、蔡昇運（2005）：〈台灣性罪犯靜態再犯危險評估量表（TSOSRAS-2004）之建立及其外在效度之研究〉國立中正大學犯罪防治學系暨研究所主辦「2005年犯罪矯治國際研討會」（嘉義縣）宣讀之論文。可下載于http://www.ccunix.ccu.edu.tw/~deptcrm/t_mcl.htm#Book

林明傑（2004）危險評估方法學見林明傑、沈勝昂編法律犯罪心理學 p373-387 台北：雙葉書廊

林明傑、張晏綾、陳英明、沈勝昂（2003）性侵害犯罪加害人之較佳方案及三個爭議方案，月旦法學雜誌 96 期，2003/5，頁 160-185。

陳若璋（2002）性罪犯心理學：心理治療與評估。台北：張老師。

英文文獻

Epperson, D. L., Kaul, J. D., Huot, S. J., Hesselton, D., Alexander, W., & Goldman, R. (1997). Minnesota Sex Offender Screening Tool-Revised [Online] available http://www.psychology.iastate.edu/faculty/epperson/mnsost_download.htm

Hanson, K. & Thornton, D. (1999). *Static 99: Improving actuarial risk assessments for sex offenders.* Ottawa, Canada: Department of the Solicitor General Canada. [Online] available at http://www.sgc.gc.ca/publications/corrections/199902_e.pdf

Hanson, R. K. & Bussiere, M. T. (1998). Predicting relapse: a meta-analysis of sexual offender recidivism studies. *Journal of consulting and clinical psychology, 66* (2), 348-362

Hanson, K. & Harris, A. (1998). Dynamic predictors of sexual recidivism. Ottawa, Canada: Department of the Solicitor General Canada. [Online] available at http://www.sgc.gc.ca/publications/corrections/199801b_e.pdf

Hanson, K. (1997). The Development of a Brief Actuarial Risk Scale for Sexual Offense Recidivism. Ottawa, Canada: Department of the Solicitor General Canada. [Online] available at http://www.sgc.gc.ca/publications/corrections/199704_e.pdf

McGrath, R., & Cumming, G. (2003). Sex Offender Treatment Need and Progress Scale. Washington, DC: Center for Sex Offender Management, US Department of Justice. [Online] available http://www.csom.org/pubs/SexOffTreatScale.pdf

Prentky, R. & Righthand, S. (2003). Juvenile Sex Offender Assessment Protocol-II (J-SOAP-II) Manual. [Online] Available www.csom.org/pubs/JSOAP.pdf

Quinsey, V. L., Harris, G. T., Rice, M. E., & Cormier, C. A. (1998). *Violent offenders: Appraising and managing risk.* Washington, DC: American Psychological Association.

第八章

性侵害犯罪加害人的檢查診斷與分類學

周煌智　林明傑

本章學習重點

- 性侵害犯罪加害人的檢查。
- 性侵害犯罪加害人的診斷。

摘要

從事性侵害犯罪防治工作者面對加害人的治療第一步，必須進行評估，而善用檢查的工具則是有效的評估第一步。加害人的認知心理問題雖然無法藉由先進的科學儀器例如 CT，MRI 進行檢查，來幫忙診斷，然而其性偏差行為，卻可藉由其他的評估工具，例如PPG、測謊儀、心理測驗、再犯危險量表與神經心理檢查等工具來進行評估。同時，性侵害犯罪加害人的診斷也必須依據評估的結果進行診斷。針對『是否所有或至少某些性罪犯屬有精神疾病者？』此一爭議，美國精神醫學會歸納以下四類情況：㈠某些性犯罪行為是在沒有任何精神或身體疾病影響下發生的；㈡某些性犯罪行為是因一些系統性身體或精神疾病（如：智能不足或外傷性腦部損傷）影響下產生的；㈢某些性犯罪行為是導因於原發性性疾患：性偏好（如：戀童癖或暴露癖）；㈣某些性犯罪行為是導因於精神疾病（從精神異常到人格疾患）。本文同時也介紹 Groth 與 Knight & Prentky 兩種針對加害人心理動機所做的分類學。

關鍵詞

性侵害犯罪加害人、檢查、診斷、分類學。

壹、性侵害犯罪加害人診斷

性侵害犯罪加害人的認知心理問題雖然無法向內外科疾病藉由電腦斷層掃瞄（*computerixed tomography, CT*）、核磁共振儀（*magnetic resonance imaging, MRI*）……等先進儀器以及病理的幫忙來診斷，但診斷的一致性可藉由良好的診斷工具、標準化及嚴謹的操作方法來增強診斷的正確性。所謂工欲善其事，必先利其器，加害人的認知心理問題雖然無法藉由先進的科學儀器例如 CT，MRI 進行檢查，來幫忙診斷，然而其性偏差行為，卻可藉由其他的評估工具，例如PPG、測謊儀、心理測驗、再犯危險量表與神經心理檢查等工具來進行評估。以下介紹幾種國內性侵害犯罪加害人所使用的診斷系統或量表：

雖然全世界精神疾病分類系統有許多種，但在台灣，精神疾病常見的分類系統有二：㈠國際疾病分類系統（*International Classification of Diseases, ICD*），目前已出版至 ICD-10（胡海國、林信男等譯，*1996*）；這是由國際衛生組織所發展出來的一套診斷系統，涵蓋所有的疾病。㈡精神疾病診斷統計分類手冊系統（*Diagnostic and Statistic Manual of Mental Disorders, DSM*），目前已出版至 DSM-IV（*American Psychiatric Association, 1994*），這是由美國精神醫學會所發展出來的一套診斷精神疾病系統。常見的性侵害犯罪加害人精神疾病診斷有憂鬱症、焦慮症、反社會人格違常、物質濫用或成癮（含酒精與藥物濫用或成癮）、與性偏差及心性疾患（例如戀童症）……等等。然而性侵害犯罪加害人主要是依據違反法律認定，例如：與未滿 16 歲男女發生性交，即便是男女朋友，亦觸犯刑責，故可能沒有診斷，或雖有精神疾病診斷但與觸犯妨害性自主罪無因果關係，或雖有因果關係，但性侵害犯罪僅為其整體犯罪行為的一部份（如強盜併強制性交）；其次，常見的分類主要是因為法律定義所延伸出來的名詞，而不一定具有精神病理意義，例如：兒童性侵害犯罪者（*child molester*），可能包括一般青少年的合意性交、買春、對未成年人的強暴或戀童症（*pedophila*）等，若以家庭支持系統而言，則包括家庭內（如亂倫，*incest*）與家庭外（包括戀童症、強暴）等狀況。第三、許多性侵害犯罪加害人因為犯行被揭落後，開始會有一些適應障礙，若收押或入獄時，可能還會有短暫的憂鬱與失眠……等精神症狀，也有些人為了逃避刑責而偽裝（*malingering*），這些都是在做鑑定與處遇評估時必須注意的。

針對『是否所有或至少某些性罪犯屬有精神疾病者？』此一爭議，美國精神醫學會歸納以下四類情況：㈠某些性犯罪行為是在沒有任何精神或身體疾病影響下發生的；㈡某些性犯罪行為是因一些系統性身體或精神疾病（如：智能不足或外傷性腦部損傷）影響下產生的；㈢某些性犯罪行為是導因於原發性性疾患：性偏好（如：戀童癖或暴露癖）。㈣某些性犯罪行為是導因於精神疾病（從精神異常到人格疾患）。早期研究顯示性罪犯有較高比率的精神病疾患，近期顯示大部分的性罪犯沒有嚴重的精神疾病，且性罪犯中仍以物質濫用或人格疾患為主，有研究指出 29.2%的強姦犯及 11.6%的兒童性侵犯者有反社會人格診斷（*Abel, Becker, Cunningham-Rathner, Mittelman, & Rouleau, 1988*）。另有報告指出 5～8%的性犯罪者有精神疾患，且曾被判刑的精神分裂症受到精神症狀影響時為再犯之最危險時期（*Knopp, 1984*）。性偏好（*Paraphilia*）的定義：㈠重複、強烈的性幻想、性衝動或性行為，而其內容牽涉到下列條件之一者：*1.* 非人類的對象（物件）；*2.* 當事人或伴侶的受苦或羞辱；*3.* 小孩或非志願的他人，且時間持續至少 6 個月。㈡該性幻想、性衝動或性行為導致臨床上明顯不適，或在社會、職業及其他重要領域之功能明顯受損。某些學者提出「強迫性交性偏好疾患」（*Paraphilia Coercive disorder*）並未被列入 DSM 的診斷系統中，且被認為只佔強暴犯的一小部份。性侵害犯罪加害人雖非 DSM-IV 之正式病名，但在該書之 Other conditions that may be a focus of clinical attention 章之 V 碼中則有其之命名，即「對成年人之性虐待」（*Sexual abuse of adult, V61.1*）一項，可見其亦為臨床上應加以注意之行為，應無疑義。實際上，性侵害犯罪加害人涉案當時，若不計物質濫用問題的話，具有精神疾病診斷的比例常比反社會人格違常低（*Grossman, Martis, & Fichtner, 1999;* 周煌智等，*2000*），因此，鑑定有無治療的需要，並非以有無精神疾病診斷為準，而應以再犯的可能性高低，以及個案是否具有高危險性作為判斷的準則（周煌智等，*2000*）。

在美國，有所謂的性暴力掠奪者（*sexually violent predator, SVP*）需要進入司法精神醫院進行診療，這種SVP需要具有㈠至少有一次性犯罪；㈡具有危險性或採用暴力行為，㈢具有任何的精神疾病診斷或人格違常（*Cohen, 1996*）。除了美國外，歐洲國家如德國，也通過了較嚴重的性侵害犯罪加害人必須強制診療的法律，而嚴重度則是以判刑的多寡作為決定（周煌智，*1998*；周煌智等，*2000*）。

除了以性侵害犯罪加害人的精神科診斷做為治療的參考，也可將加害人以犯罪時心理狀態進行分類；

貳、依動機劃分性侵害犯罪加害人的分類學

性侵害犯罪加害人之分類學上最有名應有兩個，即 Groth（*1977*）或 Groth（*1979*）及Knight & Prentky（*1992*）（又稱麻州分類法）。Groth（*1977, 1979*）是理論上之分類法，在臨床評估及治療上較常使用。

Groth（*1977*）係以權力及憤怒二軸來評估強暴犯之心理動機，而區分出不同類型之強暴犯，並可依之了解其行為病理，而擬出合適之治療策略。

Groth（*1977*）之分類主要有二軸以分析強暴犯，即權力與憤怒：分成四類

此種性罪犯係透過以武器、強制力、威脅將對身體傷害而恐嚇被害人，以達成尋回權力感，並控制被害人。身體上之攻擊常只是用來控制並制服被害人以達到征服被害人之目的。此類強姦犯之人際溝通能力甚差，在生活中之性與非性方面常有不夠格感，因其少有個人表達情緒之管道，性就變成其自我意像及自尊之核心議題。因此，強姦就成為再確認對其性之夠格感與認同感，及對其有力量與有能力之一種方法。所以此型之犯罪行為常是預謀的，也有強迫之幻想，幻想著被害人最初雖會抵抗，但終究仍會感謝及欣賞。以下是細部之區分：

㈠權力再肯定型（*power reassurance*）：主要是以強姦行為來減輕其內在之性不夠格感（*sexual inadequency*），並從被害人身上尋求其自己男子氣概（*masculinity*）之證明。

㈡權力斷言型（*power assertiveness*）：主要是以強姦行為來表現其力量、控制及支配。並認為他們有權要被害人之性，或以性上之操控權要其被害人「乖乖聽話」（*keep his women in line*）。

麻州之強暴犯分類（簡稱 *MTC:R3*）：Knight & Prentky（*1990*）以群聚分析（*cluster analysis*）發展出以統計為基礎之分類學，經過三次之更正，其以四個類目，即機會、廣泛憤怒、性及報復，發展出九個類型強暴犯（見圖 *8.1*）。因其以統計為根據，近年來之研究多以之為依據（*Brown, & Forth, 1997; Barbaree, Seto, Serin, Amos, & Preston, 1994*）。

圖 8.1　修改及譯自 Knight and Prentky（1992）依原始動機對強暴犯分類

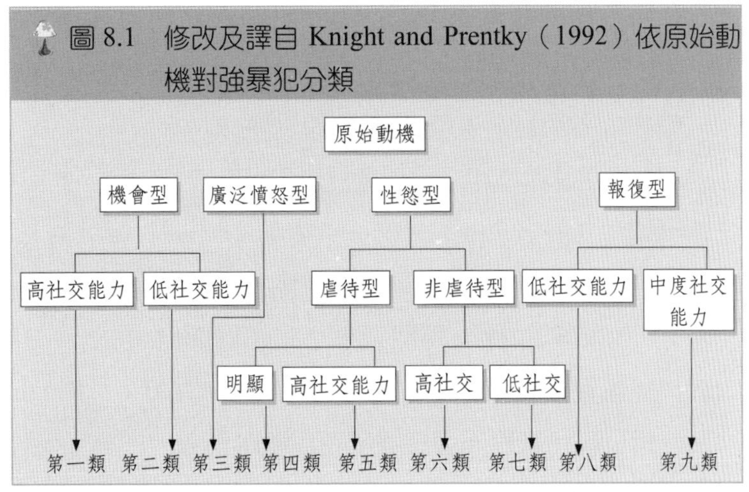

兒童性侵害犯罪犯之臨床診斷

㈠Groth 兒童性侵害犯罪犯之分類（亂倫犯亦可依以下分類），注意，以下是以主要之性偏好（*main sexual preference*）對象是否為兒童為區分。

1. **退縮型**（*regressed type*）：在其一生中曾與適當之同儕有過性關係，然因一些情境上之壓力（如長期失業、身體傷殘、或遭成年婦女之貶抑，尤其在性上），使他們漸失身為男人之信心，於是他們轉移性的滿足到較不具威脅性的未成年兒童身上（而且也只有兒童才不會知道其性能力如何）。約佔 51%。

2. **固定型**（*fixated type*）：他們終其一生只能被兒童（也可能是男童）所吸引，且無法在發展中獲得性心理上之成熟。經研究發現，此可能與幼年受虐甚至性虐待有關，造成其無法發展與成人之信任關係，轉而與兒童親近，並以性為表達其關懷的方法之一。臨床經驗顯示此型之被害人有可能會固定在同一年齡之男童，原因可能是其首次之受虐年齡亦在此年齡，因而性心理成長固著在該年齡上，停滯不前（*Stan Bolt, Jackson Prison psychologist, Michigan, personal communication, 7, 15, 1997*）。約佔 49%。

另外，Groth（*1979*）又以權力動力、獵誘手法、及暴力介入程度（此方面與強姦犯類似）來區分成三類，因此與上述兩型相乘，兒童性侵害犯罪犯可區分為六型：

1. **權力型傷害**：此型係採溫和或利誘之方式尋求被害人之合作或配合，最多只有恐嚇，而較少造成身體之嚴重傷害。在某些個案中，初始可能以成年人為攻擊目標，在失敗後，會轉而以兒童為目標。

2. **憤怒型傷害**：此型之犯行中有較明顯之發洩憤怒與傷害，目標兒童也常會是其憤怒對象之替代物，因此在一些個案中，罪犯可能對夫妻大吵後分居之小

孩予以毆打並姦淫。

3. **虐待狂型傷害**：此型為最少，其特徵在於以嚴重之傷害兒童性器官或其他身體部位為快感，甚至是性方面之快感。

因此與上述兩型相乘，兒童性侵犯可區分為六型。此與Groth & Burgess（*1977*）分性壓迫型（*sex-pressure*）（又分引誘型 *enticement type* &誘陷型 *entrapment*, 各 *34.30%* & *28.46%*）與性暴力型（*sex-force*），此型又分剝削型（*exploitive*）及虐待狂型（*sadistic*）（各是 *29.92%* & *8.02%*）兩型只是小有不同而已。

㈡麻州兒童性侵害犯罪犯之分類（簡稱*MTC:CM*）：Kinght & Prentky（*1989*）以群聚分析發現兒童性侵害犯罪犯可用兩軸區分，即對兒童性偏好之固著程度（*degree of fixation*）及與兒童之交往接觸量（*amount of contact*），分有24種（*4*6*）兒童性侵害犯罪犯。

圖 8.2　麻州兒童性侵害犯罪犯之分類（修改自 Knight and Prentky, 1989）

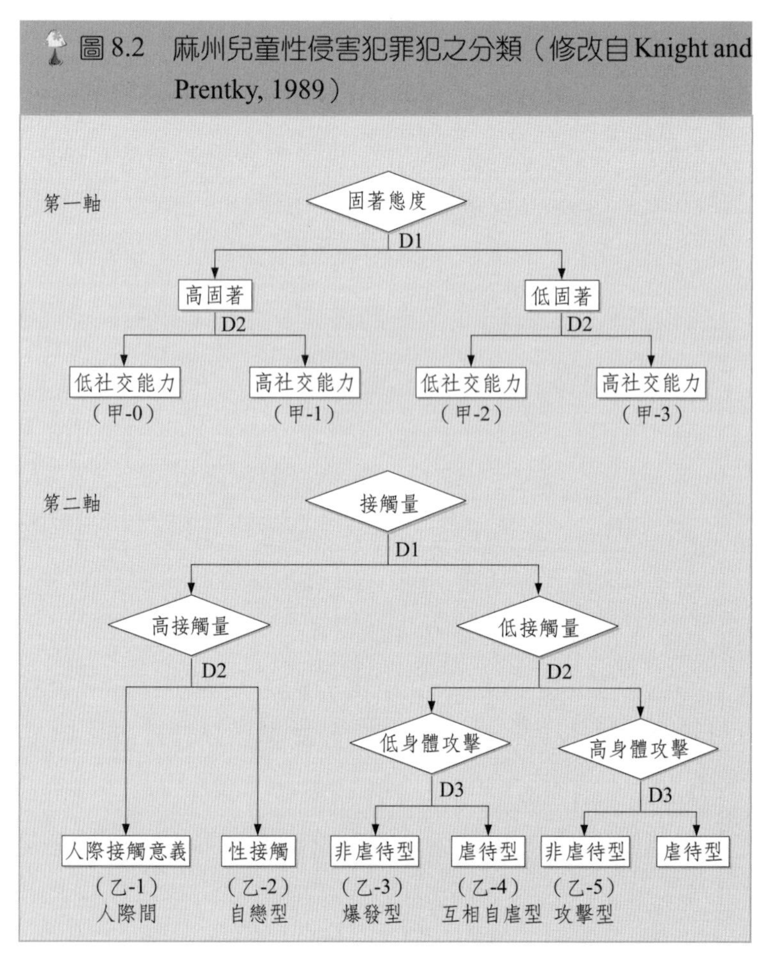

另外有關兒童性侵害犯罪犯被害人性別偏好之兩篇研究整理如下表：

表 8.1　兒童性侵害犯罪犯對被害人性別偏好之比率表

	只有女童	只有男童	男女童皆有
Abel, Becker, Cunningham-Rathner, Mittelman , & Roulean（1988）	67%	12%	20%
Marques（1989）	64%	26%	11%

依前所述，兒童性侵害犯罪犯有兩個重要的診斷標準，即主要之性偏好（*main sexual preference*）對象是否為兒童，及暴力介入之程度。尤其前者亦被納入DSM-IV對戀童症（*pedophilia, 302.2*）之診斷標準，其專屬型（*exclusive type*）即以主要之性偏好對象只為兒童，而非專屬型（*nonexclusive type*）則不是，即還包括成年人；因此我們可知前者即固定型，而後者即退縮型。此外DSM-IV還提出應註明案主係以男童或女童為對象，或兩者皆有。DSM-IV 診斷戀童癖之標準如下：

㈠至少六個月期間，一再出現強烈性興奮之幻想、性衝動、或行為，而內容是與未達青春期之兒童或兒童們（一般是年齡 13 歲或以下）進行性活動。

㈡此幻想、性衝動、或行為造成臨床上之重大痛苦，或損害社會、職業、或其他重要領域之功能。

㈢患者至少已 16 歲，且至少比準則 A 之兒童或兒童們大 5 歲。

（注意：青春晚期與另 12、13 歲之兒童有發展中之性關係者，勿包含在內。）

因此，實務之評估診斷上，可以建議作如下之詢問：

㈠主要性偏好對象是成年婦女或兒童之評估詢問

1. 你第一次性經驗是在幾歲？是在什麼情況？與對方之關係為何？對方幾歲？
2. 過去或現在有沒有女朋友？有沒有追過或想要追女朋友？
3. 你主要的性行為對象是誰？

㈡行為病理之評估詢問

1. 幼年時，你的爸爸媽媽（或扶養人）對你的態度如何？
2. 幼年或青少年時，有無愛慕或心儀的對象，後來結果如何?
3. 你與性伴侶性行為時，對方常有的感覺如何？及有沒有常表示什麼？
4. 你與異性長輩及朋友之交往情形為何？他們給你的感覺如何？
5. 你幼年或青少年時，有沒有被性傷害或性騷擾過？

以下兩點需要注意：⑴不宜以曾有或現有婚姻或成人性對象為評定其是否是固定型兒童性侵害犯罪犯之標準，因為此型可能會被迫結婚，或與已有小孩之婦女結婚，而主要是想對其兒童性侵害犯罪。Groth & Birnbaum（*1978*）亦指出有

12%之固定型兒童性侵害犯罪犯會因非性之理由而結婚，然而其主要性偏好對象仍不變；⑵臨床上可能會有性罪犯先後犯有成人之強暴及對兒童之性侵害犯罪，這可能會是權力再肯定型之強暴犯漸而演變成退縮型之兒童性侵害犯罪犯，或者在二型間遊移，因其病理均有退縮或低自我肯定之成份。

綜合對前述之瞭解，再加上以上之詢問，則應可瞭解案主之病理及可能之治療難易度，臨床經驗及研究顯示，各類性罪犯之治療難易度是會有所不同的，在林明傑（*1998a*）之研究中，即發現台灣及密西根參與監獄方案之臨床人員對各類性罪犯之治療難易度主觀感受排名是一致的，由難而易，分別是：虐待狂型強暴犯、固著型兒童性侵害犯罪犯、權力型強暴犯、憤怒型強暴犯、及退縮型兒童性侵害犯罪犯（依 *Groth 1979* 之分類）。此外，案主若疑有智商或情緒精神上之困擾，則宜再作進一步之心理衡鑑與診斷治療。

至於固定型之兒童性侵害犯罪犯為何會常鎖定自己初次受害年齡之兒童，應是臨床治療上值得了解的主題。Gerber（*1990*）認為兒童性侵害犯罪被害者為何轉變成兒童性侵害犯罪之加害者，應有以下幾個變數：初次受害之年齡、受害期間多久、創傷之程度、及性激起之經驗。其並認為有兩個理論可解釋之：⑴心理分析理論：(a)固著（*fixation*）之概念：Erikson（*1963*）曾提出正常之心理發展會因創傷而出軌，並會固著於發展中之某個階段；(b)自我防衛機轉之概念：Anna Freud（*1946*）認為個人為解決本能慾望之焦慮而產生自我防衛，而其運作之方式則是扭曲事實與無意識下運作，譬如，其可能否認其曾受害之經驗、或壓抑之，或認同其加害人，並以性侵害犯罪其他人之方式抵消（*undoing*）其曾受害之焦慮；此焦慮可能很強，而使受害者會有強迫性之反覆行為，此不是自傷，就是傷害別人。密西根州立大學臨床心理教授 Andrew Barclay 曾提出女性之性受害者較易內斂（*acting in*），如自傷；而男性之性受害者較易動作化（*acting out*），例如傷人。⑵社會學習理論：Bandura（*1977*）認為人類行為是由多種形式之學習及增強而來，因此被害人可能聯結幼年受虐經驗與性上之愉悅及激起的複雜感覺，而此感覺又聯結同性或異性之性經驗，因而學到以同方式取得愉悅。臨床上之實證研究中，Freund, & Kuban（*1994*）證實自我報告中曾提及幼年曾受性傷害者與戀童症有關連，然而與一般之性罪犯則無明顯關連。

參、性侵害犯罪加害人的檢查

一、人格測驗

在美國檢測性侵害犯罪加害人人格常用明尼蘇達人格測驗。目前已發展到第二版（*MMPI-2*），這是 1989 年修訂的最新版的 MMPI；共有 567 題是非題，分為 4 個效度分量表，分別檢測受試者的作答態度和 10 個臨床分量表作為診斷的參考。國內許春金等人（*1992*）則是綜合石爾斯頓性格量表、基氏人格測驗、柯氏性格量表、田納西自我概念量表及馬傳鎮所編製的生活情境量表抽取組成，性侵害犯罪加害人性格量表包含了 12 個分量表合計 100 題（周煌智、陳筱萍、張永源、郭壽宏，*2000*）。

二、智力測驗與神經心理測驗

國內常見的成人智力測驗有魏氏成人智力量表與比西量表兩種。其中魏氏成人智力量表修訂版（*Wechsler Adult Intelligence Scale-Revised, WAIS-R*）共分為三項智力分數，分別為語文智商（*Verbal Intelligence Quotient, VIQ*）、操作智商（*Performance Intelligence Quotient, PIQ*）及總智商（*Full Intelligence Quotient, FIQ*），國外已有很好的信效度（*Weichsler, 1981*）。目前的運用主要是用來評估加害人的心智狀態，包括其智能是否會影響其性侵害犯罪行為，若為智能不足者，是否達到精神耗弱或心神喪失？其次，智能不足與其衝動性強，自我克制能力低，可作為擬定處遇計畫的參考。國內目前使用於性侵害犯罪加害人的神經心理測驗工具則有：威斯康辛卡片排序測驗（*Computerized Wisconsin Card Sorting Test*）：這是由 4 個刺激卡片（*stimulus cards*）及 128 個變換形狀、顏色或數目的反應卡片（*response cards*）所構成；所得結果計有 9 項分數（*Heaton, Chelune, Talley, Kay, & Curtiss, 1993;* 周煌智、鍾素英、龍佛衛、余伍洋，*1998*）。另外有多項神經測驗組合工具（周煌智，*1999*）可供測驗。目前主要用來檢測一些具有特殊診斷例如戀童症者，親子近親相姦者之用，其次，當具有神經學缺陷例如長期酒癮或腦傷者亦可作為有效的評估工具。

三、性侵害犯罪加害人危險因子評估量表

性侵害犯罪加害人危險因子評估量表歐美發展許多，且皆具有信效度。由於鑑定與評估的需要，再犯危險量表也常作為有效的評估工具、再犯率預測以及擬定處遇計畫的重要參考。本書另有專章介紹。以下簡述目前國內已經使用的幾種量表（周煌智，*1998*）：㈠多層面性評估量表（*Multiphasic Sex Inventory, MSI*）不是一種人格測驗，而是一種評估性侵害犯罪加害人性心理特徵與其在治療過程的開放性（*openness*）和進展（*progress*）的二分法的自填量表，計有300題，計有1個性史與20個分量表，目前已經有中文譯本在使用（郭壽宏，*1999*）。㈡Bays和Freeman-longo性犯罪危險性評估量表：此量表是一個有24項問句的問卷，每項計分視情況而有0～7分不等的計分，且每一分項計分間隔為2分。㈢亞伯認知量表：計有29題，適用於戀童症與近親強制性交的認知檢測。㈣華盛頓州危險因子評估量表：計有16題，分別就犯罪者性侵害犯罪時年齡、被害人數目、犯罪年齡、暴力行為、有無治療與性偏差史來評估性侵害犯罪加害人再犯危險性。㈤明尼蘇達大學性犯罪篩選評估表（*Minnesota Sex Offender Screening Tool-Revised*，*MnSOST-R*）：計有16題，分成*1.*經歷／靜態因素（*historical/static variable*），*2.*機構／動態因素（*institutional/dynamic variable*）兩部分，內容大致上同華盛頓州危險因子評估量表（周煌智，*1998*）。㈥靜態-99（*static-99*）：計有10項，除第一項以前的性侵害犯罪記錄0～3分外，其餘皆為0或1分當分數≧4分時，其再犯率明顯增高，另有數種量表，不再一一介紹。

由於國內尚未有系統的做出危險量表的預測因素，因此，高雄市立凱旋醫院參考國外的危險量表，並根據自己的臨床經驗（郭壽宏、張和平，*2000*；周煌智，*2001*），以下列幾個因素作為再犯危險因子的參考值：

㈠犯罪紀錄：

⑴曾有性犯罪前科。

⑵有犯行強制力。

⑶有非性犯罪史者。

⑷物質濫用紀錄。

㈡社會功能與環境的穩定性：

⑴學校不良紀錄。

⑵社會職業功能不穩定：鑑定當時無工作或工作無法持續≧3個月。

⑶持續或可能處在高危險情境。

㈢認知功能或人格特徵：

⑴欠缺同理心或悔悟。

⑵認知扭曲。

㈣具有臨床診斷：

⑴亂倫、性癖症、智能不足、衝動性疾患與憂鬱症等臨床診斷。

⑵反社會行為：有三個以上或反社會違常。

㈤加害人與被害人特徵：

⑴加害人年齡≦35 歲。

⑵持續對加害人侵害 3 次或達 3 次以上。

⑶被害人有二人以上。

⑷被害人為男性。

㈥其他

當以上具有 5 個或 5 個以上；或具有其他例如量表屬於中度再犯以上時，則建議接受刑前治療。

四、陰莖勃起偵測儀（penile plethysmograph）

這是利用科學儀器進行認知行為治療的一種評估與治療方法。利用敏感的偵測器套在加害人的陰莖，然後模擬各種可能的危險再犯情境，利用病患主觀描述性醒覺，與客觀的性醒覺相互比較，並回饋個案本身，再予以嫌惡療法，以避免再犯（周煌智，*1998*），本書另有獨立專章介紹，在此不再贅述。

五、測謊儀（polymography）

在進行評估時，也可以運用測謊儀來協助評估、鑑定與治療的療效。基本上，測謊可分「侵入性」與「非侵入性」。侵入性測謊是強調利用科學技術，直接檢測生理跡象，來判斷受試者是否說謊。目前最普遍的設備是檢測血壓、脈搏與呼吸數。「非侵入性」利用的是會談學技巧，進行受測者的心理描繪技術。本書另有獨立專章介紹，在此不再贅述。

參考文獻

中文文獻

周煌智（1998）。美國醫院與監獄性犯罪診療觀摩與考察報告書。行政院所屬各機關因公出國報告書。

周煌智（1999）。性犯罪者的神經心理學危險因子(I)。行政院國家科學委員會委託研究計劃 NSC 87-2418-H-280-002-Q13。

周煌智、陳筱萍、張永源、郭壽宏（2000）。性侵害犯罪加害人的特徵與治療處遇。公共衛生，27，1，1-14。

周煌智、鍾素英、龍佛衛、余伍洋（1998）。精神分裂病患在活性與負性症狀量表(PANSS)與威斯康辛卡片排序測驗（WCST）的相關因素。高雄醫學科學雜誌，14，6，330-338。

林明傑（1998a）。臨床人員對不同類型性罪犯治療難易度之看法暨對性罪犯治療之態度——台灣與密西根之比較研究[英文版]。Michigan State University 未出版之碩士論文。可查閱：http://pilot.msu.edu/user/linminch

胡海國、林信男編譯（1996）。診斷類別名稱表：精神與行為障礙之分類——臨床描述與診斷指引。台北市：中華民國精神醫學會，37-89 頁。

許春金、馬傳鎮、范國勇、謝文彥、陳玉書、侯夙芳（1992）。強暴犯罪型態與加害者人格特性之研究。台北市研究發展考核委員會。

郭壽宏（1999）。性犯罪者的認知扭曲與失調。行政院國家科學委員會委託研究計劃 NSC 87-2418-H-280-001-Q13。

英文文獻

Abel, G.G., Becker, J.V., Cunningham-Rathner, J., Mittelman, M., & Rouleau, J.L. (1988). Multiple paraphilic diagnoses among sex offenders. *Bulletin of the American Academy of Psychiatry & the Law,* 16, 2, 153-68.

American Psychiatric Association (1994). *Multiaxial Assessment. Diagnostic and Statistic Manual of Mental Disorders.* 4th DSM-IV. Washington DC, pp.25-35.

Cohen, F. (1996). Introduction to legal issue: How the legal framework developed. In Schwartz BK, Cellini HR (Eds.), *The sex offender corrections, treatment and*

Grossman, L.S., Martis, B., & Fichtner, C.G.(1999). Are sex offenders treatable? A research overview. *Psychiatr serv,* 50, 3, 349-361.

Groth, A. N. & Burgess, A. W. (1977). Motivation intent in the sexual assault of children. *Criminal Justice and Behavior,* 4(3), 253-264.

Groth, A. N. & Birnbaum, H. J. (1978). Adult sexual orientation and attraction to underage persons. *Archives of sexual behavior,* 7(3), 175-181.

Groth, A. N., & Burgess, A. W. (1979). *Men who rape: The psychology of the offender.* NY: Plenum.

Heaton, R.K., Chelune, G.J., Talley, J.L., Kay, G.G., & Curtiss, G. (1993). Administration and scoring. In: *Wisconsin card sorting test manual: revised and expanded* (pp. 5-20). Odessa: Psychological Assessment Resources.

Knight, R. A. & Prentky, R. A. (1990) Classifying sexual offenders: The development and corroboration of taxonomic models. In W. L. Marshall, D. R. Laws, & Barbaree, H. E.(Ed) *Handbook of sexual assault: issues, theories, and treatment of the offender.* (pp.23-52) NY: Plenum.

Knopp, F.H. (1984). *Retraining Adult Sex Offenders：Methods and Models.* Syracuse, NY: The Safer Society Press.

Weichsler, D. (1981). Statistical properties of the scale. Whichsler adult intelligence scale-revised (WAIS-R) manual (pp.29-50). Texas: The Psychological Corporation Harcourt Brace Jovanovich.

第九章

測謊技術在性侵害犯罪加害人的評估與運用

蔡景宏　龍佛衛

本章學習重點

- 瞭解測謊技術在性侵害犯罪評估上之角色。
- 瞭解測謊技術之基本原理及工具。
- 瞭解測謊的證據力與程序。
- 瞭解測謊運用於性侵害犯罪加害人之國外經驗。
- 瞭解測謊運用於性侵害犯罪加害人之實際測試內容。
- 檢視刑後身心治療及輔導教育之實施情形與問題現狀。

摘要

性侵害犯罪加害人在入監後，可能需接受強制治療，或在出監後對其實施身心治療或輔導教育。然在治療與輔導開始或過程中，治療者往往希望性侵害犯罪加害人能坦然面對自己過去的犯行，並在認知上去尋求因應解決方式。不過，性犯罪不同於其他犯罪，對被害人或加害人而言都是極為敏感且秘密的話題，性侵害犯罪加害人對於過去侵害史難於啟口，往往採取「否認」態度，包括否認行為本身、否認事前性幻想及計畫、否認行為的責任、否認行為的嚴重性、與否認對行為的內在愧疚感。然而否認使得改變性侵犯的行為模式變得困難。國內針對測謊技術對性侵害犯罪犯否認態度應用之研究發現，監所中亂倫個案可能有60%在過去性侵害犯罪史上自我陳述有不實反應。是故，如何有效解決否認問題，使性侵害犯罪加害人能說出問題有所領悟，進而修通治療，將是身心治療及輔導教育的第一步，此時的測謊技術可以做為提供參考的依據。

國內目前尚未有將測謊技術運用於性侵害犯罪加害人之各項研究。在測謊技術已漸漸標準化及科學化之下，這幾年並有較客觀的電腦分析軟體提供施測者之參考，是故，在性侵害犯罪案件日益增加的社會現象下，如何降低一般大眾的恐懼與不安，如何減少這類犯罪的再犯率，當思考建立一套有效且積極的監控模式，以嚇阻此一犯罪。測謊技術的加入，當可提供一項有效之方法。

關鍵詞

性罪犯、否認態度、監控模式、測謊技術。

壹、前言

民國94年1月21日立法院會議通過修正性侵害犯罪加害人罪防治法，全文第20條第7項明文「受保護管束之加害人經評估應接受身心治療或輔導教育者，觀護人得報經檢察官、軍事檢察官之許可，對其實施測謊。」此一修正案將測謊技術納入正式法源，啟開性侵害犯罪加害人罪防治之新頁。

根據刑法（民 *94*）第91條之1修正規定，性侵害犯罪加害人在入監後，可能需接受強制治療，或在出監後對其實施身心治療或輔導教育。然在治療與輔導開始或過程中，治療者往往希望性侵害犯罪加害人能坦然面對自己過去的犯行，並在認知上去尋求因應解決方式。不過，性犯罪不同於其他犯罪，對被害人或加害人而言都是極為敏感且秘密的話題，性侵害犯罪加害人對於過去侵害史難於啟口，往往採取「否認」態度，包括否認行為本身、否認事前性幻想及計畫、否認行為的責任、否認行為的嚴重性、與否認對行為的內在愧疚感。然而否認使得改變性侵犯的行為模式變得困難。國內針對測謊技術對性侵害犯罪犯否認態度應用之研究發現，監所中亂倫個案可能有60%在過去性侵害犯罪史上自我陳述有不實反應（*蔡景宏，2004*）。是故，如何有效解決否認問題，使性侵害犯罪加害人能說出問題有所領悟，進而修通治療，將是身心治療及輔導教育的第一步，此時的測謊結果可以做為提供參考的依據。

根據民國88年至90年的3年期間調查顯示，各地方法院與高等法院判決書引用測謊之件數，呈現逐年增加1.3倍之趨勢，且地方法院民國90年之件數甚至為民國88年的2倍，顯示測謊在偵審實務之使用，已愈來愈普遍，且法院對於測謊之採信度平均為73.6%，由此可知我國法院對測謊頗為信賴（翁景惠，*2004*）。測謊之信效度，根據國外之研究已達98%，信度已達97%；而國內使用「區域比對法」之測謊正確率為90.7%（羅時強，*2003*）。

貳、測謊歷史回顧

對於真實證言的追求與謊言的揭穿，自古以來即是人類社會中渴盼的理想，無論中西歷史上對於測謊研究之記載比比皆是，諸如原始社會中統治階層以神秘主義的手段，認為可以經由烈火、燙水而得到天神的訊息，藉以發掘出虛偽欺騙者，是以火焚、水灸、拷打、酷刑便成為原始社會中敲開真實之門的工具。其次在東方有所謂的嚼米測謊法，阿拉伯有熱鐵燙舌法，非洲有沸火試臂法等，雖然這些測謊方式亦蘊含了某些運用人類心理生理反應的科學精神，但是就科學昌明，保障人權的今日視之，則絕對不能滿足當代刑事司法之要求。

被尊稱為「犯罪學之父」的龍布羅梭（*Lombroso*），是運用科學的謊言偵測法於犯罪偵查之始組，他於1895年發明了「水柱式脈搏紀錄器」（*Hydrosphygmograph*）來記錄受測者的血壓變化，以判定受測者對於案情所陳述之真偽（*Matte,1996*）。

史迪克（*Sticker*）在1897年根據汗腺分泌與心理過程有所連結的實驗，結論出膚電反應現象會與人的情緒起伏有關。貝努西（*Vittorio Benussi*）在1914年使用呼吸紀錄儀（*Pheumograph*）進行測謊，此儀器可以測量受測者的空氣吸入、呼出量，並以圖形表示，貝努西並指出，呼吸圖形往往隨者說謊而變化。馬斯頓（*William Marston*）在1917年更進一步研究出脈搏壓力計（*Sphygmomanometer*），在測謊時，用以獲得週期性不連續的血壓紀錄，他也用以協助發展紀錄呼吸圖形的呼吸紀錄儀，及紀錄皮膚電阻變化的電流計（*Galvanometer*）。

拉森（*John.A.Larson*）在1921年發展能連續紀錄血壓、脈搏和呼吸的多項指標紀錄儀（*Polygraph*）。基勒（*Leonarde Keeler*）在1949年組成了第一台手提式三頻道之測謊儀（*Keeler Polygraph*），現今傳統式測謊儀即是以此基本結構加以改良，至此，終於發展出高評價、複雜且合乎科學技術的儀器。

基勒亦發展了有關／無關問題法（*Relevant & Irrelevant Test*）及緊張高點法（*Peak of Tension Test-POT*），而奠定了日後測謊編題的基礎，並成立了測謊學校以提倡測謊技術。

雷得（*John E. Reid*）於 1947 年改良了有關／無關問題法的測謊技術，並運用二種問題作為控制問題（*Control Question*），一種為罪惡感問題（*guilt complex*），另一為反應比對問題（*comparative response*）係可能說謊性問題（*probable lie*）；此即所謂的「雷得技術」（*Reid Technique*）（*Matte,1996*）。

「區域比對法」係貝克斯特於 1963 年所創立，貝克斯特與雷得師出同門，貝克斯特引用雷得之可能說謊性問題，加上「時間柵欄」（*time bar*）之觀念，發展出「區域比對法」，至今廣為測謊實務界所運用，此為一套制度化之規範，包括題目設計、情境控制、測試過程、圖譜分析、數據化分析等，皆有一套標準化之作業程序；貝克斯特亦於美國加州設立「貝克斯特測謊學校」，培訓測謊人員，並每年舉行測謊工作進階研討會，提供現職測謊人員在職進修（羅時強，*2000*）。

馬特（*James Allan Matte*）於西元 1977 年以貝克斯特「區域比對法」架構為主，增加第四軌道，即「害怕錯誤」（*Fear of Error*）和「希望出錯」（*Hope of Error*）二個問題，以這兩個問題的反應作比較，增加對測謊結論的判斷，發展出「四軌道區域比對法」；馬特在西元 1980 年出版「測謊技術之藝術與科技」一書（*The Art And Science of The Polygraph Technique*），並於西元 1996 年出版「刑事心理生理學於測謊上之應用」（*Forensic Psychophysiology Using The Polygraph*）一書，此為測謊界上被公認最具權威之測謊教科書（*Matte,1996*）。

在這近一百年來，經由測謊儀器的改良，標準化測謊程序的發展和評量，基礎和專門的測謊教育訓練等陸續地出現，和「美國測謊協會」的創立，此協會為在測謊專業領域上建立實施倫理、測謊技術、測試設備和教育訓練等標準的一個國際性的組織，超過 50 種的期刊和「美國測謊協會」所發行的測謊專業期刊「Polygraph」等對測謊議題研究的蓬勃發展，使測謊技術在世界各地，如美國、加拿大、以色列、土耳其、日本、中國大陸等廣泛地運用，在科學的犯罪偵查和司法的人權保障上，已扮演了相當重要的角色。

參、測謊儀器簡介

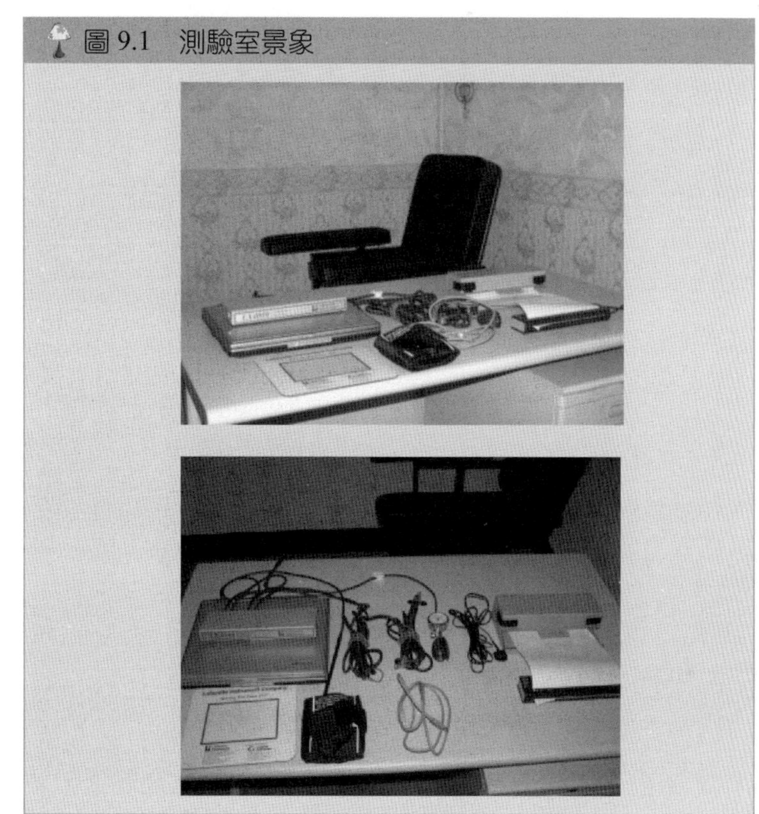

圖 9.1　測驗室景象

測驗室一景

裝備一景

儀器圖示：測謊儀紀錄之生理反應基本上需包含三部分：

一、測量呼吸裝置：

測量受測者之呼吸頻率及深度，基本上就是在紀錄受測者胸腔呼吸及起伏的運動情形，而透過呼吸運動的測量，可得知一般性的情緒喚起狀態，故人因說謊而有緊張、恐懼、憂慮等情緒時，而使受測者之交感、副交感神經作用，在呼吸作用上產生了呼吸急促、振幅減緩及遲滯、單一呼吸循環上升或下降，之後在產生過度換氣之緩和等現象。

圖 9.2

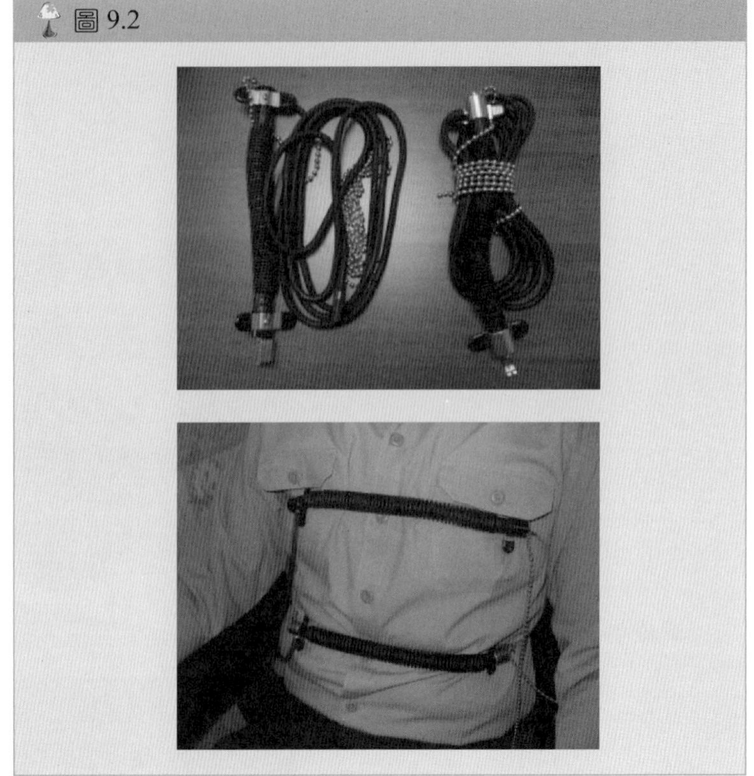

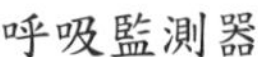
呼吸監測器

實際操作圖

二、測量膚電反應裝置：

測量受測者之皮膚對於電流的流動所產生之電阻，因人在說謊而有緊張、恐懼、憂慮等情緒時，使交感神經作用增強，體表皮膚的汗腺分泌增加，使電阻降低，通過接在受測者的二隻手指上的電極板電流增大，使反應強度增大。

三、測量血壓裝置：

測量受測者之血壓大小及脈搏速率。當人感到興奮、憤怒及面對壓力時，使交感神經開始發揮作用，神經脈衝直接作用於心臟使心跳加速，然後腎上腺釋出腎上腺素和正腎上腺素，而使心跳加速、血壓上升，使皮膚和消化系統的血管收縮，並使血液轉流向肌肉讓身體作運動的準備。我們即可由測謊儀紀錄下因說謊之後的恐懼、焦慮、緊張等情緒所引發的生理之心跳加快、血壓增高、皮膚電阻、呼吸等的改變，作為測謊研判的基礎。

圖 9.3

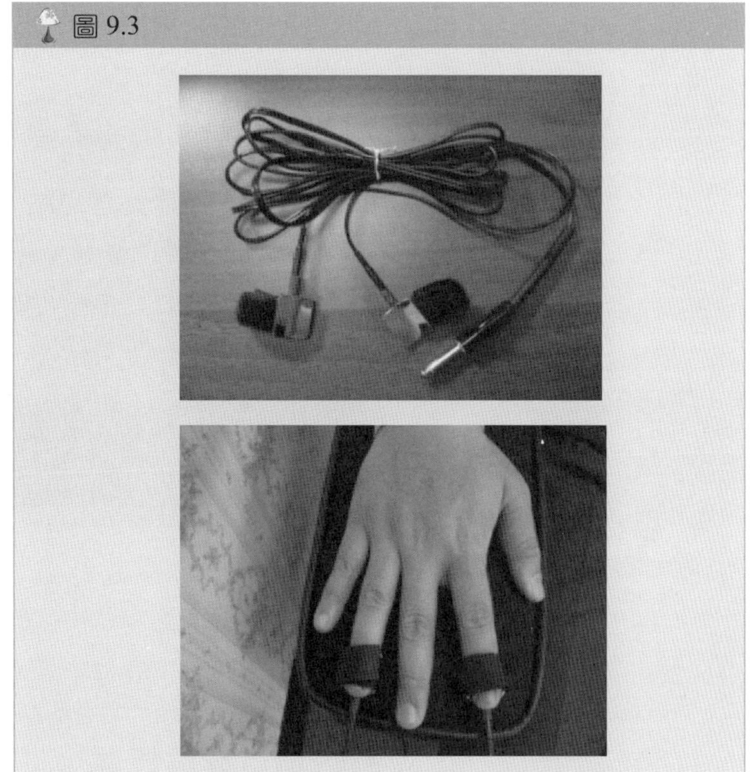

膚電反應監測器

實際操作圖

圖 9.4

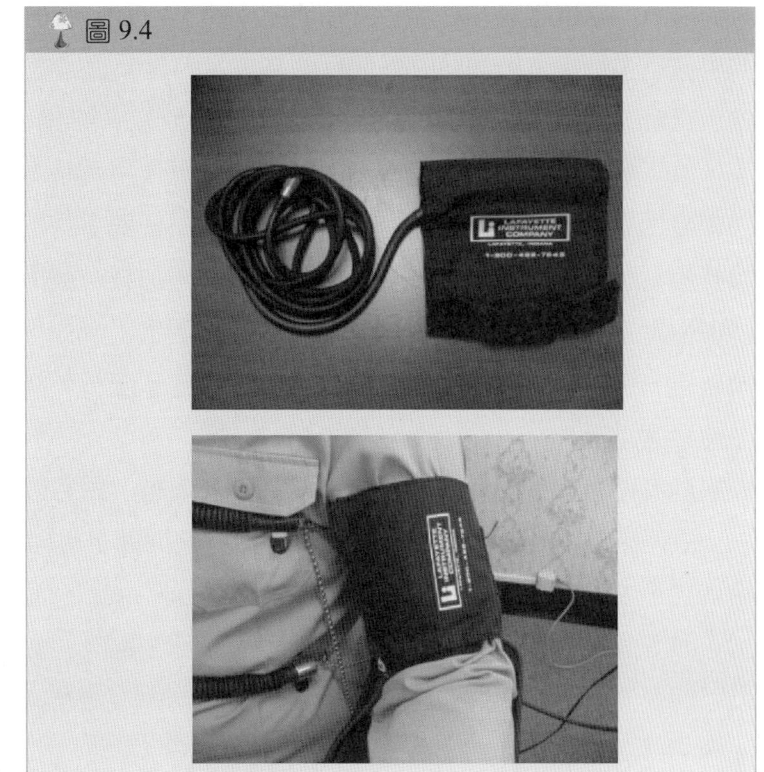

血壓心監測器

實際操作圖

圖 9.5　施測各監測器全圖

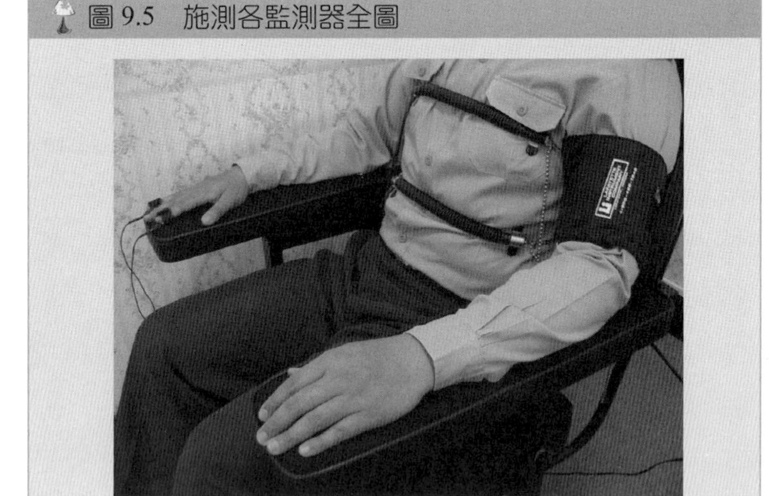

肆、測謊理論概述

因為人在說謊時往往伴有許多情緒反應，如緊張、焦慮、不安、恐懼等，而其中又以害怕謊言被揭穿之恐懼反應為主，因當其謊言被揭穿後，繼之而來的人格遭質疑、讓家人蒙羞、失去工作，嚴重的話被法律制裁、金錢賠償、喪失自由等，以下是受測者在測謊過程中生理心理反應作用及基本的測謊程序：

㈠當受測者對施測者詢問之有關問題，說了一個與事實不符之謊話。

㈡受測者說了這個謊話後，其內心引發一個害怕謊言被揭穿之恐懼。

㈢害怕謊言被揭穿之恐懼刺激了受測者體內產生了一連串的生理心理之變化。

㈣而這一連串之生理心理之變化情形，將會被一五一十忠實地被記錄在測謊儀之連續圖譜上。

㈤施測者再對這些受測者對有關問題之反應圖譜，做客觀之圖譜分析及評量。

故測謊之反應圖譜即為當時受測者對有關問題之生理心理變化之反應圖譜，換言之，「測謊儀」本身並不能指出受測者有無說謊，而是要對「測謊儀」之圖譜，即受測者對有關問題之生理心理變化之反應圖譜，進行客觀、公正之評量，以了解受測者對有關問題有無說謊反應。

伍、測謊的證據力與程序

最高法院規定，測謊需符合五項要件才具有證據力，分別是，「經受測人同意，並告知可以拒絕受測」；「測謊員須經良好的專業訓練與相當的經驗」；「測謊儀器品質良好，且運作正常」；「受測人身心及意識狀態正常」；「測謊環境良好，無不當的外力干擾」。

「測謊鑑定」的程序從資料收集、了解案情、重回案發現場勘查重建、測前晤談、題目設計修改、測謊情境控制、儀器測試、測後晤談、圖譜分析、測謊鑑測結論等，每個環節緊密相接，為使整個程序能有一制式之標準化，以提升測謊鑑定之準確度。茲將測謊的程序說明如下：

㈠資料蒐集：包括以下步驟：

1. 蒐集案情資料，包括偵查報告、調查筆錄、現場勘查報告、受測者背景資料等書面資料。
2. 訪談相關人員，與承辦人員商討，就案發當時現場及案情資料作進一步之確認，更進一步了解受測者；再訪談被害人、證人、關係人等，了解各方說法。
3. 必要時重回案發現場勘查重建：藉由案情書面資料及訪談相關人員，回到案發現場加以印證，並依證據資料重建犯罪現場，模擬案發當時的情況。
4. 經過上述步驟後，已對案情有一大概之輪廓，可找出案情相關的疑點，並可預編題目的架構，以利測前晤談及主測試時之修正。

㈡測前晤談：測前晤談乃是於主測試進行前，以一連串預先設計之問題或以開放式之方式對受測者進行晤談，目的如下：

1. 深入了解受測者，並了解受測者口語化或非口語化的反應。
2. 說明測謊的概念及儀器之原理，並將受測者之疑慮、緊張、加以解釋排除，以增加受測者的穩定性。
3. 讓受測者了解施測者之角色為客觀公正之第三者，並不會偏袒任何一方，並取得受測者之信賴。
4. 提出對案情相關的疑點，請受測者說明，以了解受測者的想法，但不可加以評論或質疑，藉此讓受測者回想到當時案發情境，以再次確定其當時之行為。
5. 獲得受測者之同意接受測試，並簽具同意書。
6. 了解受測者測試當時的生理狀態，記錄受測者的健康狀況，有無飲酒、服藥等的習慣，或其他疾病史。

7. 修正並編排測試題目，並與受測者充分討論題目的內容，並逐字逐句向其說明，使受測者了解題目的內容、含義，使其完全清楚，避免模糊不清的題目。

㈢主測試（儀器測試）：包括下列事項：

1. 適合之測試環境，以 3 至 4 坪之測謊室為宜，隔音設備佳，佈置簡單且色彩單調為宜，具空調設備、標準化測謊桌、椅，並有錄影、錄音設備。

2. 儀器標準化，為確定儀器保持在可使用之狀況下，應定期予以校正、保養，以維持儀器之標準化。

3. 在進行儀器測試時，請受測者自然、正常之坐著，幫其身上接上呼吸管、血壓管、皮膚電阻線，並請他身體不可有故意之移動、晃動，對施測者所問的問題，簡單回答，施測者並依統一之圖譜標記予以註記於圖譜上。

㈣測後晤談：

1. 測試結束後，詢問受測者對施測過程及問題有無疑問。

2. 依受測者對問題之反應圖譜，必要時對其詢問，並讓其解釋，以了解其內心感受與圖譜代表之意義，並作為圖譜分析之參考。

3. 若反應圖譜呈現明顯不實之反應，要向受測者強調此為受測者本身之生理反應圖譜，並不是施測者及儀器之問題，以此說服受測者，取得自白。

㈤圖譜分析與測謊鑑定結論：

1. 對測謊儀所收集到的圖譜，根據標準的圖譜分析及數據化分析規則，進行客觀公正的研判。

2. 測謊鑑定結論可分為下列三項

⑴不實反應（*deception indicated*，*DI*）。

⑵無不實反應（*no deception indicated*，*NDI*）。

⑶無法結論（*inconclusive*）。

陸、測謊運用於性侵害犯罪加害人之回顧

運用測謊於社區中管理性侵害犯罪加害人，以確保其遵守各項假釋規定並不是最近的事。早在 1966 年，美國伊利諾（*Illinos*）州法官 Clarence E.Partee 使用測謊協助其假釋上的各項決定。1969 年，華盛頓（*Washington*）州法官 Tuttle 發展出一套計畫，用以定期運用測謊技術去監控性侵害犯罪加害人，了解其是否遵守各

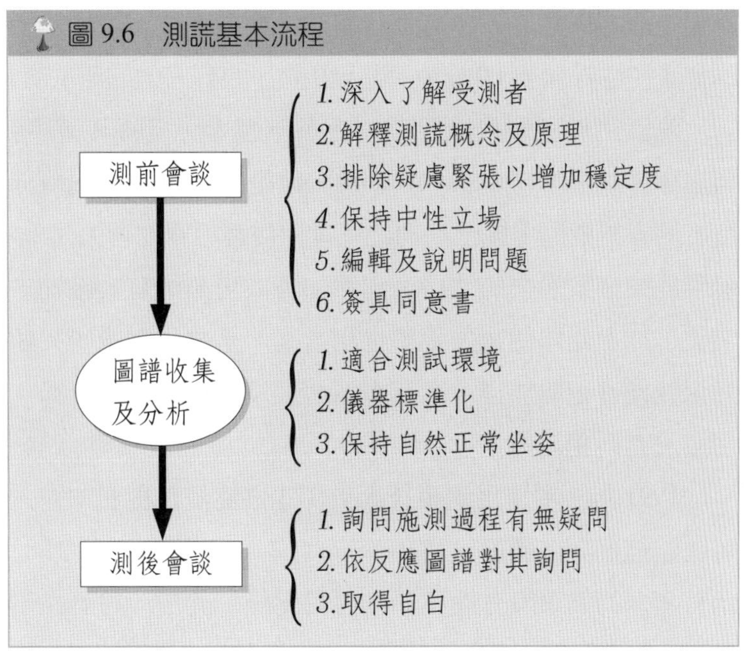

圖 9.6　測謊基本流程

項假釋規定。1973 年在俄勒岡（*Oregon*）州法官也使用定期測謊協助了解性侵害犯罪假釋犯各種狀況（*Abrams, 1993*）。

七〇及八〇年代，隨著逐漸增高之犯罪率、監獄空間不足、獄中缺乏專責治療復健設施及不斷升高的性侵害犯罪加害人再犯率等因素，使司法系統思考如何有效阻斷此一循環。測謊技術的運用，漸漸廣為被社區監督所採用。因為測謊技術優於其他人為的監控方式，提供較客觀之參考，最主要可達成有效之嚇阻作用。到了 1992 年，美國全國已有 25%對性侵害犯罪加害人治療過程中，運用測謊技術去了解個案過去性侵害犯罪史或假釋後社區中各項行為。

1939 年，Dr. Keeler 組成第一台手提式三頻道測謊儀，利用呼吸、心跳血壓及皮膚電阻來記錄受測者可能採取的生理機制。當今的測謊裝置便是以此為基礎，並加以改進。如今儀器已電腦化，可將生理訊息數位化，大大提升其偵測之敏感度。除了儀器的改良之外，在測試問題上也從早期相關及無關問題法，再加入控制性問題，以相對比較方式去評估生理圖譜各項結果，使分析上更加客觀，在評分上除了採取量化的分割點結果評估外，也有電腦輔助的參考指標，讓施測的結果更加有其信度及效度（*Matte, 1996*）。

測謊並非如一般電影或刻板印象只需將儀器綁上，然後幾分鐘便結束了。其實測謊過程中最重要的一部分是測試前的會談，往往要去回顧個案各類犯罪史及了解目前精神狀況，會談中保持中性，但盡量誘發個案對之後詢問問題某一程度的焦慮。另外，也要將之後測試問題詳細向個案解釋並確知其充分了解題意，當然要在個案同意之下才可進行施測。會談完後，需快速編好問題。是故，測試前的會談往往要50到60分鐘，甚至更久。良好有效的測試前會談是測謊準確之關鍵。

測謊用於犯罪鑑識已有一百多年歷史，但將其運用於性侵害犯罪約有近 30 年之事。1973 年 Dr. Stan Abrams，他是一位專攻司法精神醫學的臨床心理師，首度將測謊技術運用於已判刑之兒童性侵害犯罪加害人（*child molester*）。當時Dr. Stan 發現此類個案過去的性侵害犯罪加害人史無法有效確知，於是很難在治療上有所突破，加上此類個案再犯率也相當高，是故，之後研究顯示，將此一技術運用於兒童性侵害犯罪加害人，有 68%個案沒有任何再犯記錄，然而對照組則只有 28%個案沒有再犯記錄。

1991 年一項運用測謊技術於 173 位性侵害犯罪加害人的再犯研究中，從追蹤這些監控個案之觀護官（*Parole and Probation*）資料，從 1982 年到 1991 年 10 年間顯示有 95%的個案沒有性犯罪的再犯記錄。於是，對於性侵害犯罪加害人，特別是兒童性侵害犯罪加害人，其類似有強迫行為本質的性侵害犯罪行為，Dr Stan Abrams 建議將測謊技術運用於過去侵犯史的澄清及侵害犯定期的監控。

美國之性罪犯心理治療方案與技術則於八〇年代初在發展以「再犯預防」之模式後即漸漸成熟，以至現今成為美國之監罪及社區性罪犯心理治療方案模式之主流，而且有越來越多之研究顯示此一模式確有較佳之結果，即有較少之再犯率。據美國之經驗，測謊技術的運用可能提供解決之道。美國在 1980 年代在司法監控體系下，引進測謊技術加強性侵害犯罪加害人之社區監督。目前已有愈多州採用所謂社區圍堵政策（*containment triangle*），在三角的合作關係上，一角由司法體系的關護人（*parole or probation*）執行定期的追蹤，第二角是身心治療或輔導教育的治療提供者（*treatment provider*），第三角是測謊人員的定期或特殊狀況監控。三角關係上身心治療加強侵害犯的內在自我控制，關護人及測謊人員則增加對侵害犯的外在控制。三角缺一不可，定期開會，資源互享，以達成降低社區性侵害犯罪之再犯率（*English, 1996*）。

柒、測謊運用於性侵害犯罪加害人之測試內容

測謊技術在性侵害犯罪加害人之運用可簡單區分為三種不同的技術及目的，分別為：

㈠性侵害犯罪史的澄清（*Complete disclosure testing*）。

㈡維持及監控的測試（*maintenance/monitoring testing*）。

㈢對特殊議題的測題測試（*instant offense/specific issue testing*）。

以下僅就三種不同型式測驗做一簡單介紹：

㈠性侵害犯罪史的澄清（Complete disclosure testing）

此一檢查主要用以探究及引出性侵害犯罪加害人過去性經驗史。

身心治療的第一步，希望性侵害犯罪加害人可袒露過去各方面的犯行，但罪犯往往難以啟口，避重就輕，或甚至以「否認」的態度去面對治療者。若此，則身心治療將大打折扣，或無法順利進行。此時所謂的坦露測驗（*disclosure testing*）可加以運用，在過程可設定多方（*multiple issues*）或單一（*single issue*）施測問題，用以顯示罪犯是否坦露，加上會談（*interviewing*）及對質（*interrogation*）技巧的運用，可較有效解決罪犯「否認」心態，順利進行下一步的身心治療。

作者曾對三十位亂倫個案所做之研究，初步顯示有40%個案在過去性侵害犯罪史的澄清問題上有說謊之可能，值得第一線治療者在評估時之參考。

案例一：

張三，男性，37 歲，因被控性侵害犯罪親戚小孩小珍而入獄接受強制治療。但病人否認有性侵害犯罪小珍，只是在玩耍過程中觸碰到小珍私處，並未發生性關係；另外張三也否認曾對其他小孩有過性侵害犯罪。治療者為澄清張三過去性侵害犯罪史而尋求測謊人員協助。

以下是一典型針對否認態度及過去性侵害犯罪史測謊之編題：

題型	類　型	問題內容	回答
1	無關	你是不是叫張三？	是
2	犧牲	你會誠實回答我每一個問題嗎？	會
3	徵候	你會害怕問你我們未曾討論的問題嗎？	不會
4	控制	除了你告訴我的之外，你是否曾經強迫小孩與你發生關係？	沒有
5	主要有關	你是否使用暴力或恐嚇方式與小珍發生關係？	沒有
6	控制	從你接受治療之後，你有想過要與小孩發生性關係？	沒有
7	有關	除了你告訴我以外，你是否與小珍有其他性行為發生？	沒有
8	有關	從你接受治療之後，你是否想過要碰觸某一小孩私處？	沒有
9	控制	除了小珍之外，你是否性侵害犯罪過其他小孩？	沒有
10	無關	你今年是不是 37 歲？	是

㈡監控測試（maintenance/monitoring testing）

當性侵犯進入社區之後，若無特殊狀況，可定期安排此一測驗（3個月至6個月），用以定期追蹤是否有再犯可能，或違反有關性侵害犯罪之各項假釋規定。此一測試可編排針對是否再犯問題加以尋問；另外也可測試性侵害犯罪加害人是否遵行觀護人給予之所有規定，例如不可去不該去的場所，不該觀看色情影片或閱讀色情書刊。另一方面，亦可測試性侵害犯罪加害人是否滿意身心治療的給予，以提供治療者一項回饋，藉以修正與性侵害犯罪加害人之互動關係。

案例二：

李四，今年 28 歲，因性侵害犯罪未成年剛假釋回社區約半年，並持續接受身心治療。身心治療當中治療師發現個案有開始飲酒行為，且在團體治療中態度有所改變，經個別會談澄清後個案否認有任何與未成年接觸或來往，於是將個案轉送測謊人員進一步澄清疑點。

以下是一典型定期社區監督測謊之編題：

題型	類　型	問題內容	回答
1	無關	你的姓名是不是叫李四？	是
2	無關	今天是不是星期二？	是
3	次要有關	假釋之後，你是否隱瞞觀護人與未成年來往？	沒有
4	無關	你今年是不是 28 歲？	是
5	主要有關	假釋之後，你有與未成年身體性接觸過嗎？	沒有
6	控制	假釋之後，你曾想過要與未成年性接觸嗎？	沒有
7	無關	你是不是住在台灣？	是
8	有關	從上次測謊之後，你有與未成年身體性接觸過嗎？	沒有
9	有關	假釋之後，你看過 A 片嗎？	沒有
10	控制	假釋之後，你欺騙過你的治療師嗎？	沒有

㈢特殊議題測試（instant offense/specific issue testing）

性侵害犯罪加害人在接受身心治療及社區追蹤後，在過程中，治療者及觀護人與之互動後，往往會發生某些特定而需要處理之問題。例如在治療過程中性侵害犯罪加害人再度否認某項議題，而治療者感到治療無法再繼續下去，又例如觀護人在約談過程中發現侵害犯可能觸犯某項規定，但又否認，則可針對此一議題加以測試，提供觀護人一項參考。此項測試不論結果如何，可對性侵害犯罪加害人達到一種嚇阻作用。

美國在 1994 及 1998 一項針對全國性的觀護官調查研究中，反應率 90%，可明顯發現有愈來愈多州的司法系統採用測謊技術去協助性侵害犯罪加害人的各項監控，並且接受及確定此一技術可使性侵害犯罪加害人在社區的監控中保持誠實，增加坦露及嚇阻再犯。在一項研究指出，在使用測謊技術後，其坦誠性侵害犯罪個案數（*victims*）是測試前的二到三倍。

1994 年美國全國調查中，有 9.8%的州司法系統將測謊技術納入社區性侵害犯罪加害人之監控；4 年之後在 1998 年全國調查中，已有 16.3%將此一技術納入，4 年內增加近 2 倍。特別在性侵害犯罪加害人性侵害犯罪史的揭露（*disclosure testing*）運用最廣，也最有幫助。

1. **有關問題**（Relevant Question）：

對性犯罪案情或性侵害犯罪史有直接且特定關係之問題，可細分為主要有關問題、次要有關問題、犧牲有關問題三種。

2. **控制問題**（Control Question）：

設計讓受測者會有相當程度之說謊意圖的問題，而與有關問題作一強度比較。此一題型在性侵害犯罪監控上較不易編成。

3. **徵候性問題**（Symptomatic Question）：

了解施測者是否已獲得受測者之信任，避免詢問未經事先討論過之問題。

4. **中性問題**（Neutral Question）：

亦稱為無關問題，是無關任何案情或性侵害犯罪方面之問題。

捌、結論

性侵害犯罪加害人之治療在國內已有十年之久，但治療人員、訓練、教學、及研究各方面卻仍在起步階段，在此時如能引進測謊儀之測謊技術，將可使國內之治療範疇更加完備而與治療先進國家平齊。國內目前尚未有將測謊技術運用於性侵害犯罪加害人之各項研究。在測謊技術已漸漸標準化及科學化之下，這幾年並有較客觀的電腦分析軟體提供施測者之參考，是故，在性侵害犯罪案件日益增加的社會現象下，如何降低一般大眾的恐懼與不安，如何減少這類犯罪的再犯率，當思考建立一套有效且積極的監控模式，以嚇阻此一犯罪。測謊技術的加入，當可提供一項有效之方法。

參考文獻

中文文獻

林明傑（1998）。美國性犯罪心理治療之方案及技術暨國內改進之道，社區發展季刊，第八十二期，175-187

林明傑（2000）。性罪犯之心理評估暨危險評估，社區發展季刊，第八十八期，316-640 頁

林故廷，翁景惠（2003）。測謊一百問，第一版，書佑文化事業有限公司

陳若璋（2001）。性罪犯心理學心理：治療與評估。初版，張老師文化

翁景惠，高一書。測謊在我國法院使用之實證研究。臺大法學論叢，32，3，149-207

蔡景宏（2004）。測謊技術對性侵害犯罪犯否認態度應用之探討，行政院衛生署九十三年度委託研究計畫 DOH93-TD-M-113-023

羅時強（2000）內政部警政署刑事警察局出版「刑事科學」第 48 期「測謊技術之區域比對法」

羅時強（2003）。內政部警政署出版「警光雜誌」第五六二期「測謊在性侵害犯罪防治上之運用」

羅時強（2002）。測謊「區域比隊法」之本土化研究初探.碩士論文

英文文獻

Abel, G. et al(1988). *Multiple Paraphilic Diagnoses Among Sex Offenders.* Bulletin of the American Academy of Psychiatry and the Law, vol. 16, pp.153-168

Abrams, S(1993). Polygraph Testing of the Pedophile. Ryan Gwinner Press,

Ahlmeyer, S., Heil, P., McKee, B., and English, K(2000). *The Impact of Polygraphy on Admissions of Victims and Offenses in Adult Sexual Offenders.* Sexual Abuse: A Journal of Research and Treatment, vol. 12

Alexander, M.A. (1999) *Sexual Offender Treatment Efficacy Revisited.* Sexual Abuse: A Journal of Research and Treatment, vol. 11, pp. 101-116.

Center for Sex Offender Management (January 2000). *Community Supervision of the Sex Offender: An Overview of Current and Promising Practices.* Silver Spring, MD

English, K., Pullen, S., and Jones, L. (Eds.) (1996). *Managing Adult Sex Offenders on Probation and Parole: A Containment Approach.* Lexington, KY: American Probation and Parole Association

Fox, D. (1992). "Polygraph Techniques for Sex Offenders on Probation," Polygraph 21: 44-50

James Allan Matte(1996). Forensic Psychophysiology Using the Polygraph J.A.M.Publications

Hall, G.C.N.(1995). *Sex Offender Recidivism Revisited: A Meta-Analysis of Recent Treatment Studies.* Journal of Consulting and Clinical Psychology vol. 63, pp. 802-809

Hanson, R.K., Scott, H., and Steffy, R.A.(1995). *A Comparison of Child Molesters and Non-Sexual Criminals: Risk Predictors and Long-term Recidivism.* Journal of Research in Crime and Delinquency vol. 32, pp. 325-337

Happel,R.M. & Auffrey, J.J.(1995). Sex offender assessment: interrupting the dance of denial. Am J Forensic Psychology; 13(2):5-22

Hanson, R.K., Steffy, R.A., and Gauthier, R. (1993). *Long-term Recidivism of Child Molesters.* Journal of Consulting and Clinical Psychologyvol. 61, pp. 646-652

Heilbrun, K(1992). *The Role of Psychological Testing in Forensic Assessment.* Law and Human Behavior, 16, 257-272

Koss, M.P. and Dinero, T.E. (1988). *A Discriminant Analysis of Risk Factors Among a National Sample of College Women.* Journal of Consulting and Clinical Psychology, vol. 57, 133-147

Marshall, W.L. and Barbaree, H.E.(1988). *The Long-Term Evaluation of a Behavioral Treatment Program for Child Molesters.* Behavior Research Therapy, vol. 26

Prentky, R.A., Lee, A.F.S., Knight, R.A., and Cerce, D(1997). *Recidivism Rates Among Child Molesters and Rapists: A Methodological Analysis.* Law and Human Behavior vol. 21, pp. 635-659

Prentky, R.A., Knight, R.A., and Lee, A.F.S.(1997). *Risk Factors Associated with Recidivism Among Extrafamilial Child Molesters.* Journal of Consulting and Clinical Psychology, vol. 65, pp. 141-149

Quinsey, V. et al. (1993). *Assessing Treatment Efficacy in Outcome Studies of Sex Offenders.* Journal of Interpersonal Violence vol. 8, pp. 512-523

Seto, M.C., and Barbaree, H.E (1999). *Psychopathy, Treatment Behavior, and Sex Offender Recidivism.* Journal of Interpersonal Violence vol. 14, pp. 1235-1248

Special Issue(2000). *Post-Conviction Sex Offender Testing.* Polygraph. American Polygraph Association, vol. 29, No. 1,

Walsh, E. and Cohen, F. (2000). *Sex Offender Registration and Community Notification: A " Megan □ Law" Sourcebook.* Kingston, NJ: Civic Research Institute.

Witt, P. H., DelRusso, J., Oppenheim, J., and Ferguson, G. (1996). *Sex Offender Risk Assessment and the Law.* The Journal of Psychiatry and Law, 343-377

第十章

性侵害犯罪加害人的特殊檢查——陰莖膨脹測量儀

薛克利

本章學習重點

- 性偏好的定義與流行病學研究。
- 性偏好的理論假說。
- 陰莖膨脹測量儀的發展歷史。
- 影響陰莖膨脹測量準確性的因素。
- 陰莖膨脹測量儀的種類與比較。
- 陰莖膨脹測量儀的檢查流程。
- 陰莖膨脹測量的信、效度研究。
- 陰莖膨脹測量對性侵害犯罪加害人的研究與應用。
- 陰莖膨脹測量的重要性。
- 陰莖膨脹測量的限制。

摘要

絕大多數性侵害犯罪加害人的性暴力行為確實涉及性興奮反應，意即性興奮的激發在發生性侵害犯罪行為的過程，扮演一關鍵性的角色。研究發現某些強暴犯對強暴類別的刺激及兒童性侵害犯罪加害人對戀童類別的刺激，相對於成人間同意下之性行為類別的刺激，出現高度的性興奮。多數強暴犯及兒童性侵害犯罪加害人對性偏差的刺激所出現的性興奮程度亦高過非性侵害犯罪加害人的一般男性。美國精神醫學會DSM-IV診斷系統也強調對性偏差刺激所出現之性興奮為診斷性偏好症的準則。

性侵害犯罪加害人的評估或鑑定中惟獨心性疾患的鑑別診斷一項，特別是包括戀童（某些兒童性侵害犯罪加害人）與性虐傾向（某些強暴犯）的性偏好診斷，對絕大多數從事性侵害犯罪加害人評估與鑑定的精神醫療專業人員來說，是較為陌生的領域，除了缺乏足夠的臨床評估工具與診斷經驗外，再加上性侵害犯罪加害人傾向否認或淡化自己性幻想與性偏好行為，使得性侵害犯罪加害人可能存在的性偏差幻想與反應常常被低估或忽略，將導致日後治療與處遇上的困難，並可能輕忽性侵害犯罪加害人再犯的危險性。

國外特別是在美、加地區，對性侵害犯罪加害人偏差性幻想與可能出現之性生理反應乃至於偏差性行為，大多依據陰莖膨脹測量檢查來做為輔助診斷的工具，並將之應用在性侵害犯罪加害人的再犯危險評估與追蹤治療成效。國內對性侵害犯罪加害人之評估、鑑定與治療追蹤，大多依賴臨床會談、問卷、心理衡鑑等方式或工具，絕大部份的精神醫療人員，在缺乏性侵害犯罪方面相關性學的訓練基礎此一窘境之下，當面臨性侵害犯罪加害人常出現之否認、淡化等不配合的情況，常常會忽視、限制或影響其評估結果的可信度與準確性。陰莖膨脹測量為一種心理生理檢查，用以客觀地測量性侵害犯罪加害人的性反應型態及鑑別性偏好的性疾患診斷，應能提供性侵害犯罪加害人更直接的性病態證據，以輔助現行評估方法的不足之處。透過本章的介紹，可以了解性侵害犯罪加害人之陰莖膨脹測量的理論假說、相關研究、實際操作模式與臨床運用，有助於使性侵害犯罪加害人的評估鑑定模式更為完整與精確。

關鍵詞

陰莖膨脹測量、性侵害犯罪加害人、性偏好、戀童

壹、性侵害犯罪加害人的性偏好

陰莖膨脹測量儀（*Penile plethysmography*）運用於性侵害犯罪加害人的性偏好評

估，主要是基於絕大多數性暴力行為確實涉及性侵害犯罪加害人的性興奮反應，在男性生殖器充血勃起的情境下，方得以進行強制性的性交行為，在此前提下可以推斷，性興奮的激發在發生性侵害犯罪行為的過程，扮演一關鍵性的角色。相較於一般同性戀或異性戀男性經由成年人之間同意下發生的性交行為得到性興奮與滿足，性侵害犯罪加害人則被認為是在偏差的性行為對象（如：未成年的幼童）或（與）非典型的進行方式（如：強暴）之情境下獲得性興奮與性滿足。研究指出某些強暴犯對強暴類別的刺激及兒童性侵害犯罪加害人對戀童類別的刺激，相對於成人間同意下之性行為類別的刺激，出現高度的性興奮。多數強暴犯及兒童性侵害犯罪加害人對性偏差的刺激所出現的性興奮程度亦高過非性侵害犯罪加害人的一般男性（*Barbaree, & Marshall, 1989; Hall, Shondrick, & Hirschman, 1993b; Harris, Rice, Quinsey, Earls, & Chaplin, 1992 3; Lalumiere, & Quinsey, 1994*）。美國精神醫學會 DSM 診斷系統中之性偏好（*Paraphilia*）診斷類別，從 DSM 第三版之後的診斷準則即強調『一再出現強烈性衝動及引發性慾之性幻想或行為，內容是暴露自己生殖器於一不疑有他的（*unsuspecting*）陌生人面前……』為確診性偏好（或稱性倒錯）的核心症候（*DSM-III-R*）。

某些性偏好行為，如使用迷戀的物品，除非當事人主動揭露，否則通常發生在隱密處且不會被別人注意到。性偏好行為的其他範疇（如窺淫癖或暴露症）可能常發生但是因為這種行為的短暫性及參與者間缺乏關係，使得這些行為很少被捕，因此通常只有這些行為變成習慣或產生性偏好者的不良社會結果（例如影響當事人的家庭、社交或職業功能，或被逮捕與告發）時，才會引起健康照護提供者的注意。某些性偏好相對於其它類性偏好，在精神科較常被提出，因為這些性偏好的存在，常常影響並導致當事人以性侵害犯罪加害人的身份必須接受臨床強制評估、鑑定與治療。

近來從北美超過 90 個治療計畫中有關於 2,129 個尋求評估者的案例中收集而來的資料指出 37.1%是兒童性騷擾，20.2%是窺淫癖，13.8%是暴露症，13.3%是戀物症，11.2%是磨擦症，10.7%是公開自慰。試圖評估及治療性偏好患者的精神科醫師應特別熟悉最可能在評估或治療機構碰到的性偏好類型。

然而，對於絕大多數在台灣從事性侵害犯罪加害人評估與鑑定的精神醫療專業人員來說，包括戀童（某些兒童性侵害犯罪犯）與性虐傾向（某些強暴犯）在內的性偏好診斷，實屬較為陌生的領域。台灣目前在缺乏可靠有效的臨床評估工具與診斷經驗的困境下，再加上性侵害犯罪加害人傾向否認或淡化自身性幻想與性偏好行為，使得性侵害犯罪加害人可能存在的性偏差幻想與反應常常被忽略或低估。在性偏好診斷率普遍偏低的現況下，可能輕忽此類性侵害犯罪加害人再犯的危險性，並導致日後治療與處遇上的困難。

貳、陰莖膨脹測量的理論假設

研究發現某些性侵害犯罪加害人的性興趣（*sexual interests*）有別於非罪犯（*non-offenders*）及非性侵害犯罪型的罪犯（*offenders who are not sexually aggressive*），即所謂的性偏好。性偏好的假說（*Sexual preference hypothesis*）主張男性會觸犯性偏差的行為或罪行，乃是因為這些性偏差行為及刺激所誘發的性興奮反應程度超過一般正常的性行為與刺激，因而為當事人所偏愛，性偏好個案偏愛的性偏差行為模式，即是此種較強烈的性興奮及其執行性偏差行為時得到回饋的快感交互影響下的產物。行為學派認為此現象乃基於學習（*learning*），就如同古典制約（*classical conditioning*）的概念，並主張針對偏差的性刺激所誘發的性生理反應來進行處遇與治療，將可以減少性偏差行為的發生。現階段美國精神醫學會所出版的DSM-IV診斷系統也是採納此一觀點來界定不同類別的性偏差行為，並強調對性偏差刺激所出現之性興奮為診斷性偏好症（*Paraphilia*）的準則（*Laws, & Marshall, 2003; Marshall, & Barbaree, 1984; Quinsey, Chaplin, & Upfold, 1984*）。

參、陰莖膨脹測量的發展與沿革

區別性偏好者與非性偏好者的基本特質就是前者特別對不尋常的性行為，非人的物品或孩童的刺激，或從事非經同意的性活動所產生的性興奮反應。性偏好者傾向於欺瞞或淡化他們真實的性偏差興奮內容與形式，迫使臨床評估者必須發展出一套工具與方式，能不必單純仰賴當事人自我坦露性幻想或興趣的意願，反倒是在大部分受評估者會隱瞞偏差性幻想或性興趣的前提下，進行較為客觀準確的評估與測量。

Zuckerman（*1971*）回顧各種用來確定性興趣的生理心理機轉（*psychophysiological processes*），發現直接測量性反應是最有效的。陰莖膨脹測量儀，最早由 Freund（*1965;1967a;1967b*）所提出，乃利用被評估者暴露在不同種類的性偏好刺激之下，同步測量記錄陰莖體積或周徑的變化。所提供的刺激可能以幻燈片、錄音帶或錄影帶播放的方式呈現。比如說，一個被懷疑有戀童症的人可讓其觀看不同年紀的男、女裸露幻燈片，並進行陰莖膨脹的測量，結果可能發現其對不同年紀的男、女幻燈片刺激類別有不同程度的性興奮反應，且對年幼的孩童出現的性反應程度甚至高於對成年女性的性反應程度。

陰莖體積膨脹測量儀剛開始是用在承認者身上，就是那些已經承認性偏好興趣的人。最近幾年來實驗室已經研究不配合且不承認的可能性偏好患者的性興奮型態。因此，各種可能會妨礙陰莖膨脹測量儀測量準確性的因子也變得越來越重要。治療師運用陰莖膨脹測量儀當作評估的必要部分來評估治療的需要及性偏好症治療的反應，然而，下列因素可能會影響測量的正確性而必須小心考慮：

㈠沒有參與刺激：

某些性偏好者藉由避免看到或是聽到性偏好行為的描述來企圖欺瞞他們的性偏好興趣。扭轉這種傾向的方法包括要求被檢查者描述呈現的刺激、要求他指出並確定重疊在刺激上的訊號（訊號偵測），及直接觀察被檢查者在評估過程的視線所在。

㈡主動抑制：

雖然參與刺激，某些人可以藉由想像其他刺激或做其他分心的心理工作來抑制他們的反應。反制的方法包括要被檢查者唸出看到的刺激情境，或告知他有時壓抑有時不要壓抑他的性反應，以確立他用意識壓抑興奮的基準線。仍然會有些人忽略這個議題反而認為患者可以在實驗室抑制興奮是治療有效的好證據，殊不知患者已經學會利用抑制反應來偽造他的性反應結果。

㈢基準數據：

這類測驗的主要問題是測量步驟的敏感度、專一性及效度。在測試懷疑戀童症的人使用陰莖體積及周徑膨脹測量儀的這些因子已經建立。陰莖體積膨脹測量儀的敏感度是.87，專一性是.95，效度是.95。周徑裝置敏感度是.48，專一性是100，效度是.97。這些測驗方法對於懷疑強暴成年女性的人的敏感度尚未建立，文獻中大多數對於那些懷疑強暴成年女性的人，陰莖膨脹測量的效度仍嫌不足。

㈣缺乏標準化刺激：

進一步關於陰莖膨脹測量儀的問題是測試時所呈現的刺激尚未標準化，一旦缺乏標準化刺激，則無法對不同的研究結果進行比較。

㈤否認性偏好興趣：

處理否認性偏好的方法就是以被檢查者的心理生理測量結果來進行澄清與對質。某些被檢查者會斷然否認在心性史上或是陰莖膨脹測量檢查上有任何偏差的性興趣。在這種情況下以測量出來的性偏差反應結果來進一步面質被檢查者時，可增加被檢查者自我袒露先前所否認的性偏好興趣的機會，提高性偏好的診斷率。

㈥實驗室的陰莖膨脹測量儀及實驗室外個案行為的關係：

不論在實驗室內的檢查結果是否出現偏差的性興奮反應，這並不意味著被檢查者將在實驗室外去從事這類的偏差性行為。然而，陰莖膨脹測量儀往往被不恰當地用來偵測被檢查者有否在實驗室外從事性偏差行為。Murphy及Barbaree企圖澄清實驗室的反應不能用來確定實驗室外的行為。儘管在某些訴訟的場合會有不當使用陰莖膨脹測量檢查結果的情況，陰莖膨脹測量儀不論是運用在臨床評估與治療追蹤性偏好的個案仍是相當有價值的。

肆、陰莖膨脹測量的種類

陰莖膨脹測量儀對陰莖充血勃起之膨脹變化的測量分為兩種方式：㈠體積型的陰莖膨脹測量儀（*Volumetric PPG*）：測量陰莖在一個小圓筒和乳膠密封空間中空氣壓力的改變，血液流進陰莖改變圓筒內部的壓力，因此，雖然間接，但精確地測量陰莖體積的增加；㈡周徑型的陰莖膨脹測量儀（*Circumferential PPG*）：利用對伸張敏感的測量儀器測量陰莖周長的改變（*Barlow type*）或一種對拉緊敏感的內含水銀的橡膠測量工具（*MIR*）（*Barlow, Agras, Leitenberg, & Wincze, 1970*）。

有關陰莖膨脹測量儀中包括體積與周徑兩種測量方法的比較，在早期的對照性研究指出體積的測量方式有相當好的靈敏度，當陰莖反應非常低時，由於體積增加經常在周徑增加前會先被偵測到，因而較能有效區辨不同類別刺激間的性反應差異。此外，Barr 與 McConaghy（*1971*）發現在最初的性激起時，當陰莖體積增加時周徑會短暫地減少，此乃一種經常被稱為「反向」或「反射」鏡像。Earls與Marshall跟隨McConaghy的觀察，比較在性激起時陰莖的長度與直徑變化，發現當初期伸長增加28%時，直徑反而減少了2.5%；當伸長增加到50%時，直徑增加10%。因而，在檢查結果與判讀可靠性方面，發現當陰莖平均周徑變化量大於2.5mm（約為完全勃起的10%）的高度反應個案，其周徑與體積檢查結果的相關性高（*r>0.80*），不過，對於平均周徑變化量少於2.5mm的低度反應個案，其周徑與體積檢查結果間的一致性則不理想（*mean r =-0.15*）。並且，在高度反應的組別，可有效區辨對於成年女性與青春期女性兩種刺激類別之間的差異（周徑與體積兩種評估方式均可），但是，對於低度反應的組別，則僅有體積評估的方式能

區辨差異。（*Kuban, Barbaree, Psych, & Blanchard, 1999*）

伍、陰莖膨脹測量的檢查流程及信、效度

一、陰莖膨脹測量的評估作業流程

陰莖膨脹測量的研究之基本前提有二：㈠應清楚界定「性」與「中性（非性）」刺激內容的不同。㈡可對各類型刺激出現適切（*properly line up*）的反應。PPG的儀器裝置與方法顯示高interscorer reliability，不論是以測量周徑或體積之PPG，對陰莖膨脹變化測量之可靠性均高。（*Abel, Barlow, Blanchard, & Mavissakalian, 1975; Abel, Blanchard, Barlow, & Mavissakalian, 1975*）從接觸身體的裝置，將身體（陰莖體積）變化經由變換器（*transducer*），傳至電腦的記錄器，再透過營幕顯示變化的刻度（陰莖體積或周徑變化的高度），其接收、傳送至計分過程由電腦系統控制且一致性高（*Lalumiere, Harris, 1998*）。

陰莖膨脹測量的評估作業流程可分為下列幾項：（見圖 *10.1*）

在儀器設備方面包含：㈠筆記型電腦㈡訊號轉接器㈢測量躺椅㈣幻燈機㈤液晶投影機㈥可消毒式測量套尺㈦布幕㈧標準校對器。

圖 10.1　陰莖膨脹測量儀實物

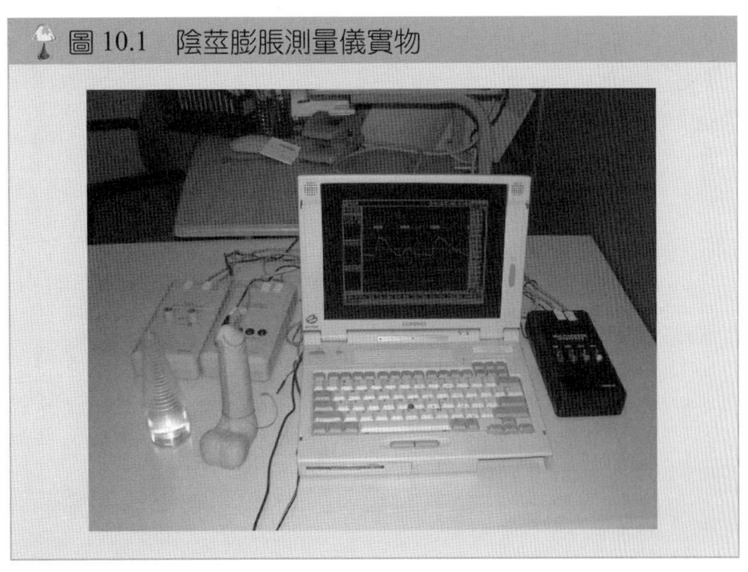

檢查流程包括下述步驟：

㈠簡介陰莖膨脹測量的步驟與目的：

1. 測量室儀器及環境介紹（見圖 10.2）。
2. 介紹工作人員。
3. 說明評估流程。

圖 10.2　檢查室實景

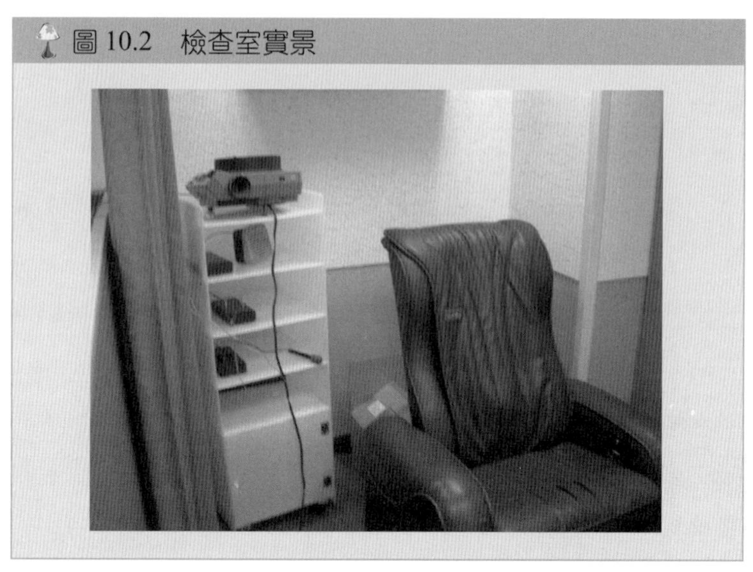

㈡填寫告知同意書。

㈢完成檢查前評估包括：

1. 基本資料（個人病史與藥物史）、對性侵害犯罪之犯罪經驗（性犯罪史）與看法（歸因）、目前身心狀況評估（最近三個月的物質使用史、性生理狀態）。
2. 男性性生活品質問卷（評估過去一個月的性勃起功能）。
3. 焦慮量表。
4. 否認（*Denial*）量表。

㈣更衣。

㈤標準校對器消毒（以酒精擦拭）。

㈥校對儀器。

㈦測量未勃起前的陰莖周徑，選擇適當尺寸的套尺（小於基準尺寸 *5-10mm*）。

㈧裝置感應套圈（*sensor*）於陰莖根部（見圖 *10.3*）。

㈨設定基準點（*baseline*）。

㈩呈現刺激（*stimuli*）：

1. 刺激類別：將刺激源依性別（男性與女性）、年齡（成年、青春期與孩童）、暴力（有 *vs.* 無）三個變項，設計出各種不同的刺激類別（如：男性成年、男

圖 10.3　裝置感應套圈

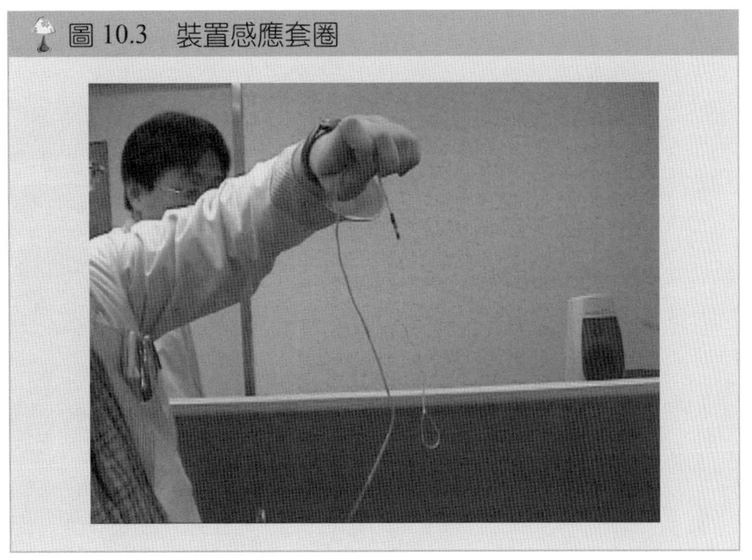

性青少年、男性幼童、女性成年、女性青少年、女性幼童、女性成年性暴力、女性青少年性暴力、女性幼童性暴力）加上中性（非性）之刺激類別。

2. 呈現序列：每一類別刺激計給三至五個不同的刺激，每單一個刺激時間長度可為半分鐘至兩分鐘，給予刺激的方式為可依隨機方式排序，或依既定的順序。在給予刺激時同步接受陰莖膨脹測量（測量陰莖體積或周徑之變化量）檢查，以測量得到受測者對每一個刺激的性反應結果（包括陰莖膨脹之體積或周徑變化與最大值），每一種刺激類別的每一個刺激呈現，待前一個刺激所引起的反應回復到基準點後再呈現下一個刺激。

㈩呈現成年男女性交影片刺激，使受測者達到最大的（*Max*）勃起反應。（或請受測者自行挑選任一種類別的刺激或自行性幻想的方式使陰莖達到最大的勃起程度）。

⑾結束檢查並更衣。

⑿儀器消毒。

⒀列印檢查結果報表及進行判讀（見圖 10.4）。

⒁檢查後評估，可包括：

1. 對各類別刺激性喜好或性反應程度的排序。
2. 對檢查過程專注力與焦慮狀態的評估。
3. 對自我抑制反應的可能性的評估。

圖 10.4　電腦結果判讀實景

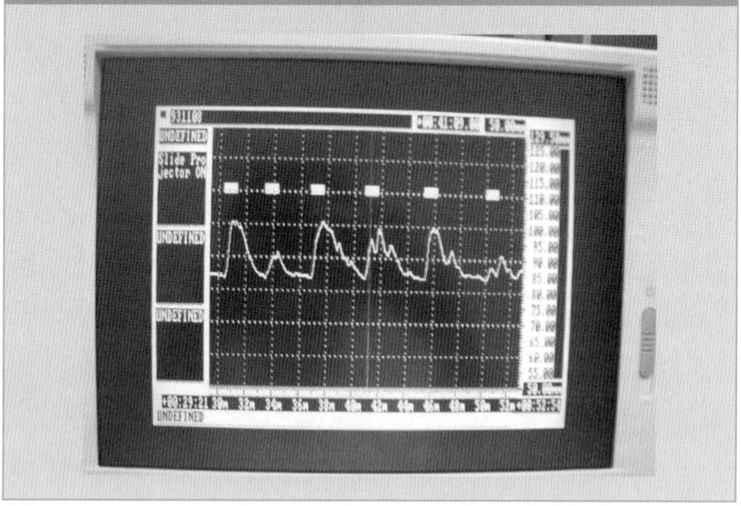

二、信度的種類與相關研究

PPG 的信度（*Realiability*）所衍生的問題為：當個案對特定刺激作出反應時，PPG 對此個案陰莖大小變化的測量之可靠性？自我刺激至陰莖完全勃起的反應（*Abel, Barlow, Blanchard, & Guild, 1977; Barbaree, Marshall, & Lanthier, 1979*）及非性刺激（*nonsexual stimuli*）的研究呈現陰莖去腫脹（*detumescence*）反應（*Barlow, Leitenberg, & Agras, 1969; Barlow, Agras, Leitenberg, & Wincze, 1970; McConaghy, Proctor, & Barr, 1972*）所得出的結論為：陰莖大小的變化與特定的刺激（包括性或非性的刺激）呈現一可靠的關係，此亦被認為是一種再測信度 Test-retest reliability。

內在一致性（*Internal consistency*）及 Alternate-form reliability 的檢驗包括了個案對不同的性刺激圖片組合（*sets*）所呈現的性激起反應，彼此之間應呈高度相關。每一組圖片組合中（*within set*）的各個刺激圖片所產生的性激起反應間存在高度的內在一致性，且每一組圖片組合所產生的性激起反應與兩組（或多組）總合所產生的性激起反應之間亦呈現一致性（*consistency*）。

有關再測信度（*Test-retest reliability*）的測試則可從男同性戀在合作、自我挑選刺激圖片的研究發現：（*Abel, Blanchard, Barlow, & Mavissakalian, 1975*）前、後兩次性刺激的PPG測量得分呈現高度顯著相關。且經由個案所挑選會引起性興奮的圖片刺激，經 PPG 測量所得到的反應，與中性刺激經 PPG 測量所得到的反應，兩者之間呈顯著差異。

三、效度與相關研究

PPG 的效度（*Validity*）所衍生的問題為：PPG 對個案陰莖大小變化的測量與個案對刺激的性激起真實反應之間的關係如何？影響效度的因素包括：（*Zonana et al., 1999*）㈠沒有參與刺激；㈡主動抑制；㈢基準數據；㈣缺乏標準化刺激；㈤否認性偏好興趣；㈥勃起測驗的變異，時間及量；㈦實驗室的陰莖體積膨脹測量儀及實驗室外患者行為的關係。其中偽造反應（*Faking*）對效度的影響的研究包括：個案自主控制或偽造（*voluntarily control or fake*）其性反應會降低 PPG 的效度。（*Henson & Rubin, 1971; Laws & Holmen, 1978; Wydra, Marshall, Earls, & Barbaree, 1983*）。偽造的研究發現自主控制（偽造）所利用之幻想（性或非性）與PPG反應之間亦呈現可靠的相關。（*Laws & Rubin, 1969; Rubin & Henson, 1975*）反偽造（*antifaking*）的研究（如：施測時請個案描述所看到的圖像刺激內容或依所聽到之刺激內容按下特定之按鈕來削弱個案的自主控制性反應的影響）顯示經由抑制偽造的步驟，對個案自主控制的影響可有效地降低。（*Henson & Rubin, 1971; Wormith, 1986; Proulx, Cote, & Achille, 1993; Quinsey & Chaplin, 1988*）來自 Habituation 的影響之研究則發現當所接受的刺激屬於高度性激起（*very arousing*），Habituation 的影響並不大。

來自受測者認知中介（*cognitive mediation*）對陰莖膨脹測量反應與判讀的影響顯示性激起（*sexual arousal*）並不單純由性刺激（*sexual stimulus*）所誘發，個案乃是經由對性刺激的認知中介產生性激起反應。由偽造與反偽造的研究顯示，當一個人對性刺激出現性激起反應或不反應時，對於該結果的判讀須考慮認知連結（*cognitive link*）的影響，宜更加謹慎小心！

陸、陰莖膨脹測量對性侵害犯罪加害人的研究與應用

在某些性暴力場合，性侵害犯罪加害人不見得有性興奮，或甚至有些性侵害犯罪加害人有性功能障礙，然而，大多數性暴力行為確實涉及性侵害犯罪加害人的性興奮，因此憑直覺似可推斷，性暴力行為必然由性興奮所激發。對偏差的性刺激出現生理上的性興奮，某些學者認為有其生物學及神經內分泌學的基礎（*Langevin et al, 1988*）。有些學者則認為是基於學習（*learning*），就如同古典制約（*classical conditioning*）的概念（*Laws & Marshall, 2003; Marshall & Barbaree, 1984; Quinsey, Chaplin, & Up-*

fold, 1984）。

國外對性侵害犯罪加害人的評估與鑑定，特別是在美、加地區，對性侵害犯罪加害人偏差性幻想與可能出現之性生理反應乃至於偏差性行為，除了臨床診斷性會談外，大多依據陰莖膨脹測量檢查來做為輔助診斷的工具，並將之應用在性侵害犯罪加害人的再犯危險評估與追蹤治療成效。根據國外研究的文獻回顧指出，測試懷疑戀童症的性侵害犯罪加害人，其陰莖膨脹測量檢查的特異度、敏感度均已建立，且由陰莖膨脹測量所得對幼童的性偏差反應是最顯著的再犯率預測因子之一（*Hanson, & Bussiere, 1998*）。陰莖膨脹測量檢查在治療場合亦具有相當的價值，因為它是面質否認及測量治療反應最具成本效益的方法。

陰莖膨脹測量的方法可被利用於包括：性功能的測量、性取向的區辨，乃至於性偏好的診斷、性行為的預測。當個案偽造反應時之應用，陰莖膨脹測量可小心用於解答類似下列的問題：㈠當一個男性否認對男童或成年男性有性激起時，PPG可用以駁斥他的陳述。㈡當一個男性否認性侵害犯罪女童時，PPG可用以顯示其有無戀童症。㈢當一個性侵害犯罪加害人否認強暴女子且聲稱對方是志願的，PPG可預測此人再犯的可能性。

[案例說明]

A君為45歲，高中學歷之已婚男性，涉嫌對一未滿14歲之未成年女童進行強制猥褻與性交。然而，藉由A君心性發展史的評估發現，A君已結婚約兩年時間，且婚前即與妻子認識數年，但卻從未有過性關係，亦否認曾與任何異性發生性關係。A君有性需求時多採用自慰方式解決，認為花錢召妓是違法、不潔的事情。

鑑定人於澄清A君性犯罪行為的經過，A君呈現完全否認，且A君為了證明自己沒有性侵害犯罪被害人，還特別陳述他與太太結婚迄今仍未發生性行為來為自己辯白，此陳述反而使鑑定人懷疑A君性功能可能有障礙。再佐以A君過去亦曾有過妨害性自主罪的前科兩次，且每一次的被害人年齡皆為未滿14歲之幼童，因而懷疑A君可能有偏差的性興趣。鑑定人強烈懷疑A君有性功能障礙或（及）戀童性偏好診斷的可能性，卻又無法從A君的會談結果得到確切的答案下，安排A君接受陰莖膨脹測量檢查，經評估結果發現A君的性反應強度對成年女性刺激、未成年男童刺激、強暴刺激等均未達到有意義的反應，反而在對未成年女童性刺激呈現明顯的性反應。最後，鑑定人在A君極力否認其偏差性興趣與性行為下，仍可客觀地從A君的心性史紀錄與陰莖膨脹測量結果，推論A君有戀童性偏好的診斷，而建議A君需接受相關的治療。

柒、陰莖膨脹測量的重要性與限制

陰莖膨脹測量之重要性與定位包括下列三項：㈠非測謊用途，僅用於鑑別性反應型態或性疾患診斷；㈡預測性侵害犯罪再犯危險的重要指標（動態因子）；㈢追蹤性侵害犯罪加害人療效的工具。至於陰莖膨脹測量的限制則有以下幾點須要注意：㈠具侵犯性的檢查過程（*Invasive procedure*）：陰莖膨脹測量在檢查過程使受檢查者直接暴露於各類不同型式、不同類別的性偏差刺激，這種方式特別是對青少年的族群可能導致不良的示範作用或可能使受檢查者認可偏差的性刺激。（*Marshall, 1996*）㈡心理測量的限制（*Psychometric problem*）：陰莖膨脹測量檢查雖然是針對受檢查者可能出現之偏差性反應進行測量，然而此過程仍可能受到受檢查者的認知中介及心理操弄而干擾檢查的準確性，在檢查過程宜設法克服，並在考慮該因素影響的可能性下小心判讀檢查結果。㈢標準化流程與信、效度：陰莖膨脹測量須有其標準化的檢查步驟與刺激源，特別是再測信度（*test-retest reliability*）及各個刺激類別的內在一致性（*Internal consistency*）及Alternate-form reliability須得到檢驗。

參考文獻

A.P.A.(1999).Paraphilias:Prevalence,Characterisics,Evaluation,and Cognitive-Behavior Treatment. *Dangerous Sex Offenders: A Task force report of the A.P.A.,3,* 43-80.

Abel, G.G., Barlow, D.H., Blanchard, E.B., & Guild, D. (1977). The components of rapists' sexual arousal. Archives of General Psychiatry, 34, 895-903.

Abel, G.G., Barlow, D.H., Blanchard, E.B. & Mavissakalian, M. (1975). Measurement of sexual arousal in male homosexuals: effects of instructions and stimulus modality. *Archives of Sexual Behavior,* 4, 6, 623-9.

Abel, G.G., Blanchard, E.B., Barlow, D.H., & Mavissakalian, M. (1975). Identifying specific erotic cues in sexual deviations by audiotaped descriptions. *Journal of Applied Behavior Analysis,* 8, 3, 247-60.

Barbaree, H. E., & Marshall, W. L. (1989). Erectile responses among heterosexual child molesters, father daughter incest offenders, and matched non-offenders: Five distinct age preference profiles. *Canadian Journal of Behavioural Science,* 21, 1, 70-82.

Barbaree, H.E., Marshall, W.L., & Lanthier, R.D. (1979). Deviant sexual arousal in rapists. Behavior Research and Therapy, 17, 215-222.

Barbaree, H.E., Marshall, W.L. (1998).Treatment of the Sexual Offender. *Treatment of the Offenders with mental disorders,*6,265-328.

Barlow, D.H., Leitenberg, H., & Agras, W.S. (1969). Experimental control of sexual deviation through manipulation of the noxious scene in covert sensitization. *Journal of Abnormal Psychology,* 74, 5, 597-601.

Barlow, D.H., Agras, W.S., Leitenberg, H., & Wincze, J.P. (1970). An experimental analysis of the effectiveness of "shaping" in reducing maladaptive avoidance behavior: an analoguestudy. *Behaviour Research & Therapy,* 8, 2, 165-73.

Barr, R.F., & McConaghy, N. (1971). Penile volume responses to appetitive and aversive stimuli in relation to sexual orientation and conditioning performance. *British Journal of Psychiatry,* 119, 551, 377-83.

David M.Day, Michael H. Miner, V. Henlie Sturgeon, Joesph Murphy (1989). Assessment of Sexual Arousal by Means of Physiological and Self-Report Measures. *Relapse prevention with sex offenders,* 9,115-126.

Gordon C.Nagayama Hall. (1996) Theories of Sexual Aggression. *Theory -Based Assessment, and Prevention of Sexual Aggression,*2,21

Hall, G.C.N., Shondrick, D.D., & Hirschman, R. (1993b). The role of sexual arousal in sexually aggressive behavior: A meta-analysis. *Journal of Consulting & Clinical Psychology,* 61, 6, 1091-1095.

Harris, G.T., Rice, M.E., Quinsey, V.L., Earls, C., & Chaplin, T.C. (1992). Maximizing the discriminant validity of phallometric assessment data. *Psychological Assessment,* 4, 4, 502-511.

Henson, D.E., & Rubin, H.B. (1971). Voluntary control of eroticism. *Journal of Applied Behavior Analysis,* 4, 1, 37-44.

Hanson, R.K., & Bussiere, M.T. (1998). Predicting relapse: A meta-analysis of sexual offender recidivism studies. *Journal of Consulting and Clinical Psychology,* 66, 348-362.

Kuban, M., Barbaree, H.E., Psych, C. & Blanchard, R. (1999). A comparison of volume and circumference phallometry: response magnitude and method agreement. *Archives of Sexual Behavior,* 28, 345-59.

Konopasky R.J. & Konopasky W.B., (2000).Remaking Penile Plethysmography. *Remaking Relapse Prevention with sex Offenders,*15.

Lalumiere, M.L., & Quinsey, V.L. (1994). The discriminability of rapists from non-sex offenders using phallometric measures: A meta-analysis. *Criminal Justice and Behavior,* 21, 150-175.

Lalumiere, M.L., Harris, G.T., & Rice, M.E. (1999). Birth order and fluctuating asymmetry: a first look. *Proceedings of the Royal Society of London - Series B: Biological Sciences,* 266,1436, 2351-4.

Lalumiere, M.L., Harris, G.T., (1998) Common questions regarding the use of phallometric testing with sexual offenders. Sexual Abuse: *Journal of Research and Treatment,*10 (3),227-237.

Laws, D.R., & Marshall, W.L. (2003). A brief history of behavioral and cognitive behavioral approaches to sexual offenders: Part 1. Early developments. Sexual Marshall, W.L., & Barbaree, H.E. (1984). A behavioral view of rape. *International Journal of Law & Psychiatry,* 7, 1, 51-77.

Laws, D.R., & Holmen, M.L. (1978). Sexual response faking by pedophiles. Criminal Justice and Behavior, 5, 4, 343-356.

Laws, D.R., & Rubin, H.B. (1969). Instructional control of an autonomic response. *J Appl Behav Anal 2*, 93-99.

McConaghy,N.,Proctor, D., & Barr, P. (1972). Subjective and penile plethysmography responses to aversion therapy for homosexuality: A partial replication. *Archives of Sexual Behavior, 3,* 67-78.

Marshall,W.L. (1996). Assessment,treatment,and theorizing about sexual offenders : Developments during the past twenty years and future direction. *Criminal Justice and Behavior,23,* 162-199.

Quinsey, V.L., Chaplin, T.C., & Upfold, D. (1984). Sexual arousal to nonsexual violence and sadomasochistic themes among rapists and non sex-offenders. *Journal of Consulting & Clinical Psychology,* 52, 4, 651-7.

Quinsey, V.L., Harris, G.T., Rice, M.E., Cormier, C.A. (1998). Sex Offenders. *Violent Offenders,* 7,119-136

Richard, Laws, D. (1989). Direct Monitoring by Penile Plethysmography .*Relapse prevention with sex offenders,* 8,105-114

Wydra, A., Marshall, W.L., Earls, C.M., & Barbaree, H.E. (1983). Identification of cues and control of sexual arousal by rapists. *Behavior Research and Therapy, 21,* 469-476.

Rubin, H.B., & Henson, D.E. (1975). Voluntary enhancement of penile erection. *Bulletin of the Psychonomic Society,* 6, 2, 158-160.

Zuckerman M.(1971). Physiological measures of sexual arousal in the human. *Psychological Bulletin,* 75, 5, 297-329.

第十一章

性侵害犯罪加害人治療的評估鑑定原則

周煌智

本章學習重點

- 如何進行性侵害犯罪加害人的治療之評估與鑑定。
- 學習如何分類性侵害犯罪加害人。
- 如何評估再犯危險性。
- 撰寫鑑定書

摘要

由於刑法第 91 條之 1 的增修，故有所謂的『刑前鑑定與治療』。對於性侵害犯罪加害人的『有無施以治療之必要』的鑑定標準，雖然用再犯危險性做為鑑定標準居多數，但尚未趨於一致，民國 95 年 7 月開始施行的新修正刑法 91 條之 1 則將刑前鑑定取消，而改採刑期屆滿前或接受身心治療或輔導教育後，再進行鑑定、評估，且明文規定以『再犯之危險性』作為鑑定評估之依據，因此，本文且加入『可治療性』做為原則之一。其次，對於性侵害犯罪加害人的治療概念，特別是對於高危險再犯者，不應該是治癒，而是終身控制！同時，由於性侵害犯罪加害人的異質性，其再犯率亦有所不同，故處遇方式也會不同，必須做好完整的分類，施以不同的處遇計畫以降低再犯率，本文亦同時介紹如何運用本原則進行鑑定與評估。

關鍵詞

性侵害犯罪加害人、再犯危險性、可治療性、終身控制、處遇計畫。

壹、國內性侵害犯罪加害人的刑前鑑定與治療歷史經過

根據行政院衛生署在刑法 91 條之 1 通過不久後，曾邀集國內實際從事性侵害犯罪加害人治療的相關專業人員開會後，做出初步共識，初期以精神疾病與人格違常為主要強制治療，而認知扭曲或偏差行為如有必要亦可鑑定需要強制治療（周煌智、陳筱萍、張永源與郭壽宏，2000）。當時在國內開會討論中，主要有三種意見分別為甲說的『以再犯危險性為鑑定原則』，乙說的『因目前配套措施限制，初期以精神疾病與人格違常為主需要強制治療，而認知扭曲或偏差行為如有必要亦可鑑定需要強制治療』，及丙說的「涉案時行為能力之探討，意即性侵害犯罪行為與精神狀態的因果關係」，分述如下：

㈠甲說：以南部某醫院為代表：根據刑法第 91 條之 1 規定：『……鑑定有無施以治療之必要……』，所謂鑑定應指『鑑定其有無施以治療之必要，而非鑑定犯罪行為與精神疾病的因果關係。』（周煌智，2001）；因此，是否有治療之必要是鑑定的重要關鍵。另一方面，性侵害犯罪加害人的治療處遇的目標在於終身控制，而非治癒。亦即當性侵害犯罪加害人身處高危險再犯情境時，自我的控制愈好，則再犯的可能性就愈低。因此鑑定評估其有無治療的必要就不是單純的精神疾病診斷，而是考慮其再犯的可能性高低（再次犯性侵害犯罪案件之可能性），以及涉案所導致的危險性（再次犯案所造成之傷害的嚴重性，包括對被害人及社會大眾）而定。其鑑定標準傾向於McGrath（1990）所言的標準：『為了要製作性犯罪者的處遇計畫，治療的順從度（*amenability to treatment*）及「危險因子」（*risk factors*），是兩項必須檢視的中心議題。但是在決定處遇計畫前，危險評估（*risk assessment*）是最重要的前置作業之一。』

㈡乙說：是以某軍醫院為代表，根據行政院衛生署民國 89 年年底開會時（行政院衛生署，2000），其代表主任發表意見表示所持的看法與原則與甲說並無太大的差異，唯認為目前我國並無相當處所，且在稍前行政院衛生署所召開的會議提及為避免大量需治療的加害人湧進，暫時做成初期以精神疾病與人格違常

為主需要強制治療，而認知扭曲或偏差行為如有必要亦可鑑定需要強制治療。故鑑定需強制治療的比例目前稍微偏低。唯他強調亦將朝甲說方向邁進。

㈢丙說：以某療養院為代表，根據行政院衛生署所召開的會議兩次會議發言與八九年精神醫學會壁報論文摘要（游正名等，*2000*），不認為性侵害犯罪加害人鑑定標準以高危險、高再犯為標準，甚至其有藥癮時，因另有法律處理成癮問題，亦無治療之必要；其認為這類鑑定是精神鑑定，所採取的原則為「涉案時行為能力之探討，意即性侵害犯罪行為與精神狀態的因果關係」，因此，鑑定有治療之必要的性侵害犯罪加害人不足5%。

雖然立法的意旨很清楚是：「裁判前」「應」鑑定加害人「有無施以治療的必要」，因此，『施以治療的必要』，是本鑑定原則最重要的一項。裁判前鑑定在本質上是一種犯罪預測的概念，即對於犯罪發生的預估，是一種再犯預測（張平吾、馬傳鎮，*1999*），必需要做再犯風險評估。然而，許多學者及精神醫學專家均認為：『性侵害犯罪加害人的治療處遇之標不在於治癒，而是終身控制。』亦即當性侵害犯罪加害人身處高危險再犯情境時，自我的控制愈好，則再犯的可能性就愈低（周煌智等，*2000*）。因此鑑定評估其有無治療的必要就不是單純的精神疾病診斷，而是考慮其再犯的可能性高低，以及涉案所導致的危險性而定。不過，由於是在裁判前做鑑定，常令人質疑行為人有無犯罪都未明之下，無以為憑來做鑑定，亦或有判決與鑑定意見相左之情形，而認為有必要修正「裁判前應經鑑定」之必要。其次，多數學者及精神醫學專家咸認此類行為人於出獄前一年至二年之治療最具成效，且治療處遇的目標不在於治癒，而是自我控制（刑法修法意旨說明，民*94*），故於94年1月7日修正刑法第91條之1：「……前項處分期間至其再犯危險顯著降低為止，執行期間應每年鑑定、評估有無停止治療之必要。」（刑法*91-1*，民*94*）因此，日後評估的重點變成「有無停止治療之必要」，而標準則是「再犯危險顯著降低」，其本質上與「裁判前鑑定」一樣，均是屬於「再犯預測」。而刑法施行法則訂於隔年七月實施，至此，性侵害犯罪加害人的鑑定原則乃採「再犯危險性顯著降低」作為評估的依據（周煌智等，*2004*；周煌智、李俊穎、林世棋、陳筱萍，*2004*）。

貳、新近的性侵害犯罪加害人治療之評估鑑定與治療的原則

一、鑑定原則

早期美國法院對於鑑定人所屬專業領域的經驗法則採用Frye規則，此一規則又稱為「普遍接受」規則。Frye規則包括兩個判斷步驟：首先該專家必須被認定為屬於該案件所涉及部分相關的專業領域，其次則為該專家所憑藉的原則，必須為同專業領域的其它專家所能普遍接受（*Maston, 1999*）。然而，Frye 原則因強調「普遍接受」不適用於日新月異的專業技術發展，甚至會妨礙採用新近的技術或觀點於鑑定工作上。因此，1975年美國通過了聯邦證據法（*the Federal Rules of Evidence*，*FRE*），該法依下列四個準則來取代Frye的「普遍接受」原則：㈠可由或曾被科學方法檢驗。㈡該觀點或技術曾經同儕審查而發表於專業文獻。㈢鑑定結果的可信程度應以潛在錯誤率（*potential error rate*）呈現。㈣「普遍接受」規則仍有其效力，但毋需經該專業社群正式認定（*Maston, 1999*）。於鑑定過程中，專家所依據之判斷準則為強調的在於運用科學方式鑑定所得之科學證據。此一鑑定歷程所得之結果，顯然是為鑑定人依其所屬專家領域所熟知之專門知識、技術，在執行法院所囑託欲鑑定分析之事項時，符合該專業領域工作所認定之科學方法驗證所得之證據資料（蔡銘書，*1999*）。因鑑定書是具有證據力，但卻沒有具有證據證明能力，故法官仍應就其結果之內容，本於獨立之立場，判斷其證據價值。因此，鑑定書是做為法官的重要參考依據，而非最終的判決書。至於涉及社會科學領域之鑑定，雖非依一定的實驗分析步驟，仍應遵照該專業領域之方法及觀點為之，而準照FRE所謂之科學方法。鑑定之結果要能符合法院所提出之鑑定需求，不僅鑑定的內容上，應依循法院所欲鑑定的事項為方針，其結果亦需為法院所能瞭解。所以，結果必須能經由法官評價的步驟而轉換為法官的認知（陳志龍，*1999*）。對於所審理案件相關的專業問題，即使透過專業之鑑定，其結論仍應可被一般人所具常識性的類比經驗來闡述（薛瑞元，*1999*）。

二、目前的趨勢

㈠治療理論：認知行為與再犯預防

雖然截至目前 2005 年初為止，性侵害犯罪加害人的鑑定標準在實務上仍未能統一，且沒有可一致遵行的操作手冊。但以國內外的文獻回顧來看，其理論基礎有以下所述：*1.* 採生物醫學觀點探討精神疾病或酒藥癮與性侵害犯罪因果關係；*2.* 強調在心理人格特質：如人格與社交行為的人格違常、衝動性控制不佳、一時酗酒或嗑藥所導致；*3.* 從社會心理觀點或法律觀點：認知扭曲、偏差行為或法律常識不足所導致犯行。若依照性侵害犯罪加害人的治療原則與假設：*1.* 性罪犯必須為其性侵犯行為負完全責任；*2.* 性侵害犯罪加害人可以改變或增加對其性侵害犯罪行為的控制；*3.* 性侵害犯罪加害人無法完全痊癒，治療只能減少威脅。參照在美國治療性侵害犯罪加害人的團體心理治療大致可分為二：*1.* 認知行為治療；*2.* 再犯預防取向治療（周煌智，*1996*；王家駿等，*2001*）。二者均源自 Banduar 之社會學習理論中認為人類行為是由觀察、學習之認知過程而來。兩種治療有其相似性，主要差別在於「再犯預防取向」強調案主可能有偏差的「情緒行為鍊」（*affective behavioral chain*）及其所連成之潛在的「再犯行為循環」（*reoffense cycle*）。並希望案主能認出上述二者，最後找出方法予以截斷，藉以防止再犯而其所用之技術，亦是以「認知行為療法」為主（*Law, 1989*）。所以再犯預防取向治療中，已融合了認知行為治療。在臨床研究中，也印證此治療療效約可減少一半的再犯率（*Steele, 1995*）。有些研究證實，團體心理治療有顯著的改善（*Marques, Day, Nelson, & West, 1994*）。「再犯預防取向」（*relapse prevention, RP*）原本是一種心理技術，是由 Marlatt 於 1978、1980 及 1982 年所提出。RP 心理技術原來是維持具成癮行為案主治療效果，如酒精濫用、菸癮、藥癮與過食行為等。因為改善此類個案的主要問題在於如何使其在治療後，能維持其改善的程度，否則其復發的機率將很高。RP 的基礎來自 Bandura 之社會學習理論，其認為人類的學習是一觀察學習的認知過程，故強調學習觀察，尤以改善成功者之分享及其成功過程、失敗者如何失敗、認知之預演（*rehearsal*），與情境易再犯時如何避免。故對高危險再犯者的鑑定，需要擬定治療策略、評估成效與再犯預防措施時，應該再加入何時易再犯、何人易被侵害以及何種情境易再犯等預測原則，同時，對於高危險再犯的加害人，透過持續性的治療後，若能描繪出其犯罪路徑據以作為擬定有效的社區監督參考則更佳（周煌智等，*2004*）。

目前性侵害犯罪加害人治療處遇以社會心理治療為主，生物治療則不多見。治療的概念並非治癒而是終身自我控制，其目的在於避免再犯，亦即讓加害人能夠成功地處理與控制危險情境（*threaten situation*），讓自我控制重新建立，以及阻止再犯過程發生（*Marques, & Nelson, 1989*；周煌智、陳筱萍、龍佛衛與郭壽宏，*2000*）。

㈡再犯危險與可治療性的鑑定原則

本文試從 *1.* 立法的原旨，*2.* 全國各地實務界調查所採用的結果，或 *3.* 從鑑定評估的結論與處遇計畫的連結申論，採用再犯危險性與可治療性（所謂的可治療性即是以現有的治療方法，可以有效的處理被告犯案之精神心理病理、認知、行為扭曲等問題的可能性。）作為鑑定評估原則的必要性，試述如下：

1. 立法的原旨

原刑法第 91 條之 1：「犯第 221 條至第 227 條、……之罪者，於裁判前應經鑑定有無施以治療之必要。有施以治療之必要者，得令入相當處所，施以治療。」以及新修正的的條文「……再犯危險顯著降低為止……」的立法的意旨很清楚的兩個重點：⑴要鑑定加害人有無施以治療的必要；⑵鑑定的必要性。因此，定義『施以治療的必要』，是本鑑定原則最重要的一項。裁判前鑑定與「……再犯危險顯著降低為止……」在本質上皆是一種犯罪預測的概念，張平吾、馬傳鎮（*1999*）及林山田、林東茂（*1990*）提到犯罪預測的概念及方法；犯罪預測是對於犯罪發生的預估，它包含兩種型態，一種是集體預測，另一種為個別預測，裁判前鑑定屬於個別預測；個別預測針對特定個人未來犯罪可能性的預估，亦即所謂的再犯預測，因此『有無治療之必要』需要做再犯風險評估。

其次，刑前鑑定有強制的必要性，例如：『法院第四十六期司法業務研究會法律問題研討第八則：問題要旨：已受死刑宣告確定之被告，另犯刑法第 221 條第 1 項之罪，是否仍應於裁判前鑑定有無施以強制治療之必要？』其結論是：『刑法增訂條文第 91 條之 1 已明文規定「於裁判前『應』經鑑定有無施以治療之必要。」故被告如已犯該條所指妨害性自主之案件，不問其另案是否已受死刑宣告判決確定，於妨害性自主案件裁判前均應依該條規定踐行交付鑑定之程序，否則未踐行該程序，逕行判決即屬違法。』，因此此法的施行是屬於具有強制性質的「有無治療之必要」的鑑定。不過在最新修正的刑法修正案，已將上述的第 91 條之 1 的刑前鑑定與強制治療修改為出獄前的治療與逐年鑑定、評估，並明訂以「再犯之危險性顯著降低」作為鑑定的原則，以修正這項缺失。

2.全國各地實務界調查所採用的結果

在實務上，絕大部分的精神醫療院所專家學者已經同意，並開始使用再犯危險（及／或可治療性）為原則作為刑前鑑定的依據，並且據以作為在獄中治療結案以及社區處遇評估其是否接受身心治療及輔導教育的重要評估因素，因此，應可以確認性侵害犯罪加害人的評估原則是以再犯、危險性與可治療性為主流；例如：文榮光等人（2002）在民國 91 年針對台灣目前 62 家行政院衛生署指定之責任醫院進行調查。發現在刑前鑑定方面，有超過 70%的鑑定人員是採取或兼採取再犯危險性作為刑前鑑定評估的原則，僅有 23%的鑑定人員並未作再犯的危險性評估以及涉案當時的身心狀況評估等重要議題（龍佛衛等人，2004）。故絕大部分的精神醫療從業人員是偏向採取再犯危險性作為鑑定的原則。

3.從鑑定評估的結論與處遇計畫做連結

裁判前鑑定有無治療之必要的『鑑定』與刑法修正後的出獄前的『治療與鑑定』相同，主要是做犯罪預測，本質上是一種或然率的推估，以現有所能掌握的證據去預測未來狀態，且透過某種介入力量（實施處遇計畫）可以導致原先不良預測值改變成所想要的結果。因此，鑑定的重點在於如何說明：『以現有基礎可以預測性侵害犯罪加害人有多少可能再次發生暴力的機率，且透過所建議的處遇計畫可以有效的降低或避免再犯的危險性。』因此，此類鑑定的首要精神是評估再犯性高低與暴力危險嚴重度；其次，可治療性是另一個議題。雖然評估案主為高危險、高再犯，然而治療可能性低，治療又有何用？因此，書寫鑑定書時，必須將可治療性，以及如何治療的方法書寫進去，清楚的提供法官判定的參考，以及接續處遇者擬定處遇計畫的參考（周煌智，2002）。

若性侵害犯罪加害人需要進一步完整評估時，在民國 93 年內政部家庭暴力及性侵害犯罪防治委員會所舉辦的「性侵害犯罪加害人評估專業工作坊」中，陳若璋、唐心北引伸McGrath的理論提出評估加害人的評估除了上述的原則外，還需加入「何時易再犯？」，「何人易被侵害？」以及「何種情境易再犯？」等預測原則，做為在獄中治療時評估的依據。故面對高危險再犯者的鑑定，需要擬定治療策略、評估成效與再犯預防措施時，應該再加入「何時易再犯」，「何人易被侵害」以及「何種情境易再犯」等預測原則，同時，對於高危險再犯的加害人，透過持續性的治療後，若能描繪出其犯罪路徑據以作為擬定有效的社區監督參考則更佳。目前性侵害犯罪加害人治療處遇以社會心理治療（以社會學及心理學的方法來治療個案，例如社交技巧、衝動控制與情緒管理等。）為主，生物治療（以生物學的方法來治療個案，包括藥物與荷爾蒙等治療）則不多見。治療的概念並非治癒，而是終身控制，其目的在於避免再犯，亦即讓加害人能夠成功地處理與控制危險情境（*threaten situation*），讓自我控制重新建立，以及阻止再犯過程發生（周煌智、陳筱萍、張永源、郭壽宏，2000；*Marques & Nelson, 1989*）。

三、性侵害犯罪加害人分類是做鑑定與評估的必要步驟

性侵害犯罪加害人主要是依據刑法妨礙性自主罪而來，因此，是一個多重因子決定的異質團體（周煌智，2001；周煌智、陳筱萍、張永源、郭壽宏，2000；陳若璋、劉志如，2001），例如有從『兩小無猜』的合意性交、兒童性侵害犯罪……等到嚴重連續性侵害犯罪或暴力輪姦（*Gang rape*）；其再犯率各有不同。

國外研究性罪犯的學者，早在二十年前，已意識到性罪犯並非單一的類型，例如 Groth（*1980*）就將強暴犯及兒童性侵犯者分開，後續許多學者如 Meiselman（*1978*）、Overhalster等人（*1986*），也都同意性罪犯分類研究的重要性。九○年代初期許多學者，如：Quinsey等人（*1979*）仍進行性罪犯的分類工作，他們認為不同類型的性罪犯，具有不同特質。因此，雖皆是性罪犯，不同類型之性犯罪其性質應有所不同（*Hartley, 2001*；*Horley & Quinsey, 1994; Hudson, Ward & McCormack, 1998; Lin, Maxwell & Barclay, 2000*）。

加拿大的 Hanson & Bussiere（*1998*）從其整合分析（*meta analysis*）中即發現某些類型的性侵害犯罪加害人再犯率較偏高，而且發現加害人之再犯率，可以由檢視性偏差程度（包括與正常性行為偏離的性行為，例如：以滿足性慾的性器官暴露、磨陰癖、性虐待以及先前之性犯罪次數等）達到最有效之預測，而一般之犯罪學因素（如年齡及前科數等）則稍差一些。他們認為在進行性侵害犯罪加害人之危險評估時，應將其「再犯性犯罪」及「再犯其他非性之暴力犯罪」分開考慮。因此，對性侵害犯罪加害人進行分類是擬定治療策略的必要步驟，同時，也應該在這個階段中找出他的再犯危險因素以及保護因素，並且擬定治療計畫與再犯預防的措施。由於分類是性侵害犯罪加害人評估與治療很重要的步驟之一，有許多學者會根據下述的項目來進行分類，詳述如下：

㈠依據受害對象與性質分類

由於性侵害犯罪加害人的異質性，再犯危險性與處遇計畫的擬定亦有不同，因此，仍有進一步分類的必要；周煌智等人（*2000*）曾經依照受害對象將性侵害犯罪分成*1.*一般強制性交（含配偶強制性交），*2.*暴力凌虐與多人強制性交，*3.*

兒童青少年強制性交（可分為戀童症與非戀童症兩類型），*4.* 近親強制性交（*incest*），及 *5.* 公然猥褻等五類。依受害對象與性質的分類簡述如下：

1. **一般強制性交**（含配偶強制性交）：這一類的加害人至少應再分類為四類，分別為：⑴配偶強制性交，⑵機會型強制性交，⑶連續性侵害犯罪，與⑷一般強制性交，其中⑴本質上還包括在家庭暴力範圍內；而⑶則是高再犯危險群，需要較完善而謹慎小心的處理。

⑴配偶強制性交：這一類個案基本上也是家庭暴力的一種，其思維停留在父權時代，男性主宰女性的一切，具有不平等的權力控制思維，因此，需要進一步評估其家庭背景與婚姻關係，在擬訂處遇計畫時，應該也包括預防家庭暴力再犯的處遇計畫在內。

⑵機會型強制性交：包括竊盜後臨時起意、一般的性交易轉變為強制性交在內（不包括對方未滿 *16* 歲的性工作者），在評估這一類人對被害人的傷害危險性時，大體而言並不高，然而其再犯性則呈現較多的異質性，需要根據其人格特質、衝動性與物質使用的各種情形來進一步評估，但這類加害人基本上，是屬於可治療性的個案，其治療除了一般的基本輔導教育，例如：基本的法律常識、適當的性行為、同理被害人與兩性關係外，還必須包括「衝動控制」課程。

⑶連續性強制性交（*serial sex offense*）：在一段時間內對兩人以上的被害人使用非嚴重傷害或無傷害的強制手段，以滿足其性慾目的，而進行強制性交屬之。其治療除了基本輔導教育外，還必須包括「再犯預防」與「犯罪路徑的描繪」等治療項目。

⑷一般強制性交：這類加害人可能是一次以滿足性慾為主的強暴，或醉酒後的強暴行為，也可能是男女朋友的約會強暴（不包括合意性交）等。這類個案的治療可採一般的輔導教育，以及視個案的犯案情境，而增加治療項目（例如：戒酒輔導等）。

2. **暴力凌虐與多人強制性交**：根據刑法性犯罪修正條款第 222 條「二人以上犯第 221 條之罪而共同輪姦者」，這類個案的治療比照機會型的強制性交外，還必須包括『權力與控制論』對『平等論』的原則，以及「對被害人的傷痛與同理心」等治療項目。

3. **兒童青少年強制性交**（可分為戀童症與非戀童症兩亞型）：受害人的年齡低於 18 歲以下，分為固定型和不固定型，即戀童症的對象只固定是兒童，非戀童症的對象則不固定是兒童尚包括成人。如第 227 條（姦淫幼女罪）、第

233 條（引誘未滿 *16* 歲之男女與人姦淫猥褻罪）。兩種的治療項目不儘相同，例如：戀童症的個案還必須進一步的探討兒時的創傷經驗與性挫敗，對個案所造成的影響，除此，「犯罪路徑的描繪」與「再犯預防」等治療項目也必須實施。

4. **近親強制性交**（*incest*）：此處所指的近親強制性交，主要是指父親對女兒的強制性交，即所謂的近親相姦（*incest*）。這類加害人除了接受一般的治療外，這類的個案必須與被害人暫時或永久隔離。

5. **公然猥褻**：公然猥褻指在不特定人或多數人可能共見共聞的狀態下為猥褻之行為，如第 234 條（公然猥褻罪）。一般而言，這類個案的暴力危險程度較低，犯罪的情節較輕微，雖然較不會對被害人的身體造成重大的傷害，然而其再犯率最高，但經過治療後再犯率會降低。目前所採取的治療原則，除一般輔導教育外，需包括「避免進入危險情境」與「衝動控制」等兩項治療。

另一方面，陳若璋、劉志如（*2001*）則依據刑事判決書所述之犯罪事實，將其分成五大群：強姦犯、兒童性侵害犯罪者、輪姦犯、近親相姦者與猥褻犯等五大類，並發現兒童性侵害犯罪者有早發犯罪之傾向，輪姦犯的特性在於青少年聚眾找刺激的行為，近親相姦犯多有婚姻困難，猥褻犯之問題多呈現在與異性相處的困境，不同類的群組呈現的主要問題也不同，擬定的處遇計畫也就會有所差異，由此亦可以瞭解分類性侵害犯罪加害人對於處遇計畫擬定的必要性！。

㈡依據性侵害犯罪型態分類

Knight和Prentky（*1989*）針對性侵害犯罪加害人的分類為 *1.* 權力肯定型（*Power-Assertive*）強姦犯：人格有支配與權力慾望，此類強姦犯在其人格可能有甚為嚴重的問題存在。*2.* 權力滿足型（*Power-Reassurance*）強姦犯：有著明顯的懦弱，不夠格感與性別認同上的問題。*3.* 憤怒報復型（*Anger-Retaliation*）強姦犯：其強姦行為乃是一種憤怒與怨恨的表現，異性對其的傷害而採取報復、貶抑與羞辱被害人為此類強姦犯罪之特徵。*4.* 憤怒激動型（*Anger-Excitation*）強姦犯：屬於病態虐待狂，其所得到的性快感、興奮並不來自於強姦之性行為，而係來自於其折磨被害的殘酷行為。而Groth（*1990*）依據強姦行為中的敵意、控制和支配狀況將性侵害犯罪加害人分類成權力型（*power*）、憤怒型（*anger*）與性虐待型（*sadistic*）三型。

㈢依對犯行的否認程度分類

性犯罪不同於其他犯罪，對被害人或加害人都是極為敏感且秘密，性侵害犯罪者對於過去侵害史往往難於啟口，甚至採取「否認」態度，包括否認行為本身、否認幻想及計畫、否認行為的責任、否認行為的嚴重性、否認對行為的內在愧疚感，及否認改變性侵犯的行為模式。Kenned 和 Grubin（*1992*）依否認的程度分為四種類型，並認為否認的存在可視為不良癒後的指標。此四種類型分別為 *1.* 內因型：對於所犯的罪行感到後悔，願意接受診療，在服刑的過程當中可能會出現憂鬱症狀，人際關係常較退縮，因強姦罪在獄內服刑初期較顯自卑，對於治療的配合度通常較高。*2.* 合理化型：雖承認有罪，不一定承認有責任，但有意願修正自己的行為（包括性行為）。*3.* 外因型：雖然歸咎於第三者，包括受害人，常認為是受受害人引誘或陷害（仙人跳），不一定承認有責任，但仍有意願改善自己的人際關係和社交技巧（兩性關係）。*4.* 完全否認型：雖完全否認性犯罪，強調被冤枉或構陷，但仍可治療其相關問題，如物質濫用或性功能異常等，並且藉由團體或個別心理治療的過程中來處理其阻抗的問題（周煌智，*1998*）。另一方面，在進行評估時，也可以運用測謊儀來協助評估、鑑定與治療的療效。基本上，測謊可分「侵入性」與「非侵入性」。侵入性測謊是強調利用科學技術，直接檢測生理跡象，來判斷受試者是否說謊。目前最普遍的設備是檢測血壓、脈搏與呼吸數。「非侵入性」利用的是會談學技巧，進行受測者的心理描繪（*Psychological Profile*）技術。此法並可以運用在性犯罪的調查。

要學會心理描繪技術需要那些的訓練和學習呢？可以從⑴和法醫驗屍開始學起，屍體上呈現的傷痕、屍體呈現的位置都會呈現許多兇手的資料；⑵要學會兇案現場的鑑識；⑶要向監獄的犯人學習，取得第一手資料，他們是如何起意犯案、如何計畫、如何尋找獵物、如何取得獵物、如何下手、下手的心路歷程、如何處理屍體、犯案後的行為是什麼（*post crime behavior*），最後還得回顧瞭解這些兇手的成長歷程，以及在什麼狀況下這些殺手開始殺人成癖了。美國道格拉斯和雷斯勒在八〇年代初期訪問了 30 到 40 名全美最惡名昭彰的殺手，以其寶貴的資料就是建立心理描繪技術的最好的基礎。⑷要學會如何整合前三者的資料，並使用新的科技如電腦程式協助描繪兇手的特質，同時不斷將現場重現及不斷的思考兇手的心理狀態認知行為模式，兇殺畫面就會逐漸呈現並接近事實了。例如：喬治・羅素（*George Russell*）前後殺了三人，這三名女性皆在背部遭到多次殘殺（*over killing*），如第三位女性背部有 230 個小圓錐刀痕，她們都是全身赤裸，面部向下的棄屍，屍體置放成某個角度，她們的下體皆遭異物插入，身上找不到任何精液……。之所以殺她們用這種方式就是要報復他一生中曾經拋棄他的兩名女性——母親和繼母（周煌智，*1998*）。

㈣依據再犯危險性與可治療性分類

性侵害犯罪加害人是一個多重因素所決定的異質性團體，因此必須針對個案加以分類治療（*Romeo & Williams, 1985*），且必須考慮到「治療的順從度」與「危險因子」兩個中心議題（*McGrath, 1991*）。在美加地區，一些有聲譽的性加害者治療計畫，從治療經驗中更發現不同危險性加害者之治療仍需有不同設計，如美國佛蒙特州在監獄內的治療方案，經過最初的危險評估後，區分出低、中、高不同之危險性。低危險性在監獄中提供很少的基礎課程，不需要接受密集的治療；中高危險性則需接受至少一年以上的治療課程（*Cumming, 2002*）。而在加拿大，加害人亦需經過 55 天的評估過程，以鑑別加害人之安全性、危險再犯性和治療需要性，來決定安置至適當的機構做不同的處遇治療（*Barbaree, Peacock, Cortoni, Marshall, & Seto, 1998*）。而高危險、高再犯者可能的處遇是終身監禁，以減少對社會的危害。因此診斷評估其有無治療的必要不是單純的精神疾病診斷，而是考慮其再犯的可能性高低，以及涉案所導致的危險性而定（周煌智、陳筱萍、張永源、郭壽宏，*2000*）。

四、如何進行鑑定與評估

基於以上的原則，進行性侵害犯罪加害人的有無施以治療之鑑定或處遇計畫評估的進行步驟（如圖 *11.1* 與 *11.2*），首先必須有：㈠完整的法院移送資料；㈡適當的評估地點與人員；㈢基本資料的收集；㈣再犯性、危險性及可治療性的評估；㈤鑑定結論（周煌智等，*2004*）。把這些步驟分述如下：

㈠完整的法院移送資料

由於性侵害犯罪加害人常會有否認或防衛的態度，因此，需要具備足夠的旁證資料做為參考；因此，一般法院所移送的資料，至少應該包括偵訊筆錄（包括證人與被害人的證詞、錄音、若有測謊結果，也應一併移送）、前科記錄，與本案有關的相關的就診資料以及起訴書等資料，愈多的資料提供，愈有助於鑑定書的撰寫以及擬定處遇計畫。

㈡評估的地點與人員

由於加害人具有不確定的潛在危險性，因此評估或鑑定的地點仍必須有安全的防範措施，以及可立即支援的人力，其次，鑑定的人員包括專科醫師、心理師與社工師等人員（如附件一）。

㈢資料的收集

對個案進行會談時，需要包括：1.個人基本資料的收集；2.成長經驗（含雙親教養）；3.創傷經驗（包括身體、心理、挫折、壓力經驗與經濟問題）；4.心性發展史（包括第一次的性經驗、性生活、與性幻想、偏好、態度與性挫敗經驗……）；5.婚姻家庭史（包括婚前交往與婚後互動）、子女教養與家庭生計處理；6.社交網絡與家庭互動（包括與父母、兄弟姊妹互動與家庭暴力）；7.職業史（含求學與工作經驗）；8.犯罪史（包括非性犯罪前科與性犯罪前科等）；9.物質使用史；10.精神狀態（含身體健康狀況、診斷與人格特質）；11.犯案歷程與危機處理模式；12.對被害人的同理心程度；與13.本次相關的強制性交涉案情形（若在獄中評估還必須包括否認程度、危險情境、何人與何時可能發生的評估）等；14.視需要施以心理測驗（包括智力測驗與投射測驗）、測謊、陰莖體積測試儀或神經心理學的檢查（如威斯康辛卡片排序測驗或聽覺腦誘發波）；15.最後，並根據所收集的資料（包括移送的資料），進行再犯性與危險性量表的評估。

由於要對性侵害犯罪加害人做完整性的精神心理評估時，需要進行深度訪談以瞭解個案的危險性，以及如何防範與注意（因單次鑑定時間較短，通常無法在單次的鑑定時做，故一般是在獄中治療前，擬定處遇計畫做評估時為之）。這是一個靜態與動態（又分為常態與急性）的再犯危險因素的概念！意即每一個個案在評估歷史資料（靜態）時，被認定為高危險再犯的個案時，其歷史資料是不會改變的（例如：年紀少於25歲、曾有性犯罪前科），然而這種資料運用在量表上，並無法提供未來治療療效評估的參考（因不可改變）；另一方面，動態因素是可改變與介入的，例如：有無接受治療、特殊人格特質（常態，可改變，但不易立即改變），偶發衝突性或衝動事件（急性，立即介入處理），瞭解了這些狀況以後，可以在評估報告建議處遇（可參考附件二的半結構格式），也可以做為未來療效評估的依據。

㈣危險量表的運用

台灣目前使用中的危險量表（這是用來評估個案再犯可能性或傷害嚴重程度之評估量表）分別有：靜態-99危險量表（*static-99*）、明尼蘇達危險量表。由於鑑定的原則是採取再犯危險性與可治療性的原則施測，因此，選擇具有信效度的再犯危險評估量表就很重要，量表除了具有信效度外，也必須具有操作手冊，施測者對於量表的使用也必須接受足夠的訓練，方能避免未來交互詰問時質疑信效度與是否遵照標準作業規範執行。相對地，我們也知道性侵害犯罪加害人的治療不是一種治癒，而是一種終身控制的觀念（周煌智等；周煌智等，*2005*），因此，在監獄中進行性侵害犯罪加害人的評估與處遇時，除了評估危險因子，並綜合動、靜態的危險因素後，對於如何介入改變，增加有利因子（例如穩定的工作與人際關係，避免進入危險情境等。）以及尋找有效的抑制模式就變得很重要。例如科羅拉多州的社區鑽石抑制模式（即預防措施需包括治療者、測謊、觀護人與社區監督等共同合作）就值得嘗試！

㈤结論的內容

鑑定結論的內容應包括：*1.*精神科的診斷：包括涉案當時與鑑定當時以及人格特質；*2.*再犯危險性的分析；*3.*可治療性的評估；以及*4.*建議的處遇計畫。如果是在獄中評估則必須包括危險情境、何人可能被害與何時可能發生的評估，並藉以描繪出個案的犯罪路徑，及其再犯預防的措施，以及接受何種治療或輔導教育，其經過治療或輔導後再犯危險性是否顯著降低等項目，以做為未來性侵害犯罪加害人在社區持續接受處遇的參考。

圖 11.1　性侵害犯罪加害人的精神心理性評估、鑑定與處遇計畫擬定流程圖

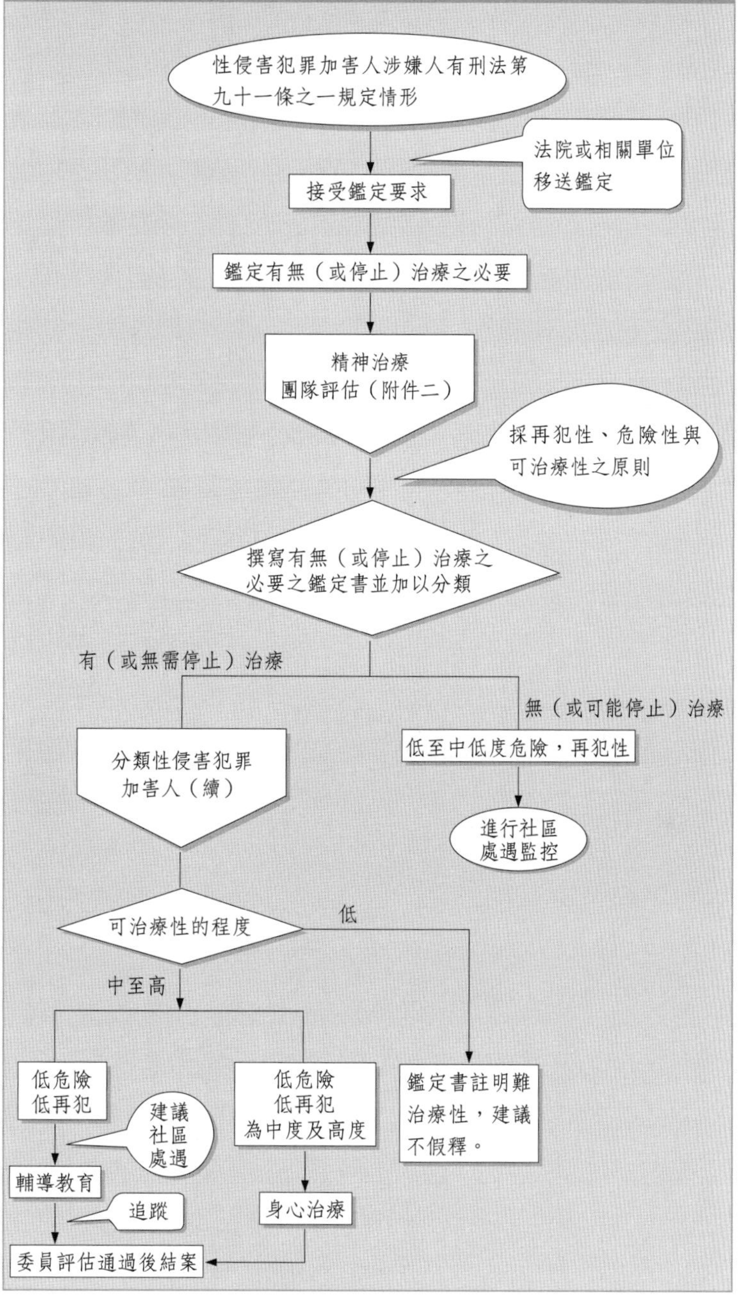

性侵害犯罪加害人涉嫌人有刑法第九十一條之一規定情形
↓
法院或相關單位移送鑑定 → 接受鑑定要求
↓
鑑定有無（或停止）治療之必要
↓
精神治療團隊評估（附件二）
↓
採再犯性、危險性與可治療性之原則 → 撰寫有無（或停止）治療之必要之鑑定書並加以分類

- 無（或可能停止）治療 → 低至中低度危險，再犯性 → 進行社區處遇監控
- 有（或無需停止）治療 → 分類性侵害犯罪加害人（續）→ 可治療性的程度
  - 低 → 鑑定書註明難治療性，建議不假釋。
  - 中至高 →
    - 低危險低再犯（建議社區處遇）→ 輔導教育 →（追蹤）→ 委員評估通過後結案
    - 低危險低再犯為中度及高度 → 身心治療 → 委員評估通過後結案

（以新刑法為準：入獄後接受治療後，執行期間應每年鑑定、評估有無停止治療之必要。本圖引自周煌智等發表於醫事法學內容，*2004*）

圖 11.2 ——以再犯性、危險性及可治療性為原則——不同類性侵害犯罪加害人分類、評估鑑定與治療流程圖

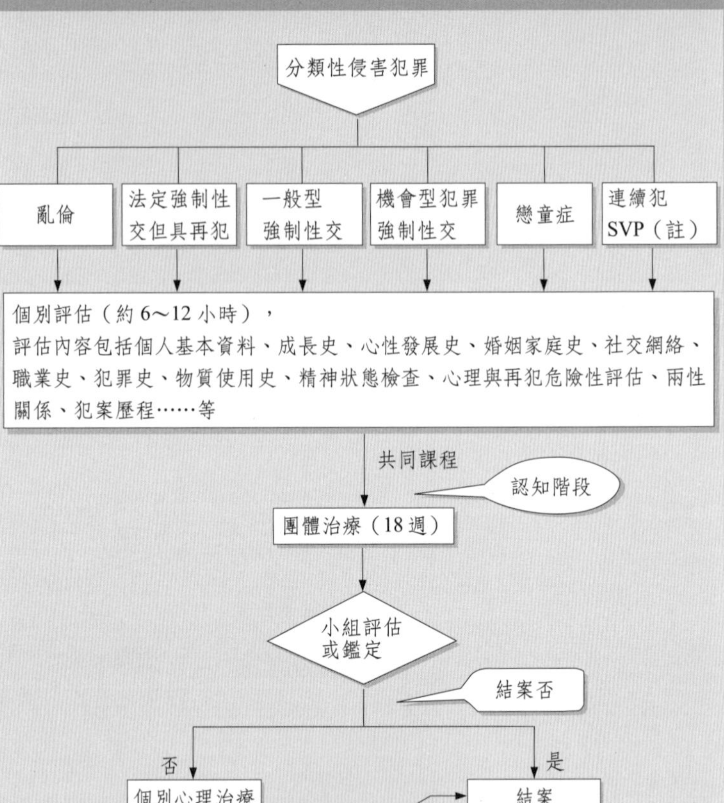

註 1：可能與左列的分類有重複者，以右邊屬性為主，例如戀童症者可能亦為亂倫者，則優先以戀童症做為處理原則，次為「亂倫」評估。

註 2：司法院第四十六期司法業務研究會法律問題研討第八則：問題要旨：已受死刑宣告確定之被告，另犯刑法第二百二十一條第一項之罪，是否仍應於裁判前鑑定有無施以強制治療之必要？法律問題：八十八年四月二十一日修正公布之刑法增訂條文第九十一條之一關於性犯罪者的強制治療規定，對於另案已受死刑宣告確定之被告，其另觸犯該條所指妨害性自主之案件（行為在修正後），有無該條關於「於裁判前應經鑑定有無施以治療之必要」之適用？研究意見：肯定說按法律的解釋不能逾越法律的明文規定，此為大原則。性犯罪者的強制治療，因刑法增訂條文第九十一條之一已明文規定「於裁判前『應』經鑑定有無施以治療之必要。」故被告如已犯該條所指妨害性自主之案件，不問其另案是否已受死刑宣告判決確定，於妨害性自主案件裁判前均應依該條規定踐行交付鑑定之程序，否則未踐行該程序，逕行判決即屬違法，因此，此法的施行是屬於具有強制性交性質的「有無治療之必要」的鑑定。

附件一

台灣精神醫學會建議之性侵害犯罪加害者精神鑑定人員組成及設備

人員	工作內容	相關設備
精神科專科醫師 （至少2人）	收集病史資料 精神狀態檢查 理學及神經學檢查 住院鑑定時對病人之觀察與照顧 再犯危險之評估 性相關疾患之診斷	會談室 安全措施？ Amobarbital, Diazepam RRASOR、MnSOST-R、Static-99、Washington 性侵害犯罪加害者心性診斷評估問卷（自填與訪談）
住院醫師 （適用於精神科教學醫院）	同上	同上
心理技師 （至少一人）	智力測驗 心理、人格測驗 神經心理學測驗	測驗材料 性侵害犯罪加害人心理狀態評估工具量表手冊（柯永河）
社工人員	性犯罪加害人基本資料收集 家族史資料收集 出訪家屬、同事、證人等 必要時協助家屬或病人	會談室、性犯罪加害人基本資料表
檢驗技術人員	腦波、陰莖體積膨脹測量儀 生化、心電圖等 血液中酒精濃度	腦波室 檢驗室
神經科醫師 （必要時）	必要之神經學檢查	神經學檢查工具
行政人員	公文處理 鑑定報告打字、發文	
法律顧問	法律問題諮商	
護理人員	住院鑑定時對病人之觀察與照顧	
法院	起訴書報告 （性犯罪史的描述，包括過去犯罪紀錄、被害者背景資料及被害事實）	在押之性加害者由法警陪同

附件二

性犯罪加害人個案資料表

個案編號：＿＿＿＿＿＿＿＿

個案姓名：＿＿＿＿＿＿＿＿

填表人：	單位				
	職稱				
	姓名				
	填表日期				

（續）

評估日期：____年____月____日

壹、個案基本資料（監獄使用）：

一、姓名：　　　年齡：　　出生　年　月　日　　性別：□男　□女

二、刑號：　　　身分證字號：

三、教育程度：□不識字□小學肄□小學畢□國中肄□國中畢
□高中職肄□高中職畢□大學（專）肄□大學（專）畢以上
□研究所及以上□不詳

四、婚姻狀況：□未婚□已婚□同居□離婚□分居□寡／鰥居□其他　　□不詳

五、是否有子女：□否　□是，男　　位，女　　位　是否同住：□是　□否

六、入監前職業：職稱　　　　　　　簡述
□農、林、漁、牧□工、礦□商業□服務業□公教、軍、警
□學生□無工作□退休□其他　　□不詳

七、身心障礙情形：□無□聽障□視障□瘖啞□智障□肢障□精神疾患□口吃

八、身高：　　cm　體重：　　kg

九、身分別：□外籍人士　　□本國人（□原住民　　　族）

十、使用語言：是否使用國語　□否　　□是　□聽　□說　□讀　□寫
是否使用台語　□否　　□是　□聽　□說　□讀　□寫
主要使用語言

十一、受刑人此次接受治療：□刑前治療　□刑中治療　□強制治療

貳、犯罪資料

一、此次判決犯罪事實摘要：

二、性犯罪資料：
□初犯　　□累犯　　□再犯　　□結合犯：　　次

三、前科資料：（從最近犯案時間依序由上往下填寫）

項次	犯案年月日	罪名	刑期	入獄年月日	出獄年月日	服刑獄所

（續）

性侵害犯罪者入監所之評估報告書

此頁由各監所調查科填寫

（續）

參、家族史

一、家族圖：（包括原生及現在家庭成員，註明其年齡、職業、生歿等，並圈出與個案共同居住的家庭成員）

二、原生家庭互動關係

1. 家族中，最親近的人是：________；最疏離的人是：________；中學前主要照顧者是：________。

2. 父母親兩人的關係如何？

□非常差，說明_____□有點差，說明_____□普通　□還不錯　□非常好

3. 父親的管教態度如何？

□非常嚴格　□有點嚴格　□普通　□有些不嚴格　□非常不嚴格

4. 母親的管教態度如何？

□非常嚴格　□有點嚴格　□普通　□有些不嚴格　□非常不嚴格

5. 與父親的關係如何？

□非常差，說明_____□有點差，說明_____□普通　□還不錯　□非常好

6. 與母親的關係如何？

□非常差，說明_____□有點差，說明_____□普通　□還不錯　□非常好

7. 與兄弟姊妹的關係如何？

□非常差，說明_____□有點差，說明_____□普通　□還不錯　□非常好

8. 以前蹺家或逃家的次數如何？

□不曾有過　□很少　□有時　□經常　□幾乎每天

（續）

9.家中特殊狀況（請於括弧中填入發生年齡或時期）如：父親管教嚴苛（16歲）

□家中經濟不佳（　）　□__親管教嚴苛（　）　□__親嚴重體罰（　）

□__親長期疏忽（　）　□父母情感疏離（　）　□父母常有爭執（　）

□祖父母撫養長大（　）　□父母離異（　）　□__親感情出軌（　）

□不知__親為誰（　）　□__親離家出走（　）　□__親過世（　）

三、過去創傷經驗及重大生活事件

「請回想從小到大，印象中讓你覺得難受（生氣、傷心、害怕、無助等）或對你影響很大的事情是什麼？」（請記下每件事件發生時個案的年齡，事件內容，當時的感受以及現在的感受）

年齡	創傷事件簡述	當時感受	現在感受
3 歲（例）	母親離家出走	害怕、難過、無助	生氣、憤怒

肆、學校經驗

一、學校行為表現

個案主觀認為就讀國小時，與老師之關係如何？

非常差　□有點差　□普通　□還不錯　□非常好

個案主觀認為就讀國小時，與同學之關係如何？

非常差　□有點差　□普通　□還不錯　□非常好

個案主觀認為就讀國中時，與老師之關係如何？

非常差　□有點差　□普通　□還不錯　□非常好

個案主觀認為就讀國中時，與同學之關係如何？

非常差　□有點差　□普通　□還不錯　□非常好

個案主觀認為就讀高中職時，與老師之關係如何？

非常差　□有點差　□普通　□還不錯　□非常好

個案主觀認為就讀高中職時，與同學之關係如何？

非常差　□有點差　□普通　□還不錯　□非常好

（續）

個案的學業排名如何？

優　□中上　□普通　□中下　□倒數五名

在學校是否曾經被處罰？

不曾有過□很少被處罰　□有時被處罰　□經常被處罰　□幾乎每天被處罰

個案印象中，蹺課或逃學的次數為何？

不曾有過□很少　□有時　□經常　□幾乎每天

個案在學時期的特殊經驗？（請於括號內填入時期）

□無　□學習障礙　□發展遲緩　□語言障礙　□資優　□留級

□轉學　□退學　□休學　□曾接受輔導（　）　□其他

個案在就學期間是否有與性相關的加害或被害經驗？

□否　□是

二、同儕關係

發生期間（有發生勾選前三項，無勾選最後一項）	國小	國中	高中	無
1. 個案就學期間在學校沒有朋友，不與朋友往來	□	□	□	□
2. 個案就學期間經常與人打架、鬥毆	□	□	□	□
3. 個案就學期間曾參與幫派活動	□	□	□	□
4. 個案就學期間經常與友人一同打架、偷竊、嗑藥，甚至輪暴	□	□	□	□

伍、異性交往史

一、異性交往史

1. 最早對「性」感到好奇的年齡

□10 歲（國小四年級）以前　□11～12 歲（國小五、六年級時）

□13～15 歲（國中時期）　□16～18 歲（高中／高職時期）

□18 歲以上　□當兵時期

2. 性知識的來源（可複選）

□學校健康教育　□父母　□兄長　□同儕　□實際經驗

□報章雜誌、媒體　□色情書刊　□色情影片　□其他

3. 是否有過親密關係

□否＿＿＿＿＿＿＿＿＿＿＿＿＿＿＿＿＿＿＿＿＿＿＿＿

□是，有＿＿位。（是請填此表）

（續）

	關係	姓名	交往期間	分手原因	是否育有子　女	是否同住	關係重要性與意義
親密關係史					□否□是 __子__女	□否□是	
					□否□是 __子__女	□否□是	
					□否□是 __子__女	□否□是	

4. 第一次性行為：發生年紀____對象的來源：□援交　□網交　□嫖妓　□女友／妻子　□性侵害犯罪他人　□其他______________

感覺____

5. 目前主要性行為對象？（犯案前兩年）

援交　□網交　□嫖妓　□女友／妻子　□性侵害犯罪他人　□其他______________

6. 是否青少年時期即開始以上行為　□是　□否

7. 有無同性戀經驗

□否　　□有，____次

8. 是否有入珠？

□否　　□有，____粒

9. 性需求解決管道：

自慰　□女友／妻子進行性行為　□援交　□網交　□嫖妓　□性侵害犯罪他人

10. 性行為的頻率？

最多時____次／月　　目前____次／月

11. 較常使用的性行為方式：（可複選）

□前戲（親吻、愛撫）　□口交　□陰道交　□肛交

□使用輔具　□性虐待　□使用藥物

12. 孩童時期是否遭受性侵害犯罪：□否，□是

發生年齡：____

（續）

與對方關係：□父母　□家人　□親戚　□鄰居　□家庭友人　□不認識的人

情況描述：________________________________

陸、婚姻家庭互動關係

1. 個案主觀認為與妻子（或同居人、女友）相處情形如何？（單身或離婚無固定交往對象不需回答）

□非常差　□有點差　□普通　□還不錯　□非常好

2. 個案與其妻子（或同居人、女友）之間常見的壓力類型（單身或離婚無固定交往對象不需回答）：

□經常性衝突　□經濟壓力　□子女教養問題

□家人物質濫用問題　□賭博問題　□感情不和睦

□外遇問題　□溝通問題　□婆媳問題

3. 其他________________________________

____

____

4. 與妻子衝突的處理方式

□冷戰　□打配偶　□打小孩　□打家人（全部）

□找朋友喝酒　□嫖妓　□非性犯罪之犯行（如偷竊）

□進行性犯罪　□考慮離婚

柒、工作經驗

一、入獄前曾任工作（工作種類）：

	工作種類	職稱	任職時間	地點	待遇	離職原因
工作情況						

二、入獄前工作場域互動情形

（續）

工作場域互動情形	工作情形多為 □個人進行 □團體配合；主要搭檔為____ 合作關係及感覺：□佳 □普通 □不佳
	與雇主之間的互動：□多 □普通 □少 對雇主的滿意度：□高 □普通 □低
	上班時間與同事互動情形：□多 □普通 □少 非上班時間與同事的互動情形：多 □普通 □少
	關係最密切的同事為：____________
	其他詳細說明____________ ____________

三、無工作者之主要經濟來源為：____________

捌、性犯罪危險性評估

一、犯案記錄

案件	受害人特徵	受害人數	與受害者關係	接觸受害人的方式	加害地點	犯案年月日	加害時間	加害手法	有無身體傷害
案一									
案二									
案三									
案四									
案五									
案六									
犯案特殊行為（於括號內填入於案幾發生） □有 □遺留排泄物（ ）□特殊癖好性要求（如口交等）（ ）□攝影、拍照（ ） □傷害性器官（ ）□傷害身體（ ）□取走被害人物品（ ）□反綁被害人（ ） □將被害人眼睛或頭部蓋住（ ）□有特殊儀式（請說明）：________ □其他（請說明）：____________									

（續）

二、性犯罪類型

曾有過性犯罪類型

□強姦婦女（16 歲以上女性）　□已遂　人數

□未遂　人數____

□強姦少女（14 歲以上 16 歲以下女性）　□已遂　人數

□未遂　人數____

□強姦女童（14 歲以下女性）　□已遂　人數

□未遂　人數____

□強姦男童（14 歲以下男性）　□已遂　人數

□未遂　人數____

□猥褻婦女（16 歲以上女性）　□已遂　人數

□未遂　人數____

□猥褻少女（14 歲以上 16 歲以下女性）　□已遂　人數

□未遂　人數____

□猥褻女童（14 歲以下女性）　□已遂　人數

□未遂　人數____

□猥褻男童（14 歲以下男性）　□已遂　人數

□未遂　人數____

□性騷擾行為（暴露狂等……）　□已遂　人數

□未遂　人數____

□其他（____含輪姦、屍姦、物姦等請說明）　□已遂　人數

□未遂　人數____

三、與性犯罪相關之事件

1. 近期（犯案前三個月）發生之壓力事件：

⑴是否職業上遭遇挫折或不順：□否　□是：何事：________________

⑵是否婚姻或異性交往遭受困擾：□否　□是：何事：______________

⑶是否性生活出現問題：□否　□是：何種問題____________________

⑷是否家庭生活有遭受挫折：□否　□是　請說明：________________

⑸是否正經歷考試壓力：□否　□是

⑹其他（請說明）__________________________

2. 犯案前是否有以下行為：

⑴是否剛看完色情影片或刊物：□否　□是

（續）

(2)是否正施打毒品、嗑藥或酗酒：□否　□是：何種及用量＿＿＿＿＿＿

(3)在犯罪前是否有事讓你心情不好或很煩惱：□否　□是　請說明：＿＿

＿＿＿＿＿＿＿＿＿＿

(4)其他（請說明）＿＿＿＿＿＿＿＿＿＿＿＿＿＿

四、對此次犯行否認與態度

(1)是否承認自己犯行：□是　□否　□部分承認（請說明）＿＿＿＿＿＿

(2)是否願意承擔罪責：□是　□否　□部分願意（請說明）＿＿＿＿＿＿

(3)對自己犯行合理化方式如：

＿＿＿＿＿＿＿＿＿＿＿＿＿＿＿＿＿＿＿＿＿＿＿＿＿＿＿＿

(4)評估員主觀評估其否認程度：□否認程度高□否認程度中□否認程度低

五、性犯罪資料中是否有與判決書不同描述

□是　□否　詳述＿＿＿＿＿＿＿＿＿＿＿＿＿＿＿＿＿＿＿＿＿＿＿＿＿＿＿

玖、目前的生理，精神狀態

一、生理疾病、精神疾病及物質施用史

1. 過去內外科疾病史：

□無重大內外科疾病

□需注意以下內外科疾病：＿＿＿＿＿＿＿＿＿＿＿＿＿＿＿

2. 精神疾病史：

個案本身：　□無精神疾病就診記錄　□有精神疾病：＿＿＿＿＿＿＿

個案家族：　□無精神疾病就診記錄　□有精神疾病：＿＿＿＿＿＿＿

3. 物質施用史

(1)是否曾使用過下列物質？（是則勾選）

物質	否	是	使用量是否有逐漸增加	是否嘗試著停用卻又再用	為何再度使用
海洛因、嗎啡					
安非他命					
搖頭丸、快樂丸					
K 他命					
FM-2					
強力膠					
酒精					
其他					

（續）

⑵使用後是否產生以下狀況（複選）

□涉案／犯法而被判刑、入獄或觀察勒戒

□有身體上的疾病

□負債

□家庭（夫妻、親子）失和

□無法規則工作

⑶使用毒品或酒精，與其性侵害犯罪行為有何關聯____________________

______________________________。

⑷家族中，是否有人罹患藥、酒癮：□無　□有，與個案的關係是______

______________________________。

⑸在什麼情況下會想要使用上述物質

□工作壓力大　□與妻子爭吵　□打發時間　□朋友邀請　□其他__

二、一般身體健康狀況與臨床精神狀態檢查

1. 外觀特徵及一般身體健康狀況檢查：

□評估時無顯著異常

□請描述外觀特徵（注意是否有頭部、四肢的疤痕等、重聽、失明或四肢功能是否健全等）

____

____

請描述與身題健康有關的症狀表現（由醫師填寫）（非必填項目）

____

2. 目前臨床精神狀態：

□評估時無顯著異常

□評估時有以下的特別反應，請注意（打勾及圈選，或作描述）：

⑴一般智能反應及語言能力：

□語言理解能力差，反應慢、口齒不清

□言語不連貫、說話邏輯散亂、內容不切題或易離題

話太多、難以制止、好爭辯

說話有氣無力、非常沈默

□對人、時、地的定向感差

□其他____

⑵情感、行為、態度：

（續）

□敵對、不合作、消極冷漠、多疑、難以建立會談關係、過度有禮（作態式）

□坐立不安、動作多、表情怪異、重覆動作

□情緒變化大 □過度愉悅 □容易生氣

□過度緊張 □憂鬱 □有關身體不適的抱怨多

□其他＿＿＿＿＿＿＿＿＿＿＿＿＿＿＿＿＿＿＿＿＿＿＿＿＿＿

⑶人格特質（依評估者於評估時的綜合判斷）：

□妄想性人格特質 □類分裂性人格特質 □分裂病性人格特質

□做作性人格特質 □自戀性人格特質 □反社會性人格特質

□邊緣性人格特質 □畏避性人格特質 □依賴性人格特質

□強迫性人格特質

□其他＿＿＿＿＿＿＿＿＿＿＿＿＿＿＿＿＿＿＿＿＿＿＿＿＿＿

⑷精神病症狀表現（無法確定者請在其他處作描述）：

□關係妄想、被害妄想、

□聽幻覺、視幻覺、體幻覺

□精神恍惚、衝動控制力差、現實感缺損

□其他＿＿＿＿＿＿＿＿＿＿＿＿＿＿＿＿＿＿＿＿＿＿＿＿＿＿

三、性障礙評估（Sexual Disorder）

⑴性功能異常評估（sexual dysfunctions）

□評估時無顯著異常

□評估時有以下性功能障礙之可能

□性慾障礙 □性興奮障礙（如勃起困難……）

□性高潮障礙（加早洩……） □性疼痛障礙

□懷疑有以下性功能障礙

□性慾障礙 □性興奮障礙（如勃起困難……）

□性高潮障礙（加早洩……） □性疼痛障礙

☆症狀／反應之描述：

＿＿＿＿＿＿＿＿＿＿＿＿＿＿＿＿＿＿＿＿＿＿＿＿＿＿＿＿

＿＿＿＿＿＿＿＿＿＿＿＿＿＿＿＿＿＿＿＿＿＿＿＿＿＿＿＿

⑵性倒錯評估（paraphilias）

（續）

□評估時無顯著異常

□評估時有以下診斷之可能

□戀童癖

□性虐待狂　□受虐淫癖

□扮異性戀物癖　□窺淫癖

□暴露狂　□戀物癖

□其他未註明者：________________

☆症狀／反應之描述：

____

____

拾、性侵害犯罪加害人精神、智能和危險再犯性評估

一、犯案類型

□戀童　□強暴　□亂倫　□猥褻　□輪暴　□______

二、精神狀態（請醫師確認）

□無明顯精神疾病　□疑似精神疾病　□有精神疾病（______）

□無明顯反社會行為　□疑似反社會行為　□有反社會行為（______）

□無明顯經常性飲酒　□疑似經常性飲酒　□有經常性飲酒（______）

□無明顯藥物濫用　□疑似藥物濫用　□有藥物濫用（______）

三、特殊狀況（以下請心理師確認）

□無　□瘖啞　□口吃　□老人（70 歲以上）　□語言溝通困難　□視障

□不識字

□其他________________

四、智能評估和其他人格狀態

1. 魏氏智力量表第三版簡明版

語文智商：______操作智商：______總智商：______

智能為□正常　□邊緣　□______智能不足範圍

2. 班達完形測驗□正常　□疑似腦傷　□疑似智能不足

3. 貝克憂鬱量表□正常　□輕度憂鬱　□中度憂鬱　□重度憂鬱

4. 貝克自殺量表□正常　□具自殺意念

五、危險再犯性評估

1. Static-99 ＝______分；性再犯率　5 年再犯率：______；10 年再犯率：__

（續）

暴力再犯率　5 年再犯率：______；10 年再犯率：______

校正後分數＝______分；校正理由______________________

2. RRASOR ＝______分；5 年再犯率：______；10 年再犯率：______

校正後分數＝______分　校正理由______________________

3. ________危險量表＝______分；（如 MnSOST-R）5 年再犯率：______；10 年再犯率：______

六、可治療性

1. 否認程度□否認程度高　□否認程度中　□否認程度低

2. 治療意願□沒有意願　□意願低　□意願中　□意願高

3. 可治療性□沒有治療性　□治療性低　□治療性中　□治療性高

七、結論

評估者意見______________________________________

____

____

危險程度______________________________________

再犯程度______________________________________

八、建議

1. 自殺危機　□無　□有　□立即自殺危機

2. 適合加入團體　□是　□否

3. 轉介精神科醫師進一步鑑別　□是　□否

4. 轉介心理師進一步鑑別　□是　□否

精神科診斷多軸評估（請醫師填寫）

第一軸：（臨床精神科疾病）

第二軸：（人格疾患）

第三軸：（生理疾病狀況）

（續）

第四軸：（心理社會環境問題）

第五軸：（功能整體評估 0～100 分或請作描述）

近一年內最好的功能狀況

Static-99

姓名__________　評分對象________　日期______

危險成分		評分準則		Static-99 得分
1.	以前的性侵害犯罪記錄	無 1 次定罪或 1～2 次起訴 2-3 次定罪或 3～5 次起訴 4 次以上（含 4 次）次定罪或 6 次以上（含 6 次）次起訴	0 1 2 3	
2.	前判決日期 （不含非性侵害犯罪暴力指標）	3 次以上（含 3 次） 4 次以上（含 4 次）	0 1	
3.	曾犯非觸碰式性侵害犯罪而定罪	無 有	0 1	
4.	非性侵害犯罪之暴力指標	無 有	0 1	
5.	以前任何的犯罪	無 有	0 1	
6.	曾侵犯非近親受害者	無 有	0 1	
7.	曾侵犯陌生受害者	無 有	0 1	
8.	曾侵犯男性受害者	無 有	0 1	
9.	年輕	年滿 25 歲以上 年滿 18 以上至 25 歲以下	0 1	
10.	單身	曾與伴侶同居至少 2 年以上？ 無 有	 0 1	
		總　　分		

參考文獻

中文文獻

王家駿等譯，我是誰？我為何要接受治療？台北市：合記，民 90。

文榮光，張敏，龍佛衛，周煌智，楊聰財，薛克利，顏永杰（2002）。台灣地區性侵害犯罪防治責任醫院現況之研究：性侵害犯罪加害者之鑑定、評估與治療。行政院衛生署九十一年度科技研究發展計畫（DOH91-TD-1071）。

行政院衛生署（2000）。民國八十九年十二月七日「研商刑法九十一條之一所稱性犯罪加害人鑑定標準與治療模式相關事宜」會議。

林山田、林東茂，犯罪學，三民書局，初版，1990 年。

周煌智（1998）。行政院所屬各機關人員核准出國計畫——美國醫院與監獄性犯罪診療觀摩與考察報告書。

周煌智（1998）。美國醫院與監獄性犯罪診療觀摩與考察報告書，行政院所屬各機關因公出國報告書。摘自 Freeman-Longo, 1996。

周煌智（1999）。性犯罪者的神經心理學危險因子(I)。行政院國家科學委員會委託研究計劃 NSC 87-2418-H-280-002-Q13。

周煌智、陳筱萍、張永源、郭壽宏（2000）。性侵害犯罪加害人的特徵與治療處遇。公共衛生，27，1，1-14。

周煌智（2001）。性侵害犯罪加害人鑑定與刑前治療實務。刑事法雜誌，45，3，127-144。

周煌智（2002）。性侵害犯罪加害人裁判前鑑定、家庭暴力相對人審前鑑定、與涉案之精神病犯精神鑑定比較。刑事法雜誌，46，5，33-58。

周煌智、李俊穎、林世棋、陳筱萍（2004）。性侵害犯罪加害人的鑑定原則與處遇計畫之探討。醫事法學，12（3 & 4）：35-51。

陳志龍（1999）。刑事證據法則修正方向及其對策。月旦法學，52-73。

陳若璋、劉志如（2001）。五類型性罪犯特質與預測因子探討。中華心理衛生學刊，14，4，59-98。

游正名等（2000）。性侵害犯罪案件被告治療必要之鑑定：㈡認有「治療必要」者精神病理。中華民國精神醫學會民國八十九年年會暨學術研討會論文摘要集，275。

蔡書銘（1999）。科學證據之研究。未發表之碩士論文。台北市：台北大學法學研究所。

薛瑞元（1999）。刑事訴訟法程序中「機構鑑定」之研究。未發表之碩士論文。台北市：台灣大學法律研究所。

張平吾、馬傳鎮編（1999）。犯罪學與刑事政策——再犯預測，台北市，中央警察大學。

龍佛衛、薛克利、楊聰財、周煌智、顏永杰、高千雅、張敏、文榮光（2005）。臺灣地區性侵害犯罪防治責任醫院現況之調查——性侵害犯罪加害人之鑑定、評估與治療。台灣精醫;19(1):47-55

英文文獻

Barbaree,H.E.,Peacock,E.J.,Cortoni,F., Marshall,W.L.,& Seto,M.(1998). A Prison Settings—Ontario Penitentiaries'Program. 論文發表於性罪犯司法處遇暨輔導治療國際研討會。主辦單位：婦女權益促進發展基金會。台北，台灣。

Cumming G,(2002). Judicial Treatment for sex offenders in the United States,論文發表於性罪犯司法處遇暨輔導治療國際研討會。主辦單位：婦女權益促進發展基金會。台北，台灣。

Groth, A.N.(1990). *Men who rape: The Psychology of the offenders.* Plenum Press. New York.

Groth, A.N. (1980). *Men Who Rape:The psychology of the offender.* N.Y: Plenum.

Hanson. R. K., & Bussiere, M. T. (1998). Predicting relapse: A meta-analysis of sexual offender recidivism studies. *Journal of Consulting and Clinical Psychology,* 66, 348-362.

Hartley,C.C.(2001). Incest Offenders' Perceptions of Their Motives to Sexually Offend Within Their Past and Current Life Context. *Journal of Interpersonal Violence,* 16, 5, 459-457.

Horley, J. & Quinsey, V.L.(1994). Assessing the Cognitions of Child Molesters:Use of semantic differental with incarcerated offenders. *Journal of Sex Research,* 31, 3, 171-178.

Hudson, S.M., Ward, T., & McCormack, J.C. (1998). Offense Pathways in Sexual Offenders. *Journal of Interpersonal Violence,* 14, 8, 779-797.

Kennedy, H. G., & Grubin, D.H.(1992). Patterns of denial in sex offenders. *Psychologial Med,* 22, 191-196.

Knight, R.C., & Prentky, R.(1989). A system for the classification of child molesters. *J Int Violence,* 4, 3-23.

Law, D. R. (1989). Preface. In D. R. Law (Ed.). Relapse prevention with sex offender. (pp vii~ix) new York: Guilford.

Lin, M.J., Maxwell, S.R., & Barclay, A.M. (2000). The Proportions of Different Types of Sex Offenders and the Degree of Difficulty in Treating Them: A Comparison of Perceptions by Clinicians in Taiwan and in Michigan. *International Journal of Offender Therapy and Comparative Criminology,* 44, 2, 222-231.

Marques,J.K., Day, D.M., Nelson, C.,West, M.A.: Effects of cognitive-behavioral treatment on sex offender recidivism：Preliminary results of a longitudinal study. Criminal Justice and Behavior, 21:28-54,1994.

Marques, J.K., & Nelson, C.(1989). Elements of high-risk situations for sex offenders. *Relapse prevention with sex offenders.* In Laws DR (Eds). The Guilford Press. New York, pp35-46.

Matson, J.V. (1999). *Effective Expert Witnessing* (3rd). Florida:CR.

McGrath, R.J.(1991). Sex-offender risk assessment and disposition planning: A review of empirical and clinical findings. *Int J Offender Therapy Comparative Criminology,* 35, 4, 328-350.

Meiselman, K.(1978). Incest: *A Psychological study of causes and effects with treatment recommendations.* San Francisco: Jossey-Bass.

Overholster, C. & Beck, S.(1986). Multimethod Assessment of Rapists,Child Molesters and Three Control Groups on Behavioral and Psychological Measures. ***Journal of Consulting and Clinical Psychology,*** 54, 682-687.

Quinsey, V.L., Chaplin, T.C., Carrigan, W.F. Sexual preferences among incestuous and nonincestuous child Molesters. Behavior Therapy 1979; 10: 562-565.

Romeo, J., & Williams, L. (1985). Recidivism among convicted sex offenders：A 10-year follow up study. ***Federal Probation,*** 49, 58-64.

Steele, N. (1995). Cost effectiveness of treatment. In B. K. Schwartz and H. R. Cellini (ED), The sex offender: corrections, treatment and legal Practice (pp. 12-1~12-18). New Jersey: Civic Research Institute.

第十二章

特殊性偏好—亂倫（incest）與戀童症（Pedophilia）

朱怡潔　文榮光

本章學習重點

- 亂倫的定義。
- 亂倫之流行病學。
- 戀童症之診斷準則。
- 美國對於戀童症的相關理論。
- 戀童症與亂倫發生之關聯性。
- 亂倫案件與一般兒童青少年性侵害犯罪案件加害者特徵比較。
- 亂倫之預防。
- 戀童症與亂倫的差異。

摘要

亂倫（*incest*）是個相當複雜之行為，加害人與受害人之間的親疏關係與彼此之互動差異相當大，有些亂倫案件僅僅只發生一次，但是有些則持續多次，甚至經歷多年，並且有時還不只是一個加害人或是一個受害人。亂倫因為是家庭裡最深的秘密，更不易被揭發，被害人常常隱忍多年不敢聲張。但是近年來，各界逐漸開始有許多專業人士對此議題投入相當關切與研究。

根據Hancock & Mains（*1997*）對於亂論所做的定義，廣義的來說，亂倫是指與家庭結構內之成員發生性行為，其次，是與具有法定親屬關係者發生性行為；而狹義的來說，亂倫即是指與具有血緣關係者發生性行為。台灣現行之法律，亂倫應是指與三等親之親屬發生性行為。根據文榮光所做的研究結果發現，家庭內的親子與婚姻關係的障礙是為什麼會發生亂倫案件最顯著的情節。因此，根據Westermarck 的「亂倫迴避」假說與此研究結果，若要預防亂倫案件的發生，最好的方法便是在孩童童年早期（最好是 3 歲以前），與其保持親密的親子關係。而研究中亦發現，若婚姻關係疏離之夫妻，則女兒很可能會被要求成為母親的性替代品而發生亂倫。

另外，有關戀童症其最重要的特徵是一再重複地把兒童當成激發當事人性興奮的素材，其性幻想內容、性衝動甚或性行為均指向幼童（一般而言為 13 歲或更年幼），對當事人來說，一般男女的親密關係（如接吻、愛撫、性交等）反而無法使其得到性滿足，有些人甚至會出現陽痿、早洩等性功能障礙，無法擁有一般正常的兩性關係。一個成年的男性，如果本身為戀童症患者、花很少的時間參與女兒的早期童年、女兒是容易接近的、或是他本身患有精神疾患，則很可能去性侵害犯罪其性方面未成熟的女兒（或同時性侵其他兒童）（*Rice & Garris, 2002*）。換言之，如果一個戀童症患者其身邊可接近的只有其女兒，則說明其為何會性侵自己的女兒發生亂倫。

關鍵詞

亂倫、性侵害犯罪、近親相姦、戀童症。

前　言

性侵害犯罪常是受害人一生最可怕的秘密，但如果是亂倫的性侵害犯罪，更是秘密中的秘密。官方的性侵害犯罪統計數字，僅只是此種型態犯罪的冰山一角，許多犯罪學家普遍認為性侵害犯罪案件具有極高的犯罪黑數。根據林燦璋等人（*1996*）所做，針對民國 82 年台灣地區之基隆市、台北縣、彰化縣、雲林縣、台南縣、高雄縣及屏東縣等七個縣市進行性侵害犯罪案件的犯罪黑數調查。結果發現性侵害犯罪案件之犯罪黑數，約為官方統計數字的 31 至 32 倍左右，而匿報案件則估計約為官方統計數字的19.61至20.41倍之高。許春金教授於民國88年的研究中指出，在其訪問的291位防治性侵害犯罪的實務工作者中，以主觀概率來推測估計犯罪黑數，強制性侵害犯罪約佔了 48.76%、猥褻則佔了約 53.54%。另外黃富源等人（*1998*）亦推論台灣實際發生的強輪姦事件，可能為官方統計數字的5至10倍左右。

亂倫（*incest*）是個相當複雜之行為，加害者與受害者之間的親疏關係與彼此之互動差異相當大，有些亂倫案件僅僅只發生一次，但是有些則持續多次，甚至經歷多年，並且有時還不只是一個加害人或是一個受害人。尤其近年來之社會新聞案件，時常出現如父親與叔伯共同強姦女兒或是兄弟共同性侵害犯罪母親等駭人案件。亂倫因為是家庭裡最深的秘密，更不易被揭發，被害人常常隱忍多年不敢聲張。但是近年來，各界逐漸開始有許多專業人士對此議題投入相當關切與研究。

壹、亂倫的定義

根據Hancock & Mains（*1997*）對於亂論所做的定義，廣義的來說，亂倫是指與家庭結構內之成員發生性行為，其次，是與具有法定親屬關係者發生性行為；而狹義的來說，亂倫即是指與具有血緣關係者發生性行為。根據台灣現行之法律，亂倫應是指與三等親之親屬發生性行為。另外根據文榮光（*2004*）之初步研究還發現，我國司法判決結果顯示，亂倫加害人與受害人之親屬關係越親密，則所判之刑責越重（如表12.1）。

表12.1　亂倫案件量刑結果（監禁月數）

	N	M±SD（m.）
女兒	13	103.3 ± 36.8
兒子	1	10.0 ± 00.0
表／堂姊妹	3	76.6 ± 40.3
姪／外甥女	1	48 ± 00.0
孫子／女	2	53.0 ± 50.5
總計	20	

Sommer（*2000*）與Nelson & Meller（*1994*）皆提出相似理論，在西方文化中，亂倫（*incest*）這個字的定義是指不潔（*impurity*）與貞潔（*chastity*），而Chen（*2000*）

提出近親相姦（*kunisexuality*）則是指與有親戚或類似親戚關係的個體發生性行為；在華人文化中，亂倫兩個字拆解來說便是指混亂（*chaos*）秩序（*order*），而近親相姦則是指性、家庭、與政治秩序的墮落，較多為象徵而非實質的。

佛洛伊德（*Freud*）於十九世紀末時，在治療一名患有歇斯底里（*hysteria*）症的女病人時，提出了所謂誘惑理論（*seduction theory*），假設此病人之種種症狀是因為和其父親有性接觸，後於 1984 年由 Miller 將此理論重新命名為著名的創傷理論（*trauma theory*）。但在當時整個社會是屬於保守的「維多利亞式」的社會價值與傳統壓力下，佛洛伊德放棄了原先提出的誘惑理論，而改為提出了伊底帕斯情結（*oedipal complex*），即指孩童（約為 3 至 5 歲）對於父母中之異性者（兒子對母親或女兒對父親）性慾望需求壓抑的內在歷程。在此段期間男童特別依戀母親，女童特別依戀父親，此種依戀不僅是安全與感情需求的滿足，而且是帶有性衝動的傾向。

在華人的社會中，有關亂倫這方面的文獻研究是相當有限的。Westermarck（*1995*）之亂倫迴避假說，研究二次世界大戰時，以色列的一集體農場（*kibbutz*）發現，若 3 歲以前便關在一起的男女童，則長大後的結婚與生育率皆相當低。華人關係主義與美國史丹努大學人類學家 Arthur Wolf（*1995*）在台灣北部的某些農村地區，所做的有關童養媳（*child-bride*）婚姻與家庭的特殊研究中亦發現，若 3 歲以前便已入住準丈夫家中之童養媳，則長大後之生育率亦相當低。

由 Westermarck 提出的「亂倫迴避（*incest avoidance*）」假說，與由佛洛伊德所提出的「亂倫禁忌（*incest taboo*）與伊底帕斯情結」，兩者引起了一個相當大的爭議。根據伊底帕斯情結之論述，表示亂倫之所以會發生是因為孩童（約為 3 至 5 歲）對於父母中之異性者（兒子對母親或女兒對父親）性慾望需求的壓抑；而亂倫迴避論述則表示孩童若於童年越早期（尤其以 3 歲為關鍵期），與父母關係愈親密，則愈無性慾望之表現，而較不會發生亂倫。

貳、亂倫之流行病學

台灣早期強暴（約民國 83 年、84 年才轉換為較中性的性侵害犯罪一詞）問題被誤認多為陌生人所為，且受害者多是成年女性。直到一些民間婦女團體以及機構大力倡導兒童青少年性侵害犯罪防治工作，社會大眾才開始漸漸注意到家庭性侵害犯罪與兒童性侵害犯罪問題的嚴重性。雖然自民國 84 年起，政府開始到國中、小校園進行兒童自我保護教育宣導，並於民國86年進行教案介入效果研究，民國87年研發出版我國第一套完整的兒保教材。但是一直到教育部於民國86年，因性侵害犯罪防治法規定，才開始在各級學校排入性暴力防治課程。

根據內政部統計處所提供之統計資料顯示，從民國92年至93年6月止，經報案在檯面上之兒童性虐待僅約441件（*4.69%*）。依照台灣家庭暴力暨性侵害犯罪防治中心92年度的統計（如表*12.2*），亂倫案件（親戚與家屬合計）共206件，佔當年度所有性侵害犯罪案件 2,845 件之 7.24%。近年來，這些傳統上由於這種「無法說出口（*unspeakable*）的犯罪」的受害者，已開始受到社會上各界的關注並被鼓勵去向各種不同的諮商與治療中心去尋求幫助。根據財團法人勵馨基金會社會福利事業基金會92年度的統計結果發現，大約有50%的案主為亂倫的受害者；而這些亂倫的受害者中，約有65%的受害者，在第一次遭受性侵害犯罪時的年齡是發生在12歲以下。

表12.2　台閩地區性侵害犯罪案件嫌疑人與主被害人關係

處理年月：92/01 至 92/12　　　　公佈日期：93/03/18

	合計	強制性交	共強性交	對幼性交	性交猥褻
合計	2,845	1,652	185	474	534
夫妻	31	28	1	0	2
親戚	65	27	0	22	16
同居	28	19	1	5	3
僚屬	30	22	0	1	7
鄰居	98	45	3	23	27
同學	65	36	12	11	6
同事	49	31	5	0	13
朋友	780	491	24	143	122
認識	1,001	629	71	164	137
陌生	551	266	52	61	172
無被害人	6	2	0	0	4
家屬	141	56	16	44	25
其他	0	0	0	0	0

參、戀童症診斷

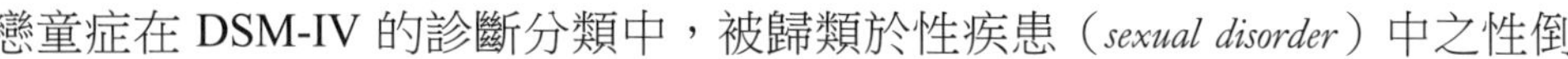

戀童症在DSM-IV的診斷分類中，被歸類於性疾患（*sexual disorder*）中之性倒

錯（*paraphilias*）此項精神疾病。根據 DSM-IV 中的診斷，性倒錯的基本特質為至少 6 個月期間一再出現強烈性興奮的幻想、性衝動或行為，性倒錯的想像可能以某種會造成傷害的方式施加於未表同意的對象身上，如性虐待狂（*sexual sadism*）或戀童症。

戀童症的性倒錯特徵是與 13 歲以下之未達青春期的兒童進行性活動，而戀童症患者本身必須為 16 歲以上，且至少比受害兒童大 5 歲。但是由於近年來台灣地區第一次發生性行為之年齡逐漸下滑，因此對於青春期晚期（約 16 至 18 歲）的戀童症患者，與性行為對象之年齡差距可能產生一模糊地帶。根據性侵害犯罪加害人刑前鑑定與法院判決結果比較研究（文榮光，2004）中發現，許多兒童性侵害犯罪案件之青少年加害者年齡約 16 至 18 歲，受害者則約為 12 至 15 歲居多，在這樣年齡差距的條件下，似乎已符合戀童症的診斷特徵；但這類的加害人在接受刑前鑑定時，通常會表示「受害人的外表相當成熟，不似其實際年齡，故而與其發生性行為」。固此時必須加入專業醫師之臨床判斷，將受害對象之性成熟度與年齡差異皆列入考慮。

在戀童症的最重要的特徵是一再重複地把兒童當成激發當事人性興奮的素材，其性幻想內容、性衝動甚或性行為均指向幼童（一般而言為 13 歲或更年幼），對當事人來說，一般男女的親密關係（如接吻、愛撫、性交等）反而無法使其得到性滿足，有些人甚至會出現陽痿、早洩等性功能障礙，無法擁有一般正常的兩性關係。

肆、戀童症的相關理論

根據高雄市立凱旋醫院兒童青少年精神科何志培醫師所整理出美國麻省治療中心之學者 Furby, Weinrott, & Shaw（1988）曾根據戀童症者之行為型態，將戀童症做了幾種分類（如表 12.3）。並且表示，戀童症的成因很複雜，單一因素無法作周延解釋。現根據學者 Knight（1988）的研究，戀童症之成因可分為四項理論綜合說明（如表 12.4）[1]。

1 本段內容已取得何志培醫師同意引用，並刊登於 http://www.youth.com.tw/joanna/nursing/N92.12.10-b.htm

表 12.3　戀童症的分類

類　型	詳細內容
特定型或非成熟型	患者把幼童視為性與社交的對象，他們無法與其他成年人（男或女）發展成熟之正向關係，且在社交上是欠缺成熟、羞怯、依賴的。在進行性接觸時，患者經常以撫摸、關愛等方式進行，而較少以強迫或使用武力方式進行。
退化型	患者本來在成長中發展正常，惟後來因就業、社交或性生活方面產生問題而退化。他們經常喜歡對陌生女性幼童進行性器官接觸，卻對此行為常感後悔。
剝削型	患者主要以幼童來滿足性慾。他們與受害者並不熟悉，會嘗試誘導幼童離開原有的環境，並以武力遂其性侵害犯罪之目的。此型個案呈現長期之犯罪與社會行為，社會人際關係不佳，且個性衝動。
攻擊型或虐待型	患者對幼童之性侵害犯罪兼具性需求與攻擊衝動。他們大部分有很長的犯罪紀錄，且對環境之適應甚差。多數以同性幼童為施虐對象，手段相當殘忍，受害兒童愈痛苦，獲得性滿足之程度愈高。

表 12.4　戀童症的成因分析

理論類別	內容說明
情緒相合理論	此學派認為戀童症患者具有兒童之依賴與情緒需求，因此與兒童之接觸較為舒服。另一分支則認為患者在日常生活中面臨低自尊與喪失效能之經驗，故與兒童發展關係可從中重拾自尊，並感覺到自己的主宰性。
性喚起理論	此派認為戀童症患者因兒童之某些特質喚起性慾。患者對兒童之鍾愛，乃因與兒童進行性接觸時尤其感到刺激，甚至體驗到以往無法獲取之性興奮與高潮。另一分支則指出，戀童行為的發生與戀童症患者在幼年期遭遇高頻率之性侵害犯罪有關。
阻斷理論	此派認為戀童行為發生，乃因個人與異性成人間的性與感情關係阻斷之結果，在面臨此項挫折時，即尋求兒童伴侶。此派強調患者具有退縮、羞澀、浮動、缺乏肯定之人格特質，這些社交缺陷使其無法與成人異性發展性和情緒關係。
抑制解除理論	此派認為患者對行為喪失自我控制與管理，導致戀童行為發生。衝動控制有障礙、過度使用酒精與藥物，以及壓力之累積等，皆有可能促成偏差性行為型態發生。

伍、戀童症（Pedophillia）與亂倫（Incest）的差異

一個成年的男性，如果本身為戀童症患者、花很少的時間參與女兒的早期童年、女兒是容易接近的、或是他本身患有精神疾患，則很可能去性侵害犯罪其性方面未成熟的女兒（或同時性侵其他兒童）（*Rice & Garris, 2002*）。換言之，如果一個戀童症患者其身邊可接近的只有其女兒，則說明其為何會性侵自己的女兒發生亂倫。Rice & Garris於 2002 年的研究中，暗示了把「父——女亂倫模型（*father-daughter child molesters*）」視為與其他性侵害犯罪加害人擁有相同的重要因素，特別是有其他性侵害犯罪史、精神疾患、與越軌的性癖好。

我國的刑法僅有第 227 條對未滿 16 歲之男女為之性交或猥褻罪，並未特別對男童、少男還是女童、少女規定，也不是專為「戀童症」或「孌童症」所訂定的法律條文。另外，法律亦無犯下刑法第 227 條者是「戀童癖」或「孌童癖」而加重或減輕刑期的規定，況且會犯下此一法律的人未必是「戀童症」或「孌童症」。但跟據文榮光於民 93 年所做的行政院衛生署研究，初步統計了 92 年台灣地區 53 件已結案之性侵害犯罪案件，其中僅有一件兒童性侵害犯罪案件之性侵害犯罪加害人，於審判前之精神鑑定被鑑定為戀童症患者，而此名戀童症性侵害犯罪加害人在最後的司法判決結果中獲判無罪。這樣的結果似乎暗示了我國在司法審判，可能仍會將戀童症列入量刑之考量。

在研究台灣本土有關亂倫加害者方面，文榮光（*2004*）初步統計了台灣南部地區（嘉義以南）自民國 86 年至民國 92 年期間，799 件性侵害犯罪加害人審前精神鑑定報告書（如表 *12.5*），其中有 70 件（約 *8.8%*）為亂倫案件，並且其 60% 為父——女亂倫模式案件（如表 *12.6*）；另外，有 153 件（約 *19.1%*）為兒童青少年性侵害犯罪案件。鑑定報告書的內容包括了臨床與法院描述性資料，其中包括了受害者與加害的關係、加害者的家庭環境與背景、陰莖膨脹測量儀（*Penile Plethysmography*）[2]、再犯危險因子評估、以及所犯的罪刑。

---

2 截至 2005 年中，此測量儀在台灣地區僅一台為高雄長庚紀念醫院精神科系所有。

表 12.5　南部地區審前精神鑑定報告書性侵害犯罪類型分類

類　別	N（0%）
亂倫（家庭內兒童性侵害犯罪）	70（08.8）
強暴	199（24.9）
暴力凌虐／多人強制性侵	66（08.3）
家庭外兒童性侵害犯罪（包括戀童症）	153（19.1）
猥褻	65（08.1）
法定性侵害犯罪（兩小無猜）	151（18.9）
法定性侵害犯罪（非戀童症）	89（11.1）
其他	6（00.8）
總計	799（100.0）

表 12.6　近親相姦被害對象身分類別

身分類別	N（%）
兒子	1（01.4）
女兒	42（60.0）
養女	1（01.4）
孫子	2（02.9）
孫女	1（01.4）
姊妹	6（08.6）
兄弟	1（01.4）
堂／表妹	3（04.3）
姪／甥女	9（12.9）
姻親	4（05.7）
總計	70（100.0）

因此，在此次研究中，將亂倫案件（*Intrafamalial*）與一般兒童性侵害犯罪案件（*Extrafamalial*）互相對照研究，結果顯示，父——女亂倫與兒童青少年性侵害犯罪案件在下列心理社會特徵有所差異：

㈠父——女亂倫犯較一般兒童青少年性侵害犯罪犯所受的教育年數較短（如表 12.7）。

表 12.7　性侵害犯罪加害者教育程度與智商

教育程度	父－女亂倫犯 %±CI	一般兒童青少年性侵害犯罪犯 %±CI
無	0.0±00.0*	7.2±07.5*
小學	19.0±01.3*	30.1±12.1*

（續）

國中	38.1±32.6*	28.1±21.3*
高中	16.7±14.7*	20.9±18.4*
大學	16.7±14.7*	11.1±09.1*
未知	9.5±9.5*	2.6±01.9*
智商		
心智障礙（<90）	9.5±9.5***	37.9±11.7**
中等智能程度（90-120）	61.9±59.4**	60.1±42.3**
優等智能程度（>120）	0.0±00.0**	1.4±00.4**
未知	28.6±22.1**	0.7±00.2**

*p<.05　**p<.01

(二)父——女亂倫犯的婚姻狀態依鑑定報告書記載多為已婚狀態（*52.3%*），並且婚姻關係為疏離狀況者佔所有父——女亂倫犯的 64.3%；相對地，一般兒童性侵害犯罪犯的婚姻狀態則多為未婚或已離婚（*55.6%*）之單身狀態。

(三)父——女亂倫犯與子女的親子關係顯示出較多為疏離的情況（*19.0%*），而兒童性侵害犯罪犯與子女的親子關係卻顯示較為良好。

(四)父——女亂倫類型的受害人平均年齡約為 8 至 12 歲，但一般兒童性侵害犯罪案件（加害者非戀童症）受害人的平均年齡則約為 14 至 16 歲。

(五)父——女亂倫犯的非性犯罪前科（*9.5%*）較一般兒童青少年性侵害犯罪犯（*41.2%*）少。

(六)父——女亂倫犯的性犯罪前科（*0%*）較一般兒童青少年性侵害犯罪犯（*17.6%*）少。

從此次研究的結果發現，家庭內的親子與婚姻關係的障礙是為什麼會發生亂倫案件最顯著的情節。此也正好與前述 Westermarck 所提出之「亂倫迴避」假說相符合。因此，根據此假說與研究結果發現，若要預防亂倫案件的發生，最好的方法便是在孩童童年早期（最好是 *3* 歲以前），與其保持親密的親子關係。而研究中亦發現，若婚姻關係疏離之夫妻，則女兒很可能會被要求成為母親的性替代品而發生亂倫。以下為文榮光醫師在某父——女亂倫案件中，親自與受害者（女兒）的一段談話：

因為爸爸他會找我做那種事，通常他都是編一個理由：「媽媽身體狀況不好，妳想一個正常的男人，怎麼可能對那種事情說，有辦法去控制！」，然後他幾乎都是會為了這種事情跟我媽吵。我不知道該怎麼辦？那時候剛發生的時候我

也不太懂，然後我爸就是給我一個理由：「因為媽媽的身體狀況不是很好，希望我可以幫他」這樣子。

另外，高雄長庚紀念醫院精神科薛克利醫師（*2000*）亦提出，戀童症的確是存在的，它只是諸多性偏好的其中一類，跟大部分的精神疾病一樣，它是一種描述性的診斷，沒有辦法用任何實驗室的儀器檢測出病灶。對於未受過精神醫學訓練的一般社會大眾來說的確有理由質疑此病的存廢問題，或認為只是在貼標籤；然而在精神醫學的領域裡，戀童症的定義是很嚴謹的，它不是「愛」童症，也非師生戀、忘年之交，根據文榮光（*2004*）研究中，亦發現亂倫犯被診斷出為戀童症者只佔了 4.8%，與近親相姦兩者之關聯性有待進一步探討與研究。

感　謝

特別感謝文榮光醫師多年來對於國內亂倫議題努力不懈之研究，並感謝周煌智醫師及各位共同為此書撰寫之專業人士，對於性侵害犯罪議題所投注的心血，因此本書得以問世。另外，感謝凱旋醫院何志培醫師熱心提供有關戀童症之寶貴資料及支持與鼓勵。

參考文獻

中文文獻

中華民國刑法：民國八十八年四月二十一日華總一義字。第八八〇〇〇八三九七〇號公布修正。

內政部性侵害犯罪防治委員會：性侵害犯罪防治法，性侵害犯罪防治法規彙編，1998: 1-8。

文榮光（2004）。性侵害犯罪加害人刑前鑑定與法院判決結果比較研究。台灣：行政院衛生署 93 年度補助計畫。

周煌智（1998）：美國醫院與監獄性犯罪診療觀摩與考察報告書，行政院所屬各機關因公出國報告書。

林燦璋、侯崇文（1996）。犯罪測量與社會治安指標之製作。台北：國科會。

許春金（1999）。台灣地區性侵害犯罪狀況與型態之調查研究。台北：內政部性侵害犯罪防治委員會。

黃富源、伊慶春、張錦麗、李化愚、周幼娥、紀惠容、王燦槐（1998）。中小學學生人身安全教育手冊。台灣省政府教育廳主編。台北：台灣書局印行。

薛克利。從醫學角度解讀戀童症。2000 年 8 月 11 日。中國時報：時論廣場版。

薛克利、文榮光（2001）：性侵害犯罪加害者之評估與治療-綜合。臺灣性學學刊 7(1): 56-64。

英文文獻

Arthur P. Wolf (1995). *Sexual Attraction and Childhood Association: a Chinese brief for Edward Westermarck.* Stanford University Press.

Chen C. (2000). Kunisexuality (Incest) in Hong Kong Literature. *Tamkang Review,* V.33(1).

Furby, L., M.R., Weinrott, and L. Black Shaw (1988). Explanations of pedophilla: A four factor model. *The Journal of Sex Research,* 22, 145-161.

Hancock, M. & Mains, K.B. (1997). *Child Sexual Abuse-hope for healing:* Harold Shaw Pub.

Jung-Kwang Wen(2004). Incest Offenders in Chinese Culture: Literature Review and a Report of Psychiatric Examinations in Taiwan. International Association for the Treatment of Sexual Offenders(IATSO).

Lung F. W. & Huang S. F. (2003): Psychosocial Characteristics of Criminals Committing Incest and Other Sex Offenders: A Survey in a Taiwanese Prison. Intl. *J. Offender Therapy & Comparative Criminology,* XX(X).

McGrath RJ: Sex-offender risk assessment and disposition planning: A review of empirical and clinical findings. Int J Offender Therapy Comparative Criminology 1991; 35(4): 328-350.

Nelson J. H. & Meller J. R. r(1994): Incest Taboo and Sexual Abuse. In Krivacska J. J. & Money J. (ed), *The Handbook of forensic sexology.* Prometheus Books.

Knight, R. A. (1988). A taxonomic analysis of child molesters, in R.A., Prentky and V.L.Quinscy (eds.). *Human sexual aggression: Current perspective.*

Rice M. E. & Harris G. T.(2002): Men Who Molest Their Sexually Immature Daughters: Is a special Explanation required? *J. Abnormal Psychology,* V.11(2), 329-339

Rhind N., Leung T., Choi F. (1999): Child Sexual Abuse in H.K. :Double victimization.

Sommer M.H.(2000). Sex, Law, and Society in Late Imperial China. University of British Columbia.

第十三章

女性性侵害犯罪加害人

周煌智　湯淑慧　陳筱萍

本章學習重點

・本章主要在瞭解女性性侵害犯罪加害人的特質以及施暴的原因。並且以改編的案例呈現女性性侵害犯罪加害人，並學習到治療女性加害人應該注意的事項。

摘要

相對於男性性侵害犯罪加害人而言，不論是國內外，女性接受鑑定治療的人數相對地少很多，然而這可能是傳統社會對於男女看法差異所導致，而非女性性侵害犯罪加害人人數少的緣故。國外的女性性侵害犯罪加害人可分類：㈠強制性侵害犯罪：使用身體約束或威脅使用武力，㈡『保母』：沒有血緣關係的女性使用直接或間接威脅去性侵害犯罪較年輕的男孩，㈢近親相姦：具有血緣關係的性侵害犯罪。㈣強勢的女人。國內現有接受鑑定、治療的女性性侵害犯罪加害人比較有心理問題、家庭婚姻問題與行為偏差導致發生性加害的事實。這些問題包括：㈠近親相姦、㈡將被害人當作替代性的補償、㈢合意行為、㈣顯示權威的性虐待或性侵害犯罪與㈤買賣等行為。在評估與治療的策略方面，男女加害人仍有基本上的差異，當對女加害人進行評估時，特別需要注意評估其人格特質，必要時也需要對於其兒童的性創傷進行自身經驗的處理與適度揭露。

關鍵詞

女性性侵害犯罪加害人，近親相姦、性虐待。

壹、前言

相對於男性性侵害犯罪加害人而言，接受治療的女性性侵害犯罪加害人的人數相對地少了很多，以加拿大而言，在筆者等訪問 Dr.Hanson 時問到全加拿大接受治療的女性性侵害犯罪加害人時，他說僅有數人而已（陳筱萍等，*2004*）。而在美國，接受治療的性侵害犯罪加害人也是少數（周煌智，*1998*），同時，被害人常常也是所謂的『合意性交』，或有偏差行為。例如轟動全球的美國師生戀，女老師因愛上了年紀小了她近兩輪的學生而與之發生關係，因而觸犯法令入獄服刑，假釋後又再次與男學生發生性行為，而又生下小孩因而入獄，最後終於合法結婚。另外有一例則是筆者參訪美國時的家庭內的亂倫案例，但對象不是母子，而是姊弟，且一再重複犯行故進入司法病監接受治療。

然而入監或被發現的女性性侵害犯罪加害人人數少，究竟是真的人數少，亦是『性別歧視』呢？舉例而言：有一個成熟女性，與一個未成年的少男發生性行為：如同著名的某媒體聞人——女老男少配，社會上會以看戲，甚或祝福的心情看待這事，若場景變為男老女少，則此位男性立刻成為兒童性侵害犯罪加害人（*child molester*）。Allen（*1991*）就提及在美國約有 150 萬女性，及 160 萬的男性曾被女性性侵害犯罪加害人性侵害犯罪。顯然，潛在的女性性侵害犯罪加害人實在不容忽視！ Schwartz 及 Cellini（*1996*）在其所著的書籍就引用許多學者所做的女性性侵害犯罪的盛行率有 4～56%不等，顯見其嚴重性。然而，這些問題卻常被忽視；有關社會否認女性性侵害犯罪的觀點，Mathis（*1972*）就提及『女性被視為對孩童無害，她們沒有陰莖能做什麼？』Matthews 及其所屬（*1989*）就宣稱：『雖然在八○年代性侵害犯罪事件逐漸增加，但是女性性侵害犯罪加害人常常被看不見或忽略，將女性看為加害人，男性為被害人，會挑戰傳統的思維——女性扮演照顧人的母親角色，而非傷害他人的加害人。』

貳、女性性侵害犯罪加害人的分類

一、美國的分類

國外的許多研究者已經發展許多的女性性侵害犯罪加害人的類別，例如：Widom（*1978*）就研究痲州矯治機構的女性，將之分成以下四類（引自 *Schwartz* 及 *Cellini, 1996*）。

㈠精神病理性：敵視、缺少社會化，衝動性、攻擊性、低焦慮。

㈡次發性或精神官能性：很像第一類但是較為焦慮、憂鬱與罪惡感。

㈢過度控制：否認問題，高度控制。

㈣『正常性』犯罪：敵意，緊張、沒有衝動性與比較少精神心理問題。而 Butler 及 Adams（*1966*）從偏差少女發展出下列的分類：

1. 困擾型：精神官能性、罪惡感型與焦慮。

2. 未成熟：衝動性、攻擊性及操縱性。

3. 隱性操縱：視為健康。

Sorrel 及 Masters（*1982*）從被定罪的女性性侵害犯罪加害人分類，並形容四類女性性侵害犯罪加害人為：*1.* 強制性侵害犯罪：使用身體約束或威脅使用武力，*2.*『保母』：沒有血緣關係的女性使用直接或間接威脅去性侵害犯罪較年輕的男孩，*3.* 近親相姦：具有血緣關係的性侵害犯罪。*4.* 強勢的女人：女性使用激烈的性攻擊不具有身體力量的成年男人。而在 1986 年，McCarty 則形容三類女性近親相姦者的類型：*1.* 獨立的性侵害犯罪：這類單親通常將女兒視為自己的延伸而性侵害犯罪她，通常在兒時曾被性侵害犯罪過，並且常有嚴重的情緒問題。*2.* 共同性侵害犯罪者：具有邊緣的社會功能的高度依賴個體，通常有一個男性性侵害犯罪加害人在操縱她。*3.* 伴隨加害人：這類加害人通常不是真的性侵害犯罪被害人，而是協助男性或忽視這件事（引自 *Schwartz* 及 *Cellini, 1996*）。

二、在台灣的女性性侵害犯罪加害人

綜合目前國內接受鑑定、治療的女性性侵害犯罪加害人的案例可以發現：心理問題、家庭婚姻問題與行為偏差是主要原因，初步可以將女性加害人分類為四大類，分述如下：

(一)近親相姦：常見有母子與姊弟近親相姦，這類加害人常常是在婚姻中得不到性滿足、也缺乏親情，在強勢的父親作為或缺乏丈夫關愛或父母的關懷，藉由家庭中較為弱勢的一方提供『愛的需求』，或要求對方提供這部分的需要藉以表示『親情』或『關懷』所致。這種情形也類似McCarty所描述的第一或第二類型。

(二)將被害人當作替代性的補償：常見是女性因為自己的生理（可能結婚時並非處女或是性冷感等問題）問題，而產生婚姻危機，為了挽回丈夫的心而幫助丈夫或同居人性侵害犯罪自己的女兒或他人，這類人常有一些心理問題，在人格上也比較是依賴型的。在本質上，近似McCarty所提的第三類型。

(三)『合意性交』：如美國的師生戀，或性工作者與未成年人性交易者屬之。類似Sorrel及Masters所描述的第二類型。

(四)顯示權威的性虐待或性侵害犯罪：許多女子監獄或住宿學校，長期女子相處產生情境所致的同性性交行為，這類加害人常有行為偏差，甚至有時以性虐待做為懲罰被害人的手段。這類個案類似Sorrel及Masters（*1982*）所提的『強勢女人』。

(五)買賣：由於刑法的規定與未滿 16 歲之人發生性行為不論是否經被害人同意皆觸法，這類女性加害人，本身即從事性服務，對於嫖客不察其未滿 16 歲而與之發生性交易，本質上，應屬於另外法律層面問題。但是換一個角度而言，國內的男性嫖客因『不察』對方未滿 16 歲而買春，同樣觸犯嚴重的法律問題，也需要接受輔導與治療，因此，這類的個案應合併處理其問題。

以下的例子皆是經過改寫的案例。

三、案例

油麻菜籽——女性加害人

女性加害人犯罪的目的有時並不是為了生理或心理上的滿足，有許多女性加害人犯罪的目的是為了藉由犯罪來解決其目前生活中所遭遇的困境。有人是婚姻暴力的受害者，為了讓自己及其他家人從暴力解脫出來，犯罪成了一種手段；

㈠案例一

自從結婚後我被「枷」鎖住，我的生活一切是由先生來做決定，我的宿命是上天註定的。

一直以為「性」只是在履行夫妻的義務，「性」只是實現傳宗接代任務的手段，當先生需要時我盡量配合，當先生想在性方面找尋樂趣時，我努力地迎合。

當先生不再雄風再現，而像洩了氣的皮球時，我以為是年齡使然或體力不勝負荷造成的自然現象。但先生卻是千方百計找尋各種的偏方，想讓「寶貝」起死回生。

經過一段時間的實驗都沒有奏效，在沮喪之餘，先生歸因是生完5個孩子的我讓他失去興致，所以我要對他的「性福」負責任。且要證實他的雄風並沒有衰退，能以女兒為試驗的對象，慫恿我協助他來拯救我們的婚姻。

先生是我的天是我的地，他的話是我的聖旨；家裡的經濟大權在他一人身上，他是我們全家的支柱，他不能倒下。且性事已讓先生變得鬱鬱寡歡，而我必須為此事負責。

我只是油麻菜籽的命，怎敢違抗先生的指令，我不能沒有先生，不然我的婚姻就瓦解了。而事實上沒有先生也不可能有這5個孩子，縱使犧牲一個女兒可以拯救全家，也是相當划得來的。所以我引誘女兒進入我們的房間，女兒在信任我之下，走入被我設計的虎口。

㈡案例二

我不知道爸爸在哪裡，從我有印象以來家裡就只有媽媽、我、大我9歲的哥哥及外婆，小時候對媽媽的印象只有她每天打扮的花枝招展的說要去上班，小時候常會有一些媽媽的朋友來家裡，這些叔叔伯伯常常在我身上摸來摸去稱讚我很漂亮、很乖，這時候媽媽就會笑得很開心並且說我是她的寶貝，每當這時候我都會覺得我是媽媽的光榮。

從小我和哥哥就一直相處的不好，哥哥好像總是看我不順眼，經常會對我臭臉相看或大聲叫罵，當家裡有些叔叔伯伯來時哥哥通常都不會加入我們而只是躲在旁邊偷偷的看著我們，我想他是嫉妒我吧！因為媽媽比較喜歡我啊！

我和哥哥關係的改變是從那一天開始，那時我應該是小學三年級吧！有一天哥哥在媽媽、外婆不在時突然闖進我的房間，他脫掉了我的衣服後在我的身上磨蹭了半天還弄得我尿尿的地方很痛，但我從來沒有見過這麼溫柔的哥哥，他只有這個時候才會對我這麼溫柔。後來幾乎只要有機會哥哥都會對我做那件事，我很不喜歡卻又沒有辦法，因為我的力氣小而且哥哥說我如果不聽話他就要跟媽媽和外婆說是我勾引他，就這樣我一直忍耐忍耐到我力氣大了，我不但可以反抗哥哥甚至還可以以暴力來對待他，那時我已經小學快畢業了。

從和哥哥的互動中我領悟了很多東西，一個是暴力可以幫你解決很多問題，另一個是我已經是個骯髒的人了，所以國中開始我經常用暴力來解決問題，也開始以性交易來賺取我的生活費，所以我因為性交易及蹺家被放進了中途學校。

那是一個很特別的地方，一大群同病相憐的人在一起，所以我們的感情特別好，而友情也成為支持你能在那裡待得下去的力量，有時候甚至會發展出互相愛戀的情愫。那天我的死黨說要給一個剛因為性交易進來的一位同學一點教訓，因為她腳踏兩條船，為了盡朋友的道義我覺得我應該去所以我去了，當我看到她們將她扒光在用物品對她做那件事時我冷眼旁觀，後來為了得到認同所以我也做了，反正她跟我一樣是一個髒了的人，有什麼關係呢？

㈢案例三

我想對我父母而言我是多餘的吧！？從小他們就消失的無影無蹤並把我丟給外婆，外婆這個目不識丁的老人常常都自顧不暇了哪還有時間管我，我覺得我根本就是自己長大的，從小我就學會各種生存的方法，例如到公園或廟宇博取一些叔叔伯伯的同情跟他們要一些零用錢，若是讓他們摸一摸那麼錢會更多，我就是靠這些方法混到小學畢業的。國中時我發現更好的賺錢方式，那就是接客，和男人發生一下關係幾十分鐘就可以得到好幾佰塊真是輕鬆，我一直以此維生直到認識先生結婚之後。

我和先生是透過朋友介紹認識的，他年紀大我不少但人還蠻老實的，結婚前我沒讓他知道我太多的事情，結婚後先生對我還不錯但總覺得和他生活很乏味，婚後兩年多，有一天我那個消失很久的媽媽突然出現了，媽媽常會來邀我一起出去走走，後來還會介紹男人讓我認識，酒後我曾經和其中幾個男人發生過關係，我常告訴自己這是酒後亂性的結果所以不必太自責，所以我仍然每天和母親及這些男人一起去玩樂，沒想到紙是包不住火的先生還是知道了，我的婚姻也因此破碎。

離婚後我開始重操舊業，有一天我在我小時候常去的公園中看到了一個和我小時後狀況很像在那裡遊蕩的女孩子，我開始帶著她和我四處去，我灌輸她可以出賣身體輕鬆賺錢的觀念，但她好像沒有很接受，她好像只想賴著我，所以我帶著她去找那些媽媽介紹我認識的男人，我在她喝醉時讓那些男人跟她發生關係賺一些錢償還她欠我的生活費，我要讓她知道這樣賺錢有多容易，因為現代的社會是笑貧不笑娼的！

四、治療的主題與策略

㈠評估

進行評估時，需要考量到性別議題與治療的合適性，必要時應進行個別治療，在進行個別治療時，也必須仔細評估他的成長背景、創傷經驗、心性發展或情緒障礙、社交人際關係等，同時，最重要的評估工具應能反應其人格特質。

㈡分類

如同男性一般，女性侵害犯罪加害人也需要進行分類，有些因性醒覺高而產生性侵害犯罪者，可以使用行為治療的技巧，並併用儀器，配合圖片來進行治療。

㈢自身經驗的處理與適度揭露

另外，由於這些加害人以前也常常是被害人，因此，也可以適度的運用案主自身的被害經驗。但這個治療仍是爭議的。若以這種治療策略來治療被害人，必須包括對性侵害犯罪能有頓悟（*insight*）同理被害人、瞭解男性的依賴性、頓悟自己是一個加害人與被加害之間的關係。

㈣團體治療的性別差異性

若要進行團體治療時，也需要考量男性與女性的差異，例如：男性可能不願多談自己的內在矛盾與衝突等心理問題，但常不避諱談論性的話題，而女性則反之。其次，對親密關係（*intimacy*）與獨立性（*independence*）的平衡性應該特別注意：例如男性性侵害犯罪女性常會講求『權力』，或認為這是女人將陰莖放入，讓女人覺得她有價值，若是被害人是小孩則認為他並沒有對小孩造成威脅。反之，女性加害人則可能要藉由性侵害犯罪來建立親密感，這種親密感是被扭曲的。因此，在治療這類加害人時都必須小心的釐清這些議題，方能對加害人有所幫助。

參考文獻

中文文獻

周煌智（1998）。行政院所屬各機關人員核准出國計畫——美國醫院與監獄性犯罪診療觀摩與考察報告書。

周煌智（1998）。行政院所屬各機關人員核准出國計畫——美國醫院與監獄性犯罪診療觀摩與考察報告書。

陳筱萍、陳佩君、劉仁儀、湯淑慧、周煌智（2004）。訪問美國及加拿大性暴力及家庭暴力加害人處遇模式報告。高雄市政府所屬各機關因公出國人員出國報告書

英文文獻

Allen, C.M.(1991). Women and men who sexually abuse children. Orwell, VT: Safer Society Press.

Matthew, R.(1987). Female sexual offenders: Treatment and legal issues. In report by phase program of Genesis II. Minneapolis, MN.

Schwartz B.K., Cellini, H. R.(1996). Chapter 5: Female sex offender. The sex offender-corrections, treatment and legal practice. Civic Research Instittute, Inc, Kingston, New Jersey, USA.

第十四章

性侵害犯罪加害人防治的標準作業程序

劉素華　陳筱萍　周煌智

本章學習重點

- 刑前鑑定作業程序。
- 獄中處遇作業程序。
- 性侵害犯罪加害人社區身心治療暨輔導教育作業程序。

摘要

加害人的治療與輔導教育是一種強制診療（*mandatory treatment*），缺乏標準的作業流程，常導致加害人對於此種強制性治療與輔導教育提出異議，甚至於以程序正義來挑剔治療的效果，特別面對強制診療的個案，更需要有一套標準的作業流程做為規臬，再者知識、技術累積與傳承可以減少組織、機構或專業人員重蹈覆轍，同時有系統的標準化作業流程，可協助組織、機構或專業人員知識與技術的成長，增強實務工作者以此做為終身專業的正向助力。

臨床實務發現，各醫療院所或參與強制性診療業務之相關機構，因組織編制人力的不一致，常因人力問題導致標準化作業程序之執行窒礙難行，或可考量由一主責單位負責統籌整合工作，整合專業人力、凝聚專業共識，並且於推動標準化作業程序的過程中，不斷的溝通、教育訓練、文宣活動推動、運用各種方法提高專業人員參與興趣。

本文提供一套性侵害犯罪加害人刑前鑑定標準化作業流程、獄中治療作業流程、及社區身心治療與輔導教育作業流程，供讀者參考。

關鍵詞

標準化、作業程序、身心治療、輔導教育、刑前鑑定、獄中治療

前　言

性侵害犯罪加害人是一個多重因子決定的異質團體。其再犯率亦各有不同。性侵害犯罪可能是法定強暴（未滿 16 歲發生關係的男女朋友）、或機會型強暴、亦有非單純出自於生理上的滿足，犯罪者可能存有某種犯案的內在動力（機），蓄勢待發，直到案發前的某些偶發的立即性壓力、挫折，導致了犯行，需要進一步的釐清，以利治療計畫的擬定。美加等先進國家，任何類型的性侵害犯罪加害人皆必須至少接受為期 60 小時的心性評估後，方進入第二階段的治療（通常是團體治療，包括不同類型的分類團體治療與共同課程團體治療）。在美國治療性侵害犯罪加害人的團體心理治療大致可分為認知行為治療與再犯預防取向治療，二者均源自 Banduar 之社會學習理論中認為人類行為是由觀察、學習之認知過程而來。兩種治療有其相似性，主要差別在於「再犯預防取向」強調案主可能有偏差「情緒行為鍊」（*affective behavioral chain*）及其所連成之潛在的「再犯行為循環」（*reoffense cycle*），治療的目的在於希望案主能認出上述二者，最後找出方法予以截斷，藉以防止再犯所用的技術。再犯預防取向治療中，融合了認知行為治療，並且在臨床研究中也印證此治療療效約可減少一半的再犯率，同時有些研究證實，團體心理治療的療效具有顯著地改善加害人的再犯率。

國內性犯罪診療主要集中在台北與高雄監獄，進入診療的精神醫療院所分別有高雄市立凱旋醫院、國軍高雄總醫院、國軍北投醫院、行政院衛生署桃園療養院……等醫療院所，後來則加進中部監獄。以台北監獄為例，加害人接受獄政之身心治療系統流程包括移監、評估與強制診療等，一般常模為在獄所由接收小組先進行評估，決定哪些犯人要先接受強制診療，並由精神科醫師對個案進行晤談及心理測驗評估，以 DSM-IV 作為診斷工具，被評估需接受治療的犯人需要參加三個月的教育課程，內容包括性教育及相關法律觀念及預防再犯等，及團體治療九個月後提治療評估小組討論是否完成診療（陳若璋與劉志如，1999）。高雄監

獄以高雄市立凱旋醫院為例的治療模式而言：符合強制診療的加害人開始接受治療小組深度訪談，訪談內容包括個案兒時與青少年成長經驗、學校發展史、家庭經驗、性史與犯案經過（包括犯案前、中、後的感覺與經驗）後，接受智力測驗與人格測驗以及視個案狀況（例如具有暴力性，戀童症與父女近親相姦者）施以神經心理測驗，依據所得的資料分組開始進行認知團體治療，共計四個月。內容包括：㈠相關法律常識教育與再犯預防、㈡性教育（著重在正確的性知識、性衝動的適度解決而非壓抑方式）與㈢人際關係（兩性關係）與㈣壓力調適（適當衝動發洩），之後提委員會評估，並視評估的情形重複團體治療或改採個別心理治療以及其他，直到通過委員會的評估或出獄為止（周煌智、陳筱萍、張永源、郭壽宏，*2000*）。

根據周煌智等人（*2002*）衛生署科技研究計畫——『台灣地區性侵害犯罪防治責任醫院現況之研究：性侵害犯罪加害者之鑑定、評估與治療』報告中針對所有受訪者問題彙整發現，臨床工作者對於實務工作期待約有十點，其中較重要的四點分別為：㈠應建立行政聯繫與標準化作業流程，㈡延續監獄的治療，持續社區身心治療與輔導教育，㈢專業人員缺乏完整專業訓練，㈣對性侵害犯罪加害人執行鑑定的目的意見分歧，實務上缺乏共同一致的標準執行程序，鑑定結論與建議差異太大。文榮光等人（*2002*）針對台灣目前62家行政院衛生署指定之責任醫院進行調查發現，㈠刑前鑑定：受訪者有近八成是採用再犯危險性的原則來鑑定加害人，依據再犯危險性的原則來處理性侵害犯罪加害人應較無爭議。㈡獄中治療：治療人員的訓練及採用的治療模式並無一致性。㈢社區處遇：非醫學中心之精神醫療院所投入的人力、物力較多。目前於執行過程所遭遇的困難是個案不合作、缺乏相關訓練、專業人力不足、處理程序及標準不一、醫療人員意願不高、法令規則不明、社區處遇安全考量等。綜上所述，性侵害犯罪加害人之鑑定與診療需投入大批的專業人力，專業人力經驗的累積、專業知識的訓練、執行過程的安全與一致性是非常重要的課題。

加害人的治療與輔導教育是一種強制診療（*mandatory treatment*），缺乏標準的作業流程，常導致加害人對於此種強制性治療與輔導教育提出異議，甚至於以程序正義來挑剔治療的效果，特別面對強制診療的個案，更需要有一套標準的作業流程做為規臬，避免不必要的糾紛，再者知識、技術累積與傳承可以減少組織、機構或專業人員重蹈覆轍，同時有系統的標準化作業流程，可協助組織、機構或專業人員知識與技術的成長，增強實務工作者以此做為終身專業的正向助力。考量「標準化」是品質管制的首要工作，實施標準化使每一部門人員的權限及責任分工清楚，達分工合作目的，並且標準化實施後，作業項目都訂有相關的標準，使個人技術得以累積轉為組織或機構知識，同時促成組織或機構不斷的成長（科建管理顧問著作委員會，*1999*）。臨床實務發現，各醫療院所或參與強制性診療業務之相關機構，因組織編制人力的不一致，常因人力問題導致標準化作業程序之執行窒礙難行，或可考量由一主責單位負責統籌整合工作，整合專業人力、凝聚專業共識，並且於推動標準化作業程序的過程中，不斷的溝通、教育訓練、文宣活動推動、運用各種方法提高專業人員參與興趣。

為此，高雄市立凱旋醫院家庭暴力暨性侵害犯罪治療小組成員包括醫師、心理師、社工師、護理師與醫院管理專家與心理諮商或社會工作學者等 8～12 人，並邀請院外專家出席指導，以下班時間進行討論，擬訂性侵害犯罪加害人的刑前鑑定與社區處遇計畫標準處理流程等，由非小組的專家學者針對初步內容審議，並提供修正意見以建立一套性侵害犯罪加害人刑前鑑定標準化作業流程、獄中治療作業流程、及社區身心治療與輔導教育作業流程，期待此拋磚引玉動作能使各醫療院所或相關治療單位能模塑更符合各單位的標準作業規範，使得專業知識、經驗得以傳承及不斷改進，將作業標準流程分述如下：

壹、刑前鑑定作業程序

㈠目的：

1. 接受法院、檢察署委託，為有符合刑法第 91 條之 1 規定之涉嫌人鑑定有無治療之必要。

2. 提供性侵害犯罪加害人之精神、心理狀態及再犯性、危險性、可治療性等評估及後續之治療策略建議。

3. 制訂作業流程，以為醫療人員的作業依據，管控鑑定程序之品質。

㈡範圍：

1. 依法院、檢察署函文委託鑑定有符合刑法第 91 條之 1 規定之涉嫌人。

2. 性侵害犯罪加害人的刑前鑑定應包括⑴精神科的診斷：包括涉案當時與鑑定當時的精神科診斷以及人格特質，⑵基本資料：含心性發展、家庭學校與人際關係互動經驗、創傷經驗、犯罪史與物質濫用史⑶再犯危險性的評估，⑷

可治療性的評估，以及(5)建議的處遇計畫。

(三)權責：

1. 精神科專科醫師：收集病史資料，精神狀態檢查，理學及神經學檢查，住院鑑定時對病人之觀察與照顧，再犯危險之評估，性相關疾患之診斷。
2. 住院醫師：收集病史資料，精神狀態檢查，理學及神經學檢查，住院鑑定時對病人之觀察與照顧，再犯危險之評估，性相關疾患之診斷。
3. 心理師：智力測驗、心理、人格測驗、神經心理學測驗。
4. 社工師：性犯罪加害人基本資料收集、家庭史、成長史、創傷經驗、心性發展史，必要時出訪家屬、同事、證人、協助家屬或病人。
5. 檢驗技術人員：腦波及誘發波、陰莖體積膨脹測量儀、生化、心電圖、血液中酒精濃度。
6. 神經科醫師（必要時）：必要之神經學檢查。
7. 行政人員：公文處理、鑑定報告打字、發文。
8. 法律顧問：法律問題諮詢。
9. 法院：提供相關警訊筆錄及起訴書報告（性犯罪史的描述，包括過去犯罪紀錄、被害者背景資料及被害事實）。

(四)定義：

1. 性侵害犯罪嫌疑人：係指涉嫌人有符合刑法 91 條之 1 規定之罪者。
2. 性侵害犯罪嚴重程度：(1)第一級性傷害：包括語言猥褻、講黃色笑話，這是指言語騷擾。(2)第二級性傷害：包括暴露身體隱私處；被碰觸、撫摸身體如胸部、臀部；強迫親吻；被拍裸照；加害者表演猥褻舉動或色情行動。(3)第三級性傷害：包括撫摸生殖器；被強迫性交；被強迫口交或肛交；被強迫性交且有凌虐的行為。
3. 司法門診：專門處理司法相關機關委託鑑定案件，一般而言，不接受一般門診掛號。

(五)作業內容：

1. 性侵害犯罪加害人刑前鑑定流程表（如圖 14.1）
2. 司法相關機關函文請求委託醫院針對性侵害犯罪涉嫌人鑑定有無治療之必要。
3. 依迴避原則考量接受司法相關機關委託鑑定與否或建議至他院進行鑑定。由行政人員處理公文、分案，並函覆委託司法單位通知涉嫌人依約定時間前來醫院之司法特別門診接受鑑定。

4. 被鑑定人未依鑑定時間至醫院鑑定，行政人員函文告知委託之法院、檢察署，並另排定新鑑定時間由法院、檢察署通知被鑑定人。

5. 精神醫療團隊依據再犯性、危險性及可治療性原則進行評估。

⑴依據完整的法院移送資料。

⑵評估的地點與人員：評估或鑑定的地點有安全的防範措施及可立即支援的人力。鑑定的人員包括專科醫師、心理師與社工師等人員。

⑶資料的收集：包括(a)個人基本資料的收集；(b)成長經驗（含雙親教養）；(c)創傷經驗（包括身體、心理、挫折、壓力經驗與經濟問題）；(d)心性發展史（包括第一次的性經驗、性生活、與性幻想、偏好與態度……）；(e)婚姻家庭史（包括婚前交往與婚後互動）、子女教養與家庭生計處理；(f)社交網絡與家庭互動（包括與父母、兄弟姊妹互動和家庭暴力）；(g)職業史（含求學與工作經驗）；(h)犯罪史（包括非性犯罪前科與性犯罪前科等）；(i)物質使用史；(j)精神狀態（含身體健康狀況、診斷與人格特質）；(k)犯案歷程與危機處理模式；(l)對被害人的同理心程度與(m)本次相關的強制性交涉案情形，包括人、事、時、地、物及否認程度、危險情境等，並視需要施以心理測驗（包括智力測驗與投射測驗）、測謊、陰莖體積測試儀或神經心理學的檢查（如 *WCST* 或誘發波）。

⑷危險量表的運用：靜態99危險量表（*static-99*）、明尼蘇達危險量表、SONAR量表……等。

6. 撰寫有無治療之必要與否鑑定書：根據所收集的評估資料（包括移送的資料），進行再犯性與危險性的分析。結論的內容包括⑴精神科的診斷：包括涉案當時與鑑定當時的精神科診斷以及人格特質，⑵基本資料：含心性發展、家庭學校與人際關係互動經驗、創傷經驗、犯罪史與物質濫用史⑶再犯危險性的評估，⑷可治療性的評估，以及⑸建議的處遇計畫。

7. 函文法院、檢察署，並檢送鑑定書。

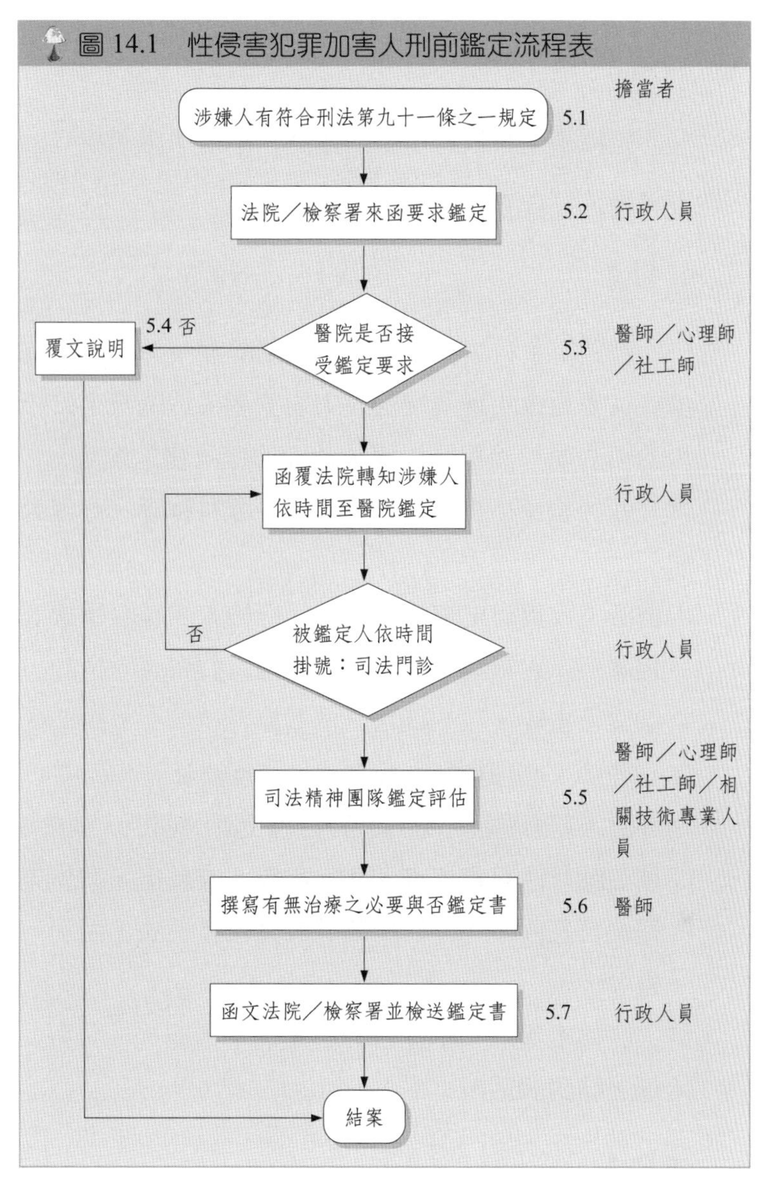

圖 14.1　性侵害犯罪加害人刑前鑑定流程表

貳、獄中處遇作業程序

㈠目的

為防治性侵害犯罪，配合法務部執行符合刑法第 91 條之 1 規定加害人強制診療業務。

㈡範圍

○○監獄衛生科依據獄中治療評估小組決議須接受治療者或法院裁定須接受刑前治療者，分派強制診療之個案。

㈢權責

1. ○○監獄衛生科：負責該監所強制診療所有行政事宜，依其所組成的獄中治療評估委員會決議須接受獄中治療者或法院裁定須接受刑前治療的個案，分派給簽約執行治療的機構，負責治療業務之統籌。
2. 本院強制診療小組成員包括精神科專科醫師、心理師、社工師，其職責分述如下
   ⑴醫師：收集病史資料、精神狀態檢查、神經學檢查、再犯危險之評估、性相關疾患之診斷、犯案歷程、輔導教育課程授課，個別、團體治療及撰寫結案報告等。
   ⑵心理師：心理衡鑑（含智力、人格測驗）、神經心理學測驗、再犯危險之評估、犯案歷程、輔導教育課程授課，個別、團體治療，撰寫結果報告等。
   ⑶社工師：性犯罪加害人基本資料、成長史、家族史、心性發展史、犯案歷程、再犯危險之評估、輔導教育課程授課，個別、團體治療，撰寫結案報告等。
3. 結案評估委員會：由監所聘請專家學者組成，針對具有刑法第 91 條之 1 者治療之結案評估。

㈣定義

1. 獄中處遇：符合刑法第 91 條之 1 者，由獄中治療評估小組決議須接受治療或法院裁定須接受刑前治療，由各簽約執行醫院執行強制診療，分為個別治療及團體治療。
2. 合意性交案：被害人與加害人之間為男女朋友關係，因被害人未成年而衍生出的妨害性自主案。
3. 個別心理治療：以一對一的方式進行深度心理治療。
4. 基礎認知教育團體治療：以情緒管理、壓力調適、自我了解……等主題為主的團體教育治療。
5. 認知教育團體治療：以修正扭曲的認知為核心的團體心理治療。

6. 戒酒團體治療：為有飲酒習慣，且酒精為其犯案之促發因子的個案所進行的飲酒行為改變的團體心理治療。
7. 再犯預防團體治療：以再犯預防為核心的團體心理治療，強調如何找出自己的高危險情境、犯罪循環，學習發展自己面對高危險情境的因應技能以預防再犯。
8. 再犯危險性評估：依據動態、靜態因子評估再次性侵害犯罪之危險性。
9. 可治療性評估：根據個案的教育程度、智能表現、年齡、否認程度……評估其可治療性。
10. 小組評估：由本院精神科醫師、臨床心理師、社工師等所組成的結案評估小組。

㈤作業內容

1. 性侵害犯罪加害人刑前治療及獄中治療流程圖（如圖 14.2）
2. ○○監獄○○科分派個案接受處遇計劃，由本院強制治療小組進行個別評估，需 6～12 次的評估，包括個人基本資料、成長史、心性發展史、婚姻家庭史、社交網路史、職業史、犯罪史、物質濫用史、精神狀態檢查、心理及再犯危險評估、兩性關係史、犯案歷程……等。
3. 依個案之再犯危險性、可治療性進行分組，分為高再犯危險組、中再犯危險組、低再犯危險組，並依個案之可治療性分為可治療組及不可治療組，進行個別或團體治療。
4. 高再犯可治療組分別施以認知教育團體、戒酒團體、再犯預防團體、個別心理治療。
5. 中再犯可治療組、低再犯可治療組，又依受害對象區分為合意案性交組及非合意案性交組，分別施以基礎認知教育團體、戒酒團體、再犯預防團體、個別心理治療。
6. 針對可治療性低者，給予其基礎的認知教育後，直到其刑滿才予以結案。
7. 進行至少十八週之團體治療，於課程結束後，由負責治療者提小組評估會議討論結案評估，適宜結案者則提結案評估委員會討論，不適宜結案者則再進行團體或個別心理治療。
8. 結束治療課程，並由治療人員出具結案報告書，提結案委員會評估結案與否，委員會決議結案者，由監所函文法務部提報，符合假釋者由監所函文個案戶籍所在地的性侵害防治中心等相關單位轉社區列管追蹤。

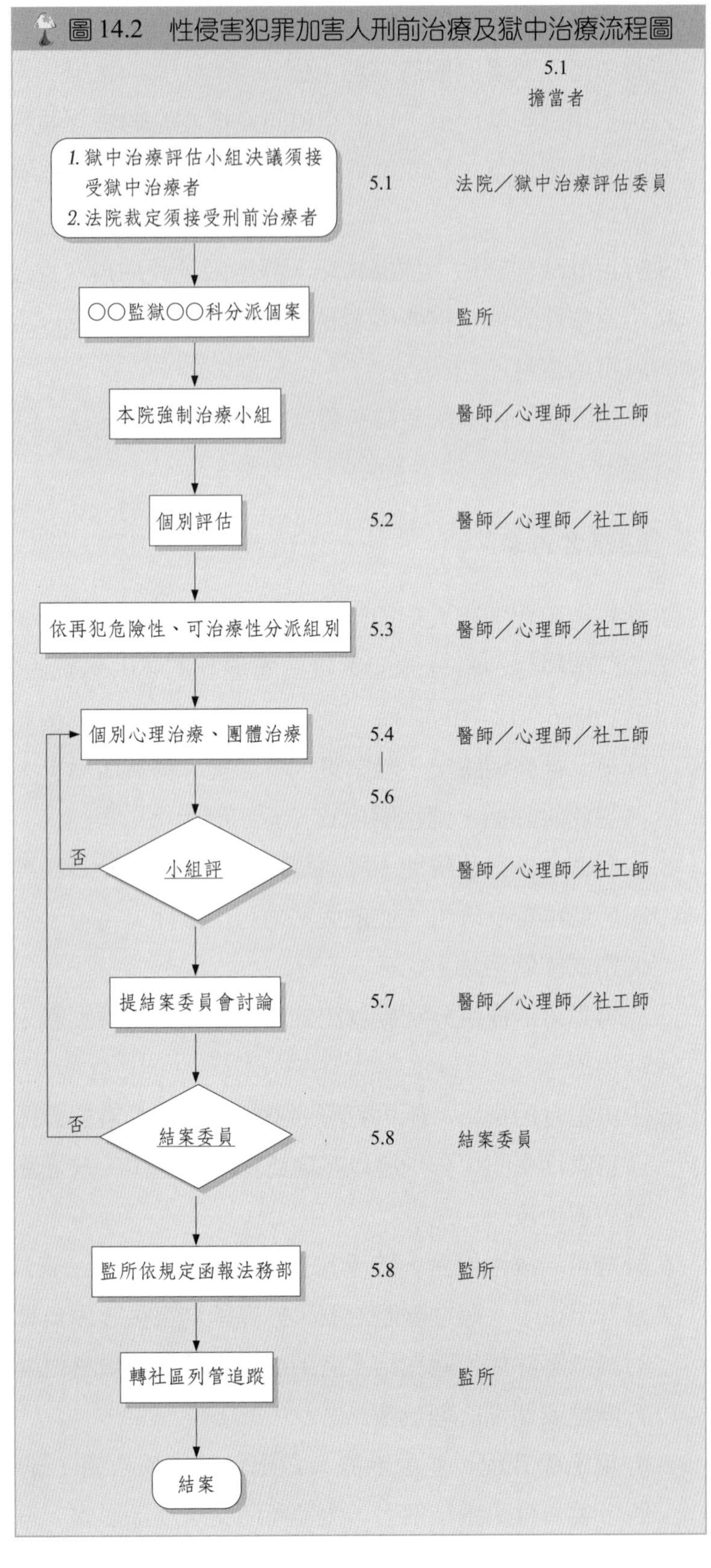
圖 14.2 性侵害犯罪加害人刑前治療及獄中治療流程圖
5.1
擔當者
1. 獄中治療評估小組決議須接受獄中治療者
2. 法院裁定須接受刑前治療者
5.1
法院／獄中治療評估委員
○○監獄○○科分派個案
監所
本院強制治療小組
醫師／心理師／社工師
個別評估
5.2
醫師／心理師／社工師
依再犯危險性、可治療性分派組別
5.3
醫師／心理師／社工師
個別心理治療、團體治療
5.4
5.6
醫師／心理師／社工師
否
小組評
醫師／心理師／社工師
提結案委員會討論
5.7
醫師／心理師／社工師
否
結案委員
5.8
結案委員
監所依規定函報法務部
5.8
監所
轉社區列管追蹤
監所
結案

參、性侵害犯罪加害人社區身心治療暨輔導教育作業程序

㈠目的

1. 受行政院衛生署指定辦理性侵害犯罪加害人（以下簡稱加害人）社區身心治療及輔導教育業務。
2. 與○○○家庭暴力及性侵害防治中心（以下簡稱防治中心）簽約執行業務，為使治療人員熟悉執行流程，控管服務品質。

㈡範圍

經防治中心轉介之加害人。

㈢權責

為辦理本業務，本院成立家庭暴力暨侵害加害人處遇治療小組（以下簡稱本小組），成員由院長指派。

1. 行政事務
   ⑴召集人：負責籌劃召集會議，以及一切屬於本小組的行政業務。
   ⑵幹事：由○○兼任，庶理負責一切公文收發、加害人聯絡等相關行政工作。
2. 身心治療暨輔導教育業務
   ⑴醫師：負責診療、評估，輔導教育課程授課，個別、團體治療，撰寫結果報告等。
   ⑵臨床心理師：負責輔導教育課程授課，個別、團體治療與相關心理衡鑑及評估等。
   ⑶社會工作師：負責收集相關加害人家庭、社會背景等資料，輔導教育課程授課，協助個別、團體治療等。
   ⑷護理人員：負責輔導教育課程授課，協助個別、團體治療等。

㈣定義

1. 性侵害犯罪加害人評估委員會：評估加害人身心狀況，依據加害人之檔案、個案資料做成加害人身心狀況評量表及處遇書，而裁定此性加害人身心治療或輔導教育的期間。
2. 加害人：係指具有性侵害犯罪防治法第 18 條第 1 項規定之人，如法有修訂，則以新修訂之定義為準。
3. 身心治療及輔導教育：實施身心治療每週不得少於一個半小時；實施輔導教育每月不得少於一小時，包括認知教育、行為矯治、心理治療、精神治療及其他必要之治療及輔導教育。

㈤作業內容

1. 性侵害犯罪加害人社區身心治療暨輔導教育流程圖（如圖 14.3）。
2. 性侵害犯罪評估委員會會議裁定性侵害犯罪加害人身心治療或輔導教育之處遇，由家庭暴力暨性侵害防治中心統籌，函文通知本院處遇計劃內容。
3. 本院家庭暴力暨性侵害處遇治療小組幹事收文，知會小組召集人，依據防治中心轉介加害人的資料，分派給治療者為個案管理者，全權負責（包括負責診療、評估、個別治療、繕寫結果報告）以建立分工功能，並函文防治中心轉知加害人依時間至醫院報到。
4. 負責治療者向加害人說明身心治療或輔導教育整個治療程序，並給予加害人治療時間表。
5. 加害人接受身心治療：依照本辦法加害人身心治療每週不得少於一個半小時，身心治療由醫師、心理師、社工師一起負責，醫師負責精神診療和評估約半小時，剩餘一小時則做個別或團體心理治療。每一性加害人所做治療都需寫紀錄，每月性加害人簽到和紀錄，由幹事以公文交換給防治中心，並作為申請治療經費的依據。
6. 加害人未完成身心治療：治療者安排加害人來診接受身心治療，每次治療性加害人需簽到，且治療者需寫每次治療的紀錄，如性加害人未事先請假而缺席，治療者必須通知幹事，由幹事再通知防治中心。
7. 加害人接受輔導教育：依照本辦法加害人輔導教育每月不得少於一小時，輔導教育採取心理衛教方式，由醫師、心理師、社工師負責授課。每一加害人所做輔導都需寫紀錄，每月加害人簽到和紀錄由幹事公文交換給防治中心，

並作為申請治療經費的依據。

8. 加害人未完成輔導教育：治療者安排加害人來診接受輔導教育，每次輔導加害人需簽到且醫師需寫每次治療的紀錄，如加害人未事先請假而缺席，輔導者必須通知幹事，由幹事再通知防治中心。

9. 六個月回報治療結果給防治中心：依據性侵害犯罪加害人身心治療與輔導教育辦法第 9 條規定，加害人於身心治療或輔導教育期間，應每半年由評估小組進行成效評估，醫療小組必須六個月再做鑑定評估，書寫成果報告給防治中心。

10. 繼續參加身心治療、輔導教育：依據性侵害犯罪加害人身心治療與輔導教育辦法第 5 條規定，實施身心治療及輔導教育期間不得少於一年，最長不得逾兩年，但必要時得延長一年。評估委員會每半年依據本院回報的治療成果報告進行成效評估，決定是否修正加害人身心狀況評量表及處遇書內容，繼續參加身心治療、輔導教育。

11. 完成身心治療：評估委員會依據本院回報的治療成果報告，進行成效評估，決定加害人完成身心治療，不用再接受身心治療。

12. 完成輔導教育：評估委員會依據本院回報的輔導成果報告，進行成效評估，決定加害人完成輔導教育，不用再接受輔導教育。

13. 治療者需把完成身心治療或輔導教育之加害人資料整理，放置歸檔，並影印一份給防治中心備查。

㈥相關文件

無。

㈦使用表單

1. 性侵害犯罪加害人輔導教育紀錄表。
2. 性侵害犯罪加害人身心治療紀錄表。
3. 性侵害犯罪加害人治療簽到表。
4. 性侵害犯罪加害人評估報告格式。

圖 14.3　性侵害犯罪加害人社區身心治療暨輔導教育流程圖

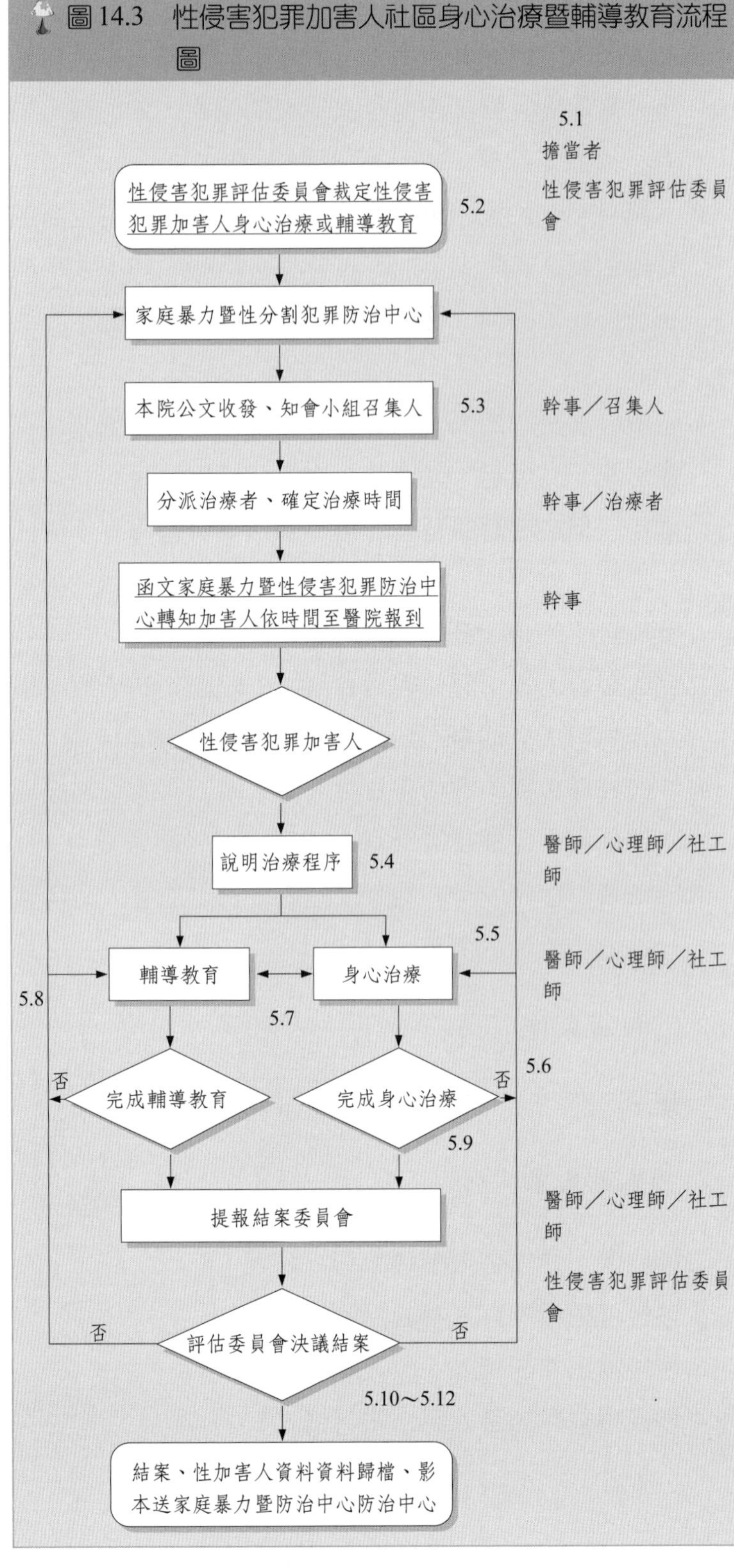

附錄

性侵害犯罪加害人社區身心治療及輔導教育實施要點

示範版本（僅供參考用）

○○○○○醫院

性侵害犯罪加害人社區身心治療及輔導教育實施要點

中華民國○○年○○月○○日○○會議通過

一、依據

○○醫院（以下簡稱本院）依照性侵害犯罪防制法第十八條規定與性侵害犯罪加害人身心治療與輔導教育辦法第十八條規定：「性侵害犯罪加害人先經由各地縣市政府性侵害犯罪暴力防治委員會所組成的評估小組決議後，分別實行身心治療與輔導教育，實施期間不得少於一年，最長不得逾二年，但必要時得延長一年」辦理，且受行政院衛生署指定辦理性侵害犯罪加害人（以下簡稱性加害人）社區身心治療及輔導教育業務（以下簡稱本業務），特制訂本要點。

二、實施對象

經○○縣市性侵害防治中心（以下簡稱防治中心）轉介之性加害人。

三、組織與權責

為辦理本業務，本院成立性侵害犯罪加害人處遇治療小組（以下簡稱本小組），成員由院長指派。本業務分成行政業務與身心治療暨輔導教育業務兩部分，小組人員權責如下：

㈠行政事務

1. 召集人：負責籌劃召集會議，以及一切屬於本小組的行政業務。

2. 幹事：由○○○兼任，庶理負責一切公文收發、性侵害犯罪加害人（以下簡稱性加害人）聯絡等相關行政工作。

㈡身心治療暨輔導教育業務

1. 醫師：負責診療、評估，輔導教育課程授課，個別、團體治療，繕寫結果報告等。

2. 臨床心理師：負責輔導教育課程授課，個別、團體治療與相關心理衡鑑及評估等。

3. 社會工作師：負責收集相關性加害人家庭、社會背景等資料，輔導教育課程授課，協助個別、團體治療等。

4.護理人員：負責輔導教育課程授課，協助個別、團體治療等。

四、內容

㈠性加害人：係指觸犯性侵害犯罪防治法第十八條第一項規定之人，如法有修訂，則以新修訂之定義為準。

㈡時間：實施身心治療每週不得少於一個半小時；實施輔導教育每月不得少於一小時。

㈢身心治療及輔導教育：包括認知教育、行為矯治、心理治療、精神治療及其他必要之治療及輔導教育。

五、作業要點

標準作業流程見○○醫院性侵害犯罪加害人社區身心治療及輔導教育流程圖（如附件）。

六、收費

依照防治中心所訂標準，向防治中心定期收費。

七、本要點送○○會議核定後實施，修改時亦同。

參考文獻

陳若璋，劉志如（1999）。第二章我國妨害風化罪受刑人進入獄正之身心治療系統流程。性侵害犯罪加害人身心治療、輔導制度與再犯率分析評估。內政部性侵害犯罪防治委員會0287-025R5，72-74

周煌智、陳筱萍、張永源、郭壽宏（2000）。性侵害犯罪加害人的特徵與治療處遇。公共衛生，27，1，1-14。

文榮光，張敏，龍佛衛，周煌智，楊聰財，薛克利，顏永杰（2002）。台灣地區性侵害犯罪防治責任醫院現況之研究：性侵害犯罪加害者之鑑定、評估與治療。行政院衛生署九十一年度科技研究發展計畫（DOH91-TD-1071）。

周煌智（2003）。建立示範性性侵害犯罪加害人刑前鑑定醫院標準作業流程及社區身心治療暨輔導教育課程指導大綱。行政院衛生署九十二年度補助研究計畫。

周煌智（2004）。編撰性侵害犯罪加害人的鑑定與治療作業規範與實務操作手冊——以再犯危險性為原則的鑑定治療模式——。行政院衛生署九十三年度科技研究計畫。

周煌智（2004）。性侵害犯罪暴力的流行病學與精神心理評估與鑑定——以再犯性、危險性與可治療性為原則。陳明招（主持人）。建立家暴暨性侵害犯罪加害人個案集——專業人員版研討會，高雄市立凱旋醫院。

周煌智　李俊穎　林世棋　陳筱萍（2004）。性侵害犯罪加害人的鑑定原則與處遇計畫之探討。醫事法學，12(3&4): 35-51。

科建管理顧問著作委員會（1999）。品質管理概念，科建管理顧問股份有限公司，台北。

第十五章

性侵害犯罪加害人的藥物治療

薛克利　周煌智

本章學習重點

- 學習性侵害犯罪加害人的藥物治療種類。
- 學習性侵害犯罪加害人的藥物治療相關研究。

摘要

性侵害犯罪加害人有時可用一些抗精神藥物來控制偏差或攻擊性行為，研究顯示可以獲得不錯成效；但基於人權考量以自願為主。

藥物治療種類包括：㈠ Antiandrogen；㈡ Hormonal agents without a specific pofile；㈢其他藥物。加害人藥物治療的適應症為：㈠治療性偏好症大多合併藥物與認知治療，一旦認知治療失敗，就要使用藥物。㈡在一些合併性虐待或強暴犯的重度性偏好症患者，藥物治療是第一線治療。這些治療包括使用 CPA 或 MPA 和 LH-RH 製劑來進行所謂的化學閹割（*chemical castration*）。

關鍵詞

性侵害犯罪加害人、藥物治療。

壹、性侵害犯罪加害人藥物治療的種類與時機

精神科醫師有時會開一些精神藥物給予加害人來控制偏差或攻擊性性活動（*deviant and aggressive sex activity*），包括抗精神藥物、抗睪固酮及情緒穩定劑等（*Money, 1987; Kiesch, 1990; Richer, & Crismon, 1993; Grossman, Martis, & Fichtner, 1999; Zonana, Abel, Bradford, et al., 1999*），研究顯示可以獲得不錯的的控制與降低再犯率，然而基於人權及醫療倫理的考量，這些治療主要是以志願者為主，並未用於強制治療，故無法顯示強制治療者亦有同樣的效果（*Grossman, Martis, & Fichtner, 1999; Zonana, Abel, Bradford, et al., 1999*）。其中 medroxyprogesterone acetate（*MPA*）是第一個使用於性侵害犯罪加害人身上的藥物（*Money, 1987*），它可以降低血中男性睪丸酮的含量並降低性趣與活動性（*Kiesch, 1990*），Kiersch（*1990*）研究顯示可以有效降低性侵害犯罪加害人性衝動。然而這個被視為化學去勢的方法常引起道德與人道上的爭議，因此，常以自願方式為之。

性侵害犯罪加害人藥物治療的種類包括：㈠ Antiandrogen，如：cyproterone acetate（*CPA*）；㈡ Hormonal agents without a specific profile，如：estrogen, phenothiazine, medroxyprogesterone acetate（*MPA*）；㈢其他藥物，如：fluoxetine, lithium, buspirone, clomipramine, trazodone。性侵害犯罪加害人藥物治療的適應症或時機為：㈠治療性偏好症大多合併藥物與認知治療，一旦認知治療失敗，就要使用藥物。㈡在一些合併性虐待或強暴犯的重度性偏好症患者，藥物治療是第一線治療。這些治療包括使用CPA或MPA和LH-RH製劑來進行所謂的化學閹割（*chemical castration*）。

貳、性侵害犯罪加害人藥物治療對降低再犯率的研究回顧

德國人 Laschet and Laschet 提出 cyproterone acetate 的第一份臨床研究報告。這份報告收集超過 100 位性偏好症患者。其主要種類包括暴露狂、戀童症以及性虐待狂。其中有一半是性侵害犯罪者。他們接受為期至少 6 個月到最久 4 年多的治療。將近五分之四的個案每天服用 100 毫克的劑量來減少性衝動、勃起及性慾，每天 50 毫克會減少性慾，仍能勃起。至於非口服的治療劑量是每兩週 300 毫

克，將近五分之一的暴露狂在停藥後不再出現偏差性行為。

在北美，medroxyprogesterone acetate 是治療性侵害犯罪者最受矚目的賀爾蒙製劑。早在公元 1958 年就有報告發現 medroxyprogesterone acetate 可以減少人類的性慾。Berlin 和 Meinecke 使用 medroxyprogesterone acetate 治療 20 位性倒錯個案，其中 3 位在治療後復發；10 位在未依醫囑停藥後復發。在這個研究中，我們發現服藥順從性佳的患者，medroxyprogesterone acetate 的療效不錯。然而，一旦停藥它的復發率很高。Gottesman 和 schuber 讓 7 位戀童症個案口服低劑量 MPA 約每天 60 毫克，為期 15.33 個月。其中有 6 位患者，他們 testosterone 的濃度下降了 55% 至 65%，性偏好的幻想及行為也減少。Rousseau 等人在一個重度暴露狂合併使用 LH-RH 製劑-LH-RH ethylamide（*D-Trp-des-Gly-NH2*）劑量第一個月為每天 500 微克，之後是每天 250 微克持續 22 週和 flutamide 每天 750 毫克共 26 週，如此全面阻斷 androgen。由於性幻想和性活動大減，暴露行為也消失，並且沒有明顯副作用。追蹤 52 週後，發現停藥 9 週後，出現暴露手淫等情形；第 29 週，手淫變得很頻繁。停藥 7 週後，開始恢復治療前的性幻想。Tuibaut et al.在 6 位性倒錯個案使用 GnRH 製劑-triptorelin，每月 3.75 毫克。其中 5 位符合 DSM-ⅢR 性偏好症的診斷標準；1 位個案有雙重性倒錯，戀童症是最常見的性偏好症。這些個案每天同時併用 CPA200 毫克，平均 4.5 個月（*10 天至 12 個月*），有 5 位偏差性行為銳減，未見副作用。追蹤期 7 個月至 3 年，其中一位患者在一年後中斷藥物，並在 10 週後復發。

Kafka 和 Prentky 針對 20 位個案進行開放性試驗。其中有 10 位是性偏好症患者，大多是性被虐狂，沒有戀童症；另外 10 位是非性偏好症型的性上癮者。他們在使用 fluoxetine、lithium、trazodone 治療後有一半的人獲得改善。這些個案當中有 95%符合 DSM-ⅢR 輕鬱症的診斷標準；55%同時符合 DSM-ⅢR 重鬱症的診斷。本實驗持續 12 週，其中有 4 週的時間進行評估。有五分之一的個案中途退出試驗。結果顯示：無論在憂鬱或是某些性行為例如手淫、性活動還是性趣上都有明顯的改善。Stein et al.回顧研究了 13 名個案，其中 5 名是性偏好症患者，另有 5 名不是；有 9 名有強迫症的共病，使用 fluoxetine、clomipramine、fluvoxamine 治療的情形。其中 5 名合併強迫症和重鬱症非性偏好症患者有 2 名有改善。Kruesi et al.在 15 名性倒錯患者進行 desipramine 和 clomipramine 的雙盲試驗。有兩週是單盲。共 8 個個案完成研究並獲得改善。但兩種藥的療效比較難分軒輊。

在 Richard B. Krueger 及 Meg S. Kaplan（*2001*）所報告之 12 例性偏好症（*Paraphilias*）的個案接受新型抗雄性藥物 Depot-leuprolide acetate 治療 6 個月到 5 年不等

的治療時間，並追蹤個案6個月到6年不等，結果發現該藥物對個案偏差的性興趣和性行為（*deviant sexual interests and behavior*）有顯著的降低效果，並且，個案對藥物的耐受性亦良好（*well tolerated*），然而，有3位接受長期治療的個案出現骨質密度下降的副作用。（*Krueger, & Kaplan, 2001*）；另一個類似的研究針對11位有性偏好症診斷的個案進行 Leuprolide Acetate 為期12個月的治療，結果發現對個案之性攻擊行為（*Sexually aggressive behavior*）、陰莖勃起反應、射精、自慰、偏差的性衝動與性幻想等均有明顯降低的療效，有一位個案在治療期間死於自殺。（*Peer, Evangelia, & Wolfgang, 2001*）這些學者與研究報告對 LHRH agonist 用於性偏好症或其它未分類的性疾患之個案的療效十分肯定，且認為其副作用比 MPA（*Medroxyprogesterone acetate*）或 CPA（*Cyproterone acetate*）較少，是可以考慮作為取代此兩種藥物的理想選擇。

參、國內性侵害犯罪加害人的藥物治療

有關國內性侵害犯罪加害人的藥物治療，仍缺乏具體有系統之治療規範可供治療者參考應用，亦無屬於本土化之藥物治療效果追蹤評估方式與療效報告，更遑論有對照組的研究可供比較。故仍有需要做進一步的研究。

參考文獻

American Psychiatry Association.(1994). Diagnostic and statistical manual of mental disorders (4th ed., revised). Washington,DC:Author.

Barbaree, H. E.,Marshall, W. L.(1991). The role of sexual arousal in rape :Six models.Journal of Consulting and Clinical Psychology,59,121-630

Barlow, D. H.(1986). Cause of sexual dysfunction :The role anxiety and cognitive interference . *Journal of Consulting and Clinical Psychology,* 54,140-148

Bozman, A. W., Beck, J.(1991). Covariation of sexual desire and sexual arousal :The effects of anger and anxiety. *Archives of Sexual Behavior,* 20, 47-60

Grossman, L.S., Martis, B., & Fichtner, C.G. (1999). Are sex offenders treatable? A research overview. *Psychiatr serv,* 50, 3, 349-361.

Hall, G. C. N,Hirschman, R.(1991). Toward a theory of sexual aggression: A quadripartite model. *Joural of Consulting and Clinical Psychology,* 59, 662-669

Hucker, S. J.,Bain, J.(1990) Androgenic hormones and sexual assault .In W.L.Marshall,D.R.Laws, H. E.Barbaree (Eds.), *Handbook of sexual assault: Issues,theories, and treatment of the offender* (pp.93-102)

Keating, J., Over, R.(1990) Sexual fantasies of heterosexual and homosexual men. *Archives of Sexual Behavior,* 19,461-475

Kiesch, T.A. (1990). Treatment of sex offenders with Depo-Provera. *Bull Am Academy Psychiatry Law,* 18, 2, 179-87.

Krueger, R.B., & Kaplan, M.S. (2001). Depot-Leuprolide Acetate for Treatment of Paraphilias: A Report of Twelve Cases. *Arch Sex Behav,* 30, 409-422.

Laws, D. R.,Marshall, W. L. (1990). A conditioning theory of the etiology and maintainance of deviant sexual preference and behavior. In W.L.Marshall,D.R.Laws, H. E.Barbaree (Eds.), *Handbook of sexual assault :Issues,theories, and treatment of the offender* (pp.209-229). New York: Plenum

Marshall, W. L. , Barbaree, H. E.,Marshall, W. L. (1984). A behavior view of rape .Special issue : Empirical approaches to law and psychiatry. *International Journal of Law and Psychiatry,* 7,51-77

Money, J. (1987). Treatment guidelines: Anti-androgen and counseling of paraphiliac offenders. *J Sex and Marital Therapy,* 13, 3, 219-223.

Peer, B., Evangelia, N., & Wolfgang, B. (2001). Treatment of Paraphilia with
Luteinizing Hormone-Releasing Hormone Agonists. *Journal of Sex & Marital Therapy,* 27, 45-55.

Quinsey, V. L.(1984). Sexual aggression: Studies of offenders against women. In D.Weisstub(Ed), Law and mental health :International perspectives (Vol.1) New York: Pergamon.

Richer, M., & Crismon, M.L. (1993). Pharmacotherapy of sexual offender. *Ann Pharmacotherapy,* 27, 3, 316-20.

Zonana, H., Abel, G., Bradford, J., Hoge, S.K., Metzner, J., Becker, J., Bonnie, R. & Fitch., L. (1999). Policy recommendations. ***Dangerous sex offenders-a task force report of the American Psychiatric Association.*** 167-181. American Psychiatric Association, Washington, DC USA. Washington, DC: American Psychiatric Press.

第十六章

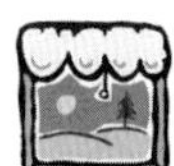

性侵害犯罪加害人獄內治療

陳筱萍　鄭添成　周煌智

本章學習重點

- 國外（美國、英國、加拿大）監獄的治療方案。
- 國內監獄治療現況。
- 監獄處遇行政流程。
- 國內性侵害犯罪的再犯預防團體治療課程。
- 國內性侵害犯罪的戒酒團體治療課程。

摘要

美國、英國、加拿大等國是目前全世界在性罪犯治療方面較為進步的國家，根據 1994 年安全社會基金會在全美性罪犯治療方案調查發現，監獄與社區中最常見的治療模式係「認知行為取向」及「再犯預防取向」二種模式。

國內在民國 94 年 1 月 7 日三讀通過刑法之修正案，將性罪犯之矯治改設以獄中強制診療或社區身心治療輔導教育程序為主，在法源上已有明確的規定，犯妨害性自主罪者需接受獄內的治療，法務部在法律的規定下制定出監獄處遇行政流程。而現行國內性侵害犯罪獄中的處遇制度，是參酌美國、英國及加拿大之實務經驗，再依照本土化的民情，而設計出再犯預防團體治療的課程和戒酒團體治療的課程。

關鍵詞

認知行為、再犯預防。

壹、前言

在近二十幾年來，美國、英國、加拿大司法單位及相關領域的心理治療專家，都肯定對於性罪犯執行輔導教育及身心治療的必要性，而且有鑑於「性罪犯」在不同犯罪類型當中所顯現出的特異性（例如：善於欺騙、隱瞞、否認），專家也都一致地主張應該在監獄當中進行嚴謹的身心矯治、治療，並在假釋、甚至刑期服滿回到社區之後，必須要能夠對性罪犯持續進行監控與治療，才能有效、根本地達到預防再犯的效果。依照性侵害犯罪加害人的治療原則與假設：㈠性罪犯必須為其性侵犯行為負完全責任；㈡性罪犯可以改變或增加對其性侵害犯罪行為的控制；㈢性罪犯無法完全痊癒，治療只能減少性罪犯的威脅。基於上述的假設原則，在國外如美加等國已經發展出許多有效的治療方案，國內目前也在積極的發展治療模式與評估成效。以下分別介紹國外與台灣的監獄內性侵害犯罪加害人的治療與輔導教育方案：

貳、國外的監獄治療方案

美英加等國是目前全世界在性罪犯心理治療方面較為進步的國家，其較完善之技術與方案係近十餘年發展而成，根據 1994 年安全社會基金會，（*Safe Society Foundation*）（*Cumming,1998*）在全美性罪犯治療方案調查，其收集 1,784 個參與研究的監獄、社區、及學校之性罪犯輔導方案中發現，監獄與社區中最常見的治療模式係「認知行為取向」及「再犯預防取向」二種模式各佔 40%及 37%，最常見的治療方式則是團體治療。McGrath（*1991*）的研究中指出，在 1,500 個針對成人和青少年性侵犯者所採用的治療計劃中，有 60%的計劃是使用 Knopp，Freeman-Longo 及 Stevenson 等人的認知行為及防止再犯的治療模式，由此可見再犯預防取向被廣泛使用於團體治療。到了 1996 年 Pithers and Gray 指出在北美已有 90%的

性罪犯治療模式是採用再犯預防模式；而堪稱美國性侵害犯罪加害人治療的模範模式——佛蒙特模式（*Vermont*），即是採用再犯預防模式之團體（周煌智，*2000*）。因此可知此二者幾乎是美國性罪犯心理治療技術的主流，二者在實際運用中常難區分，而後者亦是取用前者之理論及技術為基礎而實施之。然而至目前為止，以再犯預防取向為基礎並結合認知行為取向的模式已成為主流，可稱之為「以再犯預防為取向之認知行為療法」（*Cognitive Behavioral Therapy with Relapse Prevention Approach*；*CBT／RP*），在臨床研究上CBT／RP之療效發現約可減少一半之再犯率，是目前所發現之最好方法（*Steele, 1995*）。有些研究證實，團體心理治療有顯著的改善（*Marques, Day, Nelson, & West, 1994*；周煌智等,*2004*）。

因此可知，美加臨床界係以上述之療法作為性罪犯心理病理之了解，也以之作為心理治療的技術。此外，加拿大著名之矯治心理學者 Paul Gendreau（林明傑，*2000*）亦指出「再犯預防技術」為有效性罪犯處遇方案七大原則的其中之一，以下以美國佛蒙特州（*Vermont State*；*U.S.*）為例，簡介其對於性罪犯之處遇制度，並參酌英國及加拿大之實務經驗，俾供國內對性罪犯處遇之參考。

一、美國的治療方案

在美國治療性侵害犯罪加害人的團體心理治療大致可分為二：㈠認知行為治療；㈡再犯預防取向治療（*Freeman-Longo, 1996*；王家駿等譯，*2001*）。二者均源自 Bandura 之社會學習理論中認為人類行為是由觀察、學習之認知過程而來。兩種治療有其相似性，主要差別在於「再犯預防取向」強調案主可能有偏差的「情緒行為鍊」（*affective behavioral chain*）及其所連成之潛在的「再犯行為循環」（*reoffense cycle*）。並希望案主能認出上述二者，最後找出方法予以截斷，藉以防止再犯，而其所用之技術，亦是以「認知行為療法」為主（*Law, 1989*）。

佛蒙特州性罪犯治療方案，採用「再犯預防」模式，不論在監獄或社區之治療均堪稱全美典範，精神科醫生、心理師、社工師和觀護人在性罪犯的治療過程裡均擔任重要角色，負責心性發展的調查、評估和治療。其專業技術運用分別在評估診斷與問題的形成方式、危險程度、治療的可能性、治療計畫及處遇傾向與建議（林明傑，*2000*）。在其中有一項與一般心理治療不同的是保密的限制，雖然心理治療強調保密之原則，但評估鑑定是要對法官負責，所以需把性罪犯資料向法官報告，事先向性罪犯說明保密之限制。

法官依據個案的危險評估報告而給予不同判決，高危險者給予在監服刑，待獲得假釋才治療，治療約2至3年。中低危險者則參加社區治療，治療期間約1至2年。在家服刑者有其限制，如身上帶著BBC或其他電子監控儀器，規定其在晚上6點至10點不能離開家裡，一旦違法則要入監。被法官裁決要接受團體課程者，約需等1個月之期間再通知上課，上課前先寫同意書，違反規定或不合作，假釋委員會可能要求重新接受治療或取消假釋。

再犯預防方案為27週課程（林明傑，*1999*），其特色包括將強制性交犯與戀童者混合在同一團體中治療，人數約18至25人（剛開始時，將強制性交犯與戀童者分開治療，但後來發現將二者混合在團體中治療效果更好。因強制性交犯有較多的挑戰與質問，使團體顯得較有活力；而戀童者則有較多的同理心，使團體顯得較感性）；治療費用由性罪犯自付（每次費用約*20～40*美元）；團體成員分3階，即新進候選者（新入團體之成員）、一般成員（團體中之正式成員）、更生成員（已接近治療完成階段之成員），其中成員6至8人，候選者1至2人，較後者將有較多的責任及獨立性等。

二、英國的治療方案

英國犯罪矯正與觀護部門皆認為認知行為處遇法在協助犯罪人更生與防止再犯上具有特定功效，因此在1990年由英國內政部宣布運用此專業方法與必要資源來對成年男性性犯罪人進行評估與處遇。英國的性罪犯處遇方案主要有2個，即針對性罪犯扭曲思考及合理化行為進行矯正之方案，以及在6個監獄中實施之高危險延長方案。前者注重於發展性犯罪者之同理心、學習負責任、瞭解再犯之高危險情境和做好復發預防的工作；後者則針對性罪犯之偏差性喚起進行矯正，溝通技巧、憤怒情緒與壓力之控制為矯正重點。

英國性罪犯處遇計畫可區分為2個部分，即㈠核心方案：只運用認知行為療法為基礎的團體治療方案，主要焦點在於改變與犯罪有關的認知及發展再犯預防策略；㈡延伸方案：包括各種修正個案問題（如偏差性喚起、拙劣憤怒控制技巧）的個別和團體介入手段（楊士隆、吳芝儀，*2000*）。認知行為方案在性罪犯的處遇成效評估上被Marshall等學者（*Marshall, Hudson & Ward*，*1992*）指為是降低再犯方面最有效的療法。

此外，英國觀護部門實施「接受觀護之正確思考」（*Straight Thinking on Probation*；*STOP*）方案，此方案以認知處遇為藍本，由觀護人對受保護管束人進行多達35種之認知團體療法，方案之重點內容包括進行問題解決、社交技巧、情緒管理、

協商技巧、正向思考、同理心等訓練，並以示範遊戲、範例等方式進行練習。根據學者（*Raynor & Vanstone, 1996*）對方案之評估發現，參加此一方案之成員大多認為其目標可達成，並且深具信心，而受保護管束人則近九成認為對其有幫助、對其面對高危險情境恰當思考之增進甚有影響，另有八成之受保護管束人認為可減少未來再犯。至於在再犯追蹤評估上，發現接受認知行為方案之成員其再犯率比受監禁處分者低，並且在完成方案後 12 個月及 24 個月中減少了許多犯行。

三、加拿大的治療方案

自 1970 年代中期，加拿大矯正當局即開始發展對於性罪犯的特定處遇計畫，雖然不同處遇計畫其理論切入點與處遇期間不儘相同，但大多針對性罪犯的低自尊、拙劣溝通技巧與社會技能、對性與女人的不健康態度、以及偏差的性喚起模式等危險因子來進行治療（*Fabiano et al., 1991*）。再者，由於性罪犯在個人史與前科紀錄、犯罪模式、偏愛受害者類型、以及偏差的態度與信念方面有所不同，因此加拿大對於性罪犯的治療採取類型區分的方式，將治療團體分為「戀童癖」（*pedophiles*）、「強制性交犯」（*rapists*）和「亂倫犯」（*incest*）3 種類型，針對其特定治療需要分別以小團體的方式來進行，分述如下（*Gordon & Porporino, 1991*）：

㈠戀童癖團體

戀童癖的態度和信念系統是影響其偏差性行為的關鍵，他們相信他們對兒童的行為是無害甚至是有益於兒童的，因此治療重點在於挑戰並重建其態度和信念系統，並藉由適應性技能的訓練，達到行為矯正的目的。此外，大多數戀童癖經證實在幼年時期曾遭受性侵害犯罪或身體虐待，因此治療的另一重點即針對此傷害所可能造成的長期性影響。戀童癖在與他人相處方面具有缺乏主見的特徵，其攻擊行為表現通常是隱蔽和被動的，如抱怨、發牢騷、輕怒、或者是蓄意阻撓等，因此治療通常針對此特性藉由主見訓練或降低社會焦慮措施訓練來加強其自信。最後，戀童癖由於明顯具有不正常的性喚起，在所有團體中最需要給予密集的性喚起治療，因此自我控制技巧訓練以及性偏好、性幻想治療更是此一團體不可或缺的治療內容。

㈡強制性交犯團體

強制性交犯最好接受機構內的處遇治療，由於強制性交犯相較於其他犯罪類型的罪犯在人格、社交技巧、性知識和態度、以及性喚起模式方面並無太大差異，因此治療重點即在於其衝動控制、拙劣問題解決能力、性暴力價值觀、認知重建訓練、憤怒管理、壓力管理、抗拒治療、否認和縮小犯行、以及藥物濫用上。強制性交犯需要加強其對於被害者的同理心、矯正其性方面和人際方面的態度、以及協助辨認出個人特定的犯罪循環模式（如情緒、認知和危險因子等）。基本上，強制性交犯在性喚起方面與常人並無太大差異，因此性喚起治療通常不予實施，除非其在性喚起時無法控制其行為，此時便會安排自我控制訓練課程，以修正其不當性幻想。最後，強制性交犯如果經評估後效果不佳或具有多項性犯罪前科，則通常輔以其他治療計畫後方予以釋放。

㈢亂倫犯團體

亂倫犯在加國被認為是再犯率最低的性罪犯類型，因此其所享有的治療資源也佔較小比率。亂倫犯通常擁有不錯的工作且表現良好，但在處理非結構性情境方面則顯得焦慮，他們的婚姻關係通常有某些方面的問題，如拙劣的溝通與問題解決技巧、性態度與家庭關係的扭曲認知等，而且其對犯行的否認與縮小化犯行的現象亦十分明顯，如宣稱只犯下這一次、喝醉酒意識不清或是遭被害人引誘等，且亂倫犯主觀上會認為被害人仍愛他們，而他們雙方彼此也極欲想修復親子關係，因此治療的重點在於處理亂倫犯否認與縮小化犯行的錯誤知覺，並強調責任感的培養及對被害人的同理心，同時配合家族治療的方式來對其面質，挑戰其錯誤的主觀認知，採用家族治療的優點在於可使亂倫犯在治療後能重新融入家庭，並為其他家人所接受。

參、國內監獄治療現況

在民國 94 年 1 月 7 日三讀通過之刑法修正案，將性罪犯之矯治改以獄中強制診療（輔導或治療）或社區身心治療輔導教育程序為主，根據刑法 91 條之 1：「犯第 221 條至 227 條……之罪，而有下列情形之一者，得令入相當處所，施以強制治療：一、徒刑執行期滿前，於接受輔導或治療後，經鑑定、評估，認有再犯之危險者。二、依其他法律規定，於接受身心治療或輔導教育後，經鑑定、評估，認有再犯之危險者。前項處分期間至其再犯危險顯著降低為止，執行期間應每年鑑定、評估有無停止治療之必要。」另根據監獄行刑法 81 條第 2 項「犯刑

法第221條至230條及其特別法之罪，而患有精神疾病之受刑人，於假釋前，應經輔導或治療；其辦法由法務部定之。」妨害性自主罪受刑人輔導與治療實施辦法第3條「各監獄應將前條規定之受刑人移送指定監獄專區收容。指定監獄應與公立醫療機構訂定委託診療合約，指定精神科醫師或臨床心理師定期到監對前條規定受刑人實施診斷、輔導或治療。」在法源上，在獄中實施處遇治療或輔導是必要的。

一、監獄處遇行政流程

目前的監獄處遇行政流程可簡略如下：受刑人判處罪刑及強制治療確定→徒刑執行期滿前（或仍有受刑人適用刑前治療者則持續適用刑前治療）→檢察官發指揮書將受刑人送治療處所施以強制治療（至再犯危險顯著降低為止）→緩刑者暫不執行其刑。強制診療的工作從民國83年開始進行，台北監獄由北投國軍醫院和桃園療養院的醫師及治療人員，台中監獄由台中草屯療養院的精神科醫師實施，高雄監獄則由高雄市立凱旋醫院、國軍802醫院及慈惠醫院的治療人員進行。茲以介紹台北與高雄監獄的治療處遇行政流程：

㈠台北監獄（台灣台北監獄，1998）

台北監獄妨害性自主罪受刑人在獄政之身心治療系統流程包括：移監、評估、接受獄中強制診療等，其流程如下：

1. 移監：犯刑法妨害性自主罪之性侵害犯罪加害人在判刑確定後，將就近被分監至當地的監獄接受監禁。台北監獄負責接收新竹、桃園、基隆、花蓮、金門、自強外役監獄及北監妨害性自主罪之受刑人。當上述地區的性侵害犯罪加害人離假釋期滿尚有2年時，便移監至台北監獄接受治療，治療完後再回到原來監獄等待假釋。
2. 評估：在監獄內由接收小組先進行評估，決定那些受刑人要先接受強制診療。接收小組評估後將受刑人資料彙整後，會同精神科醫師、心理師及社會工作人員定期召開會議，並由精神科醫師對個案進行晤談及心理測驗評估，並以DSM-IV-R鑑定其是否為精神異常。當性侵害犯罪加害人疑有精神疾病時，則由診療小組評估，決定個別治療方式，並由精神科醫師、護理師或社工員進行治療，未疑有精神病的性侵害犯罪加害人則進行強制診療的課程。
3. 進行治療：評估後性侵害犯罪加害人需要參加3個月的教育課程，內容包括性教育及相關的法律觀念及預防再犯的知識共 12 次。教育課程結束後受刑人即加入團體治療，團體治療為期 9 個月，內容以 Freeman-Longo 再犯預防計畫的教材為主。團體治療結束後，應由治療評估小組及輔導評估小組來評定該性侵害犯罪加害人是否適合假釋，不合格者則繼續進行治療。

4. 假釋後繼續治療：性侵害犯罪加害人假釋或期滿出獄後，則由性侵害防治中心接手進行後續的身心治療及輔導教育，評估結果不佳者會被撤銷假釋。
5. 身心治療流程：性侵害犯罪加害人判刑確定→依性侵害犯罪加害人戶籍發監服刑→移監至台北監獄→接收小組資料彙整→提報評估會議討論→醫師進行診療→教育課程 3 個月→團體治療 9 個月→提報治療評估小組及輔導小組→通過後結案（不通過則繼續診療）。

(二)高雄監獄（內政部，2000）

1. 移監：犯刑法妨害性自主罪之犯罪人在判刑確定後，將就近被分監至當地的監獄接受監禁。
2. 評估：性侵害犯罪加害人由監所之接收小組進行測驗、調查及晤談，並將個案資料彙整完成後，會同精神科醫師、臨床心理師及社工人員定期（1 個月）召開會議，進行初步診斷篩選工作。對於患有精神疾病者除了由管教小組加強輔導外，並由醫師施予治療，醫師診斷未患有精神疾病者則由管教小組加強輔導。
3. 進行治療：目前治療方式多以個別治療為主，團體治療部分則缺乏有系統的規劃。目前高雄監獄分別由高雄市立凱旋醫院和國軍高雄總醫院在監獄進行強制治療，醫療人員有醫師、心理師、社工師與受過該類治療訓練的護理師。性侵害犯罪加害人於入監後 1 個月需由接收小組進行調查、測驗與晤談，該小組將受刑人完整資料彙整完成後，會同精神科醫師、臨床心理師及社會工作人員定期召開會議，進行初步診斷與篩選之工作，將受刑人區分為未疑有及疑有精神或心理異常者，前者逕交由各管教小組加強輔導，而後者則宜請精神科醫師進行晤談與診斷。疑有精神病或心理異常者經診斷晤談後，先提交治療評估小組會議討論後，再區分為非精神病症且無須做任何精神處理者及需接受進一步治療者；其中非精神病症且無須做任何精神處理者交由管教小組，並依精神科醫師診斷報告之診斷結果及建議事項訂定輔導計畫進行輔導，由教誨師於輔導評估小組會議中報告輔導結果，經議決具成效且有悛悔實據者，則視為結案，成效不足或無悛悔實據者，則再交由管教小

組繼續輔導。

如同前述，性罪犯治療的基本原則與假設是：*1.* 性罪犯必須為其性侵犯行為負完全責任；*2.* 性罪犯可以改變或增加對其性侵害犯罪行為的控制；*3.* 性罪犯無法完全痊癒，治療只能減少性罪犯的威脅。所以團體心理治療的目的：*1.* 加強法律的認知；*2.* 學習辨識高危險情境；*3.* 發展高危險情境的因應策略；*4.* 增加對受害者的同理心。以下以高雄市立凱旋醫院為例，介紹數種目前國內應用在監獄內的團體治療方案：

二、十二週再犯預防團體治療課程

㈠理論背景

Pithers 及 Cumming（*1995*）指出，再犯預防模式以下列的方式進行：

1. 澄清個案對治療的看法與誤解，並提供合理的治療目標，希望性罪犯認同且積極加入治療計劃，同時承認對性犯罪的責任。
2. 鑑別個案在犯罪時的路徑與循環（*identify offense cycle*），亦即加害人必須清楚認識自己的犯案路徑與循環，諸如犯案前的壓力、情緒、認知扭曲、如何計劃犯案、犯案手法及犯案後反應。
3. 評估及教導每個個案熟悉其犯罪前兆（*precursors*）、高危險情境（*high risk situation*）、看似不重要的決定（*Seemingly Unimportant Decisions*）、因應資源（*coping resources*）。
4. 讓每個個案瞭解「犯錯」及「再犯」（*"lapse"and"relapse"*）的差異，訓練每個個案減少「犯錯」頻率及強度，及如何預防「犯錯」轉為再犯。
5. 精細地評估及要求每個個案熟悉其犯案路徑與循環，並發展其阻斷這些元素的策略。

本治療方案內容主要參考 Robert Freeman-Longo 編輯的預防再犯（*Relapse Prevention*）的教材，*1.* 檢驗性偏差循環（*sex deviant cycles*）；*2.* 預防再犯處遇模式及技術。再加入性侵害犯罪相關法律、兩性關係和酒精與藥物的迷戀等內容彙編整理出 12 次的上課教材，並有一些例子說明，讓加害人能學習一些方法，控制高危險情境，並能學習處理偏差的想法、情緒和行為。

㈡目標

幫助性罪犯控制（*control*）性侵害犯罪的意圖，並阻斷再犯歷程中每一個連結點與步驟，進行有效的內在自我管理。

㈢課程內容

1. 法律常識

⑴團體形成

團體治療人員自我介紹。

說明何謂團體心理治療／為什麼需接受團體心理課程。

說明治療的模式／為什麼要避免再犯。

成員互相介紹／訂立團體規則。

⑵妨害性自主罪條例說明／社會新聞的案例介紹。

⑶你犯了那一條妨害性自主罪。

2. 兩性關係

兩性間生理心理的差異／兩性間的相處之道。

介紹性幻想／兩性對性的認知、態度和反應。

3. 你的警戒線

說明何謂早期警戒前兆和警戒線。

確定你思想、情緒、身體和情境的警戒線。

說明何謂非常手段。

寫出 25 種可以拖延你犯罪的點子。

4. 控制你的環境刺激

⑴引發性犯罪的情境

一般引發性犯罪的情境。

引發強暴犯的情境。

引發兒童性侵害犯罪犯的情境。

⑵寫下你自己性侵害犯罪的環境控制。

5. 閃躲與逃離策略

⑴閃躲策略

介紹閃躲的定義。

你如何運用閃躲策略。

閃躲的案例。

⑵逃離策略

介紹逃離的定義。

一般性侵害犯罪者需要逃離的危險情境。

逃離的案例。

⑶寫下你自己需閃躲和逃離的危險情境。

6.停止我的偏差想法

介紹認知扭曲／何謂強暴迷思。

認清你有那些不良想法／運用思考中斷停止不恰當的想法。

7.正面的自我對談

介紹內在的自我對談／內在分別有小天使和小惡魔的內容。

案例介紹／練習改變你的負面想法成為正面想法的自我對談。

8.情緒管理和衝動控制

⑴情緒管理和衝動控制

介紹情緒內容。

舉例何種情況之下易引發負向的情緒。

您常在什麼時候會有不好的情緒出現。

當您情緒不好時如何處理。

⑵壓力調適

何謂壓力。

學習壓力調適的方法。

練習放鬆／冥想。

家庭作業——放鬆。

9.受害者同理心

何謂同理心。

如果受害者是你的家人你有何感受。

案例介紹受害者的身心創傷。

10.酒精與藥物的迷戀

酒精對妨害性自主罪的影響有那些。

藥物對妨害性自主罪的影響有那些。

11.介紹犯罪路徑

什麼是犯罪路徑／介紹一案例的犯罪路徑。

練習寫下你此次妨害性自主罪的犯罪路徑。

家庭作業——你的犯罪路徑。

12.偏差的性循環

為何我是一個性侵害犯罪者／如何停止我的偏差性行為。

說出性侵害犯罪前七個重要事件／寫下自己的行為循環。

介紹再犯之排練／再犯情形之排練五個步驟。

將再犯情形的排練運用到你自己的危險情境中（角色扮演）。

13.團體結束

回溯團體歷程／驗收成果。

祝福和回饋避開危險因子。

宣誓不再犯宣言。

三、二十週再犯預防團體治療課程

(一)理論背景

這是針對中高再犯危險性的人設計的治療方案，治療內容主要參考 Robert Freeman-Longo編輯的再犯預防（*Relapse Prevention*）的教材，1.檢驗性偏差循環（*sex deviant cycles*）；2.預防再犯處遇模式及技術，而彙編整理出20次的上課教材，並有一些例子說明，讓加害人能學習一些方法，控制高危險情境，並能學習處理偏差的想法、情緒和行為，除了內在管理並能有外在監督（人群支持網絡），以減少再犯的發生。在每一課程都要求個案寫心得報告（例如危險情境和情緒管理）來作為評估的依據。治療期間不斷複習前面課程所學習的內容，並要求成員做家庭作業，以整理上課所學習的內容，並能誠實面對自己的行為循環鍊，運用所學因應技巧來處理危險因子。當加害人從治療中學習那些是危險情境（*threaten situation*），並學習面對高危險情境的因應策略，即能提升自我控制的能力。

除了再犯預防的治療外，為了對加害人有更深入的了解，則需加入心理動力學的觀點，探索其成長的家庭環境、同儕關係、兩性交往的經驗和個人的心性發展。如此可以對加害人生命脈絡有全盤的了解，並找出個人早期和近期的危險因子，以達到全面的防範和控制（鍾明勳、陳若璋、陳筱萍、沈勝昂、林正修、唐心北，2003）。

㈡目標

1. 探索成員成長過程和性經驗史與性犯罪的關連，找出遠期的危險因子。
2. 探索成員觸發的危險因子，學習避免危險因子的因應策略。
3. 覺察到高危險情境，認知扭曲和性偏差行為，並學習改變的因應策略。
4. 認知自己的犯罪路徑，學習阻斷每一個可能再犯的危險性。
5. 以同理心的態度了解受害者的傷害，勇敢對自己的行為負責和控制。

㈢課程內容

1. 自我介紹、團體契約

   團體形成。

   團體治療工作人員介紹。

   說明何謂團體心理治療／為什麼需接受團體心理課程。

   說明本治療模式為再犯預防／為什麼要避免再犯。

   互相認識和自我介紹／訂立團體規則。
2. 介紹認知／情緒／行為的關連

   說明何謂認知／如何形成。

   說明何謂情緒／如何形成。

   想法、情緒和行為三者間的關連。

   改變認知的方法有那些。
3. 目前讓我最困擾的事

   最近最困擾的三件事。

   以該事件練習認知／情緒／行為的關連。

   換一個想法，情緒和行為的影響。
4. 成長背景⑴——幼年時家庭情形

   成長過程中可能的影響因素。

   與原生家庭的關係／父母的管教態度／父母的婚姻品質。

   與兄弟姐妹的關係／有心事會找誰討論。
5. 成長背景⑵——目前的家庭及交友情形

   目前與家庭中父母的關係／目前與家庭中兄弟姐妹的關係。

   12 歲前與朋友的互動／青少年時期與朋友的互動。

   目前與朋友的互動／曾否有深交的朋友。

朋友對你的影響力有那些。

6. 生命中對我影響最大的兩個女人及印象最深刻的事

與母親的關係如何／與姐妹的關係如何／與其他女性的關係如何。

曾否交過女朋友／第一次交女朋友幾歲／感覺如何／印象深刻的事。

生命中對你影響最大的兩個女人／相處的感覺如何。

曾經與女性有不愉快的經驗／如何處理不愉快的經驗。

7. 目前的性生活及兩性關係

第一次性經驗是幾歲？／感覺如何？

性常識是如何建立／對性偏差的認識。

對同性戀、婚前性行為、未滿 16 歲的性關係和外遇關係的態度。

與女性相處的模式／對性別角色的刻板印象。

8. 犯罪的過程及我為什麼會犯罪(1)

整理家庭的生活／整理學校的生活。

整理社會的生活／整理婚姻的生活。

綜合整理那些因素影響我的犯罪。

9. 犯罪的過程及我為什麼會犯罪(2)

在人生的歷程中有那些是犯罪的關鍵時刻。

在三叉路時為何選擇犯罪／強調選擇的重要性。

如果重新來過你會如何處理和面對。

10. 犯罪路徑、畫犯罪路徑圖

何謂犯罪路徑／介紹一案例的犯罪路徑。

再以一案例練習犯罪路徑。

家庭作業——著手做你的犯罪路徑計畫書。

11. 尋找高危險情境

何謂警戒線／何謂警戒前兆。

辨識高危險情境和看似不重要的決定。

針對警戒線和警戒前兆的非常手段。

討論一般妨害性自主罪的高危險情境。

12. 認知偏差與重建

何謂認知偏差／如何檢核它的正確性。

何謂強暴迷思／如何檢核它的正確性。

在犯案之前你想到的是什麼？／犯案當下你想到的是什麼？

在被逮捕時你想到的是什麼？／現在你對犯案想到的是什麼？

13. 犯罪相關因素（酒精、藥物濫用、色情書籍）

酒精與犯罪關係／如何避免喝酒後犯罪。

藥物濫用與犯罪關係／如何避免藥物濫用。

色情書籍與犯罪關係／如何避免看色情書籍（影片）後犯罪。

14. 壓力調適的方法

何謂壓力／壓力產生的身體心理反應／壓力的症候群。

何謂調適／調適的方法。

肌肉放鬆法／深呼吸練習／想像法。

15. 情緒管理與衝動控制

情緒的種類／情緒的覺察和強度。

討論情緒的處理方法／學習如何自我肯定的表達情緒。

何謂衝動／衝動的後果／討論嫌惡源的內容。

討論如何停聽看，並學習先想到嫌惡源。

16. 預防犯罪計畫書(1)

修訂每個受刑人的犯罪路徑計畫書。

討論犯罪路徑計畫書阻斷因應的策略。

17. 預防犯罪計畫書(2)

修訂每個受刑人的犯罪路徑計畫書。

討論犯罪路徑計畫書阻斷因應的策略。

18. 預演再犯預防犯罪計畫書

針對每個受刑人的犯罪路徑計畫書做預演。

角色扮演方式學習因應的技巧。

19. 受害者同理心

何謂同理心／以案例說明受害者的傷害。

介紹身心的創傷和其影響的層面。

以角色互換學習同理心的態度。

20. 團體分享、自我格言、宣言

回溯團體歷程／驗收成果。

討論自我格言內容作為提醒的箴言。

可幫助自己改變的助力和阻力。

互相祝福和提醒避開危險的因子。

宣誓不再犯宣言。

團體結束

四、戒酒團體治療課程

(一)理論背景

「控制喪失」是酒精中毒疾病模式的核心前題，在國外酒癮匿名協會的戒酒「十二步驟」中，第一步驟便是要讓成員承認自己「對酒精的控制是充滿無力感的」。國內外許多研究指出一半以上的性侵害犯罪加害人，在犯案當時有喝酒的情形，其中又以近親強制性交的加害人最高（周煌智，*1999*；*Rata, Kellner, Laws & Winslow*，*1979*；*Rata*，*1976*）。有些學者發現酒精能增加性侵害犯罪加害人的慾望而犯罪.（周煌智，*1999*；*Abel, Mittleman, Becker*，*1985*；*Rata, Kellner, Laws & Winslow*，*1979*）。

精神分析師發現上癮者的本能驅力使他們對外在的刺激極端敏感（例如來自朋友供應之令其沉醉的物品、火柴燃燒的味道、酒精飲料的廣告等），這些刺激不僅引起渴望，也使他們容易「再犯」。上癮者的自我經常會被無法控制的焦慮所擊敗，此種情況下，理性的衡量往往失靈，當他們面對自己的飲酒或用藥問題時，就會用「否認」和「合理化」的方法做為繼續喝酒（用藥）的藉口。

原先這個戒酒團體的設計是針對具有酗酒行為，但未達到或已無成癮的家庭暴力加害人所設計的戒酒團體，然而，其內容亦可以應用在具有酒精濫用而犯下強制性交的加害人。事實上，「酒（藥）易戒，心魔難醫」，不管是「酒國英雄」或是「嗑藥老手」都理解單靠意志力，很難戒除癮頭。酒藥癮不好治，一部份是病因複雜，另一部份是沒有單一的方法最有效，一般來說短期的藥物及住院治療，以減少中毒或戒斷症狀是需要的，但離開醫院後，卻似乎才是最困難的部份，有的人有經濟問題，有的人心理依賴很重，也有些人的婚姻、家庭因素造成再度使用，酒友、藥友引誘邀請往往很難拒絕，所以學習如何拒絕誘惑及躲開高危險情境，或靠家庭的支援網絡，或參加團體心理治療，大家來分享成功或失敗的經驗，透過「人際學習」，減少再用的機會（周煌智，*2004*）。

(二)目標

1. 瞭解喝酒形成的過程：包括喝酒的情境、想法、情緒和行為。

2. 認識酒精對身心的危害：酒精使用對個人身體、家庭和社會的影響。
3. 情緒管理和衝動控制：學習情緒的調適和因應壓力的方法。
4. 拒絕酒精的誘惑：學習自我肯定拒絕酒精。
5. 酒精與犯罪的關係：認識酒精引起犯罪的相關議題。

㈢課程內容

1. 向酒精挑戰——酒友大集合
⑴團體的前測。
⑵澄清團體目標，建立團體規範。
⑶團體形成，認識團體成員，建立互動關係。
⑷簽訂治療契約書。
⑸家庭作業——寫下五個戒酒的重要理由。
2. 戒酒的魄力——給阿酒的戰帖
⑴討論家庭作業——五個戒酒的重要理由。
⑵宣誓戒酒。
⑶家庭作業——寫下喝酒與不喝酒的好處、壞處。
3. 酒鄉魅力如何檔
⑴討論家庭作業——喝酒與不喝酒的好處、壞處。
⑵喝酒的金錢花費。
⑶整理酒精對個人（生理、心理、情緒和行為）、家庭（妻子、兒女和親人）和社會（他人或大眾事物）的影響。
⑷家庭作業——寫下一般人喝酒的文化。
4. 阿酒本色——致命吸引力
⑴討論家庭作業——何謂酒國文化、藥酒文化和維士比文化。
⑵何謂酒精中毒（依賴和濫用）？
⑶沒有上癮是適當性飲酒？
⑷家庭作業——寫下你對男人、女人、老人和小孩喝酒的看法。
5. 阿酒對男女老少的魔力
⑴討論家庭作業——你認為：
男人使用酒精的特徵和象徵。
女人使用酒精的特徵和象徵。
老人使用酒精的特徵和象徵。

小孩使用酒精的特徵和象徵。

比較他們之間的差異性，探討性別、階級、文化對酒精使用的看法。

(2)家庭中每個成員對你喝酒的看法。

(3)家庭作業——寫下你喝酒的歷程。

6. 酒字這條路

(1)討論家庭作業——你自己如何走上飲酒這條路。

(2)原生家庭、朋友對你喝酒的影響力。

(3)你對週遭人（包括家人或朋友）喝酒後行為表現的看法。

(4)家庭作業——寫下你喝酒的時間、情境、情緒和想法。

7. 酒鄉裡的——欲走還留

(1)討論家庭作業——喝酒的時間、情境、情緒和想法。

(2)時時提醒自己喝酒的危險警訊。

(3)畫出自己喝酒的循環模式並分享。

(4)家庭作業——寫下曾經戒酒的經驗。

8. 成功回家的我

(1)討論家庭作業——你戒酒的經驗

戒酒成功的因素。

戒酒失敗的因素。

(2)以一些資料說明戒酒成功的例子，激勵戒酒的決心。

(3)討論戒酒的祕訣。

(4)家庭作業——寫下自己戒酒的目標和計畫書。

9. 勤學減壓密笈——阿酒不侵

(1)討論家庭作業——自己戒酒的目標和計畫書。

(2)學習放鬆訓練和深呼吸練習以控制衝動。

(3)討論壓力的型態和壓力因應方法。

(4)家庭作業——寫下戒酒的助力和阻力。

10. 拒絕阿酒——大聲說 NO

(1)放鬆訓練和深呼吸練習。

(2)討論家庭作業——戒酒的助力和阻力。

(3)運用自我肯定訓練拒絕酒精的誘惑並角色演練。

(4)家庭作業——破戒的處理方法。

11. 遠離酒鄉——You can make it

⑴放鬆訓練和深呼吸練習。

⑵創造人生願景圖，設定屬於自己的目標，培養適當的興趣。

⑶絕不放棄，檢討失足原因，鼓舞自己，繼續努力，不再一杯接一杯。

⑷討論不小心摔一跤、失足、破戒的處理方法。

⑸計畫失足時，馬上可用的技巧（一般技巧、特殊技巧）。

⑹家庭作業——寫下十個鼓勵自己戒酒的句子。

12.許我一個未來

⑴討論家庭作業——十個鼓勵自己戒酒的句子。

⑵回首來時路。

⑶許願（隨身秘笈），祝福與道別。

⑷戒酒宣誓。

參考文獻

中文文獻

內政部性侵害犯罪委員會等（2000）《性侵害犯罪加害人鑑定、評估及治療方案研討會會議手冊》，台北：內政部編印。

王家駿等譯（2001）.我是誰？我為何要接受治療？我為何再犯？我如何阻止再犯？原書為 Bays,L,. Freeman-Longo, R., & Hildebbran, D.(1996)，Safer Society Foundation/Press。合記圖書出版社。

台灣台北監獄（1998）《台灣台北監獄妨害風化罪受刑人強制診療業務計畫書》。

台灣台北監獄（1998）＜妨害風化罪受刑人強制診療業務之研究＞，《台灣台北監獄八十七年度自行研究計畫》。

周煌智（1999）:性犯罪者的神經心理學危險因子(I)，行政院國家科學委員會委託研究計劃 NSC 87-2418-H-280-002-Q13。

周煌智等（2004）：家庭暴力相對人戒酒輔導教育團體。行政院衛生署九十三年度補助研究計畫。

林明傑（2000）＜性罪犯之心理評估暨危險評估＞，《社區發展季刊》82 期，361-340 頁，台北：內政部。

楊士隆、吳芝儀等（2000）《認知行為處遇法在犯罪矯正上之應用》，法務部矯正人員訓練所印行。

鍾明勳、陳筱萍、陳若璋、沈勝昂、林正修、唐心北（2004）。團體心理治療對本土性侵害加害人之影響。《中華團體心理治療學刊》。第十卷，第三期，九月。

英文文獻

Abel G, Mittleman M, Becker J（1985）：Sexual offenders：Results of assessment and recommendations for treatment. In M. H. Ben-Aron, S. J. HucKer, & C. D. Webster （Eds.）. Clin Criminology：Current concept,191-205.

Barbaree,H.E.,Peacock,E.J.,Cortoni,F., Marshall,W.L., & Seto,M.（1998）.A Prison Settings-Ontario Penitentiaries'Program. 論文發表於性罪犯司法處遇暨輔導治療國際研討會。主辦單位：婦女權益促進發展基金會。台北,台灣。

Cumming, G. & Buell M.（1998）Supervision of the Sex Offender. The Safer Society Press.

Cumming, G. (2002). Judicial Treatment for sex offenders in the United States,論文發表於性罪犯司法處遇暨輔導治療國際研討會。主辦單位：婦女權益促進發展基金會。台北,台灣。

Fabiano, E. A., Porporino F. J. & Robinson D.（1991）Canada's Cognitive Skills Program Corrects Offenders' Faculty Thinking. Corrections Today. Vol.53, No.5, pp.102-108, American Correctional Association Press.

Freeman-Longo, R.E.(1996). Feel good legislation: prevention or calamity. Child Abuse & Neglect, 20, 2, 95-101.

Gorden, A. & Porporino F. J.（1991） Canada Targets Sex Offenders According to Treatment Needs. Corrections Today. Vol.53, No.5, pp.162-168, American Correctional Association Press.

Law, D.R. (1989). Preface. In D R. Law (Ed.). Relapse prevention with sex offender. (pp vii~ix) New York: Guilford.

Marques, J. K., Day, D. M., Nelson, C., & West, M.A.(1994). Effects of cognitive-behavioral treatment on sex offender recidivism：Preliminary results of a longitudinal study. Criminal Justice and Behavior, 21, 28-54.

Marshall, W. L.,Hudson, S.M. & Ward, T..（1992） Sex deviance In P.H. Wilson (Ed.) Principle and Practice of Relapse Prevention. London: Guilford.

McGrath,R.J.（1991）. Sex offender risk assessment and disposition planning: a review of empirical and clinical findings. International Journal of offender Rehabilitation and Comparative Criminology; 35:328-50.

Pithers, W. D. & Cumming, G. F. (1995). Relapse prevention: A method for enhancing behavioral self-management and external supervision of the sexual aggressor. In B. K. Schwartz, & H. R. Cellini (Eds.), The Sex Offender: corrections, treatment and legal practice, 20-1~20-32.

Rata R（1976）：Alcoholism and child molester. Ann New York Academy of Sciences, 273: 492-496.

Rata R, Kellner R, Laws D, Winslow W（1979）：Drinking, alcoholism, and the mentally disordered sex offender. Bull Am Academy Psychiatry Law, 6:296-300.

Raynor, P. & Vanstone M.（1996） Reasoning and Rehabilitation in Britain: The Results of the Straight Thinking on Probation (STOP) Programme. International Journal of Offender Therapy and Comparative Criminology, 40(4), 272-284.

Steele, N. (1995). Cost effectiveness of treatment. In B. K. Schwartz and H. R. Cellini (Ed.). The sex offender: corrections, treatment and legal Practice (pp. 12-1~12-18). New Jersey: Civic Research Institute.

第十七章

性侵害犯罪加害人社區處遇

沈勝昂　陳筱萍　周煌智

本章學習重點

- 性侵害犯罪社區監督的重要性。
- 觀護人在社區處遇所扮演的角色。
- 身心治療及輔導教育人員的角色及培訓。
- 監控制度的實施。
- 國內社區處遇計畫——輔導教育課程方案。

摘要

性侵害犯罪是一種再犯率相當高的犯罪，國外學者在相關研究及臨床文獻中發現：以目前的處遇，無法保證這些性侵害犯罪加害人出獄後不再犯，其矯治工作甚為艱鉅，因此必須採行團隊性的工作治療模式，甚至也需要家屬的參與配合，才能奏功。建議結合矯正、觀護、精神醫療、社工、警察等相關領域的專業人員共同努力，俾減少再犯率。

國內為減低性犯罪的發生，對性罪犯採取更積極的預防措施，臺灣地區在民國 87 年底通過「性侵害犯罪加害人身心治療及輔導教育辦法」後，各縣市「性侵害防治中心」開始負責執行緩刑或假釋及出獄之性侵害犯罪加害人回到社區之後的身心治療與輔導教育。其目的主要在落實延續監獄期間的矯治治療，使性侵害犯罪加害人生活在充滿刺激誘惑的現實社區當中，仍然能夠得到適當的監控與身心治療，以期協助加害人更有行為控制能力，學習如何避開具誘惑的情況，以及社區中的生活適應，杜絕再犯的發生。

關鍵詞

社區處遇、社區監督、合意性交、輔導教育

壹、社區監督的重要性

性侵害犯罪是一種再犯率相當高的犯罪，學者Furby等人（*1989*）（陳英明，*2002*）在相關研究及臨床文獻中發現：以目前的處遇，無法保證這些性侵害犯罪加害人出獄後不再犯，其矯治工作甚為艱鉅，因此必須採行團隊性的工作治療模式，甚至也需要家屬的參與配合，才能奏功。建議結合矯正、觀護、精神醫療、社工、警察等相關領域的專業人員共同努力，俾減少再犯率。美國佛蒙特州性侵害犯罪加害人處遇方案之行政主任 Georgia Cumming 及臨床主任 Robert McGrathy 在 2000 年（*Cumming, 2002*）從再犯預防的角度，提出一「性罪犯之社區監督鑽石方案」（*supervision diamond*），即認為性侵害犯罪加害人之社區監督要素應有如菱形鑽石之4個角且缺一不可，此四個元素為觀護人之社區監督（*Supervising Offender*）、社區之輔導治療師（*Treatment Provider*）、案主之支持網路（*Support Network*），如好友、工作之老闆、或輔導中之其他成員、及預防性定期測謊（*Polygraph*）。佛蒙特州性罪犯之社區監督鑽石方案實施成效良好，並成為美國其他各州在性罪犯處遇制度上學習效法之對象。在這四個角色中缺一不可，因此，分別論述如下：

一、觀護人在社區處遇所扮演的角色

觀護人應積極參與性侵害犯罪加害人之身心治療與輔導教育，因為觀護人是性侵害犯罪加害人社區處遇工作之核心，也是唯一能協調司法系統及心理衛生系統的主要成員。因此如與性侵害犯罪防治中心工作人員、醫院臨床人員、警察、社工人員保持密切聯繫，除當有助於身心治療與輔導教育之進行外，並能有效提升性罪犯之心理治療及社區監督中危機反應及迅速處理之要求，而保障社區之安全及提升處遇之效果。因為司法具有強制性與威嚇效果，如果觀護人接受專業訓

練後，實地參與身心治療與輔導教育，則會使性侵害犯罪加害人接受身心治療與輔導教育配合度較高。美國佛蒙特州之社區臨床人員即與觀護人保持密切之聯絡與合作關係，而成為美國社區性罪犯治療方案之典範。性侵害犯罪保護管束案件較一般案件複雜化、多樣化、再犯率高，加上又要負責督促其至醫院接受身心治療及輔導教育，無形之中增加很多工作負荷量，以致避之猶恐不及，更遑論自願擔任專股或專組辦理性侵害犯罪保護管束案件。因此，各地檢署觀護人室宜設專股或專組辦理性侵害犯罪保護管束案件，並以資深有經驗之男性觀護人擔任較佳。

二、身心治療及輔導教育人員的角色及培訓

台灣對性侵害犯罪加害人的強制診療工作剛起步，不僅實務界對性侵害犯罪加害人的認識有限，更缺乏對性侵害犯罪加害人進行治療處遇的相關經驗，目前全國收容的強制性交犯有上千名，而進行強制診療之工作人員不過數十名。在「性侵害犯罪加害者身心治療及輔導教育辦法」實施後，另外需要一批人力來進行對性侵害犯罪加害人的後續治療工作，因此首要之務便是加強訓練相關領域之治療人員，以便實施性侵害犯罪加害人的處遇工作。在課程方面，應將在獄中進行強制診療之工作人員的訓練和進行加害者出獄後之輔導的工作人員的訓練區隔開來。前者應著重對犯罪循環的認識、高危險因子的瞭解及獄政系統對受刑人的處遇，而後者則需要瞭解受刑人回到社區中的生活型態及其支持系統，並整合相關資源對受刑人進行監管和協助，以有效避開高危險情境，預防再犯。

三、監控制度方面

㈠強化性侵害防治中心之定位

性侵害防治中心是加害者及被害者接受治療的處遇單位，其重要性不言可喻。然而目前各地之性侵害防治中心之人員編制乃採任務編組方式，且在民國88年6月後中央便取消補助，改由各地方政府自行運作；因此各地之性侵害防治中心能否繼續運作，轉而取決於各地方政府首長對於性侵害犯罪防治工作的重視程度，因此，建議下列三點：

1. 性侵害防治中心應在各地方政府內成為一常設之單位，並由地方政府編列定額預算予以補助，才能保障其永久運作。
2. 性侵害犯罪防治工作需協調各單位共同進行，而目前中心之主要工作人員為

社工員，在處理受害人之出庭時，社工員之佐證並不具法律效力。此外在加害人處遇之部分，社工員僅為治療者的角色，對於加害人之接受與否，也沒有約束力。基於種種實務的考量，應規定性侵害犯罪防治中心之主管人員應具有某方面之職權，以利其工作之推展。

3. 目前部分縣市之性侵害防治中心均由社會局、衛生局、教育局、警察局等單位採任務編組方式運作，隨著妨害性自主案件之增加，恐易造成人力之過度負荷及服務傳送延誤之問題，故建議性侵害犯罪防治之專責單位配置適當專責人力。

㈡對性侵害犯罪加害人之假釋條件應協調納入各縣市警察局之測謊員及測謊儀，並就各地觀護人室中設專職性罪犯保護管束的觀護人，且每季（或每半年）舉辦一協調會，由各縣市性侵害防治中心統籌召集，以強化其假釋之監督。此外，各縣市警分局現均配置有家庭暴力防治官，負責協調處理家庭暴力案件，因此性侵害犯罪案件應可比照設置「性侵害犯罪防治官」，負責處理性侵害犯罪案件協調工作。

㈢從美國之作法可以得知，社區監督需有賴觀護制度配合，但目前我國僅假釋或緩刑之受保護管束人，得以有觀護人發揮其強制功能，對刑及保安處分執行完畢、免刑、赦免或保護管束已經期滿者，除處以罰鍰外則無強制力，因此，在性侵害犯罪防治法與刑法修改後，已將性侵害犯罪加害人社區治療與現行觀護制度密切結合，對於性侵害犯罪加害人應該加強其社區監督並列冊追蹤（尤其是高再犯危險性罪犯），不受其是否執行完畢之限制。

四、法令設計

性侵害犯罪防治工作牽涉到許多環節，從性侵害犯罪事件發生後的偵查、審理、告訴，以至於法官如何量刑，以及受刑人在獄政系統的處遇，出獄後的治療都影響到此工作的成效。因此要落實性侵害犯罪防治工作，必須結合檢警單位、醫療系統及司法、社政系統等各部門之工作人員，共同來思考如何在整體制度面做體質上的改造。

貳、國內社區處遇計畫——輔導教育課程方案

一、性侵害犯罪加害人社區處遇課程的法源

為減低性犯罪的發生，對性罪犯採取更積極的預防措施，臺灣地區在民國87年底通過「性侵害犯罪加害人身心治療及輔導教育辦法」後，各縣市「性侵害防治中心」開始負責執行緩刑或假釋及出獄之性侵害犯罪加害人回到社區之後的身心治療與輔導教育（內政部性侵害犯罪防治委員會，*1998*）。其目的主要在落實延續監獄期間的矯治治療，使性侵害犯罪加害人生活在充滿刺激誘惑的現實社區當中，仍然能夠得到適當的監控與身心治療，以期協助加害人更有行為控制能力，學習如何避開具誘惑的情況，以及社區中的生活適應，杜絕再犯的發生。

依「性侵害犯罪加害人身心治療及輔導教育辦法」第6條規定，檢察、矯正機關應於性罪犯刑期屆滿前兩個月，或奉准假釋後尚未釋放前提供檔案資料，交予罪犯戶籍所在地之直轄市或縣（市）政府性侵害防治中心，以進行身心治療與輔導教育。

又依據性侵害犯罪防治法第 18 條規定與性侵害犯罪加害人身心治療與輔導教育辦法第 18 條規定：「性侵害犯罪加害人先經由各地縣市政府性侵害犯罪防治委員會所組成的評估小組決議後分別實行身心治療與輔導教育，實施期間不得少於一年，最長不得逾二年，但必要得延長一年」。依照評估小組的決議，分別對加害人實行身心治療或輔導教育，根據「性侵害犯罪加害人身心治療及輔導教育辦法」，加害人接受身心治療每週不得少於一個半小時，接受輔導教育每月不得少於一小時。新修訂的性侵害犯罪防治法與性侵害犯罪加害人身心治療與輔導教育辦法，則將治療或輔導教育的內容或年限做概括性的規定，賦予治療人員更多的彈性。

性侵害犯罪評估小組在評估會議之前先做加害人個別的危險再犯和治療性評估，此目的可形成對加害人的診斷及瞭解其問題如何形成，評估其危險性，推測再犯的可能性，以設計適合加害人的處遇計畫。

處遇治療人員依據評估小組對加害人危險再犯評估結果，實施性侵害犯罪加害人個別和團體的治療活動，輔導教育是以團體的模式進行，而身心治療則以個

別或團體的方式進行。

二、性侵害犯罪加害人社區處遇的療效

在近二十多年來的探索之後，美國、英國和加拿大司法單位和相關領域的專家都肯定對於性罪犯執行輔導教育及身心治療的必要性，而且有鑑於性侵害犯罪加害人在不同犯罪類型當中所顯現的特異性，專家也都一致地主張除了應該在監獄當中進行治療外，在回到社區之後，必須要能夠對性侵害犯罪加害人持續進行監控與治療，才能有效地達到預防再犯的效果（引自沈勝昂，民 92）。

由於性罪犯的高再犯率，對性罪犯實施終身監控是必要的。而有關性侵害犯罪治療的部份，雖然目前從事心理治療的臨床人員指出，儘管不同類別的性加害人，由於本身的特性，對於治療效果往往有不同的反應，但是他們也大多同意，以現有的治療方法來看，採取「再犯預防取向（*relapse prevention*）」為主的認知行為治療法（*cognitive-behavioural treatment*）有高度治療效果，而且能夠減少將近一半之再犯率（*recidivism*）（*Hanson et al, 2002*）。

而性罪犯治療者所提供的治療策略（*treatment modalities*）包括（依多寡順序）：被害者之同理（佔 *94.5%*）、忿怒與暴力管理（*92%*）、認知扭曲（*91%*）、再犯週期（*88%*）、社交技巧（*88%*）、性教育（*84.5%*）、再犯預防計畫（*83.5%*）、放鬆技巧與壓力管理（*82.5%*）、建立自信心訓練（*81.5%*）……等（*APA, 1999*）。認知行為治療之主要目的包括：㈠阻斷或降低對異常刺激源所產生的性興奮，並強化或維持正常之性興奮，㈡改變對自我性偏差行為（性犯罪）合理化解釋之扭曲認知，㈢建立對受害者的同理心，㈣社交技巧的訓練，㈤再犯預防的模式（*APA, 1999*）。在北美所進行之性侵害犯罪加害者社區團體治療計畫，針對 68 名兒童性侵害犯罪犯及 58 名對照組（只接受評估未接受治療，並與治療組做智力、社經階層、犯罪史等之配對），平均追蹤時間 40 個月，再犯率的評估（只有 *45%* 屬來自官方的記錄）結果顯示：*1.* 再犯人數：治療組 1/6，對照組 1/3；*2.* 再犯次數／人：治療組 0.5，對照組 1，兩者均達統計顯著（*Marshall & Barbaree, 1988*）。此研究顯示性侵害加害人社區治療能減少再犯率。

三、目標

性罪犯治療處遇之最終目標在於保護社會安全，而社區治療是延續獄中治

療，加強預防再犯的技術，以現實生活中當加害人面對再犯高危險情境時，如何從認知、情緒、行為中阻斷其關連性，並藉由團體討論增強加害人正確選擇，並提供反覆練習機會，達到預防再犯目的。

Carich（*2003*）建議性侵害犯罪加害人團體處遇的一般目標應建立在㈠增強責任感㈡提高對受害者之同理㈢重建認知結構㈣訓練偏差性勃起控制㈤重建適當性勃起㈥提昇人際關係／社交技巧㈦認知、情感、行為和情境的體驗㈧提升家庭經營技術㈨改善婚姻關係㈩訓練再犯預防技巧。

通常在治療時，性侵害犯罪加害人常會發誓戒癮（*abstinence*），即戒「性侵害犯罪癮」。此時他們相信在遇到生活困難時，自己有能力處理，但這種態度會導致他們忽略行為上的控制。因此在再犯預防模式中特別加強高危險情境、看似不重要的決定、戒癮破壞效應等項目之監控，此即稱為內在的自我管理（*Internal, Self-Management Dimension*）策略。但學者也認為要有效控制再犯，不僅要包括內在監控，同時也要加強外在的監督（*External, Supervisory Dimension*）。外在監督系統指的是無論是治療師、監獄管理員、罪犯假釋回社區後的觀護人、社區網絡成員，都應共同監控罪犯的觸發因子、高危險情境、犯罪前兆等，減少再犯可能性，並鼓勵罪犯遠離再犯情境。

不同類別的加害人，具有不同的特性（*Quisey et.al.1995*），從國外的研究得知，強暴犯需要的是憤怒控制、認知重塑和社會規範訓練等治療。而戀童症者需要的是家庭治療和社交技巧訓練。然而國內受到加害人人數的限制，目前只有依照加害人的特性分為一般強暴犯和合意性交兩個團體。而合意性交和一般強暴犯不同，因合意性交有男女朋友和兩小無猜的狀況，故課程內容著重於正確的兩性關係教育和法律上的認知。

社區處遇與獄中的治療雖然都是以認知行為及再犯預防為主，稍有不同的是獄中治療可以有很多的配套，加害人可以同時參加不同的團體治療課程，如再犯預防及戒酒團體。而社區處遇的輔導教育則依照法源，每月一次，期間為 1 年至 3 年，雖然課程內容是針對性罪犯不同的需要而設計，如「合意性交」，但仍需融合再犯預防和心理教育的內容，以達到全方位的目標。

四、輔導教育課程方案

Alexander（*1993*）認為有關性知識、認知重建、問題解決的技巧、社交技巧及處理憤怒技巧等生活上知識的學習，對於治療有許多幫助。故本課程設計以認知教育為取向，宗旨在於期待透過學習控制偏差的想法、情緒、及行為，增強個案內在管理的能力，讓個案的生活變得更為順利，以降低其再犯的危險性。而本課程設計假設有二：㈠所有需接受社區處遇輔導教育的個案均在獄中接受過再犯預防取向的治療。㈡被評估為只需接受輔導教育者，均屬於再犯危險程度較低者；所以本課程設計針對自我了解、情緒管理、壓力調適、社交技巧、兩性關係等領域來研擬，目的在於希望讓需接受輔導教育者能將參與處遇治療視為是一個自我成長的經驗，而非繼續接受處罰的認知，以降低阻抗；課程設計包含十二個單元，每個單元均具獨立性，故適用於開放性團體，每個單元均能接受新成員的加入，以解決實務工作上，團體成員流動性高的問題。

性侵害犯罪加害人社區處遇輔導教育之目的在於以強化個案自我管理能力及引進外在社會監督的方式來預防再犯的發生，故建議每次團體開始前先詢問每個人這一個月來的生活、工作狀況、與家人及配偶之互動情形、是否有遭遇重大壓力……等，以初步評估個案是否有可能面臨高危險情境，以提供家屬、觀護人、警政單位、社工人員等外在監督系統作為參考。以下介紹高雄市的社區輔導教育課程：

輔導教育——認知行為及再犯預防

課程內容：包含下列十二個單元

㈠主題一：性侵害犯罪防治法相關法律常識

1. 目標：

⑴說明社區處遇輔導教育的法源。

⑵說明團體規則。

⑶強化出席動機。

⑷認識性侵害犯罪防治法。

2. 內容：

⑴我為什麼要接受「社區處遇輔導教育課程」？

參考「性侵害犯罪加害人身心治療及輔導教育辦法」（見第二章附件八）。

「我為什麼要接受社區處遇輔導教育」（附件一）。

⑵誰來決定治療做多久？

參考「完成輔導教育的基本要件」（附件二）。

⑶團體規則說明

規則參考範本（附件三）、同意書參考範本（附件四）。

⑷性侵害犯罪的相關法令有那些？

⑸案例討論。

㈡主題二：找到自己——過去的我和現在的我

1. 目標：

⑴透過對幼年生活的回顧讓成員了解早期經驗對自己的影響。

⑵了解現在自己的狀況及所遭遇的壓力及困難。

2. 內容：

⑴分別繪製 12 歲之前及現在的家庭星座圖，現在可包含重要的朋友。

⑵解釋說明家庭星座圖，說明與每位成員間的關係及對每位成員的感覺。

⑶說一個兒時與父親或母親印象最深刻的事件。

⑷請成員輪流談一談目前所面臨最大的壓力及可運用處理壓力的資源。

㈢主題三：做情緒的主人——情緒管理

1. 目標：

⑴了解情緒的本質。

⑵了解引起負向情緒的原因。

⑶強化情緒辨識及覺察能力。

⑷教導情緒管理的原則。

2. 內容：

⑴運用冥想的技巧，在心中浮現一個你覺得非常愉快的特殊場景，確實看著場景中的自己及其他人的面孔及言行，留意自己當時的感覺，仔細領略這種好情緒。

⑵運用冥想的技巧，影像轉換成一個不悅的場景，確實看著場景中的自己及其他人的面孔及言行，集中精神於此壞情緒並稍作停留，仔細領略這種情緒。

⑶想法轉個彎：說明想法／情緒的關連性（附件七）。

⑷討論自己生氣的情境和事件，評估自己憤怒的頻率、強度和表現方式。

⑸說明生氣的處理方式。（附件五～七）

㈣主題四：問題解決技巧

1. 目標：

⑴教導問題解決的技巧。

⑵強化分析問題及解決問題的技巧。

2. 內容：

⑴詢問成員以往面對問題都如何解決，了解其生活中常遭遇的問題及慣用的

問題解決模式。

⑵列出生活中經常感到困擾的問題。

⑶說明常用問題解決的步驟。

⑷舉例讓成員練習問題解決模式。

㈤主題五：做個會溝通的人

1. 目標：

⑴學習聽話及說話的技巧。

⑵了解面對衝突時有何處理方法。

⑶學習如何預防與減少衝突。

2. 內容：

⑴評估自己說話及聽話的能力。

⑵討論溝通的要領。

⑶討論找出易引起衝突的情境。

⑷討論衝突處理的技巧。

㈥主題六：正面的自我對談

1. 目標：

⑴讓成員瞭解自我內心的對話會影響自己的行為、態度及形象。

⑵以正向的自我對談來改善你自己及你所看到的世界。

2. 內容：

⑴寫出 10 個矮化自己的負面自我對談的例子，傾聽你內心嘲笑你失敗的一些批評的聲音。

⑵將描寫負性想法相反的例子，例如「我總是在每件事上失敗」，把這句話改為「我在哪些事上有所成就」，與你的治療師及團體成員討論你的答案。

⑶舉例說明什麼是正向自我對談？什麼是負向自我對談？

⑷討論如何改變負面成為正面自我對談。

㈦主題七：認知迷思與重建

1. 目標：

⑴了解可能導致犯罪行為產生之扭曲的認知。

⑵學習認知的改變。

2. 內容：

⑴性侵害犯罪者可能的認知想法。

想想以下的問題？想一想，它可以使你修正錯誤的行為，學習正確負責任的行為。

a.我為什麼會犯罪呢？是因為那些理由，促使我去侵犯別人？

b.我為什麼想要去強暴別人？

c.當我強暴別人時，我是怎樣看待自己的？

d.當我強暴別人時，我是怎樣看待對方的？

⑵找出自己扭曲的認知。

⑶以正確的認知替代扭曲的認知。

⑷以故事為例，討論如何改變扭曲的認知。

㈧主題八：同理心的增強

1.目標：

⑴灌輸同理心的觀念。

⑵同理受害者的感受。

2.內容：

⑴想一想你與他人曾經的衝突經驗。你的朋友對你發了一頓脾氣，而且認為自己非常有理。你認為你的同事對你有什麼看法才會如此氣憤？你希望他用什麼方法對你？用什麼口氣與你說話？你比較喜歡別人如何對待你？藉以說明什麼是「同理心」。

⑵透過介紹「急性壓力疾患」、「創傷後壓力疾患」引導個案同理受害者的感受。

⑶書報討論——選讀一個受害者的故事，建議參考勵馨文教基金會出版之「記得月亮活下來」一書。

㈨主題九：兩性平權（一切歸零）

1.目標：

⑴說明兩性平權的概念。

⑵學習互相尊重的態度。

2.內容：

⑴瞭解成員對性別的刻板印象。

⑵討論成員對男女在家庭中角色的看法。

⑶從「人人生而平等」的觀念來澄清不當的父權觀念。

⑷請成員討論自己的媽媽、妹妹、女兒或親近的女性所受的不公平待遇。

㈩主題十：情趣＆性趣

1.目標：

⑴傳遞正確的性教育及健康的兩性關係。

⑵學習兩性相處的社交技巧。

2.內容：

⑴瞭解成員的性常識，透過討論傳遞正確的性知識。

⑵瞭解成員對健康性關係的認知，透過討論澄清其正確性觀念、性態度和性行為。

⑶協助成員學習正確的與異性相處的態度，學會如何尊重異性。

⑷強化成員與異性相處的社交技巧。

㈩主題十一：藥物與酒精的迷戀

1.目標：

⑴了解成癮行為。

⑵了解如何治療成癮行為。

2.內容：

⑴討論什麼是「上癮」？

「上癮是一種罪行」抑或是一種「疾病」？

⑵討論酒癮和藥癮如果是一種「病」，那麼會不會「痊癒」？

⑶討論酒癮和藥癮對身體、家庭、社會的影響力。

⑷已經有使用者，如何治療？共同討論提供求醫和協助的模式。

㈩主題十二：重建生活秩序

1.目標：

⑴讓成員找出可能引起犯罪的不良生活模式。

⑵促進及強化個案改變不良生活模式的動機。

2.內容：

⑴透過討論我最喜歡去的地方、我最常做及最喜歡做的休閒活動，以了解成員的生活模式及環境。

⑵培養適當的興趣提升生活品質。

⑶討論建立生活中安定的方法。

⑷透過環境控制的類型，瞭解及控制自己的環境刺激以降低再犯的危險。

⑸驗收學習清單。（附件八～十二）

輔導教育——合意性交團體課程

㈠理論

由於社會變遷快速，大眾媒體對於性與暴力的宣染，聲色場所林立，搖頭族的縱慾，尤其電腦網路之盛行，更加速了兩性關係的速食化和複雜性，網路一夜情、網路援交所衍伸而來的性犯罪問題已經造成了社會重大問題。

從 92 年性侵害犯罪案件的兩性關係來看，大部份的加害人和被害人是熟識的，甚至彼此是男女朋友或以前是男女朋友的關係，既然是男女朋友的關係，且是兩相情願，何來強暴或騷擾，為何會告對方？「兩相情願」，一般是建立在三個基礎上：*1.*彼此認識，甚至有親密關係；*2.*在強暴發生前，已經有身體接觸的動作；*3.*被害人的職業為相關的八大服務業（如妓女、舞女、娛樂業服務人……）。事實上，任何人均是獨立的個體，都有『性』自主權，不因為彼此之間是朋友、親戚、配偶、家人等的親密關係就漠視被害人對自己身體的控制權或拒絕與別人性交的權力，其次，之前親密關係的表示也不代表之後強暴行為可以被合理化，有某些男女朋友，之前可能會允許對方親臉、吻頰，但這不表示之後，對方可以違反女友意志而霸王硬上弓，而對於某些以娛樂業或性服務為職業的個人，也不因為她（他）的職業，就表示她（他）已喪失做為獨立個體的尊嚴，而藐視她（他）也享有拒絕與人發生性行為的權力（內政部性侵害犯罪防治委員會，*2004*）。

而有部份男女關係彼此是兩小無猜，因被害人未滿 16 歲，由其法定代理人提出告訴。以上兩類型即是所謂性侵害犯罪的「合意案」，因社會風氣開放，兩情相悅案件有增加的趨勢，性侵害犯罪加害人是一個多重因子決定的異質團體，針對愈來愈多的合意案加害人，需要給予那些輔導教育課程，以符合合意案者的需求。本院司法醫療小組進行團體輔導教育課程的設計，預期能建立一屬於本土化合意案性侵害犯罪加害人之社區輔導教育課程團體治療的模式，並可提供臨床性侵害犯罪加害人社區處遇實務工作人員的參考，對政府推動性侵害犯罪防治工作做出貢獻，進一步確保社區之安全（陳筱萍、周煌智、劉素華，*2004*）。

㈡目標

*1.*探討對性別的認知信念：對男女兩性平權的看法、價值觀。

*2.*性侵害犯罪法律的認識：了解 16 歲以下的男女性關係牽涉違法行為。

*3.*被害人同理心：對性別議題的尊重態度。

*4.*情緒管理和衝動控制：學習情緒的調適和因應壓力的方法。

*5.*網路的犯罪：認識網路一夜情、網路援交及網路犯罪的危險性。

㈢課程內容

＊何謂社區團體治療課程？

＊為甚麼我要接受「社區團體治療課程」？

＊社區處遇輔導教育課程同意書。

＊社區團體治療課程規範。

＊如何配合完成社區團體治療課程和結案的標準。

1. 天秤的內涵——法律常識

何謂性侵害犯罪／何謂合意性交／刑責的期間？

從性侵害犯罪的案例認知違反那些法令／你知道自己違反那些法令。

2. 家庭中的舞蹈——家庭的力量

家庭的凝聚力／家庭的壓力鍋／家庭的人際支持網絡。

家庭與監控／家庭與犯罪的關係。

3. 網路交友的魔力

何謂網路交友／網路的魔力？

網路一夜情／網路援交。

網路交友可能衍生的社會問題。

網路與性犯罪的關連。

4. 聚散總是緣——安全性關係

約會強暴是如何發生／約會強暴的原因分析。

女性如何預防約會強暴／有那些危險應避免的警訊。

許我一個安全的約會／如何不誤判、誤解對方的意思。

學習謹守界限——性慾與解慾。

享受美好的戀情而不逾矩。

5. 換個角度看事情——將心比心

什麼是「同理心」？

受害者在你性侵犯的之前、當時及侵害行為之後身體上會有什麼樣的反應？

受害者在你性侵犯之前、當時及侵犯之後會怎麼想？

受害者在你性侵犯之前、當時及侵犯之後會有什麼情緒表現？

你認為受害者目前在身體、情緒及心理會有什麼感受？

6. 我的想法會轉彎

何謂想法／性侵害犯罪者可能擁有的想法？

認知扭曲的內容／調整認知扭曲為正確的想法。

7. 做自己情緒的主人

何謂情緒／情緒的種類？

何種情況之下易引發負向的情緒／覺察到情緒／學習管理情緒的方法？

8. 找一個出口——壓力與調適

何謂壓力調適／討論壓力調適的方法？

練習放鬆／冥想。

家庭作業——放鬆。

9. 依賴與迷戀——談藥物與酒精

認識酒精和藥物／酒精和藥物對你的影響力。

酒精和藥物與犯罪的關連。

如何拒絕酒精和藥物的誘惑？

10. 最後防線——緊急避免再犯

何謂警戒線／何謂再犯前兆？

面對可能導致再犯的危險情境可採用的方法。

性攻擊者需要提醒逃離的危險情境有那些。

11. 回首來時路——犯罪路徑

何謂犯罪路徑？

以一案例示範繪製『犯罪路徑』圖。

畫出你自己的犯罪路徑，並學習阻斷危險因子。

12. 活出生命的光采——重新開始

了解行為循環目的／自我動機的重要。

特殊中斷偏差循環技巧／一般的中斷偏差行為的方式。

保持你的無偏差生活／祝福與鼓勵。

回首來時路／許願（隨身秘笈）／宣誓。

由於許多合意性交者常帶有原生家庭的問題，因此本團體課程的設計也另外設計了個別家庭訪談，針對個案的家庭成員進行訪談，並邀請他們共同介入輔導和監督個案。

參考「執行機構辦理性侵害犯罪加害人身心治療及輔導教育作業流程」（附件十三）、「高雄市立凱旋醫院的規章」（附件十四）

【附件一】我為甚麼要接受「社區處遇輔導教育課程」

也許您會問：『我已經接受法律制裁，服完刑期或假釋出獄，也在監獄接受治療或上過課，我已經找到工作，希望重新開始，為何還要來這裡上課？我要如何向老闆請假，可以不來嗎？』

在法律規定上，依據性侵害犯罪防制法第 18 條規定與性侵害犯罪加害人身心治療與教育輔導辦法第 18 條規定：「性侵害犯罪加害人先經由各地縣市政府性侵害犯罪暴力防治委員會所組成的評估小組決議後分別實行身心治療與教育輔導，實施期間不得少於一年，最長不得逾二年，但必要得延長一年」。所以您不能拒絕這些教育課程，否則依性侵害犯罪防制法第 18 條第 3 項規定：「處新台幣六仟元以上三萬元以下罰鍰，並由防治中心通知該管警區佐警依相關規定處理」。

除了依法行事外，我們希望您能透過這些課程，找出高危險情境和學習控制偏差想法、情緒和行為，使您的生活更有規劃、更順利，以避免再犯錯。

也許您會說：『我已經都上過這些課，也都知道了！』；我們誠懇的邀請您再聽一次，當作複習或分享您的學習經驗供大家參考，與其排斥、抱怨，不如心平氣和的坐下來咀嚼這些課程內容，一定可以得到新的領悟和覺醒，幫助您規劃更好的人生方向。

【附件二】

完成輔導教育基本要件

㈠按時前來參加。

㈡全程參加輔導課程。

㈢完成家庭作業。

㈣教育期間不再犯罪。

㈤通過委員會評估。

【附件三】

性侵害犯罪社區處遇身心治療與輔導教育規則

一、規則來源：

㈠本活動是依照「性侵害犯罪加害人身心治療與教育輔導辦法」辦理，由性侵害犯罪加害人評估小組裁定各位需接受身心治療或教育輔導。

㈡依照本辦法，加害人接受身心治療每週不得少於一個半小時，接受教育輔導每月不得少於一小時。

㈢本院受○○○性侵害犯罪防治中心委託辦理身心治療與輔導教育。

二、規則內容：

㈠簽訂參加同意書。

㈡接受身心治療者每週請配合負責醫師門診前來。

㈢接受輔導教育者每個月第四周星期三○○○點○○分於○○醫院○樓會議室前集合上課。

㈣每次出席需簽到，本院會把出席狀況通報○○○性侵害犯罪防治中心。出席率和配合程度將會影響各位的治療與輔導教育結果。

㈤請假事宜：必須事先請假，連絡人為○○○電話：○○○○○○○，請假次數不得超過三次，遲到或早退15分鐘以上則以請假記錄之，請假者須另外再補課。

【附件四】

高雄市凱旋醫院身心治療暨輔導教育同意書

本人　　　　經貴院說明「社區處遇身心治療暨輔導教育規則」，知道在課堂或診療表現、家庭作業執行以及出缺情形，是本人可通過課程的重要依據，故願意遵守下列規定：

一、準時前往貴院報到，並遵守課堂守則。

二、依規定完成所有的課程，不藉故請假，如需請假全年以三次為限，且必須於次年補上課程。

三、依據講師要求完成家庭作業。

四、在治療期間，謹守規範自己行為，不再有違犯法紀得情形。

立同意書人簽名：

中華民國　　　　年　　　　月　　　　日

【附件五】

練習一

事件：數學考 60 分

想法：我該考 90 分，我太笨了，考壞難過也沒用

情緒：難過、懊惱、振奮

行動：哭、不敢作其他事、去讀書

結果：不吃飯、對任何事沒信心，下次考 80 分

練習二　每一位成員自行練習事件、想法、情緒、行動、結果

練習　事件 A

想法 B1	B2	B3
情緒 C1	C2	C3
行動 D1	D2	D3
結果 E1	E2	E3

練習三　每一位成員自行練習事件、想法、情緒、行動、結果

練習　事件 A

想法 B1	B2	B3
情緒 C1	C2	C3
行動 D1	D2	D3
結果 E1	E2	E3

【附件六】

行為是會循環，許多小問題組成大循環

曾先生有情緒上的問題，因為他一直沒有辦法改善，所以他覺得生活沒什麼希望。因為無法克服此問題，讓他變得很沒有自信，覺得自己好像是個犧牲品，想到這裡他就覺得很生氣，於是開始有一些不正當的想法，他覺得自卑；活得沒有價值；感到罪惡，因此變的十分孤僻，離群索居。

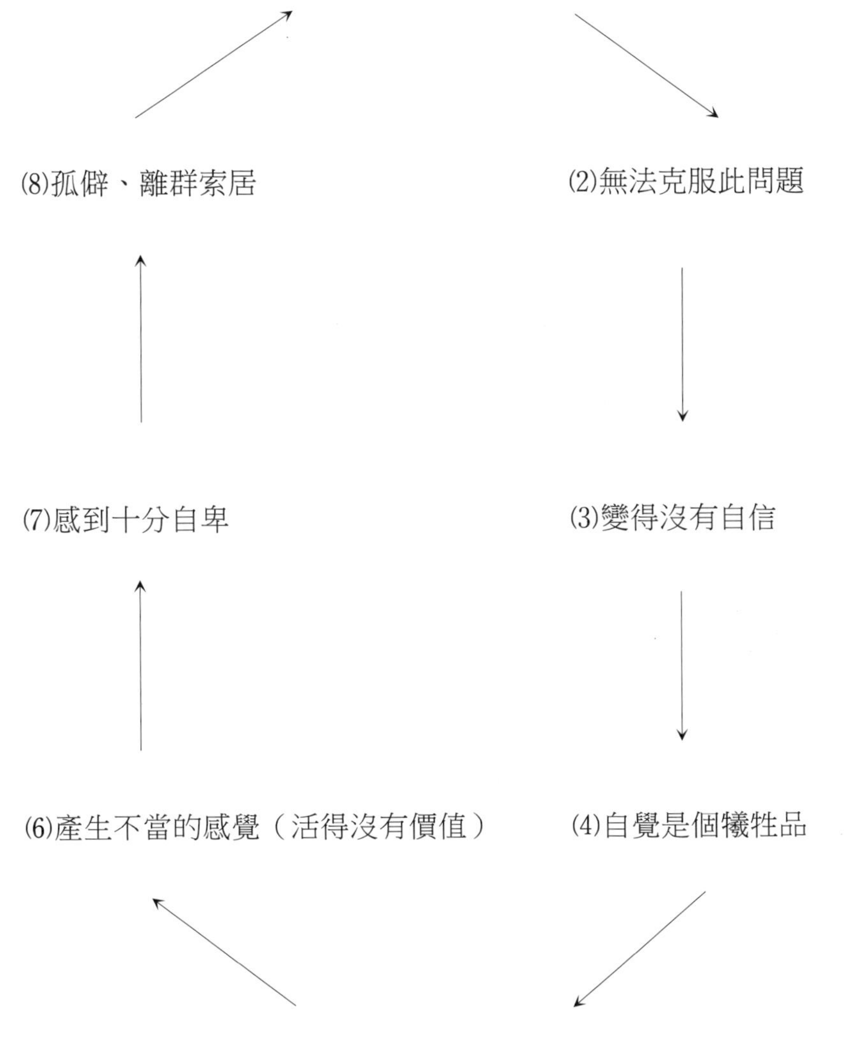

【附件七】

宣言

我　　　　　　　　，對　　　　　　　　　　宣示：

1. 我將妥善安排我的生活及工作，使自己的生活安定。

2. 我將時時注意我自己的高危險情境。

3. 我將盡力避免自己落入犯罪循環中。

3. 當我有強烈動機再犯時，我必須告訴我自己，絕對不能再犯。

4. 我將尊重女性，一輩子不再犯性侵害犯罪罪。

5. 如果我違背以上的誓言，我將會　　　　　　　　　　　　。

簽名　　　　　　　日期

【附件八（續）】

說明與鼓勵

恭喜您！

下定決心戒除不好的行為，這是您為自己與他人的安全，所做的最明智的決定，戒除之後，將會帶給您很多的好處，特別是在自由方面會使您受益不少，同時您的家人與周圍的親朋好友也會因為您的戒除而感到高興，從此可以活得更愉快，生活的品質更好。

祝福您！

戒除宣誓書

我以自己的自由意願選擇參加戒除計劃，我決心戒除性偏差行為，我喜歡過自由的生活，我瞭解戒除之後，我的生活將更美好，我的身心健康比較能有保障，從此不再製造社會麻煩問題，戒除是利己利人的舉動，我將請親人、朋友、同事、工作人員協助我，給我支持與鼓勵。

立誓人：

見證人：

中華民國　　　　年　　　　月　　　　日

自我格言（小卡片）

㈠犯罪前兆：

㈡因應策略：

㈢不要一失足成千古恨。

㈣當我心情不好或有困難時想找人談，其電話：

【附件九】性侵害犯罪加害人輔導及治療每月成效評估表

（□身心治療評估；□輔導教育）

姓名		性別	□男□女	出生	年　　月　　日	出獄日		接案日	
犯行屬性	性侵害犯罪類型：[ ]與未滿 16 歲者合意性交　[ ]成人強暴或強制猥褻（13 歲以上）[ ]家外兒童性侵害犯罪（13 歲以下）[ ]家內兒童性侵害犯罪（13 歲以下）　[ ]輪暴								
輔導教育負責機構					身心治療負責機構				

	近期目標評估	未改善	平平	已改善	中長期目標評估	未改善	平平	已改善	建議
第一次月評估（　　）	a.改善否認接受責任	□	□	□					
	b.願意接受輔導	□	□	□					
	c.改善認知扭曲	□	□	□					
	d.認識自己偏差循環	□	□	□					
	e.同理被害人衝擊	□	□	□					
	f.壓力情緒憤怒管理	□	□	□					
	g.酗酒改善	□	□	□					
	h.________	□	□	□					
第二次月評估（　　）	a.改善否認接受責任	□	□	□	a.能避開高危險情境	□	□	□	
	b.願意接受輔導	□	□	□	b.能阻斷自己之偏差循環	□	□	□	
	c.改善認知扭曲	□	□	□	c.在團體中能幫成員改善	□	□	□	
	d.認識自己偏差循環	□	□	□	d.能漸培養合理之兩性關係	□	□	□	
	e.同理被害人衝擊	□	□	□	e.	□	□	□	
	f.壓力情緒憤怒管理	□	□	□	f.	□	□	□	
	g.酗酒改善	□	□	□	g.	□	□	□	
	h.________	□	□	□	h.	□	□		
第三次月評估（　　）	a.改善否認接受責任	□	□	□	a.能避開高危險情境	□	□	□	
	b.願意接受輔導	□	□	□	b.能阻斷自己之偏差循環	□	□	□	
	c.改善認知扭曲	□	□	□	c.在團體中能幫成員改善	□	□	□	
	d.認識自己偏差循環	□	□	□	d.能漸培養合理之兩性關係	□	□	□	
	e.同理被害人衝擊	□	□	□	e.	□	□	□	
	f.壓力情緒憤怒管理	□	□	□	f.	□	□	□	
	g.酗酒改善	□	□	□	g.	□	□	□	
	h.	□	□	□	h.	□	□		
第四次月評估（　　）	a.改善否認接受責任	□	□	□	a.能避開高危險情境	□	□	□	
	b.願意接受輔導	□	□	□	b.能阻斷自己之偏差循環	□	□	□	
	c.改善認知扭曲	□	□	□	c.在團體中能幫成員改善	□	□	□	
	d.認識自己偏差循環	□	□	□	d.能漸培養合理之兩性關係	□	□	□	
	e.同理被害人衝擊	□	□	□	e.	□	□	□	
	f.壓力情緒憤怒管理	□	□	□	f.	□	□	□	
	g.酗酒改善	□	□	□	g.	□	□	□	
	h.	□	□	□	h.	□	□		
結案評估 結案建議									

輔導治療負責人簽名：________________　________________

【附件十】

○○○○　　　醫　　　院

性侵害犯罪加害人社區處遇輔導教育團體心理治療紀錄表

一、團體名稱：性侵害犯罪加害人社區處遇輔導教育團體　　地點：

　　時　　間：○○年○○月○○日○○時○○分至○○時○○ 分

二、工作人員：治療者：　　　　　　　　協同治療者：

　　　　　　　觀察者：　　　　　　　　記錄：

三、出席人數：○○人

四、座位圖：

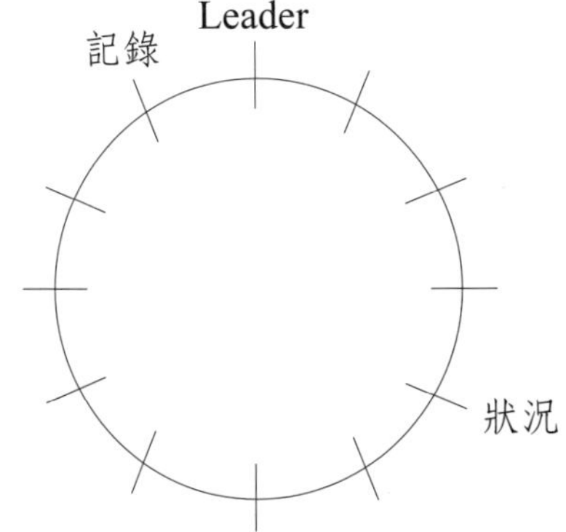

五、團體目標：

六、團體內容：

七、成員參與狀況

編號		次數	
姓名			
參與動機		配合態度	
表達方式		理解能力	
互動行為		情緒表現	
改變意願		注意集中	
其他			

【附件十一】性侵害犯罪防治中心妨害性自主罪身心治療記錄

時間：	年 月 日 時 分	至	時 分	地點：	
姓名：					
主題：					

一、治療氣氛：	□和諧	□合作	□信任	□煩躁	□防衛
	□攻擊	□衝突	□輕鬆	□被動	□快樂
	□沈悶	□冷漠	□溫暖	□其他：	

二、參與情形：	□投入	□和諧	□主動	□給建議	□被動
	□吵鬧	□抗拒	□批評	□愛表現	□冷漠
	□打岔	□順從	□挑釁	□其他	

三、治療技巧運用：	□澄清	□教導式	□放鬆技巧	□認知流程圖
	□面質	□引喻	□正向心語	□瞭解認知特性
	□辯論	□共通性	□情境演練	□認知技巧介紹
	□說服	□正向心像	□其他：________	

四、作業：	□條理清晰	□內容深入	□大致切題	□部份正確
	□模仿別人	□照抄課本	□敷衍了事	□誤解題意
	□內容空白	□其他：________		

五、過程記錄：	＊出席：1	＊準備：2	＊投入：1	＊作業：2
	出席	準備	投入	作業
	1=準時	1=佳	1=佳	1=佳
	2=遲到	2=可	2=可	2=可
	3=藉口	3=及格	3=及格	3=及格
	4=缺席	4=未準備	4=負面影響	X=不適用

【附件十二】性罪犯治療需求及進步量表

[Sex Offender Treatment Needs and Progress Scale, SOTNPS, 2003]

個案：＿＿＿＿＿＿＿＿＿＿　評估者：＿＿＿＿＿＿＿＿＿＿

評估日期：＿＿＿＿＿＿＿＿　地　點：[]監所　　[]社區

評估時間：[]治療開始之時　[]治療期間　[]治療結束時

每週治療之月數＿＿＿＿　輔導治療之月數＿＿＿＿　全部＿＿＿＿

評分指導（使用計分手冊中的定義）：

[各計分請仍以手冊每題之計分指引]	0 此項沒問題	1 此項有些問題	2 此項相當嚴重	3 此項很嚴重	此項無法確定，請打勾
一、性偏差					
1.承認犯罪行為	☐	☐	☐	☐	☐
2.負起責任	☐	☐	☐	☐	☐
3.性興趣	☐	☐	☐	☐	☐
4.性態度	☐	☐	☐	☐	☐
5.性行為	☐	☐	☐	☐	☐
6.性危險管理	☐	☐	☐	☐	☐
二、犯罪					
7.犯罪及違法的態度	☐	☐	☐	☐	☐
8.犯罪及違法的行為	☐	☐	☐	☐	☐
三、自我管理					
9.物質濫用	☐	☐	☐	☐	☐
10.情緒管理	☐	☐	☐	☐	☐
11.心理的穩定性	☐	☐	☐	☐	☐
12.問題解決	☐	☐	☐	☐	☐
13.衝動性	☐	☐	☐	☐	☐
四、治療及觀護合作					
14.改變的階段	☐	☐	☐	☐	☐
15.接受治療的合作度	☐	☐	☐	☐	☐
16.接受社區監督的合作度	☐	☐	☐	☐	☐
五、生活型態穩定					
17.工作職業	☐	☐	☐	☐	☐
18.居住情形	☐	☐	☐	☐	☐
19.財務狀況	☐	☐	☐	☐	☐
六、社會支持					
20.成人的愛情關係	☐	☐	☐	☐	☐
21.社會影響	☐	☐	☐	☐	☐
22.社會參與	☐	☐	☐	☐	☐
總分					

【附件十三】性侵害犯罪防治中心辦理性侵害犯罪加害人身心治療及輔導教育作業流程

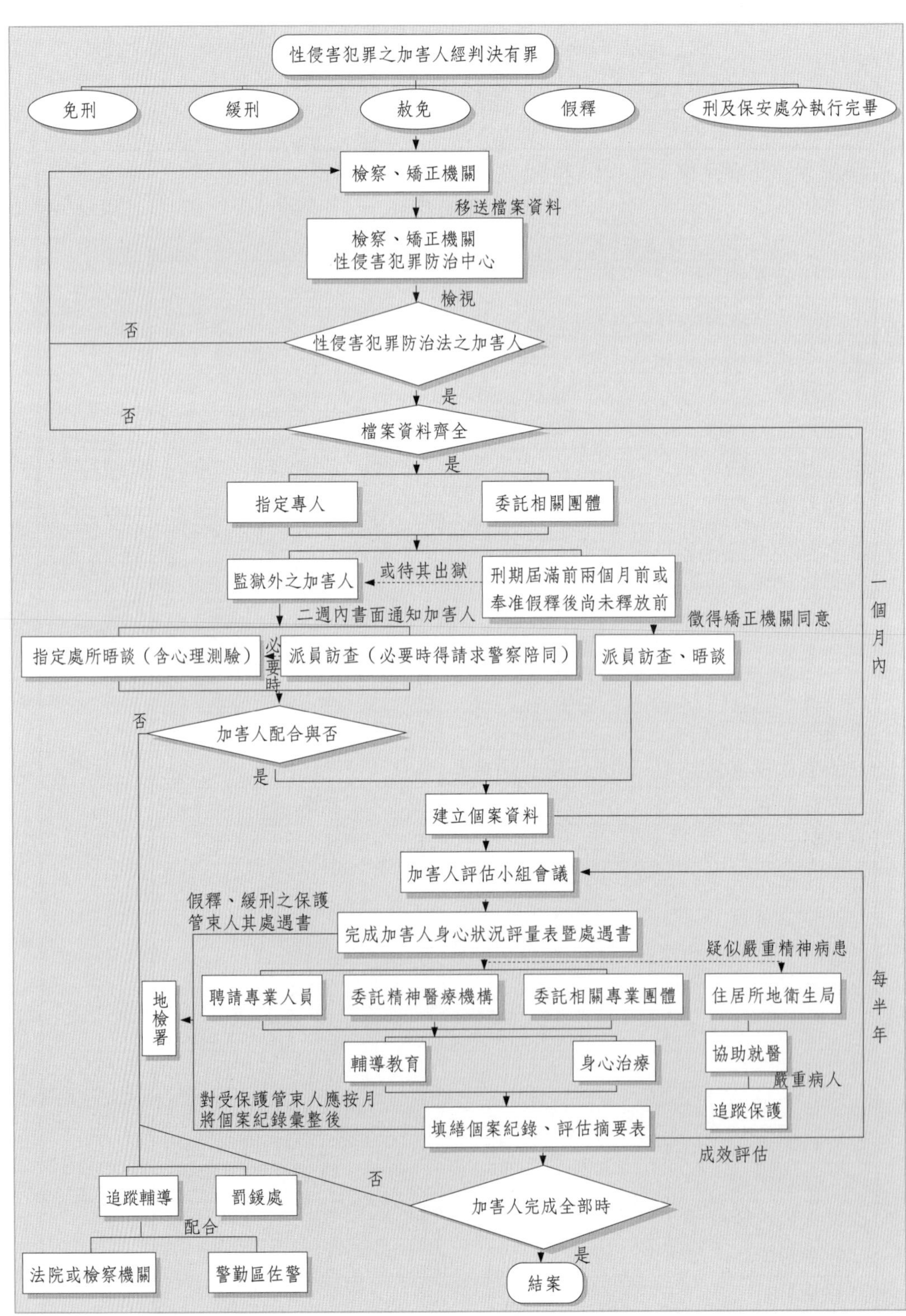

【附件十四】台灣南部目前性侵害犯罪加害人的處遇計畫相關規章

高雄市立凱旋醫院的規章

㈠性侵害犯罪加害人身心治療與輔導教育社區處遇治療工作人員須知

緣起與目的

1. 臺灣地區在民國 87 年底通過「性侵害犯罪加害人身心治療與輔導教育辦法」，各縣市「性侵害犯罪防治中心」開始負責執行緩刑、假釋及出獄之性侵害犯罪加害人回到社區之後的身心治療及輔導教育。其目的主要在落實延續在監獄期間的矯治治療，使性侵害犯罪加害人假釋期間，儘管生活在充滿刺激誘惑的現實社區當中，仍然能持續保有在監獄當中之「恢復」成果，還能得到適當的監控與身心治療，以期能協助加害人更有行為控制能力，學習如何確認並避開具誘惑的危險情況，以及學習在社區當中的生活適應技巧，以杜絕再犯的發生。

法源

2. 依據「性侵害犯罪防治法」第 18 條規定與「性侵害犯罪加害人身心治療與輔導教育辦法」第 18 條規定：「性侵害犯罪加害人先經由各地縣市政府性侵害犯罪暴力防治委員會所組成的評估小組決議後分別實行身心治療與輔導教育，實施期間不得少於一年，最長不得逾二年，但必要得延長一年」。所以性侵害犯罪防治中心委託「性侵害犯罪評估小組」評估加害人身心狀況，評估小組依據加害人的危險再犯程度而裁定加害人需接受身心治療或輔導教育。
3. 依據「性侵害犯罪加害人身心治療與輔導教育辦法」，加害人接受身心治療每週不得少於一個半小時，輔導教育每月不得少於一小時。治療工作人員必須依照評估小組的裁定完成加害人身心治療或輔導教育，治療人員每次需填寫紀錄報告，並把加害人出席狀況通報給性侵害犯罪防治中心（附件十一）。

前置作業

4. 治療前必須先參考加害人犯罪的案卷和評估小組制定的「處遇計畫書」，從這些資料中形成加害人行為問題概念化工作，訂定出治療的目標和策略。

理論運用

5. 性侵害犯罪加害人社區處遇身心治療與輔導教育，主要在強化加害人的「內在自我管理」和「外在監督系統」，監督系統有賴觀護人、警察單位、性侵害犯罪中心及家屬等協助，當加害人假釋或期滿回到社區，其原有潛在的低內控特質，加上外在的自由環境，使得加害人更不易控制，所以性侵害犯罪加害人社區處遇是多面向、全方位的配套，包括內外監控才能有效降低加害人再犯的可能。

治療過程與阻抗

6. 身心治療是每週一次的治療，治療方式將依照加害人人數的多寡，採取個別或團體治療模式，治療內容可採用結構式或非結構式的方式。因治療是連續性、漸進式，宜配合加害人的步調而調整治療的進行；結構式的內容可作為參考，但不是一定的程序，可依照治療者與加害人互動狀況而彈性調整或變動。
7. 加害人社區處遇身心治療與輔導教育有法源依據，且是強制性治療，但加害人為非自願個案，對於治療的抗拒是必然出現的現象，尤其是每週一次的身心治療其反彈更大，當加害人未到時，則需通報「性侵害犯罪防治中心」。
8. 性侵害犯罪加害人社區處遇身心治療與輔導教育，由醫療工作人員負責，工作內容包括與加害人聯絡、治療和寫評估報告。採取再犯預防取向為主的認知行為治療法，並針對加害人酒精、毒品和精神狀態做多模式的診療。依照加害人的基本資料分析，了解加害人過去的危險因子，如毒品或情緒管理不當？訂定出加害人的治療目標，並每次安排家庭作業，定期追蹤其生活、工作的穩定度，鼓勵有適當的休閒和娛樂活動以替代過去不好的活動。教導正確的性教育，避免危險的情境，如去特種營業場所，學習適當的性行為。對有酒癮、毒品和精神症狀者，配合藥物治療以控制行為的衝動性。

治療同意書與解說

9. 性侵害犯罪加害人在參加身心治療與輔導教育前需簽寫治療同意書，並知道配合的事項和治療流程、內容。

治療人員倫理守則

10. 治療人員必須遵守專業倫理，對加害人的資料有保守秘密的責任，但仍有保密的例外原則。加害人在治療過程中如有潛在性危險，將傷害他人或自己，治療人員則需通報「性侵害犯罪防治中心」或「觀護人」。治療上仍需以尊重、協助、同理的態度幫助加害人控制管理危險因子，不因個案曾為罪犯而有標籤的態度。

罰則

11. 如遇拒絕接受身心治療與輔導教育課程的個案，可依性侵害犯罪防制法第 18 條第 3 項規定辦理：「處新台幣六千元以上三萬元以下罰鍰，並由防治中心通知該管警區佐警依相關規定處理」。

例外狀況處置

12. 遇有精神疾病或老弱智障的性侵害犯罪加害人無法前來參加社區處遇，可改為家庭訪視或居家治療方式實施處遇（周煌智，2003；陳筱萍與周煌智，2004）。

參考文獻

中文文獻

內政部性侵害犯罪防治委員會（1998）。「性侵害犯罪防治法」，性侵害犯罪防治法規彙編。

內政部性侵害犯罪防治委員會（2004）。性侵害犯罪知多少——強暴迷思，本資料刊載於內政部性侵害犯罪防治委員會網站，網址：http：//www.moi.gov.tw/div5/know_8.asp。

內政部性侵害犯罪防治委員會（2004）：性侵害犯罪防治中心服務案件累計表，本資料刊載於內政部性侵害犯罪防治委員會網站，網址：http：//www.moi.gov.tw/div6/cnt/violence002012，性侵害犯罪中心服務統計表。

文榮光，張敏，龍佛衛，周煌智，楊聰財，薛克利，顏永杰（2002）。台灣地區性侵害犯罪防治責任醫院現況之研究：性侵害犯罪加害者之鑑定、評估與治療。行政院衛生署九十一年度科技研究發展計畫（DOH91-TD-1071）。

沈勝昂（民 93）。性侵害犯罪加害人再犯危險評估量表之建立－動態危險因素之探測。內政部委託研究期末報告。

周煌智（2003）。建立示範性性侵害犯罪加害人刑前鑑定醫院標準作業流程及社區身心治療暨輔導教育課程指導大綱。行政院衛生署委託補助計畫。

陳英明（2002）＜性侵害犯罪加害人接受身心治療與輔導教育經驗之研究＞，《國立中正大學犯罪防治研究所在職進修專班碩士論文》。

陳筱萍、周煌智、劉素華（2004）。醫院性侵害犯罪加害人處遇計畫——標準作業流程暨合意性交加害人輔導教育課程設計計畫——少年阿維的煩惱——行政院衛生署九十三年度補助研究計畫。

龍佛衛，薛克利，楊聰財，周煌智，顏永杰，高千雅，張敏，文榮光（2004）。臺灣地區性侵害犯罪防治責任醫院現況之調查——性侵害犯罪加害人之鑑定、評估與治療。台灣精醫 2005; 19(1): 47-55。

英文文獻

Alexander,M.A.（1993）.Sex offender treatment:A response to the Furby et al.,quasi-meta analysis.A paper presented at the Association for the Treatment of Sexual Abusers 12th Conference. MA:Boston.

A.P.A.(1999).Paraphilias:Prevalence,Characterisics,Evaluation,and Cognitive-Behavior Treatment. Dangerous Sex Offenders: A Task force report of the A.P.A.,3,43-80.

Carich,M.S..（2003）.性罪犯治療及輔導處遇專業訓練工作坊講義，主辦單位內政部，台南,台灣。

Cumming, G.（2002）Judical Treatment for Sex Offenders in the United States.《二十一世紀性罪犯司法處遇暨輔導治療國際研討會論文集》，主辦單位：財團法人婦女權益

促進發展基金會、中華民國犯罪學學會。

Marshall W, Barbaree H（1988）：The long-term evaluation of a behavioral treatment program for child molesters. Behav Res Ther, 26:499-511

Quinsey,V.L., Lalumiere,M.L., Rice,M.E., & Harris,G.T.(1995). Predicting sexual offenses. In Campbell,J.C. (Ed.) .Asseessing dangerousness : Violence by sexual offender ,batterers ,and child abusers, 114-137.Thousand Oaks, CA:sage.

第十八章

性侵害犯罪加害人的社區監督

沈勝昂

本章學習重點

- 性侵害犯罪之社區處遇的內涵與操作模式。
- 抑制模式的操作。
- 社區處遇團隊的組成、運作與功能。
- 臺灣地區性侵害犯罪防治中心的組成、角色與行政操作。
- 臺灣地區性侵害犯罪評估小組的組成與其功能。
- 臺灣地區社區處遇團隊的組成、運作與功能。
- 臺灣地區社區處遇操作的協調、合作與督導制度。

摘要

鑑於性罪犯之特異性及治療成效之不彰，國內在通過「性侵害犯罪加害人身心治療及輔導教育辦法」後，縣市「性侵害犯罪防治中心」開始執行緩刑或假釋之性侵害犯罪加害人社區身心治療及輔導教育。目的在延續監獄的教化處遇，使性侵害犯罪加害人假釋期間，仍能得到適當的監控與治療，增加行為控制力，避開危險情況及社區的生活適應技巧。本文旨在檢討國內性侵害犯罪加害人社區處遇的現況，並以實驗方式操作在美國已實行多年的性罪犯社區處遇「抑制模式」，此一模式認為性罪犯除應參加身心治療與觀護外，對較高危險的假釋性罪犯應有較密集的監督（含實施預防性之測謊與社會網絡的配合），並強調以團隊監控的操作取代個別的監督。

國內在以抑制模式為性侵害犯罪社區處遇操作急須要檢討與解決的問題如下：㈠縣市性侵害犯罪防治中心的組成、角色與行政操作須重新評估；㈡性侵害犯罪評估小組組成與功能必須重新評估；㈢社區處遇成員組成與其功能有待重新評估；㈣社區處遇操作的協調、合作與督導制度的建立急待加強；㈤社區處遇成員的專業資格與能力尚待加強；㈥性侵害犯罪加害人「再教育計畫」需要補強與修正；㈦身心治療者的督導輔助系統需補強；㈧測謊技術協助社區處遇待加強；㈨社區處遇各項操作的「科學化」與「標準化」；㈩現行法規需檢討，以協助社區處遇實際操作。

事實上，臺灣之性侵害犯罪加害人假釋後社區處遇計畫的組織架構已具備類似美、加社區處遇的雛型。現行規劃當中，基本人員配置以及整體操作的流程，臺灣都已具備，甚至編制「家庭暴力暨性侵害犯罪防治中心」來執行業務，然而由目前社區處遇的實行來看，尚有上述之各式各樣操作的漏洞與問題急待解決。但可以肯定的是社區處遇抑制模式，確有補強目前操作漏洞的功能，若可以落實其精神，對於性侵害犯罪社區處遇的工作應該有顯著性的助益。

關鍵詞

性侵害犯罪、社區處遇、抑制模式。

壹、前言

在近二十幾年的探索之後，美國、英國、加拿大司法單位及相關領域的心理治療專家，都肯定對於性侵害犯罪加害人執行輔導教育及身心治療的必要性，而且有鑑於「性侵害犯罪加害人」在不同犯罪類型當中所顯現出的特異性（例如：善於欺騙、隱瞞、否認），國內外學者專家也都一致地主張除了應該在監獄當中進行嚴謹的身心矯治、治療外，在假釋、甚至刑期服滿回到社區之後，必須要能夠對性侵害犯罪加害人持續進行監控與治療，才能有效、根本地達到預防再犯的效果。

在有關性侵害犯罪加害人治療方法的部份，雖然目前包含在美國、英國、加拿大從事心理治療的臨床人員都指出：「儘管不同類型的加害人，由於性侵害犯

罪加害人本質的特殊性與所採用治療型式的差異，對於治療效果往往有不同程度的反應，但是他們也大多同意，以現有的治療方法來看，採取「再犯預防（*relapse prevention*）」為主的認知行為治療法（*cognitive-behavioural treatment*）有高度治療效果，而且能夠減少將近一半之再犯率（*recidivism*）（*Hanson, Gordon, Harris, Marques, Murphy, Quinsey, & Seto, 2002*）。

但不幸地，相關的研究者同時也指出，如果只是單純地依賴「身心治療」並無法達到最佳的「再犯預防」，特別是當加害人假釋或期滿回到社區生活之後，原有潛在的低內控「特質」，加上外在的自由環境，使得加害人更不易控制，譬如：即使在社區輔導治療人員與觀護人員極為努力之下，仍舊無法有效地抑制性侵害犯罪加害人，除了在社區當中接受輔導教育、身心治療與觀護報到時間外，其他大部分時間會接近高再犯危險情境（因子）的比率仍高，使得再犯率仍無法降到最低的情況，因而使得社會當中，不時有無辜之婦孺受到性侵害犯罪。因而主張，對於性侵害犯罪加害人的「治療」方式應該以社區處遇為基礎（*community-based program*），採取多面向的、全方位的配套觀點，才能有效地降低性侵害犯罪加害人再犯的可能（*Douglas, Burgess & Ressler, 1992*）。

在過去十年來，我國在性侵害犯罪加害人處遇方式的發展，也因著社會的關注與實際需要，轉而更為積極且主動，而為了能有效地減低性犯罪的發生，對性侵害犯罪加害人採取更嚴密的預防措施，除了監獄的治療更加系統化與專業化之外，民國 87 年底通過「性侵害犯罪加害人身心治療及輔導教育辦法」後，各縣市成立「性侵害犯罪防治中心」開始負責執行緩刑或假釋及出獄之性侵害犯罪加害人回到社區之後的身心治療及輔導教育。其目的主要是落實延續在監獄期間的教化與矯治治療，使性侵害犯罪加害人在假釋期間，儘管生活在充滿刺激誘惑的現實社區當中，仍然能持續保有在監獄當中之「恢復（*recovery*）」過程進行，還能得到適當的監控與身心治療，以期能協助加害人更有行為控制能力，學習如何確認並避開具誘惑的危險情況，以及學習在社區當中生活適應的技巧，以杜絕再犯的發生（*Carich & Stone, 1993*）。

而為了落實此項目標的達成，目前國內正全面的進行所謂性侵害犯罪加害人後社區處遇（*aftercare*）的操作，不過成果如何則尚未有正式的評估，主要原因在社區處遇的執行時間不長，很多的基礎配套元素及操作也多未臻成熟，因此尚難評估其效果。但是在操作的過程當中，組織上、執行程序上、執行人力上、配套的法律與制度上等等是否合宜？有無困難呢？

本文主要在瞭解、檢討國內性侵害犯罪加害人社區處遇的現況，並深入了解國外（例如：美國、英國、加拿大）之處遇模式，特別是在美國已操作多年的性侵害犯罪加害人社區處遇新模式，此一處遇模式發展至今已經有十餘州開辦。此一社區處遇模式最初是由科羅拉多州公共安全局刑事司法部發展出來，這一個以「抑制為取向（*containment approach*）」的社區處遇模式，認為性侵害犯罪加害人除了應該參加原有的身心治療、輔導教育與觀護報到外，對較高危險的假釋性侵害犯罪加害人應有較密集的觀護（如每週三至五次面對面之監督，包括：家庭訪視或要求報到等）、每三個月或半年一次至警局實施預防性質之測謊儀測謊（*polygraph testing*），並詢問其有無再接近高危險因子，如：有無再看色情出版品、接近小學、酗酒、有無再犯等，題目則是由輔導治療師與測謊員共同擬定、每半年或一年做一次陰莖體積變化測試儀（*penile plethysmography*）（*English, Pullen, & Jones, 1996*）。

這種處遇模式使得刑事司法單位與身心治療單位對加害人情況的掌握更加的嚴密與精確，甚至將這樣的操作模式延伸至加害人的周遭日常活動，自然能夠強化對加害人的管理，減低加害人再犯的發生（*Clawson, McGuire, Fagel, Jones, 1996*；*Nilan & Hubbell, 2002*）。以這樣的理念為基礎，佛蒙特州（*Vermont*）性侵害犯罪加害人處遇方案行政主任 Georgia Cumming 及臨床主任 Robert McGrath（*2000*）提出一新名稱「性侵害犯罪加害人之社區監督鑽石圖」（*supervision diamond*），即認為性侵害犯罪加害人之社區處遇的生活監督，應該有如菱形鑽石之四個角且缺一不可，以此來包圍性侵害犯罪加害人的「全方位」生活，而此四個元素為觀護人之社區監督、社區之輔導治療師、案主之支持網路（如：好朋友或輔導中之其他成員）、以及定期之預防性測謊。

過去臺灣一直將性侵害犯罪加害人視為一般的犯罪，並沒有特別針對性侵害犯罪加害人做一個全面的調查與統計，因此，對於台灣地區的性侵害犯罪加害人再犯程度也都缺乏明確的記錄。倒是最近一項有關性侵害犯罪加害人再犯預測的實驗性研究指出（林明傑、鄭瑞隆，民 92），在民國 83～85 年的性侵害犯罪加害人受刑人當中，以將近七年的研究期間之後，再一次調查其再犯的比例發現，包括：台北、高雄、嘉義三所監獄的 510 份有效樣本當中（其中包括成人強暴犯、家內兒童性侵害犯罪犯及家外兒童性侵害犯罪犯，人數分別為 271、33 及 206 人）。而成人強暴犯、家內兒童性侵害犯及家外兒童性侵害犯七年之再犯率，則分別為 12.5%、12.1%及 11.2%。而整體的性侵害犯罪加害人在七年內的平均再犯率為 12%（參考表 18.1）。

表 18.1　性侵害犯罪類型與再犯有無之交叉表

再犯 / 類型	無	有	總計
成人強暴犯	237 人（87.5%）	34 人（12.5%）	271 人
家內兒童性侵害犯罪犯	29 人（87.9%）	4 人（12.1%）	33 人
家外兒童性侵害犯罪犯	183 人（88.8%）	23 人（11.2%）	206 人
總計	449 人（88%）	61 人（12%）	510 人

若是考量樣本年齡的分佈，40 歲以下的再犯率提高為 13.7%，40 歲以上則僅僅有 7.4%，這個趨勢大致與西方的研究結果一致，譬如：Hanson（*2001*）的統計。從追蹤年限的期間與年齡層比對來看，相較於美國、英國與加拿大的再犯率，臺灣的性侵害犯罪再犯率雖未明顯偏高，但似乎也沒有呈現較好的跡象。可見和眾多傳統的性侵害犯罪加害人社區處遇模式一樣，預防再犯的成效，似乎已達到一個極限；換句話說，它確實遭遇到瓶頸而急待突破。尤其臺灣目前對性侵害犯罪加害人的社區處遇正處於發展初步的階段，對於性侵害犯罪加害人的社區監督方式也仍在摸索中，除了在社區處遇的操作機制尚未明確之外，負責特定業務之單位的確認，以及單位之特定業務操作的專業知識、方法仍未臻成熟，譬如：真正能夠配合主要的身心評估技巧與身心治療的方式仍然紛亂不一（陳若璋、劉志如，民 *90*），因此，想要有效地預防再犯可說是步步維艱，仍然需要更多的努力。

然而根據Gendreau, Cullen,& Bonta（*1994*）之研究，犯罪處遇成效不佳的原因很多，譬如：最初在監獄期間的矯治處遇品質就是一大問題，由於刑期總有結束的一天，犯罪人終就會回到社區來，Gendreau等學者以為犯罪處遇後續的問題，主要就在於對於緩刑（*probation*）與假釋（*parole*）之加害人回到社區後的監控（*monitoring*）、管理（*maintenance*）品質不良所導致。

而正如在監獄時所面臨的人力問題一樣，根據他們的資料顯示，目前觀護人觀護的假釋／緩刑犯罪人數過多，因此無法做好有效的監督與掌控。此外，他們進一步的指出，有效的犯罪處遇計畫，主要依靠我們對再犯因素的瞭解與掌控；換句話說，要能夠掌握到準確的再犯因子，才能有效地施行處遇計畫。而目前司法單位對於性侵害犯罪加害人的犯罪行為與導致犯罪行為發生的瞭解仍然不足，當然對於性侵害犯罪加害人的控制就更為困難。由此看來，對於再犯因子的監控與掌握監督機制，可能是後續處遇計劃實施的根本，沒有良好的監控機制，徒有準確的再犯因素也掌控不良。

貳、性侵害犯罪加害人之新社區處遇概念

為了有效地預防再犯，目前美國、英國、加拿大的司法部門與心理治療專家都一致地肯定，提供性侵害犯罪加害人身心治療的必要性，而且除了在監獄中的治療之外，他們也都主張，在假釋或緩刑後，若能再加上社區督導的配套措施，則能提供更完整的治療效果，除了可以藉此繼續保持監獄所學習之處遇效果外，甚至可以再提升加害人的內控能力，同時可以減低加害人進入再犯危險「狀態」的可能。因此，目前針對性侵害犯罪加害人之社區處遇之實驗操作廣受英、美、加各區的司法矯治單位的重視。

一、社區處遇的理念與目標

本質上，社區處遇是一種終身監控的理念操作，社區處遇的操作，除了仍然強調在監獄中原有之身心治療為增加性侵害犯罪加害人內在的控制能力外，其實更重要的是，社區處遇主張無論司法單位或治療者都必須認知到性侵害犯罪加害人本身高度再犯的特異性，特別是中、高危險的加害人再度犯案的可能性相當高。而且真實的社區畢竟不同於監獄內的生活，監獄當中具有高度的「監控」效用，但社區卻是一個自由的活空間，加上回到社區生活之後可能遭遇到的誘惑與各種壓力，因此，其實有必要對性侵害犯罪加害人，加強外在社區生活監控機制的操作，一方面除了保持在監獄中已有的治療效果外，也能夠繼續與加害人互動，維持良好的溝通關係；換句話說，理想的操作，必須延續監獄的「治療」與「監控」到社區生活當中，才能有效地抑制性侵害犯罪的再犯發生，這是一種類似實施終身監控的方式。

社區處遇的最終目標在防止加害人的再犯，由於性偏差行為的複雜與多樣性，因此社區處遇的目標也應涵蓋多面向的介入模式（*Green, 1995*）。因此，性侵害犯罪加害人的社區處遇目標除了持續矯正原來性侵害犯罪加害人的偏差行為之外，也包括評估再犯的可能、訂定社區處遇治療活動包含的內容、整合社區資源以及減少再犯的發生等等。而為了進行有效的社區處遇達成這些目標，以提升整體犯罪處遇的效能，在性侵害犯罪加害人回到社區生活之後的管理方面，社區處

遇操作必須要具備下列的要件。

㈠專業人員的設置

在社區處遇方案當中，設置專業人員的功能在於執行社區行政業務、進行社區監督、以及整合社區的資源，協助社區處遇可以順利有效的操作。Scott（*1997*）認為：「設立專門人員對司法部門來說有很大的利益，他們可專門針對社區管理做更有效益的技巧訓練及監控，此外也增加社區生活的安全感。」Scott 指出：「專業人員對性侵害犯罪加害人在社區生活的活動上，應特別重視性侵害犯罪加害人在治療團體中的作業、討論性侵害犯罪加害人學習控制偏差幻想的過程、訪視其家庭及可能接觸到受害者與兒童的情形、工作穩定度、是否獲得成就感等等。」同時，專業工作人員應了解罪犯的交通工具使用狀況（如行照、牌照號碼），告知家屬及居民有關性侵害犯罪加害人之罪行、假釋期限。除了監控罪犯使用酒精、毒品的狀況外，應檢查性侵害犯罪加害人假釋後之住處，例如：針對戀童症的性侵害犯罪加害人，應檢查是否有兒童衣物、影帶、色情刊物、電腦設備等，並確認是否和過去的犯罪行為有所關連。

㈡將治療處遇的操作與團隊工作相互结合

社區身心治療的團隊包括：社區治療工作的行政人員、行政督導、專業人員（社工員）、評估者（心理醫師）、假釋官（觀護人）、警察、性侵害犯罪加害人的配偶及家屬等。對於處遇及治療團隊人員間的合作，Scott（*1997*）認為應有以下幾點認識：

1. 傳統上，一般認為假釋官只需要監控犯人即可，但因為對罪犯的處遇命令，應延續至假釋期間執行，所以假釋官在社區監督情境中應該與社區治療團隊配合，參與治療團體的所有操作。而且性侵害犯罪加害人本身應該清楚地體認到在治療期間，他沒有權力保有個人私密，他的一切事情都將公開化，使得相關的專業人員能夠彼此互相討論，以研擬因應策略，避免其再犯。另外，有許多性侵害犯罪加害人方案利用認知行為理論進行處遇，所以負責此一加害人之假釋官也必須深入了解此理論模型，以利有效勸誡之施行，甚至可以參與監督的工作。
2. 假釋官必須參與性侵害犯罪加害人的治療課程，以了解如何與性侵害犯罪加害人溝通。不同領域間的專業工作人員，如治療者、社工員、警察、觀護人……等，也應該學習與其他領域工作人員的溝通，了解加害人的犯罪行為模式、高危險因子，以利預防再犯之施行。

3. 除了與專業人員之間的合作外，假釋官與性侵害犯罪加害人的家庭（譬如：配偶、親友）也必須相互合作，了解關於加害人異常的性幻想及行為模式，並扮演適當角色以保護孩子的安全，假釋官與罪犯的家屬應該有一致的目標以完成適當的處遇監控工作，例如：在德州Tarrant城，亂倫犯仍被允許在判決後即可回家。

4. 性侵害犯罪加害人假釋後，必須參加針對他們設計之「特定」強制教育課程，內容包含：人類性知識、社會態度及發展形式、了解犯罪循環、受害者的創傷及影響、如何使用社會支持系統、他們期待中的治療環境。這些課程提供性侵害犯罪加害人討論以往被視為禁忌話題的機會。假釋官也發現由於罪犯從課程中獲益良多，他們甚至要求希望其配偶或伴侶也能獲准參加。

二、國外的「監控」取向的社區處遇

過去十幾年來，歐美司法單位比臺灣更早意識到性侵害犯罪加害人的特殊性，同樣地指出為了更有效地掌控性侵害犯罪加害人，以及避免其再犯，美國、英國、加拿大各國則轉向以社區為處遇性侵害犯罪加害人操作的基礎單位，陸續分別各自提出「抑制取向」（*containment approach*）、「社區性侵害犯罪加害人團體計畫」Community Sex Offenders Groupwork Programme與「動態監督取向（*dynamic supervision*）」的性侵害犯罪加害人社區處遇方案，接下來將分別敘述美國、英國、加拿大目前正在嘗試的兩種社區處遇操作方式。

㈠美國的「抑制取向」社區處遇

在美國方面，由科羅拉多州發展出有名之「抑制取向」的社區處遇，其認為對較高危險的假釋性侵害犯罪加害人應有較密集的觀護（如每週三至五次之面對面監督）、每三個月或半年一次到警局之測謊儀測謊（*polygraph testing*），詢問其有無再接近高危險因子，如：有無再看色情出版品、接近小學、酗酒、有無再犯等，題目由輔導治療師與測謊員擬定、每半年或一年作一次陰莖體積變化測試儀（*penile plethysmography*）（*English, Pullen, & Jones, 1996*）。據麻塞諸塞州觀護局訓練主任Steve Bocko表示，根據一份研究結果，呈現該模式有極佳之效果，研究顯示參加者三年內之再犯率不到2%，而未參加者三年內再犯率則為27%（林明傑，個人通訊，*June 2, 2000*）。

根據印地安納州政府矯正部門（*Indiana Department of Correction, 2002*）的性侵害犯罪加害人處遇專案（*The Indiana Sex Offender Management and Monitoring Program, SOMM*），要做好再犯評估與再犯預防，性侵害犯罪加害人通常要經過三個階段的評估與教育。其中的第一與第二階段都在監禁時期進行，主要內容為評估與矯治處遇，如：第二階段中的主要內容包括有：性心理與危險評估（*psychosexual and risk assessment*）、密集的「性侵害犯罪加害人心理教育課訓（*sex offense specific psycho-education*）」、針對高危險性侵害犯罪加害人另加高度密集的行為管理課程（*Behavior Management Program*），主要的目的是實地應用「性侵害犯罪加害人心理教育課訓」中學到的概念與原則、個別的危險因子與犯罪手法進行檔案收集與記錄、性侵害犯罪加害人再犯預防計劃（*Individual Relapse Prevention Plans*），最後則彙整以上所有的相關報告，做為假釋與緩刑（*parole and probation*）之後的預防與追蹤計畫。包含的項目之所以如此密集，主要的原因在於這些性侵害犯罪加害人大多在刑期的最後三年，可能將要申請假釋出獄，一旦申請獲准，隨時可能回到社區生活，因此要進行更仔細的評估與教育。

至於第一、二階段所做的操作是否有效呢？性侵害犯罪加害人回到社區後有無再犯的危險？第三階段進行的社區監督（*community monitoring*）正是最好的檢驗，這個監控的設計方式是以「抑制模式」做為主軸，在假釋與緩刑之後，對性侵害犯罪加害人在社區當中的行動進行預防與追蹤。主要操作的項目包括如下列三方面。

1. 相關部會的合作：包括 SOMM 計畫的協調人、假釋單位，如：觀護人、性犯罪治療師與測謊專員。
2. 監控假釋人參與社區的處遇治療與假釋規定的遵守程度；仔細追蹤假釋、處遇與再犯的類型。
3. 「抑制模式」處理小組分享有關假釋人的各種訊息。

印地安納州政府這種「三角關係」的抑制Containment Approach，主要在整合不同群體的力量與資源，幫助、維持對性侵害犯罪加害人回到社區後的監控（參圖 *18.1*），包括：處遇、認知行為治療的效果以及有關假釋規定的順從，以防止他們再犯。當然除了積極的監控外，另一方面也期待能與性犯罪假釋人維持「定期」的溝通，希望能夠透過有限之「定期」與「定點（三角）」的溝通，掌握他們是否仍然有隱藏不現的不良「性」行為模式。

另外，佛蒙特州（*Vermont*）性侵害犯罪加害人處遇方案之行政主任 Georgia Cumming 及臨床主任 Robert McGrath（*2000*）則提出一個更細緻的名稱叫「性侵

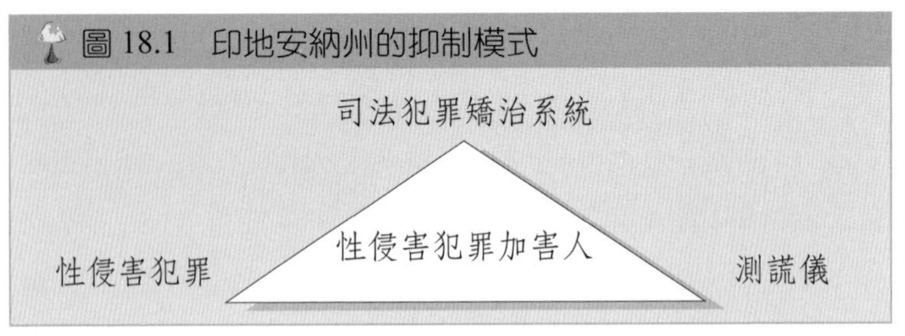

圖 18.1　印地安納州的抑制模式

害犯罪加害人之社區監督鑽石圖」（*supervision diamond*），來說明這個整合型之性侵害犯罪加害人處遇的「抑制模式」（參圖 18.2），認為性侵害犯罪加害人之社區監督應有如菱形鑽石之四個角且缺一不可，此四個元素為觀護人之社區監督、社區之輔導治療師、案主之支持網路（如：好友或輔導中之其他成員）及定期之測謊。在這個抑制模式當中，比較特別的是佛蒙特州的司法部門將定期測謊的操作納入社區處遇的團隊當中，它的目的主要在協助社區處遇的成員，釐清加害人刻意隱藏的事實，如：加害人的犯罪模式、過去的性歷史、對於身心治療與觀護約定的遵守，當然更期待加害人能夠因此對自己的過去與現況做更完整、清楚的揭露，尤其也可以用來瞭解性侵害犯罪加害人如何控制自己不適當的想法與幻想，因此，在角色上，本質上測謊可以是一種輔助治療與監控進行的工具（*Scott, 1997*）。

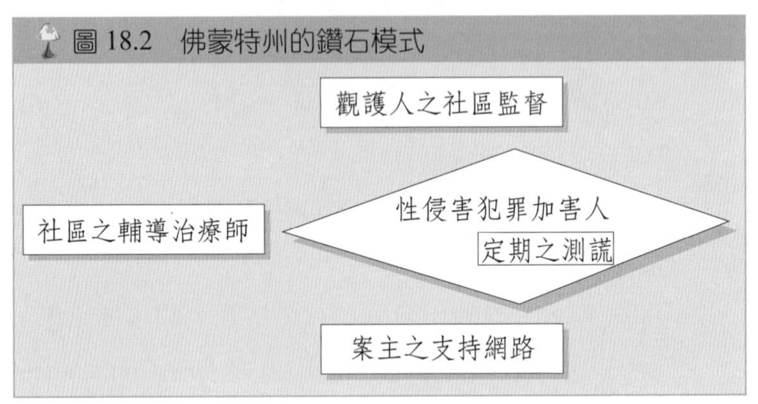

圖 18.2　佛蒙特州的鑽石模式

㈡英國性侵害犯罪加害人的社區處遇

在 1997 年通過 The Sex Offender Act 之後（類似梅根法案的登記制度），英國才開始逐步的推動社區處遇方式的標準化與統一化，在此之前都是由各地方政府採用各式由自己設計的社區處遇。1997 年後，在英國發展出以社區為基礎（*community-based*）的性侵害犯罪加害人社區處遇計畫主要有三種，分別是：

1. Community Sex Offenders Groupwork Programme（原名稱為 *West Midlands Programme*）
2. Thames Valley Sex Offenders Groupwork Programme
3. Northumbria Sex Offenders Programme

這三種社區處遇計畫進行的中央主管單位是英國政府之Home Office（類似我國的內政部）所屬的The National Probation Service（觀護局）部門。在各地區則由地方的專業（受過性犯罪相關訓練）的刑事司法人員（多數為觀護人）、警察負責執行，前者的地方主管單位是 Housing Services，後者則是警察機關。

最初這三種社區處遇方式都只是由單一地方（類似縣市的行政區域，分別在 *West Midlands*、*Thames Valley*、*Northumbria* 等三個地方）的操作，在實施成效比較完整與修正改善後，才逐漸推廣至較大的行政區域，尤其在1997年通過The Sex Offender Act 之後。目前在英國每一個假釋或緩刑的行政區域，都會指定採用三者之中的一種處遇方式來處理在社區中生活的性侵害犯罪加害人，至於各地方對於決定採用何種社區處遇方式，並無一定的選擇標準，大致上依照區域不同而採用自己的方式進行，而且細節部份的操作或人力資源的協調也依不同地區而有所不同，譬如：在愛丁堡（*Edinburgh*）的整合模式中，雖然醫療單位與社會單位之間的合作頗受肯定，但是在網羅心理治療人員的參與上，人數就出現不足的情形（*Scottish Executive, 2003*），這和臺灣的現況頗為近似，心理治療人員皆不容易參與性加害人的治療。

在操作上，基本上這三種社區處遇方式都採取共同的理論架構（參圖 18.3），以多向單位參與（*multi-agency involvement*）為操作原則，在各地方政府成立所謂的「多單位公共安全保護小組」（*Multi-Agency Public Protection Panel*），這個類似臺灣各地方「家暴既性侵害犯罪防治中心」的小組，主要以警察首長為首（主席），而以假釋或緩刑的單位為核心操作者，如：觀護人或假釋官員，但在操作的機制上仍然強調合作取向（*collaborative approach*）的伙伴關係（*partnerships*），其中參與管理性侵害犯罪加害人的合作伙伴單位也大致與臺灣相同，譬如：醫療單位（精神醫師或臨床心理治療師）、地方的警察單位、社會工作服務單位、住宿安排（*Housing Service*）等。至於在美國社區處遇抑制模式中，特別被強調的社區網絡在此並未被特別的強調，而關於測謊單位對性侵害犯罪加害人的操作，則並沒有在英國的社區處遇執行中出現。

由於三個社區處遇計畫相當類似，接下來就依三個計畫綜合性的資料分別就計畫的目標、對象、期間、操作的內容以及相關的規定進行簡要的說明。

圖 18.3　英國的社區處遇架構

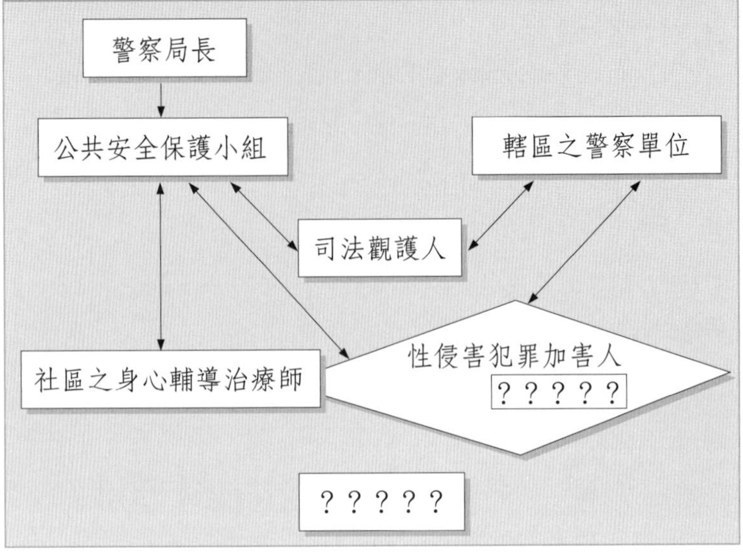

首先是社區處遇的目標。以社區為基礎的性侵害犯罪加害人處遇業務，主要在針對可能危險因子執行法定的監督工作，整體計畫的最終目標當然是以減低再犯危險為主，而除了外在的監督之外，目前在英國社區處遇採用的方式，也是仿傚美國與加拿大的作法，多以認知行為取向的設計為「管理（*management*）」內容基本的主軸。

治療的型式則包括團體治療、個別治療以及再犯預防訓練，而治療的型式與維持期間的長短，則依指定的再犯評估量表檢驗加害人的危險程度決定，通常若是評估屬於高危險、高偏差的程度，則團體治療與個別治療都要進行，外加再犯預防的訓練。相對的，若屬低危險、低偏差的程度，則僅進行個別治療與再犯預防即可，以 Community Sex Offenders Groupwork Programme 為例，這個治療計畫包括：Induction module、Long term therapy group、Relapse prevention programme 等三種處理。

Induction module 顧名思義是屬於個人的治療方式，它的內容包括：維持期 10 次的治療，每次 2.5 小時，每周進行一次。而由此設定的細部操作目標如下：

1. 提高加害人覺察（*awareness*）自己在態度與犯行對受害人與受害者親人的影響。
2. 面質加害人的否認情況，鼓勵他們主動地對自己的性侵害犯罪與性行為負全部的責任。
3. 仔細分析加害人的犯罪行為，以提供正確之危險評估。
4. 教導加害人打斷犯罪行為的方法，並加強學習新生活、不受困難的能力。

5. 指認並檢驗自己與團體成員對女性、小孩、男性與性別的知覺與態度，因為這些都與犯罪行為的發生有關。

治療四個基本內容：

1. 基本要求——全勤出席，連續兩週，每天 9Am～5Pm。
2. 對受害者的同理，每周兩次，共四周。
3. 生活技巧（*Life skills*），每周兩次，共十周。
4. 再犯預防，每周一次，共二十四周。

此外，無論是採用哪一個計畫，國家層級的觀護處理（*National Probation Service*）與所屬地方的社區處遇主管單位，對於整體社區治療的政策執行採取相當嚴格的規定。每一位個案的督導（主要是觀護人）須要負責監督執行命令的遵守，而且執行的決定也要以國家的標準（*National Standards*）來配合，譬如：社區處遇中治療核心課程（*core curriculum*）有否遵照規定之標準化的設計與操作。

當加害人若是發生沒有配合個別治療、或團體治療計畫的執行時（譬如：缺席），團體的負責人（主要是團體的心理治療師）要判斷個案所給的理由是否合理，同時也要通知個案的督導員（觀護人），督導員則依職權決定懲處。而超過兩次以上無故缺席者，個案將被考慮驅逐出團體計畫以及相關的操作，以及再回到法院進行審理，而這樣的處理是臺灣目前沒有的操作。

㈢加拿大性侵害犯罪加害人的社區處遇

加拿大刑事司法部門對於性侵害犯罪加害人目前採取的社區處遇雖然在「名稱」的使用上，不像美國所採用「抑制取向」處遇方式的名稱或說詞，但基本的架構與操作理念卻是類似的，以法務機關的刑事司法人員為主體，採團隊合作方式進行。基本的成員至少包含有刑事司法機關，如：觀護單位與檢察官的保護管束，以及身心治療計劃的提供，如：精神醫師與臨床心理治療師，必要時當然也有警察單位的介入。

另外，雖然對犯罪人的社區督導（*community supervision*）主要由地檢署觀護機構的官員（*probation and parole officers*）來提供，不過也有類似「榮譽觀護人」的義工幫忙輔導。每一個觀護人有一定的個案量，就性侵害犯罪個案的觀護而言，原則上也有特定專職的觀護人負責，不過也有些地區，將性侵害犯罪加害人當成是一般的犯罪個案處理。

社區督導的執行會發生在三種不同的情況下操作。首先是緩刑命令（*probation order*）的執行，當性侵害犯罪加害人被法院判決稱為「地方監禁」時（*provincial sentence*）（大約都在兩年或兩年以下），會在監獄服一小段的刑期，時間的長短則由法院來決定。爾後經法院執行緩刑命令，才可以回到社區生活，但在社區的生活必須遵守某些約束，而且必須要受到緩刑觀護人的督導。當然在緩刑期間，加害人如果被觀護人認定為「嚴重地」違反緩刑期間應該遵守的規定時，或甚至於認定有再犯的危險之虞，加害人可能因此被法院判決需要再回到監所監禁。這種「地方監禁」的情況往往適用在一般案件與性侵害犯罪加害人的身上。

第二種情況就是假釋的案例。如同一般的情況，一旦加害人服滿一定的刑期，如：一般罪犯只要達刑期的三分之一就可申請，甚至有些達六分之一即可，而性侵害犯罪加害人的申請假釋標準至少一定要達三分之一刑期，符合假釋的規定就可申請假釋。就性侵害犯罪加害人而言，達三分之一刑期就可申請假釋，但是如果被駁回就一定要達刑期滿三分之二以上才能離開監所，回到社區當中（這是法律規定，除非有重要的理由才能繼續監禁），則必須接受社區「強制督導（*mandatory supervision*）」計畫；換句話說，他們可以在社區的生活中，接受觀護人的監督，完成他們剩下的三分之一刑期。同樣地，如果在假釋期間，加害人被觀護人認定，「嚴重」違反假釋該遵守的規定，或甚至於認定有再犯的危險，加害人可能因此被法院判決需要進到監所監禁，完成他應該有的剩下刑期。在社區督導期間，觀護人當然是主要負責這些罪犯的輔導與支持，但是這些罪犯如果被認為有「危險」、有「再犯」之虞，也被要求要參與一些「矯治」或「治療」的課程，參與的程度與期間則是依照加害人「危險」、「再犯」評估的程度做為考慮的標準。

第三種狀況的情形，也是在有條件的情形下服刑（*conditional sentence*）。雖然說是「sentence」，但有條件的服刑是完全不用到監獄監禁，不過加害人必須要在社區中完成刑期，當然也是在特定的條件下活動。相同的如果在假釋期間，加害人被觀護人認定，「嚴重」違反假釋該遵守的規定，或甚至於認定有再犯的危險，加害人可能因此被法院判決需要進到監所監禁。

而為改善社區處遇的效能，以上述的社區督導處理為基礎，目前加拿大司法部正在嘗試操作一個實驗性的社區處遇研究方案，稱之為「動態監督計畫（*dynamic supervision project*）」，主要由Andrew Harris與Karl Hanson兩位專家來主持，他們認為社區監督預防再犯主要操作的重點，其實還是在能夠精確地掌握高危險、再犯加害人的情況，包括所有的靜態、動態因素，尤其是對於與再犯有關之動態因素的掌控。這個計畫自三年前開始操作，是一個連續的、前瞻性的（*perspective*）計畫，除了基本的觀護與治療活動之外，另外以定期六個月對性侵害犯罪加害人進行穩定動態因子（*stable dynamic factor*）的評估，比較特別是他們也定期每一個月一

次對加害人進行急性動態因子（*acute dynamic factor*）的評估，每一次都依靜態、穩定動態因子、急性動態因子來掌控加害人再犯的程度，以做為社區督促操作的參考。目前這個計畫仍然在進行當中，將持續到 2003 年底為止，它的基本操作精神明顯地是以監控加害人「生活動態」為主軸，理念上很接近抑制模式的操作，以網絡的方式加強密急監督，尤其是有效的「動靜態」因子，因為他們認為這是觸發加害人犯行發生極關鍵的前置因素，如果可以提前確認出現，然後即時的處理包括：治療的介入與社區監督的操作，對犯行的發生會有重要的抑制效果。至於社區團隊成員的組成則與現行一般的社區處遇架構相近。

參、性侵害犯罪社區處遇之操作歷程與分工

社區處遇的核心目標在由傳統刑事司法系統中，以重視監獄內之教化（矯治）處遇以改變犯罪人的操作，延伸至犯罪人回歸社區的生活當中，除了原有的觀護制度運作之外，也加入身心治療與團隊網絡的監控，尤其是針對性侵害犯罪加害人的治療與監控。那麼為什麼要特別對性侵害犯罪加害人強調社區處遇的個案管理呢？

一、性侵害犯罪加害人的特質：

過去的研究調查，一再的顯示性侵害犯罪加害人是一個特異的犯罪族群，相當精明幹練（*sophisticated*），而且善於索求（*demanding*）的團體，他們的特質包括：操弄的（*manipulative*）、神秘的（*secretive*）、曲折的、拐彎抹角（*devious*）、欺騙的（*deceptive*）等等；換句話說，性侵害犯罪加害人善於欺騙，對於自己的真實情況，大多採取否認、不揭露的態度（譬如：性歷史、住所、工作情況），特別是對被其所侵害之被害人的犯罪行為。多數的研究者與實務工作者亦以為，正因為他們這種「陰險、欺騙的行為特質」與「刻意神秘地隱藏的個人特質」，因此，對性侵害犯罪加害人須要採用不同於其他罪犯類型的管理方式，而且需要投注更多的工作時間做更緊密的監控與管理。

不過，幸運的是，研究者同時指出，性侵害犯罪加害人並非毫無破綻可尋，儘管他們有著神秘、隱藏的本性，性侵害犯罪加害人卻會一再顯示再犯的傾向（*Marshall et al., 1990*），而且所有再犯的發生皆有前兆可以看出其犯行的來臨，譬

如：看似不重要的決定（*seemingly unimportant decision*）（例如：看似漫無目的遊蕩，當性衝動一來，接著看A片，然後開始尋找對象）。其原因在於偏差性行為雖然乍看之下是一種衝動的行為（*impulsive behavior*），但是整個行為的發生是一個有步驟與階段性的計畫，每一個步驟對個人身心滿足都帶來相當程度的意義，而加害人並未能有效地察覺到（譬如：強大的張力得以舒解），那是一種極具象徵性的意義，因為「那是他們發自內心真正喜歡做的事。」，而最危險的是這樣的決定會引導下一步驟（行為）的發生。

因此，臨床治療或研究者皆認為這樣的滿足個人身心，通常是仔細計畫並「思考過的行動」。正因為他們是經過相當「思考的行動」，所以在發生時，表面上看來會以為只是一種臨時「衝動」的行為，殊不知他們已經在「腦中」反覆地想（幻想）過（*ruminating*）、練習過（*practicing*）很多、很多次，譬如：性侵害犯罪的對象、場景以及性侵害犯罪的行為方式，這像似一個自動化的歷程（*automatic processing*），一觸即發，甚至會一次又一次地精緻化整個性侵害犯罪的行動過程，因為這個過程會帶給他們一次又一次的滿足，這像是一個極具強化（*reinforcement*）效能的條件化制約過程。

二、以團隊的社區管理代替個人的治療或矯治：

所以，在此要特別特別強調的是：「加害人性犯罪的幻想或計畫會因為任何監控操作的介入而被打斷」，譬如：觀護人告知：「你剛剛說最近曾經到兒童遊樂場閒逛，是不是有特別的原因，因為上次犯案之前也有類似的閒逛情形發生。」因此只要有外力的干涉，加害人的「犯罪歷程」就會中斷，這時只要「任何相關人士」適當的介入就可以阻斷可能的犯罪循環發生，而傳統的方式在強調治對加害人的治療發揮效果，當期待當事人可以自己「已治療」或透過「正在治療」的幫忙，自己阻斷這樣的犯罪循環，但是截至今天實徵研究或臨床的報告都指出，無論監獄治療或社區正進行之治療的效果並非如此的樂觀，社區處遇就是集團隊之力來協助「管理」加害人，共同地「監督自己」，一但加害人一出現「引爆」的「危險因子」或前置因子，就提供觀護人、治療人員一個「操作（*intervene*）」的機會，甚至也可以啟動加害人的其他監督網絡成員的協助，如：警察或加害人的家人、朋友，甚至如果當事人在晤談時出現「否認（*denial*）」、「抗拒（*resistance*）」的情況，也可尋求警察人員的幫忙，加強在可能的犯罪「情境」中的監控。

相對而言，監督團隊成員的任何被動或主動的妥協，都將會強化他的性幻想或計畫。也就是說，「如果監控的動作、操作稍有閃失，對加害人性犯罪的幻想或計畫就是一種強化的作用。」譬如：加害人隨便說個謊（你剛剛說要準時來報到，怎麼遲到快一個小時呢？啊！「塞車嘛！今天交通不太好」），如果你（治療者、觀護人、警察）沒有做任何的回應，就放過當事人隨便的「塘塞」、「瞎扯」，對加害人而言，就是一種「有機可乘」的強化操作，對加害人而言這是一種極細微的「欺騙」強化，更增強加害人「犯案歷程」的自動化操作。

正因為性侵害犯罪加害人呈現出這樣的特性，所以在每一次「性侵害犯罪加害行為」發生之前，絕對是有跡可尋，因此只要能對性侵害犯罪加害人管理（包括：內在與外在的監控、督導、治療）得當，就能有效地確認危險的犯罪行為前兆，而且嘗試採取相對應的技巧以避免「性犯罪行為」的發生。而本研究所建議的這一個模式，主要的目標就以更密集而有系統、有組織的方式，改善（增進）對於性侵害犯罪加害人個案的管理（*case management of sex offender*）。

肆、性侵害犯罪加害人社區處遇的理念與原則：團隊處理模式

依照原始的本意，性侵害犯罪加害人在假釋或緩刑後，社區處遇模式的管理方式強調以整體典範（*holistic paradigm*）為主軸，採用整合的取向來處理性侵害犯罪加害人，不同單位或單位成員間的處理方式，不僅僅是集合在一起而已，而是整合成一個有系統、有組織團隊的執行計畫，它可以概念化為以下五個部份：

一、模式操作的本質：

由於社區處遇本質上以維繫社區安全與保護被害人為操作的主要方向，因此所有的業務執行基本上主要考量以下三點：

㈠維護公共安全，譬如：維護社區的安全（*community safety*），保護社區的居民免於受到傷害。

㈡預防犯罪被害，譬如：教育居民如何避免被害、加強監控加害人、注意加害人再犯的可能程度。

㈢保護（補償）被害人，譬如：如何幫助被害人（例如：避免 *trauma* 的惡化）。

二、如何強化對於性侵害犯罪加害人管理的策略

社區處遇的運作方式在打破各自努力的模式、強調團隊的合作與交流，同時以管理的操作代替治療或矯正的目標，目的在發展出共同的方式（包括：政策、流程、與基本操作條文）來管理性侵害犯罪加害人，讓成員雖運用（加進）各自專業的方法，但彼此仍能一致、合作地來監督性侵害犯罪加害人。它的優點在於改善（增進）各單位間的溝通、可以以最快與不傷害的方式幫助被害人、增進各單位專業與想法的交流（甚至操作）、加速（催化）對特定個案的訊息分享、增進團隊成員彼此間的了解、與成員份內需要做（配合）的工作，當然最終是要增進團隊的整合與共識，以對性侵害犯罪加害人做最全面的管理。同時可以避免重複工作與創造最大的資源、增加動機與效率、提供彼此的支持避免過度操勞造成「疲乏（*burnout*）」。為達成此目的，需要以下三點的努力：

㈠單位與單位間的協調（interagency coordination）：

單位間的政策與作業流程委員會的協調（*interagency policy and protocol committees*），譬如：各縣市之防治中心與評估委員會議間對於社區處遇的決策與操作協調。

1. 執法單位與兒童保護機構（*law enforcement/child protection partnership*）。
2. 兒童受虐團隊（*child abuse teams*）。
3. 支持兒童團體（*child advocacy center*）。
4. 個案管理的監督團隊（*case management supervision teams*），包括：觀護／假釋官員、身心治療人員與測謊員。
5. 觀護／假釋官員與監控團隊成員（*probation and surveillance officer teams*）。
6. 特定觀護／假釋官員單位內的協調。

㈡多向管束的團隊與伙伴關係（multidisciplinary grouping、partnership）：

團隊單位或團隊成員間，共同聚集達成資料統合、各方觀點交流，以改善（增進）性侵害犯罪加害人的管理，譬如：心理治療焦點放在加害人的內在控制的學習，而觀護人則多注意加害人環境中危險因子的接觸。

㈢各方專業的分工（job specialization）：

組織層面的專業分工與一線人員的專業分工。提升專業與增加交流，同時可

改善（增進）各個階段處理的一致性，包括：案件調查、起訴、監禁、評估、監控與治療。有效的分工需要各負責單位、人員專業能力的配合，他們皆必須要有基本的專業培訓。專業訓練的主題應該包括（參考用、可能範圍更廣）：

1. 性侵害犯罪加害人的特質（*characteristic of sex offender*）。
2. 犯罪的動態變項（*Dynamics of offending*），譬如：加害人所採用之祕密模式（*patterns of secrets*）、操弄與危險行為（*manipulation and dangerous behavior*）與再犯的驅動因子（*precursors to sexual reoffending*）。
3. 性侵害犯罪加害人的否認（*offender denial*）。
4. 最新性侵害犯罪加害人管理與治療（*management and treatment*）。
5. 性侵害犯罪加害人的監控與抑制方法（*monitoring and containment*）。
6. 個人的安全（*personal safety*）。
7. 與性侵害犯罪加害人案件相關的政策與處理流程（*policies and procedure*）。
8. 如何處理、管理「職業疲乏（*professional burnout*）」。

三、以抑制模式為取向的社區處遇管理模式

社區處遇操作的前提首先主張無論團隊成員，或加害人本身都能有一個共同的認知，那就是「性犯罪具有的不當想法與情緒是經常、穩定地出現，他們必須要很清楚地知道這些不當想法與情緒，像是他們可能再犯的（違法）行為一樣，都必須要時時刻刻地被注意與控制，這是他們的責任。」而抑制取向的社區處遇管理理念就是要求團隊中的各個成員（主要包括：提供培養內控能力的成員、提供做為外在控制的成員、說謊程度的檢驗），都能夠對加害人採取緊密地監視（*surveillance*）、監督（*monitoring*）與治療（*treatment*），甚至幫忙加害人提醒控制自己，做為加害人的警訊線索，這樣的作法像是將「團隊成員」做為加害人「自己的一部份」，唯有如此的多管齊下才可能有效地「抑制」加害人再犯的發生，同時可以繼續地維護加害人在監獄當中「所學習」的教化、或身心治療的成果，當然有更進一步的期待是，能夠以目前的操作為基礎，幫助性侵害犯罪加害人繼續「改善」自己的偏差情況，將外在的監控逐漸地內化為自我內在的控制。

四、發展出對應的策略以創造、支持團隊整體的操作

團隊監督模式進階目的，主要在發展（制定）新的公共策略以做為管理性侵

害犯罪加害人的方針，而這些團隊監控歷程的操作需要以清楚、公開與一致的共識為基礎。也就是將操作團隊抑制模式過程當中，對於管理性侵害犯罪加害人所得到的成效、想法、困難等等，反應到相關的單位進行政策性的修正參考，譬如：修訂性侵害犯罪防治法的內容，以符合實際操作的需要。同時須要將政策、處理流程能夠具體的條文化，具備有可操作的性質，甚至要求能夠寫出統一的管理與處理指導要領。譬如：如何處罰拒絕說明（不接受治療）原由、拒絕社區監督、如何使用測謊資料等等。此外，團隊成員要參與的操作（行為）也要得到具體、明確的界定；換言之，成員書面的共識（*written agreement*）、策略（*policies*）、處理流程（*procedures*）、基本操作條約或書（*protocols*）都要能夠說明（條列）清楚。以如此的方式操作，再加上各單位間的合作是團隊監控模式能否成功的根本。

五、團隊監控模式品質的控管

最後，社區處遇的團體要能夠有系統地監控團隊抑制模式的進行與評估。透過團隊成員在操作的服務與管理的過程當中，所得到的訊息與遭遇的問題，可以提供團隊操作重要、持續的回饋，以做為處遇計畫改善團體管理的參考。除此之外，透過對進行中之抑制模式的評鑑、督導，也可以知道社區團隊成員執行的過程，是否有依原管理計畫進行，如果有錯誤之處應該建議可行的改善方式。至於正式的評估，則須要使用以評量工作成效為基礎的測量工具或評鑑量表，譬如：心理治療成效基本的指標與加害人情緒管理的程度，當然這些評估所有必須包含的內容要由成員本身去界定。

伍、社區處遇模式在臺灣的操作

綜觀目前在美國、英國、加拿大社區處遇（監督）模式的操作來看，理想的社區治療監督團隊至少須要包含有下列幾個單位共同參與：

- 警察單位
- 保護單位
- 檢察官
- 法院
- 緩刑與假釋單位
- 身心（輔導）治療者
- 測謊單位
- 監獄

而比較臺灣目前實際的社區處遇架構，除了測謊單位尚未被囊括在運作之外，大致上操作所需要的成員都已經存在，包括：觀護人（地檢署）、治療師

（醫療單位）、警察（所屬分局之家暴官），但是實際上的操作則仍沿襲原有的運作方式，以「觀護人」的監督為主軸，就目前的操作來看，在加入性侵害犯罪「強制治療」後，雖然有「身心、諮商治療師」的介入，但相較起來「觀護人」因為職權上的關係，是目前最為積極主動的團隊成員，原因可能在於他們擁有的「法律」職權對加害人未來命運有關鍵性的影響。而警察單位在社區處遇運作中，雖有偵察權，但是目前的操作業務多屬「記錄式」的參訪，瞭解狀況，多未做到積極「監督」當事人的程序，譬如：一旦當事人無顧失蹤，或避不見面，也多未做「有效的處理」。相對於抑制模式其他的單位一樣，負責「身心、諮商治療」的單位，也仍舊處在「被動」、「遲緩」的地位，除了沒有「法律」職權外，多數的原因在於治療者本身接受「委託治療」的意願，加上治療者對「性侵害犯罪加害人」的認知不足，多數的治療者仍以一般的「精神病人」的模式，來看待「性侵害犯罪加害人」的行為表現，在治療上沒有把「性侵害犯罪加害人」的「特性」考量進來。

至於為什麼動機不高？沒有「意願」呢？首先，治療人員多數將「性侵害犯罪加害人」的治療視為額外的工作，因此治本的「意願」並不高；再則，如果是額外的工作又沒有「額外的資給」，那麼就更沒有「意願」了。有些精神醫療單位乾脆就把「性侵害犯罪加害人」的報到，排在「門診」時間，由於門診時間限制較大，那麼「身心」治療操作就更難掌握了，而且為了分擔「負擔」，心理師、社工師、精神科醫師（甚至也有護理人員）共同合作「評估」，創作一份有時連「報告人」也不甚清楚的「基本資料」，因此在進行「身心治療」或「輔導教育」評估會議時，經常出現「不清楚」的狀況。

除此之外，缺乏統整協調的單位（*coordinator*）與統整協助（*coordination*）也是重要的原因之一，使得每個人手上的工作、資料沒有得到充分的分享與利用，失去了監控的「連續性（*continuity*）」、「時效性（*timing*）」。再次特別強調，因為性犯罪的「犯行」雖然可能看起來像是一時的衝動，但是卻是一個在心智上成熟的（*well planned*）、可控制的（*well controlled*）反應，因此：「加害人性犯罪的幻想或計畫，會因為任何監控的介入而被打斷，任何被動或主動的妥協都會強化他的性幻想或計畫。」

因此，為了能夠透過抑制模式中團隊的「協調、合作、專業分工」，以便能夠有效「適時的介入」性侵害犯罪加害預防的必要操作，進而達到對性侵害犯罪加害人進行理想的「監控與治療」管理，就臺灣目前的現況，建議可進行下列的分工（不限只有下列工作，可視情況再擴充）：

㈠整合與協調單位（可能是各縣市的「家庭暴力暨性侵害犯罪防治中心」）

1. 統合能力的補強，做為整合抑制模式團隊各個單位間協調與聯絡的中心。
2. 加強與各單位專業上的溝通（譬如：在治療或觀護報到，某一次的 *denial* 情況特別明顯，可以主動告知協調單位、觀護人、測謊員）。
3. 加強與各個單位間一般行政處理的溝通（譬如：當加害人治療無故缺席時，可視之為否認（*denial*）的表現，如何立即主動聯絡當事人，告知警察請警察處理，而且這樣的情況不能等到評估小組的評估決議之後再書面轉交觀護人，時間太冗長了，則處罰的制約效果早就失去先機）。
4. 整合專業與一般行政處理問題（譬如：加害人無故缺席時，通知警察的介入）。
5. 協調專業與一般行政處理問題的解決方式（譬如：教育警察方法、技巧、以及應該如何的介入）。
6. 定期召開性侵害犯罪加害人個案管理討論會（至少一個月一次）。
7. 若有必要甚至可以半個月召開一次，或有特殊緊急情況則馬上召開臨時個案討論會。
8. 提供有「性侵害犯罪加害人」專業的再教育課程，（譬如：觀護人、治療師、警察，熟悉性加害人特質，那些是危險因子、再犯的時機）。

㈡觀護人

觀護人雖然是「司法執行的監督者」的角色，但也具備諮商、偵查、教育、職業規劃等功能。但是在抑制模式操作當中，很重要的是他要扮演催化「抑制模式團隊」與「性侵害犯罪加害人」改變的角色。從觀護人對不同罪犯觀護的經驗，提供對性侵害犯罪加害人特殊的監督方式與處理。

1. 溝通部份

⑴參與定期召開的性侵害犯罪加害人個案管理討論會，提供相關的資訊（譬如：身心狀況、家庭、人際、工作與物理環境的遷移）。

⑵針對特定的問題或狀況（如：被解雇、離婚），隨時主動地與相關的特定團隊負責單位（譬如：治療師與測謊員）了解與分享，並提出專業上的解決方向或方法。

2. 處理部份

⑴擬定對性侵害犯罪加害人的監督與監控的「觀護計畫」，譬如：確定加害

人的性偏差、內容與範圍，尋找、詢問解決加害人問題的相關資源，擬訂輔導計畫等等。

⑵增加對性侵害犯罪加害人的監督與監控，譬如：次數、內容與範圍，但是以不與其他團隊進行重複的工作為原則。

⑶保持對性加害人的敏感度，特別是與性偏差有關的訊息（譬如：最近家中有無充氣娃娃、小孩的錄影帶、收集*playboy*、女性內衣等等）。

⑷任何監督與監控操作以「整體思考」為原則，必要時知會、甚至進一步地與團隊中的成員進行討論。

⑸告知「保密（*confidentiality*）」在團隊監控的開放程度（譬如：若接近危險因子，將會告知警察單位），特別是在專業判斷有關再犯的所有訊息，將在完全沒有「confidentiality」的條件與團隊監控中的所有成員分享。

⑹告知當專業判斷「不誠實、隱瞞」時，特別是與再犯有關之議題，將進行測謊檢驗、陰莖體積變化測試等。

⑺盡可能與團隊的所有監控、治療同步進行各種操作。

⑻教育罪犯家人注意可能的危險因子。

㈢治療師

治療師主要工作在使得加害人學習如何由「內在」控制偏差的衝動與行為，一般認為理應不包括在「司法處理」當中，但是在抑制模式的操作當中，為了更有效地掌握加害人，增加有效治療的機會，治療師要學習如何與「抑制模式團隊」中其他成員的溝通與協調。

1. 溝通部份

⑴主動、並增進與「抑制模式團隊」中其他成員的溝通、協調與合作，告知自己目前的需求與困難，甚至是需要被協助的問題。

⑵提供治療過程中專業的訊息分享、給予其他的成員（觀護人、測謊員），特別是可能與再犯危險（公共安全）有關的訊息。甚至提供專業上可能的解決方法。

⑶所有違反「治療約定」的訊息，都須要立即地回報團隊中的相關單位，以確認真正的缺席原因。

2. 治療部份

⑴治療要以偏差性態度與性行為的確認、改變、管理為基本的方向，然後在生活中確實練習（譬如：如何控制、管理自己不要接近促發性幻想、衝動危

險因子）。

⑵性侵害犯罪加害人的衡鑑工具、治療方法統一，特別是儘量採用結構性強、與性侵害犯罪加害人相關具良好信、效度的工具、方法。

⑶任何治療操作的計畫應以團隊「整合」各方訊息做為基本原則的考慮，避免單方面思考與操作，造成成員之間彼此操作互斥的情況。

㈣測謊員

社區處遇團隊可以將測謊的檢驗視為團隊「治療（*treatment*）」計畫的一部份，不過測謊的本質是站在輔助的角色，幫忙釐清事實，而這樣的功能在協助心理治療師與觀護人管理與監控工作的進行，譬如：必要時可借助測謊來幫助瞭解性侵害犯罪加害人過去的犯罪史以及對相關約定的遵守與否，它的功能如下：

⑴首要提升性侵害犯罪加害人自我揭露的意願與程度，特別是與性偏差、甚至犯罪（過去與現在）有關的訊息。

⑵其次則是檢驗加害人對於「治療」與「觀護」條件的順從（*compliance*）程度。

⑶另外也可以做為確認性侵害犯罪加害人自己，在觀護（人）與治療（師）期間所提供的訊息。這些資料都可以做為監視、監控、治療提升的重要參考。

1. 溝通部份

⑴主動、並增進與「抑制模式團隊」中其他成員的溝通與協調。

⑵委請團隊成員提供欲知訊息或相關之資料，以做為測謊時晤談的考量與測謊編題內容的參考。

⑶提供測謊過程中獲得的專業訊息分享、給予其他的成員，包括觀護人、治療師，特別是可能與再犯（公共安全）有關的訊息。甚至提供專業上可能的解決方法。

⑷將測謊過程中獲得的專業訊息，與其他成員分享、討論做為監視、監控、治療性侵害犯罪加害人管理計畫改善的重要參考。

2. 處理部份

⑴告知「被測謊」的加害人，解釋測謊的相關方法、結果如何使用、測謊結果將如何與團隊成員分享。

⑵告知「團隊成員」，解釋測謊的相關方法、結果如何使用、及測謊結果與團隊成員分享。

⑶與團隊成員討論「未通過」測謊的事後處理。

⑷參與定期的加害人個案討論會。

㈤警察單位

1. 溝通部份

⑴增進與「抑制模式團隊」中其他成員的溝通與協調。

⑵提供訪察獲得的訊息分享、給予其他的成員（觀護人、治療師），特別是可能與再犯（公共安全）有關的訊息。甚至提供專業上可能的解決方法（譬如：對加害人進行犯罪偵察）。

⑶與轄區的相關人士或地點保持良好的溝通管道。

2. 處理部份

⑴針對「抑制模式團隊」中其他成員的需求，必要時進行察訪。

⑵對轄區內加害人的動向保持「活動性」的資訊。

⑶與加害人的社會網絡保持溝通，以掌握加害人的動向。

⑷參與定期的加害人個案討論會。

㈥社區網絡

1. 溝通部份

⑴與「性侵害犯罪防治中心」保持溝通的管道。

⑵與「抑制模式團隊」中其他成員保持溝通的管道。

⑶學習熟悉當事人犯案的危險因子、或犯罪模式。

⑷提供「抑制模式團隊」自己獲得之當事人相關的訊息。

2. 處理部份

⑴保持對當事人的生活整體層面的關懷。

⑵提醒加害人對於危險因子、或犯罪情況的避免。

⑶提醒加害人對於治療、觀護的約定與條件的遵守。

⑷特別是關注當事人的生活中，與性偏差（危險因子）、甚至犯罪有關的訊息。

基於上述的分工與參考我國目前的假釋後性侵害犯罪加害人處理的流程，本研究則規劃出下列的作業流程（參考下一頁圖 18.4）以做為操作社區處遇抑制模式的參考，當然因為篇幅的關係，每一個步驟當中所要處理的項目相當之多，所以無法一一的全數列入，因此操作者則應該在參考處理的流程外，也能以前述列出的內容一併加入操作的考量，千萬要注意提醒自己，這絕對不是一個機械式的

圖 18.4　抑制模式個案處理流程

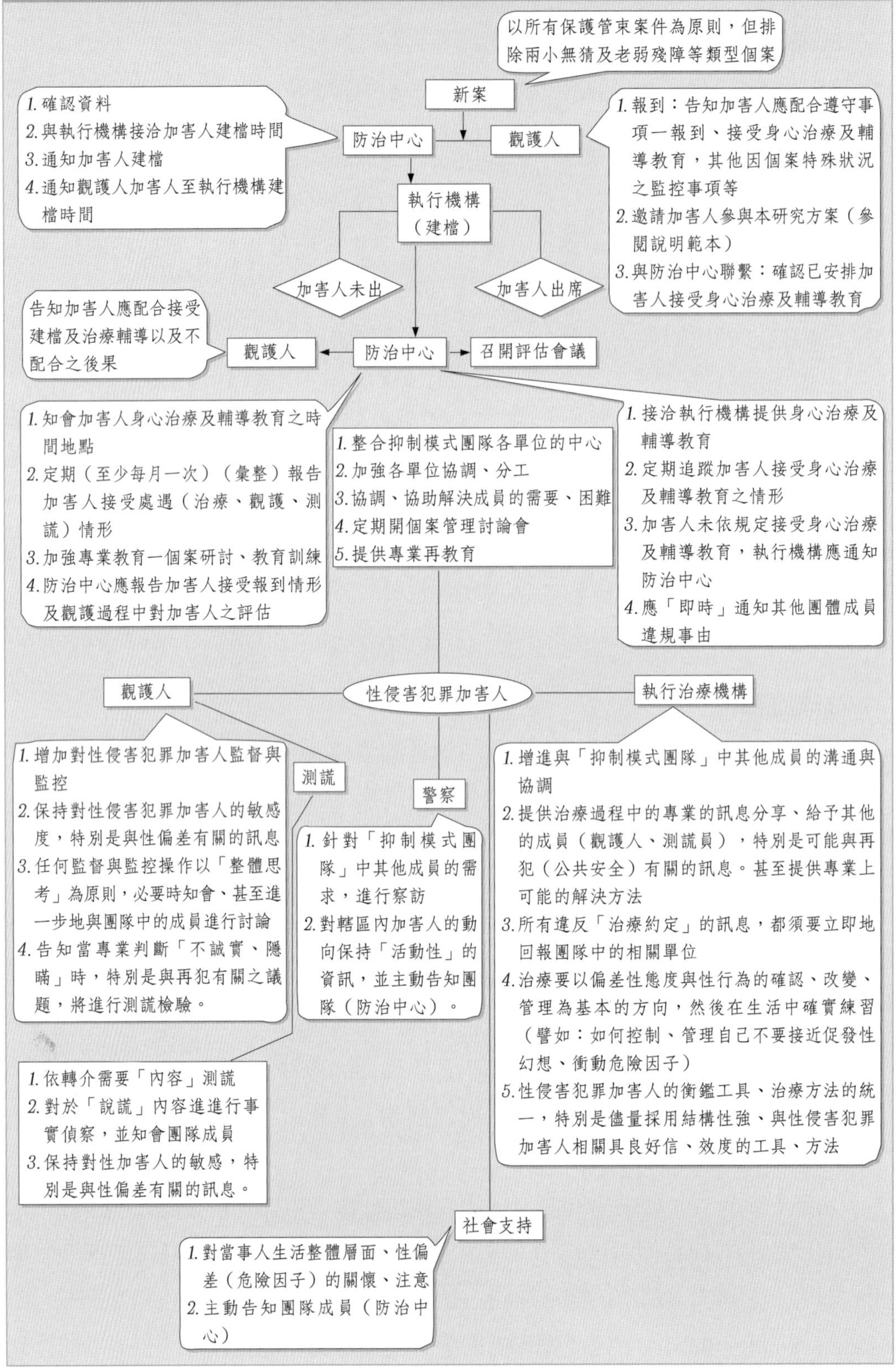

以所有保護管束案件為原則，但排除兩小無猜及老弱殘障等類型個案

新案

防治中心

1. 確認資料
2. 與執行機構接洽加害人建檔時間
3. 通知加害人建檔
4. 通知觀護人加害人至執行機構建檔時間

觀護人

1. 報到：告知加害人應配合遵守事項—報到、接受身心治療及輔導教育，其他因個案特殊狀況之監控事項等
2. 邀請加害人參與本研究方案（參閱說明範本）
3. 與防治中心聯繫：確認已安排加害人接受身心治療及輔導教育

執行機構（建檔）

加害人未出

加害人出席

防治中心

觀護人

告知加害人應配合接受建檔及治療輔導以及不配合之後果

召開評估會議

1. 知會加害人身心治療及輔導教育之時間地點
2. 定期（至少每月一次）（彙整）報告加害人接受處遇（治療、觀護、測謊）情形
3. 加強專業教育—個案研討、教育訓練
4. 防治中心應報告加害人接受報到情形及觀護過程中對加害人之評估

1. 整合抑制模式團隊各單位的中心
2. 加強各單位協調、分工
3. 協調、協助解決成員的需要、困難
4. 定期開個案管理討論會
5. 提供專業再教育

1. 接洽執行機構提供身心治療及輔導教育
2. 定期追蹤加害人接受身心治療及輔導教育之情形
3. 加害人未依規定接受身心治療及輔導教育，執行機構應通知防治中心
4. 應「即時」通知其他團體成員違規事由

性侵害犯罪加害人

觀護人

1. 增加對性侵害犯罪加害人監督與監控
2. 保持對性侵害犯罪加害人的敏感度，特別是與性偏差有關的訊息
3. 任何監督與監控操作以「整體思考」為原則，必要時知會、甚至進一步地與團隊中的成員進行討論
4. 告知當專業判斷「不誠實、隱瞞」時，特別是與再犯有關之議題，將進行測謊檢驗。

測謊

1. 依轉介需要「內容」測謊
2. 對於「說謊」內容進進行事實偵察，並知會團隊成員
3. 保持對性加害人的敏感，特別是與性偏差有關的訊息。

警察

1. 針對「抑制模式團隊」中其他成員的需求，進行察訪
2. 對轄區內加害人的動向保持「活動性」的資訊，並主動告知團隊（防治中心）。

執行治療機構

1. 增進與「抑制模式團隊」中其他成員的溝通與協調
2. 提供治療過程中的專業的訊息分享、給予其他的成員（觀護人、測謊員），特別是可能與再犯（公共安全）有關的訊息。甚至提供專業上可能的解決方法
3. 所有違反「治療約定」的訊息，都須要立即地回報團隊中的相關單位
4. 治療要以偏差性態度與性行為的確認、改變、管理為基本的方向，然後在生活中確實練習（譬如：如何控制、管理自己不要接近促發性幻想、衝動危險因子）
5. 性侵害犯罪加害人的衡鑑工具、治療方法的統一，特別是儘量採用結構性強、與性侵害犯罪加害人相關具良好信、效度的工具、方法

社會支持

1. 對當事人生活整體層面、性偏差（危險因子）的關懷、注意
2. 主動告知團隊成員（防治中心）

操作或處理流程，它的操作基本精神與內容，譬如：對性侵害犯罪加害人的認知、團隊的合作、專業的溝通等等，都是必須而且不可或缺的元素。

陸、監控模式可能的改善方向

針對目前國內性侵害犯罪社區處遇操作所遭遇的問題與其討論，並參考美國、加拿大、英國的社區處遇運作與執行方式，本文提出下列諸項的建議，並按優先性及可操作性，區分立即可行及中長程建議事項，做為未來改善的方向。

一、立即需要改善

(一)專業的培養與溝通協調

國內目前從事性侵害犯罪社區處遇操作的團隊，對於性侵害犯罪加害人的專業知識與臨床的治療經驗都呈現不足的現象，這樣的缺失導致社區處遇的操作效果達不到預期的效果，因此急待「主管單位」有系統與組織的補強，甚至立相關的法令規定，參與社區處遇人員的資格與必要的課程要求。Cumming（*1997*）以Vermont 州的治療操作經驗值得我們參考，包括：對治療人員之經驗與訓練的基本要求、治療重點應該集中在加害人的性偏差行為等等的建議。對於性侵害犯罪的專業知識是一切社區處遇操作的根本，如果沒有專業，所有的操作只會淪為「有做」卻不知道「做了什麼」，即使「有效」也不知道「為何有效」，就算「無效」也不知道「問題為何」。而且，對性侵害犯罪加害人專業程度不一的情況下，團隊成員之間也無法進行「專業」的溝通，社區監督操作的共識也就不容易達成，對於加害人的「全面性」、「一致性」監控操作也無從做起。因此，現階段必要趕緊進行「完整」、「系統性」的專業訓練，以教育社區處遇的成員。

具體的操作建議如下：

1. 由各縣市的性侵害犯罪防治中心主辦「性侵害犯罪專業課程」的訓練，包括：其心理病理與治療，並規定有專業證照及修習過「性侵害犯罪專業課程」才能執行此項業務，同時要求定期召開個案討論（至少每月一次），取代原有的半年一次，並交換相關訊息，同時要求縣市的性侵害犯罪防治中心主動聯繫社區團隊成員，瞭解個案進行以及所需要的協助。

2. 而舉辦所需要的「性侵害犯罪專業課程」內容與專家則統一由內政部性侵害犯罪防治委員會來協助辦理。

㈡合作與溝通的培養與統整

正如前面所述，目前臺灣社區處遇的團隊成員、操作流程都已經具備了，但是為什麼無法操作呢？當然誠如前述一再的強調，性侵害犯罪「專業不足」是主要問題，但是除了專業不足外，現有團隊中基本的溝通不夠與合作關係不良也是一個嚴重的問題（參考圖 18.5），社區處遇計畫是一個需要整體合作的團隊操作計畫，成員之間只有一個工作對象，那就是某一位性侵害犯罪加害人在社區的「全面」活動，包括：內在與外在的監督，但是每一個參與社區處遇的成員無論就能力、工作量、經濟的考量都只能負責一部份，不可能操作加害人全部的生活，為了彌補這樣的漏洞可能造成的缺失，成員彼此間就要能夠就自己監控的範圍與其他成員進行「互通有無」的合作與操作，譬如：觀護人可以配合治療師的需要，監督加害人必須練習的控制技巧與遵守的約定。當然將來測謊的加入也可以協助觀護人與治療師釐清一些加害人「隱藏」事實的盲點。唯有這樣的團隊合作與協調才可能達成全面性的監控與治療。

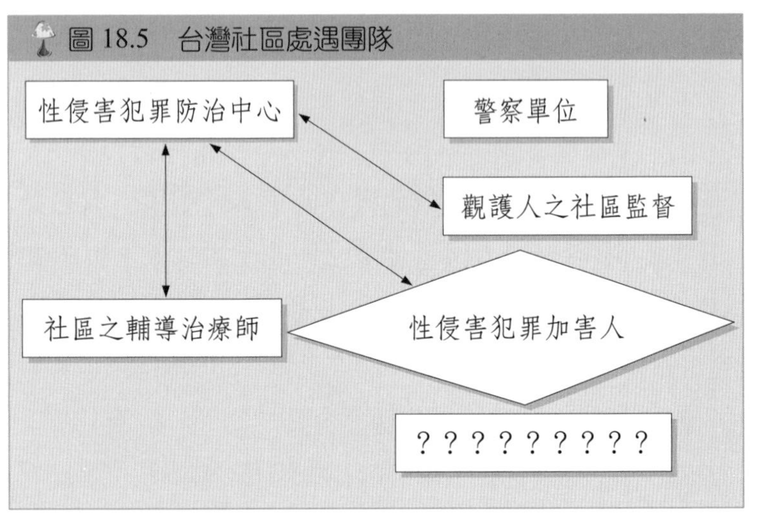

圖 18.5　台灣社區處遇團隊

至於詳細的操作建議與細節，可以參考本文第伍節中「社區處遇模式在臺灣的操作」的內容與建議。而主要的操作分別由：

1. 各縣市的性侵害犯罪防治中心擔任主辦所有的業務與操作，協調包括：觀護人室、治療單位、警察單位、社區網絡及測謊員的積極參與。

2. 相關人員的配合則委由縣市的衛生局、社會局、警分局協助辦理。

㈢主導、統合單位的確認？

臺灣目前的社區處遇單位處於「群龍無首」的狀態，表面上存在縣市性侵害犯罪防治中心，但是多數的防治中心只做行政的相關工作而已，特別只是與治療單位的業務「聯絡」，與召開固定的「評估會議」。由於性侵害犯罪防治中心人力與專業知識（性侵害犯罪加害人）的不足，主辦人員都在進行被動的操作，而且無力對治療單位進行要求與督導。由前述的整理與回顧可以理解，社區處遇合作的基本精神是單位間的協調與團隊成員間的合作，尤其是在專業上的合作，如果沒有一個專業、有行政權力的單位或人員，其實操作上會有許多的困難。因此，國內目前的主導單位必須要有所提升與有所做為，換言之，勢必要能確認一主導、統合的單位，具備有（性侵害犯罪加害人）專業、行政權力，來做為社區處遇的樞紐，才能夠在協調、組織、聯絡、合作上發揮有效的作用。

具體的操作建議如下：

1. 由各內政部性侵害犯罪防治委員會主辦全國性的「性侵害犯罪社區處遇」操作訓練，明確告知縣市性侵害犯罪防治中心的執掌任務與工作內容。
2. 而舉辦所需要的內容與專家（譬如：法令、性侵害犯罪的知識）則統一由內政部性侵害犯罪防治委員會來邀請相關單位與人員（譬如：法務單位、身心治療專家、犯罪專家）協助辦理。

㈣性侵害犯罪加害人假釋處遇「規定內容」應與社區處遇配合

假釋處遇的判斷有時因為與社區處遇沒有配合而造成處遇操作的漏洞，使得原本理想的美意，無法「理想的進行」，譬如：假釋以結束，治療未完成，治療者對性侵害犯罪加害人「法律約束力不夠」。要瞭解有些性侵害犯罪加害人「偏差」情況相當之嚴重，若沒有嚴格的「規定」，對他們而言作用其實相當之低。因此，法官在判斷假釋處遇的「規定內容」時，其實就應該有「社區處遇內容」的考慮，此時就應該邀及相關的實務治療者、觀護人一起商討，而不要把這個「判斷與規定」在決定之後，才把這個「判斷與規定」再交給「評估小組」或「觀護人」「各自獨立的作業」，而失去全盤考量與整合的先機，而且可以看到的是在交予「社區處遇」後，整合與協調的機制在國內尚待努力，事實上，若是加害人真的出現「嚴重的違規」，還不是又回到「法院」的手上，因此為何不在「先前」就做好這樣的工作呢？至於改善處遇內容、方式與期間彼此間的配合則建議由：

1. 內政部性侵害犯罪防治委員會主辦「性侵害犯罪社區處遇」內容、方式、法令配合與期間之檢討。
2. 而內容檢討需要相關意見則由包括：法務單位（地檢署、觀護人室）、衛生單位（精神科、身心治療科）、犯罪專家等單位機關協助辦理。
3. 要求地方縣市性侵害犯罪防治中心協助嚴格辦理。

㈤性侵害犯罪加害人「參與治療的約束」無法可管

執法單位對未遵守規定的假釋加害人的約束可以「從嚴」的考量。目前加害人對於假釋期間「約定」關係的「投入（*commitment*）」態度，包括：觀護報到、治療約定、警察的探訪，相當之缺乏，幾乎都認為這是一種負擔，「一隻牛被剝兩次皮」。但是由於「觀護人」具有撤銷其「假釋」的權力，因此加害人還會為此「勉為其難」的遵守觀護之規定，至少還會定期報到，至於對於相關規定的遵守，其實加害人仍然停留在「表面遵守」的層次居多。而握有「司法權力」的「觀護人」如此，其他的社區處遇團隊成員，就更難以「要求」加害人遵守或練習相關的約定，因此這些團隊間「不一致的」約束都給予加害人「有機可趁」的心態。這樣的操作類似行為制約當中「部分增強」的作用，因此更難去除加害人的「狡詐」特質，只要能夠騙就騙，反正偶爾遵守、赴約就可以交差了事，這其實正符合性侵害犯罪加害人「狡猾、善騙」的本質。由此看來，在這種情況之下，整個「社區處遇」的操作，不但可能「效果不彰」或「事倍功半」，還可能正強化他們原有的「世界觀」或原有的「犯罪觀」，也就是這個社會系統仍然有機可乘，其實「欺騙」仍然可以得到好的結果。

至於改善「參與治療的約束」無法可管的情況，建議由：

1. 內政部性侵害犯罪防治委員會召集處遇法令的檢討與修訂。
2. 而相關的專業意見則由包括：法務單位（地檢署、觀護人室）、衛生單位（精神科、身心治療科）、犯罪專家等單位協助辦理。
3. 要求地方縣市性侵害犯罪防治中心協助嚴格辦理。

㈥未遵守治療「規定」的處理急需修法補救

目前對加害人未遵守治療「規定」的處理並未嚴格執行，所謂的不遵守治療「規定」包括：

1. 在觀護期間未按時接受治療。

2.在觀護期間接受治療，但沒有依治療關係的要求，該做的治療性規定或作業。

3.結束已經觀護，但治療期限仍未結束。

第1、3點的情況，性侵害犯罪防治中心可以處以「罰鍰」，但至2004年的資料，全臺灣尚未開出「第一張」罰單，所以「罰鍰」的法律效用其實是「完全沒有作用」。但是第一種情況還可透過「有司法權力」的觀護單位「要求」加害人配合，可是目前都是「口頭」要求，而且加害人也就隨便應付，因為他們深知「有機可乘」，第一種情況是兩次不到也沒什麼關係，只要不要「缺席」的太過份都可以安然無事，這是相當不良的行政操作，從學理來看，這種不良的行政操作恰可「強化」加害人「操弄（*manipulation*）」的能力，但似乎在「治療」與「觀護」間也沒有一致的共識，更加強造成加害人無視於「治療」的存在，因為「不參加治療、偶爾缺席，也不會有何嚴重的事發生」。而第二種情況更是困難，因為人已經離開觀護系統，而警察似乎也沒「法」可以介入，加害人根本就無法可制，無「法」可管，因此急需「修法」或「立法」來補救。

第三種情況則是會影響「治療成效」，要知道無論哪一種治療取向，「理想」的治療效果需要當事人與治療者「合作努力」，如果加害人將「治療的契約」視為「可以不要關切」的契約，那麼所有的治療操作想要發揮任何的成效其實是不可能的任務，特別是面對像性侵害犯罪加害人這樣善於欺騙、善於操弄的當事人，因此「治療」與「觀護」間一定要有共識，一起「合作」「要求」加害人對治療關係的重要與遵守，當然這可以也需要有法源的依據，譬如：規定加害人必須遵守治療的契約，若是沒有（例如：幾次沒有參加治療，或沒有依治療的約定行為）就可以做為違反「觀護」的判斷，可以藉以影響「假釋」的評估依據。

至於改善未遵守治療「規定」的處理急需修法補救的情況，建議：

中央部份由：

1.內政部性侵害犯罪防治委員會召集處遇法令的檢討與修訂。

2.相關的專業意見則由包括：法務單位（保護司、觀護人室）、衛生單位（精神科、身心治療科）、犯罪專家等單位機關協助辦理。

地方部份由：

1.縣市性侵害犯罪防治中心召集社區處遇的參與單位協調操作的機制。

2.相關的機制如何操作則由包括：觀護人室縣市、衛生單位（精神科、身心治療科）、警察協助辦理。

㈦社區處遇團隊成員資格與組成的專業要求之落實

到底社區處遇應該要包括哪些相關單位？參與的單位成員的資格為何？這兩者都必須嚴格規定清楚。雖然目前臺灣對於社區處遇團隊組成看似極其完備，但實質上卻不然。主要的問題包括：任務編組、兼職與專業資格不符三個問題。

關於資格限定至少應該包括：專業的資格、專業的訓練，當然最好也能夠考核他們參與社區處遇的意願與承諾。而正如前面一再述及目前社區處遇團隊「專業」的缺乏，專業的資格與專業的訓練正是導致這一大缺失極為關鍵的根源，所以必須要積極的補強與從嚴控管。

再者，參與的單位成員也要以編制內的在職人員為主，參與的單位最好不採用「任務編組」的形式，參與成員也多為「兼職」。目前因為各縣市的家暴與性侵害犯罪防治中心是以「任務編組」的方式存在，因此「職權」上的確認「有模糊」的情況，狀況較好、認真的縣市家暴與性侵害犯罪防治中心可以將現有的業務做好，但是「不夠積極」的縣市的家暴與性侵害犯罪防治中心就可能發生業務延宕的現象，造成有家暴與性侵害犯罪防治中心反而無補於業務的推動，雖名為職掌統整單位，但有名無實，因為「權力」、「人力」有限，而需要「協調」的單位卻很多，如果「法令」規定的掌管社區處遇單位很「明確」，那麼家暴與性侵害犯罪防治中心就可以「依法」「有權、有責」的要求各個相關單位的配合。

至於社區處遇團隊成員資格與組成的專業要求，建議由：

1. 內政部性侵害犯罪防治委員會召集相關單位擬定「資格與組成專業」條件，以行政或立法的方式規範之。
2. 相關的資格認為則包括：法務單位（保護司、觀護人室）、衛生單位（精神科、身心治療科）、犯罪專家等單位機關協助辦理。
3. 要求縣市的性侵害犯罪防治中心，協同相關的單位（譬如：衛生局），嚴格的審查，通過審查標準才能參與社區處遇之操作。

㈧社區團隊成員專業資格與專業知識再教育

前面提到臺灣目前從事性侵害犯罪社區處遇的團隊成員，普遍對於性侵害犯罪加害人的專業知識與臨床的操作都呈現不足的現象，因此有必要積極的輔導這些相關的團隊成員「繼續教育」，特別是對於性侵害犯罪的「知識」與「臨床實務的經驗」。因為社區處遇在概念與實務上都應該被看成是「治療」的一部份，於是無論與治療有直接關聯的治療師，或是負責其他層面的成員如觀護人或警察，都應該有一些基本「治療」的專業，只是要求的程度、深度與層面不同而已。

不過就目前臺灣的情況，首先特別要積極改善的是身心治療專業的部份。現在從事身心治療成員的資格與相關的專業水平都「相當的混亂」，一些醫療單位因人力不足與經濟效益，除了請求非專業人員（譬如：依專業證照做為原則性的判準）的幫忙外，即便有些參與身心治療的專業成員，對於「治療」專業的「缺乏」也著實令人擔憂，此外他們所採用的「治療」方式也都是各憑本事。加上又沒有嚴謹「督導」制度的協助，即使「治療者」在「治療」的操作出現盲點、甚至錯誤，都沒有辦法即時的修正。就算有統一的治療策略，也多是「概括」性的一致而已，譬如：預防再犯（*RP*）的操作，也不盡相同。

社區處遇團隊成員專業資格與專業知識再教育，建議由：

1. 內政部性侵害犯罪防治委員會召集相關單位，包括：法務單位（保護司、觀護人室）、衛生署（精神科、身心治療科）、犯罪專家擬定「專業資格與專業知識」再教育的課程及相關的訓練，同時以行政或立法的方式規範強制參加。
2. 要求縣市的性侵害犯罪防治中心，協同地方相關的單位（譬如：衛生局）協助辦理各地方的專業再教育課程與訓練。

二、中長程建議事項

(一)操作「處遇計畫」、處遇原則的「標準化」與「科學化」

對於社區處遇的操作計畫與處遇原則嚴格要求「標準化」與「科學化」。由於每一位社區處遇對「性侵害犯罪加害人」的處遇計畫「細部」的操作都沒有「一致性」的共識，因此在討論治療計畫時，都停留在表面的層次，而且也沒有將應該如何「團隊的操作」細則講清楚，就交由各個單位或個人「自行決定」，導致社區處遇的操作「一人一把號各吹各個調」。加上後續要半年之後（甚至更久）再開一次評估會議，根本治療已經過半了，就算做不好，甚至做錯了，也難以做積極性的調整。事實上，在操作的觀察可以發現，半年後的這一次治療中期評估，跟首次評估計畫一樣，仍然沒有「細部」的討論，也少有針對特定的問題討論原因與解決方法，甚至更加地簡單，結果依然少有改善。

社區「處遇計畫」、處遇原則的「標準化」與「科學化」，建議由：

1. 內政部性侵害犯罪防治委員會召集相關單位，包括：法務單位（保護司、觀護人室）、衛生署（精神科、身心治療科）、犯罪專家擬定「處遇計畫」、處遇原則的「標準化」與「科學化」方式。

2. 要求縣市的性侵害犯罪防治中心，協同地方相關的單位（譬如：衛生局）協助辦理推廣處遇原則的「標準化」與「科學化」方式。

㈡各式評估資料的「規格化」、「統一化」以利使用

目前除了「性侵害犯罪加害人基本資料」全國統一之外，其他可能要應用的評估資料沒有「規格化」與「統一化」。由於社區處遇團隊的操作比較多元化，顧及的面向也比較多，因此有必須發展像「性侵害犯罪加害人基本資料」一般的「規格化」與「統一化」，譬如：給加害人「社會網絡」、「觀護人」、「警察」監控的項目與內容，因為這樣的作法除了可以在社區團隊溝通、討論時比較清楚、經濟、有效率外，也可以提高其使用性，最重要的是，社區團隊在進行處遇操作時的「整體性」與「方向性」會有更高的一致性，對於監控與治療的效果會有「加成」的作用。當然它的前提是必須透過研究與臨床的需要去制定這一套「實徵化」與「科學化」的量表，才可用來實際操作。

各式評估資料的「規格化」、「統一化」以利使用，建議由：

1. 內政部性侵害犯罪防治委員會召集相關單位，包括：法務單位（保護司、觀護人室）、衛生署（精神科、身心治療科）、犯罪專家擬定評估資料的「規格化」、「統一化」格式與操作。
2. 要求縣市的性侵害犯罪防治中心，協同地方相關的單位（譬如：衛生局）協助辦理推廣評估資料的「規格化」、「統一化」格式與操作。

㈢考量並包含各個層次的治療方式，推動「合作治療」的統一化

首先要釐清的是「治療」的統一化，並非要大家都採用同一種治療的取向，而是「整體性」的合作考量。既然社區處遇是「全面的」治療，那麼每一種治療關照到的層面都應該被納入進來，只是或許因為訓練背景與個人偏好的不同，在操作上也不同，尤其是身心治療的部份。但是誠如 Carich（2003）所指出的，事實上對於性侵害犯罪加害人的治療應該回到「治療」的基本面，也就是基本的心理治療要素，譬如：最簡單的動機觸發、同理技術的訓練，再來就是治療團隊對於「性侵害犯罪加害人」認知的共識，譬如：性侵害犯罪加害人的特性、犯罪（循環）模式、或是可能的生理病理機制。

如何推動呢？縱觀過去幾年內政部性侵害犯罪防治委員會的研究、課程教育

的設計與內容的安排，可以看出其系統性與連續性，譬如：先探討性罪犯的危險評估、然後瞭解評估的內容、設計評估的規格、加入治療的課程與操作，凡此種種不難看出其「一脈相傳」的企圖，但是國內的治療團體、社區團隊成員或許因為背景、人力、時間常常是「斷層」、「片段」式的參與、學習，造成「認知上」的差異，加上缺乏彼此的「溝通」，使得「基本的治療」共識無法成形，因此造成目前百家齊鳴的情況，好像大家都在做治療，但是沒有「分享」彼此成功與失敗經驗的機會，這樣的單打獨鬥其實相當之可惜。最重要的是難以找出最合適臺灣本土的治療模式。因此，是否將來可藉由「主管單位」（可以是目前參與社區處遇的任何單位）的整合一套「合適」、「統一」的治療方式，建立核心的「基本課程」與「訓練要求」，規定參與社區處遇治療的相關人員（尤其是治療人員）必須完成課程的訓練後，才可以執行性侵害犯罪治療的業務，同進行「統一」的督導與「再職訓練」，這樣才可以解決目前「各路英雄」單打獨鬥的情況，提高其可操作、可學習、可傳承與可掌握的程度，對於治療效果的提高必定有相當程度的裨益。

至於治療方式的統整，推動「合作治療」的統一化，建議由：

1. 內政部性侵害犯罪防治委員會召集相關單位，包括：法務單位（保護司、觀護人室）、衛生署（精神科、身心治療科）、犯罪專家擬定治療方式的統整，包含理論、內容與治療方式。
2. 要求縣市的性侵害犯罪防治中心，協同地方相關的單位（譬如：衛生局）協助辦理推廣治療方式的統整包含的理論、內容與方式。

㈣「性侵害犯罪」專業課程與教育訓練制定的建立與強制要求

正如上述性侵害犯罪社區處遇的專業不夠，造成對加害人的管理與治療上的缺失一樣，事實上問題的根源也可能來自於性侵害犯罪沒有建立專業知識「課程」與教育制度。目前臺灣對於專業的教育主要由內政部性侵害犯罪防治委員會來「推廣」，從事性侵害犯罪社區處遇的單位或成員，並沒有強制規定一定要接受性侵害犯罪基礎「核心課程」的要求。所以雖然主辦單位努力地辦理「性侵害犯罪專業」工作坊，但是成效往往因人員、時間、地點等等的問題，造成「事倍功半」的遺憾，譬如：有人因時間、地點無法參加、有人無法全程參加，甚至有人不想參加，因為已經是「專業人士」。這樣的問題除了造成「專業不足」的問題外，相關的專業知識也造成無法「累積」與「傳承」的問題，於是每年辦，每年請不同的專家來上課，雖然有計畫、有系統的辦，但是因人員、時間、地點等等的問題，使得國內的專家與相關臨床人員在知識「累積」「傳承」出現「片片斷斷」的現象，甚至於有從事性侵害犯罪社區成員根本就連「片斷」都沒有。因此如何建立基本的性侵害犯罪基礎「核心課程」，要求「從事」「性侵害犯罪處遇」的人員，必須接受「基本的訓練」是當務之急，要不然「累積」「傳承」「片片斷斷」的現象，會讓社區處遇的功能大打折扣，除了功能不能發揮外，反會讓很多在社區處遇的成員抱怨連連，使得主管單位相關的要求更難以執行。此外，「專業再教育」的「課程設計」與「要求」也是從事性侵害犯罪社區成員必須要持續的另一重要規劃，因為事實上「性侵害犯罪」有為數不少的「模式」，包括：病理與治療都是如此，而新資料累積的也在摸索當中，所以對於最新的相關知識的補充也必須透過「再教育」才會不至於「錯誤使用而不知情」或是「新方法不知使用」，而過度的使用「某一種取向」或「模式」。

至於「性侵害犯罪」專業課程與教育訓練制定建立與強制要求，建議由：

1. 內政部性侵害犯罪防治委員會召集相關單位，包括：法務單位（保護司、觀護人室）、衛生署（精神科、身心治療科）、犯罪專家擬定「性侵害犯罪」專業課程與教育訓練，同時以行政或立法的方式規範強制參加。
2. 要求縣市的性侵害犯罪防治中心，協同地方相關的單位（譬如：衛生局）協助辦理「性侵害犯罪」專業課程與教育訓練，同時以強制監督各單位參加。

三、長程建議事項

㈠警察單位的角色與功能的定位

1. 警察的工作內容與功能有待提升：

在社區處遇的操作當中，警察人員不應只做「查察」「登錄」的工作，事實上觀護人與治療師需要警察幫忙收集更多的加害人在「社區生活」的「即時」資料。不過，由於警察的輪調相當之頻繁，因此同一加害人「資料」的搜集出現許多的「漏洞」，加上前人留下的資料也沒有進行「有系統」的累積與整理，多數接任的警察同仁，都要從頭開始再提供資料，除了人力的浪費外，很容易造成對當事人「監控」不良的結果。當然在「銜接」不良的同時，主管機關也需要「再」教育警察單位，使得他們對於性侵害犯罪加害人的認知與專業能夠增加，並且訓練警察同仁學習「訪查」加害人時，要特別注意的危險因素、再犯因子與記錄的整理。

2.減少警察人員的替換或專職的承辦：

目前在各管區進行對假釋性侵害犯罪加害人管理的警察人員，除了像前述所提需要「專業」的加強之外，員警的輪調頻繁也是另一個困擾。一般而言，除了特殊的工作外（譬如：刑事鑑識），警察的勤務並沒有特定的考慮，因此警察人員的調度，對於人力（足與不足）的考量與職缺（有無職缺）的要考量比專業的考量來的優先，所以，常常見到每一次來參加社區處遇個案討論的警察都非同一員警，如此對於加害人的情況掌握成度就大打折扣，很多的情況幾乎都是從頭開始，使得對個案情況的「傳承」出現許多無法連貫的情形，就算前一負責員警有專業，或是在負責期間因社區處遇的操作，學習到對性侵害犯罪加害人相關的知識，也都是「曇花一現」，一下又必須回到原點，負責員警的調度必須要與縣市分局溝通協調，以避免事倍功半。此外，如果調度的情況無法進行實質的改善，那麼另一個可行的方法是，應該要求負責承辦員警對資料記錄的準確、清楚程度與交接時資料的傳承也是另一個可以協助解決此一問題造成社區處遇、監控困難發生的方法。

至於警察在社區處遇的工作內容與功能，建議由：

1. 內政部性侵害犯罪防治委員會協調警政相關單位，譬如：處理性侵害犯罪與家暴的單位，檢討警察在社區處遇的工作內容與功能，並改善之。
2. 同時要求縣市的性侵害犯罪防治中心，協同地方的警分局與負責「性侵害犯罪」處遇單位，協調警察在社區處遇的工作內容與功能。

㈡測謊的訓練、介入與信、效度

1.各縣市測謊的操作與功能

建議必要時可以委任測謊單位介入，主要的原因在性侵害犯罪加害人「常態」否認的特質，尤其是「隱瞞」犯罪手法與犯罪模式的事實更須要具體的釐清，因為這些訊息對「治療」與「監控」有著相當關鍵的助益。特別是在專業觀護人與身心治療師現階段皆人數不足，以及對於「性」罪犯專業有待加強的情況下，導致社區處遇的「監控」無法全面地落實「掌握」當事人的「狀況」，測謊其實是可以嘗試補足這方面缺失的工具。而且測謊的功能不只在幫忙釐清事實，而且它因具有「具釐清事實」的威脅，帶給加害人一定程度的嚇阻作用，也可以提高當事人對相關操作遵守的約束力，如此一來，除了增加接受「治療」與「監督」實質的操作外，也可以提高加害人對接受「治療」與「監督」的投入承諾。

2. 測謊操作的信、效度

至於有關測謊準確度及效度之實地研究，有不同的結果：

⑴美國測謊學者 Reid 及 Ibau 之統計：根據 Reid 及其同事所施測之十萬個實際測試中，發現已知測謊錯誤率低於 1%（*Reid 及 Ibau, 1977*）。

⑵ 1983 年美國科技評估中心（*O.T.A*）之統計：該機構選擇十個在方法論上較優之實際案例研究，統計其平均準確度，結果是：對於有罪者，其測謊準確度為 90%，而對於無辜者，測謊準確度為 80%。

⑶美國測謊學者 Raskin 之研究：美國學者 Raskin（*1989*）請測謊界認定最具權威之美國情報局（*U.S. SecretService*）測謊人員，實施測謊鑑定，在受測者說謊之情況下，排除無法確定之結果，由判斷正確數／（判斷正確數＋判斷錯誤數）之計算結果為 95%，若由另一名測謊人員僅做圖譜分析，若排除無法確定之結果，由判斷正確數／（判斷正確數＋判斷錯誤數）之計算結果為 94%；在受測者未說謊之情況下，排除無法確定之結果，由判斷正確數／（判斷正確數＋判斷錯誤數）之計算結果為 96%，若由另一名測謊人員僅做圖譜分析，排除無法確定之結果，由判斷正確數／（判斷正確數＋判斷錯誤數）之計算結果為 85%，詳如下表。施測者與圖譜分析家對實際案例中個別之測謊問題統計。

表 18.2　測謊計算結果

判斷結果 確認結果	樣本數	正確百分比	錯誤百分比	無法確定百分比	判斷準確度百分比
1. 受測者說謊					
測謊人員	76	79%	4%	17%	95%
圖譜分析家	83	65%	4%	31%	94%
2. 受測者未說謊					
測謊人員	62	76%	3%	21%	96%
圖譜分析家	68	52%	9%	39%	85%

（備註：是否真實之判斷標準係以嫌疑人之自白及其他相關物證為根據）

⑷ 1997 年美國測謊協會委託馬里蘭鑑識研究中心之統計：1997 年美國馬里蘭鑑識研究中心，統計十二個實際測謊案件準確度之實地研究（共 *2,174* 個測試），該十二個實地研究所使用的測謊技術涵括了區域比對技術法、修正一般問題技術法、緊張高點法等，統計結果發現測謊準確度為 98%。而

在信度信方面，馬里蘭鑑識研究中心，統計十一個實際測謊案件信度之實地研究，共評估 1,609 個測試圖譜得到之信度為 92%（*Murphy, 1997*）。

3. 測謊操作的人力與成本

不過，雖然測謊的介入會提供一定程度上的協助，但是目前臺灣測謊專業人員的不足（譬如：全臺灣有資格操作測謊的警察人員僅有六位），因此，現階段想要全面性、制度化的操作其實相當之困難，如果長期委請警察人員的支援，不要談論成本效益，首先在人力資源上根本就不可能負荷。因此就人力與成本的考量，必須要由縣市單位自己來操作，而因為測謊與心理學的基礎相當有關，因此以「心理師」的背景最適合來學習，未來上可委託刑事局測謊組協助訓練，鼓勵更多的觀護人或心理治療師學會測謊技術的應用，當然有一個前提必須同時進行，那就是觀護人或心理治療師在「性」罪犯的專業也要同時提升，如此配合測謊技術的操作才能提供最佳的協助機會。

至於測謊工作的介入與訓練，則建議由：

⑴短期內必要時：

●內政部性侵害犯罪防治委員會協調警政單位（刑事局測謊組）幫忙辦理。

●同時要求縣市的性侵害犯罪防治中心，協同地方的警分局協助刑事局測謊組操作。

⑵長期的測謊工作的介入與訓練：

●內政部性侵害犯罪防治委員會協調警政相關單位（刑事局測謊組）幫忙辦理訓練計劃，由縣市的心理師或相關的專業人員「承接」測謊工作。

●同時要求縣市的性侵害犯罪防治中心，協助辦理相關的訓練計劃作業。

㈢社會網絡的建立與網絡成員性侵害犯罪知識的培養

社區網絡的建立與網絡成員性侵害犯罪知識的培養有其積極的必要性，因為加害人回到社區生活後，周圍環繞的就是自己的社會網絡（包括：家人、朋友、同事），因此多數的時間與空間都與社會網絡的成員在一起，可以是最佳的外控監督機制，也是最佳的內控學習對象，因此社會網絡可以提供許多的協助包括：*1.* 提醒加害人注意自己的「再犯」「危險情況」；*2.*「確認」自己的「再犯」「危險情況」；*3.* 助加害人「逃離」「危險情況」；*4.* 幫助加害人「培養」正向的「因應」「危險情況」能力；*5.* 社區網絡可以提供正向的「社會支持」，面對可能的挫折與傷害。

「誰來做教育」這些性侵害犯罪加害人的社區網絡成員？教育課程的內容與

涵概的範圍？課程教育進行的方式？基本上社區處遇團隊成員都可以來做，當場前提是處遇團隊成員都具備基本的性侵害犯罪專業知識，假如這個前提確立（或可邊學邊做），而進行的方式可以透過社區處遇經常性的操作時，與家屬、朋友的接觸當中「機會教育」，當然也可以主動邀請加害人的社區網絡成員來參與社區處遇的認識與操作，不過這是一個比較沒有「系統化」、「制度化」的作法。本研究另外建議如果相關條件可以配合的話，事實上應該由縣市性侵害犯罪防治中心正式地提供「系統性」、「制度性」的課程來教育性侵害犯罪加害人的社區網絡成員，甚至與被害人一起「檢視」自己，以及彼此間的問題與衝突。這很類似目前西方的刑事司法體系正在反思之「復歸式正義（*restorative justice*）」操作中的一個方式，它的方式就是由「主辦單位」，可以是官方的單位或社區的組織團體，邀請加害人的社區網絡成員參與處遇治療的計畫，甚至是被害人自己或被害人的家屬，這樣的操作一方面除了提供加害人與社區成員、家人學習性侵害犯罪的相關知識外，另一方面也提供加害人與社區成員、家人面對面一起面對「問題與衝突」的機會，瞭解問題的根源與解決的方法，透過彼此的瞭解與諒解，互相的接受與支持一起共同的成長。

至於社區網絡如何介入與如何訓練，則建議由：

1. 內政部性侵害犯罪防治委員會召集相關的社區處遇專家擬定社區網絡的介入與訓練計畫。
2. 同時要求縣市的性侵害犯罪防治中心，協助內政部性侵害犯罪防治委員會舉辦社區網絡介入與訓練計畫課程。

㈣假釋前「必要」參與社區處遇的準備教育

誠如前述的問題討論指出，如何避免性侵害犯罪加害人剛假釋出獄後，又要面臨「社會生活」、參與「社區處遇」的不滿與挫折呢？如果臺灣可以有類似中途之家的情況，中途之家可以扮演這一個監獄與社會生活之間的「過渡站」，在過渡站的過程當中加以學習或練習，包括：對社會生活與社區處遇的相關訊息與因應的技巧。當然在這個「中間」「過渡」的接軌，也可以操作目前西方刑事司法體系正在反思之「復歸式正義（*restorative justice*）」方式，就是由「主辦單位」（官方的單位或社區的組織團體），邀請加害人的社區網絡成員參與處遇「中途之家」的「過渡」計畫，加害人與社區成員、家人學習性侵害犯罪的相關知識外，另一方面也提供加害人與社區成員、家人面對面一起面對「問題與衝突」的機會，瞭解問題的根源與解決的方法，透過彼此的瞭解與諒解，互相的接受與支

持一起共同的成長。

如果「中途之家」的設置不可能，本研究另外建議可以在監獄的「治療」中，就應該有「相關問題單元」的討論與練習，特別是在出獄前更要「確認」「那些」對「社區生活錯誤的認知與期待」已經被適當的處理，也得到一定程度的解決，同時也要教導加害人學會因應在社區生活可能面對之困難與衝突的社交技巧、壓力舒解方式或可以求助的社會資源。另外也要在此時對加害人解釋「社區處遇」的內涵與操作（譬如：為什麼已經接受「監獄監禁」與「完成監獄治療」後還要接受另一次治療），以及可能面臨的心理障礙，並確認是否有不瞭解或誤解之處，而且針對這些不瞭解或誤解之處，甚至是不滿的反應，一一進行妥善的處理。

最後關於假釋前「必要」參與社區處遇的準備教育，則建議由：

1. 內政部性侵害犯罪防治委員會召集相關的單位，特別是監所單位（譬如：矯正司），檢討假釋前參與社區處遇準備教育的必要性（譬如：監獄內的治療操作如何加進假釋前參與社區處遇準備教育），並擬定相關的教育內容與訓練方式。
2. 同時要求縣市的觀護單位，協助相關必要的社區處遇準備教育，以及對加害人進行必要的說明。

柒、總結

依據過去長年累積的實徵研究與臨床實務，性侵害犯罪加害人在不同犯罪類型中有其明顯的特異性、危險性，以及治療成效之不易達成的特性，有鑑於此，臺灣地區順應社會要求與實際的需要，在民國 87 年底通過「性侵害犯罪加害人身心治療及輔導教育辦法」後，各縣市「性侵害犯罪防治中心」開始負責執行緩刑或假釋及出獄之性侵害犯罪加害人回到社區之後的身心治療及輔導教育。其目的主要在落實延續在監獄期間的教化處育，使性侵害犯罪加害人假釋期間，仍然能夠得到適當的監控與身心治療，增加其行為控制能力，學習如何避開具誘惑的危險情況，以及社區的生活適應技巧，以杜絕再犯的發生。

在瞭解、並檢視實驗地區（臺北市及嘉義縣市）性侵害加害人社區處遇的現況，並以實驗的方式操作在美國已實行多年的性侵害犯罪加害人社區處遇抑制模式後，整體來看，雖然研究發現目前社區處遇固然在架構與操作上，具有美國的社區處遇抑制模式雛型，但是嚴格來說，目前國內的社區處遇應該屬於「非典型的社區處遇抑制模式」，因為在操作的準備上有許多不足之處，包括：在監獄的治療成效、假釋前的準備、「過渡時期」的制定、假釋處遇法令的配套修訂、社區處遇團隊的培養與操作、以及社區接受加害人回來的配套措施等六大方面。其實這六大方面是一個環環相扣的過程，每一環結都可以獨立地考量自身的操作，但卻是要彼此間嚴密地配合，因為其中任一環結的操作，都會直接地影響到對加害人進行監控與治療的成效，也就是性侵害犯罪加害人再犯的發生與否。

在實地參與社區處遇與嘗試實施抑制模式後發現，底下的問題須要檢討與解決：㈠各縣市性侵害犯罪防治中心的組成、角色與行政操作有待重新評估；㈡性侵害犯罪加害人的評估小組組成與功能必須重新評估；㈢社區處遇團隊成員的組成與其功能有待重新評估；㈣社區處遇操作的協調、合作與督導制度的建立急待加強；㈤社區處遇團隊成員的專業資格與專業能力尚待加強；㈥有關性侵害犯罪加害人的「再教育計畫」需要補強與修正；㈦各式評估資料的「規格化」、「統一化」以利使用；㈧身心治療者的督導輔助系統需要補強；㈨治療模式的多方合作考量與統一化；㈩「性侵害犯罪」專業課程與教育訓練制定的建立與強制要求；⑾測謊技術協助社區處遇的加強；⑿社區處遇各項操作的「科學化」與「標準化」；⒀社會網絡部份的缺失與建立；⒁假釋前準備教育的建立；⒂現行法律規定的檢討，以協助社區處遇與治療的實際操作。

總結地來說，臺灣地區對於性侵害犯罪加害人的假釋後社區處遇計畫，目前在實行還是有上述之各式各樣操作的漏洞與問題急待解決，雖然在諸多單位與人員的努力之下，戰戰兢兢、誠惶誠恐地走了近五年之久，在基本體質不良的情況下，成效如何尚難評估，但是可以明顯肯定指出的是，透過社區處遇抑制模式，確實有補強目前操作漏洞的功能，將來如果可以落實其精神與具體地執行社區處遇抑制模式基本的操作，對於性侵害犯罪社區處遇的工作應該有顯著性的助益。

參考文獻

中文文獻

林明傑、鄭瑞隆（民 92）。性侵害犯罪加害人再犯危險評估量表之建立研究——靜態與動態危險因素之探測與整合。婦女權益促進發展基金會　民國 91 年研究案。

林明傑（民 89）。性罪犯社區處遇之新概念：「抑制模式」性侵害犯罪加害人之輔導教育教學研討會　內政部性侵害犯罪防治委員會舉辦，臺北。

林明傑（民 88）。性罪犯之心理評估暨危險評估。社區發展季刊 88 期 316-340。

林明傑（民 87）。美國性罪犯心理治療之方案及技術暨國內改進之道。社區發展季刊，82，175-187。

沈勝昂（民 93）。性侵害犯罪加害人再犯危險評估量表之建立——動態危險因素之探測。內政部委託研究期末報告。

黃富源（民 71）。強姦犯之分類研究。警學叢刊，19(2)，100-104。

陳若璋（民 84）。狼人現形——遠離性騷擾與性暴力。台北：性林文化出版社。

陳若璋、劉志如（民 90）。性侵害犯罪加害人身心治療模式之研究，內政部性侵害犯罪防治委員會。

許春金馬傳鎮（民 81）。強暴犯罪型態與加害人人格特質之研究。台北市政府研究發展考核委員會。

英文文獻

Abel, G. G., Becker, J. B., Cunningham-Rathner, J., Mittelman ,M., & Roulean, J. L.(1988). Multiple paraphilic diagnoses among sex offenders. Bulletin of the American Academy of Psychiatry and the Law. 16(2), 153-168.

Beech, A., Friendship, C., Erikson, M., & Hanson, R. K. (2002). The relationship between static and dynamic risk factors and reconvictions in a sample of U.K. child abusers. Sexual Abuse: A Journal of Research and Treatment, 14, 155-167.

Canadian Center for Justice Statistics.(1999). Sex Offenders. Juristat Catalogue no.85-002-XIE Vol. 19, no. 3. Pttawa: Statistcs Canada.

Carich, M. S.(2003).九十二年家庭暴力及性侵害犯罪加害人治療輔導專業人員訓練工作坊講義，內政部家庭暴力既性侵害犯罪防治委員會主辦，台北，臺灣。

Carich, M. S., & Mussack, S.E.(2001). Handbook for Sexual Abuser Assessment and Treatment. The Safer Society Press.

Carich,M. S., & Stone, M.(1993). Offender relapse prevention. Chicago: Adler School of Professional Psychology.

Cumming, G.& Buell, M.(1997). Supervision of the sex offender. Brandon, VT: The Safer Society Press.

English, K. (1998). The Containment Approach" An Aggressive Strategy for the Community Management of Adult Sex Offenders. Psychology, Public Policy and Law, 4(1/2), 218-235.

Enhlish, K., Jones, L., Pasini-Hill, D., Patrick, D., & Cooley-Towell, S.(2000). The value of polygraph testing in sex offender management.

Colorado Department of Public Safety, Division of Criminal Justice, Office of Research & Statistic. U.S.A.

English, K., Pullen, S., & Jones, L.(1996). Managing adult sex offender on probation and parole: a containment approach. Published by the American Probation and Parole Association.

Frisbie, L. (1969). Another look at sex offender in California. Mental Health Research Monograph (No. 12). Sacramento: State of California, Department of Mental Hygiene.

Gendreau, P., Cullen, F.T., & Bonta, J. (1994). Intensive rehabilitation supervision: The next generation in community corrections? Federal Probation, 58, 72-78.

Hanson, R. K. (2001). Age and sexual recidivism: A comparison of rapist and child molesters(User Report No. 2001-10). Ottawa: Department of the Solicitor General of Canada.

Hanson, R. K., & Bussière, M. T. (1996). Predictors of sexual offender recidivism: A meta-analysis. (User Report No. 1996-04). Ottawa: Department of the Solicitor General of Canada.

Hanson, R. K.,& Bussiere, M. T. (1998). Predicting relapse: a meta-analysis of sexual offender recidivism studies. Journal of Consulting and Clinical psychology, 66(2), 348-362.

Hanson, R. K., Gordon, Harris, A.J., Marques, J. K., Murphy, W., Quinsey, V. L., & Seto, M.C. (2002). First report of the collaboration outcome data project on the effectiveness of psychological treatment for sexual offenders. Sexual Abuse: A Journal of Research and Treatment, 14, 169-197.

Hanson, R. K., Steffy, R. A., & Gauthier, R.(1993). Long-term recidivism of child molesters. Journal of Consulting and Clinical Psychology, 61, 646-652.

Harris, A. J. R., & Hanson, R. K. (1999). Dynamic predictors of sex offence

recidivism: New data from community supervision officers. In B. K.

Schwartz (Ed.), The sex offender: Theoretical advances, treatment special populations and legal developments (Vol. 3) (pp. 9-1:9-12). Kingston, NJ: Civic Research Institute.

Indiana Department of Correction (2002). A Three Phase Program for the Monitoring and Management of Sex Offenders within the Indiana Department of Correction.

Indiana, USA.

Marshall, W. L.,& Barbaree, H. (1988). The long-term evaluation of a behavioral treatment program for child molesters. Behavior Research and Therapy, 26, 499-511.

McGrath, R. & Cumming, G. (2000). External supervision: How can it increase the effectiveness of relapse prevention? In D. R. Laws, S. M. Hudson, & T. Ward. (Ed.) Remaking relapse prevention with sex offenders: A sourcebook. New York: Sage.

McGrath, R. & Cumming, G. F., Livington, J.A., & Hoke, S.E.(2002). Outcome of treatment program for adult sex offenders: from prison to community. Journal of Interpersonal Violence.

McGrath, R. (1991). Sex offender risk assessment and disposition planning: A review of empirical and clinical findings. International Journal of Offender Therapy and Comparative Criminology. 35(4).

Murphy, V. T. (1997). Polygraph Issues and Answer, American Polygraph Association.

Pithers, W. D., Beal, L., Armstrong, J., & Petty, J. (1989). Identification of risk factors through clinical interview and analysis of records. In D. R. Laws (Ed.), Relapse prevention with sex offenders. (pp77~87). New York: Guilford.

Raskin, D. C. (1989). Psychological Methodin Criminal Investigation and Evidence. New York: Springer Publishing Company.

Reid, J. E., & Inbau, F. E. (1977). Truth and Deception: The Polygraph Technique. Baltimore: The William & Wilkins Company.

Scott, L.(1997). Community Management of Sex Offenders. In Schwartz, B.K.& Cellini, H.R. (Eds.), The Sex Offender: New Insights, Treatment Innovation and Legal Developments, 16-1-16-2.

Solicitor General of Canada. (1996). Child molester recidivism. Research Summary, 1(2).

第十九章

性侵害犯罪加害人診治時常見的阻抗處理

林耿璋　周煌智

本章學習重點

- 區辨否認、抗拒與拒絕治療三種阻抗現象。
- 瞭解阻抗的功能、分類與處理策略。

摘要

阻抗是一種在治療中會被關注的現象，阻抗現象出現在治療歷程就意謂著加害人有某種需求或需要存在，並且選擇以阻抗的形式呈現出來。本文關注在阻抗現象中的否認、抗拒與拒絕治療這三個概念上。主要內容有三方面，第一方面說明阻抗現象中前述三種概念的主要內涵，就如否認概念的內涵是拒絕自我認定自己是加害人，抗拒概念的內涵是保護自己免受威脅，拒絕治療概念的內涵是單方面停止治療；第二方面分類構成各個概念的範疇；第三方面舉例說明構成各個概念實際狀況的處理策略。

鑑於本文作者投入性侵害犯罪加害人治療實務工作經驗僅有五年的有限性，期望能將本篇文章作為一份臨床實務分享文章，藉由臨床經驗的被整理，來貼近地理解與照顧性侵害犯罪加害人內心世界中創造阻抗現象的那份需求或需要。

關鍵詞

性侵害犯罪加害人、阻抗、否認、抗拒、拒絕治療。

壹、前言

加害人初次接觸治療師時，總會有許許多多的抱怨，例如：「陳述自己知道做錯事了，一定不會再犯，也不可能再犯；」「自己是因為不懂法律才會觸法；」「自己和被害人的性關係實屬兩情相悅，自己事前並不知道對方未滿 16 歲；自己並不是有意強姦或妨害性自主；」「自己並沒有如判決書所寫的那麼嚴重，使用暴力、威脅被害人等；」「自己當時沒有想太多、是喝酒、用藥一時失控才會做出這樣的行為，現在知道錯了，不會這麼做了。」以上等等都是加害人企圖引導治療師認定他是被冤枉的、無辜的、非危險的、願意負責的、知道自己做錯的、本質並不惡的措辭。聽完了這些陳述後，治療師是不是會有一種治療可以不用進行的感覺呢？以上這些都是加害人用以保護自我的一種手段，保護自己可以盡快治療結案、保護自己不被治療師視為危險人物，透過否認、抗拒、拒絕治療的手段來達成此目的，這種現象不侷限發生於治療初期，治療中期、後期也都會出現此現象。因此，治療師在治療過程中得花力氣處理這些現象，允許個案有這樣的反應，探索加害人的擔心，處理加害人的擔心，讓加害人明白治療師的工作目的在於協助他探索令本次案件發生的危險情境、想法，甚至是早期經驗對本次案件之所以發生的影響力，並在充分明白犯案前因後果基礎下，訂定進一步的預防再犯措施，避免再次犯案。本章將區分成三大部分來詳加說明治療歷程中可能會出現的否認、抗拒與拒絕治療，並進一步舉例說明相關處置策略。

貳、阻抗的類型

一、否認

否認是不願承認其行為所造成的後果或逃避承擔責任。否認不同於說謊，說謊者意識清楚地知道自己有意去欺瞞，並且有一個預期的目標或目的要去達成。而否認沒有企圖要使別人信服他們，使人去確信一個新的且錯誤的真實，屬於自我欺瞞的一種，想把注意力轉移開不能接受的地方，否認只是主張事情並沒有發生或者事情就算有發生也對已經發生的事情沒有印象，拒絕承認自己曾做過妨害性自主行為，也拒絕別人認定他是妨害性自主罪加害人，也拒絕別人因為認定他為性侵害犯罪加害人而加諸其身上的刑前鑑定、刑前治療、刑中治療以及社區處遇。

Barbare（*1991*）指出54%在監獄的強暴犯及66%在監獄的兒童性侵害罪犯會否認其所犯的罪行，若加上縮小化罪行則會有 98%之性罪犯均有否認罪行的情形。Happle & Auffroy（*1995*）認為性罪犯之所以使用否認，是為了避免感覺恥辱、困惑、困窘、不足感、責任及罪惡感（林明傑，*2000*）。Hall（*1997*）提出失憶、投射及轉化也應該加以注意。

㈠否認的原因（陳若璋，2002）

1. 為了避免感覺羞恥、困惑、困窘、不足感、責任及罪疚感。因為承認自己妨害他人性自主會讓自己感到自己是一個不好的人，因此加害人多半會把犯罪事實隱藏起來。

2. 加害人陷入一種「魔術般的思考」，亦即如果說它（妨害性自主）不是真的，那就不是真的。只要不承認，就會覺得自己沒有罪。

3. 害怕承認之後，會被他人指責和拒絕，自尊受損，會使他們失去家人、朋友、工作，並且要承受心智和情緒的崩潰。

4. 害怕承認之後會有法律後果，例如「治療時間拉長或者他人對自己有負面的看法」。

㈡否認的分類

Kemnedy & Grubin（*1992*）依否認程度區分成以下四種類型：

1. **內因型**：承認有罪，願負完全責任，且有意願接受治療。

2. **合理化型**：加害人提出一種邏輯上一致或者道德上可接受的解釋，使用認知而非情感的方式來阻斷治療工作。藉此合理化程序使自己不會去察覺行為背後真正的動機。常見的表現型態為承認有罪，不一定承認有責任；但有意願修正自己的行為，包括性行為。例如：「我們是兩情相悅的」「我們是有發生性關係，但這不是性侵害犯罪」「被害人同意性行為且很享受，不清楚被害人為何要告自己」。

3. **外因型**：歸咎被害人、被害人家屬或法令條文太嚴苛。例如「是被害人誘惑自己，是被害人默許下才發生性關係的」「不瞭解被害人未滿 16 歲」「被害人當時並沒有立即提出告訴，被害人是在其他地方被警察抓到才說出這一段歷史事件，導致自己被起訴的」

4. **完全否認型**：完全否認性犯罪。強調自己是被誣告的，自己根本沒做過這種事。完全不記得有這回事，甚至陳述根本不認識被害人。

綜合多位學者否認的分類方式並整理成以下 10 種否認形式。（胡中宜，*2000*；*Winn,1996*；*Freeman-Longo & Pitters,1992*；*Anderson & Fernandez,1999*）

1. 否認事實：對行為的否認，例如「我沒有做」「她說謊」「我掉進圈套中」。

2. 對意圖的否認：否認犯案前已有犯案意圖，例如「我是有做，但是我真的很不想這樣子」「我喝醉了，我不知道我到底做了些什麼」「當時有想到不要傷害她，但就是控制不住自己」。

3. 縮小化責任：歸咎於被害人或個人特殊狀況因素，諸如被害人蹺家、自己酒醉了、當時有用藥，是情緒不正常發洩導致一時失去理智的情況：例如「她沒有說不要」「事發後，她還是有跟我聯絡，寫信給我，發生性行為是她自願的」「是她自己到我的房間來的」。

4. 對性幻想與預謀犯案的否認：否認犯案過程有所準備、計畫，陳述犯案是一時衝動的結果。例如「我從來沒有幻想跟她發生性關係」「事情就是這樣發生」「一時衝動，當時沒有考慮那麼多」。

5. 縮小化犯行的嚴重性：否認犯行的次數、使用暴力、陰莖插入、受害者人數，⑴對犯行次數的否認。例如「我做了，但只發生過一次」「只有那一次而已」⑵對插入的否認。例如「我只有摸她而已，沒有插入」「我只是在陰

道口摩擦而已，並沒有插進去」(3)對傷害、衝擊的否認。承認與被害人有性接觸，但不認為對被害人造成傷害，甚至認為被害人是心甘情願的。例如「她後來也原諒我了，而且現在也結婚了」「我不覺得她有受到什麼傷害」「我們彼此相愛，過程中沒有使用暴力，她應該不會有什麼傷害」。

6. 對治療需求的否認：例如「我自己知道錯了，我不會再做了」「不用治療我也不會做」「我又不是變態、心理有問題，我不需要治療」。
7. 否認自己可能會再犯，否認改變過程可能會遭遇困難。
8. 理智化：藉由某種論述來掌握漂浮的衝突情緒經驗，其論述常表現出企圖理性地證明這個論述的正當性，這種論述的程序使得個體與情感保持著距離。是屬於一種認知上的自我辯解，認知扭曲、外歸因。
9. 否認有不正常的性偏好，偏差的性激起，或從性侵害犯罪中得到滿足。
10. 否認自己需要否認來保護自己遠離羞恥，例如「都已經進來關了，我不需要對你說謊吧」。

㈢否認情況的處理方式

＊否認的評估，使用質性內容分析加害人的否認情況（林明傑，2000）

1. 是否承認自己犯行。
2. 是否承認自己的行為是錯誤的。
3. 是否願意將犯罪歸因成個人因素。
4. 是否同理被害人的傷痛，同意被害人有受到傷害，且願意補償被害人。
5. 是否願意承擔罪責。
6. 是否對自己的犯行有合理化行為。

＊ McGraths（2000）建議的處理策略

1. 盡量使用加害人可以具體回答的問句為會談之開始，例如「談談加害人自己的個人史、獄中生活」等一些能使加害人肯定回答的問題，藉此營造合作的氣氛，減少阻抗。
2. 暫時略過不老實的回答，重新建構下一個問題，避免否認的情況越陷越深。
3. 先取得加害人的相關資料再進行會談，先談成長史，再慢慢導入犯案相關問題，以免加害人在還未確定會談目的下就面臨揭露隱私的高焦慮話題，引發抗拒。
4. 強調治療中合作的重要性，強調治療師在治療中的角色，使整個會談是在一個相互合作情況下探究事情何以會發生，以及日後如何避免類似事情再度發生的氣氛下進行。

㈣其他處理策略

1. 澄清：區分混淆且矛盾的行為或資料。
2. 摘要：摘要個案的陳述內容，使整個陳述內容能連貫起來，澄清混淆之處。
3. 合理性詢問法：針對治療師不能瞭解、覺得不合理的地方進行停留討論，大膽推測加害人可能做出行為的原因，再請加害人說明他的看法，以及陳述當時的狀況，情境、想法、情緒、行為、後果等等，企圖讓加害人的行為具備一定的合理性。
4. 社會規範詢問法：對於加害人違反社會規範的行為做停留，請加害人說明自己如何跨過社會規範、法律、道德的門檻走向犯罪道路，請加害人補充他的看法，並從加害人的補充中引導個案誠實面對自己的行為及其責任。
5. 面質：集中於內容不一致，表情與語言內容不一致之處，以不批評、不攻擊、不破壞的方式進行面質。記住加害人每次提到的犯案細節，有漏洞或衝突不一致之處下次再問。
6. 使用測謊機或生理回饋儀進一步釐清加害人否認的特質，尤其是對於犯罪手法、犯罪模式的隱瞞。
7. 運用團體治療方式，藉由不同學員間的交互探問以及加害人的回應，補足記憶的遺漏以及修改邏輯性不佳的解釋。

舉例說明：

狀況一：我根本沒做，我是被冤枉的，我根本就不需要做治療。

處理方式：是的，也許您正覺得您才是被害者，您根本認為您不需要治療，容許我換個方式來說，我們在治療中強調的預防再犯的終極重點在於預防不要在因為此事而被處罰，除了預防您有心再犯罪以外，還包括您沒心犯罪，卻不小心因某種原因而被告，甚至沒犯罪而被判定有罪，特別是如何在被起訴後打一場對自己有利的官司。

狀況二：我們是兩情相悅做愛的，她（被害人）根本就沒有受到任何傷害，這樣的情況需要做治療嗎？

處理方式：是的，就如您所說的，您看見的是被害人沒有受到任何傷害。能不能請您談談您怎麼看待這件事情？同時，能不能讓我來做一個嘗試，嘗試換另一個角度來檢視這樣的情形，重新再來判斷被害人受傷程度，再來評估治療的必要性。

狀況三：事情的發生跟判決書寫的不一樣，法官都是聽被害人講的話，被害人講的話根本就是亂講，我根本沒做，還把我說成那樣子

處理方式：判決書常常是我們重要的參考依據，因為我對您不熟悉，而這些資料有助於我對您的瞭解，不過，在這裡我要特別強調的是，我更在意您自己怎麼說，您怎麼看待您所發生的事情，請您盡可能不厭其煩地告訴我您所發生過的事情，雖然在您講話的過程中，我會拿您所講的來與判決書內容作對照，不過，我的目的不是在檢視您講的差異有多大，而是在幫助我更瞭解您所經歷的狀況。

狀況四：我沒有做，我是被冤枉的，我已經都進來關了，沒有理由要對你說謊。

處理方式：聽起來您內心有些委屈，此時此刻您的處境是法院已經做了確定性的宣判，如果以您的說法您是被冤枉而被抓進來關，能否忍耐著這種不舒服感，仔細回想這段痛苦經驗，想想是否當初什麼地方沒有特別留意到，才讓被害人要控告你，什麼事情沒做才讓自己沒辦法引導法官做成無罪判決。

狀況五：我當時喝酒了，我也不知道發生了什麼事情，有點模糊了，醒來她們告訴我，我發生了這件事情，說真的我真的不知道自己曾做了什麼？

處理方式：就我所知，喝酒後有一種狀態，我稱之為黑朦狀態。在此狀態出現的行為極可能在酒醒之後會發生短暫失憶狀態，您可能對於這一段時間的記憶不太清楚，不過請您再想想案發前，您人在那裡、跟誰在一起，酒醉之前發生了什麼事情，酒醒之後做了什麼事情，藉由回憶的方式一點一滴的將這段失落記憶補齊，如果還是記不起來，讓我們參考能被您信任家屬或朋友的說法。

狀況六：事情就這樣發生，很自然啊！我不是強姦，我們是兩情相悅下發生性關係的。

處理方式：是的，就您的說法，您們是兩情相悅下發生性行為的，也許在你當時的判斷中，被害人是同意發生性行為的，讓我們一起來探討在一切合情合理下又為何會被告、會被起訴、甚至會被判定為有罪。被害人未成年嗎？被害人事後反悔嗎？您自己判斷錯誤嗎？

二、抗拒

抗拒是指加害人停止製造出材料或停止審查自己，這樣的態度與行為將會妨礙治療工作的進行。之所以會出現抗拒，在於加害人感受到急迫性的危險，且必須保護他自己。因此，許多防衛機轉就會被啟動，如投射、否認、潛抑。抗拒也

可以是指加害人的任何行為、思考、情感反應或人際風格，干擾他使用心理治療來解決問題的能力，無論這問題是發生在治療外或治療結束後。

㈠抗拒的原因

Plant（*1987*）提出抗拒改變或不願意參與任何行為的原因有：*1.* 對無知的恐懼；*2.* 缺乏相關資訊；*3.* 得到錯誤的資訊；*4.* 威脅到核心價值；*5.* 威脅到地位；*6.* 威脅到權力基礎；*7.* 得不到任何好處或願景；*8.* 對治療師不信任；*9.* 人際關係不佳；*10.* 害怕失敗；*11.* 害怕看起來很蠢；*12.* 抗拒被當成實驗品；*13.* 墨守成規、故步自封；*14.* 不願放手。

㈡抗拒的分類

依抗拒的行為型態區分為以下四類（*Miller & Rollnick, 1991*）：

1. **挑釁**：挑戰、貶損治療師，對治療師有敵意，抗拒遵從治療師的意見，討厭權威，抗拒被告知應該要怎麼做，爭論治療師的正確性、專業性，挑戰治療師所說的話，減損治療師的專業性，直接表達對於治療師的反感。例如「我就是沒有做，你們愛怎麼說，隨你，反正跟你講也沒有用」「治療根本沒有用，永遠做不完，根本沒有結案的一天」「會不會再犯，意志力是最重要的，治療根本沒有用，會再犯的還是會犯，不會犯的就是不會犯」。
2. **妨礙**：打岔、阻斷治療的進行，對於治療師詢問案情表現出情緒上的不舒服感，再三保證不再犯，進一步要求治療師不要再問，拒絕回答問題，有一大堆不改變的理由，以合理化的方式來逃避改變。例如「我比較關心能不能趕快結案，讓我上點課，對於未來出社會有用的課，治療根本不能幫助我什麼」；當治療師針對危險情境擬定處理策略時，加害人陳述：「距離出獄時間還很長，現在談未來能不能做到還不知道，這些問題不需要談」；藉此避談進一步預防再犯的策略。
3. **否認**：沒有意願認識問題、接受責任或接受建議，不同意治療師的看法，找藉口，拒絕承認自己有危險情境，縮小化罪行，悲觀，抗拒，缺乏改變意願。不認為自己需要改變需要治療，抗拒認同治療的意義。
4. **疏離**：缺乏對治療的專注，答非所問，沈默，沒有回應，岔開話題。例如：「治療中少發言表達自己的想法，不做作業」；「缺少深刻地憂慮自己可能再犯的可能性，心理阻隔自己會再犯的可能性」；「隔絕治療內容與自己之間的關聯性，不認為治療對自己是有意義的」。

＊認知治療中抗拒的種類（*Robert,2003*）：

1. **肯定需求**：加害人透過不停抱怨、貶低治療價值的方式來表達自己覺得自己真是遭透了，以此來要求治療師除了解決問題及理性觀點外，能夠瞭解並關懷他所經歷的災難。另一方面，加害人也可能會以否認、壓抑情感、分裂，心不在焉、迴避、逃避的方式來處理自己的痛楚經驗。此時，治療師的作法應著重同理加害人的情感、理解並反映加害人的痛楚經驗，瞭解代表著「在乎、關心及保護」。
2. **自我一致**：認知一致會使加害人相信事情可以預期並可控制，當加害人於治療初期否認犯案，治療中期想要改變說詞時會經驗到害怕恐懼的感受，擔心不能控制改變後的情況，或者改變後的自己，使得加害人忠於先前不智決定，畢竟已經隱瞞那麼久了，如果現在改變說詞不就代表先前所做的都白費了。
3. **架構抗拒**：加害人心中存在著某種架構用來解讀事件所附帶的意義，人們傾向會選擇性注意、回憶與原有架構一致的資訊。若能有意識上對於自身思想的習慣性偏差、扭曲及因這些偏差行為引發的迴避或補償機制有所瞭解的話，對抑制再犯是很有幫助的。
4. **道德抗拒**：加害人堅持自己一些難以遵守的道德規條，即便這些規條為他帶來很多不幸及苦惱。當治療師企圖引導他發展理性道德規範時，加害人會出現抗拒現象，個案強迫性地過度承擔責任，且不願找出其它的可能原因。
5. **受害者抗拒**：以受害者自居，抱怨、指責別人、憤怒、認為事情不應該發生在自己身上，否定自己在問題中所扮演的角色，堅持自己是受害者，全副心神地為自己的處境做辯護，並且愈對外解釋說明，愈相信自己的說詞，拒絕接受其他的解釋，並把治療師的挑戰視為對自己的責備或羞辱。
6. **偏安抗拒**：偏安於一偶，不讓自己再受到進一步的損失，或者降低損失。過度低估獲益性，傾向維持現狀，不願冒風險，擔心可能會帶來更多的暴露及公開羞辱。
7. **自我設限**：避開自我評估，將犯案的原因歸因為自己一時衝動、自己飲酒用藥的結果，用以掩蔽真實，抗拒對自己潛在特質的進一步歸因，藉此保住自尊。

＊認知扭曲

1. 認知扭曲的目的包括：⑴拒絕承認被害者的傷害；⑵拒絕承認自己的錯誤；⑶降低自己的不安；⑷只考慮自己的情緒與需要的滿足；⑸減輕對自己的苛

責；(6)維護自尊。

2. 常見的認知扭曲包括：(1)否認：不承認犯罪或省略一些犯罪細節；(2)說謊：故意扭曲資訊，不說實話來迎合治療師的需求；(3)合理化：讓事情看似沒有關係，無關緊要，找藉口；(4)淡化、縮小化：減少犯罪行為的嚴重性及治療的重要性；(5)充權：對於難獲得許可的行為，持有一種當我想要就必須要，且馬上就要的態度；(6)玩弄權力遊戲：表現出優越、支配、控制、霸道、輕視權威的舉動；(7)去人化：不把人當人看，把人當物體看；(8)正當化：把自己所作所為講的如此正當，理由充分；(9)外歸因：將責任歸咎於被害人身上；(10)自憐：自我憐憫，同情自己，為自己難過，讓自己將此不幸事情的責任怪罪到別人身上，並可能因此而更加憤怒；(11)僵化的觀點：絕對化、兩極化的思考；(12)冷漠：對於自己的所作所為抱持「誰會在乎，誰會在意」的態度。

(三)處理抗拒的方式

1. 簡單反映：不去碰觸加害人抗拒的部分，使用回饋式的聆聽以及同理心。
2. 擴大反應：將加害人的想法以較誇大、誇張的方式反映出來。
3. 雙重反映：以加害人的話題為材料，反映加害人的說法，加進加害人未說到的另一方面的說法。
4. 轉移加害人的焦點。
5. 先同意加害人的說法，再逐漸轉化加害人的說法，針對加害人的說法做稍微的扭曲，引導加害人轉向。
6. 強調加害人自己的選擇權與主導權。
7. 重新建構加害人的敘說架構。
8. 悖離治療策略。
9. 討論抗拒的原因，中間劃一條直線，一邊寫下所有可能助長改變的各種力量，另一邊列出所有抗拒改變的各種阻力；從中找出能滿足基本需求的方式化解阻抗。

舉例說明

＊治療初期出現的抗拒

1. 對社會正義、處罰的看法

狀況一：我都已經被關了，這還不夠嗎？我都已經付出代價了，為什麼還要有刑前治療、獄中治療、社區處遇呢，這不是雙重處罰嗎？

處理方式：是的，這樣的處罰方式或許是雙重的，就您的看法也許這樣的，刑罰真的過重了，不過，我相信您也是很希望能夠替您自己的行為負責任，對您將來所做的事情負責任，除了嚴苛外，或許可以往好的方面想，反正好不好都得接受，何不藉此機會與治療師一同討論犯罪路徑，更佳明白犯案前的警告、警戒線，以避免再次犯案呢！

2.不認為自己需要醫療協助

狀況一：我是第一次犯案，過去又沒有犯過這種案子，不是什麼心理有問題，不像重複犯案的累犯或者強姦兒童一樣，我心理沒有問題。只有重複再犯或者性侵害小朋友的才是有問題，才是需要治療的。

處理方式：如您所說的，您可能是不需要做治療的，能不能讓我們一起來討論一下，為什麼一個不需要治療的人，政府還規定得要做治療？另外，參與這樣的治療活動，有沒有什麼地方讓您感到不舒服？每個人都不完美，參與治療並不代表心理一定得有問題，每個人皆有自己特定的習慣行為，治療的主要目的是為了協助您瞭解自己的行為習慣，並進一步打斷犯罪循環。

狀況二：我年紀很大了，根本就沒有性慾，因此也不會再犯，也不需要治療。

處理方式：可能對您而言，您覺得沒有什麼可以再多做的，不需要做任何改變，不過我不很確定您是否會因為一些看似正確，但卻是扭曲想法的影響下而再次犯錯，治療的主要目的是要協助您發現自己需要特別留意的想法、情緒、情境。

狀況三：我已經接受法律的制裁了，已經怕到了，道理也都懂了，一定不會再犯案。

處理方式：我瞭解每個人做錯事之後，都會有自發性的、改過自新的、自我修正的態度，我明白在您入監服刑之初早已充分反省過這件案件，同時也逐漸地安放了這段記憶，並希望不要有人再提起這件事情，希望能讓自己心情平穩一點，我知道討論這些不可避免的會引發您的不舒服感，您有這樣的感覺是很正常的，不過對於一個不瞭解您的我而言，我希望您配合我，讓我能對於您的想法以及反省結果有更清楚的瞭解。

3.對不再犯的看法

狀況一：我說我不會再犯，就是不會再犯，以後我都不會再犯，這一點我可以保證。

處理方式：我很肯定您願意承諾不會再犯，能聽到這樣的承諾很好。在此要進一步說明的是，「承諾」與「行動」間可能會有差距，讓我們檢驗一下您對於危險情境辨識能力以及因應策略的效能，讓我們一起來討論您的自信心，自己一定能成功的信心有多高。另外，也讓我們從治療評估委員會委員的觀點來評估您的狀況，您可能會有哪些被標定為危險因子的地方，讓我們一起努力把這些因素做一個通盤的辨識與處理，豐富您的承諾，讓您的承諾本身包含著計畫與成功的可能性。

4.治療信賴度

狀況一：治療師根本不相信我所說的話，我覺得很生氣，有二度受傷的感覺。

處理方式：有時您可能會以為我不相信您、不支持您，很高興您願意告訴我您有這些感覺，讓我有機會能和您一起討論這樣的感覺，治療中任何時刻有類似感覺時，請都讓我知道好嗎？

狀況二：您根本就是輕視我，你來治療是幫助我，還是來貶低我？

處理方式：對於您會有這樣的感覺，我非常地重視，我無意貶低您，我心裡是想幫助您的，給您這樣的感覺我很抱歉，能不能多談談您對我的感覺，讓我們一起來討論我們之間的關係，看看怎麼樣才不會讓這樣的誤會加深，甚至到達治療進行不下去的情況。我也知道這樣的誤會不太可能一次就能處理，我自己也感受到處理這樣的情況會讓自己有壓力，變得更小心、更審慎，因此，我提議藉此機會來談談您的感受，您接受我的提議嗎？

5.抗拒討論犯案當時的想法

狀況一：犯案當時我的想法是什麼？當時沒有想什麼啊！你問我當時怎麼會想去性侵害被害人，我也不知道（那麼久了根本不記得了）（我當時喝酒或嗑藥，記不得了）。

處理方式：就我所知，心理學有一種防衛機轉，它可以保護人們免於焦慮，有一些加害人也會用這樣的防衛機轉來保護他不再去想自己為何會做這些性侵害犯罪行為，雖然這些作法能夠讓他除去焦慮，但仍舊沒辦法瞭解為什麼會性侵害他人，我不知道您是否會不會這麼做？可否請您談談您的看法？

6.對治療效果的看法

狀況一：會犯就是會犯，不會犯就是不會犯，我都已經知道錯了，你們還不給我機會，如果你們治療師都不相信我，那麼還有誰會相信我，如果你不相信我，那麼再多的治療也沒有效，

處理方式：可不可以請您多告訴我一些您覺得可以保證您不會再犯的原因，讓我們能對您不會再犯的承諾更加有信心。

＊治療中期出現的抗拒

1.治療同盟關係

狀況一：加害人每次來治療，都跟治療師談一些生活中的瑣事、當前的事件或過去發生過的慘劇或苦難，這樣的結果讓治療師沒有機會去討論加害人核心的想法以及如何因應危險情境。

處理方式：我很希望能幫您解決您生活中的難題，也很希望能有機會多聽聽您想說的部分，但是，時間好像不站在您我這邊，我需要在短時間內將我所認為您可能需要瞭解的部分或治療評估委員會委員希望獲得的資訊做更清楚的瞭解，我感受到我有時間壓力，能不能請您配合我，我們先利用幾分鐘討論生活中的難題之後，就接續上一回治療中未討論完的議題，好嗎？我們可以花十分鐘討論您目前關心的事情，接著，我們要繼續針對此次犯罪路徑做進一步的討論。

2.治療關係

狀況一：加害人極力拿一些法令或案例來說明治療師的觀點是錯誤的。

處理方式：您會這樣說一定有您的道理在，能不能請您解釋一下您讓我知道這些有什麼用途，您之所以要這樣說的重點是什麼呢？

狀況二：加害人以生氣或衝動性情緒表現方式，讓治療師感受到有壓力，甚至在引導議題上變得有所顧忌，降低議題探討上的深度。

處理方式：當您以生氣的方式來表達您的情緒時，我猜想您可能有某些想法無法在治療中清楚地表達出來，而要用這樣的方式表達才能夠舒服一點，在治療過程中會有一些壓力出現，這些壓力不一定是全然無用的，它會讓我們更有機會去瞭解衝突本身的意義，並且有機會直接去處理這樣的衝突。

3.抗拒討論犯案當時的想法

狀況一：問到這裡就好了，其他的我不想說了，你不要再問了，這些我都知道，過去傷痛的事情就讓它過去，不要再說了。

處理方式：您希望把這些記憶好好的深藏起來，重新面對人生。為了治療的需要，身為與您一起工作的治療師，我有責任更瞭解您的想法，如此我一方面能夠幫助您，另一方面也能夠幫助治療評估委員會的委員更瞭解您，更清楚您所明白的部分對不再犯有何助益？以及有哪些部分還可以再補強，讓我們慢慢來處理這些部分。在這裡我要提醒的事情是，這些我們會再安排時間討論，在我看來這些資料是很重要的，我很希望您能夠明白這一點。

狀況二：我的情況我都知道了，你不用再問了。

處理方式：（這種狀況也可以是加害人的一種抗拒行為，藉著已經完全瞭解自己的狀況，而不用再去碰觸細節。）真好，請您說說你清楚自己的部分，讓我也能夠更瞭解您所知道的部分。

狀況三：加害人表情冷淡、無精打采，長時間保持沈默，陳述自己沒有想到什麼可以說的。

處理方式：似乎在您的心中並沒有什麼動力催促著您需要去講話，這會讓您覺得沒有事情要去說的？而這樣的狀況會導致我們沒辦法針對您當時的想法，特別是危險想法、扭曲想法做進一步的分析討論。讓我們一起來想個辦法幫助您能夠用言語表達出您的想法。

4.對治療內容的看法

狀況一：你們這些治療內容很多是重複的，而且對我們每天的生活根本沒有幫助。

處理方式：也許這些課程內容對您的生活沒有幫助，而且讓您感覺到整個人的經驗被切割開來，治療團體課程是一種生活經驗，治療團體外又是另外一種生活經驗，而且這兩種生活經驗可能是有所衝突的，這樣的情況也是常見的，讓我們一起來看看這兩種經驗間如何統整才能讓生活變得一致。

5.罪犯權益的維護

狀況一：治療師，我的假釋時間快要到了，能不能趕快結案。

處理方式：答應加害人將盡快結案，與加害人討論結案的標準以及未來可能需完成的部分，以提昇加害人的治療動機，另一方面也提醒加害人可能會出現延誤刑期的可能性，降低加害人如期結案的期待感。

狀況二：我覺得參加你的團體治療很不公平，別人很快就結案了，我為什麼那麼久？

處理方式：您想結案，你感到不公平，比較別的學員結案速度，您覺得您的治療時間比他長，請您告訴我您希望我能做些什麼會對您有所幫助呢！能不能讓我們一起來討論怎麼做才能做到幫助您早日結案？

狀況三：你不趕快讓我結案，我都沒辦法去申請上課或學技術，這更讓我一事無成，出獄後更加困難適應。

處理方式：我想您的顧慮是對的，沒有學會一技之長，出獄後遇到的困難是存在的，不過我想跟您討論的是，我們的目標是完成治療結案，就以人生任務而言，我們是不是先得完成這個治療，然後才能進一步計畫上課學技術呢，讓我們一起來檢討為何還沒結案的理由，您覺得完成結案這件事，我要負擔什麼樣的責任，而您的責任是什麼呢？

＊治療後期出現的抗拒

1.治療同盟關係

狀況一：在這裡只是在拖時間而已，該上的課我都上了，考試也都考了，治療評估委員會的要求，我也都做到了，反正現在就是拿級數到一、二級才能結案就對了。

處理方式：如果您覺得情況是這樣子的，那請您想一想還有沒有什麼樣的目標是您還想討論，您自己對於未來治療時間的安排有何想法呢？

2.對於治療結案的看法

狀況一：我的情況比較輕微，犯案比我還嚴重的都已經結案了，我為什麼還沒結案？

處理方式：（肯定並接受個案的痛苦，正常化他的痛苦，陳述大多數人碰到這種情況一定也一樣感到非常難受）很高興您願意提出來討論，以時間區分的話，確實別人結案速度快，讓我們來討論為何他的情節比較嚴重？為何他的結案速度比較快？讓我們從這樣的檢討中找到結案的依據。

狀況二：你（委員會）要讓我期滿出獄是不是？我猜想一定是這樣子的。

處理方式：也許您自己覺得自己所犯的錯誤需要更多的處罰才夠，不過我很在乎您是不是能夠妥善地利用治療方案來幫助自己免除於再次犯案的可能，治療的目的在於幫助您能夠不再犯，我很期望你能達成這個目的。

3.對治療效果的看法

狀況一：那個在團體治療中都不講話的人也結案了，我為什麼還不結案，您的結案標準是什麼？

處理方式：（與加害人討論他認為自己與別人之間的差異）您拿自己的情況與別人做比較，且發現有不公平的地方，甚至激發您對結案標準的好奇，接下來讓我們一起來對照您與別人間的差異所在，並從中歸納出可能可以結案的標準。

4.罪犯權益的維護

狀況一：我已經治療那麼久了，到底怎樣才要讓我過呢（結案），你們到底有什麼標準啊？我已經治療三年了，現在又轉成刑中治療，我到底要治療多久？

處理方式：（說明治療未通過的原因，同理加害人的感受，提醒加害人衡量自己目前距離假釋日期還有多久，還能做些什麼事情能夠有助於早日結案，讓治療時間太長的傷害性有所降低）我明白您很期待可以預知結案的可能日期，不過我只能告訴您下一次治療評估委員會開會的時間，至於會不會寫報告向委員會提出結案建議，實有賴於您治療的進展，也許我們來衡量您目前的治療進步情況，看看有哪些疏漏的地方可以在下一次委員會開會前補齊的。

狀況二：如果你說治療有效的話，那為什麼我治療了五年還沒有通過呢？我不是故意要說你的治療無效，我只是有點不清楚要怎麼做才算治療有效，你可以給我一個準確的答案嗎？

處理方式：我很高興，您關心治療有效性的問題，我深信治療一定是有效的，只不過要從那個指標來評估而已，就以我們一起合作的治療情況看來，若以結案為治療有效的指標而言，治療還沒達到目標，但我不會說我們的治療沒有效，就以我們治療剛開始的狀況與現在比較的話，我看到您有很多的進步，不知道您同不同意我的看法？我想現在是一個機會讓我們停下來討論一下我們的目標，若以結案為最終目標的話，我們還有哪些工作需完成，瞭解清楚後再讓我們一起繼續努力。

三、拒絕治療

加害人單方面的決定停止繼續前來進行治療，不願意順從、合作。

(一)加害人拒絕治療的原因

1. 對治療的預期及需求沒有得到滿足。加害人原本想要藉由積極參與治療達到治療結案的目的，但面臨一次又一次治療評估委員會的沒有決議結案，因而拒絕治療或要求治療師不要那麼常叫他出來做治療。
2. 治療關係不良，與治療師關係不好，對於治療師治療時間安排以及治療風格不滿，要求中止治療或者表明出想轉到別組做治療。
3. 治療師無法聽懂加害人的問題，沒能相信加害人所說的內容，或者加害人沒辦法接受治療師的想法，造成加害人在治療中常體驗到挫折的感受，不想繼續受挫，要求停止治療。
4. 對於治療師要求要在團體中說出自己犯案經過，因擔心被別人知道自己的狀況，拒絕以團體方式進行治療，要求個別治療。

舉例說明

狀況一：我不要做治療，我決定關到期滿，我不要做治療。

處理方式：也許您覺得自己案情嚴重，並且還牽涉其他案件，您推測您根本不可能有假釋的機會，導致您不想做治療。是的，這樣的情況讓任何人來承受的話，都是一個不易接受的重擔，不過，我想要跟您談的是，治療是明文規定要做的事，而我是被委託來與您一起合作，您可以再考慮看看治療的價值性，也許這

樣的過程能夠讓您的生活過得更滿意也說不定，我期望能與您一起合作，當然您的決定才是最重要的。

狀況二：不要常叫我出來做治療，久久叫我一次就好了，我的刑期還很長，不會那麼快結案，等級數高一點再叫我出來治療。

處理方式：關於您這樣的處理，我一方面覺得這樣的處理方式是明智的，另一方面卻擔心如果每次都隔那麼長的一段時間才做治療，很有可能每次見面都是對於當前狀況的閒聊，對您的幫助可能會打折扣，如果可以的話，我們可以安排密集治療一段時間後休息一段時間，然後再繼續治療。

狀況三：我根本就沒有性侵害別人，我拒絕接受治療。

處理方式：是的，就您自己的看法來說您沒有做，不過，我希望跟您談的是，您沒有做，但法院裁定您需要做治療，因此現在我們的共同目的是要完成治療這個目標，是不是能請您想想您因為要證明自己沒有做？或者因為自己沒有做而拒絕治療，這是不是一個明智之舉呢，會不會因為拒絕治療而喪失自己的權益；換個方式來說，如果您能盡快通過治療，您就可以早日假釋。

狀況四：該講的我都講了，還有什麼好講的，沒什麼好講的，講也沒有用，應該可以不用再做治療了吧！

處理方式：似乎您對治療有點失去了信心，您有這樣的感覺是很正常的，我們合作了那麼久的一段時間，卻還未達到治療結案目標，我知道您有許多失落心情，我知道先前的行為問題、刑期長短都會影響治療結案的時間，我也無法保證治療何時會結案，您願意讓我們再一起討論未來該怎麼辦，您願意讓我們整理過去所學的東西，並積極思考治療評估委員會委員所提的意見，一起來檢討未來的治療方向以及安排治療時間等等。

以上所討論到的否認、抗拒、拒絕治療等概念、原因以及舉例說明，仍不夠完整，僅僅是將臨床工作上發現的常見情況整理並拿出來分享，期望在否認、抗拒與拒絕治療行動被視為治療過程中常態現象之際，治療師能夠讓阻抗成為治療合作關係中有意義的部分，不把阻抗完全歸因於個案有意衝著治療師而來，而是加害人一種害怕的表達形式，藉由相關的處理策略，接納加害人的擔心害怕，引導加害人找出適切的方式來減緩阻抗，讓更深層的資料被顯露出來，在治療與監督中能夠因為對於加害人內心世界有更清楚的瞭解，諸如早期經驗、危險情境、想法與情緒行為間的關聯性等等。於治療中積極處理否認、抗拒、拒絕治療等現象，其目的是不想讓這些現象因為未被處理而造成加害人再一次犯罪，並且期望藉由妥善處理這些現象後，加害人所顯露出來的資訊能讓預防再犯策略盡善盡美。

最後要提醒的是，加害人承認犯罪與否、是否自我標籤自己是一個性侵害犯罪加害人並不是治療的第一要件，規律地完成治療才是重要要素，重要的是提醒加害人不要中途而廢，能完成整個治療方案。Maletzky（*1993*）的研究發現也支持能完成認知行為團體及個別治療之性罪犯能成功避免再犯，即便從未承認罪刑也是如此。Maletzky & McFarland（*1995*）也發現雖未承認犯行而能完成參加團體流程者，其再犯率會比只承認犯行而未完成療程者低。

參考文獻

中文文獻

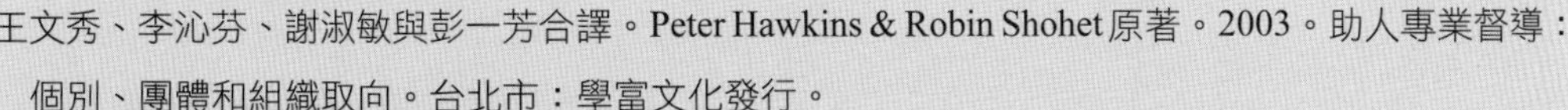

王文秀、李沁芬、謝淑敏與彭一芳合譯。Peter Hawkins & Robin Shohet 原著。2003。助人專業督導：個別、團體和組織取向。台北市：學富文化發行。

林明傑（2000）。如何從個案資料進行性侵害犯罪加害人之評估。推動性侵害犯罪加害人身心治療及輔導教育南區研討會。P29-31。

林明傑（2002）。性罪犯之樣態及評估意義。性侵害犯罪加害人評估專業訓練研討會。P12。

胡中宜（2000）。性侵害犯罪加害人之輔導教育與矯治社工處置策略。性侵害犯罪加害人輔導教育教學研討會。P32-35。

高蕙芬譯。Leahy Robert L.著。2004。認知治療對個案抗拒的處理。台北市：心理。

陳若璋（2002）。性罪犯評估要素。性侵害犯罪加害人評估專業訓練研討會。P125-127。

英文文獻

John Gunn & Pamela Taylor,2000.Forensic Psychiatry : Clinical,legal and Ethical issues.Butterworth Heinemann ,London.p407-434.

第二十章

性侵害犯罪被害人的創傷與治療

陳筱萍　周煌智

本章學習重點

- 性侵害犯罪被害人的心理障礙與創傷後壓力症候群的診斷。
- 性侵害犯罪被害人受創後之心理反應。
- 幼童期、青春期性侵害的症狀和跡象。
- 性侵害犯罪被害人處理原則與治療技巧。
- 案例：不堪回首——性侵害犯罪的創傷。

摘要

被性侵害的受害人，常有揮之不去的生理和心理的創傷，受到箝制的心靈不斷被侵害的事件啃噬著，腦海中不斷縈繞著可怕的歷程，從他們的身體、行為、情緒、人際關係等總總跡象，可發現有很多的創傷需要醫療的協助和治療。

創傷的復原是長期而漫長的路，根據國外的研究，亂倫的受害人需經過將近23年的治療才能撫平內心的傷口。創傷的症狀通常都是極為複雜，常需精神科醫師、社工人員和心理師共同來處理。在治療中，最先是給予她安全感和信任感，陪伴她走過痛苦，同理她的感受，鼓勵她打破沉默，說出真相即是復原的第一步。接下來建立她自己的危機處理清單——寫出在情緒低潮時的支援系統和資源網絡，讓她學習控制自己的情緒。也可藉著團體治療的方式，讓同樣曾受到這種傷害的人在一起，做心理劇、角色扮演，在一次一次的儀式中，學習釋放內心的否定、自責和罪惡感，而幫助自己學習新的因應方式。重新出發，重新建立屬於自己的人生都是一段艱辛的學習過程，在她步伐尚不穩健時，她需要有人從旁扶持，慢慢修復她與社會間的裂縫，讓受傷的心重新閃爍。

關鍵詞

被害人、創傷、創傷後壓力症候群

壹、性侵害犯罪被害人的心理障礙與創傷後壓力症候群的診斷

一、創傷後壓力症候群

當被性侵害的當時，被害人的內心狀態可能是害怕的、焦慮的、混亂的、無結構的和不確定的！但是我們所能見到的表面現象，極大的可能並不是如此，她們外在可能顯示出冷靜、理性、平穩口氣、沒有提及性侵害犯罪經驗（*Norris, 1986*）。但是要去揭露童年創傷事件的細節，內心需經歷巨大的痛苦，即便治療師提供了一個同理、接納的氣氛，對這些女性成人來說，依然是一件不容易的事情，她們需要被理解，這並不是她們刻意的偽裝或是防衛（*Sanclerson, 1995*）。許多被害人被性侵害後，開始出現精神心理反應：包括反覆回想被強暴事件、易怒、驚慌失眠等現象，短時間內可稱為急性壓力反應，持續一段時間後則會演變為創傷後壓力症候群（周煌智，*2003*），根據美國精神醫學會所出版的診斷與統計手冊第四版定義：所謂「創傷後壓力症候群」是指在經歷過一種嚴重創傷事件後，出現了嚴重、持續、或有時延遲發生的壓力疾患，並且持續超過一個月以上謂之。這些症狀大約可以分為三大群：㈠過度警覺，㈡逃避反應麻木，㈢痛苦經驗再現。其診斷準則除了必須符合上述嚴重創傷事件與時間外，尚須符合下列所定的標準 B 項至少有一個，C 項至少有三個，D 項至少有兩個以上，如表 20.1：

表 20.1　創傷後壓力症候群診斷準則

A.一個人經歷了超過個人尋常經驗的事件，而這個事件是明顯對任何人都會有明顯的的窘迫或傷害

B.此創傷事件以一種（或一種以上）下列方式持續被再度體驗：

1.反覆帶著痛苦讓回憶闖入心頭，包含影像、思想、或知覺等方式。

2.反覆帶著痛苦夢見此事。注意：在兒童可能為無法了解內容的惡夢。

3.彷彿此創傷事件又再度發生的行動或感受〔包含再經歷當時經驗的感覺、錯覺、幻覺、或是解離性瞬間經驗再現（Flashback），不論當時警醒或正處於物質中毒皆算在內〕

4.暴露於象徵或類似創傷事件的內在或外在某相關情境時，感覺強烈心理痛苦。

5.暴露於象徵或類似創傷事件的內在或外在某相關情境時，有著生理反應。

C.持續逃避與此創傷有關的刺激，並有著一般反應性麻木（創傷事件前所無）可由下列三項（或三項以上顯示）：

1.努力逃避與創傷有關的思想、感受、或談話。

2.努力逃避會引發創傷回憶的活動、地方或人們。

3.不能回想創傷事件的重要部份。

4.對重要活動顯著降低興趣或減少參與。

5.疏離的感受或與他人疏遠。

6.情感範圍侷限（如不能有愛的感受）

7.對前途悲觀（如不期待能有事業、婚姻、小孩、或正常壽命）。

D.持續有警醒度增加的症狀（創傷事件前所無），由下列兩項（或兩項以上）顯示：

1.難入睡或難保持睡著。

2.易怒或爆發憤怒。

3.難保持專注。

4.過份警覺（hypervigilance）。

5.容易受驚嚇（startle response）。

除了創傷後壓力症候群外，常見與其共病或單獨存在的精神疾病還包括憂鬱症、恐慌症、失眠等疾病，因此，精神科醫師在處理這些病患時也應該注意到其背後的創傷事件。

二、精神醫療的診療流程

性侵害被害人經過性侵害防治中心的社工師初步的評估，認為疑有創傷後壓力症候群和急性心理壓力反應，會轉介至精神醫療機構做精神心理的評估。有部份的檢察官和法官擬對被害人的精神狀態加以瞭解，也轉介至精神醫療機構做精神心理方面的評估。通常僅有少數被害人因為存在有精神的症狀，如失眠或憂鬱的情緒，也會自己到醫療院所求助，所以不是全部的被害人會接受精神的診療。而篩選的過程中大都是社工師、檢察官和法官在處理，而非醫療專業的人員。評估內容包括精神和心理的層面，進行的方式包括深度會談（個別和家庭）、行為觀察和心理衡鑑。經評估後有精神方面的症狀，則給予藥物的治療。經評估具有心理的創傷，則給予心理的治療或諮商。但如能早期得到兩方面的治療，則改善的效果會更佳。

貳、性侵害犯罪被害人受創後之心理反應

一、影響創傷的因素

㈠客觀因素：包括受害時的年齡、持續時間、發生頻率、受害性質、與施虐者關係等。

㈡主觀因素：個人特質、個人對強暴的看法、個人支持系統與資源（家庭背景條件及復原條件）等。

二、短期與長期行為影響

受創後的心理反應分成短期與長期的影響，分述如下：

㈠短期影響通常延續數週至數月，常見的症狀為：退縮、行為退化、睡眠困擾（尿床、惡夢）、身心症等。

㈡長期影響，可能會延續數月至數年不等，包括：

1. 難以信任人，人際疏離，人我界限不清楚，社交技巧不佳。
2. 親密關係困難：容易性愛混淆或害怕異性。
3. 在性方面，會過於早熟，有性焦慮或罪惡感，同性戀、性冷感或性關係複雜，賣淫。
4. 在情緒、精神病態方面，情緒不穩，會有妄想、否認、意識分裂、憂鬱、強迫思想和行為、缺乏現實感、自我概念混亂、上癮行為等。

三、常見的心理反應

被害人可能存在有下列的反應，包括

㈠恐懼、害怕、沒有安全感。

㈡羞恥。

㈢罪惡感、自責。

㈣緊張、焦慮、憂鬱。

㈤自我價值低。

㈥憤怒、敵意、生氣、厭惡。

四、倖存者的精神疾病

㈠在標準化測驗中顯現具有身體化、憂鬱、焦慮、恐懼、人際敏感度、妄想和精神病傾向等方面的分數明顯高於其他病患。

㈡兒童期受到虐待的倖存者比其他病患更明顯出現較多的失眠、性無能、解離、憤怒、自殺傾向、自殘、藥癮、毒癮、酒癮的症狀。

參、幼童期、青春期性侵害犯罪的症狀和跡象

針對不同年齡層的人，發現其被性侵害可能的徵候，分別如下：

一、幼童期的症狀

㈠身體的跡象：性病、陰道炎、膀胱發炎、排尿排便疼痛、喉嚨紅腫、疼痛、嘔吐感。

㈡行為跡象：懼怕、拒絕、在校行為改變、自我傷害、覺得自己很壞、失去個人認同、早熟性知識。

二、青春期的虐待跡象

(一)身體跡象：身心症，頭痛，腹痛，貪食，厭食。
(二)心理跡象：退縮、孤立、依賴、不信任、角色顛倒。
(三)行為跡象：自我虐待、離家出走、行動表現、性別混淆。

三、性傷害後的反應

(一)情緒：罪惡感、羞恥、焦慮、憤怒、害怕、失望、無助、麻木、困惑、傷心、敵意、驚慌、不安、過份敏感。
(二)人際關係：退縮、緊張、恐懼、喪失對人的信任感。
(三)生理：陰道受傷、懷孕、性病、身體不舒服（頭痛、胃病、尿床、憂鬱症）、飲食和睡眠習慣改變。
(四)行為：無法集中注意，功課一落千丈、偏差、違規、犯罪行為、逃家、對大人有恐懼感。
(五)對自己的看法：自卑、低自尊心、自責、自我虐待（如自殺）、自我懷疑、自暴自棄、有扭曲的身體形象感。
(六)性心理與性生理異常：變態性知識，自慰過多，性虐待兄弟姐妹、朋友或比他更小的孩子，性雜交。

當我們從事諮商輔導，或是週遭的親朋好友有上述的症狀或困擾，就可能遭遇到重大創傷事件，特別是性侵害犯罪，此時需要依照下面的原則與技巧去處理：

肆、性侵害犯罪被害人處理原則與治療技巧

一、處理原則：

(一)高危險期：剛案發或秘密剛揭露時期

1. 安全性：保護個案不再受害為第一考量，並且協助尋找支持系統，尋找那些

關係是支持與幫助的可能來源，並決定是否對施虐者採取法律行動。

2.在心理危機方面，給予心理支持避免受到二度傷害或加深心理創傷。

㈡後續輔導注意事項：

危險期過後，受害者及其家人需接受持續性、長期和專業心理治療。在提供持續的輔導需注意以下事項：

1.清楚說明自己的角色，例如：可提供什麼樣的協助。治療關係避免支配性，減少隔離，認定其求助為一勇敢行為。

2.給予安全治療環境，強調個案現階段生活中可運用資源，並支持個案設立將來生活目標。

3.讓個案知道在治療過程中，可能會面對的情緒起伏及心理狀況。

4.協助個案辨識現在與過去，拉回現實感。個案在回溯過去創傷，避免二度傷害。

5.與個案協力擬出解決方針，開發其內在資源，幫助他體驗有效的改變過程。

以下的句子與原則可以提供參考：首先必須保持平靜，然後說出『很高興您能說出來，這不是您的錯，那件事過去了』。當獲知自己的親朋好友可能被性侵害時，傾聽：「接納（被害人）的經驗，面對真實發生的事，並請警察系統和社會福利系統協助」

二、創傷治療（復原的歷程）

㈠藥物治療

當治療創傷後壓力症候群必須考慮藥物的使用時，需要評估下列幾項問題：治療合作度（*compliance*）、副作用的忍受度、治療時程、標籤化（*stigmatization*）、生病角色（*sick role*）、家庭與社會的支持系統及互相信賴等等情形。藥物治療要發揮效果必須病人要有服藥的意願。許多創傷後壓力症候群的患者並不希望使用精神科藥物，所以第一步就是要讓患者瞭解藥物所扮演的角色；其次，藥物的副作用也要詳細解說，避免副作用一出現，病人便停藥。藥物治療可以分做三階段：1.穩定期；2.維持期；與3.停藥期。穩定期主要與病人建立關係，讓病人瞭解其問題雖然是由外來的環境壓力所引發，但在生理或生物學上的改變可藉由藥物來使其恢復正常。雖然創傷後壓力症候群的藥物維持療法時間多久尚不清楚，但至少要達一年以上。甚至有時如同焦慮症一般必須終生用藥（林式穀，2000）。

㈡心理治療

治療創傷後壓力症候群不管是對個體、家庭、團體或社區，重現個人的、功能的與人際間的關聯。以下說明治療的階段：

1. 安全感：

必須營造安全的環境，恢復控制力及自主性。因此，在接觸過程中必須小心個案的心理反應，這些反應可能是過度激烈的反應，但必須讓個案瞭解她在這裡是安全的、不會受到傷害的。並且教導當事人對於一些因應壓力的技巧。例如：肌肉放鬆法、腹部呼吸法與正面的思考和自我對話。如教導當事人如何去改變負面的思考內容（如:我覺得我一定很爛，才會被強暴；為何我被強暴還會有快感？），而以較正面的想法來代替（如:這不是你的錯，妳仍有許多關心妳的人在妳旁邊陪伴妳；這是一種生理反應，只要有刺激，就會有一些反應。）。

2. 回憶與哀悼：

依據Herman JL（1995）在她的「創傷與復原」一書中提出第二類「創傷之復原階段與處理方法」，她認為「創傷復原之模型是螺旋狀向更高層次意義統整的循環歷程，因此前一階段處理過的議題，如安全感、信任，會在下一階段重複出現，但是會經歷更高層次的統整，其中『故事重建』在創傷復原階段中佔最重要地位。重述創傷引發敘說的復原力量，將創傷是羞愧與屈辱的故事，轉變成見證是存活的光榮。創傷經驗的敘說在復原過程中佔有重要性，創傷經驗的敘說成為受創者復原力的動力來源，此種「賦予能力」（*Empowerment*）的感覺，是當事人在復原過程中重要的核心經驗。人類的行動與想像決定了那些事情會包含於敘說裏，哪些則否。在個人的敘說裏，建構了過去的經驗和行動，用以宣稱他們的認同，以及型塑他們的目的。敘說創傷的治療性故事的主要目的：「是要將災難存放在過去中，將創傷記憶完整、精緻的經過敘說的資訊處理過程，納入原本的生命故事中，展現出故事的完整性、延續性。」唯有敘說，才有生命故事的完整與延續。我們需要幫助當事人們在創傷過後，找到這樣的生命故事——「這是我的故事，我是故事中的（女）英雄，我的故事是有美好未來的。」進一步而言，就如同觀賞一部災難創傷電影時：「將悲傷與痛苦，留在電影院裡；整理好情緒，走出電影院，重新面對未來新的人生。」（引自周煌智，2003）。

3. 自我統整、恢復社會聯繫：

許多被害人會有嚴重的罪惡感，甚至會有疏離感、情感麻木，因此，必須進行自我統整，找回失去的感覺、重新接觸情感、並且適當的釋放情緒。必要時，必須尋求社會支持系統，例如：社會福利機構的協助與幫忙。同時必須學習注意自己的身體健康，改變內在的負面訊息，原諒自己與自己和解，並處理與他人的關係（梁玉芳，*1998*；穆怡梅譯，*1994*）。

三、可運用的治療技巧

㈠接納、同理、支持：建立良好信任、安全的關係。
㈡情緒宣洩，錯不在你：不斷重覆告訴案主錯不在你，減少其自責和內在歸因。
㈢情緒表達：藉著繪畫、黏土、木偶表達情緒。
㈣內在小孩：以溝通分析的理論，運用現在的我處理小時受創的我。
㈤放鬆練習：藉由放鬆、靜坐和冥想的技巧，幫助情緒獲得疏解。
㈥遊戲治療：藉著遊戲或沙遊處理內在的焦慮。
㈦催眠治療：藉由催眠處理內在的創傷，使得創傷減敏法。
㈧運用問題解決治療策略：共同討論可幫助自己復原的力量，列出清單，而去執行。
㈨奇蹟式問句：當你溺水時需要什麼？你的救生圈在那裡？
㈩讀書治療：藉著具有鼓勵性的文章共同研讀和討論。
⑪角色扮演：空椅子，心理劇，團體策略處理內在的創傷。
⑫重新賦予意義：激勵（*empowerment*）案主有不同的生命意義。
⑬害怕失去策略（*fear of loss*）：針對性虐待的伴侶，以分房睡，拒絕做愛，離家出走，訴請家暴法或離婚為策略。

四、治療人員態度

㈠性侵害犯罪不是受害者的錯，注意言語不要隱射個案咎由自取。
㈡相信受害者。
㈢支持個案種種需求皆是正當，避免不聽信或判斷他的想法是錯的。
㈣別淡化性侵害犯罪事件，因性侵害犯罪都有極大的殺傷力。
㈤性侵害犯罪是一種罪行，其中必有受害者，只有加害者一人應該承擔責任。

㈥別試圖花時間了解加害者，把精神集中在個案的遭遇需求及治療上。
㈦別表示或隱射個案應該原諒加害者，就治療而言，原諒不是最主要課題。
㈧支持個案應付求生的行為是正當的，幫助他了解求生行為的好處和傷害性。
㈨假如個案曾遭受肉體的滿足感，請幫助他拋開羞恥感。

五、解除創傷的評估

心理學家瑪麗、哈維（*MaryHarvey*）為創傷的解除界定七個標準：
㈠創傷後壓力症候群的心理症狀在可控制的範圍之內。
㈡患者能夠承受與創傷記憶有關的情感。
㈢患者對她的記憶有主控權，她可以選擇去記住創傷，也可以選擇將記憶擺到一邊。
㈣對創傷事件的記憶是連貫的故事，並且是有感情的。
㈤患者受傷的自尊已經恢復過來。
㈥患者的重要關係已經重建起來。
㈦患者已經重建好圍繞著創傷故事一致的意義和信念系統。

案例：不堪回首——性侵害犯罪的創傷

小玉不知心中的魔鬼何時才能離開，長久以來它一直住在心中，漸漸蠶食鯨吞她的生活、工作、婚姻和未來。

埋在心中深處的祕密，讓正值青春年華的小玉，臉上缺少年輕的光采，總是帶著抑鬱的表情，食之無味的一天過著一天。

在治療室中，講著童年的祕密，彷彿是一場夢魘，久久不能平息激動、憤怒的聲音，也不時出現感傷、哭泣的情緒。

原本是一位天真無邪的小女孩，她的人生原是美好、燦爛的，在父親的摧殘傷害後，變得膽怯、退縮、無助，晚上不敢獨自睡覺，內心相當恐懼、害怕，擔心侵犯再次發生，神經繃得很緊，夜夜做惡夢，總是有一些壞人在追殺她，常在驚醒下醒來。

小玉不敢相信父親會傷害她，她懷疑是否自己做錯事，父親用此方式懲罰她。但她又不敢把這件事告訴母親、老師和其他人。在她懵懂的認知裡，不知這件事是對是錯，只覺得很痛、很不舒服、很嘔心。

國中時，父親在一場意外中死亡，全家人都很哀慟，只有小玉猶如解脫般的慶幸著，偶而為自己的慶幸夾帶著一絲絲的罪惡感。以為那件祕密會隨著父親的去世而埋葬，應再也不會受到他的糾纏、傷害。然而小玉發現惡夢並未遠颺，那些讓她覺得害怕的事，成為她生命中最大的秘密，卻一直在影響她的未來。

『很爛、骯髒、不完整、卑賤』的念頭揮之不去，常不自主地重覆洗手、洗自己的身體。日子恍恍惚惚地過，總覺得不快樂，但又說不出那種難過。與人的關係總是隔著一層紗，小玉走不過去，別人進不來，久而久之形成孤僻、孤立狀態。和家人關係很生疏，她不喜歡這個家，恨母親為何當初不拯救她，恨弟妹境遇比她好，恨世人遺棄了她，心中充滿憤世嫉俗和不滿。

總是有不安全感，堅持不穿裙子，快速從男孩子身邊走過，怕出門、怕走夜路，擔心自己會被強暴，揣想很多害怕、恐懼的畫面。已經 20 多歲，但不敢和異性說話，一旦在工作上必須接觸時，全身毛孔都會豎立起來，變得相當緊張。最近母親在提醒她，已屆婚姻年齡，要帶她去相親，她知道那是不可能的，但她無法告訴母親她到底哪裡不對勁？

悲慘的故事不斷的上演著，在報章雜誌上會看到「泥水工逞獸慾，稚齡女遭殃，罔顧倫常，玷污自己親生女」，看過後會咬牙切齒一番，之後事件會像社會新聞一樣漸漸被人們淡忘、遺忘了。當真正接觸性侵害犯罪受害人的輔導與治療工作後，深刻省悟到「亂倫」、「童年受侵害」是一輩子的煎熬和苦難。

對性侵害犯罪加害人而言，牢獄是有形的枷鎖。而對性侵害犯罪受害人而言，傷害卻是無形的枷鎖。加害人為了一己的性慾或強調只是進去出來一下而已，但卻深深造成有些受害人輕生、有些崩潰、有些自暴自棄，給予受害人無期徒刑的審判。感嘆作為女性的悲哀，猶記得彭婉如命案和喧騰一時的針孔攝影事件，女性無時無刻都要保護自己的身體，擔心伴隨而來強暴、猥褻、性騷擾、暴露狂、偷窺狂。這些加害人可能是陌生人，可能是親人，也可能是街坊鄰居的伯伯，都不知要從何處去防範，只能提醒女性不去人少的地方，建議社會提倡兩性平等，多尊重個人身體的自主權。亂倫是大人對弱勢兒童的宰制，它的殺傷力相當強，不只性，尚包括親密關係的絕裂。它會成為她們一生中不能遺忘的陰影，影響相當深遠，包括心理、情緒、自我概念、人際交往和性關係，甚至禍延下一代，對子女過度保護或自己成為施虐者。亂倫被舉發畢竟還是有限，尚有很多女孩擔心上報、上法院的二度傷害，也擔心整個家庭的瓦解，而隱藏內心痛苦的祕密。創傷卻像潛伏猛獸，不時在心中悄然出現，啃蝕他們的靈魂，以致成長停滯不前。

創傷的復原是長期而漫長的路，根據國外的研究，亂倫的受害者有時要經過將近 23 年才能撫平自己的傷口。且創傷症狀通常都是極為複雜的，常需精神科醫師、社工人員和心理師共同來協助。在個案治療中，最先是給予她安全感和信任感，陪伴她走過痛苦，同理她的感受，鼓勵她說出心中想法，打破沉默，說出真相即是復原的第一步。接下來建立她自己危機處理清單——寫出在情緒低潮時的支援系統和資源網絡，讓她學習控制自己的情緒。也可藉著團體治療的方式，讓同樣曾受到這種傷害的人在一起，做心理劇、角色扮演，一次一次的儀式中，學習釋放內心的否定、自責、罪惡感，和幫助自己學習新的因應方式。重新出發，重新建立屬於自己的人生都是一段艱辛的學習過程，在她步伐尚不穩健時，她需要有人從旁扶持，慢慢修復她與社會間的裂縫，讓受傷的童年重新閃爍青春生命的光采。我國性創傷治療剛在起步，國外的心理創傷治療有很多值得借鏡，以下介紹美國舊金山的強暴治療中心，以供參考。

伍、美國的性侵害犯罪被害人診療

一、以舊金山強暴治療中心為例（San Francisco Rape Treatment Center, S.F.R.T.C.）

「舊金山強暴治療中心」（*S.F.R.T.C.*）對於性受害人提供 24 小時之服務，包括生理、心理及其他多種照顧與追蹤。「舊金山強暴治療中心」的宗旨是提供廣泛，深入的諮詢和治療對於那些受性傷害之犧牲者和她們的親友們。它的功能是提供 24 小時服務包括急救、急診、法律証據之採取，身體受傷之照顧和追蹤，加上心理治療和社會復健等一系列之整體性服務，尤其舊金山綜合醫院之急診部亦提供密切之配合和援助。針對受性傷害者之身體症狀包括陰道出血、疼痛、肛門傷痛、下腹痛和其它不明性裂傷、嘔吐、下痢、便秘以及性交疼痛等。加上心理層面之焦慮、憤怒、害怕、恐懼、無力感、罪惡感、孤獨、退縮、失望、憂鬱、自我傷害等。以上既是預兆又是症候，因此鼓勵及支持受害人舉發和自動來院配合檢查和照顧。

如發現下列之重要問題：

㈠是否有人強迫妳發生性行為？

㈡是否有人傷害到妳？

㈢妳曾經遭受強暴或性傷害嗎？

㈣是肯定的話，就應該建議於 72 小時之內到本中心接受急診照顧和危機處理。

㈤如果超過 72 小時以上時仍可到本中心來接受進一步之事後處置。

綜合而言，該中心之服務和功能如下：

1. 醫學的：⑴ 24 小時之急診檢查。⑵ 24 小時之証據採樣。⑶ 24 小時之諮詢服務。⑷婦產科檢查及治療。⑸妊娠檢查及治療愛滋病毒檢查（*HIV*）。
2. 心理的：⑴危機諮詢。⑵ 24 小時電話服務。⑶個別諮詢。⑷團體諮詢。⑸家庭諮詢。
3. 其它功能：⑴接受轉介和詢問。⑵提供在職教育和訓練。⑶提供前瞻性之預防計畫和社區之民眾教育。

二、「舊金山強暴治療中心」性受害人診療團隊與模式

該院『性侵害受害人的診療』團隊成員，計有精神科醫師、社工師與心理師等三類專業人員，治療的模式包括團體心理治療（約有六個團體，一個課程約八週）、個別心理治療（包括認知行為治療）與藥物治療。他提到有一部份的強暴者同時會濫用酒精與藥物（如 *cocaine*），這一點跟國內的情形很相像，而兒童性犯罪者有三分之一是近親相姦（*incest*）。由於強暴行為對於婦女是一個重大傷害，因此他們的治療模式，亦是以創傷後壓力症候群（*post traumatic stress disorder, PTSD*）來處理，大致分成幾個階段：

㈠精神衛生教育（psychoeducation）：

大約有 80%的人是在此階段處理，重點：

1. 在強調跟誰談是安全的（*who is safe to talk or not*），在這裡是治療團隊的成員。
2. 通常是護士，是會被要求作證的，因此受害人會先至急診室，採取證據後（包括冰凍設備與愛滋病檢驗）後做會談評估。
3. 現在與未來計畫：庇護所。
4. 接觸，例如電話聯絡。
5. 限制處方（*restraint order*）：有必要時必須限制受害人的某些行動，避免做出自我傷害的行為。
6. 必要時給予藥物。

㈡**探索**（exploration）：

此階段有必要時仍需要給予藥物，並且進行認知行為治療（*cognitive behavior therapy, CPT*）或動力分析心理治療。

㈢**社區**：

由於創傷後壓力症候群並不多見，因此需要聯繫一些具有相同經驗的人做團體心理治療，做經驗的分享（*share experience*）。在這裡他們強調對於性加害人（*offender*），並不講他們為加害人，而是掠奪者〔Perpetrator（*person who battered*）〕，並同時對於受害人（*victim*）與掠奪者進行治療，他們有時也針對丈夫做治療（以上節錄自周煌智之出國報告書，*1998*）。

附件一

強暴迷思（rape myth）

㈠有關強暴事件的迷思

1. 強暴的主要動機是性慾的滿足。
2. 強暴多是因一時衝動而臨時起意的。
3. 有些強暴行為是可以被諒解的。
4. 大部份約會強暴控訴，頗令人懷疑。
5. 強暴事件多發生陌生人之間。
6. 強暴案件的成立，須有武器或是暴力的證據。
7. 強暴的後果，並沒有那麼嚴重。

㈡有關強暴加害人的迷思

1. 正常男人不會強暴女人。
2. 施暴者通常是心理不正常的。
3. 男性因為無法控制性慾，會強暴女性。
4. 只有少數的男人會強暴女人。

㈢有關強暴受害人的迷思

1. 女人喜歡性暴力（女人喜歡帶有強制性的性行為）。
2. 只有某些女人才會被強暴，良家婦女不會被強暴，好女孩不會被強暴。
3. 女人為了某些原因，謊稱受暴。
4. 強暴通常是見色起意，而非事先計畫好的。
5. 婦女有責任預防強暴的發生。
6. 家有受暴婦女，是件不名譽的事。
7. 女人受辱是種羞辱，最好不要向外張揚。
8. 未婚女性一旦受暴，身價立即下跌。
9. 在性關係上，男人需對女人略施壓力。
10. 在沒有武器的威脅下，行動自如的女性，通常是可以脫離色魔的凌辱。
11. 女人若奮力抵抗，男人絕無法得逞。
12. 婦女若無反抗，就不算強暴。
13. 被強暴的女性一定是穿著暴露或行為不檢。

14.女人說『不』，只是故作矜持。

強暴迷思的结果

㈠對強暴行為合理化。

㈡對受暴後果的淡化。

㈢對受暴婦女的責難。

㈣對受暴宣稱的懷疑。

㈤對施暴男性的寬容。

強暴迷思三大影響

㈠強暴迷思為強暴行為合理化，默許強暴行為的發生，並間接鼓勵男性採用暴力。

㈡強暴迷思影響司法程序的運作及執法人的心態，導致受暴婦女因恐懼『二度受創』而放棄尋求司法公義。

㈢強暴迷思流傳久遠，受社會大眾所內化，因此受暴婦女外則四面楚歌，內則自責自棄，嚴重阻礙受暴創傷的心理復健。

參考文獻

中文文獻

王玥好（1999）。性侵害犯罪受害人受創後之心理反應。內政部性侵害犯罪防治委員會主辦。

周煌智（1998）：美國醫院與監獄性犯罪診療觀摩與考察報告書。行政院所屬各機關因公出國報告書。

周煌智（2003）：九二一大地震倖存者精神疾病追蹤研究。國立陽明大學公共衛生研究所中華民國九十二年六月（博士論文）。

林式穀（2000）：創傷後壓力症候群的治療. http://www.sop.org.tw/921ta4.htm.

梁玉芳（1998）。記得月亮活下來。台北：勵馨叢書。

穆怡梅譯（1994）。讓心出來透透氣。台北：生命潛能出版社。

張慧英譯（1996）。這就是強暴，台北：平安文化。

徐璐（1998）。暗夜倖存者。台北：平安文化有限公司。

楊大和譯 Judith Lewis Heman 著（1995）：創傷與復原。台北市 時報文化。

廖本富（2000）：創傷復原過程中之治療性敘說。社區發展季刊 90:236-53。

英文文獻

Bourne I, Oliver BA（1998）. A model for counseling survivors of trauma. http://ourworld.compuserve.com/homepages/ibourne/page2.html-page7.html.

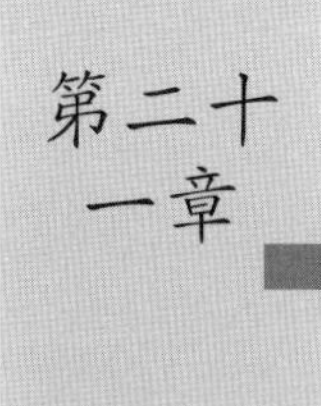

第二十一章

性侵害犯罪加害人之處遇——國內外現行主要制度評述

鄭添成

本文係修改自與陳英明、楊士隆共同發表於「犯罪與刑事司法研究」（*Crime and Criminal Justice International*），第 2 期，78～109 頁，2004 年 3 月，國立台北大學犯罪學研究所出版。

本章學習重點

- 各類型性犯罪之盛行率與再犯率。
- 美國、英國及加拿大等國對於性侵害犯罪加害人之治療方案與處遇制度。
- 我國現行對於性侵害犯罪加害人之處遇流程與概況。
- 檢視刑前強制鑑定治療之實施情形與問題現狀。
- 檢視刑中強制診療之實施情形與問題現狀。
- 檢視刑後身心治療及輔導教育之實施情形與問題現狀。
- 刑前強制鑑定治療之應興革事項與建議。
- 刑中強制診療之應興革事項與建議。
- 刑後身心治療及輔導教育之應興革事項與建議。
- 建構未來整合之性侵害犯罪加害人處遇制度。

摘要

性侵害犯罪之成因及其可行之處遇方式至今仍充滿爭議，各種主張包括性罪犯應當受到箝制的懲罰模式、強調觀護社區監督的監控模式、強化參與治療的復健模式、以及改變個人性喚起的生理模式等，惟現今主流趨勢並不在於強調治療成功率，而是在於重視如何維持療效的問題。在美國，針對性犯罪的成因與治療，已有多年的研究與實務經驗，證明性罪犯經過治療的確可以明顯降低再犯率，而且也針對性犯罪之成因漸漸發展出數種較具效果的治療模式。現行國內性犯罪加害人之處遇制度是否與性犯罪之成因相連結，則為防治性侵害犯罪之關鍵所在，亟待政府正視。本文以美國伏蒙特州、麻塞諸塞州及密西根州為例，簡介其對於性侵害犯罪加害人之處遇制度，並參酌英國及加拿大之實務經驗，俾供國內對性罪犯處遇之參考。

此外，國內現行法律規定，對性侵害犯罪加害人之處遇，分為刑前強制鑑定治療、刑中強制診療、刑後身心治療及輔導教育三種，分由法務部及內政部負責執行。而此三階段之治療輔導分屬不同體系，呈現不同問題。國內性罪犯治療制度，參究其立法原意，係沿襲美國性罪犯治療方案，但由於未從監獄至社區、法制至措施整體規劃，致使實施以來，上無有效監獄治療可資延續，下無社區資源可資結合，且相關評估工具、本土治療或輔導模式又未建立，所以雖各單位對制度之執行有著高度熱誠與配合，但其整體成效仍有待檢討改進，尤其刑法修正後，社區治療與刑前鑑定與治療如何配合、假釋前是否應再經治療評估，均應從結構考量，相關機關如無法共同從理論至實務，從刑前、刑中及刑後建立一貫之評估、治療及輔導模式，則各自為政下將使國內有限之治療及輔導資源，無法發揮有效功能。從美英加等國方案經驗可瞭解性罪犯治療從監獄至社區成一連貫體系，如何建立制度應由相關機關共商檢討修正，如此才能有效落實性罪犯再犯預防之立法原意。

關鍵詞

性侵害犯罪、身心治療、輔導教育、強制診療、社區監控

壹、前言

民國 90 年 8 月國內發生楊姓受刑人考上大學，引發社會大眾對於性罪犯治療及其假釋後追蹤輔導制度之注目，由於我國性罪犯處遇制度自民國 86 年 1 月 22 日性侵害犯罪防治法修正以來已實施多年，對於性罪犯出獄後不接受治療或接受時數不足時，假釋或緩刑者雖可依據保安處分執行法對之為適當處分，但仍缺乏實質拘束力，而其殘刑及保安處分執行完畢、免刑或赦免者，則除處以罰鍰外則無任何強制力，故要防止其再犯力有未逮。但性侵害犯罪加害人對社會治安是否會繼續危害，實與治療是否能有效落實，或出獄後是否能追蹤管制加害人密切相關，刑前鑑定治療、刑中強制診療、刑後身心治療及輔導教育，事涉司法院、法務部、內政部、行政院衛生署等權責，缺乏一貫性之整體制度規劃。此次楊姓受刑人事件，民眾關注於台灣性罪犯的治療成效，質疑其假釋後對校園安全的影響，後雖因其假釋案未獲通過，可暫緩面對此問題的衝擊，但未來仍須再面臨監獄治療成效，及社區治療、監控追蹤等問題之探討，在社會大眾關注此特殊個案所衍生問題時，本文將探討我國性罪犯處遇制度，並介紹外國相關處遇方案，進而探討我國現行制度之缺失，並提出改進意見，期能規劃妥適處遇制度，以落實對性罪犯施以治療之立法美意。

根據美國司法部的研究，未經治療的性侵害犯罪加害人，經過出獄後 3 年的追蹤，其累犯率約 60%，而當經全程的特殊治療後，其累犯的比率則降為 15%至 20%。Remero 和 Williams（*1985*）也指出對性侵害犯罪加害人，嚴密的假釋監督與心理處置，可降低再犯率。台灣目前並無較完整資料可提供再犯率，僅有周煌智醫師（周煌智等，*2000*）調查監獄內性侵害犯罪加害人發現具有性侵害犯罪前科者約 17%左右，而受害人在二人以上者約 24%左右。在實務上，性犯罪是所有犯罪行為中，再度犯罪機會稍高的犯罪類型，而且，相對於其他人身暴力犯罪，例如殺人或傷害行為，隨著犯罪者年齡增長，再犯的可能性有逐漸降低的趨勢，但是，性犯罪卻沒有這種隨著年齡增長而降低犯罪行為的現象。再者，某些犯罪行為，在長期監禁之後，其再犯危險性有可能降低（部分是年齡增長的效應）。但是，在美國的實務顯示，性犯罪者多半監禁至刑期期滿（未獲假釋），且出獄後之再犯機會仍然偏高。這也顯示傳統的矯治或是監禁本身，無法減少性犯罪的再度發生。簡言之，只是監禁起來，沒有解決問題，僅僅將犯罪者隔離，並不足以降低或是遏止犯罪行為，也間接指出，性犯罪的治療及其他非監禁的措施有其發展必要。

性侵害犯罪主要成因主要仍不離人格行為特徵、認知結構特徵、早期生活經驗、與不良社會環境等因素的相互作用所致，近年來，研究性侵害犯罪之學者在治療性罪犯上已形成的共識是：需對性犯罪之成因及加害者之再犯過程有一個清楚的瞭解，而除了需提出清楚的認知、情緒、行為的連結外，並需包括清楚的情境因素，及其最近犯案的促發因素。Heckhausen（*1991*）及Hartley（*2001*）（引自劉志如、陳若璋，*2001*）認為要瞭解性犯罪的發生，必須追溯犯罪者過去的生活經驗及情境，才能更深究其犯案動機；Finkelhor（*1984*）則認為研究犯案的促發因素是很重要的；另學者Hartley（*1998*）則認為無論犯罪者的犯罪動機為何，他們必定是克服了內心對犯罪行為的抑制，因此研究犯罪者的認知型態是更重要的；Ward & Hudson（*1999*）則是認為研究性侵害犯罪者的犯罪步驟與歷程，才是研究的核心（引自劉至如、陳若璋，*2001*）。直至1984年，Wolf提出犯罪循環理論，得到許多後進學者的認同，繼之如Nelson et al.（*Nelson et al., 1989*）及Cumming（*Cumming, 2002*）等學者延續其想法，認為性罪犯之再犯，是經過一個固定的再犯路徑，若吾人能瞭解性罪犯犯案路徑之發展，便可阻絕之並預防再犯，而這些學者更依此思維發展出「再犯預防」（*Relapse Prevention*；*RP*）的技術。

雖然性犯罪之成因及其可行處遇方式仍充滿爭議，各種主張包括性罪犯應當受到箝制的懲罰模式、強調觀護社區監督的監控模式、強化參與治療的復健模式、以及改變個人性喚起的生理模式等，但現今主流趨勢並不在於強調治療成功率，而是在於重視如何維持療效的問題，而「再犯預防」模式即原由藥癮疾患治療領域發展而來，特別強調如何在行為改變中維持療效（王家駿等，*2001*）。在美國，針對性犯罪的成因與治療，已有多年的研究與實務經驗，證明性罪犯經過治療的確可以明顯降低再犯率，而且也針對性犯罪之成因漸漸發展出數種較具效果的治療模式。以認知行為療法而言，即有針對性罪犯常見對女性懷有敵意、卸除責任、合理化或縮小化犯行、及扭曲之認知等行為所設計之認知及行為導正訓練；針對多數性罪犯人際處理技巧拙劣、具嚴重自卑情節、無法與親友維持良好關係等現象所設計之社交技巧訓練；針對性罪犯部分心中充滿憤怒與敵意、無法抑制與降低沮喪衝突特徵所設計之憤怒情緒管理訓練；以及針對部分性罪犯具有戀童癖或強烈異性虐待幻想所設計之偏差性行為處遇措施，如手淫制約、嫌惡治療、抗性衝動藥物之使用等皆為認知行為療法之一環。認知行為療法為當前學術與實務界公認對性罪犯處遇具效率且減少再犯之處遇方法，其乃植基於晚進許多研究發現性罪犯所具有之不當性喚起、扭曲性思考、憤怒情緒管理失當、人際溝通不良等因素密切相關，其技術恰可就性罪犯所具有之偏差認知與行為樣態加以矯治（楊士隆、吳芝儀，*2000*）。然無論如何，現行國內之處遇制度是否與性犯罪之成因相連結，則為防治性侵害犯罪之關鍵所在，亟待政府正視。

貳、國內外文獻評述

一、國外性侵害犯罪加害人之處遇制度

美英加等國是目前全世界在性罪犯心理治療方面較為進步的國家，其較完善之技術與方案係近十餘年發展而成，根據1994年Safer Society Foundation（*Cumming, 1998*）在全美性罪犯治療方案調查，其收集 1,784 個參與研究的監獄、社區、及學校之性罪犯輔導方案中發現，監獄與社區中最常見的治療模式係「認知行為取向」及「再犯預防取向」二種模式各佔40%及37%，最常見的治療方式則係團體治療。因此可知此二者幾乎是美國性罪犯心理治療技術的主流，二者在實際運用中常難區分，而後者亦是取用前者之理論及技術為基礎而實施之。然而至目前為止，以再犯預防取向為基礎並結合認知行為取向的模式已成為主流，可稱之為「以再犯預防為取向之認知行為療法」（*Cognitive Behavioral Therapy with Relapse Prevention Approach；CBT/RP*），在臨床研究上CBT／RP之療效發現約可減少一半之再犯率，是目前所發現之最好方法。因此可知，美加之主流臨床界係以上述之療法作為性罪犯心理病理之了解，也以之作為心理治療的技術。此外，加拿大著名之矯治心理學者 Paul Gendreau（林明傑，*2000*）亦指出「再犯預防技術」為有效性罪犯處遇方案七大原則的其中之一。

以下以美國佚蒙特州為例，簡介其對於性罪犯之處遇制度，並參酌英國及加拿大之實務經驗，俾供國內對性罪犯處遇之參考：

美國佚蒙特州（Vermont State；U.S.）

佚蒙特州性罪犯治療方案，採用「再犯預防」模式，不論在監獄或社區之治療均堪稱全美典範，精神科醫生、心理師、社工師和觀護人在性罪犯的治療過程裡均擔任重要角色，負責心性發展的調查、評估和治療。其專業技術運用分別在評估診斷與問題的形成方式、危險程度、治療的可能性、治療計畫及處遇傾向與建議（林明傑，*2000*）。在其中有一項與一般心理治療不同的是保密的限制，雖然心理治療強調保密之原則，但評估鑑定是要對法官負責，所以需把性罪犯資料向法官報告，事先向性罪犯說明保密之限制。

法官依據個案的危險評估報告而給予不同判決，高危險者給予在監服刑，待獲得假釋才治療，治療約 2 至 3 年。中低危險者則參加社區治療，治療期間約 1 至 2 年。在家監禁者有其限制，如身上帶著 BBC 或其他電子監控儀器，並配合宵禁措施，規定其在晚上 6 點至隔日早上 10 點不能離開家裡，一旦違法則要入監。被法官裁決要接受團體課程者，約需等一個月之期間再通知上課，上課前先寫同意書，違反規定或不合作，假釋委員會可能要求重新接受治療或取消假釋。

再犯預防方案為 27 週課程（林明傑，*1999*），其特色包括將強制性交犯與戀童者混合在同一團體中治療，人數約 18 至 25 人（剛開始時，將強制性交犯與戀童者分開治療，但後來發現將二者混合在團體中治療效果更好。因強制性交犯有較多的挑戰與質問，使團體顯得較有活力；而戀童者則有較多的同理心，使團體顯得較感性）；治療費用由性罪犯自付（每次費用約 *20~40* 美元）；團體成員分 3 階，即新進候選者（新入團體之成員）、一般成員（團體中之正式成員）、更生成員（已接近治療完成階段之成員），其中成員 6 至 8 人，候選者 1 至 2 人，較後者將有較多的責任及獨立性等。

此外，伏蒙特州性罪犯處遇方案之行政主任 Georgia Cumming 及臨床主任 Robert McGrathy 在 2000 年（*Cumming, 2002*）從再犯預防的角度，提出一「性罪犯之社區監督鑽石方案」（*supervision diamond*），即認為性罪犯之社區監督要素應有如菱形鑽石之 4 個角且缺一不可，此四個元素為觀護人之社區監督（*Supervising Officer*）、社區之輔導治療師（*Treatment Provider*）、案主之支持網路（*Support Network*），如好友、工作之老闆、或輔導中之其他成員、及預防性定期測謊（*Polygraph*）。伏蒙特州性罪犯之社區監督鑽石方案實施成效良好，並成為美國其他各州在性罪犯處遇制度上學習效法之對象。

英國（United Kingdom）

英國犯罪矯正與觀護部門皆認為認知行為處遇法在協助犯罪人更生與防止再犯上具有特定功效，因之在 1990 年由英國內政部宣布運用類此專業方法與必要資源來對成年男性性犯罪人進行評估與處遇。英國的性罪犯處遇方案主要有 2 個，即針對性罪犯扭曲思考及合理化行為進行矯正之方案，以及在 6 個監獄中實施之高危險期延長方案。前者注重於發展性犯罪者之同理心、學習負責任、瞭解再犯之高危險情境、和做好復發預防的工作；後者則針對性罪犯之偏差性喚起進行矯正，溝通技巧、憤怒情緒與壓力之控制為矯正重點。

英國性罪犯處遇計畫可區分為2個部分，即㈠核心方案：只運用認知行為療法為基礎的團體治療方案，主要焦點在於改變與犯罪有關的認知及發展再犯預防策略；㈡延伸方案：包括各種修正個案問題（如偏差性喚起、拙劣憤怒控制技巧）的個別和團體介入手段（楊士隆、吳芝儀，*2000*）。認知行為方案在性罪犯的處遇成效評估上被 Marshall 等學者（*Marshall, Hudson & Ward, 1992*）指為是降低再犯方面最有效的療法。

此外，英國觀護部門實施「接受觀護之正確思考」（*Straight Thinking on Probation*；*STOP*）方案，此方案以認知處遇為藍本，由觀護人對受保護管束人進行多達 35 種之認知團體療法，方案之重點內容包括進行問題解決、社交技巧、情緒管理、協商技巧、正向思考、同理心等訓練，並以示範遊戲、範例等方式進行練習。根據學者（*Raynor & Vanstone, 1996*）對方案之評估發現，參加此一方案之成員大多認為其目標可達成，並且深具信心，而受保護管束人則近九成認為對其有幫助、對其面對高危險情境恰適思考之增進甚有影響，另有八成之受保護管束人認為可減少未來再犯。至於在再犯追蹤評估上，發現接受認知行為方案之成員其再犯率比受監禁處分者低，並且在完成方案後 12 個月及 24 個月中減少了許多犯行。

加拿大（Canada）

自 1970 年代中期，加拿大矯正當局即開始發展對於性罪犯的特定處遇計畫，雖然不同處遇計畫其理論切入點與處遇期間不儘相同，但大多針對性罪犯的低自尊、拙劣溝通技巧與社會技能、對性與女人的不健康態度、以及偏差的性喚起模式等危險因子來進行治療（*Fabiano et al., 1991*）。再者，由於性罪犯在個人史與前科紀錄、犯罪模式、偏愛受害者類型、以及偏差的態度與信念方面有所不同，因此加拿大對於性罪犯的治療採取類型區分的方式，將治療團體分為「戀童癖」（*pedophiles*）、「強制性交犯」（*rapists*）和「亂倫犯」（*incest*）3 種類型，針對其特定治療需要分別以小團體的方式來進行，分述如下（*Gordon & Porporino, 1991*）：

㈠戀童癖團體

戀童癖的態度和信念系統是影響其偏差性行為的關鍵，他們相信他們對兒童的行為是無害甚至是有益於兒童的，因此治療重點在於挑戰並重建其態度和信念系統，並藉由適應性技能的訓練，達到行為矯正的目的。此外，大多數戀童癖經證實在幼年時期曾遭受性侵害犯罪或身體虐待，因此治療的另一重點即針對此傷害所可能造成的長期性影響。戀童癖在與他人相處方面具有缺乏主見的特徵，其攻擊行為表現通常是隱蔽和被動的，如抱怨、發牢騷、輕怒、或者是蓄意阻撓等，因此治療通常針對此特性藉由主見訓練或降低社會焦慮措施訓練來加強其自信。最後，戀童癖由於明顯具有不正常的性喚起，在所有團體中最需要給予密集的性喚起治療，因此自我控制技巧訓練以及性偏好、性幻想治療更是此一團體不可或缺的治療內容。

(二)強制性交犯團體

強制性交犯最好接受機構內的處遇治療，由於強制性交犯相較於其他犯罪類型的罪犯在人格、社交技巧、性知識和態度、以及性喚起模式方面並無太大差異，因此治療重點即在於其衝動控制、拙劣問題解決能力、性暴力價值觀、認知重建訓練、憤怒管理、壓力管理、抗拒治療、否認和縮小犯行、以及藥物濫用上。強制性交犯需要加強其對於被害者的同理心、矯正其性方面和人際方面的態度、以及協助辨認出個人特定的犯罪循環模式（如情緒、認知和危險因子等）。基本上，強制性交犯在性喚起方面與常人並無太大差異，因此性喚起治療通常不予實施，除非其在性喚起時無法控制其行為，此時便會安排自我控制訓練課程，以修正其不當性幻想。最後，強制性交犯如果經評估後效果不佳或具有多項性犯罪前科，則通常輔以其他治療計畫後方予以釋放。

(三)亂倫犯團體

亂倫犯在加國被認為是再犯率最低的性罪犯類型，因此其所享有的治療資源也佔較小比率，亂倫犯通常擁有不錯的工作且表現良好，但在處理非結構性情境方面則顯得焦慮，他們的婚姻關係通常有某些方面的問題，如拙劣的溝通與問題解決技巧、性態度與家庭關係的扭曲認知等，而且其對犯行的否認與縮小化犯行的現象亦十分明顯，如宣稱只犯下這一次、喝醉酒意識不清或是遭被害人引誘等，且亂倫犯主觀上會認為被害人仍愛他們，而他們雙方彼此也亟欲想修復親子關係，因此治療的重點在於處理亂倫犯否認與縮小化犯行的錯誤知覺，並強調責任感的培養及對被害人的同理心，同時配合家族治療的方式來對其面質，挑戰其錯誤的主觀認知，採用家族治療的優點在於可使亂倫犯在治療後能重新融入家庭，並為其他家人所接受。

二、國內性侵害犯罪加害人之處遇制度

國內有關性侵害犯罪防治的法源依據已經在前面專章敘述，因此本章就現行的性犯罪處遇流程加以論述：

㈠國內現行性犯罪處遇流程：

1. 受刑人判處罪刑及強制治療確定→徒刑執行期滿前→檢察官發指揮書將受刑人送治療處所施以強制治療（至再犯危險顯著降低為止）→緩刑者暫不執行其刑。
2. 入移監服刑→出獄（假釋）→將出獄者資料送至戶籍所在地之性侵害犯罪防治中心→性侵害犯罪防治中心派員前往晤談訪查或假釋者前往指定處所接受晤談（如假釋者不配合→催告→罰款）→進行輔導教育及身心治療（如不配合者告誡或撤銷假釋）→經鑑定、評估，認有再犯之危險→送請檢察官向法院聲請強制治療（至再犯危險顯著降低為止）。

㈡國內現行性罪犯處遇概況

妨害風化罪受刑人強制診療之政策開始實施後，國內性罪犯處遇原只有台北監獄奉法務部指示接收法務部所屬各監獄之妨害風化罪受刑人，而現已有台中與高雄也陸續接辦強制診療業務，而各監之女性妨害風化罪受刑人則集中於台北監獄實施強制診療。據此，此 3 所監獄便和幾所公立醫院簽訂委託診療合約，約聘精神科醫師或臨床心理師定期到監獄中為受刑人實施診斷、輔導或治療。強制診療的工作從民國 83 年開始進行，台北監獄由北投國軍醫院和桃園療養院的醫師及治療人員，台中監獄由台中草屯療養院的精神科醫師實施，高雄監獄則由高雄市立凱旋醫院、國軍高雄總醫院及慈惠醫院的醫療人員進行，由於強制診療作業剛起步，資料累積不多，以下分別以台灣台北監獄及高雄監獄為例，概述國內監獄強制診療概況：

1. 台北監獄（台灣台北監獄，1998）

台北監獄妨害風化罪受刑人在獄政之身心治療系統流程包括移監、評估、接受獄中強制診療等，其流程說明如下：

⑴移監：犯刑法妨害風化罪之犯罪人在判刑確定後，將就近被分監至當地的監獄接受監禁。台北監獄負責接收新竹、桃園、基隆、花蓮、金門、自強

外役監獄及北監妨害風化罪之受刑人。當上述地區的受刑人離假釋期滿尚有2年時，便移監至台北監獄接受治療，治療完後再回到原來監獄等待假釋。

⑵評估：在監獄內由接收小組先進行評估，決定那些受刑人要先接受強制診療。接收小組評估後將受刑人資料彙整後，會同精神科醫師、心理師及社會工作人員定期召開會議，並由精神科醫師對個案進行晤談及心理測驗評估，並以DSM－Ⅲ－R的準則診斷其是否為精神異常。當受刑人疑有精神疾病時，則由診療小組評估，決定個別治療方式，並由精神科醫師、護理師或社工員進行治療，未疑有精神病的受刑人則進行強制診療的課程。

⑶進行治療：評估後受刑人需要參加3個月的教育課程，內容包括性教育及相關的法律觀念及預防再犯的知識共 12 次。教育課程結束後受刑人即加入團體治療，團體治療為期9個月，內容以 Freeman－Longo 再犯預防計畫的教材為主。團體治療結束後，應由治療評估小組及輔導評估小組來評定該受刑人是否適合假釋，不合格者則繼續進行治療。但法務部因經費不足，於民國 88 年 1 月將台北監獄之團體心理治療部分暫緩實施，但診斷部分仍繼續進行。

⑷假釋後繼續治療：受刑人假釋或期滿出獄後，則由性侵害犯罪防治中心接手進行後續的身心治療及輔導教育，評估結果不佳者會被撤銷假釋。

⑸身心治療流程：犯罪人判刑確定→依犯罪人戶籍發監服刑→移監至台北監獄→接收小組資料彙整→提報評估會議討論→醫師進行診療→教育課程3個月→團體治療9個月→提報治療評估小組及輔導小組→通過後結案（不通過則繼續診療）。

2. **高雄監獄（內政部，2000）**

⑴移監：犯刑法妨害風化罪之犯罪人在判刑確定後，將就近被分監至當地的監獄接受監禁。

⑵評估：性罪犯由監所之接收小組進行測驗、調查及晤談，並將個案資料彙整完成後，會同精神科醫師、臨床心理師及社工人員定期（1 個月）召開會議，進行初步診斷篩選工作。對於患有精神疾病者除了由管教小組加強輔導外，並由醫師施予治療，醫師診斷未患有精神疾病者則由管教小組加強輔導。

⑶進行治療：目前治療方式多以個別治療為主，團體治療部分則缺乏有系統的規劃。目前高雄監獄分別由凱旋醫院和國軍總醫院在監獄進行強制治

療，醫療人員有醫師、心理師，社工師等三類人。妨害風化罪受刑人於入監後1個月需由接收小組進行調查、測驗與晤談，該小組將受刑人完整資料彙整完成後，會同精神科醫師、臨床心理師及社會工作人員定期召開會議，進行初步診斷與篩選之工作，將受刑人區分為未疑有及疑有精神或心理異常者，前者逕交由各管教小組加強輔導，而後者則宜請精神科醫師進行晤談與診斷。疑有精神病或心理異常者經診斷晤談後，先提交治療評估小組會議討論後，再區分為非精神病症病患且無須做任何精神處理者及需接受進一步治療者；其中非精神病症病患且無須做任何精神處理者交由管教小組，並依精神科醫師診斷報告之診斷結果及建議事項訂定輔導計畫進行輔導，由教誨師於輔導評估小組會議中報告輔導結果，經議決具成效且有悛悔實據者，則視為結案，成效不足或無悛悔實據者，則再交由管教小組繼續輔導。

參、國內外制度比較暨問題評述

國內現行法律規定，對性侵害犯罪加害人之處遇，分為刑前強制鑑定治療（94年1月7日刑法修正案已予以廢除）、刑中強制診療、刑後身心治療及輔導教育3種，分由法務部及內政部負責執行。而此3階段之治療輔導分屬不同體系，呈現不同問題，分述如下：

一、刑前強制鑑定治療缺乏適切之評估工具、治療人員訓練嚴重不足且缺乏其他軟硬體配備搭配使用：

以美國密西根州Jackson監獄為例，其使用之工具包括入獄前心理評估4種，入獄後之心理評估7種，華盛頓州則有測量量表，而加州則有心性發展史等4種量表，這些量表大多是專門為性罪犯設計的評估工具，受刑人會因測驗結果而施以不同的治療處遇。台灣目前則多以臨床尚可取得之工具為主，然而這些評估工具與治療無法銜接，使這些測驗的目的令人質疑。再者，美國之高危險評估工具是用來甄別高危險連續性罪犯以減低其再犯機會，其中最富盛名的是加拿大學者Hare所修訂之PCL－R量表，而台灣則缺乏此類本土量表。

此外，治療人員多非獄政系統內部人員，台灣目前治療性罪犯之人員多為外聘，因此無法與獄政系統工作人員有更多的交集及互動，共同協商討論診療工作和受刑人平日生活作息的銜接及獄所內特殊文化的處理；在治療時間方面亦過於短促，外聘人員進入監獄中進行診療的時間有限，因此治療之層面有其不足，進而將影響到受刑人的治療效果；其次，國內亦缺少性罪犯鑑定治療相關軟硬體設備，例如陰莖體積測試儀及配合藥癮、毒癮等相關治療方案之軟硬體，有巧婦難為無米之炊之憾。

二、刑中強制診療制度未能落實及系統化、未有性罪犯釋放前準備：

強制診療制度未能落實及系統化，是目前整個制度中最亟待改善與加強的部分。強制診療之規定雖在民國 83 年通過，但醫療團隊真正進入監獄中實施治療運作，卻是近兩年的事情，因此在實務工作經驗之累積相當不足，在制度上也缺乏良好的設計及配套措施，以下說明分就監獄行政及治療人員二方面分別探討所遭遇的問題：

(一)監獄行政方面

1. 假釋委員會無法針對個別案件評估，且在假釋出獄前無過渡服務，為受刑人回歸社區做準備。

受刑人假釋需要經由假釋委員會之評估，通過後才予以假釋。然而目前假釋委員會並未針對個別案件做討論，並參考治療人員的意見，如此一來，便會影響到審核的品質及信度。再者，國內在假釋評估時，並未包含高危險評估，因此無法篩選出在治療後仍具高危險性的受刑人。此外，國內性罪犯假釋出獄前，並無任何幫助受刑人出獄後和社區連結之過渡服務，例如美國以密西根州暫時收容所為例，在出獄前獄所人員會為受刑人安排社區支持網路講習及釋放前個案諮詢服務，為受刑人回歸社區做準備，使受刑人得以在出獄後能得到社區居民協助，一同避免高危險情境的發生，並且讓社區居民瞭解此性罪犯出獄後可能之行為，進而可以保護自身的安全。

2. **流程安排未與治療效果連結**

未對性罪犯設置特別監，將性罪犯和其他罪犯區隔開來接受治療，因此受刑人容易遭受其他受刑人之歧視、凌虐，以致無法專心參與治療而影響治療效果。另受刑人在指定監獄完成治療後與假釋出獄前之空窗期過長，而未在假釋前再安排其他銜接治療方案，影響到治療效果。

3.無配套措施

國內刑中強制診療制度除實施強制教育及團體治療課程之外，並無其他配套措施，如否認團體、藥癮、酒癮團體及自助團體等，幫助受刑人在會引起性犯罪之各方面原因進行治療，因此，治療人員無法依受刑人需要為其選擇適合之搭配方案加強治療效果。

我國強制診療作業的實施，從診斷到治療、結案、及假釋，應該是一個完整的流程，然而反觀我國的情況，這些環節之間並未有緊密的銜接，且無法依受刑人的特性及治療的最佳效果來安排處遇計畫；此外，目前國內針對性罪犯設計的評估工具付之缺如，也影響到治療的效果。假釋制度的設計，攸關受刑人的權益和社會安全，而我國的假釋制度並未針對性罪犯做特別的考量，也沒有將處遇成效納入假釋當中審核，再加上治療人員缺乏對假釋認定的影響力，因此，此一制度便難以發揮應有的功能。

(二)治療人員方面

1.獄政系統人員未參與強制診療工作

目前監獄中的強制診療工作是由外聘的醫療人員進入獄中進行治療，而非獄政系統所培養之相關人員，同時獄政系統人員亦少參與相關訓練或進修，造成診療工作無法銜接受刑人在獄中的生活作息和遭遇的問題。

2.專業治療人員數量及資格顯有不足

在「性侵害犯罪防治法」及「性侵害犯罪防治中心辦理性侵害犯罪者身心治療及輔導教育作業辦法規定」通過後，需要大量對性侵害犯罪加害者進行治療及輔導的工作人員。其中包括監獄中施行強制診療的工作人員（如心理師、教誨師、精神科醫師），受刑人假釋出獄後進行輔導教育的人員（如觀護人、社工員），以及對情節輕微之受刑人進行一般性教育課程的工作人員（如心理專業人員），但目前專業治療人員在數量及資格上都顯有不足。

三、刑後身心治療及輔導教育：

(一)社區處遇方面

依性侵害犯罪加害人身心治療及輔導教育辦法第8條規定，各縣、市政府性侵害犯罪防治中心應聘觀護人擔任評估小組委員。因此大部分各縣、市政府性侵害犯罪防治中心均有聘地檢署觀護人擔任評估小組委員，照理說不會發生聯繫困難，然仍有聯繫困難之情形發生，考其緣由如下：

1. 地檢署觀護人並未設專股或專組辦理性侵害犯罪保護管束案件

目前除了少數地檢署設有性侵害犯罪專股或專組辦理性侵害犯罪保護管束案件外，大部分地檢署並未針對性侵害犯罪保護管束案件設專股或專組辦理，而係採輪分方式交由各股觀護人辦理，以致各縣、市政府性侵害犯罪防治中心承辦人員在聯繫上有所不便（可能會發生擔任評估委員觀護人並未執行該評估個案，故不瞭解該個案之情形）。

2. 性侵害犯罪加害人保護管束期間過短，則無法繼續監督

依刑法 93 條第 2 項之規定：「假釋出獄者，在假釋中付保護管束」，因此觀護人只能在假釋期間負責其保護管束，一旦假釋期滿，個案如同脫韁之馬，法律對其無拘束力，因為假釋期滿，則不能撤銷其假釋；充其量只能依性侵害犯罪防治法第 18 條第 5 款規定，處新台幣六千元以上三萬元以下罰鍰；自然無從再督促其至醫院接受治療。

㈡監控制度方面

監獄外性侵害犯罪加害人身心治療與輔導教育制度在國內因屬首創，故各單位聯繫間難免未盡理想，亟待努力之處如下：

1. 矯正機關並未完全依照性侵害犯罪加害人身心治療與輔導教育辦法第 6 條規定，對於性侵害犯罪加害人於刑期屆滿前兩個月，或奉准假釋尚未釋放前提供檔案資料給性侵害犯罪防治中心及觀護人。在實務上發現，對於假釋的個案，防治中心往往在個案出監後一段時間才收到監獄提供之資料，有時甚至未收到，且因監所並未對所有性侵害犯罪加害人施以治療，提供之資料亦不完整，致防治中心對個案資料建檔及社區處遇安排之時間亦受到影響，形成社區監督之空窗期。且矯正機關有時如未將個案資料函送防治中心，則防治中心無從查知，胥賴與地檢署觀護人之加強聯繫。
2. 法院並未完全依照性侵害犯罪加害人身心治療與輔導教育辦法第 6 條規定，對於性侵害犯罪加害人判決緩刑、免刑及部分赦免者（未入監服刑）通知防治中心。除了少數法院外，大部分法院判決後均漏將判決書正本提供防治中心，以致無法對其實施治療。
3. 對於刑期屆滿及保安處分執行完畢之出獄人，實施治療有其困難度。由於其配合意願低落，有時甚至找不到性侵害犯罪加害人，造成資料建檔工作及治

療上的阻礙，且有性侵害犯罪加害人接受治療期間，因面臨兵役問題而中斷處遇之執行，另有少數因軍法而假釋中付保護管束之個案亦面臨同樣困境。

四、法令設計

性侵害犯罪加害人之處遇是一門結合各學科專業知識的科際整合領域，此類案件的審判有賴於各相關學科的知識基礎和實務經驗。而目前我國的法官、檢察官及警察等執法人員對於性侵害犯罪加害人之相關知識瞭解稍嫌不足，容易造成不當的判斷或處置，此外刑法增修條文及新法的落實也有待進一步的宣導，才能扭轉執法者及一般人的觀念。

肆、結論與建議

性侵害犯罪加害人之處遇，雖然政府投入大量資源，試圖預防、改善性侵害犯罪者之行為，但是由於性侵害犯罪行為的發生涉及複雜之生理，心理與社會文化因素，且性罪犯經常抗拒改變其迴異於常人之性格型態，使得各種處遇計畫之成效令民眾感到懷疑。此外，對於性侵害犯罪加害人之處遇並非單靠刑罰機構之制裁所能控制，從眾多學者的相關研究及臨床文獻中可以發現，單以目前機構內的處遇模式，無法完全保證這些性侵害犯罪加害人出獄後不再犯。所以，除了加強現有之治療模式外，更應加採諸如美國伕蒙特州之「性罪犯之社區監督鑽石方案」之配套作法，在單靠刑罰機構制裁之外，同時結合觀護人之社區監督、社區之輔導治療師、案主之支持網路、及預防性定期測謊等，從多面向對於性侵害犯罪加害人建立複數監督機制，自出獄後即予以持續地追蹤輔導，強化其社會適應能力，以確保各項處遇之成效，增加其處理突發之再犯狀況的能力。以下，分就性罪犯處遇流程中的刑前、刑中、刑後及法令設計提供建議：

一、刑前鑑定：治療成效評估工具及高危險評估量表的研發

國內尚無客觀的衡鑑評估工具，絕大多是採主觀的專業與經驗判斷，鑑定上容易有疏漏，因真偽難辨。國外常用的評估量表，如 RRASOR、Static-99、SONAR、MnSOST-R 四種量表，雖已被引進國內使用，然是否適合還有待評估，因

背景文化是必須考量的一個重要因素，準此，屬於國內本土的客觀評估工具亟待研究發展。另外，測謊機、陰莖體積測試儀也可嘗試引進加以運用，使評估的工具更加完備。

有關性罪犯危險性、再犯危險性及可治療性之評估，因國外已發展出多套評估工具，已具有常模及信效度，故國內實務單位大多採用翻譯後之國外評估工具。目前國內雖已有本土化之評估，但仍缺乏常模及信效度，且並非針對性罪犯所設計，因此無法有效診斷出對性罪犯之特質。因此建議法務部、內政部應編列預算鼓勵對性罪犯的研究，並研發出適合於我國國情及受刑人特性的評估工具，以助於診療工作及假釋評估的進行。國外對於高危險連續性罪犯，以找出其相關的危險因子用以預測其再犯的危險性，而我國尚未發展出本土化之高危險評估工具；因而在假釋評估時，缺乏具有效力之參考依據。據此，我國應加強對高危險連續性罪犯之認識，並建立一套適合於性罪犯的評估工具，以預防此類性罪犯出獄後再犯的危險。惟目前刑前鑑定在國內實務運作上有其困難度，因此在法務部建議廢止的情況下，刑前強制鑑定治療規定於 94 年 1 月 7 日之刑法修正案中已予以廢除。然未來在性侵害犯罪加害人徒刑執行期滿前，於接受輔導或治療後、或是依其他法律規定，於接受身心治療或輔導教育後，仍須經鑑定、評估有無再犯之危險或停止治療之必要。因此我國仍應建立一套合於我國國情及受刑人特性的評估工具，以作為刑中強制診療、刑後身心治療及輔導教育之參考。

二、刑中強制診療

(一)監獄行政方面

1. 強化假釋委員會的角色功能及假釋出獄前之過渡服務，落實假釋出獄前之準備

參與診療之治療人員需加入假釋委員會，如果要讓假釋委員會對性罪犯的處遇成效及危險性做出準確的判斷，應考慮針對性罪犯做個案討論的審查，並讓治療人員參與其中，就其評估分數及接受治療的改變一併加以考慮進去，才能銜接強制診療工作，並發揮對危險性高之受刑人的把關。同時，建議應設定性侵害犯罪犯特定假釋門檻，同時加強釋放前危險評估。此外，監獄目前並未在受刑人出獄前給予社區溝通連結之相關課程。因此建議監獄應舉行如社區支持網路講習及個案諮詢服務，使得受刑人不但在出獄後能在社區居民的監管之下，一同避免高

危險情境的發生，同時社區居民也能瞭解性罪犯出獄後可能發生的行為，進而保護自身的安全。加強性罪犯假釋出獄前之準備與過渡服務，為受刑人回歸社區做準備，如為受刑人安排社區支援網絡，或釋放前個案諮詢服務。

2. 研議設立性侵害犯罪之專業機構，以專業人力及設施，特殊的環境空間，對各類型之性罪犯予以評估、治療與輔導，以有效降低性罪犯之再犯率。

3. 建議醫療系統發展合併嚴重精神病、藥酒癮診斷之性侵害犯罪者之特殊治療模式。

美國各州之性侵害犯罪者之治療，基本上是廣泛的犯罪防治措施的一環，亦即治療是以司法系統為主導，引進精神醫療或心理衛生機構協助教育、訓練，亦即，治療提供者是以司法人員再教育後為之，輔助以非司法系統的精神醫療或心理衛生機構。然性犯罪者異質性高，特別是其中之特殊族群：精神病患、酒癮及藥癮患者，涉及精神醫療之診斷、治療（特別是住院留置）、復健，必須仰賴精神醫療機構，而非其他心理衛生人員或司法系統可處理。

(二)治療人員方面

1. 治療可採分級分類的累進處遇方式

美國佚蒙特州在性罪犯的治療上採取混合治療模式（將強制性交犯與戀童者混合在同一團體中治療），加拿大對於性罪犯的治療則採取類型區分的方式，將治療團體分為「戀童癖」、「強制性交犯」和「亂倫犯」3 種類型，並針對其特定治療需要分別以小團體的方式來進行治療。在考量本國國情之後，本文認為不同類型之性罪犯（如常見的兩小無猜型與其他非兩小無猜型），其犯罪動機、行為、危險性、再犯危險性及可治療性均有所差異，故處遇上應有個別因素的考量，且東方人民族性一般而言均較保守，傾向維繫表面上和諧的人際關係與個人面子，在團體治療過程中較少會表達自己的想法，如要發揮混合治療模式中之特色，由團體成員自行挑戰與面質其他成員不合理之信念，或發揮同理心彼此感受內心世界，在實際執行上似乎徒具理想性。因此建議對性罪犯之治療應援採分級分類方式，對性侵害犯罪加害人個別性犯罪的成因、類型、特性及教育程度，做分級分類的治療，以達成個別處遇的目標。另外，在療程上，依目前的規定，每週 1 次、每次 1 個半小時，且長達 1 年，必要時還可延長 1 年，此規定對個案產生諸多生活及工作上的不便，也造成許多的抗拒與阻礙，如何有更彈性的辦法，視個案參與投入及改變的情形，作時間上適當的調整，甚至免除，都是值得深入思考的。例如：美國密西根州即規定，社區的治療如無法通過評估標準，就必須再回到監獄接受治療。因此建議可採累進處遇的方式，一來可使治療人員有增強物可以做行為改變技術的運用，再者，也可以讓個案有較多的期待，激勵自己持續參與完成治療的工作，同時也可考慮治療費用酌由當事人負擔，以增加其責任感。

2.專業治療人員的培養

性罪犯治療是相當專業、陌生的新領域，且橫跨了犯罪、心理、社工、醫學、矯治等領域，國內對性侵害犯罪加害人的理解與治療還屬起步階段，專業治療人員在數量與資格上都顯不足，影響治療效果，亟待培養專業的治療投入此領域。另由於國內之性罪犯治療剛起步，因此治療人員之人數、資格及訓練均嚴重不足，故建議應有計畫並多舉辦工作坊訓練，增加治療人員之人數及以及資格認證之制度。專業人員需有適當之在職訓練時數，不論在監或在社區之身心治療及輔導教育之專業人員需加強瞭解「以再犯預防為取向之認知行為療法」，並仿傚美國伏蒙特州建立督導區由資深人員每季或每月督導一次，並擴大心理師及社工師之介入，以提高專業人員參與社區輔導教育之意願。此外，不同類型之性罪犯其犯罪動機、行為、危險性、再犯危險性及可治療性均有所差異，故應針對不同類型的性罪犯給於不同之治療方式。我國目前並未針對性罪犯依其犯罪類型分類，因此對不同類型之性罪犯亦未擬訂較佳之治療方式，建議應對性罪犯進行分類，並作分類治療。最後，性侵害犯罪加害人目前均由醫療院所人員治療，然因涉及醫院制度問題，造成部份縣市衛生局所委託治療之醫療院所各自為政，治療效果因此未臻理想，日後應考慮建立資格認證制度，由政府部門或學術機構舉辦訓練研習，並授予具專業治療認證的民間團體、協會（如台灣家庭暴力暨性侵害犯罪處遇協會）或個人協助執行，以彌補醫療體系制度上之缺失。

三、刑後身心治療與輔導教育

性犯罪是一種再犯率相當高的犯罪，學者Furby等人（1989）（陳英明，2002）在相關研究及臨床文獻中發現，以目前的處遇，無法保證這些性侵害犯罪加害人出獄後不再犯，其矯治工作甚為艱鉅，因此必須採行團隊性的工作治療模式，甚至也需要家屬的參與配合，才能奏功。建議結合矯正、觀護、精神醫療、社工、警察等相關領域的專業人員共同努力，俾減少再犯率。目前監獄內強制診療與假釋出獄後的社區身心治療並無法形成一個有效的連結，且社區治療完成後的追蹤系統也未建立，此皆需各單位的連繫與合作，才能有效的做好性侵害犯罪防治的工作。

㈠社區處遇方面

1. 觀護人應積極參與性侵害犯罪加害人之身心治療與輔導教育

因為觀護人是性罪犯社區處遇工作之核心，也是唯一能協調司法系統及心理衛生系統的主要成員。因此如與性侵害犯罪防治中心工作人員、醫院臨床人員、警察、社工人員保持密切聯繫，除當有助於身心治療與輔導教育之進行外，並能有效提升性罪犯之心理治療及社區監督中危機反應及迅速處理之要求，而保障社區之安全及提升處遇之效果。因為司法具有強制性與威嚇效果，如果觀護人接受專業訓練後，實地參與身心治療與輔導教育，則會使性侵害犯罪加害人接受身心治療與輔導教育配合度較高。美國 Vermont 州之社區臨床人員即與觀護人保持密切之聯絡與合作關係，而成為美國社區性罪犯治療方案之典範。性侵害犯罪保護管束案件較一般案件複雜化、多樣化、再犯率高，加上又要負責督促其至醫院接受身心治療及輔導教育，無形之中增加很多工作負荷量，以致避之猶恐不及，更遑論自願擔任專股或專組辦理性侵害犯罪保護管束案件。因此建議各地檢署觀護人室宜設專股或專組辦理性侵害犯罪保護管束案件，並以資深有經驗之男性觀護人擔任較佳，但為考量其工作負荷量，應減輕其他案件之輪分，同時對於表現優異者給予獎勵。

2. 身心治療及輔導教育人員的角色及培訓

台灣對性罪犯的強制診療工作剛起步，不僅實務界對強制性交犯的認識有限，更缺乏對強制性交犯進行治療處遇的相關經驗，目前全國收容的強制性交犯有上千名，而進行強制診療之工作人員不過數十名。在「性侵害犯罪加害者身心治療及輔導教育辦法」實施後，另外需要一批人力來進行對強制性交犯的後續治療工作，因此首要之務便是加強訓練相關領域之治療人員，以便實施性罪犯的處遇工作。在課程方面，應將在獄中進行強制診療之工作人員的訓練和進行加害者出獄後之輔導的工作人員的訓練區隔開來。前者應著重對犯罪循環的認識、高危險因子的瞭解及獄政系統對受刑人的處遇，而後者則需要瞭解受刑人回到社區中的生活型態及其支持系統，並整合相關資源對受刑人進行監管和協助，以有效避開高危險情境，預防再犯。

㈡監控制度方面

1. 強化性侵害犯罪防治中心之定位

性侵害犯罪防治中心是加害者及被害者接受治療的處遇單位，其重要性不言可喻。然而目前各地之性侵害犯罪防治中心之人員編制乃採任務編組方式，且在民國 88 年 6 月後中央便取消補助，改由各地方政府自行運作；因此各地之性侵害犯罪防治中心能否繼續運作轉而取決於各地方政府首長對於性侵害犯罪防治工作的重視程度，建議下列 3 點：

⑴性侵害犯罪防治中心應在各地方政府內成為一常設之單位，並由地方政府編列定額預算予以補助，才能保障其永久運作。

⑵性侵害犯罪防治工作需協調各單位共同進行，而目前中心之主要工作人員為社工員，在處理受害人之出庭時，社工員之佐證並不具法律效力。此外在加害者處遇之部分，社工員僅為治療者的角色，對於加害者之接受與否，也沒有約束力。基於種種實務的考量，應規定性侵害犯罪防治中心之主管人員應具有某方面之職權，以利其工作之推展。

⑶目前部分縣市之性侵害犯罪防治中心均由社會局、衛生局、教育局、警察局等單位採任務編組方式運作，隨著妨害性自主案件之增加，恐易造成人力之過度負荷及服務傳送延誤之問題，故建議性侵害犯罪防治之專責單位配置適當專責人力。

2. 對性罪犯之假釋條件應協調納入各縣市警察局之測謊員及測謊儀，並就各地觀護人室中設專職性罪犯保護管束的觀護人，且每季（或每半年）舉辦一協調會，由各縣市性侵害犯罪防治中心統籌召集，以強化其假釋之監督。此外，各縣市警分局現均配置有家庭暴力防治官，負責協調處理家庭暴力案件，因此性侵害犯罪案件應可比照設置「性侵害犯罪防治官」，負責處理性侵害犯罪案件協調工作。

3. 從美國之作法可以得知，社區監督需有賴觀護制度配合，但目前我國僅假釋或緩刑之受保護管束人，得以有觀護人發揮其強制功能，對刑及保安處分執行完畢、免刑、赦免或保護管束已經期滿者，除處以罰鍰外，並無強制力，是否應將性罪犯社區治療與現行觀護制度密切結合，對於性侵害犯罪加害人應該加強其社區監督並列冊追蹤（尤其是高再犯危險性罪犯），不受其是否執行完畢之限制，此可列為未來修法參考。

四、法令設計

性侵害犯罪防治工作牽涉到許多環節，從性侵害犯罪事件發生後的偵查、審理、告訴，以至於法官如何量刑，以及受刑人在獄政系統的處遇，出獄後的治療都影響到此工作的成效。因此要落實性侵害犯罪防治工作，必須結合檢警單位、醫療系統及司法、社政系統等各部門之工作人員，共同來思考如何在整體制度面做體質上的改造。

㈠推動社區監控制度立法

性罪犯具難治癒性、危險性及高再犯率，而國內並無性犯罪者登記與公告制度，易造成治安之死角，惟性犯罪者登記與公告制度目前在國外施行經驗證明已有多項缺點，故建議應建立「社區監控」之制度，以追蹤掌握社區中之性罪犯。目前對於高再犯危險之性罪犯仍以一般假釋門檻為基準點，且缺乏危險性及再犯性之評估，易造成高再犯危險之性罪犯回到社區後再犯，故應研議「高再犯危險性罪犯終生監控制度」之立法。

㈡性侵害犯罪加害人身心治療及輔導教育辦法的修正

目前加害人出獄後之社區治療成效一直不理想，而且性侵害犯罪類型包括未成年、兩小無猜之性交猥褻等案件在內，但兩小無猜加害人之身心狀況與其他類型加害人不同，治療輔導方式應各適其所，依現行法規執行身心治療與輔導教育是否可能形成行政資源浪費。此外，依照現行的規定，在實務操作中發現許多加害人假釋出獄後，常行蹤不明或不理會法律規定，其接受治療或輔導教育的配合度極低。因此，應特別加諸處罰規定，提高罰鍰，並且規定主管機關有強制加害人接受治療或輔導的規定，並得有相關機關的強制執行配合和協助。同時，可搭配觀護法草案中所設計之科技設備監控及宵禁條款，以充分掌握某些高危險性罪犯之行蹤，構築綿密之監控網絡，對加害人形成心理強制力，增加身心治療及輔導教育到院治療率。

多年來加害人身心治療及輔導教育的問題一直被各界討論，修改法律的規定也不一定能解決問題，未來制度的方向是否參考加害人出獄後之登記制度或加強獄中強制治療條款等，都急需再行深入的研究和法律即時的修正。除此對於目前性侵害犯罪加害人治療之專家不足的現象，政府相關單位應確實考量實務之需求，將培訓專業之治療人員作為重要政策規劃。當然，修正條文除以上說明外，仍有許多內容的修正無法一一說明，可參考性侵害犯罪防治法修正條文的內容。另外，法律的落實能需相關單位的配合執行與經費的投入。所以，在地方自治經費統籌分配的情況下，中央空有法律與政策的制定，若無地方經費的配合，仍有無法落實法律修正後預期的效能之憾。

國內性罪犯治療制度，參究其立法原意，係沿襲美國性罪犯治療方案，但由於未從監獄至社區、法制至措施整體規劃，致使實施以來，上無有效監獄治療可資延續，下無社區資源可資結合，且相關評估工具或本土治療或輔導模式又未建立，所以雖各單位對制度之執行有著高度熱誠與配合，但其整體成效仍有待檢討改進，尤其刑法修正後，社區治療與刑前鑑定與治療如何配合、假釋前是否應再經治療評估，均應從結構考量，相關機關如無法共同從理論至實務，從刑前、刑中及刑後建立一貫之評估、治療及輔導模式，則各自為政下將使國內有限之治療及輔導資源，無法發揮有效功能，此實值各界深思，從美英加等國方案經驗可瞭解性罪犯治療從監獄至社區成一連貫體系，如何建立制度應由相關機關共商檢討修正，如此才能有效落實性罪犯再犯預防之立法原意。

伍、未來展望

性侵害犯罪加害人之處遇工作，現階段係由法務、警政、衛生、社政等機關各依權責辦理，然而各機關多著重各自業務部分進行處遇，資訊流通不足，以致於性侵害犯罪加害人於出監後之社區監督及輔導與複數監督仍有改進空間，故法務部於93年7月7日第978次部務會報特別指示規劃建立「建構以觀護系統為主軸的性侵害罪犯社區監督輔導網絡」；其次，內政部並於93年12月28日召開「研商94年度家庭暴力及性侵害犯罪加害人處遇工作計畫會議」決議，並由法務部94年1月28日協調會決議統籌推動「建構以觀護系統為主軸的性侵害罪犯社區監督及輔導網絡」計畫。

「以觀護系統為主軸的性侵害罪犯社區監督輔導網絡」流程圖及架構圖如下（圖21.1、21.2）：

圖 21.1　以觀護系統為主軸的性侵害犯罪案件受保護管束人社區監督輔導網絡執行流程圖

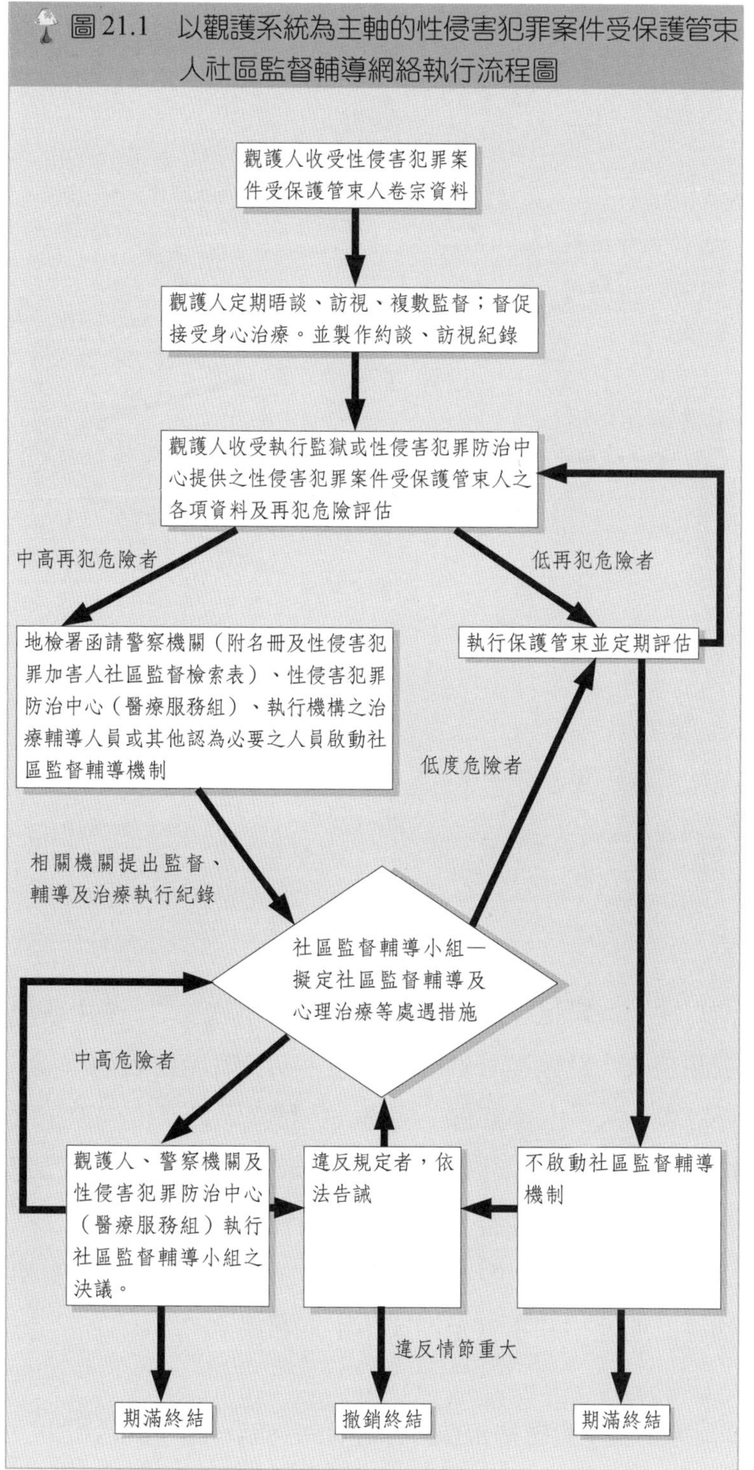

圖 21.2　以觀護系統為主軸的性侵害犯罪案件受保護管束人社區監督輔導網絡執行架構圖

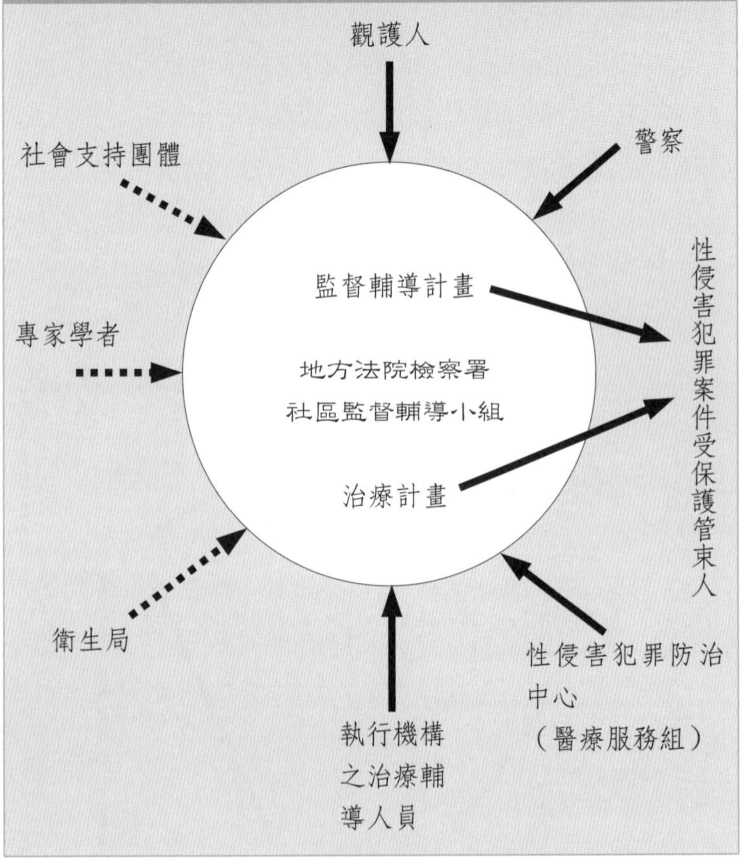

註：虛線框表示非必要成員

「以觀護系統為主軸的性侵害罪犯社區監督輔導網絡」實施方式，係由各地方法院檢察署召集相關機關組成「社區監督輔導小組」，初步實施內容如下：

㈠小組成員：「社區監督輔導小組」由檢察官、觀護人、警察人員、性侵害犯罪防治中心（醫療服務組）及執行機構之治療輔導人員組成，必要時並得聘請專家學者、觀護志工及更生輔導員或其他社會支持團體擔任小組成員。

㈡會議召開：「社區監督輔導小組」針對中高再犯危險群之性侵害犯罪案件受保護管束人之社區監督輔導處遇及相關事宜定期或不定期召集。

㈢會議應提出之資料：

1. 觀護人於「社區監督輔導小組」會議提出執行保護管束約談、訪視評估報告。
2. 警察機關接受地方法院檢察署觀護人複數監督函後，應依警察職權行使法第 15 條及性侵害犯罪防治法第 20 條第 2 項第 2 款規定進行必要查訪，並製作查訪紀錄，於「社區監督輔導小組」會議中提出。
3. 執行機構之治療輔導人員於「社區監督輔導小組」會議提出治療報告、性侵

害犯罪加害人犯罪因子並建議處遇計畫。

「以觀護系統為主軸的性侵害罪犯社區監督輔導網絡」，其目的在於強化監督與治療機關之橫向聯繫，建構資訊相互流通之平台，整合各相關機關對於性侵害犯罪案件受保護管束人的監督、輔導與治療處遇意見，以期加強對性侵害犯罪案件受保護管束人的約束力，並達成預防再犯之目標。

由於刑法及性侵害犯罪防治法的修正，已使我國在性犯罪加害人之處遇制度上邁入新的紀元，其中許多新興處遇相對應措施如預防性測謊（見本書第10章）、科技設備監控（見本書第24章）及宵禁等，莫不令國內民眾耳目一新，也使司法體系及臨床治療人員多了許多新的監控與治療選擇。

參考文獻

中文文獻

中華民國幸福家庭處進協會（2000）《「性侵害犯罪加害人輔導教育內涵之研究」總報告》，台北：內政部編印。

內政部性侵害犯罪委員會等（2000）《性侵害犯罪加害人鑑定、評估及治療方案研討會會議手冊》，台北：內政部編印。

台灣台北監獄（1998）〈妨害風化罪受刑人強制診療業務之研究〉，《台灣台北監獄八十七年度自行研究計畫》。

台灣台北監獄（1998）《台灣台北監獄妨害風化罪受刑人強制診療業務計畫書》。

王家駿等譯（2001）《性侵害犯罪再犯之防治》，五南文化出版社。

周煌智等（2000）《性侵害犯罪加害人的特徵與治療處遇》，公共衛生 2000；27 (1)：1-14。

林明傑（1999）〈美國性罪犯治療的理論及技術〉，《推動性侵害犯罪加害人身心治療及輔導教育研討會會議手冊》，內政部性侵害犯罪防治委員會。

林明傑（2000）〈性罪犯之心理評估暨危險評估〉，《社區發展季刊》82 期，361-340 頁，台北：內政部。

林慈玲（2002）〈我國性罪犯社區身心治療方案〉，《二十一世紀性罪犯司法處遇暨輔導治療國際研討會論文集》，主辦單位：財團法人婦女權益促進發展基金會、中華民國犯罪學學會。

陳若璋（2002）《性罪犯心理學》，台北：張老師文化出版社。

陳英明（2002）〈性侵害犯罪加害人接受身心治療與輔導教育經驗之研究〉，《國立中正大學犯罪防治研究所在職進修專班碩士論文》。

楊士隆、吳芝儀等（2000）《認知行為處遇法在犯罪矯正上之應用》，法務部矯正人員訓練所印行。

劉志如、陳若璋（2001）〈以上癮理論探索性罪犯犯罪歷程〉，《行政院國科會學術補助論文》，行政院國科會 NSC90-2413-H007-005。

鄭瑞隆（2001）〈性侵害犯罪與家庭暴力防治體系現行困境分析〉，《2001 年犯罪問題與對策研討會論文集》，國立中正大學犯罪防治研究所編印。

英文文獻

Cumming, G. (2002) Judical Treatment for Sex Offenders in the United States.《二十一世紀性罪犯司法處遇暨輔導治療國際研討會論文集》，主辦單位：財團法人婦女權益促進發展基金會、中華民國犯罪學學會。

Cumming, G. & Buell M. (1998) Supervision of the Sex Offender. The Safer Society Press.

Cumming, G. & McGrath R. J.(2002) Outcome of the Vermont Department of Correction Intensive Prison Treatment.《二十一世紀性罪犯司法處遇暨輔導治療國際研討會論文集》，主辦單位：財團法人婦女權益促進發展基金會、中華民國犯罪學學會。

Cumming, G. & McGrath R. J. (2002) External Supervision-How can it increase the Effectiveness of Relapse Prevention.《二十一世紀性罪犯司法處遇暨輔導治療國際研討會論文集》，主辦單位：財團法人婦女權益促進發展基金會、中華民國犯罪學學會。

Eccles, A. & Walker W. (2002) Community—Based Treatment with Sexual Offenders.《二十一世紀性罪犯司法處遇暨輔導治療國際研討會論文集》，主辦單位：財團法人婦女權益促進發展基金會、中華民國犯罪學學會。

Fabiano, E. A., Porporino F. J. & Robinson D. (1991) Canada's Cognitive Skills Program Corrects Offenders' Faculty Thinking. Corrections Today. Vol.53, No.5, pp.102-108, American Correctional Association Press.

Gorden, A. & Porporino F. J.(1991) Canada Targets Sex Offenders According to Treatment Needs. Corrections Today. Vol.53, No.5, pp.162-168, American Correctional Association Press.

Holmes, R.M. (1983) The sex offender and the criminal justice system. Springfield, IL: Charles C Thomas.

Marshall, W. L. & Anderson D. (2002) Cognitive Behavioral Treatment of Sexual Offenders.《二十一世紀性罪犯司法處遇暨輔導治療國際研討會論文集》，主辦單位：財團法人婦女權益促進發展基金會、中華民國犯罪學學會。

Marshall, W. L.,Hudson, S.M. & Ward, T.. (1992) Sex deviance In P.H. Wilson (Ed.) Principle and Practice of Relapse Prevention. London: Guilford.

Nelson, et al.(1989) Relapse Prevention: A cognitive-behavior model for treatment of the rapist and child molester.

Raynor, P. & Vanstone M. (1996) Reasoning and Rehabilitation in Britain: The Results of the Straight Thinking on Probation (STOP) Programme. International Journal of Offender Therapy and Comparative Criminology, 40 (4), 272-284.

Remero, J., & Williams, L. (1985). Recidivism among convicted sex offenders：A 10-year follow up study. Federal Probation, 49, 58-64.

第二十二章

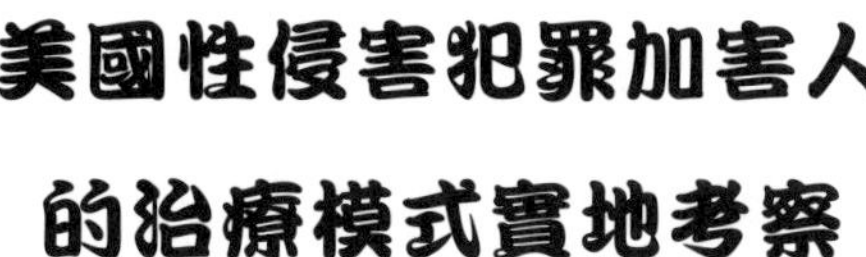

周煌智　陳筱萍　林明傑

本章學習重點

- 介紹國外著名的性侵害犯罪治療地方。
- 學習國外性侵害犯罪治療的標準作業。

摘要

本章主要介紹全美著名的性侵害犯罪加害人治療的地方，包括亞塔斯卡特羅州立醫院、雙河矯正中心、愛廓格蘭兒童中心與麻州之社區性罪犯治療制度以及簡介他們的「性加害人之強制治療計畫」

關鍵詞

亞塔斯卡特羅、雙河矯正中心、愛廓格蘭兒童中心社區性罪犯治療強制治療

壹、亞塔斯卡特羅州立醫院（監獄）（Atascadero State Hospital, A.S.H.）治療模式

一、A.S.H.簡介

㈠ A.S.H.的座落與歷史

這家醫院的地址為 1951 Monterey St., San Luis Obispo, CA 93401，TEL: 800-8000-8000。位於加州中海岸風景勝地（*San-Louis Obispo*），佔地 208 英畝。雖說是一家醫院其實是一個監獄，但更像是司法精神醫院，專門收容有精神疾病或性犯罪的犯人，是一個高度安全（*maximum security*）的醫院，進出醫院時，除了要通過金屬偵測門外，還必須蓋上隱形墨水，進出時憑藉隱形墨水顯影來放行，並且通過時有兩道門，前一道門未關時，下一道門絕對不開，可知其看守的嚴格度了。加州政府心理衛生部早於二次世界大戰前，就注意到有此需要，乃於 1940～1946 間逐步購買土地。1949 年派任 Dr. Rood's 擔任籌備處主任，1951 年動土，迄 1954 年硬體建構物完成。醫院設施首重高度安全（*Maximun Security*）措施，改變一般監獄的風格，不使用圍牆改成以社區公園化的外貌。

它不同於國內的監獄，沒有高聳的圍牆，沒有層層的鐵絲網，座落在景色幽美的環境中。它也不同於國內的醫院，沒有熙來攘往的病患，沒有吵雜的噪音，擁有一份寧靜清幽的悠閒。若要參觀醫院時，需要經過金屬的偵測門，通過安全措施的檢查，院內的設施，它具有病房動線的設計（畫在地上，跟著地線走動或辨識方向）。病患穿著統一制服，有些運動，有些看書，有些散步，各有各的活動空間，並不覺得空間是狹隘的。因醫院內有 1,079 名員工對病患服務，所以感覺整個醫院運作是井然有序。工作人員胸前掛著明顯的名牌，都在旁邊監督和指導。院內設施有考慮完整的安全措施和員工有被訓練在病患脫逃或暴力攻擊時危機因應方法。全院共有 28 個住院單位，其中 9 個住院單位是性暴力略奪者居住的，每個住院單位都有團體心理治療和工作人員討論的空間。全院由 7 個方案（Sexually Vident Predator, SVP, Program）型態去管理運作，每個方案負責的單位數不同，而工作人員分配比例視該方案提供的服務及病患病情程度而定。方案主

持人每年提出方案，經醫院認可後給予預算去執行，並需定期作業務報告，相關的改善建議，由品質管理委員會追蹤作為績效考核之準繩，並藉此作下年度該方案提撥多少預算之參考。

㈡醫院的歷史演變

醫院於 1951 年開始建造，1954 年完成，提供 1,084 床位，有自己給水和污水處理系統，之後增加 400 床位。1954 年 6 月收入第一批病人，計有 1,183 位病患，包括 700 位非精神病性罪犯、60 名性變態者和 40 名精神異常之犯人。迄 1960 年全院已收容 1,350 名病人。經過多年來歷經社會環境之變遷，法律之修正改變，以及現實之需要，1984 年醫院之硬體改成沒有圍牆及社區公園化之構造，而且醫療及其他之專業人員不斷地再培訓及注入新血輸已超過 1,600 名。醫院早期治療重點在改善其信念。在公元 1950 年左右，以精神科方法治療心因性性偏差。治療是採用開放和信任的方式，超過 300 位病患有充分的土地自主權，在醫院有四分之三的工作是由病患做的，如種蔬菜和料理食物。有些病患甚至可到社區工作。公元 1955 年 3 月社區報紙登出很多父母不滿而要求限制性罪犯至社區的報導，院方因而改變開放性的治療，並加強安全性戒護。1960 年因社區心理衛生的盛行和去機構化提倡，建議減少醫院的存在。A.S.H.因而漸趨向特殊角色和功能，對很危險或不能自己管理的罪犯才送入此醫院。

公元 1972 年發展出醫院的特殊治療模式，每一個治療模式有其特定目標，陳述特殊團體病患的需求，由醫師和護士來執行。經過多年來政策和法律的改變，A.S.H.是少數僅存的州立醫院。A.S.H.病患不再像一般犯罪者只是監禁，它尚包括治療。公元 1980 年政策和經濟提升加上醫院工作人員增加改善醫院的體制。1981 年執行性罪犯心理疾病的治療，A.S.H.同意性罪犯志願參加治療可抵最後二年刑期。A.S.H.針對性罪犯治療和評估，做出 10 年研究計劃，重視研究設計和再犯預防計劃（*Relapse Prevention Program*），獲得國際間重視和肯定。

公元 1990 年治療策略愈臻成熟、完善，重視生物心理社會（*Biopsychosocial*）整體治療模式，針對病患認知、社會心理和精神功能治療，使其安全重返社區為最終的目標。醫院內尚有品質處促進委員會（*Continuous Quality Improvement*）的設立和提供給工作同仁訓練場所。過去數十年性罪犯心理疾病有增加的趨勢，因而A.S.H.提供 412 床位。公元 1996 年 1 月 1 日通過新法案，性暴力略奪者需強制住院治療（*The Sexually Violent Predator Commitment*），A.S.H.也是治療中心之一，收治 240 位性暴力略奪者，並將於 2001 年擴建完成 258 張供性暴力略奪者所需的床位。

性罪犯或其他罪犯又具有精神疾病，則安置在另外的空間，給予醫療上的協助。1993 年該院已榮獲全美衛生機構鑑定委員會（*Joint Commission On Accreditation of Healthcare Organization*，*JCAHO*），評鑑為最高等之醫療機構而榮獲「Accreditation with Commendation」，乃最近三年內，全美國僅有 5%以內之公私立醫療機構能獲得此榮銜者。目前該院已與美國之舊金山加州大學（*U.C.S.F*）、洛杉磯加州大學（*U.C.L.A*）以及 Fresno 之 California State University 等大學聯合教學醫院，而且提供法律精神科醫師及臨床心理師之實習和培訓場所。

綜合起來該院具有下列至少五項特色：

1. 屬於最高度安全醫院（*Maximum Security Hospital*）。
2. 所有病人都是男性。
3. 由全加州之各級法院、獄政矯治機構及其它各州醫院轉介者，且有犯罪或危險性記錄者。
4. 採取跨學科、超領域之團隊治療模式（*Interdisciplinary Team Approach Model*）。
5. 治療目標是生物、心理和社會之復健（*Biopsychosocial Rehabilitation* 簡稱 *B.P.S.R*）針對病人之認知、社會心理和精神功能之治療，使其安全重返社區為最終之目標。

工作人員皆經過在職訓練，如安排至 S.V.P.的工作人員需接受以下的訓練：(1)法律；(2)性罪犯的再犯預防；(3)精神藥物的使用；(4)性罪犯認知行為治療；(5)個別性的疾病；(6)制約行為治療。

醫院提供一週七天全天候醫療（如內科、外科、牙科等診療）和精神醫療服務，全院共有 84 名醫師，臨床心理師 53 名，社會工作師 21 名，職能復健師 49 名，護士是 872 名，早、晚班與病患的比例是 1：8，夜班是 1：16。而S.V.P.工作人員的比例則是不同的，如下表所列：

表 22.1　100 位 S.V.P.的工作人員比例

醫師精神科醫師	醫學臨床心理師	碩士社會工作師	職能復健師	教師	護士
1.5	4.2	6.2	3.7	1.5	85.5

A.S.H.工作人力如此完整，所以不論在醫療、教育和行政管理品質都是最佳的，以致成為加州模範醫院且是其他醫療訓練中心。

二、「性加害人之強制治療計畫」（Sex Offender Commitment Treatment Program）

㈠「性犯罪者之強制治療計畫」（Sex Offender Commitment Treatment Program）

本計畫是A.S.H針對性犯罪之重要計畫，有必要深入的認識。這個計畫的主持人背景是一個資深的社會工作師。本計畫之主要對象為「性暴力掠奪者」（*Sexually Violent Predator, S.V.P*），其定義即界定標準（*criteria*）有下列三項：

㈠已被判之性犯罪其受害人超過兩人以上。

㈡已被診斷為精神障礙（*mental disorder*）。

㈢可能將來再犯性犯罪，亦可能是精神障礙的後果。

㈡治療模式（Treatment Model）

他們是用認知行為治療模式，尤其強調「預防再犯」（*relapse prevention*）。其實治療的目標並非在於治療（*cure*）病人，而在於幫助他學習如何有效控制（*control*）行為的策略。控制的觀念包括主動參予行為改善過程和再強調要持續的努力與警告才能戒除他們的行為。因此強暴和兒童性侵犯皆非單獨事件，而是有多重因素之複雜行為，如生活方式、認知扭曲導致性興奮型態之偏差和較侷限的技巧缺陷。治療之主要任務在於發現再犯之危險因素和計畫去減低這些危險的對策，包括糾正偏差思想、學習控制不正常性衝動、加強對於性受害人之同理心，去除濫用藥物之惡習，避免或離開高危險的環境，以及運用有效的藥物治療等。

根據計畫主持人提出方案的治療階段經過整理如下：治療之階段（*Phases of treatment*）分成五個階段：

1. 第一階段：準備過程（Treatment Readiness）

此階段之用意乃企圖從監獄文化轉移成治療的環境。這是教育性的，其目標是準備病人在治療中採取主動角色。使用之主題包括介紹治療計畫，複習法律條文，對精神障礙的認識，受害人覺醒，再犯之預防和認知扭曲（基本思想錯誤）。若揭露病人有社交技巧之缺陷時，即促使病人參加人際關係技巧、憤怒和壓力之處理、生活適應、症狀之處理和性教育。

2.第二階段：技術獲得（Skill Acquisition）

此階段從教育和準備進入個人的治療。參予者必須符合下列之標準：(1)承認過去之性犯罪，而想要去減低他的再犯危險；(2)有意願去討論他的過去犯罪史；(3)同意參加必須的評估過程；(4)願意參加團體討論，而能適當地引導自己；此階段運用之評估工具包括完整的性心理生活史、人格測量（*MMPI-2*）、性興奮描繪、精神變態之程度表、認知扭曲和受害人同理心之評估。

病人必須參加下列之治療模式：再犯預防（Ⅱ）、認知扭曲（Ⅱ）、受害人覺醒（Ⅱ）、瞭解犯罪對於受害人之衝擊和自傳。此外尚有下列之特殊團體治療：人際關係技巧（Ⅱ）、人類性關係、基本的親職關係。

3.第三階段：技術應用（Skill Application）

病人必須整合以上學到之技巧，而且必須符合下列標準：(1)接受不再去犯罪之諾言；(2)瞭解治療之目標，就是去處理和控制他的偏差性慾（不同於認為「可治癒」的觀念）；(3)完成所有評估的步驟；(4)成功地完成行為連鎖改變和決定模式之導正；(5)承認和矯正基本的認知扭曲（引發性虐待者）；(6)完成第二階段之特殊團體治療。所有病人都必須完成如下之治療模式：再犯預防（Ⅲ）、認知扭曲（Ⅲ）、受害人覺醒（Ⅲ）。以及如下的特殊團體治療：性興奮型態之修正和次級的親職關係。

4.出院（假釋）之準備（Discharge Readiness）

詳細的出院計畫必須與「條件寬解計畫」（*Conditional Release Program* 簡稱 *CONREP*）。在進入本階段病人必須符合下列之標準：(1)繼續符合第二和第三兩階段之標準；(2)成功地完成所有三階段之治療模式。所有病人都必須完成下列之治療模式：再犯預防（*IV*）、寬解計畫（條件、監督、生活環境和就業等），和相關法律之認識。尚需要如下之特殊團體治療：性興奮之處理、親職關係和 CONREP。

5.釋放進入社區

本階段仍與上述之 CONREP 連續配合的計畫。治療的主要工作包括延續院內得到之治療成果而推展到社區去；同時還要加強監視和訓誡之功能，以促進早期犯罪預兆之發現和導正，並且確保社區之安全。

貳、美國雙河矯正中心（TwinRiver Correction Center）

一、中心簡介

圖 22.1　美國雙河矯正中心

中心地址為 16774 170 drive SE, Monreo, Washington 98272，TEL：360-794-2380。這是一個成人犯罪矯正中心。進入參觀的程序，如同 Atascardero 醫院一般需先經過金屬檢定後，才進入中心，進入中心後可以看見的眼前是一片青青草原，令人心曠神怡，很難想像這是一個收容罪犯的中心。

二、進入中心的加害人與工作人員簡介

基本上，當個案被轉介來本中心時，首先會進行危險評估（*risk assessment*），而第一次的性加害人可以選擇在醫院或矯正中心治療或回到社區，進行社區處遇治療。在早期的治療平均每位個案需要兩年的時間，每週需要 9～24 小時的輔導治療，現在的個案則平均需要一年的治療期。若在治療期間，個案要結婚時，治療團隊有義務通知其結婚的對象，讓其了解個案的狀況。中心的工作人員約有 20 多位，性加害人則有 200 多人，計有 13 個團體治療，團體治療的性質為同質性

的，除了性加害人以外，還有酒精或藥物濫用團體治療。同A.S.H.一樣，它治療的目標並不是要治癒不當的性衝動，而是控制它。因此，是一種終身學習與控制。由於這裡的犯人，可能有精神疾病的病史，因此，也有一位精神科醫師來處理有關精神疾病與藥物處方的事情。由於在治療期間，可能會被社區排斥（因為社區有註冊登記），因此，工作人員必須準備最壞的狀況，故再犯預防（*relapse prevention*）是另一個治療重點。根據統計約有22%～56%性加害人具有物質濫用，為了團體的同質性，在這裡並不一起處理，而是將他們同時放在性加害人團體與物質濫用團體治療。以下簡述該中心常用的檢查工具如下：

㈠陰莖勃起偵測儀（Penile Erect Detective Tomography）

這裡另一個特色就是有陰莖勃起偵測儀，這是類似生理回饋利用儀器進行認知行為治療的一種方法。利用敏感的偵測器套在加害人的陰莖，然後模擬各種可能的危險再犯情境，利用病患主觀描述性醒覺，與客觀的性醒覺相互比較，並回饋個案本身，再予以嫌惡療法，以避免再犯。

㈡多層面性量表（Multiphasic Sex Inventory, MSI）

這裡評估性加害人是使用本量表，玆簡述如下：多層面性評估量表（*Multiphasic Sex Inventory, MSI*）不是一種人格測驗，而是一種評估性犯罪者與其在治療過程的開放性（*openness*）和進展（*progress*）的量表。總共有300題，其效度量表（*validity scales*）包括性強迫量表（*The Sexual Obsessions Scale*）：高分代表偽裝不好（*faking bad*），低分代表偽裝好（*faking good*）；認知扭曲與不成熟量表（*The Cognitive Distortion and Immaturity Scale*）：使性加害人想像自己為當時的受害人的自我描述；辯解量表（*The Justification Scale*）：測量性犯罪者對於自己犯行的合理化程度；治療態度量表（*The Treatment Attitude Scale*）：評估性加害人對於治療的開放程度與動機；幾個因犯行不同而設計的測謊量表（*Lie Scales*），例如Lie for Child Molester Scale, Lie for Incest Scale，以及Social Sexual Desirability Scale，用來測量「正常」成人對異性的性趣與衝動，低分代表非偏差之性趣的最小化（*minimization of nondeviant sexual interest*）。分析指出，在MSI的最小化和誇張化的指標的扭曲和MMPI的反應誤差（*response-bias,* 由 *F-K index* 和 *Obvious minus Subtle subscales* 判斷）有顯著相關，因此認知扭曲指標深受反應誤差所影響。不過值得注意的是，這些validity scales的解釋對於否認犯行者應予保留。

參、美國愛廓格蘭兒童中心（Echo Glen Children's Center）

一、中心簡介

圖 22.2　美國愛廓格蘭兒童中心

這一家兒童矯正中心，位於西雅圖近郊（地址為 *33010 S.E.99th Street Snoqualmie, WA 98065 831-1290*）；從外表來看好像是一處渡假勝地，位於接待中心的房子與一般的遊客中心沒有兩樣，若非方圓數里只有這處中心，我們一定誤以為走錯地方。進入中心，迎面看來是一群友善的工作人員親切的詢問我們的來意。我注意到這裡牆壁的說明文字，有英文、中文、泰文……等等。並且述明若不懂英文只要在標示處指著，就會有翻譯人員前來說明，不愧為先進國家。性犯罪治療模式（*Special Sex Offender Dispositional Alternative*，*SSODA*）主要由一位具有心理學碩士資格的男性工作人員——Michael Theisen 負責（*Sex Offender Treatment Coordinator*）。這裡的工作人員約有七、八十位之多。收治的對象主要為 10～19 歲行為有偏差的青少年。其中男性平均年齡為 14～15 歲，女性平均較男性大 1 歲左右，總收容人數為 208 人，其中約有 50～60 人為性加害人（*sex offenders*），這裡較特殊的是有女性性加害人，為數不少，受害人大抵是其親屬，例如弟弟等。這些住民都住房舍（*cottage*），有一些是女學生，住在 Quinault and Skagit Cottages 是女性加害人。Klickitat Cottageg 收治年輕的（*10～12 歲*）男加害人，包括性加害人。Toutle and Chinook Cottages 是這裡安全措施最隱密的處所。Copalis Cottage 的住民則有精神疾病。Willapa and

Nisqually收治慢性男性獄所處遇性加害人。Snoqualmie Cottage則收治已經超齡男性性加害人。大部份住民有全天時間的學校課程，同時有限制名額提共給較資深的年輕人暑假機會。

二、進入中心處理步驟

㈠取得基本資料。
㈡瞭解性史。
㈢暴力程度。
㈣性攻擊史。
㈤社區與家庭支持度。
㈥發展史。

三、性加害人治療目標

一般治療焦點是在幫忙性加害人朝向：
㈠增加對性侵害犯罪與犯罪行為（*sex abusive and criminal behavior*）的責任感。
㈡增加對受害人（*victim*）性濫用衝擊（*the impact of sexual abuse*）的瞭解。
㈢增加對自己的情緒與心理過程導致傷害受害人行為的瞭解。
㈣增加對如何不要傷害他人而符合自己性與社會需求的瞭解。
㈤降低偏差性醒覺與增加適當性刺激的醒覺。

四、性加害人加護治療單位

Willapa and Nisqually是本中心兩個中等隱密的房舍，主要收治慢性男性獄所處遇性加害人。其收治標準為：
㈠限進來時年齡為13～15歲的男孩。
㈡距離被控訴的12個月內。
㈢沒有精神疾病，但已有藥物控制且穩定者例外。

驅逐原則：
㈠重大暴力。
㈡逃跑或嘗試逃跑。

㈢觸犯嚴重罪刑。

五、治療過程

認知行為治療過程包括個人、團體與有限的家庭諮商。入院後第一個月由指定的個案管理員（*case manager*）依據可用的評估工具（如上述），進行個別特別加害治療計畫評估。

治療的主題與目標分述如下：

㈠定義受害行為，並且為它負責，透過中心團體與個別諮商，他們瞭解到在治療過程中使用的名詞（*terminology*），並開始瞭解否認（*denial*）、極小化（*minimization*）與錯誤的想法（*thinking errors*）。提供他們有關法律規範與有關受害過程（*victimizing*）定義情緒與心理過程的理論。在治療的某些點上，亦做了測謊測驗（*polygraph test*）以評估他們誠實度。

㈡了解受害人經驗是治療過程的一個主要成分。除了性侵害犯罪史，大部份的青少年復健管理（*Juvenile Rehabilitation Adminstration, JRA*），性加害人皆有一般的犯罪史，透過大約35小時的犯罪受害人經驗——受害認知教育（*Victim Awareness Education*）來讓這些住民瞭解。此課程是每週一次，但有時也可以個別進行。透過提供受害人感受，讓住民瞭解到對受害行為的衝擊（*specific impact*），希望抑制將來一些暴力行為。透過個別與團體諮商安排，攻擊者被要求在性侵害犯罪中釐清受害人與加害人角色，寫下對受害人支持及聲明書。並且如果有法院判決對受害人補償，需付給補償。有時加害人會實際的遇到受害人去道歉並且為他的加害行為負責。

㈢社區而言，家庭支持與教育是治療成功的一個關鍵因素（*key component*），這裡提供了家庭有關實務上青少年督導技巧與有關性加害人資訊，以增進他們對法律的瞭解、加害人加害循環行為、加害的高度危險情境與對加害人與受害人兩者在社區中受害人經驗。個案管理員提共至少一個月一次與雙親見面，若雙親無法前來，則以電話規則訪談。

㈣預犯預防（*relapse prevention*）：透過團體與個別諮商瞭解加害循環與高度危險情境的再認知。加害人將學習到認知他們的加害循環、處置技巧、認知扭曲、偏差行為與預防發生的行為技巧。他們將發展一套預防計畫，並與社區與雙親分享。並且當他們回歸社區後，已經學習到放鬆技巧與年齡相稱的休閒活動。

㈤教育：很多青少年缺乏該年齡適當的性資訊以便於做出有關健康關係的決定。故性教育在於提供適當年齡的性行為、教養計巧、基礎性教育與另一類性生活。

㈥透過個別與團體諮商的性加害主題，同時性加害人有身體、情緒、藥物、酒精濫用與忽視（*neglect*）傾向時，也必須一起討論。再連結這些年輕人他們自己的受害經驗，讓這些人說出受害人的經驗以抑制這些暴力行為，並接受新的應對行為及學習避免未來個人受害的防衛策略。生存治療的主題分別為：*1.*走出陰影（*letting go of the secret*）；*2.*印證並表露對濫用者與加害人情感；*3.*釐清對加害的責任；*4.*瞭解健康的性事；*5.*認知自我毀滅與反社會或強迫行為，並終止它們；*6.*終止令人痛苦行為（*victimizing behavior*）；*7.*在性別認知上（*gender identity*）瞭解對加害的負向衝擊。

㈦減少偏差醒覺與增加適當的醒覺對某些加害人是重要的治療因素，隱形敏感法與手淫再制約（*covert sensitization and masturbatory reconditioning*）是其中兩個有效的方法，可施用於有動機的自願者。

㈧衝擊處置 The Step Two Program 實施與大部份的住民。此計畫由 8 個個案管理員參與，且直接由中心主任督導。課程有情緒管理，並且還發有證書。

六、愛廓格蘭女性性加害治療團體

這個團體的領導者是一個老太太，協同領導者是一個年輕的拉丁裔女性，因為他們不穿制服，住民亦不穿制服，容易會被誤以為她是女性性加害人。這些女性性加害人有一位是犯了其他罪刑入院，她對其弟的性侵害犯罪時因未達法定年齡不罰，但自願加入團體，由於祖母與母親對她亦有性侵害犯罪，因此，治療者也需要通報。這些住民大概要上一週 8～12 次課程，時間安排則是早上為一般的學校課程，下午接受團體治療。

肆、佛蒙特州性罪犯治療方案（Vermount state sex offender treatment program）

佛蒙特州性罪犯治療方案，不論在監獄或社區均是全美之模範方案。佛蒙特州性罪犯治療方案行政主任為 Georgia Cumming 女士及臨床督導主任 Robert McGrath

先生。

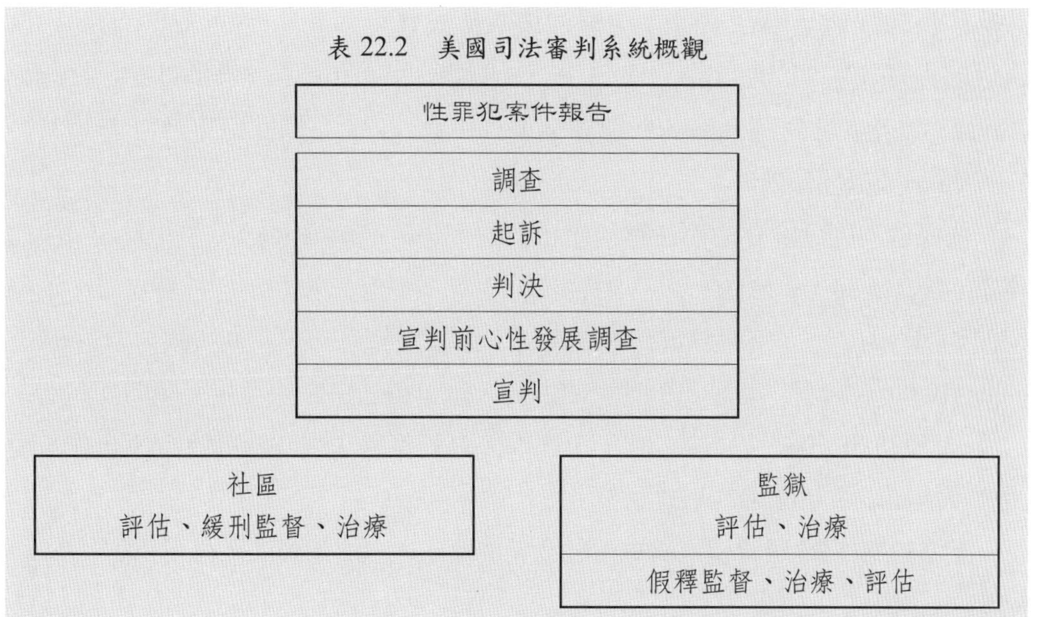

在該方案裡，精神科醫師、心理師、社工師和觀護人負責心性發展的調查、評估和治療，其並非法官無法對個人罪行做判決。其專業技術運用在評估㈠診斷與問題的形成方式；㈡危險程度；㈢治療的可能性；㈣治療計劃；㈤處理的傾向與建議。在其中有一項與一般心理治療不同的是保密的限制，雖心理治療倫理強調保密原則，但評估鑑定是要對法官負責，所以需把性罪犯資料向法院報告，事先要向個案說明保密的限制。

危險評估是相當重要的，其評估的概觀：

目的	侵犯的方式	危險成份	危險因素	資訊來源
判　決	性侵害犯罪	一般性	靜　態	間　接
釋　放	暴　力	機　率	動　態	測　驗
觀　護	一　般	時　機		面　談
治　療	其　他	條　件		生　理
		對　象		

根據研究可以預測性侵害犯罪的再犯，Hanson ＆ Bussiere（*1998*）調查過去二十多年歐、美、加、澳的研究發現，對兒童的性癖好者其再犯率為.32，有異常性癖好者其再犯率為.22。也可依照性犯罪再犯危險評估量表評估，如「明尼蘇達

性罪犯篩選評估工具」（*MnSOST-R*），為 16 項靜態和動態題目，主要評估成年男性強暴犯受刑人及過度親密之兒童性侵害犯罪者之再犯危險。而「性犯罪再犯危險的快速評估」（*RRASOR*）只有四項靜態因素，為最簡便的評估工具，內容為以前性侵害犯罪的記錄、出獄年齡、受害者性別和與受害者的關係。Hanson（*1997*）以性犯罪再犯危險的快速評估工具研究性侵害犯罪的再犯率，發現得分 3 分者其再犯率是 37%。

依據個案的危險評估而法官給予不同的判決，高危險者給予在監服刑，快假釋才治療（此州有 2 個監獄），治療約 2～3 年。中低危險則參加社區處置，治療期間約 1～2 年。在家服刑者有其限制，如身上戴著 BB Call，規定其在晚上 6:00～10:00 不能離開家裡，一旦違法則要入監。被法官裁決要接受團體課程者，約等一個月時間後被通知來上課，上課前先寫同意書，違法保護令或不合作，委員會可能要求重新開始或取消假釋。

社區方案為 27 週課程，其採用現今美加地區之主流治療法「再犯預防（*Relapse Prevention*）模式」：

㈠對象：即法院判緩刑者與在監受治療後而假釋者。

㈡團體成員：將強暴犯與戀童者混合在同一團體中治療，人數約 18～25 人。

㈢花費：治療一週一次，每次 1.5 至 2 小時，每次費用約 20～40 元，由性罪犯自付，視其收入而定。貧窮者則由州政府補助部分費用（密西根州則是州政府與案主各出一半，即各付美金 10 元）。

㈣參與性罪犯之篩選條件：因參與者可判處緩刑及提前假釋，故鼓勵犯者參與治療，但其篩選條件如下：承認犯行之責任，參與所有療程並付錢，保密團體成員所談，允許治療者將言行報告法庭，完成家庭作業等。並須簽下契約，以示負責。倘若有違反規定，則可提交法院取消緩刑或假釋。

㈤團體成員分三階：即候選者、一般成員、更生成員（*candidate, member, graduate*）。成員 6～8 人，候選者 1～2 人，較後者將有較多責任及獨立。而候選者須先在團體中待一個月，由成員評估並表決，之後鼓勵候選者詢問每位成員其評估之理由；若投否決者，亦須告知其如何做就可改變其感覺。治療者可提出看法並擁有最後決定權（候選者為新入團體之成員，一般成員為團體中之正式成員，而更生成員為已接近完成治療階段之成員，前二者須每週參與治療，而更生成員則一個月自己選一天參與治療。成員之升等須自己向團體提出，由團體討論表決之）。據筆者考察 Vermont 州發現此一作法立意及效果甚佳，一來鼓勵性罪犯作社交技巧，二來可鼓勵性罪犯互相支持並互相回饋對他人及對自己的看法。

㈥團體過程：團體為開放性，每次團體前，候選者及成員均先要向治療者繳錢。之後，每位成員須重述自己的姓名，是何種性犯罪，高危險情境有哪些；再來是每人詳細報告在前一週內有的幻想、驅力、復發之行為、所面臨之高危險情境及性行為。若有成員總不提到上述項目，則會被要求轉至個別治療或聯合治療，以使其能瞭解上項陳述的重要性。候選者被安排在成員陳述後再陳述自己情形。再來則是討論團體議題，包括 RP 的前述各項議題及如何因應，例如認識自己的高危險情境，如何因應迴避，預想可能再犯的行為及如何避免之及認知重建等。每週議題之討論，由團體成員選定，但治療者有最後決定權。每次團體最後，則由每位參與者報告自己上週的家庭作業。家庭作業可包括讀書報告（有關憤怒控制及提高同理被害人之書籍或文章），給被害人的道歉信，性方面之自傳，敘述被害者之衝擊等。團體前段，每人之作業可能較一致，但中後期，則漸依各人所需而不同。作業提出後，由團體成員討論，由治療者或催化員決定通過與否，若不通過須再重做：不能寫字之人，則可以錄音機代替。作業落後或有缺席者，則予以警告可能列入觀察、降級甚或報告法院取消緩刑或假釋。

㈦違法的條件：⑴缺席或遲到⑵再犯⑶上課不認真⑷未繳錢，治療者會把個案學習情形通報給觀護人或法官。

㈧研究結果：Alexander,M.A.（*1999*）調查性侵害犯罪者治療成效，發現以再犯預防治療其 5 年內的再犯率為 7.2%，而以其他方式治療再犯率為 13.9%，未治療者再犯率為 17.6%。

伍、麻州之社區性罪犯治療制度

密集觀護制度：據州政府觀護局訓練主任 Steve Bocko 先生表示該州引進亞利桑那州之抑制模式（*containment model*）。對部份嚴重之加害人觀護人會建議施於中間性處遇制度以做為其社區之處遇，如密集觀護之每週 5 次之面對面監督，每半年到警局作一次測謊（詢問有無再接近危險因子，如看色情影帶、接近幼童等），每一年作一次陰莖體積測試儀（測量其偏差之性偏好有無改善）。據州政府觀護局訓練主任 Steve Bocko 先生表示亞利桑那州之抑制模式（*containment model*）之實施有極佳之效果，研究顯示參加者之三年內再犯率約不到 2%，而未參加者三年之再犯率為 27%（以上節錄自周煌智，*1998*；周煌智、郭壽宏、陳筱萍、蘇靜君、莫清芬，*2000*）。

參考文獻

中文文獻

周煌智（1998）。行政院所屬各機關人員核准出國計畫——美國醫院與監獄性犯罪診療觀摩與考察報告書。

周煌智、郭壽宏、陳筱萍、蘇靜君、莫清芬（2000）。行政院所屬各機關人員核准出國計畫——美國性侵害犯罪與家庭暴力處遇計畫考察報告書。

英文文獻

Hanson, R.K., & Bussiere, M.T. (1998). Predicting relapse: A meta-analysis of sexual offender recidivism studies. Journal of Consulting and Clinical Psychology, 66, 348-362.

Hanson, R.K. (1997). How to know what works with sexual offenders. Sexual Abuse: A Journal of Research and Treatment, 9, 129-145.

Alexander, M. (1999). Sexual offender treatment efficacy revisited. Sexual Abuse: A Journal of Research and Treatment, 11, 101-116.

第二十三章

科技設備監控運用於我國社區處遇可行性評述

鄭添成

本文修改自發表於「犯罪與刑事司法研究」(*Crime and Criminal Justice International*)，第4期，167～207頁，2005年3月，國立台北大學犯罪學研究所出版。

本章學習重點

- 科技設備監控之定義。
- 科技設備監控之常見種類。
- 英國科技設備監控方案與立法例。
- 德國科技設備監控方案與立法例。
- 新加坡科技設備監控方案與立法例。
- 科技設備監控之常見適用對象。
- 科技設備監控之使用範圍。
- 科技設備監控之成本效益分析。
- 科技設備監控方案相關人員（司法人員、犯罪人、社會輿論等）之主觀感受。
- 科技設備監控之實施限制與先備條件。

摘要

科技設備監控屬於刑罰「中間制裁措施」由於具有合理的價格（成本）、可反轉性、可區分性、與現存的矯治方案與機構目標甚為相容等因素，而逐漸受到國外刑事司法制度的青睞，成為近年來相當熱門的犯罪控制策略之一。本文從國外現行方案經驗，探討科技設備監控預防累、再犯之目標是否容易達成，繼而檢視我國現有環境對於累、再犯之受保護管束人所提供之監督、輔導與其實施情形，進而從中反映出國內未來運用科技設備監控在執行上應興革事項。

本文主要採取之研究方法為「文獻探討法」及「比較研究法」，藉由蒐集國外具實施科技設備監控經驗國家之方案評估研究及相關文獻，來進行彙整分析比較，並將科技設備監控相關問題以不同的面向來進行可行性評估論述。本文評述架構包括：㈠立法例及法令規定方面；㈡適用對象及使用範圍方面；包括科技設備監控適用於毒品犯尿液受驗人、家庭暴力及性侵害犯罪加害人、暴力犯罪受保護管束人之可行性，以及適用於其他犯罪類型之選擇標準等；㈢成本效益分析及財務分析方面；㈣使用者主觀感受方面。

評估研究結果發現：科技設備監控是具備可行性的。監控期間不能太長，大多數研究認為 60 至 90 天的長度是最有成效的，一旦監控時間超過 3 個月，受監控者的順從度即會急遽下降。此外，科技設備監控被證實可有效作為一種傳統監禁刑的替代刑。而使用者主觀評述在各國間也普遍獲致支持，並有平均約八成的高滿意度。

適用對象評述方面，以科技設備監控來提升毒品犯到驗率是可行的，如以科技設備監控作為附屬配套措施，並結合以長期戒癮處遇計畫為主的組合方案則被證實極具成效。暴力犯罪方面，科技設備監控與傳統保護管束之間，在成效上並未出現顯著差異。家庭暴力案件方面，科技設備監控的確會改善加害人與被害人之間的互動狀況，然而所可能造成的心理作用以及緊張關係的影響則仍曖昧未明。性侵害犯罪方面，以科技設備監控結合現行身心治療與輔導教育制度是目前所知較佳的處遇方式，可有效提升到院治療率並防止接近可能的被害人而達到防止再犯的效果。

關鍵字

科技設備監控、可行性評估、社區處遇、中間刑罰制裁措施、觀護法。

壹、前言

社會大眾對於性侵害犯罪加害人出獄後之身心治療情形及其假釋後行為追蹤成效十分關注，目前實務上對於性侵害犯罪加害人出獄後不接受治療或接受時數不足時，假釋或緩刑者雖可依據保安處分執行法對之為適當處分，但仍缺乏實質拘束力，而其殘刑及保安處分執行完畢、免刑或赦免者，則除處以罰鍰外則無任何強制力，故要防止其再犯力有未逮，更遑論對其行蹤予以密切的掌控，以及預防其接近可能的被害者或是禁止其進入特定場所。性侵害犯罪加害人對社會治安是否會繼續危害，除了與治療是否能有效落實有密切相關之外，社區是否能有效追蹤管制其行蹤亦是預防其再犯的重要關鍵。

為監督及輔導受保護管束人，避免其再犯罪，在我國「觀護法」草案中，特別導入國外行之有年的社會監控措施，授權觀護官得視受保護管束人狀況，加以分級分類後，再相對應採取一般觀護、密集觀護、採驗尿液、指定居住於一定處所、宵禁、科技設備監控、測謊、轉介適當機構或團體或其他必要處遇（觀護法草案第 11 條）。如受保護管束人有於夜間犯罪之習性，或有事實足認有再犯罪之虞，為維護社區之治安，由觀護官報請檢察官許可，施以宵禁。宵禁期間每次不得逾 3 個月，除經觀護官許可外，禁止外出時間為晚上 9 時起，至翌日上午 6 時止。並授權觀護官於宵禁時間內，得不定時查訪。宵禁結束後，觀護官即應將執行情形報告檢察官（觀護法草案第 16 條）。對於宣告 10 年以上有期徒刑之重刑犯或累、再犯之受保護管束人，或有事實足認有再犯罪之虞者，觀護官得報經檢察官許可，施以科技設備監控，監控期間每次為 3 個月，必要時得延長 3 個月。「科技設備監控實施辦法」由法務部會同內政部定之（觀護法草案第 17 條）。「觀護法」草案所導入的此些社會監控措施，在國外亦曾引起部分的疑慮與討論，後經過具體的意見調查、試驗計畫、及方案評估等，發現科技設備監控、在家監禁等「中間制裁措施」（*intermediate sanction*）具有合理的價格（成本）、可反轉性（*reversibility*）、可區分性（*divisibility*）、與現存的矯治方案與機構目標甚為相容等因素，而逐漸受到國外刑事司法制度的青睞，成為近年來相當熱門的犯罪控制策略之一。目前全世界已至少有 15 個國家（包括美、加、英、法、德、荷、比利時、瑞典、西班牙、葡萄牙、義大利、南非、紐西蘭、澳大利亞、新加坡等）運用科技設備監控於刑事司法體系中，且部分國家如日本等亦正舉辦著類似的試行方案，成為刑事司法改革的風潮。

然而，犯罪人在社區處遇過程中接受科技設備監控，無疑是希望藉由外界所給予行為的追蹤與控制，來達成預防其再犯的目的，是一種隔離刑罰的展現，同時亦是一種刑罰的特別預防效果。按隔離刑罰的種類可分為實質隔離（透過監禁隔離）與擬制隔離（透過科技隔離）二大類（*Reichel, 1997*），隨著科技的日新月異，以及監獄的過度擁擠、政府財政困難等因素，隔離犯罪人的型態不再僅侷限於傳統監禁之方式，透過電子儀器，司法矯正當局一樣能對犯罪人進行監視，剝奪其行動自由；或是避免保釋被告不到庭，作為確保被告於審判中出現的一種手段。在觀護法草案中所規範的科技設備監控條款，即是社區為防衛重刑犯或累、再犯之受保護管束人，或有事實足認其有危害社會之虞者所提供的行為改變政策與方案。

在朝野立委及民間團體、個人的大力推動下，我國立法院在94年1月21日三讀通過性侵害犯罪防治法修正案，於同年2月5日公佈實施，並將於同年8月5日正式在全國各地施行。新修正性侵害犯罪防治法第20條規定，觀護人對於假釋、緩刑付保護管束之性侵害犯罪加害人，得採取下列一款或數款之處遇方式：「受保護管束之加害人無一定之居住處所，或其居住處所不利保護管束之執行者，觀護人得報請檢察官、軍事檢察官許可，命其居住於指定之處所。」（性侵害犯罪防治法第20條第2項第4款）、「受保護管束之加害人有於夜間犯罪之習性，或有事實足認其有再犯罪之虞時，觀護人得報請檢察官、軍事檢察官許可，施以宵禁。」（性侵害犯罪防治法第20條第2項第5款）、「觀護人對於實施前項第4款、第5款之受保護管束加害人，得報請檢察官、軍事檢察官許可後，輔以科技設備監控。」（性侵害犯罪防治法第20條第3項）、「第三項科技設備之監控方法、執行程序、機關（構）、人員等，由法務部會商相關機關定之。」（性侵害犯罪防治法第20條第8項）。此一修正規定，可說是我國在對犯罪人之科技設備監控上第一個正式通過施行的立法例，惟必須搭配宵禁之措施予以實施。

貳、科技設備監控之定義與種類

「觀護法」草案為因應科技日新月異，將慣用之「電子監控」以「科技設備監控」之名詞取代。所謂科技設備監控主要是一種透過電子科技來進行判斷的方法，以瞭解受監控者在指定的時間是否出現在特定的地點。此種方法可運用在協

助判斷受保護管束人是否順從宵禁令或是在家監禁的判決。科技設備監控在國外應用初期並非用來追蹤受監控者的行蹤，而是藉由辨別受監控者是否離開指定居住處所，來達到判斷受監控者是否違反宵禁令或在家監禁判決的目的，也就是說，受限於監控設備的功能限制，一旦受監控者離開指定居住處所，科技設備監控並無法追蹤掌握受監控者身在何處，亦無法得知受監控者正在做什麼。科技設備監控並沒有給予受監控者加諸身體上的自由限制，一旦受監控者決定違反宵禁令或在家監禁判決，監控設備最多也只能記錄下受監控者違反命令的時間，並將之傳送給監控者。因此科技設備監控是一種輔助措施，宵禁令或在家監禁若要成功執行，仍須仰賴科技設備監控後續的人為介入措施，惟科技設備監控可協助監控者判斷後續所可採取的措施。

依照我國「觀護法」草案第 17 條條文說明所述，所謂科技設備監控主要是由監管機關所在地的電腦監視系統、穿戴於受保護管束人身上裝置的電子訊號發射裝置、及安裝於受保護管束人住家（或其他經觀護人同意之特定處所）電話上之電子接收裝置等 3 項基本設備所組成。發射裝置是一個發射訊號的一種電子器材，其形狀因設計的功能而異，有的穿戴於腳踝，有的圈戴於脖子上，也有的在手腕上。電子監控可以在一個轄區內監視犯罪人的行蹤，雖然發射器可以破壞或以其他方式取掉，但破壞或取掉後，它會發出一種警報訊號通知接收中心。綜上所述，可知科技設備監控係使用一種電子科技遠距離監控技術，以確定犯罪者是否在預先所指定的時間、地點出現，亦即為了在社區內監控犯罪者，所使用的一種高科技技術，其主要目的係結合宵禁與在家監禁，以追蹤、確認犯罪人之順從程度，作為接續處遇的依據，然而一旦受監控者離開指定居住處所，科技設備監控即無法追蹤掌握受監控者的去向。

近年來隨著電子通訊科技的日新月異，科技設備監控也融入了衛星全球定位系統（*Global Position System*；*GPS*）、手機定位技術、個人數位助理器（*Personal Digital Assistant*；*PDA*）行動導航、體內皮下晶片植入、體外皮膚黏貼晶片等先進科技，使得現今的科技設備監控具備了更強大的功能，監控者得以具體掌握受監控者的行蹤位置，而監控者在對於受監控者的監控條件設定上，可依據分級分類執行依據，享有更多的功能搭配選擇。而受監控者身上所配戴的電子訊號發射器，也已改良成輕薄短小的款式，有的設計成彷如腕錶，有的則彷如可配戴於腰間的手機，減少了受監控者被標籤的感覺。

現代的科技設備監控被視為一種刑的種類，是一種替代自由刑的中間制裁措施，可以獨自實施，也可以搭配宵禁令或在家監禁實施，或可以成為緩刑、假釋、或審前釋放的條件之一。科技設備監控適用範圍十分廣泛，除了緩刑、假釋受保護管束人，可在其保護管束期間配合施以科技設備監控，進行個案監督外，其餘如待審被告、特殊自由刑受刑人等皆可作為科技設備監控的對象，乃為緩和看守所的過度擁擠，並防止待審被告脫逃，或發揮心理強制作用，作為確保被告於審判中出現的一種手段。再者，科技設備監控可搭配監所作業上之提前假釋、外出工作、以及其他必須借提受刑人離開監所的情形，以防止受刑人脫逃；亦可搭配觀護官在受保護管束個案的監督管理上，作為一種假釋的條件、違反保護管束應遵守事項的處罰、調節受保護管束人的生活方式、增加受保護管束人的求助管道、確保被害人人身安全、以及宵禁令的配套措施等。而科技設備監控之紀錄亦可作為受監控被告再犯時無罪或定罪之在場或不在場證明物證，或是刑事偵查的利器，協助追蹤掌握犯罪人的行蹤。

科技設備監控主要是由電子訊號發射裝置、電子訊號接收裝置、以及監控中心電腦監視系統等 3 項基本設備所組成。而此基本設備的改良與應用，可衍生出數種具特定用途的電子裝置，如領域確認裝置（*Field Monitoring Device*；*FMD*）、聲紋確認裝置（*Voice Verification Device*；*VVD*）、酒精測試裝置（*Alcohol Testing Device*；*ATD*）、以及引擎點火連鎖裝置（*Ignition Interlock Device*；*IID*）等。而藉由各種裝置的不同搭配與組合，可衍生出目前國外所使用的科技設備監控系統主要種類：包括：㈠主動系統（*Active System*）、㈡被動系統（*Passive System*）、㈢被害人警示與通知系統（*Victim Alert/Notification System*）、以及㈣位置追蹤系統（*Location Tracking System*）等。美國國家執法與矯正科技中心曾指出電子監控科技是保護社區的最終手段，而衛星定位等科技的使用，在某方面來說更改變了過去社區監督的觀念（*Nation Law Enforcement and Correction Technology Center, 1999*）。

參、國外科技設備監控方案與立法例

目前世界上已至少有 15 個國家運用科技設備監控於刑事司法體系中，且包括日本在內的部分國家亦正舉辦著類似的試行方案，為求深入分析並限於篇幅，本研究僅擷取英國、德國、及新加坡之相關研究來做比較，以瞭解科技設備監控在不同法律系統與文化下之運作情形。

一、英國

英國的電子監控實施進程主要可分為三大階段：在 1991 年的 The Criminal Justice Act 提供了藉由電子監控實行宵禁令的法源；1997 年的 Crime（*Sentences*）Act 則將電子監控的使用範圍擴及不同條件的受監控者，包括了青少年；1998 年的 Crime and Disorder Act 則賦予了「在家監禁」的法律依據，2003 年 The Criminal Justice Act 則對電子監控有了更詳盡的新規定（英國內政部，*2004*）。

(一) The Criminal Justice Act（1991）

英國在 1991 年的 The Criminal Justice Act 新增列了藉由電子監控來實行宵禁令的條文，宵禁令自此成為緩刑之外一個替代刑選擇，或是合併緩刑付保護管束執行的配套措施。在此次的立法當中，法院被賦予相當彈性的裁量權，來決定宵禁令的時間、地點以及次數。宵禁令期間為 6 個月以下，每日最多不超過 12 小時，不得少於 2 小時。然而宵禁令的裁定仍十分彈性，因此法院可能限制該犯罪人的宵禁時間為每日的晚上 6 時至隔日早上 6 時，連續 6 個月；也可能限制其宵禁時間為每週六下午 2 時至 4 時，持續 4 週；在部分特殊情況下，宵禁令甚至可以限制該犯罪人在某地待幾天，然後再移至他處待幾天。英國關於科技設備監控相關法令主要規定於 Section 12 宵禁令（*Curfew orders*）及 Section 13 宵禁令的電子監控（*Electronic monitoring of curfew orders*）等罪章。

藉由搭配新一代具備高度可信賴性的電子監控設備，英國這一次宵禁令的立法可算是成功的，根據英國內政部所作的一系列評估研究（英國內政部觀護處，*2004*），發現平均而言 75%的宵禁令被成功執行至期滿，未來則預估可有 80%以上的執行成功率。且方案人員主觀經驗評估發現大多數對於電子監控措施搭配宵禁令是給予高度肯定的，因而導致後來的修法，擴大了電子監控的適用範圍及種類。發展到現在，英國目前關於電子監控的最新立法規定於 The Criminal Justice Act（*2003*），其中 Section 215 電子監控必備條件（*Electronic monitoring requirement*）規範了電子監控的必備條件，並在 Section 197（*Meaning of "the responsible officer"*）及 Section 198（*Duties of responsible officer*）分別規範了「負責任的監控者」的定義與權責，Section 218（*Availability of arrangements in local area*）規範了在地區內適用的必要措施，Section 222（*Rules*）則列舉了一般適用規定。

㈡ Crime（Sentences）Act（1997）

此法將電子監控的使用範圍擴及其他不同的類型的受監控者，納入無法繳納罰金或較不具危險性的被告，當所有強制執行罰金繳納的方法都失效時，電子監控即被使用作為替代刑罰；且此法亦納入 10 至 15 歲之犯罪青少年作為電子監控之適用對象，在此之前電子監控適用對象僅侷限於 16 歲以上之犯罪人。此立法例更衍生出了電子監控可作為保釋的條件，並在隔年開始實施。相關的評估報告認為，無論是在受監控者的處理上，或是在提升社會安全方面，宵禁令及電子監控在此時已經成為一種深獲民眾喜愛的社區刑罰制裁措施。

㈢ Crime and Disorder Act（1998）

此法在原有的宵禁令之外提出「在家監禁」的新型態電子監控方案，其在 Section 99 及 Section 100 中規定：「當所獲判刑期為 3 月以上、4 年以下之受刑人，在通過危險評估後，可申請將在監刑期最後 2 個月改為在家監禁，並同時配合宵禁令及電子監控方案的實施。電子監控的期間由刑期長短來加以換算，一般介於 2 週至 2 個月之間。此種「在家監禁」同時配合宵禁令及電子監控的方案，實施成效是非常顯著的，原因是短期自由刑的受刑人在監獄中佔了一大部分，而這些人都合乎方案篩選的條件。事實上，在新制實施的第 1 年即至少有超過 1 萬 6 千人參與此方案。在 2000 年的評估發現，此方案有 94%的受監控者順利執行期滿，2%再犯，可謂是一個成功的法案。

二、德國

歐陸法系的德國，礙於聯邦憲法的因素，無法大規模進行科技設備監控相關方案，然而，2000 年時德國 Hesse 州法務部在法蘭克福地區試辦了電子監控方案，以藉此瞭解科技設備監控在德國作為替代刑實施的可行性。此試辦方案實施結果在 2002 年被分送到德國各地區法院，希望藉此經驗建立永久性的制度，該方案並於 2004 年接受評估（*Mayer, 2004*）。

為了建構方案實施的環境，Hesse 州法務部在德國法蘭克福地區法院成立了一個由觀護官組成的專門小組，其執行電子監控法律依據可依現有條文解釋如下：

㈠德國刑法第 56 條：「電子監控得視為自由刑暫緩或停止執行的一種保護管束命令，若受監控者曾違反保護管束命令，則電子監控得視為另一種更嚴厲的保護管束命令，以防止受監控者被判刑」。

㈡德國刑法第 57 條：「受刑人在監獄服刑逾刑期二分之一或三分之二時，電子監控得視為一種准許假釋的保護管束命令」。

㈢德國刑法第 68 條：「電子監控得視為監護判決下的一種保護管束命令」。德國刑事訴訟法第 116 條：「電子監控得視為審前拘留暫緩執行（保釋）的一種命令」。

㈣ Hessian 特赦法第 19 條：」當特赦情況使得自由刑必須暫緩或停止執行時，電子監控得視為一種保護管束命令」。

Mayer（*2004*）的評估研究發現方案實施成效是良好的，在許多特殊的社會場合中，受監控者的行為表現較為克制且穩定，德國對此次電子監控方案評估結論如下：*1.* 不論是在技術面或是刑事司法的考量，電子監控是具備可行性的。*2.* 絕大多數的法官、檢察官、以及監獄官對電子監控都抱持歡迎的態度，然而大部分的觀護官卻是拒絕的態度。*3.* 顯然地，社會大眾對於電子監控有著高度的需求。法蘭克福的經驗正與荷蘭、瑞典、以及英國相互驗證。*4.* 電子監控除了作為一種保護管束命令之外，有相當數量的電子監控是為了防止受監控者被判刑，而所產生之另一種更嚴厲的保護管束命令，此概念為歐洲地區第一次實證檢驗。*5.* 假使電子監控成為自由刑的一種替代刑，則電子監控會產生龐大案件量。*6.* 犯罪人的觀點認為電子監控是一種自由的限制、以及可能產生標籤效果。在這個觀點上，電子監控正反映出了作為中間刑罰制裁措施的特色，亦即一端是傳統監禁自由刑，另一端是罰金及交付保護管束。*7.* 犯罪人的觀點與電子監控方案的目標一致，犯罪人自陳電子監控方案在某些社會場合對其自身行為的確造成影響，使其行為表現較為克制且穩定。*8.* 犯罪人觀點強調二件事情最為重要：一為宵禁令所帶來的生活穩定效果，另一為來自觀護官的心理支持。

三、新加坡

新加坡首次使用電子監控，是由戒毒所於 1991 年所實施的外出工作制度，此為針對藥物濫用者施以電子監控的在家監禁方案。在 1992 年擴大運用於警察部門，1997 年再擴大運用至感化訓練釋放後的更生保護人，並於 2000 年適用至即將假釋出獄之人犯。其作法乃是將經篩選具有悛悔實據之人犯給予提早假釋，並運用在家監禁搭配電子監控予以在家執行剩餘刑期。在此方案下，受監控者可以維持工作及上學機會，同時透過電子監控系統，監控中心可以掌握受監控者有無在規定時間內留置在指定的地點（黃徵男，2004）。

新加坡目前並非將電子監控視為一種獨立的刑罰，而係將之視為結合在家監禁與宵禁的輔助措施。以 1990 年為強化戒毒成效所推出的 3 階段戒毒個別處遇計畫為例，戒毒者分別在接受「機構性處遇與復健」階段以及「機構性白天外役工作計畫」階段之後，即會在「夜晚住家白天外出工作計畫」階段結合電子監控設備回歸社會，學習適應正常社會的生活。「夜晚住家白天外出工作計畫」階段係將有良好家庭環境並受家庭支持之戒毒者，安置於家中，促使戒毒者及其家庭容易恢復適應，戒毒者白天可以外出工作，晚上工作完畢返家，並在所規定之宵禁時間內留在家中，以保證不再回到過去接觸不良同儕團體以及毒品。晚上時間同時接受輔導及不定期實施尿液篩檢，以矯正其認知、行為，並瞭解戒毒者是否毒癮復發。

SANA（2004）發現，新加坡的毒品犯戒毒成效是十分良好的，以 2001 年所回溯評估毒品犯社區矯治方案成效比較發現，「假釋在家監禁配合電子監控計畫」成功率為 88%，「中途之家輔導及驗尿計畫」成功率為 85%，「中途之家配合拿淬松藥物治療計畫」成功率為 84%，「假釋配合拿淬松藥物治療計畫」成功率為 80%；可發現其中以「假釋在家監禁配合電子監控計畫」戒癮成效最為卓著。新加坡在家監禁配合電子監控方案的成功，使得新加坡政府決定擴大方案適用的範圍，至 2004 年底，已有約 8,000 人符合資格而適用此方案。新加坡政府對於適用在家監禁配合電子監控方案者把關嚴格，符合資格者通常是一些初犯或是罪刑輕微的人犯，且監控期間的訂定係依照受監控者罪刑的輕重來加以衡量，一旦受監控者違反應遵守事項，隨即撤銷其在家監禁而重新入獄，因此在家監禁配合電子監控方案執行迄今取得了非常好的成果。

肆、我國立法及法令規定

在我國，部分法界人士曾對科技設備監控提出質疑，認為其侵犯了人權。其實一旦瞭解科技設備監控的功能運作，即可破除既有的迷思與誤解；這類迷思包括：認為電子監控可以 24 小時掌握一個人的行蹤（其實電子監控僅依靠偵測有限範圍內的無線電訊號來判斷受監控者是否離開此範圍）、認為電子監控可以預防再犯（其實只能知道受監控者是否違反指定應遵守事項延遲返家或擅自離家）、認為電子監控是在家監禁（事實上大部分的電子監控是可以離家工作、自由行動的）

等。惟在司法判決實務上，國內法界對此議題亦已漸有初步理解，如部分大法官見解即認為：「……目前已有新的電子服務業者如美國的uLocate與Wherify Wireless提供追蹤服務，讓手機用戶無所遁形，以利父母追蹤子女行蹤，英國更打算採用衛星定位系統，掌握假釋犯的行蹤。根據美國聯邦政府一項命令，從2005年底開始，無線通訊業者將可自動鎖定撥打119的用戶位置。專家分析表示，到了2005年，將有4千2百萬名美國人使用某種形式的位置定位技術。從民國86年第1次訂定道路交通管理處罰條例相關規定以來，至今已有7年，7年之間，私家車配備衛星定位系統已屬平常，如果因而認為所謂隱形監控對人權之侵害，不亞於明白烙印，恐遭察秋毫之末，未見輿薪之譏。……」（釋字第584號解釋不同意見書）可見傳統上態度保守的台灣法界，已逐漸在觀念上接受西方的科技思潮。而部分基於人權保障所提出的反對聲浪，也因為社會接連發生多起駭人聽聞的犯罪人累、再犯案件，而使立法者逐漸修正傾向以維護社會治安為重的刑事司法制度設計。此外，對於科技設備監控是否有侵犯人權的疑慮，部分學者如李光輝等（2005）也指出：「……電子監控機制可以讓性侵害犯罪假釋犯利用電子監控監督自己，就像是看到紅燈會踩煞車一樣，即早矯正，是協助高再犯者『更生』的另一種有效方式，而不應單純認定電子監控只是侵犯人權的工具。」在這種社會氛圍以及科技進步下，科技設備監控制度遂在國內逐漸受到重視。

在朝野立委及民間團體、個人的大力推動下，我國立法院在94年1月21日三讀通過性侵害犯罪防治法修正案，於同年2月5日公佈實施，並於同年8月5日正式在全國各地施行。新修正性侵害犯罪防治法第20條規定，觀護人對於假釋、緩刑付保護管束之性侵害犯罪加害人，得採取下列一款或數款之處遇方式：「受保護管束之加害人無一定之居住處所，或其居住處所不利保護管束之執行者，觀護人得報請檢察官、軍事檢察官許可，命其居住於指定之處所。」（性侵害犯罪防治法第20條第2項第4款）、「受保護管束之加害人有於夜間犯罪之習性，或有事實足認其有再犯罪之虞時，觀護人得報請檢察官、軍事檢察官許可，施以宵禁。」（性侵害犯罪防治法第20條第2項第5款）、「觀護人對於實施前項第4款、第5款之受保護管束加害人，得報請檢察官、軍事檢察官許可後，輔以科技設備監控。」（性侵害犯罪防治法第20條第3項）、「第三項科技設備之監控方法、執行程序、機關（構）、人員等，由法務部會商相關機關定之。」（性侵害犯罪防治法第20條第8項）。此一修正規定，可說是我國在對犯罪人之科技設備監控上第一個正式通過施行的立法例，惟必須搭配宵禁之措施予以實施。

伍、適用對象及使用範圍方面

不同的法律體系與量刑慣例，會導致不同國家的執法者在對電子監控一事上存有歧見。我國應該找出適合自己國情及刑事司法政策上的科技設備監控適用對象。依我國觀護法草案第 17 條規定：「對於宣告十年以上有期徒刑之重刑犯或累、再犯之受保護管束人，或有事實足認有再犯罪之虞者，觀護官得報經檢察官許可，施以科技設備監控，監控期間每次為三個月，必要時得延長三個月。」初步規範了我國科技設備監控之適用對象及使用範圍。然而，此對象及範圍是否具備可行性，以下分別依照主要犯罪類型予以評述：

一、運用於毒品犯尿液受驗人之可行性

我國 93 年度全年毒品危害防制條例案件定罪人數為 14,640 人（男性佔八成八，女性佔一成二），佔全部刑案定罪人口數的 12.71%，其中具有毒品罪前科之累、再犯人數 12,104 人，所佔比率為 82.68%。在刑罰結構方面，以判處刑期逾 6 月 1 年未滿者佔四成八，刑期 6 月以下者佔三成三，刑期在 1 年以上者佔一成八。94 年 1 月底全國在監毒品犯總計 18,603 人，佔在監人數 46,068 人之 40.38%，其人數居所有犯罪類型之首位。可見毒品收容人在矯正機關中占有相當比重，為矯正機關收容人之主流。在監毒品犯中，屬第一級毒品者 13,437 人，佔 72.2%；第二級毒品者 5,057 人，佔 27.2%。就其犯罪行為區分，純施用者 11,202 人，佔 60.2%，製賣運輸兼施用者 1,679 人，佔 9.0%，純製賣運輸者 4,729 人，佔 25.4%。94 年 1 月毒品案件定罪人數為 1,732 人，較去年同期（93 年 1 月）938 人增加了 84.6%（法務部法務統計，2005）。

以國外經驗來看，目前國際間較少以毒品犯罪者為科技設備監控適用對象，關於物質濫用者之監控在實施上多以酒醉駕車等酒精濫用者為主要對象，並搭配酒精測試裝置為範圍來達到嚇阻再犯、行蹤管制之目標。國外研究對於將毒品犯罪者釋放回社會進行「社區矯治」是否可獲致成效，研究結果間仍是分歧的，並無達成一致結論。當毒品犯罪者身處監獄或戒治所中，其可獲得的相關處遇計畫經常受到限制，且缺乏來自家庭系統的支持，大多是藉由與毒品隔離而達到生理斷癮的程度，心理斷癮成效仍有限，以致出所後無法抗拒誘惑或挫折、壓力而再

度吸食毒品。然而，若將毒品犯罪者釋放回社會進行社區矯治，雖可獲得家庭系統的支持與較充裕的資源，惟成效依然有限。部分毒品犯罪者因個人財力較為薄弱，不僅無法負擔戒癮醫療資源，亦缺乏完整處遇計畫，導致連生理斷癮都無法達成，進而衍生其他犯罪問題；部分毒品犯罪者則因接受在家監禁或宵禁方案，惟因意志力不足並缺乏嚴格紀律督導，導致繼續與其他吸毒者或販毒者往來，在接受科技設備監控時雖並未違反規定擅自離開指定住居所，惟其遂以毒品「外叫」或「專人送貨到府」的方式在家中繼續吸食毒品。

以新加坡經驗來看，新加坡是目前世界上以較具制度化的方式將科技設備監控運用於毒品犯罪者之國家。然而目前新加坡並未將電子監控視為一種獨立的刑罰，而係將之視為結合在家監禁與宵禁的輔助措施。因而新加坡政府所制訂的許多毒品犯社區矯治方案與處遇計畫，其前提多是在家監禁與宵禁結合科技監控設備、簽署同意書保證不再回到過去接觸不良同儕團體以及毒品、並輔之以心理輔導及不定期實施尿液篩檢等為基模，以較之傳統社區處遇具威嚇性的措施，同時提供社會系統支持與嚴格紀律於毒品犯，調和了上述監禁自由刑以及社區矯治所可能產生的缺點。

此次內政部建請法務部於修正「毒品危害防制條例」時，參考新加坡矯治戒毒處遇方式，併增列運用電子監控追蹤科技之監控方式等規定，以提高毒品犯監控、採驗機能，落實強制採驗工作之執行一案，由於新加坡政府在對於毒品處遇之態度、政策、法律體制、刑罰標準等與我國並非完全相同，且我國政府在社會上所協助設置可收容毒品犯並進行矯治之機構、中途之家等亦相當有限，日前由法務部委託於醫院內附設戒治機構之構想，亦有執行上之困難，因此若要套用新加坡政府之毒品犯處遇模式，至少在自願性處遇計劃方面，我國相關硬體環境設置仍有許多困難尚待解決。然而，利用在家監禁與宵禁結合科技監控設備、簽署同意書保證不再回到過去接觸不良同儕團體以及毒品、並輔之以心理輔導及不定期實施尿液篩檢等為基模之處遇方案，我國則似可利用觀護法草案所擬規定來加以套用，惟在「先戒除生理癮，再戒除心理癮」的漸進原則下，仍不建議將未達到生理斷癮程度之毒品犯直接賦予在家監禁或科技設備監控措施，衍生對家人及社會不必要之困擾，而是必須經由戒治所或醫院予以評估已達生理斷癮，方可附條件將之釋放回社會，並配合在家監禁、科技設備監控措施、定期及不定期尿液篩檢、以及專業輔導來對其進行社區行為矯治，循序漸進來達到預防再犯的目的。

二、運用於家庭暴力及性侵害犯罪加害人之可行性

科技設備監控運用於家庭暴力加害人及性侵害犯罪加害人的作用在於，當受監控者接近特定被害人時，監控中心可以是先提出警告，聯絡管區員警或巡邏警網前往處理；另一方面則是藉由科技設備監控來促使犯罪加害人產生行為改變，或甚至掌握其行蹤。

根據內政部家庭暴力及性侵害犯罪防治委員會統計資料顯示，92 年度全年全國地方法院核發通常保護令計 6,757 件，核發一般性暫時保護令計 3,215 件，核發緊急性暫時保護令計 185 件，總計核發民事保護令共 10,157 件。再者，違反家庭暴力法案件總計為 2,166 件，其中因違反保護令罪科刑人數共計 527 人，因家庭暴力罪科刑人數共計 902 人，總計因家庭暴力案件而入監服刑的人數為 1,429 人（內政部家庭暴力及性侵害犯罪防治委員會，*2004*）。依裁判結果區分，93 年全年執行裁判確定情形，家庭暴力案件總件數為 4,934 件，科刑人數則為 4,047 件，顯示家庭暴力案件無論是在罪質或數量上，似均呈現成長之趨勢。以 94 年 1 月為例，家庭暴力案件定罪人數為 144 人，較去年同期（*93* 年 *1* 月）110 人增加了 30.9%（法務部法務統計，*2005*）。

荷蘭評估研究（*Boelens, Jonsson & Whitfield, 2004*）發現，將電子監控運用於家庭暴力案件，電子監控確實在某些程度上改變了家庭成員間的關係，至於是否會造成其他影響則目前尚無結論。電子監控措施可能強調了家暴配偶間原本存在的問題，進而加遽了緊張關係。基於此結論，家庭暴力案件確實值得考慮使用電子監控，但適用時實需格外審慎評估，以避免產生反效果。

在家庭暴力加害人方面，在進行科技設備監控之前應該要有謹慎完善的危險評估，畢竟科技設備監控只能發出警訊通知監控中心或被害人，或是經由法律來強制加害人不得接近被害人於一個特定距離，並無法提供被害人直接的保護。再者，在某些情形下，家庭暴力被害人雖取得法院所核發之保護令，但因無獨自謀生能力、為了小孩子委曲求全、或尚未與加害人離婚等種種因素，而仍舊與加害人住在一起，如果將住家監禁或宵禁令配合科技設備監控適用於家庭暴力加害人，無異增加加害人與被害人相處之頻率與爭吵之機會，可能導致更嚴重之後果；而如果僅單獨適用科技設備監控方案於加害人，則在無法提供被害人直接保護的狀況下，實際效益並不大。

此外，若採取隔離措施，指定家庭暴力加害人居住於一定之處所，期藉此保

障被害人之安全；據瞭解國內目前尚無專門收容家庭暴力加害人之機構，若依家庭暴力防治法第23條、第30條、第31條等規定，命加害人遷出被害人之住居所後，加害人多無處可去，遂又返回原住處與被害人一起居住，使得此款命令並無甚大執行成效。依據內政部家庭暴力及性侵害犯罪防治委員會統計資料，93年度1月至9月全國共有17,023件婚暴案件，其中不論婚姻狀態是否持續夫妻共同生活者計14,840人（佔87.2%），分居者計2,183人（佔12.8%），可見加害人與被害人住在一起的情況十分普遍。就此部分而言，國內目前專門收容家庭暴力加害人之相關硬體設施尚未健全，因而若指定住居所並實施宵禁令及科技設備監控，在效果上恐十分有限。在美、加等國雖有將科技設備監控適用於家庭暴力加害人之情形，惟其作法多係將加害人與被害人予以隔離居住，再利用主動式系統或位置追蹤系統來對進行在家監禁之加害人進行監控，同時利用再犯危險評估之結果，配合實施團體治療、認知行為治療、憤怒管理技巧等處遇計畫。因此，國內若計畫將家庭暴力加害人列為科技設備監控之適用對象，就現行法律規定而論，雖已具適用科技設備監控之條件，惟在社會相關收容或庇護機構尚未建置妥善前，則應審慎評估。

在性侵害犯罪加害人方面，依照法務部的統計資料，我國93年度全年全國在監性侵害犯罪案件受刑人總共1,329人，佔在監人數46,068人之2.97%。而全年度性侵害犯罪案件實際出獄人數為433人，假釋出獄人數為201人，緩刑人數為414人。犯罪次數方面，初犯佔57.5%，具有性侵害犯罪前科之累再犯佔15.5%。性侵害犯罪案件似呈現成長之趨勢，以94年1月為例，性侵害犯罪案件定罪人數為133人，較去年同期（93年1月）97人增加了37.1%（法務部法務統計，2005）。

由於某些性侵害犯罪類型的再犯率非常高，因此在選擇運用方案時必須有謹慎與明確的考量（如有戀童癖等加害人接近幼稚園或公園等高危險場所，系統即能立即通知當地警方以及幼童監護人或監護機構）。此外，在目前的制度下，性侵害犯罪加害人出獄後大部分都需要接受身心治療及輔導教育等相關處遇計畫，然而治療者對於性侵害犯罪加害人之治療出席率與行蹤掌握可謂毫無約束力，對於性罪犯出獄後不接受治療或接受時數不足時，假釋或緩刑者雖可依據保安處分執行法對之為適當處分，但仍缺乏實質拘束力，而其殘刑及保安處分執行完畢、免刑或赦免者，則除處以罰鍰外則無任何強制力，故要防止其再犯力有未逮（鄭添成等，2003）。

國外研究發現（*Finn & Muirhead-Steves, 2002*），性侵害犯罪的再犯率是暴力犯罪再犯率的4.3倍，而與未適用科技設備監控的性侵害犯罪加害人相較，適用科技設備監控的性侵害犯罪加害人較少再犯回到監獄；而有配帶電子監控設備的再犯，較之無配帶電子監控設備的再犯，其停留在社區之時間較長，亦即再犯的時間被延長。研究結果分析認為，科技設備監控搭配密集的輔導治療計畫，會導致性侵害犯罪加害人對於治療的順從度提高，以及再犯的可能性降低。因此，性侵害犯罪加害人對社會治安是否會繼續危害，實與治療是否能有效落實，以及出獄後是否能追蹤管制加害人密切相關。身心治療及輔導教育處遇治療計畫、以及電子監控追蹤管制方案可說是翅之兩翼，缺一不可，必須雙管齊下方可對性侵害犯罪加害人作一個完整的矯治與管理。

性罪犯具難治癒性、危險性及高再犯率，而國內並無性犯罪者登記與公告制度，易造成治安之死角，惟性犯罪者登記與公告制度目前在國外施行經驗證明已有多項缺點（如公告之後造成性侵害犯罪加害人居住地鄰近地區物品消費及房地產景氣下跌等），故建議應建立「社區監督」之制度，以科技設備監控社區中之性罪犯。國內目前對於高再犯危險之性侵害犯罪加害人仍以一般假釋門檻為基準點，且缺乏準確完善之危險性及再犯性危險評估，易造成高再犯危險之性罪犯回到社區後重蹈覆轍，故實應立即研議科技設備監控適用在性侵害犯罪加害人之實施辦法。

三、運用於暴力犯罪受保護管束人之可行性

依照法務部的定義，所謂暴力犯罪係指殺人罪、傷害罪、妨害性自主罪、搶奪強盜及海盜罪、恐嚇罪及擄人勒贖罪等罪而言（法務部，*2004a*）。依照法務部的統計資料，我國 93 年度全年全國在監暴力犯罪案件受刑人總共 11,215 人，佔全體在監受刑人 41,245 人之 27.2%，為毒品犯（佔 *38.8%*）之後之第二大宗；實際出獄人數為 2,501 人，佔全體出獄人 29,190 人之 8.6%，假釋出獄人數為 1,762 人，佔全體假釋出獄人 8,259 人之 21.3%。94 年 1 月暴力犯罪案件定罪人數為 404 人，較去年同期（*93* 年 *1* 月）361 人增加了 11.9%，在數量上呈現成長之趨勢（法務部統計處，*2004*）。

國外研究發現（*Finn & Muirhead-Steves, 2002*），科技設備監控在對於暴力犯罪受保護管束人的再犯上並無發揮顯著效果，真正與再犯有顯著關連的變項是「有無使用毒品」以及「再犯預測危險量表分數」（如美國所採用之假釋成功量表 *Parole Success Guidelines Score*，該量表所測量者包含犯行的嚴重度以及假釋出獄人的保護因子，並藉此預測此受刑人在出獄後所能維持不再犯的最少時間）。當暴力犯罪者在假釋

期間曾經使用毒品，不論是偶而使用或是習慣性成癮，其再犯率經統計後是無使用毒品暴力犯罪受保護管束人的2.8倍，而再犯預測危險量表的分數越高，其再犯的風險就越高。另一研究的發現（*Bonta, Wallace-Capretta, & Rooney, 2000*）也證實同樣的情形，亦即科技設備監控在針對暴力犯罪受保護管束人的再犯抑制效果上，與傳統其他類型的保護管束間並未達到統計上的顯著差異。

儘管研究結果（*Burke, Adams, & Becki, 1990*）一再證實暴力犯罪受保護管束人的再犯率是比財產犯和毒品犯低的，然而只要暴力犯罪者再犯類似的暴力案件，往往會使社會大眾質疑讓其假釋出獄的決定。根據國內所做的犯罪被害恐懼調查（楊士隆、鄭瑞隆，2004）顯示，「搶劫」（包含強盜與搶奪）是最令民眾感到恐懼的犯罪類型，佔33.6%；其次為「青少年犯罪」，佔15.4%；再者為「綁架」（擄人勒贖），佔10.9%；可說在所有的犯罪類型當中，最令民眾感到恐懼的犯罪類型前幾名皆是暴力犯罪。相較之下，在被害盛行率方面，過去一年民眾實際遭受暴力犯罪侵害者，在1,198民受訪者中，則約佔5.3%，並未如前述對暴力犯罪之被害恐懼比例為高，可見暴力犯罪之受到社會矚目，可說是淵源於民眾對於暴力行為的恐懼以及新聞輿論的傳播，事實上其再犯率並不一定比其他類型之犯罪為高。

暴力犯罪受保護管束人是觀護法草案第17條前項所列重刑犯適用對象最有可能的族群之一，然而，問題在於，若單純從刑期來看，此草案規定將科技設備監控適用對象設定於宣告10年以上有期徒刑之重刑犯，則此將可能造成輕刑犯需在監服刑，而重刑犯卻得以科技設備監控而出獄之情況，並不符比例原則之精神。畢竟科技設備監控乃屬於介於傳統監禁型與保護管束制度間之「中間刑罰制裁措施」，其刑罰效果並非如傳統監禁行嚴厲。解決之道，在於必須將科技設備監控排除作為單獨宣判刑罰之可能性，而必須搭配在家監禁判決或宵禁令，在受刑人出獄假釋期間施以監控。在正常狀況下予以重刑犯在保護管束之外附加科技監控條件，輕刑犯則單純接受傳統保護管束，如此則可避免發生不符比例原則之情況。

如上所述，科技設備監控在對於暴力犯罪受保護管束人的再犯上並無發揮顯著效果，如要大規模運用，反而衍生擴張刑事司法網效果之情形，並不符刑罰經濟原則。事實上，暴力犯罪者並不是理想的科技設備監控對象，世界各國之科技設備監控亦非常罕見以暴力犯罪（尤其是重刑犯）為適用對象者。然而，若目的是因為滿足民眾、輿論對於暴力犯罪被害恐懼之疑慮，則可依政策或個案來決定配合施予科技設備監控，作為一種追加之安全措施，以加強在其假釋期間之風險管理。

四、其他犯罪類型之選擇標準

在科技設備監控的適用對象上，國外的選擇標準與我國觀護法草案所列對象可說並不一致。國外的選擇標準多鎖定在諸如沒有嚴重的犯罪前科紀錄、家庭成員支持系統佳、懷孕、可工作協助負擔家庭經濟、有醫療上的需要、有動機及意願且同意配合方案計畫、對被害人無潛在危險、以及能夠在社區中接受相關處遇計畫等犯罪人。排除標準則是具有不良犯罪前科、早發型、具暴力傾向、性侵害犯罪案件（依個案審核）、服刑期間有嚴重違規行為、曾經適用社區處遇方案卻被撤銷、具精神疾病、對被害人具潛在危險、不願簽署同意書、以及具備先進科技知識或曾在相關產業任職等犯罪人（*Crowe, 2002*）。其使用科技設備監控的目的是為避免短期自由刑的弊端，具有「轉向處遇」的精神（所謂轉向處遇 *diversion*，係指一種避免被告進入刑事司法體系的手段，不僅可避免被告被標籤烙印，亦可減輕司法體系相關人員人事調配之負擔，同時可透過社區處遇輔導機構之教化輔導，印證所謂「政府資源有限、社會資源無窮」之政策）。

反觀我國觀護法草案第 17 條之規定，選擇標準為重刑犯或是具備高再犯危險之犯罪人，目的似乎在於「再犯預防」，並具排除民眾及輿論對於惡質性犯罪恐懼感的政策意義。

因此，國外科技設備監控較常適用的犯罪類型，如酒醉駕車、情節輕微的財產犯罪、非暴力性質的犯罪等對象，在國內目前的立法例下，除非可證明該犯罪人具事實足認有再犯罪之虞，否則可能難以對其施以科技設備監控。

陸、成本效益分析及財務分析方面

可行性評述的一個重點即是關於方案的成本效益分析及財務評述，此牽涉到必須找出執行過程中所可能花費的最大成本，包括危險評估費用、監控作業費用、以及撤銷判決重新入獄的成本等。具體的來說，成本方面必須預估監獄、觀護機構、以及警察機關在執行方案過中的執法花費，以及在執行期間所付出的時間成本。

要進行成本效益分析，就不得不檢視我國監所過度擁擠以及龐大的硬體擴充花費情形。我國監所過度擁擠的情形由來已久，且監所過度擁擠所可能衍生之弊端也被國內外研究所證實（楊士隆、林健陽，*1997*）。根據我國 92 年法務統計年報資料顯示（法務部統計處，*2004*），我國 92 年底各矯正機關收容人共計 57,429 人，較 91 年底 56,444 人增加 985 人或 1.7%，較核定總收容額 52,232 人，超額收容 5,197 人或 9.9%，超收人數及比率較去年回升，其中約六成監獄超額收容，全國 25 個監獄中有 15 所超額收容，12 個看守所中有 11 所超額收容，技能訓練所有 2 所超額收容。法務部為紓解監所收容人擁擠情形，曾訂定「改善監所設施六年計畫」、「改善監所設施三年計畫」、「改善監所設施中程計畫」等監所遷建、擴建計畫，以紓解監所收容人擁擠情形（法務部，*2004*）。又由於收容人數持續增加，超額收容問題仍然嚴重，遂又訂定「改善監所設施後續六年計畫」，總共有 13 項監所遷建工程，計畫需求經費為新台幣 33 億 4 千 4 百 66 萬 3 千元，預計完成後可增加 4,322 名收容人床位。截至目前辦理情形，以上 13 項工程計畫全部完成者計有 9 項，其餘 4 項計畫除士林看守所遷建工程外，餘因法務部近年預算額度緊縮，無法充分支援而暫緩執行。

此外，衡諸外國經驗，監獄擁擠常導致大量興建監獄運動，然而，監獄建築的花費通常遠超過政府所能負擔的預算，而政府只好將社會福利、教育及其他社會計劃的經費移轉至興建監獄之用，同時社會大眾強烈要求政府提供人身安全的保護以及高稅率所應有的社會安全保障，進而導致中間制裁刑罰的興起。中間制裁刑罰可節省經費，並提供傳統刑罰的替代刑罰、提供較一般假釋具有刑罰色彩的控制手段、由社區進行犯罪控制、彌補監獄刑及保護管束二分法的不足以及提供接續的監督作為等。中間制裁刑罰包括居家監禁、電子監控、軍事震撼營、密集觀護、工作外出、中途之家等，此類中間制裁刑罰常與其他矯治計劃相互配合，例如戒毒治療、情緒管理、認知療法、對被害者的補償等，以提供日漸增加收容人矯正服務的需求。因此可知，在家監禁、宵禁與電子監控方案將可為財政緊縮的政府節省許多資金成本，同時可避免興建新的監獄。

英國評估研究發現（*Dodgson, Goodwin, Howard, Llewellyn-Thomas et al., 2001*），英國在家監禁、宵禁與電子監控期間平均是 45 天，一年約有 3 萬人適用在家監禁、宵禁與電子監控方案，每位受監控者平均約花費 1,300 英鎊（換算每個月為 *880* 英鎊，約合新台幣 *44,528* 元）。與英國在監獄方面的花費相較，此方案每年為英國省下了 63.4 百萬英鎊（約合新台幣 *32* 億 *804* 萬元）。平均每年可減少監獄 1,950 名受刑人床位。在英國經驗中，最大的花費來自監控作業費用，最大的節省支出為監獄受刑人花費。以方案實施第 1 年（*1991*）的情況來看，可獲得 36.7 百萬英鎊的效益（包含建構硬體環境的費用）。此外，當犯罪率上升，監獄過度擁擠的情況也就愈加嚴重，根據英國監獄局年度報告，其 1999 年至 2000 年間監獄超額收容率為 18.9%，而採取電子措施可避免興建新的監獄，而省下更多資金成本。

新加坡評估研究發現（*Fong, 2003*），接受電子監控的受刑人，每人每天可為新加坡政府節省 32 元新加坡幣，意即每人每年可節省 1 萬 1 千 680 元新加坡幣（約合新台幣 *22* 萬 *7* 千 *760* 元），新加坡在 2002 年底適用自家監禁及電子監控之人數約為 1 萬 7 千 000 人，換算後新加坡政府每年在監所矯正業務可節省支出 1 億 9 千 8 百 56 萬元新加坡幣（約合新台幣 *38* 億 *7* 千 *1* 百 *92* 萬元）。

以國內經驗來看，政府每年均投注大量資源於矯正業務上。其中經常性支出（不含設施、設備等資本支出）均直接或間接用於收容人身上，如直接之主、副食、服裝、醫療、教化、訓練等費用，及間接之收容機關人事、業務等行政管理費用。依據 91 年度決算資料（行政院主計處，*2004*），實際用於當年 54,802 名收容人之直接、間接費用約新台幣 84.6 億元，平均每位收容人花費超過 15 萬 4 千元，其中受刑人、受處分人約 14 萬 8 千元、被告約 13 萬 5 千元，而少年收容人因收容人數較少，需分擔相當之管理費用，至費用較高約 40 至 44 萬元，為成年收容人之 3 倍左右。

若扣除間接之收容機關人事、業務等行政管理費用，以及新、遷建監所之費用，單純就直接投注於收容人身上之費用來看，依照 92 年度中央政府總預算法律預算（行政院主計處，*2004*），其中矯正業務預算額度為 57 億 4 千 8 百 36 萬 9 千元，以 92 年底全國各矯正機關收容人 57,429 人計算，平均每位收容人每年花費 100,095 元；而司法保護業務預算額度為 1 億 5 千 6 百 66 萬 7 千元，以 93 年 9 月底全國成年觀護案件執行人數（含保護管束案件及緩起訴社區處遇案件）19,587 人計算，則平均每位受保護管束人每年花費為 7,998 元。更甚者，若扣除更生保護業務、犯罪被害人保護業務、辦理法律宣導等間接業務費，則辦理成人觀護及司法保護業務經費為 250 萬 4 千元，則平均每年直接花費在每位受保護管束人身上者僅約 127 元。也就是說，單純就受刑人直接費用以及受保護管束人費用來比較，目前若將一位在監收容人移至社會進行社區處遇，則每人每年可節省 92,097 元，可謂十分經濟。如依照矯正司之直接及間接費用合併預估，則平均每位收容人每年花費超過 15 萬 4 千元，若將之移至社會進行社區處遇，則每人每年可節省 146,002 元。以此金額來推估，則若將 92 年當年度全國假釋出獄人數 8,259 人均加以適用提早假釋合併在家監禁及電子監控方案，則保守估計每年可為政府省下 7 億 6 千 62 萬 9123 元。而如再納入可節省之間接之收容機關人事、業務等行政管理費用，以及新、遷建監所之費用，則節省金額將更為可觀。

最後，以主要犯罪類型來加以估算，在 93 年度全年假釋出獄人數中，毒品犯罪為2,711 人，家庭暴力罪（含違反保護令罪）為1,429 人，妨害性自主罪為200人，暴力犯罪為 1,838 人（法務部法務統計指標，*2005*）。若將符合上述 4 種犯罪類型之受保護管束人全數予以適用提早假釋，同時予以配合實施在家監禁、宵禁另或是科技設備監控，則 93 全年全國在監符合此條件者總計有 5,978 人，預計一年將可為政府省下約 5 億 5 千 55 萬元。若將符合觀護法草案第 17 條前段（宣告 *10* 年以上有期徒刑之重刑犯或累、再犯）規定標準之受保護管束人全數予以適用提早假釋，同時予以配合實施在家監禁、宵禁另或是科技設備監控，則 93 全年全國在監符合此條件者總計有 8,847 人（法務部法務統計指標，*2005*），預計一年將可為政府省下約 8 億 1 千 478 萬元。

柒、使用者主觀感受方面

在評估研究中，瞭解方案實際操作者及接觸者其主觀經驗感受是很重要的一環，此關係著方案制度設計的良窳，並可提供作為方案未來改進的參考。

一、英國

英國學者Snow（*1999*）利用訪談的方式來深入瞭解電子監控使用者對於方案的主觀感受（如表 *23.1*）：

表 23.1　學者 Snow 調查英國電子監控使用者對於方案的主觀感受

受監控者
受監控者對監控中心給予高度的評價，並對宵禁令履行期間的經驗十分滿意。大部分的受監控者覺得宵禁令限制了他們的自由，但是絕大多數的受監控者對於判決書上的規定事項適應良好。所有受訪談的受監控者都對法院所給予的宵禁令沒有異議，且同意他們是為了避免遭受傳統的監禁刑而接受此一方案。
家人
家人反應平均來說是非常正向的，認為受監控者可以不被監禁、保有原來的職業協助維持家計、以及避免在獄中結交損友沾染惡習。

（續）

法官
在新制度施行的最初幾個月，法官的態度是猶豫的，因為其尚未熟悉宵禁令在整個法律體系中的地位，並對於上級單位未給予明確的導引有所怨言。大部分的受訪法官表示宵禁令與電子監控的裁判使得社區式刑罰邁向顛峰，是一種傳統監禁刑的替代刑。基本上這類命令仍被法官們視為是一種懲罰，同時可減少受監控者再度從事犯罪活動的機會。受訪法官們對於電子監控的嚴密性非常滿意，認為其可立即偵測受監控者違反宵禁令的行為，並立即做出反應，是較其他社區刑罰具有特色的地方。
觀護官
在新法施行的第一年，有一部份的觀護官反對電子監控措施，認為此設備應該過一段時間、等到功能更加完善時才能使用。不過到了後面幾年，觀護官對於電子監控的態度即有了明顯的轉變，在家監禁計畫的實施，使得電子監控方案在觀護機構間獲得了普遍的認同與支持。造成觀護官態度轉變的主要原因之一是對於電子監控設備的信心增加，相對提升了對於電子監控措施可成功運作的信心。
其他研究（英國 BBC，2004）與論民調
在對於「非暴力受監控者應該使用電子監控或將之送入監獄？」的議題上，64%的受訪民眾認為應該使用電子監控；9%表示沒意見；27%認為應該將之送入監獄。 在「即使受監控者尚未定罪，電子監控是否應該使用於受監控者身上，以利掌握其行蹤？」的議題上，65%的受訪民眾表示同意，認為受監控者即使尚未定罪，仍應該接受電子監控；10%表示沒意見；25%則不認同此種作法。此民調發現英國民眾對於電子監控乃採取肯定的態度。
綜合以上結果，可發現平均而言，英國是傾向肯定電子監控措施的，因而導致後來的修法，擴大電子監控的適用範圍及種類。

英國在 1991 年因為 The Criminal Justice Act 提供了電子監控搭配宵禁令的法源實施電子監控制度後，在最初的 16 個月內共有 21,000 名的受刑人（平均每月 1,300 人）經判決適用此方案，並從監獄被釋放回到自己的家中執行剩餘的刑期。英國觀護局及監獄局也曾做過一項關於在家監禁、宵禁與電子監控的問卷調查（*Dodgson, Goodwin, Howard, Llewellyn-Thomas et al., 2001*），以判斷監獄受刑人適用在此制度的合適性，以及是否與監獄受刑人的原本期望相一致（如表 23.2）。

表 23.2　英國官方調查電子監控使用者對於方案的主觀感受

受監控者
受監控者對於此制度抱持非常正面的態度： 2%的受監控者表示他們寧可在獄中服刑也不願在家監禁或接受宵禁。 37%的受監控者表示在知道獲准在家監禁時會影響其獄中表現，擔心會表現不好。67%的受監控者認為觀護官在家監禁期間是有助益的。
家人
受監控者的家庭成員對此制度態度十分正面。
觀護官
觀護官認為在家監禁與宵禁的措施，在一定程度上已達到了將監獄中的受刑人轉移到社區來服刑的目標。然而仍有些地方需要加以改進。 76%觀護官認為在家監禁、宵禁與電子監控的措施對其工作有所助益。
進入方案前對方案的瞭解程度
83%的受監控者記得曾經拿到關於指定應遵守事項的書面資料，29%看過方案影片簡介，49%感覺出獄前對此方案所知有限。
方案結束後的工作表現
28%從事全職工作，6%從事兼職工作，36%正在覓職。
再犯率
5%的人被撤銷在家監禁令而再度入獄服刑，在這些5%被撤銷的受監控者中，其中 68%是因為違反指定應遵守事項，25%因為擅自改變居住環境，不到 1%（*8*名）是因為再犯罪；其中遭撤銷率最高的犯罪類型是竊盜（*10%*），最低的是詐欺與偽造罪（*2%*）。
最大優點
82%的受監控者認為此方案最大的優點是可離開監獄並與家人團聚；72%的家人認為最大優點在於可讓受監控者回家，69%的家人認為可以不用再入監探親。
最大缺點
41%的受監控者表示方案最大缺點在於自由限制，家人方面則沒有關於方案缺點的意見。

再犯及違反指定應遵守事項原因分析方面，61%的受監控者自陳曾經違反指定應遵守事項，其中三分之二的人表示問題是出在電子監控設備，然而，不論是監控中心、觀護官、監獄局以及英國內政部，都沒有發現這些人所說的如此大規模的設備失常情形。此外，觀護官及監控中心人員被受監控者及其家人稱頌是有禮的、專業的、熱心助人的，即使在確定其違反規定的情況下，觀護官也不會疾言厲色要其立刻入獄。大部分的受監控者表示，在家監禁的時候對「自由」的需求是很強烈的，進而導致部分受監控者因違規而無法執行期滿。此顯示監獄方面

可針對即將出獄適用自家監禁，宵禁令、或是科技設備監控的受刑人加強出獄前教育，充分告知並讓其有心理準備，以因應在未來這段期間所能面對的壓力，並事先找出調適的方法。

二、德國

德國方面，曾有研究者（*Mayer, 2004*）針對該國電子監控方案作過評估研究，使用者主觀感受評估結果可大致分為受監控者以及執法者二方面，分述如下（如表 23.3）：

㈠受監控者部分：

表 23.3 學者 Mayer 調查德國電子監控受監控者對於方案的主觀感受

日常生活受到約束
戴上電子訊號發射器，感覺行動被限制，而且好像被政府當局所控制。與以前比較起來，白天的生活被迫要有更具體的計畫。休閒活動時間減少，因為大部分的下午時段以及週末都要待在家裡。家庭生活習慣改變，一些原本該是自己要作的事，變成要由親友代勞。妻子的重要性提升，妻子以往要求案主維持良好生活作息的願望現可藉由電子監控方案來加以實現。
擔心被標籤
在大部分的情況下，僅有少數的親友會知道自己正接受電子監控，因為害怕雇主知道後會衍生出不良的後果。假如居住的是小型社區或村莊，則擔心鄰居的閒言閒語。有些受監控者感覺到朋友減少，因為自己不能再像以前一樣參加一些日常活動，而自己也不想讓別人知道自己現在的狀況。有些受監控者則擔心會被陌生人看見自己腳踝上的電子訊號發射器。許多的受監控者希望電子訊號發射裝置能夠再更小一點，最好看起來就像是載手錶。儘管如此，大部分的受監控者表示自己很少被認出來正在接受電子監控。
設備的問題
雖然電子監控設備在絕大多數的時間都能夠維持一定的可信度，然而有時仍不免會出現一些無法解釋的錯誤訊息。
喜歡來自觀護官的協助
來自觀護官的協助是令自己滿意的，很感激來自觀護官的心理支持與關心、能夠有一個和政府當局溝通聯繫的管道、協助找尋工作或是履行債務。大部分的受監控者最終對觀護官的印象都是正面的，受監控者很滿意於一天 24 小時只要遇到問題就可以聯絡到觀護官。

㈡執法者部分：

調查對象包括曾參與電子監控方案的觀護官、檢察官、監獄官、以及刑事法官，總共發出 1,037 份問卷，有效問卷 539 份，回收率 51.9%（*Mayer, 2004*）。電子監控執法者對於電子監控的普遍態度如下（如表 *23.4*）：

表 23.4　學者 Mayer 調查德國電子監控執法者對於方案的主觀感受

問題：「如果電子監控在德國普遍實施，你的想法為何？」	刑事法官（N＝222）	檢察官（N＝184）	觀護官（N＝108）	監獄官（N＝16）	總計（N＝532）
很好，非常需要	11.3%	7.6%	4.6%	25.0%	9.0%
很好，值得推廣	47.3%	45.1%	27.8%	18.8%	41.5%
沒意見	5.0%	3.8%	4.6%	18.8%	5.0%
不好，有點不喜歡	20.7%	19.6%	31.5%	37.5%	22.9%
不好，一點都不喜歡	15.8%	23.9%	31.5%	0.0%	21.4%
總計	100%	100%	100%	100%	100%

由上可知超過半數的執法者認為電子監控方案是必須的或是值得推廣的，然而在各專業人員間卻存有差異：法官及檢察官在對於電子監控方案態度上似乎較觀護官開放。

捌、結論與建議

綜上所述，目前國際間對於科技設備監控的使用經驗與成效評估研究結果表明：整體看來，科技設備監控是具備可行性及執行成效的。此外，彙整相關評估研究結果（*Boelens, Jonsson & Whitfield, 2004*；*Snow, 1999*）發現，監控期間不能太長，大多數方案發現 60 至 90 天的長度是最有成效的，一旦監控時間超過 3 個月，受監控者的順從度即會急遽下降。此外，科技設備監控必須搭配其他的處遇計畫。荷蘭以及新加坡的經驗表明，尤其是毒品犯罪與酒醉駕車的犯罪人，以科技設備監控搭配主要的長期性處遇計畫，將可獲致驚人的良好成效。再者，科技設備監控被證實可有效作為一種傳統監禁刑的替代刑，而每個國家應該藉由不同犯罪類型的比較研究，依其國情來找出最合適的電子監控適用族群。

在適用對象方面，本文分別就毒品犯罪、暴力犯罪、家庭暴力案件、性侵害犯罪、以及其他類型犯罪來進行深入比較評述。毒品犯罪方面，發現以科技設備監控來提升毒品犯到驗率是可行的，如以科技設備監控作為附屬配套措施，並結合以長期戒癮處遇計畫為主的組合方案則被證實極具成效的。暴力犯罪方面，科技設備監控與傳統保護管束之間成效並未出現顯著差異，加以此類型犯罪人數比率甚高，如大規模實施適用恐衍生刑事司法網擴張效應並有違刑罰經濟原則，但若需顧及民眾被害恐懼、輿論關注與政策性考量，則可採行個案審議方式辦理。家庭暴力案件方面，科技設備監控的確會改善加害人與被害人之間的互動狀況，然而所可能造成的心理作用以及緊張關係的影響則仍曖昧未明，科技設備監控在此類型案件之適用上應逐案視實際情況審慎評估，避免產生反效果。性侵害犯罪方面，以科技設備監控結合現行身心治療與輔導教育制度是目前所知較佳的處遇方式，可有效提升到院治療率並防止接近可能的被害人而達到防止再犯的效果。

財務評述方面，以國外實施經驗來加以推算，科技設備監控亦可為政府節省相當數額之矯正支出，並可有效抒解監獄擁擠之問題。設備評述方面，經由國內廠商所提供的業務資料及能力說明（九福科技，*2004*），目前國內的環境是已具備初步條件的，廠商所提供的設備能力亦具相當水準，相關科技監控設備亦已為部份醫院、調查單位、海巡單位等所採用，在司法矯正及保護管束領域則可試行開發特定規格產品，惟需考量相關社會收容庇護機構之建置。

在使用者主觀經驗評估結果發現，使用者主觀評估在各國間普遍獲致支持並有平均約八成的滿意度。執法人員方面，超過半數的法官、檢察官、以及監獄官對電子監控制度都抱持歡迎的態度，然而部分的觀護官卻是拒絕的態度；觀護官對於科技設備監控成效所抱持的懷疑在約 2 至 3 年後會轉變為支持的態度。受監控者方面，絕大多數的受監控者及其共同生活的家人亦抱持歡迎的態度，且對於觀護官所給予的熱心幫助及謙遜有禮的表現印象深刻。民眾、媒體等輿論調查方面，則平均約有八成的比率贊成科技設備監控制度的實施。

最後，在理論認知層面，國外研究（*Boelens, Jonsson, Whitfield, 2004*）彙整歐洲各國經驗後發現，一個成功的電子監控方案必須具備：清楚規劃的政策目標、適當的監控期間、上級管理階層的支持、行政機關和民間承包單位的緊密合作、對外研究發展管道的暢通、好的適用對象、處理技術和財務風險問題的良好資源、訓練有素和適應良好的監控者、清楚明快的制裁和控制措施、以及社會良好的評價等。有了這些要素，科技設備監控將可在刑事司法體系中發揮卓越的貢獻。

在實際執行層面，科技設備監控的實施，將使觀護官的角色重心從輔導保護的面向轉變為觀察監督的面向；同時為配合全時監控，可能需要重新規劃其執勤

時間；為達到所辦案件類型的專責化及專精化，亦需要辦理相關的研討及進修訓練課程，甚至可遴選部份觀護官赴國外考察此一制度，培養作為方案推廣的種子教師；此外，依德國試辦科技設備監控方案的經驗，可徵調部分觀護官及警官組成專案工作小組，並在特定縣市區域先行試辦，然後進行評估是較為妥適穩健的作法。在觀護法及科技設備監控制度實施之前，如何賦予觀護官充分的授權、擴大職權的自主性及實質的鼓勵，以及如何提升其士氣及專業識能，這些都是需要認真面對思考並加以調整的重點。

參考文獻

九福科技顧問有限公司（2004）網址：http://www.geoinfor.com.tw/

司法院（2001）<家暴案件加害人交保或飭回時，法院宜以電話傳真通知警察機關>，《司法週刊》，1091 期，第一版，2001 年 2 月 21 日。司法院。

內政部家庭暴力及性侵害犯罪防治委員會（2005）網址：http://www.moi.gov.tw/violence/

行政院主計處（2004）網址：http://www.dgbas.gov.tw/

李光輝（2005）中央社 94 年 1 月 21 日報導「電子監控性侵害犯罪假釋犯可避免再犯罪」。http://www.gov.tw/FORUM/ArtRead.php? brdid=376&msgid=1106889842&site=WEB

法務部（2004）中華民國九十三年度法務行政一年。法務部。

法務部（2004a）犯罪狀況及其分析 92 年。法務部。

法務部法務統計指標（2005）網址：http://www.moj.gov.tw/tpms/indicator3.aspx

法務部統計處（2004）中華民國九十二年度法務統計年報。法務部。

英國 BBC 民調（2004）網址為 http://news.bbc.co.uk

英國內政部官方網站（2004）網址：http://www.homeoffice.gov.uk/justice/sentencing/criminaljustice-act2003/

英國內政部觀護處官方網站（2004）

網址：http://www.probation.homeoffice.gov.uk/output/Page1.asp

黃徵男（2004）<新加坡刑罰、獄政與青少年犯罪防治策略>，網址：http://www.mtp.moj.gov.tw

楊士隆、林健陽（1997）<監獄受刑人擁擠之問題與對策>，《犯罪矯治——問題與對策》，3-27 頁，台北五南。

楊士隆、鄭瑞隆（2004）<台灣地區民眾對政府防治犯罪滿意度暨民眾被害之調查研究>，國立中正大學犯罪研究中心，嘉義民雄。

鄭添成、陳英明、楊士隆（2003）<性犯罪者之處遇與矯治制度>，《月旦法學》，第 96 期，台北元照。

魏士凱（2004）<電子監控之理論與實務>，台灣師範大學政治學研究所碩士論文。

Boelens, R., Jonsson, U., Whitfield, D.(2004) Electronic Monitoring in Europe. Workshop Report of Conference Permanente Europeenne de la Probation.

Bonta, J., Wallace-Capretta, S., Rooney, J.(2000) Can Electronic Monitoring Make a Differences? An Evaluation of Three Canadian Programs. Crime and Delinquency, 46, 1, 61-75.

Burke, P., Adams, L., Becki, N.(1990) Policy for Parole Release and Revocation. Longmont, Co. National Institute of Corrections.

Crowe, A.H.(2002) Offender supervision with electronic technology. American Probation and Parole Association.

Dodgson, K., Goodwin, P., Howard, P., Llewellyn-Thomas, S. et al.(2001) Electronic monitoring of released prisoners: an evaluation of the Home Detention Curfew scheme. Home Office Research Study 222. Home office Research, Development and Statistics Directorate.

Finn, M.A., Muirhead-Steves, S.(2002) The Effectiveness of Electronic Monitoring with Violent Male Parolees. Justice Quarterly, 19, 2, 293-312.

Fong, T.(2003) To keep one person in jail: $32 a day. Home Detention Scheme: Saves millions and helps prisoners. Singapore Press Holdings Ltd.

Haverkamp, R.(2001) Attitudes towards Electronic Monitoring in Sweden and Lower Saxony/ Germany. Max Planck Institute for Foreign and International Criminal Law-Freiburg.

Mayer, M.(2004) Evaluation of a Pilot Project in Electronic Monitoring. Max Planck Institute for Foreign and International Criminal Law-Freiburg.

Nation Law Enforcement and Correction Technology Center (1999) Keeping Track of Electronic Monitoring. http://www.justnet.org/pdffiles/Elec-Monit.pdf

Reichel, P. L.(1997) Corrections: Philosophy, Practices, and Procedures. West Publishing Company. St. Paul, MN.

SANA.(2004) Singapore Anti-Narcotics Association. http://www.sana.org.sg/

Snow, P.(1999) Electronic Monitoring od Offenders. International Review of Law Computers and Technology, 13, 3, 405-413.

第二十四章

性侵害犯罪研究現況、研究方法與未來趨勢

周煌智

本章學習重點

- 性侵害犯罪研究的方法學與各種工具運用。
- 未來性侵害犯罪的發展與研究趨勢。

摘要

本章主要在介紹台灣性侵害犯罪研究的現況、並且介紹各種研究方法學以及未來的研究與發展趨勢。

從事任何的研究一般而言，一般皆有假設與理論，在有假設與理論的前提下（已在前面章節提及），進行研究時則需要注意到下面的內容：㈠研究對象，㈡研究工具（包括量表、儀器與診斷系統），㈢研究人員的訓練（包括素質與彼此的信度），㈣研究方法與步驟，以及㈤統計方法。

從事社會科學研究的學者，對於研究所收集資料後，需要分析方法計有計質研究（*qualitative research*）與計量研究（*quantitative research*）兩大方法。Patton（*1990*）指出質的研究針對少數樣本，可得到對特定主題深入且詳細的瞭解。量的研究在於瞭解多數人對限定問題的預設反應，做數量上的統計。目前性侵害犯罪研究有關量性研究而言，最常見有流行病學的研究方法。質性研究則有許多種，包括紮

根理論（*ground theory*）與敘說探究（*narrative inquiry*）、深度訪談與行動研究等等，本文將簡介這些方法。

在未來，研究的主題可從幾個層面來發展：生物學層面、社會心理層面、再犯追蹤與療效評估與學（協）會發展與教學訓練。

關鍵詞

性侵害犯罪、研究方法、計質研究、計量研究。

壹、性侵害犯罪行為的研究

早期在國外，對於性侵害犯罪行為研究，大多透過以下的三種方式研究：㈠經由刑事司法程序辨認（*Judicial identification*）後之性侵害犯罪加害人進行研究；如Groth（*1980*）之研究。㈡以量表詢問在沒有風險的情形下，從事性侵害犯罪行為可能性（*Self-rated likelihood raping*）；如Malamuth（*1981*）以大學生為受試者之研究。㈢以量表詢問受試者有過從事性傷害行為的經驗；如Koss（*1982*）之研究。近年來，由於許多資料逐漸呈現，已經有愈來愈多的文章發表，逐漸他揭開性犯罪神秘的面紗。許多從事性侵害犯罪加害人治療的國際學者專家也成立了國際性侵害犯罪加害人治療協會（*international association for the treatment of sexual offenders, IATSO*），提供國際學者交流的舞台。

貳、國內從事性侵害犯罪防治研究的現況

截至到2004年底，在國內從事強姦行為（強制性交行為）的研究仍不多見，在早期，國內有關性侵害犯罪加害人之研究報告有如許春金等人與黃軍義，但兩者皆偏重在加害者的社會心理環境與人格特質，而較少著墨診療追蹤。周煌智曾針對獄內處遇性侵害犯罪加害人以個案配對法調查不同類型性侵害犯罪加害人神經生理危險因子，並作為強制治療時的參考依據。陳若璋與劉志如則調查與比較國內與美國的性侵害犯罪法律與身心治療、輔導教育制度。其他尚有郭壽宏發展中文版多層面性評估量表（*Multiphasic Sex Inventory, MSI*）作為評估性侵害犯罪加害

人其在治療過程的開放性（*openness*）和進展（*progress*）的量表。以及張永源探討性侵害犯罪加害人的人格特質與社會心理因素等。近幾年來，國內學者逐漸投入性侵害犯罪防治的研究領域，例如：林明傑開始介紹性罪犯之心理評估暨危險評估以及國外的性罪犯治療方案，並開始積極的發展再犯危險量表；陳若璋等人分類不同類型的性罪犯的特徵，並積極發展性侵害犯罪加害人的治療評估病歷記錄；周煌智、陳筱萍等人除了積極發展性侵害犯罪加害人的鑑定評估方法、獄中治療方案與社區處遇的成效追蹤外，也積極進行流行病學的調查及性侵害犯罪加害人資料庫建檔；龍佛衛等人（民 94）也針對全國各地的性侵害犯罪加害人防治責任醫院進行流行病學調查，並對特殊個案進行基因檢測；文榮光、周煌智、薛克利等人（民 93）則針對鑑定結論與法官裁判做一比較，發展對性侵害犯罪加害人的態度量表以及針對特殊族群進行探討。另外還有許多人，包括沈勝昂、鄭添成、鄭瑞隆等學者也針對這類性侵害犯罪加害人的社區監督或處遇進行探討。同時，一些志同道合之士也成立台灣家庭暴力暨性侵害犯罪處遇協會來積極推動這項業務的進行，顯示近幾年來性侵害犯罪的研究與業務已經在開始的蓬勃發展，因此本書也提供有志於從事性侵害犯罪防治研究的讀者研究方法學與未來研究趨勢，做為參考。

參、研究方法學

不管是從事任何的研究，一般而言，皆有假設與理論，在有假設與理論的前提下（已在前面章節提及），進行研究時則需要注意到下面的內容：㈠研究對象，㈡研究工具（包括量表、儀器與診斷系統），㈢研究人員的訓練（包括素質與彼此的信度），㈣研究方法與步驟，以及㈤統計方法。而從事性侵害犯罪加害人的研究自然也不例外，因此，簡述如下：

一、研究對象

從事性侵害犯罪防治研究的對象，除了少數研究針對性侵害犯罪被害人、或者社會大眾、治療人員來訪談的研究外，一般而言，大部分是性侵害犯罪加害人；由於性侵害犯罪加害人是一個異質性團體，因此，進行研究時，需針對特殊的族群予以分類，有時也需要控制干擾因素，而必須尋找對照組來進行比較，因此，從事性侵害犯罪加害人的研究必須先做好完整的資料收集與評估工作，並且有系統的分類加害人（如同前面章節的分類），最重要的是建立完善的資料庫，可以提供未來研究的重要資源。

二、研究工具

(一)量表建構

所謂工欲善其事，必先利其器。使用一個具備信效度的研究工具來從事研究，從事性侵害犯罪再犯研究的學者最常以再犯危險量表作為評估加害人再犯的危險性，因此，建構具有信效度的量表就顯得很重要，一般而言，量表在建構之前，大抵會參考一些文獻與實務經驗，最後做成初稿，接著檢測量表信效度的方法；一般可分成：*1.* 專家效度（內容效度）：由具有這方面經驗的專家對量表內容予以審視，有時，也會彙集不同專家的意見回饋給專家，並再修改直到所有專家同意為止，這種方法稱為德爾菲（*Delphi*）方法，例如龍佛衛等人（*2005*）所用的問卷。有時則會邀請實務專家一起聚集討論出最重要的幾個主題，即所謂焦點團體，如一些家暴加害人治療的戒酒團體方案（黃志中等人，*2005*）。*2.* 效標關聯效度：即將發展出來的量表與已經發展良好的量表做交叉檢驗，如林明傑等人所發展的量表。*3.* 建構效度：即將所設計的量表以統計方法例如因素分析，進行分析尋找出幾種主題（次量表）。另外發展出來的量表，其主題有時也必須進行內在信度檢測，依據其量表的性質而進行Crobach's α（連續變項），或Kappa（類別變項）分析。雖然國外已經發展出很好的再犯危險量表，例如靜態-99 再犯危險量表（其操作手冊中文翻譯權已經由周煌智等人取得，並翻譯完成）、明尼蘇達再犯危險量表……等。*4.* 其他還包括折半信度……等。但目前國內的再犯危險量表，因為性侵害犯罪防治研究仍處於起步階段，因此，直至民國 93 年底仍在積極發展中，例如林明傑的台灣靜態再犯危險量表。

(二)儀器檢測

目前從事性侵害犯罪的研究而使用儀器檢查包括測謊儀、陰莖體積膨脹儀以及神經心理測驗，前面兩種標準作業方法已在前面的章節詳述，不再贅述，在此僅介紹電腦化威斯康辛卡片排序測驗（*Computerized Wisconsin Card Sorting Test*）。這種測驗是事先將軟體灌在電腦上，直接由受試者操作，操作完畢，結果立即出來可

提供判讀的參考。其主由4個刺激卡片（*stimulus cards*）及128個變換形狀、顏色或數目的反應卡片（*response cards*）所構成；所得結果計有九項分數。分別是：*1.* 錯誤次數（*number of errors*）：卡片分類錯誤次數；*2.* 固執性反應（*preservative response*）：受試者堅持某一特定分類方式，是受到前一個分類標準干擾，無法順利做轉換的反應次數；*3.* 固執性錯誤（*preservative errors*）：由固執反應所造成的錯誤；*4.* 非固執性錯誤（*non-preservative errors*）：由非固執反應所造成的錯誤；*5.* 完成分項的個數（*categories completed*）：連續完成 10 個正確分類的個數；*6.* 完成第一個分類的卡片數（*the number of trials to complete the first category*）：為測試概念形成的速度；*7.* 形成概念百分比（*percent conceptual level response score*）：連續 3 次以上正確的個數除以總數，測量概念形成的程度；*8.* 維持思緒能力之喪失（*failure to maintain set*）：完成連續 5 個以上正確，但不滿 10 個的次數；*9.* 學習效果（*learning to learn*）：若受試者完成 3 個以上的個數計算完成每個分項中的錯誤次數除以該分項的總數。再將分項一值減分項二值，分項二值減分項三值，依此類推。

㈢診斷系統

雖然全世界精神疾病分類系統有許多種，但在台灣，精神疾病常見的分類系統有二：*1.* 國際疾病分類系統（*International Classification of Diseases, ICD*），目前已出版至 ICD-10；*2.* 精神疾病診斷統計分類手冊系統（*Diagnostic and Statistic Manual of Mental Disorders, DSM*），目前已出版至 DSM-IV-TR。

ICD系統是由國際衛生組織所發展出來的一套診斷系統，涵蓋所有的疾病；亦為全世界較常被採用的一種診斷系統，較方便醫師臨床使用，目前中央健康保險局申報所使用的為ICD-9-CM。但因缺乏條列式的診斷標準，因此在做研究時，研究者常採用 DSM 系統。為了改善此種缺點，ICD-10 另外以條列式診斷研究第十版（*Diagnostic Criteria of Research 10th*，*DCR-10*）來滿足研究者需求。DSM 系統則是由美國精神醫學會所發展出來的一套診斷精神疾病系統，在 DSM-III 以後大量採用流行病學的概念，而非精神動力學的概念，診斷主要是用條列式方法（*criteria*），方便研究者使用，共有五軸系統（*I-V*），分別為：第一軸（*Axis I*）為評估臨床精神疾病；第二軸（*Axis II*）為評估人格違常、智能不足；第三軸為評估一般生理狀況；第四軸為評估社會心理與環境問題；第五軸為評估整體功能評估。由於使用不一樣的診斷系統，同樣的疾病可能會有不一樣的診斷。因此在病例討論與研究上，必須先瞭解所使用的診斷系統為何，方能比較。

三、研究人員

從事研究的人員，首先會被問到他有何資格從事這類研究的訓練，其所受的訓練背景會決定這份研究的結果是否可信，因此，在撰寫研究方法學時皆會描述到研究人員的背景，以及做這個研究所受的訓練內容為何！即使是自填問卷也會說明是由誰以何種方法說明，或必要時由訪視員提問，受訪者回答。其次，由於研究的對象可能很多，研究者間的信度也必須進行信度考驗。一般而言，信度調查可分成再測信度（*test-retest reliability*），及評估者間信度兩種。前者是應用在檢查同一人所做測量的一致性，後者則是評估一群人對同樣的個案進行調查的結果一致性為何。台灣家庭暴力暨性侵害犯罪處遇協會及台灣精神醫學會家庭暴力暨性侵害犯罪防治學術分組皆有建議從事性侵害犯罪防治人員應該接受何種課程、共多少小時的訓練方適合從事性侵害犯罪防治的業務，但目前仍無相關的法令強制執行。

四、研究方法

從事社會科學研究的學者，對於研究所收集資料後，需要分析方法計有計質研究（*qualitative research*）與計量研究（*quantitative research*）兩大方法。雖然時常有人質疑計質研究的科學化，兩者的研究方法也常處在不平等的地位。然而質性的或計量的研究方法，應該是互補的關係，而不是互斥的關係。在『一般經驗研究』沒有理由排斥計量研究，但也沒有理由獨尊計量研究（齊力，2005）。Patton（1990）指出質的研究針對少數樣本，可得到對特定主題深入且詳細的瞭解。量的研究在於瞭解多數人對限定問題的預設反應，做數量上的統計。目前性侵害犯罪研究有關量性研究而言，最常見有偏重在社會心理因素與再犯危險性的流行病學研究，比較少有生物學的研究。而流行病學依性質可分成以下幾種：

(一)描述流行病學

利用抽樣調查或普查的方法將所得的結果做客觀的陳述，而不做任何的分析與深入說明，僅將實際的數據呈現出來。例如全國十大死因。在各種描述流行病學裡最重要的兩個因子，分別為『性別』與『年齡』。例如性侵害犯罪加害人以男性居多，近親相姦的加害人在加害同時飲酒的比例高於其他類型的加害人等。

㈡分析流行病學

將所得的結果將以進一步的統計分析，並做危險因子的調查。例如周煌智等人（*2004*）研究九二一大地震後災民的精神疾病盛行率與生活品質調查。其研究設計，是用群體調查，再以 odd's ratio 做進一步分析以瞭解輕型精神病在災後男女性別的差異，就是一個例子。常見的研究方法有三：*1.* 個案（或配對）對照法（*case(or match) control study*）；*2.* 世代追蹤研究法（*cohort study*）；*3.* 合併兩者優點的網狀個案對照法（*nest-case control*）。個案研究法主要是一種回溯型的研究，主要在看其過去暴露源（危險因素）是否會導致有無疾病的勝算比。世代追蹤研究法是一種前瞻性研究，主要是在追蹤一群人（包括實驗組與對照組）暴露在某種危險因素一段時間，其有無得病的比例。而網狀個案對照法則是在某事件發生後一定時間介入，分別往前與往後去探索危險因素，及有無發病的比例。

㈢實驗流行病學

一般說來，性侵害犯罪加害人的研究是較難做實驗的，因此實驗流行病學，常只能在實驗室做，如分子流行病學，遺傳流行病學等等。如由莊明哲、胡海國、陳為堅等向美國國家衛生研究院申請經費的台灣精神分裂病聯結研究（*Taiwan Schizophrenia Linkage Study, TSLS*）是一個很好的例子。但有時因時機配合，亦有機會做實驗流行病學。例如在英國某一地，自殺的死亡率偏高，因此訓練當地的家庭醫師對於精神疾病與自殺預防特別注意，結果當地自殺死亡率降低，後來，此醫師因故離開該地，自殺死亡率又再次升高，故可再重新訓練新的醫師，看自殺死亡率會不會再下降，由於前面醫師是自然離開，因此不涉及醫學倫理，是一個難得的例子。

而對性侵害犯罪治療療效的研究則會用到前瞻性追蹤法（即有無治療或不同治療方法在追蹤一段時間後比較其再犯率），另外，探討危險因素有時也會用個案對照法（例如性侵害犯罪加害人與對照組非性侵害犯罪加害人組〔對照組〕），比較其危險因素等。有時抽樣也是一個重要的議題，因為不當的抽樣（*sampling*）或未經設計的抽樣常會導致結果的誤判，一般有下列幾種方法：*1.* 群體調查：即將所有的相同族群皆加以調查；*2.* 抽樣：若母群體太多人無法全部調查，則需要抽樣，包括：⑴隨機抽樣：可用亂數表或擲骰子決定；⑵立意取樣：設定條件後取樣；⑶系統取樣：又分成分層抽樣與集團抽樣等方法。

㈣質性研究方法

社會現象是不斷改變的動態事實，而此動態事實常受環境中的主體解釋與彼此不同的互動關係而有所差異，無法單依賴量化研究以一次或數次的測量就能表達出來。對於某些社會狀況的研究，如果為了符合量化的需求或方便，將原本複雜的現象簡化成易於操縱的變項，反而會使現象的解釋變的支離破碎。相較之下，質性研究主張以研究者的視角，描繪研究場景，對事件的始末，過程的演變有通盤的瞭解，反覆進行問題挖掘與資料的蒐集與分析，藉以形成概念或主題研究。而有關質性研究的效度考驗：Lincoln 與 Guba 早期曾指出質性研究的三種效度，分別是：*1.* 可信度（*credibility*）：即內在效度，指研究者真正觀察到希望觀察的內容。*2.* 可轉換性（*transferability*）：即外在效度，只被研究者的經驗能被有效的轉換成文字陳述。*3.* 可靠性（*dependability*）：及內在信度（引自胡幼慧、姚美華，*1996*：*143-144*）。但在後來 Lincoln（*1995*）則認為已高舉公平性、真實性（*authenticity*）的原則，總體而言，則是以值得信賴（*trustworthiness*）的原則取代效度原則（引自齊力，*2005*）。

質性研究的方法有許多種，包括紮根理論（*ground theory*）、敘說探究（*narrative inquiry*）、深度訪談與行動研究……等等，分別簡述如下：

1. 紮根理論（ground theory）

紮根理論是將系統化的資料搜集與分析，用歸納的方式，對現象加以發掘、發展，並已暫時地驗證過的理論。由於紮根理論是經由資料的搜集和分析，與理論的發展是彼此相關與彼此影響的。發展紮根理論的人不是先有一個理論然後去證實它；而是，它先有一個待研究的領域，然後自此領域中萌生出概念和理論。一個架構嚴謹的紮根理論，能否適用於它所代表的社會現象，端賴它能否達到以下的標準：⑴適切性（*fit*）；⑵瞭解（*understanding*）；⑶推廣性（*generality*）以及⑷控制。紮根理論策略所得致的成果是對檢視下的社會實體所做的理論構成（*theoretical formulation*），而不是由一組數字或是由一群彼此相關鬆散的主題（*themes*）所構成。經過紮根理論的策略者所建構出的概念以及它們之間的關係，不但是由資料中萌生出來，而且也被資料暫時性地驗證過了。

2. 敘說探究（narrative inquiry）

敘說探究（*narrative inquiry*）的研究設計，是以深度訪談（*in-depth interview*）的方式來了解被研究者的成長歷程、心性經驗及內在世界豐富的訊息；訪談是一種交談行動，是受訪者與訪談者共同建構意義的過程，受訪者並不是將已經存在腦

中的記憶如實的呈現，而是用一種認為訪談員可以理解的敘說故事的方式，去重構他的經驗和歷史（*Cohen & Manion, 1989*）。敘說探究並不是在揭露「實際上的過去」（*historical truth*），而是在建構「經驗上的真實」（*experiential truth*）；研究步驟的設定是為了避免產生遺漏，進而提高研究之完整性及正確性。

3.深度訪談

深度訪談的目的，主要是企圖瞭解受訪者的意見及其經驗。因此，訪談者必須藉由訪談的言行中，引發被訪談者提供資料或表達他對某項事務的意見與想法，相對地，被訪者也必須針對問題或主題進行回答或討論。深度訪談其實是一種非常情境化與難以制定標準化程序的研究方法（陳介英，*2005*），可能會因為地點、情境與時間的不一樣而有不一樣的結果。因此，Patton 認為在深度訪談中訪談者最主要的功能便是解開和瞭解受訪者內心的觀感（*Henderson, 1991*），為了避免受訪者受到訪談者的價值和期望的影響，訪談者應盡量避免給予受訪者任何價值判斷的評語。絕對的沉默當然也不適當，因為談話應是雙向的交流（引自范麗娟，*1994*：*29*）。對於性侵害犯罪加害人的深度訪談更應注意到這個原則，以避免受訪者為了掩蓋或討好訪談者而不呈現真實的想法與經驗。影響訪談成功的重要因素是訪談者是否具有豐富的想像力、敏銳的觀察力（*Strauss & Corbin, 1990*），和高的親和力，能隨機應變，以及對受訪對象之背景與從事事業的瞭解，是整個研究能否成功的關鍵（陳介英，*2005*）。黃文卿及林晏洲（*1998*）將深度訪談分成三種：分別為：⑴非正式的會話訪談（*information conversation interview*），：開放式、非結構式的訪談。⑵一般性訪談導引性（*general interview guide approach*）：半結構性訪談，由受訪者提供一組題綱以引發會談情境。⑶標準化開放式訪談（*standard open-ended interview*）：結構式訪談，在訪談前，所有需要詢問的問題均被撰寫，並小心的考量每一個問題的字組，再於訪談中適當的提出問題。而在訪談過程中需要詢問的問題則可以包括下面 6 個（黃文卿及林晏洲，*1998*：*169*）：⑴經驗／行為問題。⑵意見／價值問題。⑶感受問題。⑷知識問題。⑸感官問題。⑹背景／人口統計問題。

4.行動研究

行動研究是從應用研究中延伸而來，比較重要的概念就是把行動跟研究這兩個概念結合在一起。最重要的就是實務工作者在實際工作情境當中，根據自己的實務經驗，特別是實務上所遭遇到的一些問題，來進行研究，研擬解決問題的途徑以及策略，再加以付諸實施，然後再加以評定跟反省。基本上就是行動加研究（蔡清田，*2005*）。行動研究就是過程公開化，藉以批判與省思，因此，它也就沒有所謂的失敗，因為只要把整個歷程公開化、系統化，這就是實務工作者做不到的。身為研究者，可以把研究過程合理清楚的做交代，把所陳述的關注問題，研擬可能解決問題的行動方案。這些過程包括：一般論文的研究動機、目的、問題陳述、文獻探討、策略方法與研究設計、實施過程與結論、評鑑與回饋，若上述的問題都能交代清楚就是一個很好的行動研究。對於性侵害犯罪加害人的治療課程與標準化的作業就適合運用這些手法來進行。

五、統計分析

(一)量性分析

一般而言，量化分析常會用到生物統計的方法，目前電腦軟體發達，各種統計軟體也紛紛出爐其中，以 SPSS 與 SAS 這兩種統計軟體最為人所熟知。簡述幾種常見的統計方法如下：

1. 卡方檢定：應用於檢測類別變項的差異；*2.* student independent T-test：用來檢定兩組間連續變項差異，*3.* ANOVA：用來檢定三組以上連續變項差異。*4.* 邏輯回歸分析：用來檢測影響有無的類別變項其危險因素為何。*5.* 多變項迴歸分析：用來檢測連續變項的危險因子影響程度。*6.* 鑑別分析（*discriminate analysis*）：鑑別分析是藉由一系列變數，以線性鑑別分析（*Linear Discriminant Analysis*）的方法將一個個體分類到幾個所分類的次群體中之過程評估的一個技術。*7.* 皮爾森相關分析：探討兩種變項的相關程度。另外還有如：重複量數，兩組比較使用 Pair T test，三組以上則使用 repeat ANOVA。上述的方法若樣本太少或非隨機取樣，則必須使用無母數分析。另外，使用量表進行研究，常必須做信度考驗，而統計方法則有：Crobach's α（連續變項）、Kappa（類別變項）分析與 ICC（*intraclass correlation*）。

(二)質性分析

質性部分：主要依逐字稿進行分析。在研究進行過程中，研究者透過田野筆記記錄，訪談前研究者與受訪者的聯絡互動，訪談過程中受訪者的反應，再加上訪談內容（即依錄音所謄寫的逐字稿）作為分析本文的依據；分析資料的過程分五個步驟：

1. **逐字譯**

將訪談資料、內容、錄音帶，以逐字譯的方式謄寫下來，所必須謄寫的內容除了錄音帶的文字外，還包括：語言的助詞、停頓聲、旁景說明以及非語言訊息（如肢體動作等）。此部分的資料分析需與小組人員共同討論，整個訪談內容也須作多次聆聽，體會其語調、重音、停頓、國台語交替使用之意思，以及整體意涵，並將每一段訪談內容視為單一事件。

2. **資料縮減（data reduction）**

接著進行資料縮減，將討論後的結果認為屬於下列如：『斷句與主題無關之詞句』予以刪除。去除重複過多意義類似的句子，保留有意義的句子。

3. **登錄與概念分類**

根據其意義，加以歸納，進行登錄（*coding*），所謂登錄是將資料轉移成概念的過程，接著再逐字分解的過程中，認定某一社會現象是重要的（即其重要事件），甚至藉理論性的觸覺認定某一現象許多其他現象有關，並給予分類名稱（*naming*），形成概念分類。

4. **彙整概念成主題**

接著先歸納出數個主題，在從數個主題之中，再群聚出一個核心問題。將數個訪談作跨個案分析，產生一般性共通主題及部分個案獨特性問題。將分析出來的主題，置於研究整個脈絡或背景之中。

5. **決定策略、詮釋資料：**

最後將所發現的議題或關聯加以整理詮釋，並決定論文撰寫架構大綱、研究結果、詮釋、討論、結論及建議。

肆、未來研究趨勢

隨著越來越多人對性侵害犯罪防治的重視，相關的文章也越來越多，在未來，研究的主題可從幾個層面來發展：

一、生物學層面

雖然性侵害犯罪加害人的定義是源自於法律，然而在眾多異質性的加害人團體中分類出可能具有生物學缺陷的個案，例如戀童症者，特殊性偏好者，抑或反社會人格、衝動型疾患等等，予以檢測基因、荷爾蒙、測謊與PPG或神經心理學檢查等有助於未來的治療與防治。

二、社會心理層面

探究再犯危險因素一直是性侵害犯罪防治重要的題材，而探究的工具無疑是相當重要的一環。雖然國外已經有許多發展好的量表，但基於國情的不同，仍有需要發展屬於本土的預測量表。其次，依據新的刑法，未來依據第 91 條之 1：『犯第 221 條至……。而有下列情形之一者，得令入相當處所，施以強制治療：一、徒刑執行期滿前，於接受輔導或治療後，經鑑定、評估，認有再犯之危險者。二、依其他法律規定，於接受身心治療或輔導教育後，經鑑定、評估，認有再犯之危險者。前項處分期間至其再犯危險顯著降低為止，執行期間應每年鑑定、評估有無停止治療之必要。』的規定，必須持續發展良好的評估與鑑定標準作業流程，內容至少應包括評估的人員訓練、評估的內容、撰寫的文件與標準作業流程等，未來也必須探討根據這個標準所做的再犯預測及原因。

三、再犯追蹤與療效評估

各種治療方案已經日趨成熟，然而卻缺乏追蹤其療效的研究，以及再犯率的研究，在未來，應有系統的進行這部分的研究，並提供從事實務者的治療方案改進的參考。

四、學（協）會發展與教學訓練

目前雖有台灣家庭暴力暨性侵害犯罪處遇協會、台灣精神醫學會家庭暴力暨性侵害犯罪處遇學術分組與台灣身心健康促進學會等相關學術團體的成立，然而，缺乏經費的支持未能有效的提供性侵害犯罪防治業務的發展，目前從業人員也缺乏在職進修的管道，因此，皆需要積極而有效的發展相關學（協）會來協助教學訓練的進行，並授與證照。

參考文獻

王文科（1994）：教育研究法第三版台北：五南圖書出版有限公司。

李芝儀、吳奉儒譯（1990）。質的評鑑與研究，台北桂冠出版社 Patton, M. Q.: Qualitative evaluation and research menthods2nd ED. Newbury Park, CA: Sage,1990.

周煌智　鍾素英　龍佛衛　余伍洋：精神分裂病患在活性與負性症狀量表（PANSS）與威斯康辛卡片排序測驗（WCST）的相關因素。高雄醫學科學雜誌 1998；14（6）：330-338。

周煌智：性犯罪者的神經心理學危險因子（I），行政院國家科學委員會委託研究計劃 NSC 87-2418-H-280-002-Q13，民國 88 年。

周煌智：精神疾病流行病介紹 台灣醫界 2000；43(1): 9-13。

林木筆（1994）：社會工作研究在社會工作中的角色——從一則雛妓調查研究報告說起，中華醫務社工學刊，39-43。

林明傑（1998b）。美國性罪犯心理治療之方案與技術暨國內改進之道　社區發展季刊, 1998/6, 82, pp175-187.

林明傑　張晏綾　陳英明　沈勝昂（2003）：性侵害犯罪加害人之較佳方案及三個爭議方案 月旦法學雜誌 96 期　頁 160-185。

林明傑、鄭瑞隆、董子毅、連珮琦、曾姿雅（2003）：性侵害犯罪加害人再犯危險評估量表之建立研究——靜態與動態危險因素之探測與整合[期末報告第二版]　財團法人婦女權益促進發展基金會 2002 年研究計畫。

胡幼慧、姚美華（1996）：一些質性方法上的思考。（胡幼慧（主編）質性研究：理論、方法及本土女性研究實例。台北：句流圖書。頁 141-158。

徐宗國譯（1997）（Strauss, A, Juliet C. 原著）：質性研究概論。巨流圖書公司。台北。

張永源（1999）：性犯罪者的性格特質與社會心理因素，行政院國家科學委員會委託研究計劃 NSC 87-2418-H-037-001-Q13。

許春金　馬傳鎮（1992）。強暴犯罪形態與加害者人格特質之研究。臺北市研考會

許春金、馬傳鎮、范國勇、謝文彥、陳玉書、侯夙芳（1992）：強暴犯罪型態與加害者人格特性之研究，台北是研究發展考核委員會。

郭壽宏（1999）：性犯罪者的認知扭曲與失調。行政院國家科學委員會委託研究計劃 NSC 87-2418-H-280-001-Q13。

陳介英（2005）：深度訪談在經驗研究地位的反思。齊力 林本炫編，質性研究方法與資料分析。高雄市：南華教社所。頁 117-128。

陳若璋（2001）性罪犯心理學：心理治療與評估　台北市：張老師

陳若璋　劉志如（1999）：第二章 我國妨害風化罪受刑人進入獄正之身心治療系統流程。性侵害犯罪加害人身心治療、輔導制度與再犯率分析評估。 內政部性侵害犯罪防治委員會 0287-025R5，第 72-74 頁，民國 88 年。

黃文卿 林彥州（1998）：深度訪談之理論與技巧——以陽明山國家公園遊園專車推動為例。國家公

園學報，vol8, No2

黃志中　吳慈恩　陳筱萍　周煌智（2005）：家庭暴力加害人處遇之「無酒害教育團體」方案規劃。社區發展季刊 109:500-13。

黃軍義：強姦犯罪之訪談研究——相關成因概念模型之研究。法務部，民國 84 年。

黃富源（1982）強姦犯之分類研究　警學叢刊　25(4), 101-117

齊力（2005）：質性言研究方法概論。齊力　林本炫編，質性研究方法與資料分析。高雄市：南華教社所。頁 1-20。

蔡清田（2005）：行動研究的理念與分析。齊力　林本炫編，質性研究方法與資料分析。高雄市：南華教社所。頁 129-144。

龍佛衛　薛克利　楊聰財　周煌智　顏永杰　高千雅　張敏　文榮光（2005）：臺灣地區性侵害犯罪防治責任醫院現況之調查——性侵害犯罪加害人之鑑定、評估與治療。台灣精醫 19(1):47-55。

Abel, G. G., Becker, J. B., Cunningham-Rathner, J., Mittelman ,M., & Roulean, J. L.(1988). Multiple paraphilic diagnoses among sex offenders. Bulletin of the American Academy of Psychiatry and the Law. 16(2), 153-168.

Chou FH, Chou P, Su TT, Ou-Yang WC, Chien IC, Lu MK, Huang MW(2004). Quality of life and related risk factors for a Taiwanese village population 21 months After an earthquake. Aust NZ J Psychiatry. 38(5): 358-364.

Grossman, L. S., Martis, B., & Fichtner, C. G. (1999). Are sex offenders treatable?: A research overview. Psychiatric services, 50(3), 349-361.

Groth AN: Men who rape: The Psychology of the offenders.Plenum Press. New York, 1990.

Groth, A. N. & Burgess, A. W. (1977). Motivation intent in the sexual assault of children. Criminal Justice and Behavior, 4(3), 253-264.

Groth, A. N., & Burgess, A. W. (1979). Men who rape: The psychology of the offender. NY: Plenum.

Groth, N.A.(1990). Men who rape: The Psychology of the offenders.Plenum Press. New York

Koss MP, Figueredo AI, Bell I, Tharan M, Tromp S(1996): Traumatic memory characteristics: a cross-validated mediational model of response to rape among employed women. J Abnormal Psychology. 105(3):421-432.

Lincoln, Y.S.(1995). "Emerging Criteria for Quality in Qualitative and Interpretive Research." Qualitative Inquiry, 1(3): 275-289.

Malamuth NM, Sockloskie RJ, Koss MP, Tanaka JS: Characteristics of aggressors against women: testing a model using a national sample of college students. J Consult Clin Psychology. 59(5): 670-681, 1991.

Malamuth, NM.(1981). Rape fantasies as a function violent sexual stimuli. Archives of Sexual Behavior. 10(1): 33-47, 1981.

第二十五章

性侵害犯罪治療與研究倫理及限制保密原則

周煌智　陳筱萍

本章學習重點

- 學習各種學會對治療的倫理規範。
- 學習對於研究倫理的規範。
- 學習限制保密原則。

摘要

從事助人工作者因工作的關係常會得知病患的隱私，因此，需要予以規範，以避免心理從業人員濫用這些資訊。

本章主要是借探討包括醫師、精神科醫師、心理師、社工師與護理人員的倫理規範，點出對於治療倫理與研究倫理的重要性，及應該遵守的規範，同時性侵害犯罪的治療是一種強制診療，其性質不同於一般的心理治療，一方面即要對委付機關負責，另一方面也需要兼顧加害人的基本權益，是一種屬於限制保密的治療。而研究性侵害犯罪行為雖然有助於性侵害犯罪的防治，但仍要依循一定的程序為之，因此，也有必要瞭解相關的治療與研究倫理。

關鍵詞

倫理、限制保密

壹、倫理的定義

一、倫理的意涵

中國古書提到的「倫理」中，倫就是指人倫、理是指道理；五倫中的君臣、父子……所述者為這些人際次系統之權責規範、禮儀等往來的一套準則，作為當時社會大眾之遵循規則。西方之倫理一詞源於拉丁文的「Ethica」、並由希臘文「Ethos」演變而來，指的亦是社會上的規範、典章、慣例。

二、倫理的表現方式

倫理的表現方式除為價值觀之確立外，亦是一種關係的呈現，經由個體的說與做為當中展現其內涵。治療人員對個案施予治療時尊重之態度、個案自主性、人權維護、責任、隱私保密等均為從事治療時須觀照到的。

貳、各學會的治療倫理

一、醫師倫理規範

在民國 91 年修正醫師倫理規範前言：『醫師以照顧病患的生命與健康為使命，除維持專業自主外，當以良知和尊重生命尊嚴之方式執行醫療專業，以維繫良好的醫療執業與照顧病患的水準，除了考量對病人的責任外，同時也應確認自己對社會、其他醫事人員和自己的責任，……』。第 5 條：『……醫師必須隨時

注意與執業相關的法律和執業法規，以免誤觸法令而聲譽受損。』在第 7 條：『醫師應關懷病人，以維護病人的健康利益為第一優先考量，不允許任何對病人不利的事情干預醫師之專業判斷。』第 8 條：『醫師對於診治之病人應提供相關醫療資訊，向病人或其家屬說明其病情、治療方針及預後情形。』第 12 條：『醫師應保有專業自主權，對病人之處方、治療或為其轉診之方式，不應受到所屬醫療機構、藥廠、生物科技公司或全民健康保險制度之影響。』以上這些規定皆是要醫師對於診治病患時，應秉持專業能力不受外力干擾，以病人為中心進行治療，以維護病人的健康利益為第一優先考量，不允許任何對病人不利的事情干預醫師之專業判斷。

二、精神科醫師倫理規範

1977 年，世界精神醫學會核定夏威夷宣言，提案精神醫療倫理準則。隨後於 1983 年在維也納重新修訂，精神科的病人有別於一般科的病人，易於被利用於研究對象，對病人的自主性及其身心的完整性應格外提高警覺給予保護。倫理行為建基於個別精神科醫師對病人的責任感及其判斷，採取正確性和適當性的行為。外在的標準約束和影響，如：專業行為規範、倫理研讀或醫療法規等並不能保証行醫的倫理要求（宋維村，*2004*）。第 4 條規定：『病人因精神疾病障礙無法做適當的判斷時，精神科醫師有責任遵循各該國家特定法律程序決定強制治療，為確保病人的人格尊嚴和法律權益，應徵詢家屬意見，如必要，可尋求法律諮商。除了顧慮延誤治療會危害病人或親人的生命安全外，所有治療必須尊重病人的意願，非經病人同意，不得採取治療。』第 5 條規定：『當精神科醫師應邀去評估一個人時，有責任告知被評估人其執行目的所在，以及評估資料的可能運用，尤其在涉及第三人情況下，精神科醫師應更謹慎。』以上對於精神科醫師從事診療時的倫理規範主要皆建基於『病人優先』，與『人權』等考量，並且要精神科醫師有責任隨時取專業科技發展新知（第二條），或尋求非本身專長的專業諮詢（第一條），以免耽誤病人的病情，或侵害人權等情事發生。

三、心理師的倫理規範

我國的心理師學會針對治療倫理制訂了心理學專業人員倫理準則，作為從業人員的規範，在其基本倫理準則上的第一條：『人道與尊嚴：每個人對其生活與行為均有不可侵犯的自主權利。心理學專業人員應尊重人性之尊嚴與價值，在從事專業工作時，應隨時考慮其作為對他人福祉的可能影響。』以及第 4 條的隱私與保密原則。

在所定的『柒、心理治療與諮商：一、心理治療（或諮商）開始前，心理治療（諮商）師應清楚告知當事人（或其監護人）實施心理治療（或諮商）之理由、目標、過程、方法、費用，及雙方應有之權利義務，並且以口頭或書面方式，澄清當事人（或其監護人）對於心理治療（或諮商）的所有疑問。二、唯有在當事人（或其監護人）對於心理治療（或諮商）之相關疑問獲得澄清，且當事人（或其監護人）親自表示同意接受治療（諮商）後，心理治療（諮商）師始得對當事人實施心理治療（或諮商）。三、進行治療（或諮商）時，心理治療（諮商）師應選用自己熟悉，而且確信對當事人之問題具有療效的治療（或諮商）技術。……』以上的這些治療倫理規範皆清楚的釐清治療者的角色。

四、社會工作師倫理規範

在民國 87 年所定的社會工作倫理守則則屬於概括性的規定，包括第 3 條的尊重案主隱私權，對在專業關係中獲得的資料，克盡保密責任。

五、護理人員倫理規範

由於護理主要是護理與協助醫療等事務，因此，護理人員的倫理規範針對治療亦是採取概括性的規定，亦是強調維護穩私。

參、各學會的研究倫理

上述各學會，除了世界精神醫學會與台灣心理師學會外，對於研究倫理的規範大抵是概括性的規範。

一、心理專業人員的研究倫理規範

其中心理專業人員的倫理規範，則以專章做詳細的規範，包括『貳、論文的撰寫與發表』等 8 條。以及『參、以人類為受試者的心理學研究』等 12 條、『肆、以兒童做為受試者的心理學研究』4 條、『伍、動物實驗』等 8 條。以及『陸、測驗、衡鑑與診斷』等 11 條。清楚的規劃心理從業人員所應遵守的研究倫理與職業道德。其中較為重要與受試者有關的是：

以人類為受試者的心理學研究：

第一條規範了心理學研究的設計與執行必須符合「本國法律」與「研究者所屬專業團體的道德準則」。第 2 條的尊重『參與者的尊嚴與福祉』。以及合乎『道德』，第 4 至 6、10 至 11 條的知後同意簽署及相關內容、退出研究與拒絕研究與瞭解研究內容等權利，第 7 至 8 條的研究危害受試者的避免與停止研究的狀況，第 9 條的『隱匿部份程序』需要必要性方可實施。

治療師面對的是破壞人我安全距離或侵犯到他人生命、生活之虞犯，於執行工作或遭遇到因個人因素之兩難狀況時須回歸其專業倫理，由條文論述中再次確認工作者之價值取向，才能順利完成治療工作。

以兒童做為受試者的心理學研究

規定必須取得監護人（或父母）同意，若在學校施測需經學校同意，結果不得有任何妨礙兒童正常發展之訊息或暗示，結果需告知父母（或監護人）與其所屬學校，以及提供諮詢服務。

二、精神科醫師的研究倫理規範

精神科醫師的研究倫理規範（馬德里宣言，*1996*）雖然僅有一條（第 *8* 條），但是卻詳細的規範了研究準則：『沒有科學價值的研究是不道德的，研究活動必須經過適當的倫理委員會審議通過。如無類似委員會，精神科醫師必須遵守各該國及國際認可研究行為規則，只有經過適當訓練的人員才能進行或主持研究。由於精神病患易於被利用於研究對象，對病人的自主性及其身心的完整性應格外提高警覺給予保護。倫理標準同樣應用於流行病研究、社會研究，以及結合不同專業人員多處研究中心綜合性研究所選擇的族群。』同時對於一些特殊議題的修訂在 1999 年的漢堡修訂（宋維村譯，*2004*）時更增添了第 7 條規範『醫師不得直接或間接對不同種族或文化之人有歧視。』依其精神，當醫師接受公家單位委託診治性侵害犯罪加害人時，對於性侵害犯罪加害人不得有任何的歧視。第 8 條的遺傳研究和諮商，規定了嚴格的資訊安全以及個人和家庭的完全知後同意、以及醫師所處的機構執行品質與可立即接受諮商。

肆、強制診療的倫理

刑法、性侵害犯罪防治法以及監獄行刑法等相關法律將性侵加害人列入醫療範圍，當然其權益也受精神衛生法及其他相關法令所明示之尊重病患的權益及增進福利、對其保護、醫療等條文之保障。然而，其本質又是一種強制診療，其間的治療又牽涉到『病人人權』對『社會安全』的重要議題，治療師與個案接觸時除遵循社會一般倫理外，尚有其專業倫理守則及對這些刑前或經判決須予醫療／社區處遇個案之強制治療倫理。另一方面，這又是一個囑咐治療（*mandatory treatment*），委託人為公部門，對於心理治療規範中的隱私與保密原則：『心理學專業人員對他在研究或工作過程中所獲得的資料，必須嚴守秘密，未經當事人同意，不得予以公開。……』、以及『心理治療（諮商）師對當事人的心理治療（諮商）資料應嚴加保密，避免因資料保密不週，導致當事人遭受傷害。唯在下列情形下，心理治療（諮商）師未徵得當事人（或其監護人）同意，也可依法令規定，揭露當事人資料：㈠為了提供當事人所需的專業協助；㈡為了尋求當事人所需的專業諮詢；㈢為了避免當事人遭受傷害；㈣為了澄清未付之治療費；但若為此事，僅可揭露有關範圍內之資料。』似乎就無法完全適用，而需要另訂規範。在國外，Corey等人（*1993*）（引自*Bernard & Goodyear, 2004*）認為有八種情況是保密的列外：㈠當治療師被法院約談時，㈡當當事人有自殺危險的可能性時，㈢當當事人對治療師或督導者提出不當處置的訴訟，㈣當當事人提出心理狀況作為賠償損害要求或辯護時，㈤當當事人是一個小孩，而且治療師相信兒童是罪行中的受害者，㈥當訊息被法院要求提供時，㈦當當事人因心理疾病需要住院時，㈧當當事人顯露犯罪意圖或被評估為可能對他人或自己有危險性時。由於刑法第91-1條規定接受治療的加害人需要『……再犯顯著降低為止』，且每年必須提出評估、鑑定報告一次，因此，除了上述的條文外，應該加上㈨其他經法律規定或委付之治療需要評估報告者，但僅以評估所需之資料為限。同時，在一開始啟動治療或評估時，就應該以下列的心理專業人員的倫理準則為依據：『柒、心理治療與諮商：一、心理治療（或諮商）開始前，心理治療（諮商）師應清楚告知當事人（或其監護人）……以口頭或書面方式，澄清當事人（或其監護人）……的

所有疑問。二、唯有在當事人（或其監護人）……親自表示同意接受治療（諮商）後，心理治療（諮商）師始得對當事人實施心理治療（或諮商）。』因此，最好事先訂立評估、鑑定治療契約書，讓加害人完全知情，避免未來不必要的糾紛。除了上述的治療倫理外，針對治療的訓練與出庭的義務，國際性侵害犯罪加害人治療協會也訂立了相關的倫理法則（陳若璋，2004），陳若璋在綜合這些倫理法則，提出了下列的八點原則：1.對治療人員之經驗及訓練程度的要求，2.治療的重點應集中於性加害人的性偏差行為，3.治療人員必須與觀護人及其他相關人員有密切的聯繫，4.治療人員必須有出庭作證的意願，5.治療人員必須能夠成為團隊的一份子，6.治療人員必須能夠進行團體形式的治療，7.評估治療人員對於性加害人否認之態度，8.治療人員與性加害人處遇時要使用堅定的態度。由於性侵害犯罪加害人是一個異質性團體，即使面對的是一位因侵犯他人被判定前來接受治療的犯人而言，治療者從事治療之時仍要慎思，並遵守其專業治療倫理，將個人之好惡放諸一旁。然而，這群人中又有相當比例的人具有反社會人格，對於治療有許多的抗拒，也讓治療師會感到困窘與不安，同時，他們常常也存在許多非僅性偏差的心理問題，因此，對於治療人員的專業訓練與經驗，自然不同於一般的心理治療原則。同時，這也是一種委付治療，法官為了瞭解加害人接受治療的情形與相關細節，有時會傳訊治療師出庭作證，因此，治療師應該有出庭作證的義務。因此，這些原則是概括性的規範了性侵害犯罪治療的基本原則。

伍、加害人的適時揭露原則

性侵害犯罪本身就充滿了爭議性與神秘感，這也常導致媒體對於這類案件的追逐，適時的提供民眾相關訊息有助於衛教的傳遞，然而過度的揭露又常導致對加害人的二度懲罰，甚至也會透露出被害人的相關訊息。因此，面對媒體，若有適時揭露原則作為依循的倫理規範，則不失是一種兩全其美的辦法。然而目前並沒有適當規範，僅有在精神科醫師的規範（於漢堡修訂，1999）中：『面對媒體的規範：面對媒體大眾的態度，應扮演病人代言人，代表精神醫學的專業尊嚴，不能在媒體上宣告對任何人推定（宣告）的精神病理。發佈研究結果時，應將資訊完整呈現，且時時必存所發佈的資訊對病人本身的影響及對大家的影響。』這個原則似乎無法全部適用到性加害人身上，舉例而言：社區公告制度在某個層面而言，就是必須要將加害人的加害行為告知可能成為下一個受害者的人或親友得知，藉以事先預防。因此，對於中高再犯危險的加害人對於其犯罪手法則有必要做適時的揭露以讓大眾有所警惕，如為了避免未審先判（在媒體先定罪），則可以舉其他類似案例分析犯案手法與心理，避免直接對嫌疑人做批判。另一方面，由於這是一個委付治療，因此，若在治療的過程發現案主有可能再犯，基於避免善意第三人產生危機，也有必要告知執法機關與相關人士。

目前強制診療仍在積極發展的階段，對於相關的倫理規範也尚缺乏共識，有待同儕團體比照一般的治療訂定倫理規範作為從業的遵守準則。

附件一　醫師倫理規範

民國88年5月16日第5屆第2次會員代表大會審議通過
民國91年6月23日第6屆第2次會員代表大會修正通過

前言

醫師以照顧病患的生命與健康為使命，除維持專業自主外，當以良知和尊重生命尊嚴之方式執行醫療專業，以維繫良好的醫療執業與照顧病患的水準，除了考量對病人的責任外，同時也應確認自己對社會、其他醫事人員和自己的責任，並應基於倫理自覺，實踐醫師自律、自治，維護醫師職業尊嚴與專業形象，爰訂定醫師倫理規範，引導醫師遵守正當行為的基本倫理準則，切盼全國醫師一體遵行。

第一章　總則

第 1 條　為增進病人權益，發揚醫師倫理與敬業精神，維持醫療秩序與風紀，特制定本規範。

第 2 條　醫師執業，應遵守法令、醫師公會章程及本規範。

第 3 條　醫師應謹言慎行，態度誠懇並注意禮節以共同維護醫師執業尊嚴與專業形象。

第 4 條　醫師執業應考慮病人利益，並尊重病人的自主權，以良知與尊嚴的態度執行救人聖職。

第 5 條　醫師應充實醫學新知、加強醫療技術，接受繼續教育，以跟隨醫學之進步並提昇醫療服務品質。

醫師必須隨時注意與執業相關的法律和執業法規，以免誤觸法令而聲譽受損。

第 6 條　醫師在有關公共衛生、健康教育、環境保護、訂立影響社區居民健康或福祉的法規和出庭作證等事務上，應分擔對社會的專業責任。

第二章　醫師與病人

第 7 條　醫師應關懷病人，以維護病人的健康利益為第一優先考量，不允許任何對病人不利的事情干預醫師之專業判斷。

第 8 條　醫師對於診治之病人應提供相關醫療資訊，向病人或其家屬說明其病情、治療方針及預後情形。

第 9 條　醫師不以宗教、國籍、種族、政黨或社會地位等理由來影響自己對病人的服務。

第 10 條　醫師應以病人之福祉為中心，了解並承認自己的極限及其他醫師的能力，不做不能勝任之醫療行為，對於無法確定病因或提供完整治療時，應協助病人轉診；如有充分理由相信自己或同仁不適合醫療工作時，應採取立即措施以保護病人。

第 11 條　醫師應尊重病人隱私權，除法律另有規定外，醫師不無故洩漏因業務而知悉之病人秘密。

第三章　醫師與醫療機構及醫事人員間

第 12 條　醫師應保有專業自主權，對病人之處方、治療或為其轉診之方式，不應受到所屬醫療機構、藥廠、生物科技公司或全民健康保險制度之影響。

第 13 條　在醫療團隊合作中，醫師所應提供的照護及承擔的責任應同樣盡責。在團隊合作中，應遵守下列規範：

一、應認同其他醫事人員的技術與貢獻。

二、在團隊內、外，都能與其他醫事人員有效地溝通並不吝於指導。

三、確保病患及其他醫事人員都了解自己的專業身分與專長、在團隊中的角色與責任，以及各成員在病人照護上之責任分配。

四、在必要時，照會及善用其他醫療專業的特長。

第四章　醫師相互間

第 14 條　醫師相互間應彼此尊重、互敬互信。

第 15 條　醫師應不詆毀、中傷其他醫師，亦不得影響或放任病人為之。

同仁間應不避忌共同會診，對於同業之詢問應予答覆或告以不能答覆之理由。

第 16 條　醫師對於本人雇用或受監督、輔導之同仁願意努力協助發展專業能力與進步。

第 17 條　醫師不以不正當方法，妨礙病人對其他醫師之信賴。

第 18 條　醫師應避免因個人動機質疑其他醫師之聲譽，但知悉其他醫師有違反本規範等不符專業素養行為或其在人格或能力上有缺失、或從事造假或其他不正當行為之具體事證時，宜報告該醫師所屬之醫師公會。

第 19 條　醫師相互間所生之爭議，應向所屬醫師公會請求調處。

第 20 條　醫師基於自己之原因，進行醫療爭議訴訟時，應通知所屬醫師公會協助。

第五章　紀律

第 21 條　醫師不容留未具醫師資格人員為病人診療或處方。

第 22 條　醫師不將醫師證書、會員章證或標誌以任何方式提供他人使用。

第 23 條　醫師不以誇大不實之廣告或不正當之方法招攬病人。

第 24 條　醫師聘僱其他醫事人員，應遴選品行端正者擔任之。

醫師應負責督導所聘僱之人員不得有違法或不當之行為。

第 25 條　醫師違反法令、醫師公約、醫師公會章程、或本規範者，除法令另有處罰規定者外，由所屬之醫師公會審議、處置。

第 26 條　本規範經中華民國醫師公會全國聯合會會員代表大會通過後施行，並呈報衛生署備查，修改時亦同。

附件二　心理學專業人員倫理準則

壹、基本倫理準則

一、人道與尊嚴

每個人對其生活與行為均有不可侵犯的自主權利。心理學專業人員應尊重人性之尊嚴與價值，在從事專業工作時，應隨時考慮其作為對他人福祉的可能影響。

二、專業與負責

心理學專業人員在教學、研究、或提供各項服務時，應一秉個人對於知識之誠篤，盡力維持最高專業水準，並對自身行動的後果負責。

三、知識之增進

心理學專業人員應體認自身學養及能力之限制，隨時留心並吸收與其專業有關之新知，並只在其專業能力所及的範圍內提供服務。

四、隱私與保密

心理學專業人員對他在研究或工作過程中所獲得的資料，必須嚴守秘密，未經當事人同意，不得予以公開。當他獲得當事人同意，而在著作、演講、或研討會中引用當事人資料時，必須以適當方法隱藏當事人之識別資料。

五、道德與法律

心理學者應關切社區中公認的法律與道德標準，並體認到認同或違背此等標準對社會可能造成的影響，而特別注意自身的言行。

貳、論文的撰寫與發表

一、本文之「心理學研究」係指合乎本倫理準則之實徵、回顧、模擬、和推演研究。

二、研究者應該忠實報導研究的發現，不得刻意修改或隱瞞資料。

三、研究者應對其研究資料的真實性負完全的責任；研究論文發表後，如果發現論文資料有錯，應盡快的和期刊主編或出版者聯絡，以便更正錯誤，公諸讀者。

四、在一篇論文中，研究者可以在「作者」、「作者註」、和「參考文獻」中公佈各方對研究的貢獻。對研究有重要且直接貢獻的人，得列名為論文作者；這些人包括：㈠使研究概念或假設成形者，㈡使研究設計成形者，㈢使資料分析方法成形者，㈣研判資料之意義者，㈤撰寫大部份之論文者。論文作者應按照每個人對研究的貢獻，依序排名；主要研究者列名第一位，貢獻次多者列名第二位，餘此類推。當研究者的貢獻程度相同時，可在「作者註」中說明。一個人在研究中可能參與多項工作（如，研究概念形成、資料分析等）；可能此人在各分項工作上的貢獻均未達到成為作者的標準，但是綜合他對幾項工作的貢獻總和，他仍然可能列名為論文的作者。

五、每篇論文均應在「作者註」中指明「通訊作者」。通訊作者在研究中扮演重要角色；所以除了第二作者外，實驗室的負責人，論文的指導教授等也可以做為論文的通訊作者。對於提供資金、提供設備、幫助尋找受試、收集資料，以及分析資料的人，研究者可以在「作者註」中列名致謝。對於研究概念、資料分析、結果判斷等，曾提出有用概念，但其貢獻程度尚不足以列名為作者之人，研究者可在「作者註」或論文的「註釋」中加以說明。

六、作者不但分享論文發表的榮耀，當研究或論文發生問題時（譬如，有人質疑論文有剽竊之嫌），所有作者亦應共同分擔責任。故在論文完稿後，所有作者都應該（而且有權利）閱讀論文手稿。主要研究者應準備文件，當所有作者都對論文內容認可後，大家共同簽名，以示負責。

七、正確引用文獻是研究及論文撰寫的重要工作。重複他人研究、使用他人觀點、引用他人文字，而不在論文中說明研究概念的來源，研究者便有「剽竊」之嫌。

八、研究者不可「一稿兩投」，即不可以同一篇文章投遞兩個（或兩個以上）學術期刊，也不可利用同樣的一批資料，撰寫兩篇觀點類似的文章，分兩次投稿。下列情況和「一稿兩投」類似，但為學術界容許：㈠將曾經發表在學刊上的文章重新收錄在「論文集」或其他專書中。有此情形時，研究者應該在書中說明該論文已經發表，並註明論文發表的學刊及年代。㈡新論文以新方法重新分析曾經發表之舊資料，並產生新觀點，或者以新的理論角度重新研判舊資料，並產生新結論。研究者再投稿時應該將詳情告訴學刊主編，由主編判斷新論文是否有發表價值。㈢以「節錄」或「通訊」的方式將論文的部分內容先行公佈。㈣在「知會主編」並在「文章中說明」的情況下，以另一種語言將論文全文翻譯或節錄轉譯。

參、以人類為受試者的心理學研究

一、心理學家研究一個議題之前，應該思考研究這個議題的各種方法，然後選擇最合適的研究設計。研究的設計與執行必須符合「本國法律」與「研究者所屬專業團體的道德準則」。

二、心理學研究應尊重參與者的尊嚴與福祉。規畫研究時，研究者應先評估該計畫是否合乎「道德」，是否會危害參與者的生理和心理狀態。當一項科學研究有上述顧慮時，研究者應先向有關人士請教，以保障受試者的權益。

三、和研究有關的所有道德事項應由研究者負全責。其他參與研究人員（如，研究合作者和研究助理）對受試者的行為亦應由研究者負責；當然，行為者亦應為自己的行為負責。

四、在一般研究中，研究者與受試者雙方的權利與義務，可以用口頭方式約定。但在下列情況下，研究者應在研究前取得受試者或其法定監護人簽署的「參與研究同意書」：㈠當受試者無行為能力時，㈡當研究可能傷害受試者的心理或生理狀態時，㈢為探討施予、減少、或停止藥物對當事人行為的影響時，㈣當研究者之外的人也可能獲知受試者在研究中的反應時。

五、「參與研究同意書」內除記載雙方的權利和義務外，應詳述可能侵犯受試者人權與福祉的各種情況。在簽署同意書前，研究者應該：㈠告訴受試者（或其監護人），可能影響他參與意願的一切事情，㈡澄清受試者（或其監護人）對研究的疑問。在受試者（或其監護人）簽同意書前，如果無法做到上述事項，則研究者應作特別規畫，以保障受試者的尊嚴與福祉。如果研究者之外的其他人也可能獲得受試者的資料，研究者應在「參與研究同意書」中說明，並在受試者簽署同意書前，告知受試者。

六、如果研究可能危害受試者的生理和心理狀態，研究者除了在「參與研究同意書」中說明外，在受試者（或其監護人）簽署同意書前，還應該特別提醒受試者（或其監護人）此一狀況。

七、研究不應含有任何可能危害受試者的措施，但以下狀況除外：㈠不做包含有這種措施的研究，對社會可能造成更大風險。㈡研究結果可能對社會產生極大的益處，而且受試者是在知情與自願的情況下參與實驗。

八、如果研究可能使受試者受到傷害，應預先告訴受試者（或其監護人）：當受試者對研究感到壓力、危險、或疑惑時，要儘速向研究者反應；而研究者收到反應時，應該立刻採取「釋疑」或「停止研究」等適當處置。

九、在研究過程中，必須包含隱匿部份程序的目的時，研究者應在研究前：㈠評估該研究的科學、教育、或應用價值，是否大到值得以「隱匿」的方法取得研究資料，㈡思考是否可以用不需隱匿的其它研究方法進行研究。如果研究必須

使用隱匿程序，研究者應在能夠告知真相時，盡快將研究的真實目的告知受試者。

十、受試者有「拒絕參與研究」和「隨時退出研究」的權利。當受試者中途退出研究時，他仍應獲得應有的尊重。倘若研究者是受試者尊重的人，或是可以影響受試者福祉的人，則研究者更應小心保障受試者「拒絕參與研究」和「隨時退出研究」的權利。

十一、資料收集完畢後，研究者應將研究目的告知受試者，並應澄清受試者對研究的疑問或誤解。如果因為科學或其他原因，而無法立即向受試者說明研究目的，一到可以說明的時機，研究者有義務向受試者說明之。

十二、如果研究可能對受試者的生理及心理產生短期或長期的不良影響時，研究者應盡力去察覺並消除這些不良影響。

肆、以兒童作為受試者的心理學研究

一、以個別兒童為受試者時，研究者必須取得父母（或其監護人）之同意後，才能以兒童作為受試者。

二、在學校進行團體研究時，研究者必須取得兒童所屬學校同意，並且在不妨礙教學的情況下，方能在學校進行研究。

三、以兒童做為對象的研究，其研究主題、變項操弄及資料蒐集方式等研究步驟或程序，不得有任何可能妨礙兒童正常發展之訊息或暗示（例如性別歧視、族群歧視、藐視法律、違背風俗習慣和破壞人際關係等）。

四、研究結果宜告知兒童之父母（或其監護人）與其所屬學校；若父母（或其監護人）與該學校希望對研究結果做進一步的了解，研究者有繼續提供諮詢之義務。

伍、動物實驗

一、心理學家承認並尊重動物受試者對心理學研究之貢獻，唯有在有助於促進心理學知識或教育，並且在現有條件下無法以其他方式取代時，才進行動物實驗。

二、實驗動物應得到合理而善意的對待，其在實驗過程中之不適，宜減至最低。若有任何疾病或感染，應得到積極的治療或處理。

三、實驗動物的獲得、運送、飼養、進行研究與終結處理等程序，宜參考國家實驗動物中心所訂定之守則，並且不得違背國家頒佈之保護動物相關法規。

四、照顧動物與進行動物實驗之人員，必須具備與該實驗相關的知識，並受適當的訓練。實驗主持人有權利與義務阻止不具備上述資格的任何人員接觸實驗動物，或進入動物實驗室與飼養場所，以免動物受到傷害。

五、實驗主持人必須監控動物日常生活之照顧與實驗進行之狀況，必要時，應徵詢相關專家之意見，並尋求其協助，以處理發生之問題。

六、動物手術需在適當麻醉的情況下進行。手術後，實驗者必須採取必要措施，以增進動物甦醒與復原之機會，並減低其不適與感染之可能。

七、基於研究需要，心理學家必須剝奪動物之基本需求、施以身心壓力、或令其疼痛時，應審慎監控研究之進行，並中斷任何可能危及動物生命之措施。

八、當實驗主持人必須結束實驗動物之生命時，應以人道、快速而無痛苦之方式為之，並持續監控，至其生命結束為止。

陸、測驗、衡鑑與診斷

一、心理學專業人員應尊重測驗及衡鑑工具編製者的智慧財產權，未經其授權，不得予以佔有、翻印、改編或修改。

二、在編製心理測驗和其他衡鑑工具時，心理學專業人員應遵循既定的科學程序，並遵照中國心理學會的標準，使其所編的測驗達到標準化。

三、在使用測驗及衡鑑技術時，心理學專業人員應具備適當的專業知識和經驗，並以科學的態度解釋測驗，以提昇當事人的福祉。

四、在選擇測驗時，心理學專業人員應注意當事人的個別差異，慎重審查測驗的效度、信度、及常模，選用自己熟悉而且對瞭解當事人當時心理狀態具有實用價值之衡鑑或診斷工具。

五、在實施心理衡鑑或判斷工作前，當事人（或其監護人）有權利要求心理學專業人員，以其能懂的語言，告知心理衡鑑的性質和目的、衡鑑結果的參考價值與限制，及其何以需要接受心理衡鑑。唯有在當事人對心理衡鑑或判斷工作所提疑問全部獲得釐清，並同意接受此項工作之後，始得進行心理衡鑑工作。

六、在實施心理測驗或衡鑑時，應注意維持測驗的標準化程序，以保障測驗結果的可靠性和真實性。

七、在解釋測驗結果時，心理學專業人員應力求客觀正確，並審慎配合非測驗資料，提出有效的適當證據，作嚴謹而適度的邏輯推論，撰寫衡鑑或判斷報告，提出有助於當事人的建議，並避免對當事人及其關係人產生誤導，或造成不良後果。

八、為避免產生誤導與不良效果，心理學專業人員在其報告中，應註明該次衡鑑或判斷結果之可靠度。

九、心理學專業人員對當事人之測驗原始資料、衡鑑或判斷報告、及建議內容，應視為專業機密，善盡保密之責任；未徵得當事人之同意，不得公開。若為諮商、研究與教育訓練目的，而作適當使用時，不得透露當事人的身份。

十、心理學專業人員應在合法的範圍內，盡力保持測驗和其他衡鑑工具的機密性，以免因為一般大眾熟悉其特殊內容及相關之應試技巧，而損害其原有功能。

十一、心理衡鑑使用之正式測驗材料，不得在大眾媒體展示，或用以從事任何娛樂性節目。在非專業性演講、撰文或討論時，只可使用模擬項目為例，絕不可使用正式測驗項目，以免影響其應用價值。

柒、心理治療與諮商

一、心理治療（或諮商）開始前，心理治療（諮商）師應清楚告知當事人（或其監護人）實施心理治療（或諮商）之理由、目標、過程、方法、費用，及雙方應有之權利義務，並且以口頭或書面方式，澄清當事人（或其監護人）對於心理治療（或諮商）的所有疑問。

二、唯有在當事人（或其監護人）對於心理治療（或諮商）之相關疑問獲得澄清，且當事人（或其監護人）親自表示同意接受治療（諮商）後，心理治療（諮商）師始得對當事人實施心理治療（或諮商）。

三、進行治療（或諮商）時，心理治療（諮商）師應選用自己熟悉，而且確信對當事人之問題具有療效的治療（或諮商）技術。

四、治療（或諮商）進行一段相當長時間後，若當事人原有心理問題仍不見緩解，或因故無法持續治療（或諮商）關係時，心理治療（諮商）師應主動與當事人（或其監護人）討論轉介事宜，並在徵得其同意後，採取轉介措施。

五、若事實指出：當事人不再需要接受心理治療（或諮商），或其心理治療（諮商）不再產生療效，或產生的負面療效可能大於正面療效時，心理治療（諮商）師應主動與當事人（或其監護人）討論此一事實，徵求當事人同意，停止治療（或諮商）關係，或進行轉介事宜。

六、心理治療（諮商）師考慮與當事人終止治療（或諮商）關係時，應徵詢當事人對終止治療（或諮商）關係的看法，了解當事人因終止治療（或諮商）關係而產生的需求；並針對其看法與需求作適當處置。在情況需要時，心理治療（諮商）師應推薦其他適當專業人員，使其繼續接受心理治療（或諮商）。

七、心理治療（諮商）師不應藉故遺棄其所協助之當事人。

八、心理治療（諮商）師與當事人應始終保持「治療（諮商）者和當事人」的專業關係；㈠不得涉入當事人治療（或諮商）關係之外的財務問題；㈡不得和有過親密性關係的人建立「治療者和當事人」關係；㈢在治療（或諮商）中、及治療（或諮商）關係結束後兩年內，不得與當事人發生性關係。

九、心理治療（諮商）師對當事人的心理治療（諮商）資料應嚴加保密，避免因資料保密不週，導致當事人遭受傷害。唯在下列情形下，心理治療（諮商）師未徵得當事人（或其監護人）同意，也可依法令規定，揭露當事人資料：㈠為了提供當事人所需的專業協助；㈡為了尋求當事人所需的專業諮詢；㈢為了避免當事人遭受傷害；㈣為了澄清未付之治療費；但若為此事，僅可揭露有關範圍內之資料。

十、除非法律有特別規定，在當事人（或其監護人）的同意下，心理治療（諮商）師得揭露當事人同意範圍內的資料。

十一、除非獲得當事人（或其監護人）的書面同意，或法律之授權，心理治療（諮商）師不得在其文稿、著書、演講、大眾媒體活動中，揭露可辨識為當事人之個人資料。

十二、若當事人有嚴重問題或必須作重要抉擇時，心理治療（諮商）師宜斟酌情形徵求當事人（或其監護人）之意見。若當事人有傷害他人或自殺的可能性時，必須盡快通知其監護人，或有關單位。

十三、為科學研究、教學及專業訓練所需，必採用當事人資料，但無法得到當事人同意時，心理治療（諮商）師與教學人員應以編碼、代號或其他方式，指稱當事人，並確保上述資料之使用，不會對當事人造成任何傷害。

十四、在以兒童作為對象的治療過程中，心理治療（諮商）師應以公平、公正的態度對待兒童，避免任何歧視、利用或誘惑。

十五、心理治療（諮商）師應避免與兒童產生治療（或諮商）以外之關係（如領養、乾親、交易或親密行為），以免出現角色衝突，或影響專業判斷之客觀性及專業行為。

十六、心理治療（諮商）師應尊重兒童之基本人權，不得代替或強制兒童作決定。

十七、心理治療（諮商）師若發現導致兒童目前身心狀態之外在因素有違背兒童福利法之規定（例如體罰、虐待或性侵害犯罪）時，必須與兒童父母（或其監護人）溝通，並主動通報有關單位。若必須以法律方式解決，心理師有責任告知檢調單位，保護兒童不致受到二度傷害。

捌、諮詢與社會服務

一、心理學專業人員實施諮詢服務時，應知悉個人對當事人、委託機構、及對社會的責任，謹言慎行，以免貽害當事人、委託機構、及社會。

二、心理學專業人員在洽商、諮詢個案時，有責任向當事人或委託機構說明自己的專業資格、諮詢過程、目標、和技術之運用，以利當事人或委託機構決定是否接受諮詢。

三、心理諮詢為一特殊之專業關係，在開始諮詢之前，心理學專業人員應向當事人或委託機構說明可能影響關係的各種因素，如互相信任、共同探討、角色衝突、及抗拒變革等，以協助當事人或委託機構決定是否建立或繼續維持諮詢關係。

四、開始諮詢時，應向當事人或委託機構說明雙方對諮詢機密的權力與責任，以及保密的行為、性質、目的、範圍、及限制。

五、心理學專業人員如因行政、督導、及評鑑等，而與諮詢角色發生衝突時，宜避免與當事人或委託機構建立諮詢關係，而應予以轉介。

六、諮詢費用的收取，應有書面協議，以免發生不必要之糾紛。

七、提供諮詢服務之前，心理學專業人員應與當事人或委託機構就事情真相、主要問題、及預期目標，先達成一致的了解，然後再提供解決問題的方法和策略，並預測可能產生的結果。

八、實施諮詢工作時，應認清自己的諮詢角色與功能，並認清自己的專業能力、經驗、限制、及價值觀，避免提供超越自己專業知能的諮詢服務，並不得強制受諮詢者接受諮詢者的價值觀。

九、諮詢者應根據當事人或委託機構的實際能力與現有資源，提供解決問題的具體方法、技術、或策略，以確實解決問題，滿足當事人或委託機構的需要。

十、心理學專業人員在提供諮詢服務時，宜避免介入當事人或委託機構內部的權力或利益紛爭。

十一、諮詢關係屬於專業機密關係，凡在諮詢關係中所獲得之資料均屬機密，應妥善保管，嚴禁外洩。因故必須提供相關人員參考時，應先徵得當事人或委託機構之同意。若為專業教育、訓練、研究之目的，需要利用諮詢及相關機密資料時，須先徵得當事人或委託機構之同意，並避免洩漏當事人或委託機構之真實名稱，使用資料者亦應有保密責任。

玖、倫理準則之執行

一、中國心理學會應成立「倫理委員會」，負責推動並督導本倫理準則之執行。

二、中國心理學會各分組或相關學術領域可依其實際需要，在本倫理準則的基礎上，自行制定專業分組之施行細則。

三、國內心理學教學及研究機構宜自行成立「倫理委員會」，推動倫理教育、審查研究秩序，並處理有關事件。

四、本會會員若有違反本倫理準則之情事，倫理委員會應視情節之輕重，予以警告、糾正、或開除會籍之處分；非本會會員若有違反本倫理準則之情事，本會倫理委員會宜出面公開譴責。

附件三　社會工作倫理守則

中華民國87年7月27日制定

1. 秉持愛心、耐心及專業知能為案主服務。
2. 不分性別、年齡、宗教、種族等，本著平等精神，服務案主。
3. 應尊重案主隱私權，對在專業關係中獲得的資料，克盡保密責任。
4. 應尊重並培養案主自我決定的能力，以維護案主權利。
5. 應以案主之最佳利益為優先考量。
6. 絕不與案主產生非專業的關係，不圖謀私人利益或以私事請託。
7. 應以尊重、禮貌、誠懇的態度對待同仁。
8. 應信任同仁的合作，維護同仁的權益。
9. 應在必要時協助同仁服務其案主。
10. 應以誠懇態度與其他專業人員溝通協調，共同致力於服務工作。
11. 應信守服務機構的規則，履行機構賦予的權責。
12. 應公私分明，不以私人言行代表機構。
13. 應致力於機構政策、服務程序及服務效能的改善。
14. 應嚴格約束自己及同仁之行為，以維護專業形象。
15. 應持續充實專業知能，以提升服務品質。
16. 應積極發揮專業功能，致力提升社會工作專業地位。
17. 應將專業的服務擴大普及於社會大眾造福社會。
18. 應以負責態度，維護社會正義，改善社會環境，增進整體社會福利。

附件四　護理倫理規範

㈠護理人員的基本責任：

1.應擔負促進健康、預防疾病、重建健康和減輕疼痛的基本責任。

㈡護理人員與個案：

2.應尊重個案的生命、人性尊嚴及價值觀。

3.應尊重個案的宗教信仰及風俗習慣。

4.應接受及尊重個案的獨特性、自主性、個別性。

5.當個案接受面談、檢查、治療和護理時，應尊重並維護其隱私及給予心理支持。

6.應保守個案的醫療秘密，在運用其資料時，需審慎判斷，除非個案同意或應法官要求或醫療所須。

7.提供醫療照護活動時，應事先給予充分說明，經個案同意後執行，但緊急情況除外。

8.在執行醫療照護活動時，應保護個案避免受傷害。

9.應尊重個案參與研究或實驗性醫療的意願，並提供保護，避免受到傷害並確保個案應得的權益。

10.應提供符合個案能力與需要的護理指導與諮詢。

11.應增廣個案於健康照護上的知識與能力。

12.在個案入院時，應對個案及家屬說明醫院有關之規定，以避免個案權益遭受損害。

13.遇個案情況危急時，應視情況給予緊急救護處理，並立即聯絡醫師。

14.對個案及家屬應採取開放、協調、尊重的態度，並鼓勵他們參與計劃及照顧活動。

15.當個案對其應繳之醫療費用存疑時，應給予充分說明或會請相關單位澄清。

16.當發現其他醫護同仁有不道德或不合法的醫護行為時，應積極維護個案的權益並採取保護行動。

17.當個案有繼續性醫療照護需要時，應給予轉介並追蹤。

18.對瀕臨死亡的個案，仍應予以尊重，讓其安祥而且尊嚴的死亡。

㈢護理人員與執業：

19.應提供合乎專業標準的照顧，並儘可能維持最高的護理水準。

20.當接受和授予責任時，應以個人的能力和專業資格為依據。

21.應繼續進修，以維持個人專業行為之標準及執業能力，以提昇護理專業之社會地位。

22.應對自己的照護行為負責、隨時檢討，並致力改進。

23.應委婉拒絕個案或家屬的饋贈，以維護專業形象。

24.應提供個別化，公平及人性的照護。

㈣護理人員與社會：

25.對於促進大眾健康的活動，應積極倡導與支持。

26.應教育社會大眾，以增廣大眾的保健知識與能力。

27.對於影響健康之社會、經濟及政治等因素，應表示關切，並積極參與有關政策之建言。

28.應確保執業身分不被商品促銷所利用。

㈤護理人員與共同工作者：

29.應和健康小組成員維持良好合作關係，並相互尊重。

30.當感到護理專業知識及能力不足以提供個案的照護時，應該請求他人協助或報告主管。

31.對任何危及事業、服務品質或對個案身、心、社會方面有影響的活動，都需立即採取行動，同時報告有關人員或主管。

32.當同事的健康或安全面臨危險，且將影響專業活動水準和照護品質時，必須採取行動，同時報告有關人員或主管。

33.應在個人的專業知識、經驗領域中，協助護理同仁發展其專業能力。

34.應協助其他健康小組成員，安全地執行其合宜的角色功能。

㈥護理人員與專業：

35.應積極致力於護理標準之訂定。

36.應積極發展護理專業知識與技能，以提昇專業水準與形象。

37.應加入護理專業團體，並積極參與對護理發展有貢獻的活動。

38.應作為護生的角色模範，並具教學精神，以培養優良護理人才，並適時給予指導及心理支持。

參考文獻

中文文獻

周煌智等（2004）：編撰性侵害犯罪加害人的鑑定與治療作業規範與實務操作手冊——以再犯危險性為原則的鑑定治療模式。行政院衛生署九十三年度科技研究計畫報告書（DOH93-TD-M-113-002）。

徐震、李明政（2002）。社會工作倫理。台北。五南。

萬育維（2001）。社會工作概論理論與實務。台北。雙葉。

宋維村（2004）：精神醫療的幾個倫理議題。台灣精神醫學會 93 年學術研討會。

陳若璋（2004）：民國 93 年內政部委託嘉南療養院舉辦性侵害犯罪專業人員養成訓練講義。

英文文獻

Bernard, J. M., & Goodyear, R. K. (2004). Fundamentals of clinical supervision (3rd ed.). Needham Heights, MA: Allyn & Bacon.

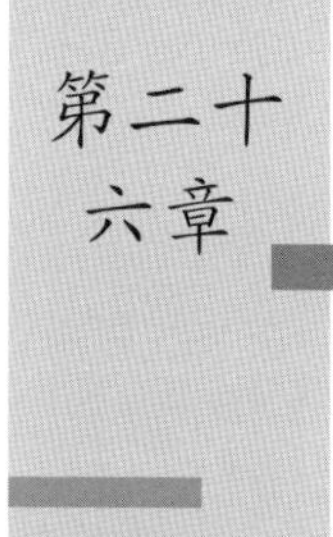

ATSA 性罪犯處遇的基本型式、態度重點及倫理守則

陳若璋

本文發表於第一屆台灣性侵害暨家庭暴力處遇協會年會暨學術研討會。

本章學習重點

・學習性罪犯的處遇基本型式與態度。
・學習性侵害治療與一般治療的異同。
・學習性侵害治療的倫理與保密原則。

摘要

本文的重點在說明性侵害加害人處遇的基本型式、態度重點以及治療倫理。罪犯是其個體發生問題，他們不是怪物，在過去，羞辱法（激怒治療）對某些罪犯發生作用，但也造成某些傷害，因此應有所限制。因此性加害者的治療處遇若需面值時，應鼓勵採用蘇格拉底式問答法而非激怒法。對於性罪犯，一般公認沒有治癒或「魔法」可禁制其犯罪（*Carlch, 1996*），咸認性罪犯有某一程度的機率再犯。「專業治療者必須控制及引導（*control and direct*）罪犯的處遇。性罪犯處遇在控制個案的程度上與傳統治療有所不同。有些議題必須有某種程度的結構化，例如：治療的限制（*limits*）、界定（*boundaries*）、規範（*rules*）、治療者及個案的角色（*roles of therapist/client*）及保密原則（*confidentiality issues*）等。ATSA 認可的處遇方法及範圍共有包括：認知治療、再犯預防……等十項治療的範圍。

關鍵詞

治療倫理、保密原則

壹、性侵害加害人處遇的基本型式與原則

一、處遇的形式：團體 vs.個別處遇

(一)團體治療是最好的、最主要的處遇模式（*Schwartz, 1988, 1997，Loss in Press*）。

(二)團體凝聚力會產生自我揭露、支持、社會化等動力。

(三)個別治療或處遇適用於危機產生時，或支持性介入或教導其偏差性勃起控制技術。

(四)罪犯可藉由觀察他人相互學習，並給予或得到回饋。

(五)在團體中，扭曲的認知更容易被處理（*work through*）。

(六)罪犯可學習到各種技巧及新行為。

二、處遇模式的限制：蘇格拉底式問答（Socratic）法 vs.諷刺、激怒（Sarcastic/provocative therapy）法

(一)蘇格拉底式問答法以問題之應答為基礎，牽引出個案的問題，而非治療師個人的表演。

(二)令人羞愧的療法（激怒治療法）是從舊有的、針對藥物濫用者的處遇會議而來，利用這個處遇方式治療者可卸除其當前的自我結構，並重建自我。

(三)罪犯是其個體發生問題，他們不是怪物（*Marsha11, 1996*）。

(四)在過去，羞辱法（激怒治療）對某些罪犯發生作用，但也造成某些傷害，因此應有所限制。因此性加害者的治療處遇若需面值時，應鼓勵採用蘇格拉底式問答法，而非激怒法。

三、治療的態度：倡導（advocate）、輔導（adversary）、客觀（objective）的治療態度

專業治療者需要有平衡的、客觀的治療態度，也就是說治療者平時是支持者，但在必要時應加以限制罪犯。

四、治療及管控等議題（cure vs. control/management）

(一)對於性罪犯，一般公認沒有治癒或「魔法」可禁制其犯罪（*Carlch, 1996*），咸認性罪犯有某一程度的機率再犯。

(二)犯罪是在各種知覺及功能下，所進行的一連串複雜的選擇過程（學習行為）。

(三)性罪犯可學習降低、減少並管理其偏差行為。

(四)「痊癒」（*cure*）對性罪犯最好的定義是不斷維持復原狀態，復原指的是維持不犯案的能力。

五、聚焦於性偏差議題的必要性（needs to focus on sexual deviancy issues）

(一)性罪犯處遇及一般治療最主要的不同在於，前者著重性議題的討論。

(二)這些議題包括：性犯罪議題、性認同議題、性教育、適當的性管道、適當與不適當的性、偏差性勃起轉為適當勃起的再訓練。

(三)除了以上議題，犯罪問題的討論及犯案責任歸屬應是主要的議題。

六、進行性加害者處遇時，雙方權力的差異（power differential）及避免與個案產生權力糾葛

(一)「專業治療者必須控制及引導（*control and direct*）罪犯的處遇。性罪犯處遇在控制個案的程度上與傳統治療有所不同。

(二)以下議題必須有某種程度的結構化，如治療的限制（*limits*）、界定（*boundaries*）、規範（*rules*）、治療者及個案的角色（*roles of therapist/client*）及保密原則（*confidentiality issues*）等。

(三)許多罪犯有強烈的控制慾，權力慾及權威的需求。

(四)專業治療者應提醒自己儘可能避免與個案產生權力衝突，這可藉由各種策略來控制各種權力衝突的產生。

(五)相較於一般治療，性罪犯治療者更容易在治療中產生嘲諷及羞辱（*shaming tactics and victimizing tactics*），甚至反移情及過分操控個案的情形，當這些現象出現時治療者應接受督導及監控。

七、治療界線議題（boundary issues）——自我揭露（self disclosure）、治療師容易脆弱（vulnerability）、依賴（dependency）、移情及反移情（transference-counter-transference）

(一)由於許多罪犯接受處遇是因為其帶有反社會行為，因此建議治療師之自我治療之揭露應有所限制。

(二)治療師脆弱議題

高反社會（*highly antisocial*）／精神病（*psychopathic*）或憤怒型（*angry*）的罪犯會尋找治療者的弱點並攻擊之，許多嚴重的罪犯以傷害他人為樂，治療師應限制其行為。

(三)依賴議題

在處遇方案中，罪犯會產生某種程度的依賴，因此最終目標應建立適當行為，使其自立，避免相互依賴關係（*co-dependency relationships*）。

(四)移情及反移情對象應受督導與監控

罪犯通常容易投射某些情緒於治療者身上，同時治療者也容易投射於個案身上，後者稱反移情；罪犯的某些問題會「觸動」治療者，治療者必須監督並利用這些心理動力以完成處遇目標。有時，移情及反移情作用會在整個治療過程中發生。

八、敏感覺察可能的危險（awareness of dangerousness）

治療專業者必須清楚知道有些罪犯是／或可能為危險性罪犯及有其他危險的犯罪，不論低危險至極高危險的罪犯都有再犯的可能。在社區中，戀童症者的某些高危險情境必須受到監控。

九、保密原則（confidentiality issues）

與性罪犯工作有保密上的限制。由於多數罪犯都會受到某種程度的監控，因此若發現罪犯有高再犯危險，則有關人士應進行通報。美國許多州規定治療專業者不需證明文件即可通報，特別是牽涉兒童在內時，其他保密原則則是數個參與處遇工作單位間，相關資訊的傳遞。

十、信任與懷疑的議題（trust vs. skepticism）

治療專業者對罪犯的信任有很多不同層次，但在治療過程中必須存有一定程度的懷疑。

十一、性罪犯處遇和傳統治療的差異（differences in treatment）

㈠信任與懷疑（*trust vs. skepticism*）

性罪犯處遇專業者必須維持某種程度的懷疑而非全然相信罪犯。

㈡直接性、權力與控制（*directiveness, power and control*）

對於有權力及控制慾的罪犯，性罪犯處與專業者應恰當地掌控及維持權力與控制權，而非以被動的態度對待之。

㈢性罪犯處遇的保密原則是有限制的，應給予法律上的限制措施。

㈣性罪犯不似傳統醫病關係之個案可摟抱（*cuddled*）（雖然許多傳統治療關係中這是必需的），罪犯的處遇在某種程度上是以面質為核心，並以認知及社會重建為要。

㈤是否採用內在洞察之治療取向（*insight and action orientation*）

在這領域，洞察心理動力是很重要的，但此專業認為增進外在行為改變技術的重要性遠超過領悟式的心理動力技術。

貳、ATSA 認可的處遇方法及範圍

（ATSA，1993,1997）

一、認知治療（cognitive therapy）

「認知扭曲使性侵害者淡化、辯解及合理化其偏差行為……認知扭曲使性侵害者不再壓抑，並從幻想轉化至行為」。認知治療在於重建認知標準，造成不當行為的核心信念為其目標。許多核心信念是成長過程中受父母、重要他人、重要生命事件影響而來，這些信念影響個人所做的決定及態度。認知重建在於確認與犯罪有關的特殊認知扭曲，並挑戰這些認知，再以適當的信念取代之。

二、性勃起控制（arousal control）

協助個案控制其偏差性勃起（*ATSA,1997*），亦即降低或減少或管理其偏差反應及行為。一般來說，性勃起控制適用於罪犯經歷高頻率的偏差性幻想、強烈的性慾望及每次勃起時有 20%會射精。控制技術為制約作用（*conditioning*）或行為干預。ATSA 推薦以下幾種：厭惡的氣味（*odor aversion*，在偏差行為出現時立刻讓他聞厭惡的氣味）；口語洪水法（使罪犯每星期數次，每次 *15～20* 分鐘不斷地描述其偏差性幻想）；自慰再制約法（如戀童症者，使他從以兒童為性幻想對象轉換為成人女性時，亦能射精）。

三、再犯預防（RP）

再犯預防提供一系列的方法使性罪犯克制並避免再犯，是認知——行為的多重模式，使性罪犯確認其犯罪循環、危險因子（刺激物）、前兆、pattern enablers，並發展特殊應對策略。RP 被視為最佳的自我管理方法，使罪犯可學習監控自己，而其他人可進行監督。

四、受害者覺知與同理（victim awareness and empathy）

性罪犯犯罪的原因之一是因為缺乏同理及自責（*ATSA*，*1997*）。覺察、認識及理解性侵害對受害者的影響，對於罪犯抗拒其支持犯罪的扭曲認知是必須的。體認受害者的痛苦會使其自責。

五、社交能力（social competence）

研究指出許多罪犯都有不同程度的社交或人際關係不良（*ATSA,1997*）。社交能力包括個人衛生（*personal hygiene*）、社會孤立及親密感、溝通能力、自信、憤怒管理、壓力管理、發展人際關係及維持家庭外關係的能力。

六、發展健康的人際關係（developing healthy relationship）

教育的內容包括性教育、約會、親密技巧、社會焦慮、性功能障礙、自信（*ATSA,1997*）。健康的人際關係應建立在尊重、同情、協調彼此的興趣及情感上。

七、夫妻及雙親治療（couple and parent therapy）

夫妻共同接受治療很多時候是必須的，因為性罪犯必須有人短期或長期監控（*ATSA*），如亂倫的父親，再重返家庭時，家中成員需要重新整合（*re-unification*）才能幫助其改變舊有行為。同樣的，青少年回到家中，需要父母一同加入處遇來協助他改變。

八、重新整合（reunification）

當性罪犯回到家中，需要有某種形式的重新整合，幫助他再度融入家庭。

九、藥物的介入（pharmacological agents）

並不是所有犯人的處遇都需要用藥。抗男性荷爾蒙（*anti-androgens*）、抗鬱劑

（*anti-depressants*）及其他藥物的媒介都可能幫助罪犯提高控制其偏差幻想及強迫性行為的能力（*ATSA,1997*）。以高度強迫性（*highly compulsive*）罪犯來說，抗鬱劑中之血清素再吸收抑制劑（*re-uptake inhibitors*）可有效降低其強迫妄想行為，專門的藥物可因應不同的個體加以適用，如高強迫症者、特別高危險者、曾治療失敗者。

十、追蹤治療（follow-up treatment）

持續輔導對性罪犯來說是最理想的。持續或追蹤處遇才能增強性罪犯維持其處遇所得的技巧即自我管理能力，持續輔導也可說是某種形式的支持，一般來說，它意味著逐漸減少處遇，若性罪犯的住處安定下來，它則提供監控的作用。

參、性罪犯處遇及傳統非性罪犯治療重點之異同

Carich（*2001*）指出性罪犯與非性罪犯在處遇上的異同處：

一、性罪犯處遇

㈠保密有所限制。
㈡有限制的信任及持續的懷疑態度。
㈢著重在偏差性行為。
㈣無法療癒（無法永久斷絕其問題）。
㈤治療處遇較結構化，著重規則、界限及面質。
㈥強調個案的責任及義務。
㈦誘發痛苦（*induce pain*）。
㈧以團體為主要的處遇模式。
㈨治療者必須維持控制權。
㈩較多面質。
⑾認知——行為（經驗）取向。
⑿以社會安全為個案的利益（*society is the client*）。

二、傳統的非性罪犯治療

㈠高度保密。

㈡信任個案。

㈢焦點在一般的問題。

㈣期待能痊癒。

㈤較少結構化／較圓融。

㈥強調或不強調個案的責任／義務。

㈦使個案遠離痛苦。

㈧治療型式以團體或個別皆可。

㈨個案及治療者是平等地位。

㈩較少面質。

⑪面質取向可有可無。

⑫個案本身即為個案（*client is the client*）。

三、相似處

㈠尊重及對待個案為一個體。

㈡在某一程度上相互合作。

㈢發展治療的關係或某種類型的心理接觸。

㈣彈性運用介入技巧以達到治療目標。

㈤以神經系統（*cybernetic system*）的觀點來說，以穩定的支持系統誘發個案的改變。

㈥瞭解個案的獨特性——個案有許多共同議題、模式、動力等，但也有一些個人的不同處。

索引

中文索引

英文索引

國家圖書館出版品預行編目資料

性侵害犯罪防治學：理論與臨床實務應用／周煌智，文榮光主編．－－二版．－－臺北市：五南圖書出版股份有限公司，2018.07
面；　公分
ISBN 978-957-11-9711-1（平裝）

1.性侵害防制　2.犯罪防制

548.544　　107006737

5J15

性侵害犯罪防治學——理論與臨床實務應用

主　　編— 周煌智（112.2）　文榮光
作　　者— 文榮光　朱怡潔　沈勝昂　林明傑　林耿樟
周煌智　孫鳳卿　陳若璋　陳筱萍　楊淑慧
劉素華　鄭添成　蔡景宏　龍弗衛　薛克利
（按姓名筆畫排序）
編輯主編— 王俐文
責任編輯— 陳玉卿　李秉蔚　金明芬
封面設計— 斐類設計工作室
出 版 者— 五南圖書出版股份有限公司
發 行 人— 楊榮川
總 經 理— 楊士清
總 編 輯— 楊秀麗
地　　址：106臺北市大安區和平東路二段339號4樓
電　　話：(02)2705-5066　　傳　　真：(02)2706-6100
網　　址：https://www.wunan.com.tw
電子郵件：wunan@wunan.com.tw
劃撥帳號：01068953
戶　　名：五南圖書出版股份有限公司
法律顧問　林勝安律師
出版日期　2006年4月初版一刷（共二刷）
2018年7月二版一刷
2025年3月二版二刷
定　　價　新臺幣720元